장물지 上
長物志

한국연구재단 학술명저번역총서 동양편 *617*

장물지

長物志

문진형 文震亨 저, 김의정 金宜貞 정유선 鄭有善 역주

上

學古房

‖ 일러두기 ‖

1. 이 책은 명대 문진형(文震亨)의 『장물지(長物志)』(陳植 校註, 楊超伯 校訂, 江蘇科 學技術出版社, 1984)를 완역한 것이다.
2. 중국 고대 전적과 인명은 한자독음으로 표기하고, 처음 나올 때는 괄호 안에 한자 를 병기하였다.
3. 중국 근현대에 사용하고 있는 지명과 인명은 한자독음으로 표기하고, 처음 나올 때는 괄호 안에 한자를 병기하였다.
4. 각 분야의 전문용어는 최대한 뜻을 살려 풀어 썼으며, 처음 나올 때는 괄호 안에 한자를 병기하였다.
5. 교주자와 교정자 주는 해당부분에 【原註】로 표시하고 각주 처리했다.
6. 옮긴이 주는 해당부분에 【역주】로 표시하고 각주 처리했다.
7. 이 책의 일러두기에 명기되지 않은 사항에 대해서는 일반 번역서의 관례에 따랐다.

　명나라 숭정(崇禎) 7년(1634)에 간행된 문진형(文震亨)의 『장물지(長物志)』는 그 당시 다양한 분야의 '長物(남는 물건, 사치품)'에 대한 명대 문인사대부들의 고상한 취미와 삶의 지침서이자 정보지라고 할 수 있다. 최근 학계에서는 명대 미학과 예술사 및 생활사에 대하여 관심을 가지기 시작했으며, 특히 명말의 물질문화 및 소비문화와 관련된 항목이 주목을 받아 연구가 한창 진행되고 있다. 이 책에 대한 번역 기획은 최근의 연구 조류와도 관련된 것으로 명대를 중심으로 한 동아시아 생활 미학의 실상을 이해하는데 도움이 될 것이다.

　과거 전통시기 동양사회에서는 소비에 대한 공적 담론을 기피해 왔고 사치스러운 소비현상과 소비조장 등을 일으킬 수 있는 주제는 중요한 연구대상으로 인식되기 어려웠다. 이러한 이데올로기적이고 거대 담론 위주의 기존 연구 경향이 생활사와 문화사가 중심이 되는 미시사적 연구로 전환되면서, 소비현상과 소비에 대한 인식은 중요하게 다루어지기 시작했다. 즉 전통사회에서 일어나는 정치·사회·경제의 제반 변화를 읽는 주요한 키워드로 확고하게 자리를 잡게 된 것이다. 『장물지』는 그 중심에 있다고 할 수 있다.

　『장물지』의 저자 문진형은 자(字)가 계미(啓美)이고 장주인[長洲人, 오늘날 강소성 소주(蘇州) 사람]이다. 그는 만력(萬曆) 13년(1585)에 태어나 남명(南明) 홍광원년[弘光元年 즉 청 순치(順治) 2년, 1646)]에 생을 마감했다. 그의 증조부는 오문화파(吳門畫派) 4대가 중 하나인 문징명(文徵明, 1470-1559)이며, 조부는 문팽(文彭, 1498-1573)이고, 부친은 문원발(文元發, 1529-1605)로, 대대로 조정에서 벼슬을 했으며, 형 문진맹(文震孟, 1574- 1636)은 천계(天啓) 2년 전시(殿試)에서 장원을 했다. 이렇듯 학식과 예술로 명망이 높은 집안에서 태어난 그는 집안의 영향을 받아 시서화(詩書畵)는 물론 음악과 원림(園林) 등에 이르기까지 다방면에 조예가 깊었다.

문진형 본인도 자신의 집안사람들과 같이 무영전 중서사인(武英殿中書舍人)까지 벼슬을 했으나, 완대성(阮大鋮, 1587-1646) 등의 탄압을 받아 사직했고, 이후 순치 2년 청나라가 고향 소주 지역을 침략해 들어오자 식음을 전폐하여 향년 61세에 스스로 목숨을 끊었다.[1] 그는 청 건륭 41년(1776)에 절감(節憨)이라는 시호를 받았다. 그의 저서는『장물지』이외에『금문집(金門集)』·『토보연(土寶緣)』·『일엽집(一葉集)』·『개독전신(開讀傳信)』·『재칩(載蟄)』·『청요외전(淸瑤外傳)』·『무이외어(武夷外語)』·『문생소초(文生小草)』·『향초시선(香草詩選)』·『대종쇄록(岱宗瑣錄)』·『대종습유(岱宗拾遺)』·『신집(新集)』·『금보(琴譜)』·『이로원집(怡老園集)』·『향초타전후지(香草沱前後志)』·『분도시주(墳陶詩注)』·『전동야어(前東野語)』·『주릉죽지(株陵竹枝)』·『청계신영(淸溪新咏)』등이 있다.

『장물지』는 문진형이 천계원년(1621)에 완성한 책으로, 실려(室廬)·화목(花木)·수석(水石)·금어(禽魚)·서화(書畵)·궤탑(几塌)·기구(器具)·의식(衣飾)·주거(舟車)·위치(位置)·소과(蔬果)·향명(香茗)의 12권으로 이루어 졌으며, 각각의 카테고리 아래 세분화되어 모두 269개 항목이 수록되어 있다. 그 실질적 내용을 보면 건축·서화·가구·문

---

1)『江南通志』권153,『吳中人物考』참조.

방사우 · 골동 · 원예 · 조경 · 동식물 · 음식 · 복식 · 교통수단에 이르기까지 다양한 내용을 다루고 있다.

이러한 범위의 방대함 때문에 『장물지』는 『사고전서 · 자부(四庫全書子部)』에서는 송 조희곡(趙希鵠, 1231년 전후 생존)의 『동천청록(洞天淸錄)』· 명 조소(曹昭, 1388년 전후 생존)의 『격고요론(格古要論)』· 장응문(張應文, 1524-1585)의 『청비장(淸秘藏)』· 고렴(高濂, 1573-1620)의 『준생팔전(遵生八箋)』, 도륭(屠隆, 1541-1605)의 『고반여사(考槃餘事)』· 동기창(董其昌, 1555-1636)의 『균헌청비록(筠軒淸必錄)』 등과 함께 기존에 없었던 서술과 내용이 담긴 문헌으로 인식하여 잡가류(雜家類)로 분류하였다. 또한 『사고전서』의 대표 편집자 기윤(紀昀)은 송 조희곡의 『동천청록』을 『장물지』의 연원으로 삼았으며, 명말 도륭(1541-1605)의 『고반여사』를 많이 참고했다고 설명하였다.[2]

이러한 단편적인 문헌학적 고찰만으로도, 우리는 16-17세기 명말에 이르러 기존의 일반적인 글과는 다른 형태의 글쓰기와 내용이 담긴 문헌이 활발하게 출간되었음을 알 수가 있다. 이러한 이유와 배경은 명말 사대부의 생활과 연결을 지어 생각할 수 있다.

명대 사대부들이 고상한 취미생활에 몰두하고 이를 기록한 것은 송대의 보록(譜錄)까지 거슬러 올라 갈 수 있다. 송대에는 취미 생활에 대한 기록이 골동 · 서화 · 문방사우 · 차와 꽃 등 사대부 문화를 대표하는 몇몇 소재와 주제에 한정되어 있었으나, 명대에는 소소한 일상 생활용품 하나까지도 감상과 음미의 대상이 되었다. 이와 같이 일상에서 사용하는 사물을 대상으로 품평하고 기록하는 것은 바로 경제적으로 '잉여의 시대'가 전개되었음을 보여주는 지표로 삼을 수 있으며, 이는 다시 말해

---

2) 『四庫全書總目』123, 1059쪽 참조

더 이상 생존을 위해 먹고 쓰고 입는 것이 아니라는 것을 상징하고 있다. 이와 같은 시각을 좀 더 확대해 보면 일상의 사물은 이제 더 이상 생활이 아니라 예술이 될 수도 있다는 가능성을 갖게 되었다. 이러한 의미에서『장물지』는 명대를 중심으로 한 동아시아 전통시기 생활 미학의 실상을 이해하는데 아래와 같이 도움이 될 것으로 기대한다.

첫째,『장물지』는 명말 문인사대부들의 완상(玩賞) 대상이 되는 물품과 고상한 생활에 관한 백과전서이므로, 명말 문인사대부들이 사용했던 물품을 구체적으로 알 수가 있으며, 동아시아 생활 관련 미시사 연구자들에게 명말 문인사대부 문화에 대한 기초 자료를 제공할 수 있을 것으로 본다.

둘째,『장물지』에 실린 명말 문인사대부들이 관심을 가졌던 다양한 방면의 물질 하나하나에 대한 견해와 설명을 문화사적인 시각으로 접근한 문헌 연구를 통해, 명말 물질문화와 소비문화 및 시각문화에 대한 연구를 더욱 심화시키는데 일조할 것으로 보인다. 특히 이를 통해 명말 물질문화 · 소비문화 · 시각문화 뿐만 아니라, 더 나아가 당시의 도시문화와 놀이문화 및 생활문화까지도 심도 있게 이해할 수 있을 것으로 기대한다.

셋째, 물질이란 인간의 사유를 움직이는 중요한 동력이고 장물(長物, 남는 물건) 역시 소유욕을 유발하는 매력적인 그 무엇인 것임이 분명하다.『장물지』에 대한 연구는 소비 형태, 겉으로 드러난 취미 등 외적인 현상에만 주목하는 기존의 단선적인 연구시각을 탈피하여, 명말 문인사대부가 장물에 대해 가지고 있었던 심리와 지향하는 바가 무엇인지를 다룸으로써, 입체적이고 융합적인 연구를 기대할 수 있다.

이에 관련 연구의 활성화를 위해 연구자와 독자들에게『장물지』의 일

독을 권하며, 이 책을 번역하는 과정에서 나온 오류에 대해 많은 질정을
부탁드린다.

2017년 10월 역자 일동

▌목차▐

권3 ━━━━━━━━━━━━━━━━━━━━━━━━

수석水石

권4

새와 물고기禽魚

『장물지』 서(序) 심준택(沈春澤)

숲과 계곡이 그윽하고 빼어난 곳을 앞세우고, 술과 차를 품평하여 우열을 결정하며, 도서(圖書)와 배당(杯鐺)[1] 종류를 소장하여 배치하는 일이, 세상에는 한가로운 일이고 자신에게는 남아도는 물건이지만, 사람을 품평하는 경우에는 이러한 일에 얼마나 운치가 있고 재능과 애정이 있는가를 관찰하는데, 무엇 때문인가? 고금에 걸쳐 있는 맑고 화려하며 아름답고 오묘한 기운을 귀와 눈 앞으로 가져와 나와 호흡하도록 제공하기 때문이다. 천지간의 자질구레하고 번잡한 물건을 탁자와 방석 위로 찾아 모아와 나의 지휘를 받도록 하기 때문이다. 날마다 사용하려고 하지만 추워도 입지 못하고 배가 고파도 먹을 수 없는 물건을 가지고, 공벽

---

1) 배당(杯鐺): '배(杯)'는 술그릇이고, '당(鐺)'은 데우는 그릇으로 약당(藥鐺)이나 다당(茶鐺)과 같은 것이다. 『남사 · 진훤전(南史 · 陳暄傳)』에서 "진훤(陳暄)이 형의 아들 진수(陳秀)에게 주는 글에서 '하수조(何水曹)의 안목은 술잔과 솥을 알아보지 못하고, 내 입에서는 표주박이 떠나지를 않는다.'라고 하였다.(暄與兄子秀書曰, 何水曹眼不識杯鐺, 吾口不離瓢杓.)"라고 하였다.【原註】
   * 약당(藥鐺)과 다당(茶鐺): 약을 달이거나 차를 끓이는데 사용하는 솥으로, 청동이나 도자기나 철이나 돌로 제작하였으며, 3개의 다리가 있거나 없기도 하다.【역주】
   * 남사(南史): 80권. 남조 송 무제(武帝) 영초원년(永初元年, 420)부터 진(陳) 후주(後主) 정명(禎明) 3년(589)까지의 송(宋) · 제(齊) · 양(梁) · 진(陳) 175년간의 역사를 기록한 정사. 수당시기의 역사학자 이대사(李大師, 570-628)와 그의 아들 사학자 이연수(李延壽, ?-?)가 편찬하였다.【역주】
   * 진훤(陳暄, ?-607?): 의흥(義興) 국산國山, 지금의 강소성 의흥시(宜興市) 장저진(張渚鎭) 경내] 사람으로, 진 후주의 압객(狎客, 권세가를 모시고 즐겁게 하는 사람)이었다.【역주】
   * 하수조(何水曹): 남조 양(梁)나라 문학가 하손(何遜, 472-519)은 건안왕(建安王)의 수조(水曹)를 역임하여 '하수조'라고 불렸으며, 그 당시에 시인 음갱(陰鏗, 511?-563?)과 함께 '음하(陰何)'로 불렸다.【역주】

(拱璧)²⁾보다 높이 받들고 천금(千金)을 가볍게 사용하여, 나의 비분강개와 불평불만을 의탁하는데, 진정한 운치와 진정한 재능 및 진정한 애정이 없이 이기려는 것은 그 정조(情調)가 다른 것이다.

근래 부귀한 집안의 자식으로서 한두 명의 용렬한 사람이나 어리석은 사람과 더불어 경박하게 훌륭한 일이라고 스스로 주장하지만, 매번 감상을 하면 입에서 나오는 말이 바로 저속하고, 손에 넣은 기물은 바로 투박한데도, 어루만지며 고이 간직하는 상황이 제멋대로 극치에 이르고, 그렇게 모욕을 당하는 상황이 점점 심해지므로, 마침내 진정한 운치와 진정한 재능 및 진정한 애정을 가진 선비들이 서로 경계하여 고상하고 멋진 일을 말하지 않게 되었다. 아! 이 또한 지나친 것이리라! 사마상여(司馬相如)³⁾가 탁문군(卓文君)⁴⁾을 데리고 도망 나와 수레와 말을 팔아 술

---

2) 拱璧(공벽): 대형 벽(璧)이다. 『좌전 · 양공28년(좌전 · 襄公二十八年)』에서 "나에게 공벽을 주네(與我其拱璧.)"라고 하였다. 지금은 그 물건을 애지중지할 때 '공벽처럼 진귀하게 여긴다.(珍如拱璧.)'라고 한다.【原註】
   * 공벽(拱璧): 벽(璧)은 중앙에 구멍이 뚫려 있는 납작한 옥으로 만든 예기(禮器)의 하나이다. 두 손으로 받들어야(拱) 할 만큼 커다란 벽(璧)이므로 '공벽'이라 한다.【역주】
   * 좌전(左傳): 35권. 『춘추좌씨전(春秋左氏傳)』. 유가 13경의 하나. 춘추말기 노나라 사학자이자 사상가 좌구명(左丘明, B.C.502?-B.C.422)의 저술로, 노(魯)나라 은공(隱公) 원년(B.C.722)부터 애공(哀公) 27년(B.C.468) 사이의 사건을 기술한 역사서이자 문학작품이다.【역주】
3) 사마상여(司馬相如, B.C.179-B.C.118): 한나라 성도(成都, 사천성) 사람으로, 자(字)는 장경(長卿)이며, 경제시기(景帝時期, 재위 B.C.157-B.C.141)에 무기상위(武騎常衛)가 되었고, 무제시기(武帝時期, 재위 B.C.141-B.C.87)에 조정으로 불러서 낭관(郎官, 시종관)이 되었으며, 서남지역의 오랑캐와 교통하는 데에 공이 있어 뒤에 효문원령(孝文園令)에 임명되었다. 사령(辭令, 사교와 외교에 적당한 언어)에 뛰어났으며, 그가 창작한 「자허(子虛)」·「상림(上林)」·「대인(大人)」등의 부(賦, 운문의 일종)는 어휘가 풍부하고 화려하여 한 · 위 · 육조(六朝)의 문인들이 많이 모방하였다.【原註】
4) 탁문군(卓文君, B.C.175-B.C.121): 한나라 임공[臨邛, 지금의 사천성 공래(邛崍)] 사람으로 탁왕손(卓王孫, ?-?, 서한시기의 거부)의 딸이다. 사마상여가 탁왕손의 집에서 술을 마셨으며, 탁문군은 막 과부가 되었는데, 사마상여가 거문고로 마음

집을 사서, 탁문군은 술을 팔고 설거지를 하며, 독비곤(犢鼻褌)5)을 입은
사마상여의 곁에서 서로 어울렸다. 도연명(陶淵明)6)은 "사방 10여 무
(畝)7)의 땅, 초옥 8-9칸(方宅十餘畝, 草屋八九間.)8)이라 읊으며, 국화가
무더기로 피어나고 소나무는 외롭게 서 있는 곳에서 술이 있으면 바로
마셔버렸다. 두 경우 다 처해 있는 상황은 다르지만, 추구하는 목표는
일치하였다. 왕유는 차 끓이는 솥·약을 찧는 절구·경안(經案)과 승상
(繩床)9)을 가지고 있었다. 백거이는 명희(名姬)와 준마(駿馬)10)를 소유

을 움직여, 탁문군이 사마상여와 야반도주를 하였다.【原註】

5) 독비곤(犢鼻褌): 독비곤(犢鼻褌)은 바로 모양이 소 코뚜레와 같은 짧은 바지로 겨
   우 무릎의 위를 가리는 것이며, 본래 용보(庸保, 고용인)의 복장이다. 한나라 사마
   상여가 스스로 독비곤을 입고 술을 팔며 설거지를 하였다. 바로 지금 작업할 때의
   앞치마이다.【原註】

6) 도연명(陶淵明): 도잠(陶潛, 352 또는 365-427). 진(晋) 심양(潯陽, 지금의 강서성
   구강시(九江市)] 사람. 일명 '연명(淵明)'으로 자(字)는 원량(元亮)이며, 도간(陶侃,
   259-334. 동진의 명장)의 증손으로 성격이 고상하였으며, 일찍이 팽택령(彭澤令,
   팽택은 지금의 강소성 구강시에 예속)을 하였다. 집안이 가난하였으나 즐겁게 도
   를 즐기고 술 마시기와 산수 유람을 좋아하였다. 세상에서 '정절선생(靖節先生)'이
   라 하였다.【原註】

7) 무(畝): 1무는 666.7평방미터. 10무는 옛날 단위로 2,000평.【역주】

8) 方宅十餘畝, 草屋八九間(방택십여무, 초옥팔구간): 출처는 도연명의 시 「귀원전거
   (歸園田居)」의 제1수. 方宅(방택)은 방원(方圓, 사방)으로 풀이하였으며, 방택(旁
   宅, 집 옆에)으로 풀이하기도 한다.【역주】

9) 경안(經案)과 승상(繩床): 경안(經案)은 경전을 놓는 탁자. 승상(繩床)은 바로 호상
   (胡床, 접이식 의자). 『진서·불도징전(晋書·佛圖澄傳)』에서 "승상에 앉아 안식
   향(安息香)을 태운다.(坐繩床, 燒安息香.)"라고 하였다.
   『당서·왕유전(唐書·王維傳)』에서 "왕유가 경성에 있을 때, 매일 십 수 명의 승려
   에게 밥을 먹이고 현담(玄談)을 낙으로 삼았는데, 집안에 가진 것이 없고 오직
   차 끓이는 솥·약 절구·경상(經床)·승상뿐이었다.(維在京師, 日飯十數名僧, 以
   玄談爲樂, 齋中無所有, 唯茶鐺藥臼經案繩床而已.)"라고 하였다.
   『자가록(資暇錄)』에서 "근래 승상은 모두 등받이가 짧아 '절배양(折背樣)'이라 하
   며, 높이가 등의 반에 미치지 못하여 기대면 반드시 뒤로 젖혀지려 하여 척추가
   매우 불안한 것을 말하며, 역시 중귀인(中貴人)이 창조한 양식이다.(近者繩床皆短
   其倚衡, 曰折背樣, 言高不及背之半, 倚必將仰, 脊不遑縱, 亦由中貴人創意也.)"라
   고 하였다.

했고, 동정호(洞庭湖)[11])에서 수석을 채취했으며[12], 여산(廬山)[13]) 언덕

繩(승)자는 承(승)자로 써야 하며, 가벼운 뇌물(輕賚)이 사람을 따라 오고갈 수 있다는 말이다.【原註】

* 진서(晋書): 130권. 당나라 재상 방현령(房玄齡, 579-648) 등 21인의 합작으로, 삼국시대부터 동진 공제(恭帝) 원희(元熙) 2년(420)까지의 역사를 기록한 정통 역사서.【역주】
* 불도징(佛圖澄, 232-348): 인도 출신의 고승. 9세에 출가하였으며, 진(晋) 회제(懷帝) 영가(永嘉) 4년(310)에 79세의 나이로 낙양(洛陽)에 이르러 불교를 포교하였다.【역주】
* 안식향(安息香): 지금의 중앙아시아의 이란과 아라비아 반도에서 산출되는 과립형태 향료의 일종. 권12「향명(香茗)」참고.【역주】
* 자가록(資暇錄): 3권. 『자가집(資暇集)』이라고도 한다. 당나라 관리 이광문(李匡文, ?-?)이 각종 사실을 고증한 내용을 기록한 필기(筆記, 수필식의 기록).【역주】
* 중귀인(中貴人): 제왕이 총애하는 가까운 신하. 높은 사람을 모시는 환관.【역주】
10) 명희(名姬)와 준마(駿馬): 당나라 백거이의 집안에 있던 기녀로서 저명한 사람에 번소(樊素)와 소만(小蠻)이 있었으며, 준마로는 소백마(小白馬)와 낙마(駱馬)가 있었다. 모두 백거이의 『장경집(長慶集)』에 보인다.【原註】
* 장경집(長慶集): 『백씨장경집(白氏長慶集)』. 당나라 목종(穆宗, 재위 820-824) 장경연간(長慶年間, 821-824)에 편집되어 '장경집'이라 하였다. 원서는 75권이었으나, 현재 71권이 전하며, 시문 3,600여 편이 수록되어 있다.【역주】
11) 동정호(洞庭湖): 호남성 북부와 장강의 중류인 형강(荊江) 남쪽 기슭에 위치하는 중국에서 두 번째로 큰 담수호. 본문에서 백거이가 "동정호에서 수석을 획득했다.(攫石洞庭.)"고 했으나, 『구당서·백거이전(舊唐書·白居易傳)』에 따르면 "소주자사를 그만둘 때에 태호석(太湖石) 5개를 획득하였다.(罷蘇州刺史時, 得太湖石五.)"고 했으므로, 동정호가 아니라 태호석이 산출되는 '태호(太湖)'라 해야 한다. 태호(太湖)는 강소성 남부의 장강 중하류에 있는 중국 오대호의 하나로서, 태호석이 산출된다. 태호석은 권1「계단」의 원주 참고.【역주】
12) 攫石洞庭(확석동정): 『구당서·백거이전(舊唐書·白居易傳)』에서 "백거이가 소주자사(蘇州刺史, 825-826)를 그만둘 때, 태호석(太湖石) 5개·백련(白蓮, 하얀 연꽃)·절요릉(折腰菱)·청판방(青板舫)을 얻어서 돌아왔다.(樂天罷蘇州刺史時, 得太湖石五白蓮折腰菱青板舫以歸.)"라고 하였다.【原註】
* 攫石洞庭(확석동정): 동정호에서 수석을 획득하다. 원주에 따르면 동정호가 아니라 태호이다.【역주】
* 구당서(舊唐書): 200권. 후진(後晋) 천복(天福) 5년(940)에 시작하여 개운(開運) 2년(945)에 완성되었으며, 재상 유구(劉昫, 887-946)와 관리 장소원(張昭遠, ?-?) 등 9명이 편찬하였다. 당나라 고조(高祖) 무덕원년(武德元年, 618)부터 애제(哀帝) 천우(天佑) 4년(907)까지 290년의 역사를 기록하였다.【역주】
* 절요릉(折腰菱): 마름의 일종으로 뿔이 두 개 인 것.【역주】

에 집을 지었다[14]. 소식[15]은 서호(西湖)[16]에서 노래하고 춤추는 기녀와 통쾌하게 노닐었고, 안개 낀 적벽(赤壁)[17]에서 경쾌하게 배를 띄웠으며, 선인(禪人)[18]과 술 동무를 하고 설당(雪堂)[19]에서 휴식하였다. 사치와

---

* 청판방(靑板舫): 푸른색의 판자로 만든 작은 배.【역주】
13) 여산(廬山): 강소성 구강시(九江市)에 있는 해발 1,474m의 명산.【역주】
14) 結堂廬阜(결당려부):『구당서・백거이전(舊唐書・白居易傳)』에서 "강주사마(江州司馬)에 임명되었다. …… 분성(潯城)에 있으면서, 여산(廬山) 유애사(遺愛寺)에 은거할 집을 지었다.(授江州司馬. …… 在潯城, 立隱舍於廬山遺愛寺.)"라고 하였다.【原註】
    * 結堂廬阜(결당려부): 여산 언덕에 집을 짓다.【역주】
    * 분성(潯城): 지금의 강소성 구강시(九江市) 강주구(江州區) 경내.【역주】
    * 원주에서 인용한『구당서・백거이전(舊唐書・白居易傳)』의 마지막에 "自著草堂集"이라는 구절이 있으나, 현재『구당서・백거이전(舊唐書・白居易傳)』과『신당서・백거이전(舊唐書・白居易傳)』에 이러한 구절이 없으므로 삭제하였다.【역주】
15) 소식(蘇軾, 1037-1101): 송나라 미산(眉山, 지금의 사천성 미산시) 사람으로 자(字)는 자첨(子瞻)이며 또 다른 자(字)는 장공(長公)이다. 가우시기(嘉祐時期, 1056-1063)에 진사가 되어 왕안석(王安石)과 정치적인 견해가 합치하지 않아 황주(黃州, 지금의 호북성 황강시(黃岡市) 황주구(黃州區)로 좌천되었으며, 동파(東坡)에 집을 짓고 '동파거사(東坡居士)'라 자칭하였다. 시문과 서화에 정통하였다.【原註】
    * 동파(東坡): 호북성 황주 황주성 동문 밖에 있는 언덕. 백거이가 충주자사(忠州刺史)를 할 때, 충주성 동쪽의 산언덕에 꽃을 심고 그 지역을 '동파(東坡)'라 하였으며, 소식이 이것을 본받아 '동파'라 하였다.【역주】
16) 서호(西湖): 절강성 항주시 서부에 있는 호수로 수많은 명승고적이 있으며, 세계문화유산으로 등록되었다. 백거이가 쌓았다는 제방인 백제(白堤)와 소식이 쌓았다는 제방인 소제(蘇堤)가 있다.【역주】
17) 적벽(赤壁): 본래는 삼국시대 적벽대전(赤壁大戰)이 일어난 장소로, 지금의 호북성 적벽시(赤壁市) 서북부에 있으며, 강가 절벽에 '적벽(赤壁)'이라는 두 글자가 새겨져 있다. 오나라 주유(周瑜, 175-210)가 조조(曹操)의 대군을 격파하고 검을 휘둘러 새겼다는 전설이 있으나, 서체가 당나라 시대이므로 당대에 새겨졌다고 추정된다. 소동파가「적벽부(赤壁賦)」를 지은 적벽은 호북성 황강현(黃岡縣)에 있으며 '적벽기(赤壁磯)'라 한다.【역주】
18) 선인(禪人): 소식의 친구 불인화상(佛印和尙, 1032-1098)을 가리킨다. 송나라 진강(鎭江, 강소성) 금산사(金山寺)의 승려 요원(了元)은 자(字)가 불인(佛印)으로 말재주가 있었으며, 소동파가 불인화상과 우의가 깊었다.【原註】
19) 설당(雪堂): 소식의「후적벽부(後赤壁賦)」에 "설당에서 걸어 임고정(臨皐亭)으로 돌아가려 하네.(步自雪堂, 將歸於臨皐.)"라는 구절이 있다. 설당은 건물의 명칭으

『장물지』 서(序) 심준택(沈春澤)

검소가 서로 다르지만 결국에는 도에 걸림이 없었으니, 진정 그 운치와 재능 및 애정을 스스로 숨길 수 없었을 뿐이다. 내가 줄곧 이러한 논리를 가지고 사람들에게 알려주었는데, 오직 나의 친구 문진형(文震亨)20)만 고개를 매우 끄덕거렸다. 봄이 오자 자신이 지은『장물지』12권을 꺼냈는데, 공의 기예가 모인 것으로 다시 내게 서문을 부탁하였다. 내가 문진형의『장물지』를 살펴보았는데,「가옥(室廬)」편에는 규범이 있으며, 높고 아름다우면서 예스럽고 청결한 것을 귀하게 평가하였다.「꽃과 나무(花木)」·「수석(水石)」·「금어(禽魚)」편에는 조리가 있으며, 아름다우면서 오래가고 적합하면서도 마음이 끌리는 것을 귀하게 평가하였다.「서화(書畵)」편에는 목록이 있으며, 신기하고 표일하며 출중하면서 길고 멀리 전해지는 것을 귀하게 평가하였다.「궤탑(几榻)」편에는 법도가 있고「기구(器具)」편에는 양식이 있으며,「위치(位置)」편에는 정해진 법칙이 있어, 정밀하면서 편리하고 간결하면서도 잘 재단하였으며, 교묘하면서

로 소동파가 세웠으며, 일찍이 글을 지어 기념하였다. 옛터는 황강현 동쪽에 있으며, 동파는 또 집 앞에 매화나무 한 그루를 심었는데, 명나라 가정연간 이후에 비로소 시들어죽었다.

『동파지림(東坡志林)』에서 "소식이 동파의 옆에 황폐한 정원을 얻어, 집을 짓고 담을 두르고 당(堂)을 만들어 본채를 '설당'이라 하였는데, 큰 눈이 내리는 가운데 완성되었으므로, 사방 벽에 눈을 그려 조그만 공백이 없었다. 그 안에 기거하면서 누웠다 일어나며 사방을 돌아보면 눈이 아닌 게 없었다. 소식이 이러한 곳에 거주하니, 진실로 살기에 적당한 곳을 찾은 것이다.(蘇子得廢園於東坡之脇, 築而垣之, 作堂焉, 號其正曰雪堂, 以大雪中爲, 因繪雪於四壁之間, 無容膝也. 起居偃仰, 環顧睥睨, 無非雪者. 蘇子居之, 眞得其所居者也.)"라고 하였다.【原註】

* 임고정(臨皐亭): 황주의 장강 가에 있던 역참. 소식이 1080년에 황주로 좌천되자 황주태수 서군유(徐君猷, ?-?)가 임고정에 소동파를 머물게 하였다.【역주】

* 동파지림(東坡志林): 5권. 소식이 원풍(元豐)에서 원부(元符)까지 20여 년 동안 지은 잡설과 역사 평론을 수록한 문집. 송대에는『동파수택(東坡水澤)』이라고도 하였다.【역주】

20) 문진형(文震亨, 1585-1645): 장물지의 저자. 자(字)는 계미(啓美). 장주(長洲, 지금의 강소성 소주시) 사람.【역주】

자연스러운 것을 귀하게 평가하였다. 「옷차림과 장식(衣飾)」편에는 왕
씨(王氏)와 사씨(謝氏)21)의 풍격이 있으며, 「주거(舟車)」편에는 무릉(武
陵)22)과 촉도(蜀道)23)의 이상(理想)이 있고, 「소과(蔬果)」편에는 신선

---

21) 왕씨(王氏)와 사씨(謝氏): 왕씨와 사씨의 두 성씨는 육조시기의 명망이 있는 귀족
   이므로, 문벌을 말할 경우에 반드시 '왕사(王謝)'라고 한다. 『남사(南史)』에서 "후
   경이 왕씨와 사씨 가문에 장가들기를 요청하였다. 황제가 '왕씨와 사씨는 문턱이
   높으니 너의 짝이 아니며, 주씨(朱氏)와 장씨(張氏) 이하를 찾아가는 게 좋겠다.'고
   하였다.(侯景請娶於王謝. 帝曰, 王謝門高, 非偶, 可於朱張以下訪之.)"라고 하였다.
   【原註】
   * 왕사(王謝): 육조시기 명문 귀족인 낭야(琅琊, 지금의 산동성 남부 연해지구에
     있던 지명) 왕씨(王氏)와 진군(陳郡, 하남성에 있던 고대 지명) 사씨(謝氏). 서진
     (西晋) 영가(永嘉) 5년(311)에 흉노족이 낙양을 함락시키고 회제(懷帝, 재위
     307-311)를 포로로 잡아간 '영가의 난'이후, 왕씨와 사씨가 금릉(金陵, 지금의
     남경)으로 이주하였으며, 왕도(王導, 276-339. 동진의 정치가이자 서예가)와 사
     안(謝安, 320-385. 동진 정치가) 및 그의 후손들이 강남지역의 정치와 문화를
     좌지우지하여 문벌을 형성하였으므로, 왕사(王謝)라는 말이 문벌 귀족의 대명사
     가 되었다.【역주】
   * 후경(侯景, 503-552): 본래 갈족(羯族)으로, 남조 양나라의 군벌이 되어 548년에
     '후경의 난'을 일으켜 551년에 스스로 황제가 되었으나, 그 다음해에 패하여 사
     망하였다.【역주】
   * 주씨(朱氏)와 장씨(張氏): 위진남북조시기 오군(吳君, 지금의 소주시)의 4대 가
     문으로 고씨(顧氏)·육씨(陸氏)·주씨(朱氏)·장씨(張氏)가 있었으며, 동한시기
     부터 300여 년 동안 그 당시의 정치와 군사 부분에 막대한 영향을 미쳤다.【역주】
22) 무릉(武陵): 무릉군(武陵郡)은 한나라에서 설치하였으며, 관청은 의릉(義陵)에 있
   었다. 후한시기에 관청이 임원(臨沅)으로 옮겼으며, 지금의 호남성 상덕현(常德
   縣) 서쪽에 있다. 진나라 도연명의 「도화원기(桃花源記)」에서 대강 무릉의 어부가
   복사꽃이 피어난 숲으로 들어가 진(秦)나라 시기에 피난한 사람을 만났으며, 다시
   찾아갔으나 그 곳을 찾지 못했다고 기술하였다. 후대로 전해져 무릉은 선경(仙境)
   의 의미가 있게 되었다.【原註】
23) 촉도(蜀道): 『십삼주지(十三州志)』에서 "진(秦) 혜왕(惠王, 재위 B.C.337-B.C.311)
   이 촉도를 알 수 없자, 돌로 소 5마리를 조각하여 꼬리 아래에 황금을 놓고 '이것은
   하늘의 소로 황금 똥을 쌀 수 있다.'고 말하였다. 촉나라 사람이 이 말을 믿고
   다섯 명의 역사를 시켜 소를 끌고 길을 만들어 성도(成都, 사천성의 수도)에 이르
   렀다.(秦惠王未知蜀道, 乃刻石牛五頭, 置金於尾下, 言此天牛, 能糞金. 蜀人信之,
   令五丁共引牛成道, 致之成都.)"라고 하였다.
   최호(崔灝)의 시에서 "푸른 산이 촉도에 가득하네.(靑山滿蜀道)"라고 하였다.【原註】

세계의 참외처럼 커다란 대추의 맛이 있으며, 「향과 차(香茗)」편에는 순령(荀令)[24]과 옥천(玉川)[25]의 기이한 버릇이 있어, 그윽하여 어렴풋하고 담담하여 음미할 수 있는 것을 귀하게 평가하였다.

법률과 요지는 대부분 즐겁게 놀며 장난치고 이리저리 꾸미는 와중에 모두 가버리고, 번잡하고 사치한 것을 제거하려는 의도는 남았다. 어찌 용렬한 사람과 어리석은 사람이라고 그 대강을 엿볼 수가 없을 것인가? 가령 세상에 진정한 운치와 진정한 재능 및 애정을 가진 선비가 있으면, 기이함을 다투고 신기한 것을 선택할 때, 하는 수 없이 자신의 뜻을 굽혀 문진형을 모범으로 받들 것이므로, 진실로 천하에서 통쾌한 책이며 우리에게 통쾌한 일일 것이다.

---

* 촉도(蜀道): 고대 장안(長安, 지금의 서안시)에서 사천성으로 들어가는 도로. 진령(秦嶺)과 파산(巴山)을 통과하므로 극히 지나가기가 어려웠으므로, 매우 가기 어려운 길의 대명사가 되었다. 진 혜왕의 고사에서 유래하였으며, 섬서성 한중(漢中)에서 출발하여 오정관(五丁關)을 지나 성도(成都)에 이르는 약 600km의 노정인 금우도(金牛道)가 포함된다.【역주】

* 십삼주지(十三州志): 10권. '『십삼주기(十三州記)』'라고도 한다. 북위의 지리학자 감인(闞駰, ?-?)이 중국 전역의 지리를 기록한 인문지리서. 지금은 산일되었다.【역주】

* 최호(崔灝, ?-754): 「황학루(黃鶴樓)」시로 유명한 당나라의 시인. 인용된 시의 제목은 「여덟째 노상(盧象, 화가)에게 증정하여(贈盧八象)」이다.【역주】

24) 순령(荀令): 순령(荀令)은 바로 순욱(荀彧, 163-212)으로 자(字)는 문약(文若)이며, 동한 영음(潁陰, 지금의 하남성 허창시(許昌市) 경내) 사람으로, 향을 좋아하였다. 습착치(習鑿齒)의 『양양기(襄陽記)』에서 "순령군이 인가에 도착하여 실내에 앉으며, 사흘동안 향기가 가시지 않았다.(荀令君至人家, 坐幄, 三日香氣不歇.)"라고 하였다.【原註】

   * 습착치(習鑿齒, ?-383): 자(字)는 언위(彦威), 양양(襄陽, 지금의 호북성 양양시) 사람. 동진의 저명한 사학가이며 문학가.【역주】

   * 양양기(襄陽記): 5권. 원명 『양양기구기(襄陽耆舊記)』. 양양 지역의 인물과 산천 및 도시 그리고 관리를 기록한 필기.【역주】

25) 옥천(玉川): 옥천(玉川)은 노동(盧仝, 795?-835)으로 호가 옥천자(玉川子)이며, 당나라 제원(濟源, 지금의 하남성 제원시) 사람으로, 박학하고 시에 정통하였으며, 차의 품평에 뛰어나 『다가(茶歌)』를 지었다.【原註】

내가 그래서 문진형에게 이렇게 말하였다. "그대 집안의 선친(先親) 문징명(文徵明)26)은 온순하고 인정이 두터우며 예스럽고 질박한 풍류로 소주(蘇州)에서 으뜸이었으며, 거의 백년이 다 되도록 차례로 전해져 가문의 명성이 향기롭게 멀리 퍼졌고, 시 속의 그림이고 그림 속의 시로서, 소주 지역에서 교묘한 사고와 오묘한 솜씨를 다 발휘해도, 결국에는 그대 집안의 울타리에서 벗어나지 못하였다. 내가 지난날 그대를 방문하여 매일 편하게 지냈는데, 선연(嬋娟)27)으로 당(堂)을 삼고, 옥국(玉局)28)으로 서재를 삼아 사람으로 하여금 이루 다 그릴 수 없도록 했지만, 이 책은 항상 그대의 몸에 지녀 붓을 움직이고 종이를 낭비했으니,

---

26) 문징명(文徵明, 1470-1559): 원명은 벽(壁), 자(字)는 징명(徵明). 42세부터 자(字)로 행세하였으며 징중(徵仲)으로 고쳤다. 호는 형산거사(衡山居士)이며 세상에서 '문형산(文衡山)'이라 불렸다. 장주(長州, 지금의 강소성 소주) 사람이다. 명대의 저명한 서화가이자 문학가이다. 한림원대조(翰林院待詔)를 하여 '문대조(文待詔)'라고도 불렸다. 문집에『보전집(甫田集)』이 있다. 심주(沈周, 1427-1509. 서화가)와 함께 오파(吳派)를 창시하였다.【역주】

27) 선연(嬋娟): 자태가 아름답다는 의미. 여기서는 문진형의 향초타원(香草垞園)의 건물 이름을 가리킨다. 청 도광시기(1821-1850)의『소주부지(蘇州府志)』에서 "향초타는 고사항(高師巷)에 있으며, 그 안에 사선연당(四嬋娟堂)……옥국재(玉局齋)가 있다.(香草垞在高師巷, 中有四嬋娟堂……玉局齋.)"라고 하였다. 맹교(孟郊)의 시에서 "꽃은 아름다워 봄 샘물에 떠 있고, 대나무 아름다워 새벽안개가 휘감고 있네. 기생은 아름답지만 오래도록 아름답지 못하고, 달은 아름답지만 진실로 가련하네.(花嬋娟, 汎春泉, 竹嬋娟, 籠曉烟. 妓嬋娟, 不長妍, 月嬋娟, 眞可憐.)"라고 하였다.【原註】
* 사선연당(四嬋娟堂): 맹교의 시「선연편(嬋娟篇)」에 묘사한 '네 가지 아름다움'에서 유래한 건물의 명칭.【역주】
* 맹교(孟郊, 751-815): 자(字)는 동야(東野), 호주(湖州) 무강[武康, 지금의 절강성 덕청현(德淸縣)] 사람. 당나라의 저명한 시인. 원주에서 인용한 시의 제목은「선연편(嬋娟篇)」이다.【역주】

28) 옥국(玉局): 문진형의 정원에 있는 건물의 이름. 앞의 원주 참고. 송 사관(祠官, 제사 담당관)에 옥국관제거(玉局觀提擧)가 있으며, 소식이 일찍이 이 관직을 했으므로 '옥국(玉局)'이라고도 한다.【原註】
* 옥국(玉局): 바둑판. 사천성 성도에 있는 도관(道觀)의 명칭.【역주】

또 쓸 데 없는 일을 한 것이 아닌가?" 문진형이 "그렇지 않다. 나는 바로 소주 사람들의 마음과 솜씨가 날로 변할 것이 두렵다. 마치 그대가 말한 것처럼 작고 작은 한가로운 일과 남는 물건은 장차 근원은 있었으나 알 수 없게 될 것이므로, 잠시 이 책으로 방어하고자 한다."라고 하였다. 옳도다! "번잡하고 사치한 것을 제거한다.(删繁去奢.)"는 한 마디 말이 이 책의 서문이 되기에 충분하다. 내가 드디어 앞에 서술한 말로 충고하여 세상 사람들이 이 책을 보도록 하였으며, 문진형의 운치와 재능 및 애정을 가늠할 뿐만 아니라 문진형의 의도가 심오함을 알 수 있을 것이다. 심춘택(沈春澤)[29]이 삼가 쓰다.

序[30]

夫標榜[31]林壑[32], 品題[33]酒茗, 收藏位置圖史[34]杯鐺之屬, 於世爲閑事, 於身

---

29) 심춘택(沈春澤, ?-?): 명나라 상숙(常熟, 강소성) 사람. 『중수상소합지·인물지(重修常昭合志·人物志)』에서 "심춘택은 자(字)가 우약(雨若)으로 손님을 좋아하였으며, 시에 능하고 초서에 뛰어났으며, 난과 대나무를 그렸고 『추설당시집(秋雪堂詩集)』이 있다.(春澤字雨若, 好客, 能詩, 善草書, 畫蘭竹, 有秋雪堂詩集.)"라고 하였다.

또 『예문지(藝文志)』에서 "심춘택의 호는 죽일(竹逸)이고 심응과(沈應科, ?-?)의 손자이며, 국자감의 학생이다. 저서에 『추설당시산(秋雪堂詩刪)』·『우약음고(雨若吟稿)』·『회구시(懷舊詩)』·『서권(書卷)』이 있다.(沈號竹逸, 應科孫, 監生, 著有秋雪堂詩刪雨若吟稿懷舊詩書卷.)"라고 하였다.

명대 판본에는 '오흥(吳興, 지금의 절강성 호주시(湖州市)]'으로 되어있으며, 심춘택이 본적(本籍)을 스스로 말한 것으로 추정된다.【原註】

* 중수상소합지(重修常昭合志): 22권. 청말민국 문헌학자 정조음(丁祖蔭, 1871-1930)이 주관하여 편찬하였으며, 상나라부터 청나라까지 상숙의 역대 지방지를 망라하였다.【역주】

30) 序(서): 『장물지』의 서문이 명대 판본에는 책 앞머리에 있으며, 『총서집성초편(叢書集成初編)』에는 권말에 나열되어 있다.【原註】

* 총서집성초편(叢書集成初編): 4,000책. 4,107종의 상비하여 참고가 될 만한 고서적을 10류(類)로 나누어 집대성한 총서. 상무인서관(商務印書館)에서 1985년에 4,000책을 완간하였으며, 『장물지』는 예술류로 분류하였다.【역주】

爲長物35), 而品人者, 於此觀韻36)焉, 才與情焉, 何也. 挹37)古今淸華美妙之氣

---

31) 標榜(표방): '선양하다'의 의미. 『세설신어·품조(世說新語·品藻)』에서 "당시의 모범으로 악광(樂廣)의 짝이 되었다.(當時標榜, 爲樂廣之儷.)"라고 하였다.【原註】
   * 세설신어(世說新語): 현존 3권. 남조 송나라 문학가 유의경(劉義慶, 403-444)이 문하의 식객과 공동으로 편찬한 필기소설. 위진시기 명사들의 풍류에 얽힌 고사를 주로 기록하였다.【역주】
   * 악광(樂廣, ?-304): 자(字)는 언보(彦輔). 서진(西晉)의 명사. 상서령(尙書令)을 역임하여 '악령(樂令)'이라고도 한다. 저명한 청담가(淸談家, 도가적인 문제의 이론가) 왕연(王衍, 256-311)과 함께 서진시기 청담의 영도자였다.【역주】

32) 林壑(임학): 숲과 물이 그윽하고 깊숙한 곳. 구양수(歐陽修)의 『취옹정기(醉翁亭記)』에서 "저주성(滁州城) 서남의 여러 봉우리는 숲과 계곡이 더욱 아름답다.(其西南諸峰, 林壑尤美.)"라고 하였다.【原註】
   * 구양수(歐陽修, 1007-1072): 자(字)는 영숙(永叔), 호는 취옹(醉翁)과 육일거사(六一居士), 길주(吉州) 영풍(永豊, 지금의 강서성 길안시(吉安市) 영풍현) 사람. 북송의 정치가이자 문학가로 산문에 뛰어나 당송팔대가(唐宋八大家)의 한 사람으로 꼽힌다.【역주】
   * 취옹정기(醉翁亭記): 구양수가 지은 산문. 취옹정은 안휘성(安徽省) 저주시(滁州市) 서남 낭야산(琅琊山) 옆에 있으며, 중국 4대 정자의 하나로, 북송 경력(慶曆) 7년(1047)에 세워졌다. 1045년, 구양수가 저주로 좌천되었을 때 낭야산 낭아사(琅琊寺)의 주지(智仙)이 산기슭에 작은 정자를 지었으며, 구양수가 이것을 읊은 산문 「취옹정기(醉翁亭記)」를 지었다.【역주】

33) 品題(품제): 고하를 평론하여 명목을 정한다. 이백의 「한형주(韓荊州)에게 드리는 글(與韓荊州書)」에서 "한번 고하를 평론하여 명목을 결정하여 바로 훌륭한 선비가 되었습니다.(一經品題, 便作佳士.)"라고 하였다.【原註】
   * 한형주(韓荊州): 한조종(韓朝宗, 686-750). 당나라 정치가. 후학을 잘 이끌어주어 많은 존경을 받았다.【역주】

34) 圖史(도사): 서적. 『신당서·양관전(新唐書·楊綰傳)』에서 "성격이 침착하고 고요하여 혼자 방에 있었으며, 좌우가 모두 서적이고 쌓인 먼지가 탁자와 방석에 가득해도 태연하였다.(性沈靖, 獨處一室, 左右圖史, 凝塵滿席, 澹如也.)"라고 하였다.【原註】
   * 신당서(新唐書): 225권. 구양수(歐陽修, 1007-1072)와 송기(宋祁, 998-1061. 문학가)가 중심이 되어 편찬하였으며, 『구당서(舊唐書)』를 수정하고 증보하여 1060년에 완성한 당나라의 역사서.【역주】
   * 양관(楊綰, ?-777): 자(字)는 공권(公權), 화주(華州) 화음(華陰, 지금의 섬서성 화음현) 사람으로 당나라의 명재상.【역주】

35) 長物(장물): 여물(餘物, 남는 물건)이다. 『세설신어·덕행(德行)』에서 "왕공(王恭)은 사람됨이 남는 물건이 없었다.(恭作人無長物.)"라고 하였다.【原註】
   * 왕공(王恭, ?-398): 자(字)는 효백(孝伯). 산서성 태원(太原) 진양(晋陽) 사람으

於耳目之前, 供我呼吸. 羅³⁸⁾天地瑣雜碎細之物於几席之上, 聽我指揮. 挾日用寒不可衣饑不可食之器, 尊踰³⁹⁾拱璧, 享輕千金, 以寄我之慷慨不平, 非有眞韻眞才與眞情以勝之, 其調弗同也.

近來富貴家儿與一二庸奴⁴⁰⁾鈍漢⁴¹⁾, 沾沾⁴²⁾以好事自命, 每經賞鑑, 出口便

로 동진의 외척이며 대신.【역주】

36) 觀韻(관운): 觀(관)은 察(찰, 살펴보다)로 풀이한다. 韻(운)은 풍도(風度, 풍채와 태도)와 풍운(風韻, 풍류와 운치)으로 풀이한다.【原註】

37) 挹(읍): '움켜쥐다'의 의미. 『시경·대아·형작(詩經·大雅·泂酌)』에서 "저것을 움켜다 이것에 붓는다.(挹彼注玆.)"라고 하였다.【原註】
   * 시경(詩經): 중국 최초의 시가집으로 기원전 11C부터 기원전 6C에 이르는 시기의 고대 시가 305수가 실려 있다. 저자는 알 수 없으며, 주선왕(周宣王)시기의 대신 윤길보(尹吉甫, B.C.852-B.C.775)가 채집하고 공자(孔子, B.C.551-B.C.479)가 정리했다고 한다. 최초에는 『시(詩)』나 『시삼백(詩三百)』으로 불리다가, 서한시기에 유가의 경전으로 받들어져 『시경(詩經)』이 되었다. 주나라 시기 각지의 민요인 「풍(風)」·주나라의 아악(雅樂)인 「소아(小雅)」와 「대아(大雅)」·주 왕실과 귀족의 종묘제사 음악인 「송(頌)」으로 구성되어 있다.【역주】

38) 羅(라): '사로잡다'와 '찾아 모으다'의 의미이다.【原註】

39) 尊踰(존유): 존유(尊逾)와 동일하며, '존중하고 뛰어 넘는다'는 의미.【原註】

40) 庸奴(용노): 평범하여 부림을 당하는 사람. 『한서·장이전(漢書·張耳傳)』에서 "외황(外黃) 부자의 딸이 매우 아름다웠는데, 평범한 사람에게 시집을 갔다.(外黃富人女甚美, 嫁庸奴.)"라고 하였다.
   왕안석(王安石)의 시에서 "여러 관리를 평범한 사람처럼 업신여겼다.(睥睨衆史如庸奴.)"라고 하였다.【原註】
   * 한서(漢書): 120권. 동한의 사학자·문학가 반고(班固, 32-92)가 편찬하였다. 서한의 한고조(漢高祖, B.C.202-B.C.195)부터 신(新)나라 왕망(王莽, B.C.45-A.D.23)의 지황(地皇) 4년(23)까지 230년의 역사를 기록한 역사서.【역주】
   * 장이(張耳, B.C.264-B.C.202): 대량(大梁, 지금의 하남성 개봉시 서북) 사람. 진나라 말기에 농민군에 참여하였으며, 항우(項羽, B.C.232-B.C.202)에 의해 상산왕(常山王)에 봉해졌다가 유방(劉邦, B.C.256-B.C.195)에게 귀순하여 조왕(趙王)에 봉해졌다.【역주】
   * 외황(外黃): 고대 현명으로, 지금의 하남성 상구시(商丘市) 민권현(民權縣) 경내에 있었다.【역주】
   * 왕안석(王安石, 1021-1086): 북송의 저명한 정치가이자 문학가. 자(字)는 개보(介甫), 호는 반산(半山). 개혁정책인 신법(新法)을 추진하였다. "睥睨衆史如庸奴(비예중사여용노)"의 출처는 시 「호랑이 그림(虎圖)」이다.【역주】

41) 鈍漢(둔한): 어리석은 사람. 『구오대사·사공정전(舊五代史·司空頲傳)』에서 "장언(張彦, 반란 군벌)이 노해 꾸짖으며 '어리석은 놈왕정언(王正言)이 나를 욕보인

俗, 入手便粗, 縱極其摩娑43)護持44)之情狀, 其污辱彌甚, 遂使眞韻眞才眞情之
士, 相戒不談風雅45). 嘻, 亦過矣. 司馬相如携卓文君, 賣車騎, 買酒舍, 文君當
壚46)滌器, 映帶47)犢鼻褌邊. 陶淵明方宅十餘畝草屋八九間, 叢菊孤松, 有酒便

다.'라고 하였다.(彦怒詬曰, 鈍漢乃辱我.)"라고 하였다.【原註】
* 구오대사(舊五代史): 150권. 원명은『오대사(五代史)』이며, '『양당진한주서(梁唐
  晉漢周書)』'라고도 한다. 907년의 후량(後梁)부터 960년 북송의 건립까지의 중원
  지역에 건립된 후량(後梁)·후당(後唐)·후진(後晉)·후한(後漢)·후주(後周)의
  5대와 오(吳)·남당(南唐)·오월(吳越)·초(楚)·전촉(前蜀)·후촉(後蜀)·남한
  (南漢)·남평(南平)·민(閩)·북한(北漢) 10국의 역사를 기록한 역사서.【역주】
* 사공정(司空頲, ?-?): 당나라에서 태어나 후량(後梁)과 후진(後晉)에서 관리를 지
  낸 정치가. 장언(張彦)을 위해 상주문을 작성하여 판관이 되었다.【역주】
* 왕정언(王正言, ?-?): 오대 후당(後唐)의 정치가. 왕정언이 판관이었을 때, 장언
  (張彦)이 상주문을 작성하도록 시켰으나, 작성하지 못하여 대신 사공정이 불려
  들어왔다.【역주】
42) 沾沾(첨첨): 자만하다.『사기·위기후전(史記·魏其侯傳)』에서 "위기후(魏其侯)가
  우쭐거리며 스스로 기뻐하였다.(魏其侯, 沾沾自喜耳.)"라고 하였다.
  『운회(韻會)』에서 "첨첨(沾沾)은 경박한 것이다.(沾沾, 輕薄也.)"라고 하였다.【原註】
  * 사기(史記): 130편. 서한의 사학자 사마천(司馬遷, B.C.145-B.C.90)이 편찬한 중
    국 최초의 기전체(紀傳體) 통사(通史). 전설의 황제(黃帝)시대부터 한무제(漢武
    帝) 원수원년(元狩元年, B.C.122)까지 3,000여년의 역사를 기록하였다.【역주】
  * 위기후(魏其侯): 두영(竇嬰, ?-B.C.131). 서한의 대신으로 문제(文帝)의 황후 두씨
    의 조카이며, 오초칠국(吳楚七國)의 난에 공을 세워 위기후에 봉해졌다.【역주】
  * 운회(韻會): 30권. '『고금운회거요(古今韻會擧要)』'라고도 하며, 원나라 웅충(熊
    忠, ?-?)이 동향 황공소(黃公紹, ?-?)가 편찬한 운서인『고금운회(古今韻會)』를
    정리하여 1297년에 완성한 운서(韻書). 증(拯)운을 첨가하여 모두 107개의 운으
    로 나누어, 평상거입(平上去入)의 4성에 따라 분류하고 주석을 붙였다.【역주】
43) 摩娑(마사): 마사(摩挲)와 통한다. 손으로 어루만지는 것이다. 한유(韓愈)의 시에
  서 "누가 또 손을 대어 어루만질까?(誰復着手爲摩挲.)"라고 하였다.【原註】
  * 한유(韓愈, 768-824): 자(字)는 퇴지(退之), 하남 하양[河陽, 지금의 하남성 맹주
    시(孟州市)] 사람으로, '군망창려(郡望昌黎)라 자칭하였으며' 한창려(韓昌黎)'나
    '창려선생(昌黎先生)'으로 불렸다. 당나라 저명한 문학가이자 정치가. "誰復着手
    爲摩挲(수복착수위마사)"의 출처는 시「석고가(石鼓歌)」이다.【역주】
44) 護持(호지): '보호하고 지지한다'는 의미.【原註】
45) 風雅(풍아):『시경(詩經)』에「국풍(國風)」·「대아(大雅)」·「소아(小雅)」가 있다.
  그러므로 문장을 짓는 일을 '풍아(風雅)'라고 한다.【原註】
  * 風雅(풍아): 고상하고 멋지다.【역주】
46) 當壚(당로): 술을 팔다. 로(壚)는 술 단지를 놓는 흙으로 만들어진 불룩한 대(臺).

飮, 境地兩截, 要歸一致(48). 右丞(49)茶鐺藥臼(50), 經案繩床. 香山(51)名姬駿馬, 攫石洞庭, 結堂廬阜. 長公(52)聲伎酣適於西湖(53), 烟舫翩躚乎赤壁(54), 禪人酒伴,

---

【역주】
47) 映帶(영대): 서로 돋보이게 하다. 연대하다.【역주】
48) 境地兩截, 要歸一致(경지량절, 요귀일치): 활동하는 환경과 지위가 비록 같지 않지만, 흉금이 넓고 통달한 것은 도리어 일치하는 것을 말한다.【原註】
  * 境地兩截, 要歸一致(경지량절, 요귀일치): 처한 상황은 둘이 다르지만, 요지는 일치하다.【역주】
49) 右丞(우승): 왕유(王維, 699?-761). 당나라 태원(太原, 산서성) 사람으로, 자(字)는 마힐(摩詰)이다. 현종시기(玄宗時期, 712-756)에 벼슬은 상서우승(尙書右丞)을 지내어 세상에서 '왕우승(王右丞)'이라 하였다. 시에 정통하고 서화에 뛰어났으며, 왕유의 산수화는 남종화(南宗畵)의 시조이다.【原註】
  * 남종화(南宗畵): 화파의 하나로 문인화(文人畵)를 가리킨다. 명나라 화가 동기창(董其昌, 1555-1636)이 회화이론서『화선실수필(畵禪室隨筆)』의「화원(畵源)」조에서 이사훈(李思訓, (651-716)과 왕유를 각각 청록(靑綠)과 수묵(水墨) 두 풍격의 시조로 구분하였다. 선종(禪宗)의 남종(南宗)과 북종(北宗)에 기반을 둔 것으로, 일반적으로 직업화가의 그림을 '북종화(北宗畵)'라 하고 문인화를 '남종화'라 한다.【역주】
50) 茶鐺藥臼(다당약구): 다당(茶鐺)은 차를 끓이는 기구. 약구(藥臼)는 약을 찧는 돌절구.【原註】
51) 향산(香山): 백거이(白居易, 772-846). 당나라 태원(太原) 사람으로, 자(字)는 낙천(樂天)이며, 원화연간(元和年間, 806-820)에 진사가 되어 관직이 형부상서에 이르렀다. 만년에 자유롭게 시를 짓고 술 마시며 향산사(香山寺)에 거주하여 '향산거사(香山居士)'라 하였다.【原註】
  * 향산사(香山寺): 하남성 낙양 남쪽 향산(香山)의 서쪽 기슭에 있으며, 용문석굴(龍門石窟)과 가깝다. 북위 희평원년(熙平元年, 516)에 세워졌으며, 832년에 백거이가 67만 관(貫)을 기부하여 중수하고「수향산사기(修香山寺記)」를 지었다.【역주】
52) 장공(長公): 소식의 자(字).【原註】
53) 聲伎酣適於西湖(성기감적어서호): 당나라와 송나라의 옛 제도에 곤수(閫帥)와 군수(郡守)는 모두 관기(官妓)를 불러 술시중을 들게 할 수 있었다. 소식의 시「술고(述古)와 더불어 유미당(有美堂)에서 달밤에 돌아오며(與述古自有美堂乘月夜歸)」에서 "아름다운 구름 속의 달이 살짝 정자에 비치고, 넘실거리는 은하수는 반쯤 산에 숨었네. 맑은 밤 물속에서 낚싯밥 거두지 않고, 퉁소소리는 아직 산허리에 있네. 서글픈 바람은 거문고의 기러기발에 불어오고, 향기로운 안개는 쓸쓸하게 상투머리에 달라붙네. 사또가 북을 울리며 연주하는 걸 함께 기뻐하며, 수많은 사람들 다투어 보려고 횃불 들고 돌아오네.(娟娟雲月稍侵軒, 激激星河半隱山. 魚

休息夫雪堂, 豊儉不同, 總不碍道, 其韻致55)才情, 政56)自不可掩耳. 予向持此論告人, 獨余友啓美57)氏絶頷58)之. 春來, 將出其所纂長物志十二卷, 公之藝林59), 且屬余序. 予觀啓美是編60), 室廬有制, 貴其爽而倩61)古而潔62)也. 花木水石禽

餌未收淸夜水, 鳳簫猶在翠微間. 凄風瑟縮經弦柱, 香霧凄凄迷着髻鬟. 共喜使君能鼓樂, 萬人爭看火城還.)"라고 하였다.【原註】

* 聲伎酣適於西湖(성기감적어서호): 서호(西湖)에서 노래하고 춤추는 기녀와 통쾌하게 놀다. 성기(聲伎): 즉 성기(聲妓). 궁중이나 귀족가문의 춤추고 노래하는 여인.【역주】
* 곤수(閫帥): 한 지역의 군사 업무를 담당하는 수장.【역주】
* 술고(述古): 북송 철학자 진양(陳襄, 1017-1080). 자(字)가 술고(述古)이다.【역주】
* 유미당(有美堂): 항주 서호(西湖)의 동남에 있는 오산(吳山)에 경치 감상을 위해 세운 건물. 본래 강정(江亭)이 있었으며, 항주태수 매지(梅摯, 994-1059)가 유미당으로 개조하여 1059년에 완성되었다. 구양수가 이것을 기념하여 「유미당기(有美堂記)」를 지었다.【역주】
54) 烟舫翩躚乎赤壁(연방편선호적벽): 소식(호는 동파) 및 그가 지은 「전적벽부(前赤壁賦)」와 「후적벽부(後赤壁賦)」를 가리킨다. 적벽(赤壁)은 세 곳이 있으며, 동파 「적벽부」의 적벽은 지금의 호북성 황강현(黃岡縣) 성 밖에 있는데, '적벽기(赤壁磯)'라 한다.【原註】
  * 烟舫翩躚乎赤壁(연방편선호적벽): 안개 속에 적벽에서 작은 배가 경쾌하게 움직이다. 翩躚(편선): 경쾌하게 춤을 추다.【역주】
55) 韻致(운치): 운치는 풍도(風度)와 풍치(風致)로 풀이한다.【原註】
56) 政(정): 정(政)은 정(正, 참으로)과 같다.【原註】
57) 啓美(계미): 저자 문진형의 자(字)가 계미(啓美)이다.【原註】
58) 絶頷(절함): 함(頷)은 '고개를 끄덕이다', 절함(絶頷)은 '매우 그렇다'는 의미.【原註】
59) 藝林(예림): '전적을 모으거나 문예작품을 모은다'는 의미. 『북사·상상전(北史·常爽傳)』에서 "이윽고 한가로운 날에 문단에 뜻을 두었다.(頃因暇日, 屬意藝林.)"라고 하였다.【原註】
  * 예림(藝林): 문단. 문학계. 전적을 모아 소장한 곳. 여기서는 '문진형의 기예가 숲처럼 모여 있는 것'으로 풀이하였다.【역주】
  * 북사(北史): 100권. 당나라 사학자 이연수(李延壽, ?-?)가 북위 등국원년(登國元年, 386)부터 수나라 의녕(義寧) 2년(618) 사이의 역사를 기록한 정사.【역주】
  * 상상(常爽, ?-?): 자(字)는 사명(仕明), 하내(河內) 온현(溫縣, 지금의 하남성 온현) 사람으로 위(魏)나라의 학자.【역주】
60) 是編(시편): 이 책. 여기서는 『장물지』를 의미한다.【역주】
61) 爽而倩(상이천): 상(爽)은 '높다'나 '밝다'고 풀이한다. 천(倩)은 '아름답다'로 풀이한다.【原註】
62) 古而潔(고이결): 고(古)는 '우아하고 소박하다'로 풀이한다. 결(潔)은 '청결하다'고

魚有經, 貴其秀而遠63), 宜而趣64)也. 書畫有目, 貴其奇而逸65), 儁而永66)也. 几榻有度, 器具有式, 位置有定, 貴其精而便67), 簡而裁68), 巧而自然也. 衣飾有王謝之風, 舟車有武陵蜀道之想, 蔬果有仙家瓜棗69)之味, 香茗有荀令玉川之癖, 貴其幽而闇, 淡而可思也.

法律指歸70), 大都遊戲點綴71)中一往, 刪繁去奢之意存焉. 豈唯庸奴鈍漢不能

풀이한다.【原註】

63) 秀而遠(수이원): 수(秀)는 '아름답다'로 풀이한다. 원(遠)은 '오래가다'로 풀이한다. 【原註】

64) 宜而趣(의이취): 의(宜)는 '적합하다'와 '마음에 맞다'로 풀이한다. 취(趣)는 '의미'로 풀이한다.【原註】

65) 奇而逸(기이일): 기(奇)는 '신기하다'고 풀이한다. 일(逸)은 '표일하다'로 풀이한다.【原註】

66) 儁而永(준이영): 준(儁)은 준(俊)과 같으며, '출중하다'로 풀이한다. 영(永)은 '길고 멀다'로 풀이한다.【原註】

67) 精而便(정이편): 정(精)은 '정교하고 치밀하다'와 '정수(精粹)'로 풀이한다. 편(便)은 '편안하고 이롭다'와 '적당하다'로 풀이한다.【原註】

68) 簡而裁(간이재): 간(簡)은 '분별하다'와 '선택하다'로 풀이한다. 재(裁)는 '식별하다'와 '체제(體制)'로 풀이한다.【原註】

69) 仙家瓜棗(선가과조): 『사기·한무제기(漢武帝紀)』에서 "이소군(李少君)이……신이 일찍이 바다 위를 유람하다가 안기생(安期生)을 만나, 참외 같은 커다란 대추를 먹었습니다.(少君……臣嘗遊海上, 見安期生, 食巨棗如瓜.)"라고 하였다.【原註】
* 仙家瓜棗(선가과조): 신선세계의 참외처럼 큰 대추.【역주】
* 한무제(漢武帝): 유철(劉徹, B.C.156-B.C.87). 서한의 7대 황제로 재위 기간은 B.C.141-B.C.87이며 신선세계와 불로장생을 추구하였다.【역주】
* 이소군(李少君, ?-?): 한무제의 총애를 받았던 방사(方士, 장생불로를 추구하는 술사).【역주】
* 안기생(安期生, ?-?): 일명 안기(安期). '천세옹(千歲翁)'이나 '안구선생(安丘先生)'으로 불렸다. 진한시기의 저명한 방사. 전설에 우화등선(羽化登仙)하여 학을 타고 선계에 노닐었다고 한다.【역주】

70) 法律指歸(법률지귀): 법률(法律)은 『관자(管子)』에서 "법률과 정치적인 명령은 백성을 부리는 예법이고 표준이다.(法律政令者, 使民規矩準繩也.)"라고 하였다. 지귀(指歸)는 '귀결되는 곳이 있다'는 의미이다.
『진서·속석전(晉書·束晳傳)』에서 "처음 태강(太康) 2년(281), 급군(汲郡) 사람이 죽간에 써진 서적 수십 수레를 획득하였으며,……차례를 교정하여 수습하고 요지를 찾아 고찰하였다.(初, 太康二年, 汲郡人得竹書數十車,……校掇次第, 尋考指歸.)"라고 하였다.

窺其崖略72), 即世有眞韻致眞才情之士, 角異73)獵奇74), 自不得不降心75)以奉啓
美爲金湯76), 誠宇內一快書, 而吾黨一快事矣.

또 왕승건(王僧虔)의 「계자서(誡子書)」에서 "네가 일찍이 그 제목을 보지 못하고
그 요지를 판별하지 못해 끝내 스스로를 속이고 남도 속여, 사람들이 너의 사기에
당하지 않을 것이다.(汝曾未窺其題目, 未辨其指歸, 而終自欺人, 人不受汝欺
也.)"라고 하였다.【原註】

* 관자(管子): 현존 76편. 춘추시대 법가의 대표인물 관중(管仲, B.C.719-B.C.645)
이 저술한 도가와 법가계열에 속하는 철학서.【역주】
* 속석(束晳, 264?-303): 서진의 문학가이자 문헌학자. 자(字)는 광미(廣微), 양평
(陽平) 원성[元城, 지금의 하북성 대명현(大名縣)] 사람. 서진 무제시기(武帝時
期, 265 - 290)에 급군(汲郡)에 있는 위양왕(魏襄王, 재위 B.C.318-B.C.296)의 무
덤에서 발견된 과두문(蝌蚪文, 올챙이처럼 생긴 고대 문자)으로 쓰여진 급총서
(汲冢書)를 해독하여 정리하였다.【역주】
* 급군(汲郡): 하남성 위휘시(衛輝市)시에 있었던 고대 지명.【역주】
* 왕승건(王僧虔, 426-485): 남조 송(宋)과 제(齊)나라의 관리이자 서예가. 서성(書
聖)·왕희지(王羲之, 303-361, 또는 321-379)의 형제의 증손.【역주】
* 계자서(誡子書): 왕승건이 맏아들 왕자(王慈, ?-491)에게 훈계하는 내용으로 보
낸 편지. 『남제서·왕승건전(南齊書·王僧虔傳)』에 실려 있다.【역주】
71) 點綴(점철): 장식하다. 돋보이게 하다.【역주】
72) 崖略(애략): '대략'이라는 의미. 『장자·지북유(莊子·知北游)』에서 "도는 심원하
여 말하기 어렵도다! 장차 너를 위해 그 대강을 말하겠다.(夫道, 窅然難言哉. 將爲
汝言其崖略.)"라고 하였다.【原註】
* 장자(莊子): 33편. 전국시대 송(宋)나라의 철학가 장주(莊周, B.C.369-B.C.275?)
가 저술한 도가계열의 철학서적으로, '남화경(南華經)'이라고도 하며, 『노자
(老子)』 및 『주역(周易)』과 함께 '삼현(三玄)'으로 불린다.【역주】
73) 角異(각이): 각(角)은 경(競, 경쟁하다)·축(逐, 추구하다)·교(較, 견주다)자로 풀
이한다. 각이(角異)는 '쟁이(爭異, 기이함을 다툰다)'의 의미이다.【原註】
74) 獵奇(엽기): 엽(獵)은 取(취, 선택하다)'·奪(탈, 빼앗다)·逐(축, 추구하다)자로 풀
이한다. 엽기(獵奇)는 '기이한 것을 선택하거나 기이한 것을 비교한다'는 의미이
다.【原註】
75) 降心(강심): 자신의 뜻을 굽혀 남의 뜻을 따르다.【역주】
76) 금탕(金湯): 『한서·괴통전(漢書·蒯通傳)』에서 "변경 밖의 성은 틀림없이 성을
둘러싸서 굳게 지키려 하는 것으로, 모두 쇠로 만든 성에 펄펄 끓는 연못이므로
공격할 수 없습니다.(邊外之城, 必將嬰城固守者, 皆爲金城湯池, 不可攻也.)"라고
하였으며, 안사고(顔師古)의 주(注)에서 "금(金)은 견고한 것을 비유하고, 탕(湯)은
펄펄 끓어 접근할 수 없는 것을 비유한다.(金喩堅, 湯喩沸湯不可近.)"라고 하였다.
【原註】

『장물지』 서(序) 심춘택(沈春澤)

余因語啓美, 君家先嚴77)徵仲太史78), 以醇古風流79), 冠冕吳趨80)者, 幾滿百歲, 遞傳81)而家聲香遠, 詩中之畫, 畫中之詩, 窮吳人巧心妙手, 總不出君家譜牒82). 卽余日者83)過子84), 盤礴85)累日, 嬋娟爲堂, 玉局爲齋, 令人不勝描畫86),

---

* 괴통(蒯通): 본명 괴철(蒯徹, ?-?). 범양[范陽, 지금의 하북성 서수(徐水) 북고진(北固鎭)] 사람. 말재주가 뛰어났으며, 대장군 한신(韓信, B.C.231-B.C.196)의 책사를 지냈다.【역주】
* 안사고(顏師古, 581-645): 이름은 주(籒), 자(字)는 사고(師古). 당나라 초기의 유학자 · 경학가 · 언어학자 · 역사학자. 『한서주(漢書注)』를 저술하였다.【역주】
77) 先嚴(선엄): 선친(先親). 돌아가신 아버지.【역주】
78) 徵仲太史(징중태사): 문징명(文徵明, 1470-1559)은 초명이 벽(璧)이고 자(字)는 징명(徵明)으로, 후에 자(字)로 행세하였으며, 또 다른 자(字)는 징중(徵仲)이고 호는 형산(衡山)이다.【原註】
* 太史(태사): 문징명은 한림원대조(翰林院待詔)를 했으며, 명청시기에는 한림(翰林)을 '태사(太史)'라고 속칭하였으므로, 문징명을 '문태사(文太史)'라고도 했다.【역주】
79) 醇古風流(순고풍류): 순고(醇古)는 '온순하고 인정이 두터우며 예스럽고 질박하다'로 풀이한다. 풍류(風流)는 '유풍여운(流風餘韻, 전대로부터 후대에 전해 온 운치있는 일)'의 의미이다. 또 행동거지가 소탈하고 품격이 맑고 높은 것이 풍류이다.【原註】
80) 冠冕吳趨(관면오추): '오중(吳中, 지금의 강소성 소주)의 인사 가운데 모범이 된다'는 의미이다.
관면(冠冕, 관)은 『좌전(左傳)』에서 "내가 백부에게는 의복에 관이 있는 것과 같다.(我在伯父, 猶衣服之有冠冕.)"라고 하였다. 유신(庾信)의 「주나라 대장군 회덕공(懷德公) 오명철(吳明徹) 묘지명(周大將軍懷德公吳明徹墓志銘)」에서 "여러 군에서 으뜸으로, 문무에 뛰어났으며, 공은 부끄러울 게 없었다.(冠冕百郡, 文武是奇, 公無愧焉.)"라고 하였다.
오추(吳趨)는 『고금주(古今注)』에서 「오추행(吳趨行)」, 오나라 사람이 그 땅을 노래하였다.(吳趨行, 吳人以歌其地.)"라고 하였다. 소주에는 지금 '오추방(吳趨坊)'이라는 지명이 있다. 『오군지(吳郡志)』에서 "오추방은 고교(皋橋)의 서쪽에 있다.(吳趨坊在皋橋西.)"라고 하였다.【原註】
* 유신(庾信, 513-581): 자(字)는 자산(子山). 남북조시기 궁정문학의 대표적인 문학가.【역주】
* 고금주(古今注): 3권. 진(晋)나라 학자 최표(崔豹, ?-?)가 고대와 그 당시 각 사물에 대하여 해석한 저서.【역주】
* 오추행(吳趨行): 서진의 문학가이자 서예가 육기(陸機, 261-303)가 지은 악부시(樂府詩, 민가의 일종).【역주】
81) 遞傳(체전): 차례로 계승하다. 양위(讓位)하다.【역주】

則斯編常在子衣履[87]襟帶間, 弄筆費紙, 又無乃多事[88]耶. 啓美曰, 不然. 吾正懼吳人[89]心手日變, 如子所云, 小小閑事長物, 將來有濫觴[90]而不可知者, 聊以是編堤防之. 有是哉. 刪繁去奢之一言, 足以序是編也. 予遂述前語相諗[91], 令世睹是編, 不徒占啓美之韻之才之情, 可以知其用意[92]深矣. 沈春澤謹序.

---

82) 보첩(譜牒): 보(譜)는 계보(系譜)이다. 『사기·태사공자서(太史公自序)』에서 "족보에서 선택하였다.(取之譜牒.)"라고 하였다.【原註】

83) 日者(일자): 지난날 또는 전일(前日)의 의미. 『한서·고제기(漢書·高帝紀)』에서 "지난날, 형왕(荊王)이 그 땅을 차지하고 있었다.(日者, 荊王兼有其地.)"라고 하였다.【原註】

　　* 고제(高帝): 한나라 태조 유방(劉邦, B.C.256-B.C.195). 재위 기간은 B.C.202-B.C.195이며, 시호는 '고황제(高皇帝)'이다.【역주】

　　* 형왕(荊王): 한나라 개국공신 유가(劉賈, ?-B.C.195). 한고조 유방(劉邦)이 형왕으로 봉하였다.【역주】

　　* 원주에서 "일자(日者)"의 출처를 『사기』를 인용하여 "日者, 荊有其地."라고 하였으나, 『사기』에는 이러한 내용이 없으며, 『한서·고제기(漢書·高帝紀)』의 "日者, 荊王兼有其地."에 근거하여 수정하였다.【역주】

84) 過子(과자): '그대를 방문하다'의 의미.【原註】

85) 盤礴(반박): 두 다리를 뻗고 앉다. 도사리다.【역주】

86) 不勝描畵(불승묘화): 이루 다 그릴 수가 없다. 描畵(묘화): 그림으로 그리다.【역주】

87) 衣履襟帶(의리금대): 옷·신·옷깃·허리띠. 여기서는 몸 자체나 품속을 의미한다.【역주】

88) 多事(다사): 하지 않아야 할 일을 하다.【역주】

89) 吳人(오인): 소주 일대의 사람. 오나라 사람.【역주】

90) 濫觴(남상): '처음으로 세우다'와 '개시하다'의 의미. 『가어(家語)』에서 "대저 장강(長江)은 민산(岷山)에서 시작되는데, 그 근원은 잔을 띄울 수 있는 정도이다.(夫江始於岷山, 其源可以濫觴.)"라고 하였다.【原註】

　　* 가어(家語): 현존 10권 44편. 『공자가어(孔子家語)』나 '공씨가어(孔氏家語)'라고도 한다. 작자미상으로 공자와 제자들의 사상과 언행을 기록한 유가 서적.【역주】

　　* 민산(岷山): 감숙성 서남부에서 사천성 서북부에 걸쳐 있는 약 500km의 산맥으로, 주봉 설보정(雪寶頂)의 높이는 해발 5,588m이다.【역주】

91) 諗(심): 음은 審(심)으로 告(고, 알린다)의 의미이다. 『좌전』에서 "지난날 신백(辛伯)이 주나라 환공(桓公, 재위 ?-B.C.693)에게 충고하였다.(昔辛伯諗周桓公.)"라고 하였다.【原註】

92) 用意(용의): 의도. 의향. 속셈.【역주】

『장물지교주(長物志校注)』 서(序) 진종주(陳從周)

나는 이미 진양재(陳養材)[1] 교수를 위해 그의 대작 『원야주석(園冶注
釋)』[2]을 교정한 바 있었는데 그가 다시 『장물지교주(長物志校注)』를 꺼
내어 나에게 보여주었다. 내가 그 책을 공손히 받들고 숙연한 존경심이
일어나 길게 한숨을 쉬며 "선배들의 학문연구의 근엄함과 노력의 독실
함은 모범이 되기에 충분하구나!"라고 탄식하였다. 선생은 60여 년 동안
중국의 조경 사업에 힘을 기울여 천하에서 우러러 존경하고 있다. 남은
여가에 문진형(文震亨)[3]의 『장물지(長物志)』에 주석을 달았는데, 해박
한 인증(引證) 및 상세하고 확실한 고찰과 교정은 같은 연배의 학자가
따라갈 수 없는 것이었다. 대체로 문진형이 기록한 장물(長物)[4]은 범위
가 극히 광대하여, 원림의 건설에서부터 옆으로는 화초와 수목 · 새와
짐승 · 벌레와 물고기 · 금석(金石)과 서화 복식과 기명(器皿)에 이르기
까지, 사물의 이름과 형상을 식별하고 우아한 것과 저속한 것을 꿰뚫어

---

1) 진양재(陳養材): 진식(陳植, 1899-1989). 자(字)는 양재(養材), 상해(上海) 숭명현
(崇明縣) 사람. 남경 임업대학교수를 역임하였으며, 현대 조경학의 기초를 다진
저명한 임학자이자 조경학자. 중국 근대 최초의 조경학 전문서 『조원학개론(造園
學槪論)』을 저술하였다.【역주】
2) 원야주석(園冶注釋): 계성(計成) 저, 진식(陳植) 주석, 중국건축공업출판사, 1981
년.【역주】
계성(計成, 1582-?): 자(字)는 무부(無否), 송릉[松陵, 지금의 강소성 소주시(蘇州
市) 오강현(吳江縣)] 사람. 명나라의 조경전문가로 1634년에 조경 전문서 『원야(園
冶)』 3권을 간행하였으며, 삽도가 235폭 실려 있다.【역주】
3) 문진형(文震亨, 1585-1645): 『장물지(長物志)』의 저자. 자(字)는 계미(啓美), 장주
(長洲, 지금의 강소성 소주시) 사람. 명나라 화가 문징명(文徵明, 1470-1559)의 증
손. 명나라에서 관리를 지냈으며, 서화에도 뛰어났다.【역주】
4) 장물(長物): 남아도는 물건.【역주】

통달했다. 문진형의 집안에 유명한 정원이 있어 매일 섭렵하고 산책하는 장소였으므로, 사물을 빌려 감정을 기탁하고 의미가 깊으면서 미묘한 말이 본성에서 나오지 않는 것이 없어, 깊이 생각하지 않고 가볍게 소문을 믿는 사람은 알 수가 없다. 그러므로『장물지』를 주석한 공적은 진실로 계성(計成)의『원야(園冶)』보다 크다. 선생은 늙어 심신이 쇠약해진 나이에도 일 년 내내 마음을 집중하여, 역도원(酈道元)[5]이『수경(水經)』을 주석하고 유효표(劉孝標)[6]가『세설신어(世說新語)』를 주석한 것과 같이 원문과 조화를 이루고 원문을 더 의미심장하게 하여 후학에게 도움을 준 것이 조경 한 분야뿐이 아니다. 내가 선생과 교류한지 30년이 되었지만, 도리상 스승과 벗을 겸하였으며, 항상 가까운 곳에서 모셨는데, 어렵고 고달플 때를 보아도 가슴 속에 거리낌이 없이 세상사와 단절하고 자질구레한 책 속에 붙어살았으니, 사람들이 견디기 어려운 것을 선생은 태연하게 안주하고 의연하게 맡아서 처리하였다. 오늘 이 책이 출간되는 것을 보게 되어 보잘 것 없는 나의 견해를 빌어 잠시 그 시말을 기록하였다.

후학이 욕됨을 무릅쓰고 감히 조리 없는 말을 바칩니다. 진실로 제 마음의 만 분의 일도 드러내지 못하였습니다.

---

5) 역도원(酈道元, 470?-527): 자(字)는 선장(善長), 범양(范陽) 탁주(涿州, 지금의 하북성 탁주시) 사람. 북위(北魏)의 지리학자. 서한의 지리학자 상흠(桑欽, ?-?)이 지었다고 하나 사실은 삼국시대에 저술되었으며, 137개의 중국 하천을 기록한『수경(水經)』을 수정 증보하여『수경주(水經注)』40권을 저술하였다.『수경주(水經注)』에는 1,252개의 하천을 중심으로 관련 민속과 역사 및 신화전설 등도 함께 기록하여, 지리서이면서 기행문학 서적이라 할 수 있다.【역주】
6) 유효표(劉孝標, 462-521). 남조 양나라의 문학가 유준(劉峻). 자(字)는 효표(孝標), 평원(平原, 지금의 산동성 평원현) 사람. 남조 송나라 문학가 유의경(劉義慶, 403-444)이 문하의 식객과 공동으로 편찬한 필기소설로 위진시기 명사들의 풍류에 얽힌 고사를 주로 기록한『세설신어(世說新語)』를 주석(注釋)하였다.【역주】

『장물지교주(長物志校注)』서(序) 진종주(陳從周)

1980년 강남의 장마철, 진종주(陳從周)[7]가 상해 동제대학(同濟大學) 건축과에서 쓰다

長物志校注序

余旣爲陳養材(植)教授校訂其宏著園冶注釋, 復出長物志校注以示余. 余恭奉其書, 肅然起敬, 喟然而嘆曰, 前輩治學之謹嚴, 用力之勤篤, 足爲楷模. 先生六十年來, 致力于我國造園事業, 爲海內所宗仰. 以餘緒注文氏此書, 其引證之淵博, 考訂之詳實, 非流輩所能望及者. 蓋文氏之志長物, 範圍極廣, 自園林興建, 旁及花草樹木, 鳥獸蟲魚, 金石書畫, 服飾器皿, 識別名物, 通徹雅俗. 以其家有名園, 日涉成趣, 微言托意, 無不出自性靈, 非耳食者所能知. 故注釋此書之功, 誠有大于葉氏園冶者. 先生以耄耋之年, 窮年兀兀, 如酈道元之注水經, 劉孝標之注世說, 映帶原文, 增其雋永, 有助于後學者, 非造園一端而已. 余交先生垂三十年, 誼兼師友, 常侍几席, 觀其于艱難困頓之時, 胸懷怀坦蕩, 屏世事而寄于叢殘卷帙之中, 人所難堪者, 而先生恬然安之, 毅然任之. 今日得見此書之付梓, 涓滴之思, 聊記其始末. 忝在後學, 敢貢蕪辭, 誠不能表寸心于萬一也.

一九八〇年梅雨江南陳從周識于上海同濟大學建築系

---

7) 진종주(陳從周, 1918-2000): 절강성 항주(杭州) 사람. 고대건축과 정원의 전문연구가로 상해 동제대학 교수. 『양주원림(揚州園林)』·『원림담총(園林談叢)』·『설원(說園)』등 수많은 저서가 있다.【역주】

『장물지교주(長物志校注)』 자서(自序) 진식(陳植)

  1. 조국의 위대한 사회주의건설에서, 도시의 녹화와 풍경의 건설 등 조원(造園)¹⁾ 작업은 모두 어느 정도 중요한 위치를 차지하고 있다. 중화인민공화국 수립이후, 전국 각지의 원림(園林)과 명승고적은 당의 영도 아래 차례로 정비되어 본래의 면모를 회복하여, 광대한 국민의 행복한 생활을 위한 양호한 조건을 창조하였다. 그러나 조원(造園)은 일종의 종합적인 과학과 예술이며, 중국에서 유구한 역사와 비교적 높은 성과를 가지고 있으므로, 이러한 조국의 보배로운 유산을 발굴하고 정리하여 껍질을 제거하고 알맹이를 보존해서 사회주의건설을 위해 어떻게 복무하는가는, 조원(造園) 과학이나 기술자에 대해서는 물론이고 모두에게 매우 중요한 의의가 있다.

  중국 고대의 조원(造園)에 관련된 문헌은 단편적으로 여러 사람의 저술에 흩어져 나타나지만 매우 풍부하며, 비교적 상세한 것은 다음과 같다. 명말 왕상진(王象晋)의 『군방보(群芳譜)』²⁾[화부(花部)·목부(木部)·훼부(卉部)]·고렴(高濂)의 『준생팔전(遵生八牋)』³⁾「연한청상전(燕閑淸賞牋)」- 병화(瓶花)와 사시화기(四時花記),「기거안락전(起居安樂牋)」-

---

1) 조원(造園): 일정한 지역의 범위 내에, 자연적인 산수나 인위적으로 조성한 산수를 이용하고, 식물을 심으며 건물을 배치하여, 인간에게 감상과 휴식 및 거주에 사용하는 환경을 창조하는 과정 전체.【역주】
2) 군방보(群芳譜): 30권. 원명은 『이여정군방보(二如亭群芳譜)』. 명나라 학자 왕상진(王象晋, 1561-1653)이 화훼에 관해 전문적으로 기술한 전문서적으로, 1621년에 처음 간행되었다.【역주】
3) 준생팔전(遵生八牋): 20권. 명나라 희곡작가 고렴(高濂, ?-?)이 저술한 양생론에 관한 책. 모두 8전(牋)으로 구성되어 있으며, 1591년에 간행되었다.【역주】

서고명론(序古名論) · 거처건치(居處建置) · 고자화사전평(高子花榭詮評) · 초화삼품설(草花三品說) · 분경설(盆景說)] · 계성(計成)의 『원야(園治)』[4] · 임유린(林有麟)의 『소원석보(素園石譜)』[5] · 육소형(陸紹珩)의 『검소(劍掃)』[6][모두 12부로 나누어지며 경(景)과 운(韻)의 2부가 조원(造園)과 관계가 비교적 깊다] · 소오산인(紹吳散人) 손지백(孫知伯)의 『배화오결록(培花奧訣錄)』[7][별서(別墅) · 원화(園花)] · 왕세무(王世懋)의 『학포잡소(鶴圃雜疏)』[8][화(花) · 과(果) · 죽(竹)의 3조목] 및 청대 초기 진호자(陳淏子)의 『화경(花鏡)』[9] · 이어(李漁)의 『일가언(一家言)』[10][거실부(居室部) · 기완부(器玩部)의 2부] · 고사기(高士奇)의 『북서포옹록(北墅抱甕錄)』[11] · 전영(錢泳)의 『이원총화(履園叢話)』[12][원림(園林) 부

---

4) 원야(園治): 3권. 원나라 조경전문가 계성(計成, 1582-?)이 1634년에 저술한 조경 전문서로, 삽도가 235폭 실려 있다.【역주】

5) 소원석보(素園石譜): 4권. 명나라 학자 임유린(林有麟, ?-?)이 저술하였으며, 각종 명석 102종을 249폭의 그림과 함께 기록한 현존하는 최초의 석보(石譜)로서, 1613년의 자서(自序)가 실려 있다.【역주】

6) 검소(劍掃): 현존 7권. 원제는 『소창유기(小窗幽記)』, 일명 『취고당검소(醉古堂劍掃)』. 명나라 학자 육소형(陸紹珩, ?-?)이 저술하였으며, 12류로 나누어 격언과 경구(警句) 등을 기록한 소품문(小品文)이다.【역주】

7) 배화오결록(培花奧訣錄): 1권. 명나라 학자 소오산인(紹吳散人) 손지백(孫知伯, ?-?)이 저술했으며, 60여종의 화목을 열거하여 번식하고 기르는 여러 방법을 기록하였고, 작은 정원의 배치도 언급하였다.【역주】

8) 학포잡소(鶴圃雜疏): 1권. 명나라 학자 왕세무(王世懋, 1536 - 1588)가 쓴 원예 전문서.【역주】

9) 화경(花鏡): 6권. 명말청초의 학자 진호자(陳淏子, 1612?-?)의 원예학 전문 저서로, 화훼재배와 동물 사육에 관한 내용을 주로 수록하였으며, 강희 27년(1688)년에 완성되었다.【역주】

10) 일가언(一家言): 16권. 『입옹일가언전집(笠翁一家言全集)』. 명말청초의 문학가 · 희곡이론가 · 미학자 이어(李漁, 1611 - 1680)의 문집으로, 이 가운데 『한정우기(閑情偶記)』에 해당하는 『입옹우집(笠翁偶集)』에 조경과 관련된 내용이 실려 있다.【역주】

11) 북서포옹록(北墅抱甕錄): 1권. 청나라 문학가 · 서예가 · 감정가 고사기(高士奇, 1645-1704)가 각종 화목에 관하여 저술한 필기로, 강희(康熙) 경오년(1690)의 서문

분는 모두 일대 명저이다.

그 중 조원(造園) 문제를 종합적이고 체계적으로 서술한 것으로는 특
히『원야』·『장물지』·『화경』 등의 3종이 두드러진다.『장물지』는 비록
서술이 비교적 간략하지만, 간략하면서도 두루 구비되어 언급한 범위가
광대한 점이 고대 저술 가운데 특히 두드러진다.『장물지』의 작자 문진
형(文震亨)은 관료지주 가문에서 출생하여 이른바 '잠영세족[簪纓世族,
대대로 관리를 한 가문]'과 '관면오추(冠冕吳趨)'13)의 귀족 자제로, 명왕
조가 흔들려 추락하려는 시절에 태어나, 현실을 도피하여 산수와 그림
에 마음껏 노닐며 자기 한 몸의 향락을 도모하였는데, 이처럼 봉건사회
의 개인주의적인 부패한 사상이 앞뒤에 걸쳐 책속에 부분적으로 나타나
고, 그 당시 이른바 '사대부' 계층의 계급과 시대적인 한계로 말미암아,
이러한 사상을 갖는 것이 일종의 유행하는 풍조를 형성하여 여러 작가
의 저술에 끊임없이 나타나며, 문진형 한 사람만 그런 것이 아니었다.

그러나『장물지』에서 그 당시 중국의 조원(造園) 예술과 풍격에 관해
서술한 내용은 당연히 선택할 만한 점이 적지 않다. 이러한 예술과 풍격
이 현재 사회주의 조원(造園) 사업의 위대한 건설에 동일하게 적용되며,
아울러 이미 시도하여 효과가 있었다. 이러한 중국의 조원(造園) 과학과
예술에 귀중한 유산은 조원(造園)에 관한 저술과 조원(造園) 작품 두 방
면을 포괄한다. 각 지역 유명한 원림(園林)14)의 정비작업에『장물지』의

이 붙어 있다.【역주】
12) 이원총화(履園叢話): 24권. 청나라 화가 전영(錢泳, 1759-1844)의 필기. 저자가 직
접 경험하고 전해들은 각종 사항을 기록하였다.【역주】
13) 관면오추(冠冕吳趨): 관을 쓰고 오(吳, 지금의 강소성 소주)를 걸어간다. '소주의
인사 가운데 모범이 된다.'는 의미이다.【역주】
14) 원림(園林): 일정한 지역에 건축기술과 예술적인 수단을 도원하여 지형을 개조하
고 수목을 심으며 건축물을 짓고 길을 배치하여 이룩한 아름다운 자연환경과 휴식
장소. 북경의 이화원(頤和園)·소주의 졸정원(拙政園) 등이 대표적이다.【역주】

『장물지교주(長物志校注)』자서(自序) 진식(陳植)

풍격과 사료가 또 다시 각 방면 전문가의 주의와 중시를 불러일으켜, 분야별로 조사와 연구를 진행하고 있다. 예를 들면, 강소성의 소주와 양주(揚州) 등 각 지역의 원림은 이미 전문가가 분야별로 연구를 하고 있다. 조원(造園)에 관한 문헌의 정리에서, 중국의 조원(造園) 과학과 예술에 대한 추진이 조원(造園) 작품의 정리연구와 동등하게 중용한 지위를 차지하므로, 조원(造園) 학계 동지의 공동노력을 기대하고 있다. 『장물지』의 문체가 비록 『원야(園冶)』와 다른 명나라 시기의 문장이므로 반드시 주석을 첨가해야 하지만, 판본이 같지 않음에 따라 오류가 서로 드러나고, 내용이 포괄하고 있는 범위가 비교적 광대하며, 인용한 전고(典故)가 비교적 많으므로, 독자가 이해하기 편리하도록 하려면 교정 작업도 필요하다. 중국 조원(造園) 학계의 동지를 위해 다시 한 번 한 부의 명저를 소개하기 위해, 특별히 『원야』에 대한 주석이 완성된 여가에, 다시 『장물지』에 대한 교정과 주석을 시도하였다. 자연히 나는 『장물지』의 원래 의도에 따라 주석하는 것에 힘을 기울일 수밖에 없으며, 원저에 있는 사상과 내용상의 일부 착오나 비과학적인 부분은 여러 전문가와 광대한 독자의 분석과 평론을 기다린다.

2. 문진형은 자(字)가 계미(啓美)이며, 장주[長洲, 지금의 절강성 소주시(蘇州市). 『장물지』에서는 '안문(雁門)'15)이라 했으며, 바로 문씨의 군망(郡望)16)이다. 문진형의 조카 문염(文棅)17)의 저서에 『안문가집(雁文

---

15) 안문(雁門): 안문군. 전국시대의 군 이름으로, 지금의 산서성 우옥현(右玉縣) 남부에 해당. 주문왕(周文王) 희창(姬昌, B.C.1152-B.C.1056)의 8대손 기(祈, ?-?)가 문왕(文王)의 문(文)을 성으로 삼아 문씨의 시조가 되었으며, 안문관(雁門關)을 기키며 이 지역에서 명망이 있는 가문이 되어 문씨들 스스로 '안문당(雁門堂)'이라 한다.【역주】
16) 군망(郡望): 즉 지망(地望). 행정구역을 나타내는 군(郡)과 명문귀족을 나타내는

家集)』이 있으며 문함(文含)이 저술한 『문씨족보속집(文氏族譜續集)』[18]
에 보인다] 사람으로, 명 만력 13년(1585)에 태어나, 남명(南明) 홍광 원
년(弘光元年) 즉 청 순치(順治) 2년(1645)에 이르러 남경이 함락되자 분
에 겨워 단식하여 순국하였는데, 향년 61세였다. 천계연간(天啓年間,
1621-1627)에 은공(恩貢)[19]으로 중서사인(中書舍人)[20]에 취임하였으며,
시문과 서화는 모두 집안에 대대로 전해오는 기법을 계승하였다. 증조
문징명[文徵明, 자(字)로 행세하였으며, 고친 자는 징중(徵仲)이고, 호는
형산(衡山)][21]은 시문과 서화로 저명했다. 조부 문팽[文彭, 자(字)는 수
승(壽承)][22]과 부친 문원발[文元發, 자(字)는 원비(元悱)][23]은 모두 유명

망(望)이 합쳐져 '모 지역의 명문귀족'을 의미한다.【역주】
17) 문염(文枏, 1597-1668): 문진명의 증손으로 화가 문종간(文從簡, 1574-1648)의 아
들. 자(字)는 단문(端文), 호는 곡원(曲轅) 또는 개암(愾庵). 읍상생(邑庠生, 읍의
학생). 문진맹의 집에서 문진맹의 아들을 가르쳤으며, 명나라 멸망 뒤에 소주의
한산(寒山)에 은거하였다. 저서에 『개암시선(愾庵詩選)』·『청전잡지(靑氈雜志
)』·『천변록(天變錄)』 등이 있으며『안문가집(雁門家集)』과『과여수찬(課餘手纂)』
등을 편찬하였다.
18) 문씨족보속집(文氏族譜續集): 1책. 민국시기 문함(文含, ?-?)이 편찬한 족보. 1923
년 곡석정려장구십삼당지실(曲石精廬藏九十三唐志室) 간행본.【역주】
19) 은공(恩貢): 임금이 특별히 은혜롭게 내린 조서(詔書)에 의해 추가로 선발되어 경
성 국자감(國子監)에 입학하는 것.【역주】
20) 중서사인(中書舍人): 선진시기에 시작되었으며, 본래 제왕과 태자를 가까이 모시
는 속관(屬官)으로, 위진시기에는 중서성(中書省)에서 조서와 명령의 전달을 담당
하였다. 명대에는 종7품으로 황제의 각종 문서를 쓰는 일을 담당하였다.【역주】
21) 문징명(文徵明, 1470-1559): 원명은 벽(壁), 자(字)는 징명(徵明). 42세부터 자(字)
로 행세하였으며 자(字)를 징중(徵仲)으로 고쳤다. 호는 형산거사(衡山居士)이며
세상에서 '문형산(文衡山)'이라 불렸다. 장주(長州, 지금의 강소성 소주) 사람이다.
명대의 저명한 서화가이자 문학가이다. 한림원대조(翰林院待詔)를 하여 '문대조
(文待詔)'라고도 불렸다. 문집에『보전집(甫田集)』이 있다. 심주(沈周, 1427-1509.
서화가)와 함께 오파(吳派)라는 화파(畫派)를 창시하였다.【역주】
22) 문팽(文彭, 1498-1573): 자(字)는 수승(壽承), 호는 삼교(三橋). 문징명의 장자로
서화와 전각에 뛰어났다. 시집에『박사시집(博士詩集)』이 있다.【역주】
23) 문원발(文元發, 1529-1605): 호는 상남(湘南), 문팽의 아들. 서화와 시문에 뛰어났
다.【역주】

한 서예가이다. 형 문진맹[文震孟, 자(字)는 문기(文起)][24]은 천계 2년 (1622)에 장원급제했다. 저술 가운데 고증할 수 있는 것은 민국시기 장일린(張一麐)[25]이 주관하여 편집한 『오현지·예문지(吳縣志·藝文志)』의 기록에 따르면, 『장물지』 이외에 또 『금보(琴譜)』·『개독전신(開讀傳信)』·『재지(載摯)』·『청요외전(淸瑤外傳)』·『무이외어(武夷外語)』·『금문록(金門錄)』·『문생소초(文生小草)』·『능릉죽지가(稜陵竹枝歌)』·『향초시선(香草詩選)』·『대종습유(岱宗拾遺)』·『신집(新集)』·『향초타전후지(香草垞前後志)』·『이로원기(怡老園記)』등 십여 종이다. 조원(造園)에 관한 건물에는 향초타(香草垞)[26]가 있는데, 바로 풍씨(馮氏)의 황폐한 정원을 다시 고쳐 지은 것으로, 그 내부에 선연당(嬋娟堂)·수협당(繡鋏堂)·농아각(籠鵝閣)·사월랑(斜月廊)·중향랑(衆香廊)·소대(嘯臺)·옥국재(玉局齋)·교가(喬柯)·기석(奇石)·방지(方池)·곡소(曲沼)·학서(鶴棲)·녹시(鹿柴)·어상(魚床)·연막(燕幕) 등의 경물이 있었다. 문진형의 특기는 문학·서화·음악·조원(造園) 등에 대해 모두 소양이 있다고 말할 수 있으며, 『장물지』의 저술은 이렇게 좋은 기초 위에서 완성되었다.

3. '『장물지』'라는 이름을 붙인 것은 『세설신어(世說新語)』에 실린 왕공(王恭)[27]의 고사에서 기원했으며, '몸 밖에 남는 물건(長物)'이라는 의

---

24) 문진맹(文震孟, 1574-1636): 명나라 관리이자 서예가. (字)는 문계(文啓), 호는 담지(湛持), 시호는 문숙(文肅)으로, 『장물지』의 저자 문진형의 친형.【역주】

25) 장일린(張一麐, 1867-1943): 청말민국시기의 정치가. 자(字)는 중인(仲仁), 호는 공불(公紱). 저서에 『심태평실시문초(心太平室詩文鈔)』·『현대병사집(現代兵事集)』·『고홍매각별집(古紅梅閣別集)』 등이 있다.【역주】

26) 향초타(香草垞): 지금의 소주시 고사항(高師巷)에 있던 문진형의 집.【역주】

27) 왕공(王恭, ?-398): 동진(東晉)의 대신이며 외척. 자(字)는 효백(孝伯), 태원(太原, 지금의 산서성 태원) 사람. 『세설신어·덕행(德行)』에서 "왕공이 대답하여 '그대는

미를 함유하고 있다. 모두 「가옥(室廬)」·「꽃과 나무(花木)」·「물과 바위(水石)」·「새와 물고기(禽魚)」·「서화(書畫)」·「궤탑(几榻)」·「기구(器具)」·「의복과 장식(衣飾)」·「배와 수레(舟車)」·「위치(位置)」·「채소와 과일(蔬果)」·「향과 차(香茗)」 등 12권으로 나누어진다. 과학의 범위를 논한 것은 건축·동물·식물·광물·예술·원예·역사·조원(造園) 등의 각 방면에 나누어져 속해 있다. 조원(造園)에 대해서 논한 것은 또 조원과 건축·수목의 감상·화훼와 원예·동물의 감상·가산(假山)·실내 진열 등의 각 방면에 나누어져 속해 있다. 그 중에 조원예술과 직접 관련된 것을 계산하면 「가옥(室廬)」·「꽃과 나무(花木)」·「물과 바위(水石)」·「새와 물고기(禽魚)」·「채소와 과일(蔬果)」 등의 5권이 있으며, 간접적으로 관련된 것을 계산하면 「서화(書畫)」·「궤탑(几榻)」·「기구(器具)」·「의복과 장식(衣飾)」·「배와 수레(舟車)」·「위치(位置)」·「향과 차(香茗)」 등의 7권이다. 대체로 전자는 원림을 구성하는 주요 재료이며, 후자는 원림 내부에 진열하는 기물이거나 그러한 기물의 형식·재료·색채·우열을 만드는 요소가 되는 것으로서, 모두 조원의 미를 구성하는 종합요소이며, 이들을 통하여 조원은 일종의 종합과학이자 종합예술이라는 것이 충분히 설명된다. 그 중 재료의 배합과 경물의 창조에 관한 내용은 문진형이 예술적인 소양을 가지고 있어 재능과 창조성이 독특하였으므로, 이를 자유로이 운용하여 그윽하고 아름다운 경치가 책 위에서 생동하도록 하였다.

4. 『장물지』의 판본은 현재까지의 조사에 의하면 앞서거니 뒤서거니

나를 잘 모른다. 나는 사람됨이 남는 물건이 없다.'라고 하였다.(對曰, 丈人不悉恭, 恭作人無長物.)"라고 하였다.【역주】

『장물지교주(長物志校注)』자서(自序) 진식(陳植)

모두 10종이며, 명대 판본 1종을 제외하고 모두 청대와 민국시기에 인쇄되었는데, 열거하면 다음과 같다.

1) 명대 목판본

각 권마다 모두 "雁門文震亨編, 東海徐成瑞[28]校"(안문 문진형이 편찬, 동해 서성서가 교정)이라고 기록되어 있는 이외에, 모두 다음과 같이 기록하였다.

권1 "太原王留[29]定"(태원 왕류가 교정), 권2 "滎陽潘之恒[30]定"(형양 반지항이 교정), 권3 "隴西李流芳[31]定"(농서 이유방이 교정), 권4 "彭城錢希言[32]定"(팽성 전희언이 교정), 권5 "吳興沈德符[33]定"(오흥 심덕부가 교정), 권6 "吳興沈春澤定"(오흥 심춘택이 교정), 권7 "天水趙宧光[34]定"

---

28) 徐成瑞(서성서, ?-?): 문진형의 친우로 동해[東海, 지금의 산동성 연운항(連雲港)] 서씨로 추정되지만, 알 수 없다.【역주】
29) 王留(왕류, ?-?): 시인. 명말 시인이자 서예가 왕치등(王稚登, 1535-1612)의 아들. 문진형의 부인 왕씨가 왕치등의 손녀이다. 태원 왕씨로 추정된다.【역주】
30) 潘之恒(반지항, 1536?-1621): 자(字)는 경승(景升), 호는 난소생(鸞嘯生). 안휘성 흡현(歙縣) 사람으로 남경에서 거주하였다. 명대의 희곡평론가이며 시인으로 형양(滎陽, 지금의 하남성 형양시) 반씨이다.【역주】
31) 李流芳(이유방, 1575-1629): 명나라 시인이며 서화가. 자(字)는 장형(長衡) 또는 무재(茂宰)이고, 호는 단원(檀園)·향해(香海)·고회당(古懷堂) 등이다. 안휘성 흡현 사람. 농서(隴西, 지금의 감숙성 농서현) 이씨이다.【역주】
32) 錢希言(전희언, ?-?): 명나라 문학가. 자(字)는 간서(簡栖)이며, 오현(吳縣, 지금의 강소성 소주시) 사람. 팽성[彭城, 지금의 강소성 서주(徐州)] 전씨이다.【역주】
33) 沈德符(심덕부, 1578-1642): 명나라 문학가. 절강성 수쉬[秀水, 지금의 절강성 가흥(嘉興)] 사람. 자(字)는 경천(景倩), 호는 타자인(他子). 오흥[吳興, 지금의 절강성 호주시(湖州市)] 심씨이다.【역주】
34) 趙宧光(조환광, 1559-1625): 명나라 문학가·문자학자·서예평론가로 시문과 서예에 뛰어났다. 자(字)는 범부(凡夫) 또는 수신(水臣)이고, 호는 광평(廣平)·한산양홍(寒山梁鴻)·한산장(寒山長). 남직예(南直隸) 태창(太倉, 지금의 강소성 태창) 사람. 송나라 황실의 후예로 벼슬하지 않았다. 천수(天水, 지금의 감숙성 천수시) 조씨이다.【역주】

(천수 조환광이 교정), 권8 "太原王留定"(태원 왕류가 교정), 권9 "譙國婁堅35)定"(초국 누견이 교정), 권10 "京兆宋繼祖36)定"(경조 송계조가 교정), 권11 "汝南周永年37)定"(여남 주영년이 교정), 권12 "兄震孟定"(형문진맹이 교정).

서문에 "友弟吳興沈春澤書於餘英草閣."(친구 오흥의 심춘택이 여영초각에서 쓰다.)라는 문장이 있다. 3책으로 장정되었으며, 연대와 판본은 기록되지 않았다.

2) 『사고전서 · 자부 · 잡가류(四庫全書 · 子部 · 雜家流)』38) 판본

청 건륭연간(乾隆年間, 1735-1795)의 필사본.

---

35) 婁堅(누견, 1554-1631): 명나라 서예가. 자(字)는 자유(子柔) 또는 헐암(歇庵). 소주 사람. 초국[譙國, 즉 초군(譙郡)으로, 지금의 안휘성과 하남성의 경계 지역] 누씨이다.【역주】

36) 宋繼祖(송계조, ?-?): 알 수 없다. 경조(京兆, 지금의 섬서성 서안시) 송씨로 추정된다.【역주】

37) 周永年(주영년, ?-?): 명나라 학자. 숭정연간에 『등위산 성은사지(鄧尉山聖恩寺志)』20권을 편찬하였다. 여남(汝南, 지금의 하남성 여남현) 주씨이다.【역주】

38) 사고전서(四庫全書): 건륭황제(乾隆皇帝, 재위 1735-1796)의 주도하에 대학자 기윤(紀昀, 1724-1805) 등 360여 명의 고위 관리와 학자들이 편찬하고, 3,800여 명이 필사하여 13년이 걸려 완성하였다. 경 · 사 · 자 · 집(經史子集)의 4부로 나누었으므로 '사고(四庫)'라 한다. 모두 3,500여 종의 서적 7.9만권으로, 기본적으로 그 당시까지의 중국에 존재하는 모든 도서를 포괄하였다. 7부를 필사하여 전국 각지에 보관했다.【역주】

자부(子部): 경사자집 가운데 제3부로 유가(儒家) · 병가(兵家) · 법가(法家) · 농가(農家) · 의가(醫家) · 도가(道家) 등의 제자백가와 예술 및 도록 등의 서적을 전문적으로 열거하였다.【역주】

잡가류(雜家類): 자부(子部)의 유가류 · 병가류 · 법가류 · 농가류 등 14종 대 분류의 하나로, 잡학(雜學) · 잡고(雜考) · 잡설(雜說) · 잡품(雜品) · 잡찬(雜纂) · 잡편(雜編)의 6속(屬)에 속하는 서적.【역주】

3) 『연운갑을편(硯雲甲乙編)』[39] 판본

"雁門文震亨編"(안문 문진형 편집)이라 되어 있고, 서문과 발문이 없으며, 청말 상해 신보관(申報館)[40]의 연인본(鉛印本)[41].

4) 『고금설부총서(古今說部叢書)』[42](1집) 판본

"明文震亨編"(명 문진형 편집)이라 되어 있으며, 서문과 발문이 없고, 민국 4년(1915) 재판이며 연인본으로, 중국도서공사화기(中國圖書公司和記)에서 출판.

5) 『월아당총서(粵雅堂叢書)』[43](3편 제24집) 판본

"明文震亨撰 沈春澤序"(명 문진형 편찬, 심춘택 서문)이라 되어 있고,

---

39) 연운갑을편(硯雲甲乙編): 『연운갑편(硯雲甲編)』 8종 25권(1775년 완성)과 『연운을편(硯雲乙編)』 8종 25권(1778년 완성)으로, 청나라 건륭시기에 활동했던 김충순[金忠淳, ?-?, 자(字)는 회고(懷古)]이 편집한 총서이다.『장물지』는 『연운을편(硯雲乙編)』에 수록되어 있다.【역주】

40) 신보관(申報館): 영국의 상인이자 신문업자 어네스트[Ernest Major, 중국이름 메이차(美查)]가 1872년 상해에 설립한 출판기구.【역주】

41) 연인본(鉛印本): 현대 연활자 기술을 이용하여 간행한 서적. 연인 기술은 도광(道光) 23년(1843)에 상해에 중국 최초의 연인출판기구 묵해서관(墨海書館)이 설립되었으며, 함풍(咸豐) 7년(1857)에 최초의 한문 연인본 『육합총담(六合叢談)』이 출판되었다.【역주】

  * 육합총담(六合叢談): 상해 최초의 중문판 월간지. 영국 런던의 선교사 알렉산더(Alexander Wylie, 1815-1887)가 상해에서 창간했으며, 순수한 기독교적인 종교 간행물이 아니라 종합적인 성격의 정기 간행물이었다.【역주】

42) 고금설부총서(古今說部叢書): 60책. 상해국학부륜사(上海國學扶輪社)에서 1910-1913년에 걸쳐 출판. 청말민국시기의 언론인 왕문유(王文濡, 1867-1935)가 편집하였으며, 한나라부터 청대까지의 민속 · 역사 · 사회 등에 관한 문헌 300여종을 모은 총서. 『장물지』는 제1집 제4책 「청공류(淸供類)」에 수록되어 있다.【역주】

43) 월아당총서(粵雅堂叢書): 3편 30집 1,347권. 청말 장서가이자 실업가 오숭요[伍崇曜, 1819-1863, 자(字)는 양보(良輔), 호는 자원(紫垣)]가 자금을 대고, 동향의 학자 담영[譚瑩, ?-?, 자(字)는 조인(兆仁), 호는 옥생(玉生)]이 편집하여 1850-1875년에 걸쳐 간행된 총서. 『사고전서』와 『영락대전(永樂大全)』 등에 빠진 희귀한 서적을

발문이 없으며, 청 함풍 3년(1853) 남해오씨간행본(南海伍氏刊行本)[44].

6)『설고(說庫)』[45] 판본

"明文震亨編"(명 문진형 편집)이라 되어 있고, 서문과 발문이 없으며, 민국 4년(1915) 상해 문명서국(文明書局) 석인본(石印本)[46].

7)『총서집성초편 · 예술류(叢書集成初編 · 藝術流)』판본

"雁門文震亨編"(안문 문진형 편집)이라 되어 있고, 심춘택의 서문이 책 뒤에 붙어있다.[연운본(硯雲本)에 근거하여 인쇄하였으며,『월아당총서』의 심춘택 서문을 수록하였다.] 민국 25년(1936) 12월 초판, 상무인서관(商務印書館)에서 간행한 연활자본.

주로 수록하였다. 심춘택의 서문이 있는『장물지』를 3편 24집에 최초로 수록하였다.【역주】

44) 남해오씨간행본(南海伍氏刊行本): 오숭요(伍崇曜)가 자금을 대어 간행한 서적을 가리킨다.【역주】

45) 설고(說庫): 60책. 1915년 상해 문명서국(文明書局) 석인본(石印本). 왕문유가 편집하였으며, 한나라부터 청대까지의 소설과 잡기 170종을 수록하였다.『장물지』를 필기소설로 분류하였다.【역주】

46) 석인본(石印本): 석판인쇄(石版印刷, lithography) 기법을 이용하여 인쇄한 서적. 석판인쇄 기술은 독일인 제너펠더(Senefelder, 1771-1834)가 1789년에 발명하였다. 1834년 광동성 광주(廣州)에 최초로 외국인이 석판인쇄한 포고문이 부착되었으며, 1874년 상해의 서가회천주교당(徐家匯天主教堂)에 석판인쇄부가 설치되어 종교선전물을 인쇄하였다. 1876년에 신보관(申報館)을 창설한 영국인 어네스트(Ernest Major)가 상해에 점석재석인국(點石齋石印局)을 설립하여 서적의 출판을 시작하였으며,『강희자전(康熙字典)』과『점석재화보(點石齋畫譜)』등을 인쇄하였다. 이후 중국인 서유자(徐裕子, ?-?)와 광동의 상인 서윤(徐潤, 1838-1911) 등이 1881년 동문서국(同文書局)과 배석산방(拜石山房)을 설립하여 고적을 전문적으로 인쇄하였다. 석판인쇄를 이용한 칼라화보는 외국인이 중국에 개설한 홍문당오채서국(鴻文堂五彩書局)이 최초로 칼라 전표(錢票, 일종의 수표)를 전문적으로 인쇄하였다. 1882년 중국인 위윤문(魏允文, ?-?)과 위천생(魏天生, ?-?)이 중서오채서국(中西五彩書局)을 설립하여 전문적으로 칼라화보를 인쇄하였다. 1930년대 이후에는 점차로 연인(鉛印) 기술로 대체되었다.【역주】

『장물지교주(長物志校注)』자서(自序) 진식(陳植)

8) 『미술총서(美術叢書)』47)(3집 제9집) 판본

"明文震亨撰, 沈春澤序, 伍紹棠48)跋"(명나라 문진형 편찬, 심춘택의 서문, 오소당의 발문)이라 되어 있으며 민국 무진(戊辰, 민국17년, 1928) 신주국광사(神州國光社)의 영인본이다. 생각건대, 국광사 판본은 4번 간행되었다. 신해(辛亥, 1911) 맹춘 초판·무진(1928) 12월판·민국 25년(1936) 여름 3판으로 속편·민국 36년(1947) 가을 4판으로 수정증보판. 모두 연인본이다.

9) 『신보관총서속집·기려류(申報館叢書續集·紀麗類)』49) 판본

10) 『오의록총서(娛意錄叢書)』50) 판본

권수를 나누지 않았다. 오의록(娛意錄) 18종은 청 반지만(潘志萬)51)

---

47) 미술총서(美術叢書): 160책. 청말민국시기의 학자 등실(鄧實, 1877-1951)과 화가 황빈홍(黃賓虹, 1865-1955)이 미술에 관한 역대 논저를 망라하여 편집한 총서로, 281종을 수록하였다. 1911년 초집 10집 40책, 1914년 제2집 10집 40책이 증가되어 총 80책, 1920년 제3집 10집 40책이 증가되어 총 120책, 1936년 제4집 10집 40책이 증가되어 총 160책으로 완간되었다. 『장물지』는 제3집(集) 제9집(輯)에 수록되었다.【역주】

48) 오소당(伍紹棠, ?-?): 청대말기의 저명한 장서가이자 실업가로 이화양행(怡和洋行, 양행은 외국인이 중국에 개설한 무역회사)을 경영하여 거부가 되었던 오숭요(伍崇曜, 1819-1863)의 맏아들.【역주】

49) 신보관총서속집(申報館叢書續集): 203종 2,986권. 신보관에서 간행한 총서. 『신보관총서』는 정집(正集)·속집(續集)·여집(餘集)·부록으로 나누어지며, 속집은 청말민국시기의 학자 채이강(蔡爾康, 1851-1921)이 주로 필기소설류를 위주로 편집하였다. 장고류(掌故類)·담예류(談藝類)·강무류(講武類)·기려류(紀麗類) 등 11류로 나누어지며, 『장물지』는 기려류에 수록되었다.【역주】

50) 오의록총서(娛意錄叢書): 청나라 장서가 반지만((潘志萬, 1849-1899))이 편집했다는 총서. 문헌학자 시정용(施廷鏞, 1893-1983)이 편집하여 2003년 북경도서관에서 출판한 『중국총서종록속편(中國叢書綜錄續編)』에 『오의록(娛意錄)』에 수록된 18종 서적의 목록으로 장대복(張大復)의 『매화초당필담(梅花草堂笔谈)』14권·장조(張潮)의 『유몽영(幽夢影)』1권·왕완(汪琬)의 『설령(說鈴)』1권·양기생(楊夔生)의 『포원장록(匏園掌錄)』2권·송민구찬(宋敏求撰) 문진형편차(文震亨編次)『장안

이 편집하고 청대 동서서옥(桐西書屋)52)에서 녹색 칸이 쳐진 종이에 필사한 판본으로 8책이다.

명 판본은 매권의 권수에 각각 '안문문진형편 동해서성서교'라고 쓰여 있는 것 이외에, 교정한 사람은 모두 그 당시 문단에서 명망 있는 유명한 학자이다. 심춘택이 자초지종을 서문에 썼으므로, 『장물지』가 탈고된 뒤에 그 당시 유명한 학자들이 탈고된 원고를 심사하여 교열했다는 사실이 드러났고 이를 매우 중요하게 여겼음을 알 수가 있다. 또 『장물지』를 목판으로 새겨 간행하는 작업이 문진형의 생전에 이루어져 당연히 문진형이 직접 보았으므로, 논리적으로 교정이 정확해야 하는데 어찌 착오가 여전히 존재하는가? 이해하기 어려운 일인 듯하다.

지(長安志)』1권 · 진정혜(陳貞慧)의 『추원잡패(秋園雜佩)』1권 · 모낭(冒襄)의 『영매암억어(影梅庵憶語)』1권 · 여회(余懷)의 『판교잡기(板橋雜記)』1권 · 개중생집(箇中生輯) 『오문화방속록기사(吳門畵舫續錄紀事)』3권 · 봉화생(捧花生)의 『진회화방여담(秦淮畵舫餘譚)』1권 · 분리타행자(芬利它行者)의 『죽서화사(竹西花事)』1권 · 예란생(藝蘭生)의 『측모여담(側帽餘談)』1권 · 이석생(二石生)의 『십주춘어(十洲春語)』3권 · 무명씨의 『연경잡기(燕京雜記)』1권 · 고록(顧錄)의 『청가록(淸嘉錄)』1권 · 원조지(袁祖志)의 『수원쇄기(隨園瑣記)』1권 · 왕도집(王韜輯)의 『영연잡지(瀛壖雜志)』1권 · 일본 정헌거사(靜軒居士)의 『강호번창기(江户繁昌記)』1권이 실려 있는데, 문진형이 편찬한 『장안지(長安志)』1권은 실려 있으나 『장물지』는 없다. 『장안지(長安志)』는 송나라 학자 송민구(宋敏求, 1019-1079)가 당나라 장안에 관해 기록한 서적으로, 문진형은 이것을 다시 정리하여 편집했다. 또한 상해도서관에서 편집하여 중화서국(中華書局)에서 1959부터 1962년 사이에 출판한 『중국총서종록(中國叢書綜錄)』에는 『오의록』 자체가 실려 있지 않다. 그러므로 진식(陳植, 1899-1989)이 말한 "『오의록총서(娛意錄叢書)』 판본"은 무엇에 근거했는지 알 수가 없다.【역주】
51) 반지만(潘志萬, 1849-1899): 청나라 장서가. 자(字)는 석정(碩廷), 호는 홀암(笏), 오현(吳縣, 지금의 강소성 소주시) 사람. 저서에 『소주금석지(蘇州金石志)』와 『서적비판제발우록(書籍碑版題跋偶錄)』 등이 있다.【역주】
52) 동서서옥(桐西書屋): 청나라 장서가 반개번(潘介繁, 1829-1893)의 집안에 있는 도서관. 반개번의 아들이 반지만이다.【역주】

5. 『장물지』에 포함된 범위가 광대하지만 서술은 오히려 비교적 간략하므로, 주석의 중요성이 증가될 뿐만 아니라 주석 작업의 곤란을 가중시켰다. 옛 것을 오늘의 현실에 맞게 받아들이기 편리하도록 하기 위하여, 최대한 간명하게 주석하는 것을 추구하는 이외에도 그 출처를 밝혀 기록하였으므로, 적지 않은 분량이 늘어났다. 동식물의 명칭에 관하여 보충하여 서술한 이외에, 학명 및 과(科)와 속(屬)을 최대한 밝혀 기록하여 독자가 조사하기 편리하도록 하였다. 다만 고대 생물의 지역적인 명칭이 현대와 반드시 일치하는 않으며 또 고대의 품종이 현대에는 반드시 여전히 보존되어 있을 수가 없으므로, 고증에 적지 않은 어려움이 발생하였다. 예를 들면, 꽃과 나무 가운데 월계(月桂)는 월계(月季)[53]이며, 과수 가운데 칠설홍(漆碟紅)은 복귤(福橘, 복건에서 산출되는 귤) 실생종(實生種)[54]이고, 조류 가운데 백설(百舌)은 흑동(黑鶇)[55] 등으로, 모두 몇 차례 고증을 거친 뒤에 비로소 해결할 수 있었다. 이끼식물에 이르면, 종류가 복잡하고 그 분포가 입지환경에 따라서 각각 달라진다. 금붕어의 품종은 변이가 매우 많고 명칭이 또 사람과 지역에 따라 각각 상이하므로, 다만 개괄하여 설명하였으며 명확하게 감정하지는 못하였다. 「서화」에서 법첩(法帖)[56]의 주석에 대해서는 매번 접하는 문헌의 기록이 명확하지 않거나 결국 빠진 부분이 존재하였으므로, 반복하여

---

53) 월계(月季): 장미의 일종. 권2 「꽃과 나무」 '장미(薔薇)와 목향(木香)'의 원주 참고. 【역주】
54) 실생종(實生種) : 인위적으로 수정을 통해 얻어진 씨앗을 파종해 얻은 개체.【역주】
55) 흑동(黑鶇): 학명은 Turdus cardis. 검은지빠귀. 조강(Aves) 참새목(Passeriformes) 지빠귀과(Turdidae)에 속하는 한국의 철새. 숲에서 아침부터 아름다운 소리를 낸다. 권4 '백설(百舌)·화미(畫眉)·구욕(鸜鵒)' 참고【역주】
56) 법첩(法帖): 역대 명인의 서예작품을 석재나 목판에 새겨서 탁본을 뜨거나 인쇄하여 표구해서 만든 두루마리나 책으로, 서예 학습의 표본이므로 '법첩'이라 한다. 【역주】

고증한 뒤에 비로소 상당히 만족할만한 답안을 얻었다. 「궤탑(几榻)」과 「기구(器具)」 두 부분에서 기물의 명칭과 같은 경우에는, 「기구(器具)」의 '부채와 선추(扇錘)' 항목에 나열된 각종 부채의 형식이 비록 책 전체의 커다란 요지와 무관하지만 깊이 이해하는 것을 목적으로 하여 또한 분야를 나누어 전문가에게 도움을 요청했으나 완전히 해결하지는 못하였다. 책에서 아직 해결하지 못한 약간의 문제는 계속 노력하고 각 방면의 시정을 기다려 다시 보충해야 할뿐이다.

6. 『장물지』는 중국 고대의 조원(造園)에 관한 문헌 가운데 『원야(園冶)』 이외에 손꼽는 명저이므로, 『장물지』의 정체성을 고려하기 위하여 내용을 교정하고 주석하였으며 책 전체를 대상으로 해서 결정하여 관련된 조원(造園) 부분에 국한하지 않고 책의 전모를 보존하였다. 또 그중에 여전히 자구가 탈락된 부분과 분류가 명확하지 않으며 의미가 어디에도 속하지 않는 곳이 있으므로, 『장물지』보다 앞서고 시대가 비슷한 관련 저서인 『준생팔전』·『고반여사(考槃餘事)』57)·『군방보』·『금어품(金魚品)』58)·『주사어지(朱砂魚志)』59) 등의 서적을 가지고 참고하고 고증하여 교정한 내용에 설명을 첨가해서 독자의 연구에 편리하도록 했다. 분류가 명확하지 않아 조목을 분류하기 마땅치 않은 곳은 성질에 따라 참작하고 조정해서 합병하여 면목이 선명해지기를 기대하였다. 그러므로 적지 않은 작업량과 비교적 많은 어려움이 가중되었다. 전후 작

---

57) 고반여사(考槃餘事): 4권. 명나라 문학가 도륭(屠隆, 1543-1605)이 쓴 저서로, 문방 용구에 대하여 주로 논술하였다.【역주】
58) 금어품(金魚品): 어떤 서적인지 알 수가 없다.【역주】
59) 주사어지(朱砂魚志): 상하편. 일명 『주사어보(朱砂魚譜)』. 명나라 학자 장겸덕(張謙德, 1577-?)의 저서. 중국 최초로 금붕어의 생태습성과 사육방법 등을 기록한 전문서.【역주】

업과정에서 약간의 건축과 관련된 용어 및 동식물의 명칭과 특성에 대한 모든 조사는 분야별로 나누어 남경공학원(南京工學院) 유돈정(劉敦楨) 교수·남경사범학원(南京師範學院) 진방걸(陳邦傑) 교수·중국과학원식물연구소(中國科學院植物研究所) 유덕준(兪德浚) 교수·동물연구소 정작신(鄭作新) 교수 등의 분야별 지원을 받았다. 또 양초백(楊超伯) 선생이 상세하게 교정하고 증보를 해 주었고, 진종주(陳從周) 교수가 서문을 써 주어서 이 분들께 마음으로 감사하고 있으며, 특별히 이 자리를 빌려 다시 한 번 감사드린다. 빠지거나 틀린 부분은 독자들께서 기탄없이 지적해서 바로잡아 수정에 도움이 되기를 희망한다.

숭명(崇明)출신의 진식(陳植) 양재(養材)가
남경임학원(南京林學院)에서 쓰다.
1965년 3월 18일 67세에

권1

가옥(室廬)[1]

산수 사이에 사는 사람이 제일이고, 시골에 사는 사람이 그 다음이며, 교외에 사는 사람이 또 그 다음이다. 우리들이 비록 산 속 동굴에 살거나 산 속 계곡에 머물며 옛 은자들의 발자취를 따를 수는 없으나, 도시 속에 섞여 살려면 문 앞은 우아하고 깨끗해야 하며 집은 정결해야 한다. 정자와 누대는 활달한 선비의 회포를 갖추어야 하고, 서재와 누각은 은자의 운치를 갖고 있어야 한다. 또 아름다운 나무와 기이한 대나무를 심고, 청동기와 비석에 관한 서적을 진열해야 한다. 이렇게 해야 거주하는 사람은 늙는 것을 잊어버리고, 방문한 사람은 돌아갈 것을 잊어버리

---

1) 室廬(실려):『일체경음의(一切經音義)』에서 "문의 바깥을 '당(堂)'이라 하고, 문의 안을 '실(室)'이라 한다.(戶外爲堂, 戶內爲室)."라 했고,『설문해자(說文解字)』에서는 "여(廬)는 붙어 있는 것이다. 가을과 겨울에는 떠나고, 봄과 여름에는 거주한다.(廬, 寄也. 秋冬去, 春夏居.)"라고 하였다. '실려'는 장기간 거주하는 건물과 잠시 거주하는 건물을 각각 가리킨다.【原註】
   * 실(室): 당(堂) 뒤의 정실(正室, 몸채). 고대에는 건물의 내부에서 앞부분을 '당(堂)'이라 하고, 당의 뒤 벽이 있는 중앙부분을 '실(室)'이라 하였으며, 실의 동서 양측을 '방(房)'이라 하였다.【역주】
   * 일체경음의(一切經音義): 100권. 당나라 승려 혜림(慧琳, 737-820)이 편찬한 불경에 사용된 문자의 음과 의미를 해설한 서적.【역주】
   * 설문해자(說文解字): 15권. 동한의 경학가이자 문학가인 허신(許愼, 58?-147?)이 편찬한 최초의 자전(字典).【역주】

며, 놀러 온 사람은 피곤한 줄을 모르게 된다. 더위가 심할 때면 바람이
불어서 서늘해지고, 매섭게 추우면 온기가 돌아 따스해진다. 만약 쓸데
없이 흙과 나무를 옮기고 장식을 추구하면, 정말로 차꼬를 차거나 우리
에 갇힌 것과 같은 꼴이 되고 말 것이다.

室廬

居山水間者爲上, 村居次之, 郊居又次之.[2] 吾儕縱不能棲巖止谷[3], 追綺園[4]
之踪, 而混迹塵市[5], 要須門庭[6]雅潔, 室廬淸靚[7]. 亭臺具曠士[8]之懷, 齋閣有幽

---

2) 村(촌), 郊(교): 촌(村)은 시골에서 사람들이 모여 사는 곳을 의미한다. 교(郊)는
   성의 주변 지역을 의미한다. 원래 주대(周代)에는 '국(國, 도성)'에서 오십 리가
   떨어진 곳을 '근교(近郊)'라 했고, 백리가 떨어진 곳을 '원교(遠郊)'라 하였다.【역주】
3) 棲巖止谷(서암지곡): 암(巖)은 산속의 동굴이다. 곡(谷)은 산의 계곡이다.
   속석(束晳)의 「현거석(玄居釋)」에서 "혹은 높은 자리에 있으면서 존귀함과 영예를
   누리는 것을 버리고 산의 동굴에 산다.(或背豊榮以巖棲.)"라고 했다.
   임온(林蘊)은 「안읍의 승상 이길보(李吉甫)가 변방을 안정시키도록 올리는 글(上
   安邑李相公安邊書)」에서 "천하의 산의 동굴과 계곡에 은거한 사람(天下巖居谷隱
   之人)"이라고 했다. '세상을 피해 산림에 숨어산다.'는 의미이다.【原註】
   * 속석(束晳, 264?-303): 서진(西晋)의 문학가이자 문헌학자. 자(字)는 광미(廣微).
   본래 소(疎)씨였으나 속(束)으로 고쳤다. 박학다문과 문장에 뛰어나 유명했다.
   『진서·제기(晋書·帝紀)』를 편찬하였으며, 작품으로 「병부(餠賦)」·「빈가부(貧
   家賦)」·「근유부(近遊賦)」·「권농부(勸農賦)」·「현거석」 등이 있다.【역주】
   * 현거석(玄居釋): 주객의 문답형식으로 유가의 가르침에 따라 본성을 따라 도를
   지켜야 함을 주장하고 현실사회에 대한 비판도 담은 서정적인 부.【역주】
   * 임온(林蘊, ?-?): 당나라의 정치가. 복건성 천주(泉州) 보전(莆田) 사람. 자(字)는
   복몽(復夢).【역주】
4) 綺園(기원): 은거하는 선비를 상징하는 표현. 기원(綺園)은 각각 기리계(綺里季,
   ?-?)와 동원공(東園公, ?-?)을 가리키며, 이들은 모두 한대 초기 상산사호(商山四
   皓)에 속하는 은자이다. 『사기·유후세가(史記·留侯世家)』에서는 "네 사람이 앞
   에서 마주하여 각각 성명을 말하여 '동원공(東園公)'·'녹리선생(甪里先生)'·'기리
   계(綺里季)'·'하황공(夏黃公)'이라 하였다.(四人前對, 各言姓名曰, 東園公甪里先
   生綺里季夏黃公.)'라 하였다.【原註】
   * 상산사호(商山四皓): 한나라 고조(高祖, 재위 B.C.202-B.C.195)시기, 섬서성의 상
   산(商山)에 은거하던 네 명의 은자로, 수염과 눈썹까지 희어서 '사호(四皓)'라 하였
   다.【역주】

人之致. 又當種佳木怪籜[9], 陳金石[10]圖書. 令居之者忘老, 寓之者忘歸, 遊之者
忘倦. 薀隆[11]則颯然[12]而寒, 凛冽[13]則煦然[14]而燠. 若徒侈土木, 尙丹堊[15], 眞

---

5) 廛市(전시): 도시. 『주례·수인(周禮·遂人)』의 주(注)에서 "전(廛)은 성읍에 있는
   거처이다.(廛, 城邑之居.)"라고 하였으며, 『맹자·공손축상(孟子·公孫丑上)』에서
   "시장에서는 화물을 저장해 둔 창고에 대해서 세금을 걷지 않는다.(市廛而不征.)"
   라고 하였다.【原註】
   * 주례(周禮): 유가 경전의 하나로 중국 고대 예법에 대한 기록. 주문왕(周文王)의
   넷째아들 주공(周公) 희단(姬旦, B.C.1100?-?)이 저술했다고 전해오지만, 전국시기
   에 편집된 것으로 여겨진다. 동한의 유학자 정현(鄭玄, 127-200)이 주(注)를 달아
   지위가 격상되어 『주례(周禮)』·『의례(儀禮)』·『예기(禮記)』의 '삼례(三禮)' 가운
   데 으뜸이 되었다.【역주】
6) 門庭(문정): 문 앞의 공터. 문과 정원. 여기서는 뒤에 이어지는 '실려(室廬)'와 대비
   하여 '집 앞'을 의미하는 것으로 풀이하였다.【역주】
7) 淸靚(청정): 청정(淸淨)과 의미가 통한다. 靚(정)은 광동(廣東)에서는 亮(량)처럼
   발음하고, '아름답다(美好)'로 풀이한다.【原註】
8) 曠士(광사): 사물에 구애되지 않고 유유자적하며 스스로 만족해하는 선비를 뜻한
   다. 시선(詩仙) 이백(李白, 701-762)의 시 「벽사기를 위해 설치한 고취곡사 치자반
   (設辟邪伎鼓吹雉子斑曲辭)」에서 "귀중한 것은 활달한 선비의 회포로, 통쾌하게 자
   연과 합치하네.(所貴曠士懷, 朗然合太淸.)"라고 한 것이 그 예이다.【原註】
   * 벽사기(辟邪伎): 벽사(사자와 비슷하고 머리에 뿔이 있으며 몸에 날개가 있다는
   복을 빌고 사악함을 제거하는 작용을 하는 전설의 신령한 동물)의 모습으로 분
   장한 배우.【역주】
   * 고취(鼓吹): 『악부시집(樂府詩集, 북송시기에 편찬된 고대의 민가집)』의 고취곡
   (鼓吹曲)으로 북·징·통소·피리 등의 악기를 합주하는 악곡의 일종.【역주】
   * 치자반(雉子斑): 『악부시집·고취곡사(樂府詩集·鼓吹曲辭)』에 수록된 노래로,
   꿩이 새끼에 대한 사랑과 사별의 아픔을 묘사한 악곡.【역주】
9) 怪籜(괴탁): 기이한 대나무.【原註】
10) 金石(금석): '금(金)'은 종(鍾)이나 이(彝, 제기)와 같은 청동기 종류를 말하고, '석
   (石)'은 비갈(碑碣) 종류를 말한다.【原註】
   * 비갈(碑碣): 직사각형으로 세워놓은 석각(石刻, 문자를 새긴 돌)을 '비(碑)'라 하
   고, 머리가 둥글거나 형태가 둥그름하며 위가 작고 하부가 큰 석각을 '갈(碣)'
   이라 한다. 통칭 '비석'이라고도 한다.【역주】
11) 薀隆(온륭): 날씨가 후덥지근한 것을 말한다. 『시경·대아·운한(詩經·大雅·雲
   漢)』에서 "가뭄이 이미 너무 심하여, 열기가 푹푹해 대지를 찌는 듯하네.(旱旣太
   甚, 薀隆蟲蟲.)"라고 했으며, 『모전(毛傳)』에서 "열기가 푹푹해서 덥고, 우르릉우르
   릉 천둥이 치며, 태양이 작열하여 찌는 듯이 덥다.(薀隆而暑, 隆隆而雷, 蟲蟲而
   熱.)"라고 했다.【原註】

同桎梏16)樊檻17)而已. 志室廬第一

---

* 시경(詩經): 중국 최초의 시가집으로 고대의 시 305수가 실려 있으며, 공자(孔子, B.C.551-B.C.479)가 편집하였다고도 하여 유가 경전의 하나로 예로부터 존중되어왔다.【역주】

* 모전(毛傳): 30권. 노나라 학자 모형(毛亨, ?-?)이 지었다는 『시경』의 글자 의미를 주로 해설한 주석서.【역주】

* 蟲蟲(충충): 작열하다.【역주】

12) 颯然(삽연): '삽(颯)'은 바람소리. 송옥(宋玉)의 「풍부(風賦)」에서 "바람이 휙 불어오네.(有風颯然而至.)"라고 했다.【原註】

* 송옥(宋玉, B.C.298?-B.C.222?): 전국시대 초나라의 저명한 문학가로 「구변(九辨)」・「풍부(風賦)」・「고당부(高唐賦)」・「등도자호색부(登徒子好色賦)」 등의 작품이 전해 오며, 중국 역사상 대표적인 미남으로 꼽힌다.【역주】

13) 凜冽(늠렬): 날씨가 매우 추운 것을 말한다. 『설문해자』에 이르기를 "늠(凜)은 추운 것이다.(凜, 寒也.)"라고 했다. 『옥편(玉篇)』에서 "열(冽)은 차가운 기운이다. (冽, 寒氣也.)"라고 하였다.【原註】

* 옥편(玉篇): 남조 양나라의 학자 고야왕(顧野王, 519-581)이 편찬하였으며, 글자의 의미를 주로 설명한 자전(字典).【역주】

14) 煦然(후연): 온화하다. 따뜻하다. 『옥편』에서 "후(煦)는 더운 것이다.(煦, 熱也.)"라고 하였다.【原註】

15) 丹堊(단악): 단(丹)은 홍색이고 악(堊)은 백색이다. 사마상여(司馬相如)의 「자허부(子虛賦)」에서 " 그 흙은 주사(朱沙)・공청(空青, 녹색을 띠는 남동광석으로 만든 약재)・적토(赤土)・백토(白土)이다.(其土則丹青赭堊.)"라고 하였다.【原註】

* 丹堊(단악): 홍색을 칠하고 백색을 칠하다. 장식하다.【역주】

* 사마상여(司馬相如, B.C.179?-B.C.118): 서한의 저명한 문학가로 「자허부(子虛賦)」・「장문부(長門賦)」・「미인부(美人賦)」・「애진이세부(哀秦二世賦)」 등의 작품이 전하며, 탁문군(卓文君, B.C.175-B.C.121)과의 사랑이야기로 유명하다.【역주】

16) 桎梏(질곡): 『설문해자』에서 "질(桎)은 발에 채우는 쇠고랑이다. 곡(梏)은 수갑이다.(桎, 足械也. 梏, 手械也.)"라고 하였다. 서현(徐鉉)이 말하였다. "형구는 발에 채우면 '질(桎)'이라 하고, 손에 채우면 '곡(梏)'이라 한다.(械, 在足曰桎, 在手曰梏.)"【原註】

* 서현(徐鉉, 916-991): 남당(南唐)과 북송의 문학가이자 서예가. 자(字)는 정신(鼎臣). 조서를 받들어 『설문해자』를 교정하였다.【역주】

17) 樊檻(번함): 『광운(廣韻)』에서 "번(樊)은 조롱(鳥籠, 새장)이다.(樊, 鳥籠也.)"라고 하였다. 함(檻)은 짐승우리이다.
『장자・양생주(莊子・養生主)』에서 "소택지에 사는 꿩은 열 걸음에 한 번 모이를 쪼고 백 걸음에 한 번 물을 마시지만, 조롱 속에서 키워지는 것을 기대하지 않는다.(澤雉十步一啄, 百步一飲, 不期畜於樊中.)"라 하였다.
『회남자・주술훈(淮南子・主術訓)』에서는 "그러므로 호랑이・표범・무소・코끼리

1. 문(門)18)

나무로 문틀을 만들고 상비죽(湘妃竹)19)을 비스듬하게 대어 박아 넣

를 키우는 자는 우리를 만든다.(故夫養虎豹犀象者, 爲之圈檻.)"라고 하였다.【原註】
* 광운(廣韻): 5권. 원명은『대송중수광운(大宋重修廣韻)』. 북송시기에 대신 진팽년(陳彭年, 961-1017)과 구옹(丘雍, 960-1279) 등이 황명을 받들어 편찬한 운서(韻書)로, 송대 이전의 운을 집대성하였다.【역주】
* 장자(莊子): 33편. 전국시대 철학가 장주(莊周, B.C.369?-B.C.286)가 저술한 철학서로 중요한 도가 경전의 하나이며, 『남화경(南華經)』이라고도 한다. 장주(莊周)를 '장자(莊子)'라고도 한다.【역주】
* 회남자(淮南子): 21권. 회남왕(淮南王) 유안(劉安, B.C.179-B.C.122)이 문객과 함께 편찬한 도가계열의 철학서.【역주】
18) 문(門): 가옥의 담에 출입할 수 있도록 통하는 부분을 총칭하여 '문'이라 한다. 『옥편』에는 "사람이 출입하는 곳이다.(人所出入也.)"라고 하였다.【原註】
* 청나라 관리 주석수(朱錫綬, ?-?)는『유몽속영(幽夢續影, 수필식의 문집)』에서 "문경(門徑, 문으로 통하는 작은 길)을 보면 그 사람의 품위를 알 수 있다.(觀門徑可以知品.)"라고 하였다. 고대 문인들은 건축물을 통해 생활의 품위를 표현했는데, 이는 특히 '문'에 잘 드러난다. 문은 용도와 장소에 따라 전문(殿門, 궁궐의 문)·택문(宅門, 저택의 대문)·각문(閣門, 누각의 문)·산문(山門, 절의 대문)·병문(屛門, 안채와 바깥채 사이에 있는 문) 등으로 나누어지고 또한 읍문(邑門, 군이나 읍의 문)·이문(里門, 마을의 문)·염문(閭門, 동네의 문)·항문(巷門, 골목의 문)·방문(坊門, 거리의 문)으로도 나눌 수 있다. 많은 문 가운데 택문(宅門, 저택의 문)이나 각문(閣門, 누각의 문) 등과 같은 개인 건축물의 문이 가장 중시되었다. 택문은 문설주·문틀·문짝·문미(門楣) 등으로 구성된다. 집의 벽에 문틀을 만들고 여기에 문짝을 끼운다. 문 아래쪽에 댄 가로막대를 '문지방'이라 하고 위쪽에 댄 것을 '문미(門楣)'라 한다. 전체 건축의 얼굴인 문을 대단히 중시하는 사람들이 많았으며, 부자들은 문에 붉은 칠이나 검은색 칠을 주로 하였다. 붉은 색 칠을 한 '주문(朱門)'은 집 주인의 고귀함의 상징이었다. 물론 아무런 칠도 하지 않은 문도 많았는데, 이를 '백판비(白板扉)'라 하였다. 문은 품위를 표현할 뿐 아니라, 사회적 지위와 신분의 상징이기도 했다. '가옥식' 대문과 '담장식' 대문은 이러한 신분 차이의 구체적인 표현이기도 했다.【역주】
19) 상비죽(湘妃竹): 상비죽(Phyllostachys bambusoides f. tanakae)은 '반죽(斑竹)'[『여남포사(汝南圃史)』]·'소상죽(瀟湘竹)'·'누흔죽(淚痕竹)'[진정(陳鼎)의 『죽보(竹譜)』]이라고도 한다. 줄기 부위에 흑색의 반점이 나타나며 매우 아름다운데, 벼과나 대나무과에 속한다.【原註】
* 상비죽은 주로 중국의 호남성·하남성·강서성·절강성 등지에서 생산된다. 관상용으로 유명하며 공예품으로도 제작된다. 서진 문학가 장화(張華, 232-300)의

는데, 네 개나 두 개로 해야지 여섯 개를 사용해서는 안 된다. 문의 양측
에 판자로 춘첩(春帖)20)을 만들어 붙이고, 반드시 당시(唐詩)에서 아름

소설 『박물지(博物志)』에서 "요임금의 두 딸이 순임금의 두 부인이 되었으며 '상
부인(湘夫人)'이라 하였다. 순임금이 죽자 두 부인이 울어 눈물이 흩날려 대나무
에 온통 얼룩이 졌다.(堯之二女, 舜之二妃曰 湘夫人. 帝崩, 二妃啼, 以涕揮竹,
竹盡斑.)"라고 하였다. 여기서 말하는 '순임금의 두 딸'과 '요임금의 두 부인' 및
다른 저작에 나오는 '상비(湘妃)'나 '소상비자(瀟湘妃子)' 등은 아황(娥皇)과 여영
(女英) 두 사람을 가리킨다. 순임금 딸이자 요 임금의 부인이 된 두 사람은 순임
금이 죽자 통곡하며 피눈물을 흘려 대나무에 얼룩이 졌다는 전설이 전해지고
있다. 그래서 '상비죽(湘妃竹)'이나 '누흔죽(淚痕竹)' 혹은 '누죽(淚竹)'이라는 이
름이 붙었다.【역주】
* 여남포사(汝南圃史): 12권. 명나라 학자 주문화(周文華, ?-?)의 저서로, 12부문으
로 나누어 식물의 재배기술에 관하여 전문적으로 기술하였다.【역주】
* 죽보(竹譜): 1권. 청나라 학자 진정(陳鼎, 1650-?)의 저술로, 서남 일대의 기이한
대나무 종류를 기록하였으며, 모두 60조목이다.【역주】
20) 춘첩(春帖): 춘련(春聯)을 가리킨다.
『송사 · 오행지(宋史 · 五行志)』에서 "매해의 마지막 날에 한림원에 명하여 도부
(桃符)를 써서 새해 아침에 침실 문의 좌우에 설치하도록 했다.(每歲除夕, 命翰林
爲詞題桃符, 正旦置寢門左右)."라고 했다.
『모정객화(茅亭客話)』에서 "촉나라 왕이 매해 제석에 여러 궁문에 각각 도부 한
쌍을 그리도록 하고 '원형이정(元亨利貞)'의 네 글자를 쓰도록 했다. 이것이 도부
에 글자를 쓴 시작이다.(蜀主每歲除日, 諸宮門各繪桃符一對, 俾題元亨利貞四字.
此爲桃符題字之始)."라고 하였다.
『묵장만록(墨莊漫錄)』에서 "소동파(蘇東坡)가 황주[黃州, 지금의 호북성 황강시
(黃岡市)]에 있을 때 황문보(黃文甫)는 동호(東湖)에 살았다. 하루는 제석이 가까
워 황문보의 집에 이르러, 바야흐로 도부 만드는 것을 보게 되었다. 소동파는 그
위에 희롱삼아 '문은 커서 천기의 기병이 들어올 만하고, 거실은 깊숙하여 백 명의
남자가 즐겨도 알 수가 없네.'라고 대련을 썼다.(東坡在黃州, 而黃文甫家東湖. 一
日逼除夕, 至其家, 見方治桃符, 公戲書一聯於其上云, 門大要容千騎入, 堂深不覺
百男歡)."라고 하였다.
『송사 · 서촉세가(宋史 · 西蜀世家)』에서 "촉왕 맹창(孟昶, 919-965)의 말년에 학사
신인손(辛寅遜, ?-?)이 글을 지었으나 맹창은 뛰어나지 않다고 여겨서 스스로 붓을
들어 '새해에는 선대가 남긴 은택을 누리고, 좋은 계절에는 봄기운이 항상 가득하
다고 하네.'라고 썼다.(蜀主昶末年, 學士辛寅遜撰詞, 以其非工, 自命筆題云, 新年
納餘慶, 佳節號長春)."라고 하였다. 이것이 처음으로 도부에 글을 쓴 것일 것이다.
이것이 바로 지금의 '춘련(春聯)'이며 옛날에는 '춘첩(春帖)'이라 하였다.【原註】
* 송사(宋史): 496권. 중국 역사서 24사의 하나. 원나라 지정(至正) 3년(1343)에

다운 대련을 마음 가는 대로 골라서 그 위에 새긴다. 만약 돌 문지방을 사용하려면 반드시 판자로 만든 외짝 문이어야 한다. 돌은 사각형의 두 텁고 소박한 것을 사용해야 간신히 천박함을 면할 수 있다. 문고리는 고대의 청록색을 띠는 나비와 동물의 얼굴모양이나 천계(天鷄)²¹)와 도

시작하여 5년(1345)에 완성되고 1346년에 간행되었으며, 오대부터 남송말기까 지의 역사를 기록한 기전체역사서.【역주】

* 도부(桃符): 옛날에 새해를 맞이할 때 복숭아 나무판에 '신도(神荼)'와 '울루(鬱 壘)'라는 두 신령의 이름을 쓰거나 그림을 그려서 문 앞에 걸어놓는 것을 말한다. 이는 복을 기원하고 화를 없애기 위해서이다. 복숭아 나무에는 사악한 기운을 억누르고 귀신을 내쫓는 기능이 있다고 전해진다. 나중에는 간편하게 직접 복숭 아 판에 새기게 되는데 이것이 가장 최초의 도부이다. 춘련(春聯)이나 연화(年 畵, 새해에 장식하는 그림) 등도 도부와 직접적인 관련이 있으며, 송구영신(送舊 迎新)을 위한 필수품이었다.【역주】

* 모정객화(茅亭客話): 10권. 북송의 회화수집가이자 은자인 황휴복(黃休復, ?-?)이 촉 지방의 이야기를 기록한 저술.【역주】

* 묵장만록(墨莊漫錄): 10권. 송나라의 장서가 장방기(張邦基, ?-?)가 잡사를 기록 하고 고증한 저서.【역주】

* 소동파(蘇東坡): 북송의 저명한 문학가·서예가·화가·정치가 소식(蘇軾, 1037-1101). 자(字)는 자첨(子瞻), 호는 동파거사(東坡居士), 미산(眉山, 지금의 사천성 미산시) 사람.【역주】

* 맹창(孟昶, 919-965): 자(字) 보원(保元), 산서 태원(太原) 사람. 오대십국시기 후 촉(後蜀)의 마지막 황제.【역주】

21) 천계(天鷄): 천계에 관해서는 여러 가지 해설이 있다. 『이아·석조(爾雅·釋鳥)』 에서 "한(鶾, 붉은 닭)은 천계이다.(鶾, 天鷄)."라고 했다. 주(注)에서 "한계(鶾鷄)는 깃털이 붉다.(鶾鷄, 赤羽)."라고 하였다. 번광(樊光)은 일명 '적우(赤羽)'라고 하였 다. 두보(杜甫, 712-770. 당나라 시인)의 시에서 "황토 깔린 들녘 기슭에서 천계가 춤을 추네.(黃泥野岸天鷄舞)."라고 하였다.【原註】

* 천계(天鷄): 전설에 나오는 세상 모든 닭 울음의 시초가 되는 닭. 양나라 문학 가·지리학자·장서가 임방(任昉, 460-508)이 괴이한 이야기를 수록한 소설『술 이기(述異記)』에서 "동남에 도도산(桃都山)이 있으며, 산 위에 커다란 나무가 있어 '도도(桃都)'라 하는데, 가지 사이의 거리가 3천리(약 1,200km)이다. 나무 위에 천계가 있어, 해가 갓 떠올라 이 나무를 비추면 천계가 바로 울고, 천하의 닭들이 모두 천계를 따라 운다.(東南有桃都山, 上有大樹, 名曰桃都, 枝相去三千 里. 上有天鷄, 日初出, 照此木, 天鷄則鳴, 天下鷄皆隨之鳴.)"라고 하였다.【역주】

* 이아(爾雅): 19편. 진한(秦漢)시기 늦어도 서한초기 이전에 저술되었다고 추정되 는 중국 최초의 사전(詞典)이며, 유가 경전의 하나이다.【역주】

철(饕餮)[22]의 종류를 구해 문짝 위에 박아 넣어야 보기 좋다. 그렇지 않으면 순동(純銅)이나 잘 정련된 철을 사용하여 옛날 양식과 같이 주조하여 만들어도 괜찮지만, 황동(黃銅)[23]과 백동(白銅)[24]은 모두 사용할

---

* 번광(樊光, ?-?): 동한 경조(京兆, 지금의 섬서성 서안시) 사람으로, 『이아주(爾雅注)』6권을 저술했다.【역주】

* 黃泥野岸天鷄擧(황니야안천계거): 출처는 두보의 시 「숲에 사는 백학사에게 부쳐(寄柏學士林居)」.【역주】

22) 도철(饕餮): 사악한 짐승의 이름. 종 · 솥 · 이기(彝器, 종묘의 제기) 등 고대 청동기에 대부분 도철의 형상을 조각하여 장식하였다.
『여씨춘추(呂氏春秋)』에서 "주나라의 솥에 나오는 도철은 머리가 있으나 몸통은 없다.(周鼎饕餮, 有首無身.)"라고 하였다.
『정자통(正字通)』에서 "고대 기물에 도철무늬가 있는데, 불룩한 배에 그 얼굴은 수척하며, 앉으면 사람과 비슷하고, 하부에 쟁반과 같은 것이 있다. 돈기(敦器, 밥을 담는 그릇)와 이기(彝器)에는 짐승의 얼굴만 있고 몸통은 없는데, 모두 경계하는 의미를 함축하고 있다.(古器有饕餮, 垂腹羸其面, 坐則似人, 下有若承盤者. 敦彝器, 止有獸面, 無身, 皆以寓戒也.)"라고 하였다.【原註】

* 도철: 중국 신화 중에서 '사흉(四凶)'이라 불리며 두려움의 대상이었던 네 마리의 괴물 중 하나. 인간의 머리에 뿔이 있으며, 양의 몸에 온몸이 털로 뒤덮여 있고, 호랑이처럼 송곳니를 갖고 있다. 도철은 중국 서남쪽 황야에서 태어나 자랐다고 알려진 야만적인 괴물로, 엄청난 식욕으로 무엇이든지 먹어치우면서 자기는 일하지 않고 다른 사람의 소유물을 빼앗으며, 강한 자에게는 굽실거리고 약한 자를 괴롭히는 성격이었다. 고대의 제왕인 진운씨(縉雲氏)의 자손으로 영웅 순(舜)에 의해 서쪽으로 추방되었다고 전해진다. 도철문(饕餮紋)은 고대 중국 문양의 일종으로 괴수문(怪獸紋)이나 수면문(獸面紋)이라고도 한다. 고대의 청동기 · 골각기 · 옥기와 석기 · 목기 등의 장식에서 볼 수 있다. 두 마리의 동물을 좌우 대칭으로 배치한 문양으로 큰 눈 · 눈썹 · 뿔 · 어금니 · 턱 · 다리 등이 강조되고, 몸통 부분이 양쪽으로 펼쳐져 있다. 『여씨춘추』에 "주(周)나라 정(鼎, 세발솥)에 도철이 보이는데, 머리는 있고 몸통이 없다. 사람을 아직 삼키기도 전에 피해가 제 몸에 미친다.(周鼎著饕餮, 有首無身, 食人未咽, 害其及身.)"라는 기록을 가지고 송대 학자가 '도철문'이라는 이름을 붙였다. 춘추 · 전국시대 이후는 포수(鋪首) · 수환(獸鐶, 대문에 다는 입에 고리를 물고 있는 동물 얼굴모양의 장식) 등에 도철의 흔적이 나타난다.【역주】

* 여씨춘추(呂氏春秋): 12권. 진(秦)나라 승상 여불위(呂不韋, B.C.292-B.C.235)가 문객을 동원하여 편찬한 백과전서류의 저서.【역주】

* 정자통(正字通): 12권. 명말청초 학자이자 장서가인 장자열(張自烈, 1597-1673)이 편찬한 자전(字典).【역주】

수 없다. 칠은 붉은색과 자주색 및 흑색의 삼색만 쓸 수 있고, 나머지는
사용할 수 없다.

一. 門

用木爲格[25], 以湘妃竹橫斜釘之, 或四或二, 不可用六. 兩傍用板爲春帖, 必
隨意取唐聯[26]佳者刻於上. 若用石梱[27], 必須板扉[28]. 石用方厚渾朴, 庶不涉俗.
門環[29]得古靑綠蝴蝶獸面, 或天雞饕餮之屬, 釘於上爲佳, 不則用紫銅[30]或精
鐵, 如舊式鑄成亦可. 黃白銅[31], 俱不可用也. 漆惟朱紫黑三色, 餘不可用.

2. 계단(階)[32]

3단에서 10단에 이르기까지 높을수록 예스러우며, 무늬가 있는 돌을

---

23) 황동(黃銅): 구리와 아연의 합금으로 황금빛이 난다. 중국 고대에는 아연의 획득
   이 곤란하여, 명 가정연간(嘉靖年間, 1522-1566)에 진정한 의미의 황동이 출현하
   였다. 고대에 널리 사용되었던 청동(靑銅)은 구리와 주석의 합금이다.【역주】
24) 백동(白銅): 구리와 니켈의 합금으로, 은백색의 광택이 난다. 중국에서는 4세기부
   터 운남성(雲南省) 지역에서 채굴하여 사용하였다.【역주】
25) 格(격): 격자, 가로대.【原註】
   * 格(격): 여기서는 문틀의 의미로 풀이하였다.【역주】
26) 唐聯(당련): 당나라 사람의 시를 선택하여 대련을 만들다.【原註】
27) 石梱(석곤): 돌문지방.【原註】
28) 板扉(판비): 목판으로 만든 문.【原註】
29) 門環(문환): 문 위의 장식물로, 보통 구리로 제작하고 고리 모양으로 만들므로 이
   렇게 부른다.【原註】
30) 紫銅(자동): 적동. 붉은 색을 띤 순동.【原註】
31) 黃白銅(황백동): 황동과 백동, 또는 황색을 띠는 백동. 여기서는 황동과 백동으로
   풀이하였다.【역주】
32) 階(계): '계(堦)'와 같은 의미이다. 『옥편』에서 "당으로 올라가는 길이다.(登堂道
   也.)"라고 하였으며, 『석명(釋名)』에서 "계단은 사다리이며, 사다리에 차등이 있는
   것과 같다.(階, 梯也, 如梯之有等差也.)"라고 하였다. 계단은 당으로 올라가는 길
   을 의미한다.【原註】

깎아서 만든다. 맥문동을 심거나 화초 몇 그루를 심으면, 가지와 잎이 어지럽게 퍼져서 섬돌에 그림자를 드리운다. 태호석(太湖石)33)을 쌓아 만든 것은 삽랑(澁浪)34)이라 하며 양식이 더욱 특이하지만, 그렇게 만들기가 쉽지 않다. 복실(復室)35)은 안쪽이 바깥쪽보다 높아야 하고, 이

* 석명(釋名): 8권. 동한의 경학자 유희(劉熙, 160?-?)의 저술로, 발음의 각도에서 글자 의미의 유래를 연구하여 밝혀 놓은 저서이며, 체재는 『이아(爾雅)』를 모방 하여 『일아(逸雅)』라고도 한다.【역주】

33) 태호석(太湖石): 태호(강소성과 절강성에 걸쳐 있는 중국 5대 호수의 하나)에서 나오는 회색의 암석. 『운림석보(雲林石譜)』에서 "평강부(平江府, 지금의 강소성 소주)의 태호석은 동정호(洞庭湖) 수중에서 산출되며, 돌의 성질이 단단하고 윤택 하며, 깊숙한 굴과 뚫린 눈과 이리저리 구부러진 형상 및 험하고 기이한 형세가 있다.(平江府太湖石, 産洞庭水中, 石性堅而潤, 有嵌空穿眼宛轉嶮怪勢.)"라고 하였 다.【原註】

* 태호석은 중국의 사대기석[四大奇石, 영석(英石)·태호석(太湖石)·영벽석(靈 璧石)·황랍석(黃蠟石)] 가운데 하나이며, 관상용 돌이다. 태호석은 태호 지역에 서 생산되는 돌을 말하며, 예로부터 매우 유명했다. 태호석은 석회암이 장시간 의 침식으로 인해 서서히 형성된 것이다. 태호석은 수석(水石)과 건석(乾石)의 두 가지 종류로 나누어진다. 수석은 호수의 물에, 건석은 산성의 토양 속에서 오랫동안 침식되어 형성되었다. 태호석은 천차만별의 다양한 형태가 있다. 흰색 돌이 가장 많고 청흑석(靑黑石)과 황석(黃石)은 적은데, 특히 황색이 매우 희귀 하다. 공원이나 정원 등에 관상용으로 사용하기 적당하다. 원래의 의미 외에 또 넓은 의미에서의 '태호석'은 물에 의해 용해되고 침전되어 형성된 기이한 형 태의 돌을 가리킨다.【역주】

* 운림석보(雲林石譜): 남송시기의 광물학자인 운림거사(雲林居士) 두관(杜綰, ?-?)이 저술하였으며, 116종의 수석을 평론한 석보(石譜).【역주】

34) 삽랑(澁浪): 『금호자고(金壺字考)』에서 "담장에 돌을 쌓아 물결무늬를 만든 것을 '삽랑'이라 한다.(墻疊石作水紋, 謂之澁浪.)"라고 하였다.
온정균(溫庭筠, 812?-866?, 당나라 문학가)의 「화청궁을 지나며 12운(過華淸宮二 十二韻)」에서 "돌을 쌓아 만든 욕탕에는 삽랑이 아름답고, 오색 깃발 위로 맑은 빛이 넘친다.(澁浪涵瑤甃, 晴光上彩旗.)"라고 하였다.【原註】

* 명나라 학자 호응린(胡應麟, 1551-1602)의 필기 『소실산방필총·예림학산1·삽 랑(少室山房筆叢·藝林學山一·澁浪)』에서 "궁전 당의 기단에 쌓인 돌이 오목 하게 들어가 대부분 물결무늬를 구성하는데, 이를 '삽랑'이라 한다.(宮墻基疊石 凹入, 多作水文, 謂之澁浪)"라고 하였다.【역주】

* 금호자고(金壺字考): 송나라 승려 적지(適之, ?-?)의 저서로 천지인물(天地人物) 의 4부로 나누어 단어의 음과 의미를 해석하였다.【역주】

끼가 얼룩덜룩한 잡석을 구해 박아 넣으면 산골의 운치가 있다.

二. 階

自三級以至十級, 愈高愈古, 須以文石36)剝成. 種繡墩37)或草花數莖於內, 枝葉紛披, 映階傍砌. 以太湖石疊成者, 曰澀浪, 其制更奇, 然不易就. 復室須內高於外, 取頑石38)具苔斑39)者嵌之, 方有巖阿40)之致.

---

35) 복실(復室): 현재 '투방(套房, 스위트룸)'이라 속칭한다.【原註】
   * 여기서는 정방에 연결된 부속실의 의미로 풀이해야 할 듯하다.【역주】
36) 文石(문석): 무늬가 있거나 정교하며 아름다운 돌.【原註】
37) 繡墩(수돈): 서대초(書帶草, Ophiopogon japonicum, 맥문동)이며, '수돈초(秀墩草)'「『화경(花鏡)』]나 '연계초(沿階草, 계단을 따라 나는 풀)'라고도 한다. 상록 다년생 초본으로, 꽃은 옅은 자주색이며, 열매는 공 모양으로 청자색이고, 백합과에 속한다.【原註】
   * 화경(花鏡): 6권. 명말청초의 학자 진호자(陳淏子, 1612?-?)의 원예학 전문 저서로, 화훼재배와 동물 사육에 관한 내용을 주로 수록하였으며, 강희 27년(1688)년에 완성되었다.【역주】
38) 頑石(완석): 육중하고 아름답지 않은 돌. 잡석.【原註】
39) 苔斑(태반): 얼룩덜룩한 이끼 무늬.『본초경(本草經)』에서 "이끼의 종류는 다섯 가지이며……돌에 나는 것을 '석유(石濡)'라 한다.(苔衣之類有……在石曰石濡.)"라고 하였다.
   무명씨의 「조원각부(朝元閣賦)」에서 "황금 보수(輔首, 문 고리)는 촛불에 빛나고, 주춧돌에는 이끼가 얼룩덜룩하네.(金輔燭耀, 石䃏苔斑.)"라고 하였다.
   당 백거이(白居易, 772-846. 저명한 당나라 시인)의 연구(聯句, 각자 한 구절씩 연결되도록 지은 시)에 "얼룩덜룩한 이끼는 동전 모양으로 벗겨지고, 기이한 바위는 옥처럼 아름다운데 높고 험준하네.(苔斑錢剝落, 石怪玉嶔岑.)"라는 구절이 있다. 이러한 종류의 토지에 이끼가 가장 많다. 이끼 가운데 일찍 돋아나는 것으로 장선(墻蘚, Tortuta)·자악선(紫蕚蘚, Grimmia)·사선(砂蘚, Rhacomitrium)·호미선(虎尾蘚, Hedwigia) 등의 종류가 있다. 습한 곳에서 자라는 것으로 등롱선(燈籠蘚, Mnium)·우선(羽蘚, Thuidium) 등의 종류가 있다. 산지나 수풀에서 돌 위에 붙어 자라는 종류가 더욱 많다.【原註】
   * 본초경(本草經): 3권. 『신농본초경(神農本草經)』이나 『본경(本經)』이라고도 한다. 한의학 4대 경전의 하나로 동한시기에 책으로 정리되었으며, 장기간에 걸친 공동 저작물이다. 365종 약재를 상중하의 3등급으로 분류하여 수록하였다.【역주】
   * 苔斑錢剝落, 石怪玉嶔岑(태반전박락, 석괴옥금잠): 출처는 유우석(劉禹錫, 772-

3. 창(牕)[41]

　나무로 굵은 창틀을 만들고 세 개의 홈에 가는 막대 세 개를 설치하는
데, 그 홈은 사방 2치(약 6cm)로 더 크면 안 된다. 창의 하부를 메우는
판자는 1자(약 31cm) 정도로 하며, 불상을 안치한 누각과 선방(禪房)에
는 사이사이에 능화(菱花)[42]문양과 상안(象眼)[43]문양을 그려 넣는다.
창은 6개를 피하고, 2개나 3개 혹은 4개를 편의에 따라 사용한다. 천정
이 높으면 윗부분에 횡창(橫窓)[44] 한 짝을 설치할 수 있으며, 그 아래는
작은 난간으로 받친다. 창에는 모두 명와(明瓦)[45]를 못으로 고정하거나

---

842. 당나라 저명 시인)과 백거이가 서로 4구씩 주고받은 시 「백거이가 이 달에
　　장재(長齋, 불교의 계율에 따라 장기간 채식을 하는 것)를 하였으며, 나는 이
　　때 시골에 근심에 겨워 누워있었는데, 멀지 않지만 운무를 헤치고 가기가 어려
　　웠으므로, 회포를 부쳐 마침내 연구를 짓다(樂天是月長齋, 鄙夫此時愁卧里閭,
　　非遙雲霧難披, 因以寄懷, 遂爲聯句)」.

40) 巖阿(암아): 산 계곡. 『증운(增韻)』에서 "석굴을 '암(巖)'이라 한다.(石窟曰巖.)"라
　　고 하였다. 『이아 · 석지(爾雅 · 釋地)』에서 "큰 언덕을 '아(阿)'라 한다.(大陵曰阿.)"
　　라고 했다.【原註】

　　* 증운(增韻): 5권. 송나라 학자 모황(毛晃, ?-?)이 주(注)를 더하고 그의 다섯째
　　　아들 모거정(毛居正, ?-?)이 교감하고 증정하여 편집한 운서인 『증수호주예부운
　　　략(增修互注禮部韻略)』.【역주】

41) 牕(창): 창(窗)과 의미가 통하며 본래는 '창(囱)'이고 속칭 '창(窗)'이라 한다. 담에
　　있으면 '유(牖)'라 하고, 가옥에 있으면 '창(窗)'이라 한다.【原註】

42) 능화(菱花): 마름모꼴의 도안무늬.【原註】

43) 상안(象眼): 코끼리의 눈 모양의 도안무늬. 양사성(梁思成)의 『청식영조칙례사해
　　(淸式營造則例辭解)』에 따르면 상안에는 다음과 같은 것이 포함된다. (1) 건축물
　　에서 직각삼각형 부분의 통칭. (2) 계단 아래의 삼각형 부분. (3) 현산식 건축(懸山
　　式建築, 'ㅅ'자형 지붕의 건축)에서 산장(山墻, 'ㅅ'자형 지붕 양 측면의 벽) 위의
　　과주(瓜柱, 들보 위에 세우는 짧은 기둥)와 양상피(梁上皮, 들보의 최상층 면) 및
　　서까래(椽)의 세 가지가 포함된 삼각형 부분.【原註】

　　* 청식영조칙례사해(淸式營造則例辭解): 근현대의 건축학자 양사성(梁思成, 1901-
　　　1972)이 청나라 공부(工部)에서 옹정 12년(1734)년에 편찬하여 반포한 『공정주법
　　　칙례(工程做法則例)』를 해설한 것으로, 청나라 건축에 관한 전문 저서.【역주】

44) 횡창(橫窓): 창문 위쪽에 가로로 길게 짜서 붙박이로 설치하는 채광창.【原註】

45) 명와(明瓦): 유리가 만들어지기 전에 굴 껍질을 얇게 갈아서 반투명체로 만들어

종이를 바르며, 붉은 색의 무늬가 없는 비단과 매화문양의 대자리는 사용해서는 안 된다. 겨울에 햇볕을 받으려면 크게 뚫린 풍창(風窓)[46]을 만드는데, 그 직경은 1자 정도로 한다. 중간에 실이 그 위로 지나가게 하면 창문에 바른 종이가 바람과 눈에 찢어지지 않을 것이다. 이러한 양식도 우아하지만, 작은 서재와 작은 방에만 사용할 수 있다. 칠은 금칠(金漆)[47]을 사용하며, 주칠(朱漆)[48]과 흑칠(黑漆)[49]의 두 가지 색 그리고 문양을 조각하여 채색하는 것은 모두 사용할 수 없다.

三. 牕

用木爲粗格, 中設細條三眼, 眼方二寸, 不可過大. 牕下塡板尺許, 佛樓[50]禪室[51], 間用菱花及象眼者. 牕忌用六, 或二或三或四, 隨宜用之. 室高, 上可用橫

대나무 조각에 끼워 창에 박은 것을 '명와'라 하였다. 또 '여리(蠡蠣)'나 '여창(蠡窗)'이라 한다. 나중에는 아치형과 유사하게 만든 유리를 사용하였다.【原註】
* 명와(明瓦)는 조개껍질이나 양 뿔이나 천연의 투명 운모를 가공하여 만든 유리의 대체품으로, 빛을 통하게 하는 장소에 주로 사용되었다.【역주】
46) 풍창(風窓): 바람이 통하게 하기 위하여 만든 창.【原註】
47) 금칠(金漆): '광칠(廣漆)'이라고도 하며 일반적인 숙칠(熟漆, 생 옻을 산화시키거나 가열하여 만든 흑색의 옻칠)의 한 종류로, 제조할 때 면칠[棉漆, 즉 숙칠이며 또는 '추광칠(推光漆)'이라 한다]에 오동기름과 들기름을 첨가하여 반투명 상태를 나타낸다.【原註】
* 추광칠(推光漆): 생칠(生漆, 가공하지 않은 옻)을 바람에 노출시키고 햇볕에 말리고 약품을 첨가하여 만든 흑색이 나는 칠의 일종.【역주】
48) 주칠(朱漆): 주홍색의 옻칠로 숙칠의 일종이며, 바로 광칠에 진사(辰砂, 적색안료로 사용되는 수은과 황의 화합물)를 첨가하여 만들고, 그 비례는 1:1의 비율이다.【原註】
49) 흑칠(黑漆): 숙칠의 일종이며, 제조할 때 기름을 첨가하는 이외에 또 쇳가루와 철장(鐵漿, 철이나 철기를 물에 오랫동안 담가 만든 청색을 띠고 가루가 있는 수용액) 및 쌀 식초 등을 첨가하여 만든다.【原註】
50) 佛樓(불루): 불상을 안치한 누각.【原註】
51) 禪室(선실): 불교도가 조용히 마음을 수련하는 방.『진서 · 단도개전(晋書 · 單道開傳)』에서 "건물을 짓고 선실을 만들어 그 안에서 좌선하였다.(編營爲禪室, 坐其中.)"라고 하였다.【原註】

牖一扇, 下用低檻52)承之. 俱釘明瓦, 或以紙糊, 不可用絳素紗53)及梅花簟54). 冬月欲承日55), 制大眼風牖, 眼徑56)尺許, 中以線經其上, 庶紙不爲風雪所破, 其制亦雅, 然僅可用之小齋丈室57). 漆58)用金漆, 或朱黑二色, 雕花彩漆, 俱不可用.

---

* 진서(晉書): 24사의 하나로 진(晉)나라 역사서. 당나라 재상 방현령(房玄齡, 579-648) 등이 편찬하였으며, 삼국시대 사마의(司馬懿, 179-251) 초기부터 동진 공제(恭帝) 원희(元熙) 2년(420) 유유(劉裕, 363-422)가 송나라를 세울 때까지의 역사를 기록하였다. 본래 132권이었으나, 서례(叙例)와 목록이 실전되어 130권이 전해온다.【역주】

52) 檻(함): 원래는 동물 우리의 난간을 의미한다. 여기서 의미가 확장되어 일반적으로 '난간' 혹은 '난간에 가로로 설치한 목재'를 의미한다.【역주】

53) 絳素紗(강소사): 진홍색의 무늬가 없는 비단.【原註】

54) 梅花簟(매화점): 매화 무늬의 대자리【原註】.

* 점(簟)은 앉거나 누울 때 사용하는 자리에 까는 갈대자리나 대자리를 의미한다. 점(簟)은 죽(竹, 대나무)과 담(覃)의 의미를 모두 취하고 있다. 담(覃)은 원래 '시커멓다'는 의미이다. 즉 竹(죽)과 覃(담)이 합쳐져서 簟(담)은 원래 '아주 넓은 대자리'라는 의미이다. 혹은 '갈대로 짠 자리'라는 의미도 있다. 『예기』에서 "임금은 대자리를, 대부(大夫)는 부들자리를 사용한다.(君以簟席, 大夫以蒲席)."라고 하였다. 그리고 점(簟) 자체가 대나무 종류의 명칭으로 사용되기도 한다.【역주】

55) 承日(승일): 햇볕을 받아들이다.【原註】

56) 眼徑(안경): 구멍의 지름.【原註】

57) 丈室(장실): 아주 작은 방. 『잠확유서(潛確類書)』에서 "당나라 왕현책(王玄策, ?-?. 외교관)이 서역으로 사신을 갔는데, 유마거사의 석실이 있었다. 수판(手板, 길이는 2자 6치)으로 가로와 세로를 측량하자 10홀이 나와 이렇게 이름 붙였다.(唐王玄策使西域, 有維摩居士石室. 以手板縱橫量, 得十笏, 故名.)"라 하였다.【原註】

* 丈室(장실): 본권 「장실(丈室)」 조목을 참고.【역주】

* 잠확유서(潛確類書): 120권. 명나라 학자 진인석(陳仁錫, 1581-1636)이 편찬한 일종의 백과사전.【역주】

* 수판(手板): 홀(笏). 대신들이 천자를 뵈올 때 잊지 않도록 기록하기 위하여 사용하는 좁고 기다란 판자. 『예기』에 따르면 홀의 크기는 길이 2자 6치, 폭 3치이다. 당나라 무덕(武德) 4년(621) 이후에 5품 이상은 상아홀을 사용하고 6품 이하는 나무 홀을 사용하였다. 명대에는 5품 이상은 상아홀을 사용하고 5품 이하는 홀을 사용하지 못하였다. 청대에는 홀이 폐기되었다.【역주】

58) 漆(칠): 천연 칠을 북방에서는 '대칠(大漆)'이라 하고 남방에서는 '생칠(生漆)'이라 한다. 생칠은 햇볕에 말리거나 저온에서 불로 가열하여 칠에 함유된 수분을 제거하며, 칠에 함유된 수분의 다과에 따라 '구성칠(九成漆, 수분 10%)', '팔성칠(八成漆, 수분 20%)', '칠성칠(七成漆, 수분 30%)'로 구별된다. '면칠(棉漆)'이나 '숙칠(熟漆)'이나 '추광칠(推光漆)' 등으로 부른다.【原註】

4. 난간(欄干)59)

석제 난간이 가장 예스럽지만, 그렇게 하면 집이 도관(道觀)과 사원 및 인가의 무덤과 비슷해진다. 집 옆의 연못에 사용할 수도 있으나, 연꽃을 조각한 돌기둥 두 개를 사용한 나무 난간의 우아함에는 못 미친다. 기둥은 지나치게 높아서는 안 되며, 또한 날짐승과 길짐승의 형상을 조각해서도 안 된다. 누각·정자·낭무(廊廡)60)에는 붉은색의 난간과 아경좌란(鵝頸坐欄)61)을 사용할 수 있다. 정방(正房)에는 거목으로 돌난간처럼 조각하여 기둥 사이를 텅 비게 해야 한다. 난간 기둥의 꼭대기는 감모양의 꼭대기를 사용하고, 주칠로 장식하며 기둥의 사이는 하엽보병(荷葉寶瓶)62)문양을 사용하여 녹색으로 장식한다. '만(卍)'자는 규방 내에서는 적당하지만 아주 고상한 것은 아니다. 그림 중에서 사용할 만한 것을 골라서 마음대로 써도 된다. 세 개의 횡목이 가장 편리하며, 다만

---

59) 난간(欄干):『운회(韻會)』에서 "난판(闌板, 난간과 난간을 연결하는 판자)의 사이를 '난간'이라 한다.(闌板間曰欄干.)"라고 하였다. 대나무나 나무나 돌로 만든다. 진(晋) 좌사(左思, 250?-305. 문학가)의 「오도부(吳都賦)」에 "구슬과 조개로 장식한 난간(珠琲欄干)"이라는 구절이 있고, 주(注)에서 "난간에는 가로대와 세로기둥이 있다.(欄干有縱橫也.)"라고 하였다.
당 온정균의 시 「버들(楊柳)」에서 "저녁이 오니 다시 용지(龍池)에 비가 와, 반은 난간에 뿌리고 반은 누각에 뿌리네.(晩來更帶龍池雨, 半拂欄干半拂樓.)"라고 하였다.【原註】
* 현재 중국에서는 '난간(欄杆)'이라 표기하는데 이전에는 '난간(欄干)'이라 했다.【역주】
60) 낭무(廊廡): 정전(正殿) 아래에 동서로 붙여 지은 건물.【原註】
61) 아경좌란(鵝頸坐欄): 거위의 목과 비슷한 곡선으로 난간의 기둥을 설치하고, 아랫부분에 약간의 넓은 공간이 있어 앉을 수 있도록 만든 난간의 양식.【역주】
62) 하엽보병(荷葉寶瓶): 연꽃의 사이에 보배로운 병을 배치하거나, 보배로운 병에 연꽃이 꽂혀 있는 모양을 조각한 도안.【原註】
* '荷(하, he)'와 '和(화, he)'가 해음(諧音, 같거나 유사한 음)이고 '瓶(병, ping)'과 '平(평, ping)'이 해음이므로, 연잎과 병이 함께 있는 문양은 화평(和平)을 의미한다.【역주】

너무 소박하므로 많이 사용해서는 안 된다. 또 칸마다 한 짝으로 해야 하며, 중앙에 나무를 하나 세워 둘이나 셋으로 분리해서는 안 되는데, 만약 서재 안이라면 굳이 쓸 필요가 없을 것이다.

四. 欄干

石欄最古, 第近於琳宮63)梵宇64), 及人家冢墓. 傍池或可用, 然不如用石蓮柱65)二, 木欄爲雅. 柱不可過高, 亦不可雕鳥獸形. 亭榭廊廡, 可用朱欄及鵝頸承坐. 堂中須以巨木雕如石欄, 而空中. 頂用柿頂66), 朱飾67), 中用荷葉寶甁, 綠飾, 卍字者宜閨合中, 不甚古雅. 取畫圖中有可用者, 以意成之可也. 三橫木最便, 第太朴, 不可多用. 更須每楹一扇, 不可中豎一木分爲二三, 若齋中則竟不必用矣.

5. 조벽(照壁)68)

두판남(豆瓣楠)69)의 종류와 같은 문목(文木)70)을 구하여 만들어야

---

63) 琳宮(임궁): 임궁은 임우(琳宇)와 의미가 같으며, 도관(道觀)을 의미한다. 당 은요번(殷堯藩)의 「왕도사의 산방에 노닐며(遊王羽士山房)」에서는 "낙일이 반쯤 누각에 비쳐 밝고, 도관에는 일마다 청아하네.(落日半樓明, 琳宮事事淸.)"라는 구절이 있다.【原註】
   * 은요번(殷堯藩, 780-855): 당나라 시인. 시인 백거이(白居易)·유우석(劉禹錫)·위응물(韋應物, 737-792) 등과 교류했으며, 저서에 시집 1권이 있다.【역주】
64) 梵宇(범우): 절을 의미한다. 남북조 진(陳) 강총(江總, 519-594. 문학가)의 글에서 "내가 절을 창건하니, 골짜기와 언덕을 마주했도다.(我開梵宇, 面壑臨丘.)"라고 하였다.【原註】
   * 我開梵宇, 面壑臨丘(아개범우, 면학임구): 출처는 강총이 586년에 지은 「섭산서하사비(攝山栖霞寺碑)」.【역주】
65) 石蓮柱(석련주): 돌에 연꽃을 새긴 기둥.【原註】
66) 柿頂(시정): 난간의 기둥 꼭대기 부분을 감 모양으로 둥글게 만든 것.【역주】
67) 朱飾(주식): 주(朱)는 짙은 홍색으로 '대홍(大紅)'이라 속칭하며 '주홍'이라고도 한다. 주식(朱飾)은 바로 '주홍색으로 칠했다'는 의미이다.【原註】
68) 조벽(照壁): 명청시기의 대청과 작은 집(軒) 및 서재의 건축에 따르면, 바깥과 직

접 통하는 방의 후방에는 가운데 문을 많이 사용했으며, 창살이나 목판으로 허벽(虛壁, 간단하게 칸막이처럼 만든 벽)을 만들었는데, 여기서 말하는 조벽(照壁)은 이것을 가리키며, 문밖의 조장(照墻, 문 안이 직접 보이지 않도록 문 앞에 세운 벽)을 말한 것은 아니다.【原註】

* 일반적으로 말하는 조벽은 대문 안에 안이 보이지 않도록 가리기 위해 만든 벽을 의미한다. 한족(漢族)의 전통 건축 방식이며, 명청시기에 특히 유행하였다. 조벽의 유래에 대해서는 몇 가지 설이 있는데, 첫째는 고대의 풍수학에서 시작되었다는 것이다. 고대의 풍수에서는 기(氣)가 직접 마루와 침실로 들어와서는 안 되었다. 기가 직접 침범하는 것을 막기 위해, 사람들은 집 앞에 벽을 세운다. 하지만 동시에 기를 통하게 하려면 완전히 벽으로 막아서는 안 되므로, 조벽이라는 건축 양식이 생겨나게 된 것이라는 것이다. 또 한 가지는 귀신을 막기 위해서라고 한다. 옛날 사람들은 자신의 집에 끊임없이 귀신들이 왕래한다고 믿었다. 만약 자신의 조상들의 영혼이 돌아오는 것이라면 상관없으나, 잡귀들이 집으로 들어온다면 자신에게 화를 가져오게 되므로, 조벽을 앞에 세우면 귀신들이 자신의 모습을 비춰 보고는 놀라 달아난다는 것이다. 혹은 담을 쌓아 귀신의 통로를 막아버리려고 했다는 설도 있다. 어린 귀신들은 직선으로만 다닐 수 있고 방향을 꺾을 수가 없다고 전해졌기 때문이다. 물론 이 외에도 실질적으로 외부인들이 직접적으로 안을 들여다보는 것을 막는 작용도 있다. 고증에 의하면 조벽은 서주(西周) 시기에 이미 출현했다. 형태는 일자형(一字型)과 팔자형(八字型) 등이 있고 재료는 유리·나무·석재·벽돌 등을 사용한다. 하지만 '조벽'이라는 명칭은 남쪽 사람들만 사용하고 북방 사람들은 '영벽(影壁)'이라고 한다. 고대에는 '소장(蕭墻)'이라 하였다. 조벽은 '영벽(影壁)'이나 '병풍장(屛風墻)'이라고도 한다. 조벽은 실제 생활에서는 바람을 막고 시선을 막는 효과도 있다. 통상적으로는 가장 첫 번째 바깥 문 뒤에 이러한 벽을 세우는데, 이 첫 번째 문을 '현관(玄關)'이라 하고, 이 첫 번째 문 뒤의 벽을 '조벽'이라 한다. 조벽에 장식을 하면 심미적 효과도 있다. 조벽은 대문 안팎에 모두 세울 수 있는데, 안의 것은 '내조벽', 밖의 것을 '외조벽'이라 한다. 하지만 『장물지』에서의 조벽은 대문 안팎에 세우는 일반적인 조벽이 아니라 방문 앞에 만드는 칸막이 형태의 벽을 의미하는 것으로 보인다.【역주】

69) 두판남(豆瓣楠): '아남(雅楠, Phoebe nanmu)'을 말한다. '두백남(斗柏楠)'·'투백남목(骰柏楠木)'[『군방보(群芳譜)』]·'두반남(斗斑楠)'[『물리소지(物理小識)』]이라고도 한다.

『신증격고요론(新增格古要論)』에서 "투백남목은 사천성 서부의 마호부[馬湖府, 지금의 사천성 병산현(屛山縣) 일대]에서 나오며, 무늬가 종횡으로 새겨져 있어 직선이 아닌데, 여기에 산수나 사람과 같은 무늬가 있으면 가치가 높아지지만, 사천에서도 구하기 어렵다. '투자백남(骰子柏楠)'이라고도 한다.(骰柏楠木, 出西蜀馬湖府, 紋縱橫不直, 中有山水人物等花者價高, 四川亦難得. 又謂之骰子·柏楠.)"라고 하였다. 이것은 상록 교목으로, 목재가 단단하고 치밀하며 아름다운 건축과

화려하면서 또 우아하다. 그렇지 않으면 결국 흰 칠을 사용하며, 금칠을
사용해도 좋다. 청자색(靑紫色)과 쇄금(灑金)[71]으로 문양을 그리는 것

가구용의 귀중한 목재이다.
『물리소지(物理小識)』에서 "남목(楠木, 녹나무)은 음력 섣달에 심는 것이 좋다. 열
매가 붉은 것은 재질이 단단하고 흰 것은 무르다. 연대가 깊어 태양을 향해 나이테
가 만들어진 것을 '두백남'이라 한다.(楠宜臘月種, 子赤者材堅, 子白者材脆, 年深
向日結成旋紋者, 曰斗柏楠.)"라고 했다. 이것은 녹나무과에 속한다. 줄기가 곧고
재질이 뛰어나 건축과 가구의 좋은 재목으로, 호남성·광서성·귀주성·운남성·
사천성 등지에 분포한다.【原註】
* 신증격고요론(新增格古要論): 13권. 명나라 관리 왕좌(王佐, ?-?)가 원말명초의
조소(曹昭)가 저술한 중국 최초의 골동품 감정서적인『격고요론』(1388년 간행)
을 보충하여 1456년에 완성한 박물지의 일종.【역주】
* 군방보(群芳譜): 30권. 원명은『이여정군방보(二如亭群芳譜)』. 명나라 학자 왕상
진(王象晋, 1561-1653)이 화훼에 관해 전문적으로 기술한 전문서적으로, 1621년
에 처음 간행되었다.【역주】
* 물리소지(物理小識): 12권. 명말청초 학자 방이지(方以智, 1611-1671)의 저술로
백과전서류의 과학저서.【역주】
70) 문목(文木): 무늬나 조직이 치밀한 목재.【原註】
* 문목(文木)에는 몇 가지 의미가 있다. 우선 문목은 나무의 한 종류를 의미하기도
한다.『문선(文選)』에 실린 좌사(左思)의「오도부(吳都賦)」에 "문목·굴거리나
무·광나무·감탕나무(文欀楨橿)"라는 구절에 대해 유규(劉逵, ?-?. 서진 문학가)
가 주석을 달아 "문(文)은 문목(文木)이다. 재질이 조밀하고 결이 없다. 색깔은
물소의 뿔처럼 검다.(文, 文木也. 材密致無理, 色黑如水牛角.)"라고 하였다. '쓸
만한 나무'라는 의미도 있다.『장자·인간세(莊子·人間世)』의 "나를 문목에 비
교하려는가?(若將比予於文木邪.)"라는 구절에 대해 곽상(郭象, 252?-312. 현학
가)이 "무릇 쓸 만한 나무는 문목이다.(凡可用之木爲文木.)"라고 하였다. 그러나
문진형이 이 책에서 사용하는 '문목(文木)'은 화리목(花梨木)·철리목(鐵梨木)·
향남목(香楠木) 등에서 채취한 목재를 의미하는 것으로 사용되었다. 저자는 문
목으로 만든 가구들은 모두 뛰어난 상품에 속한다고 여기고 있다.【역주】
* 문선(文選): 60권.『소명문선(昭明文選)』이라고도 한다. 선진시기부터 양나라
초기까지의 시문을 정리한 선집으로, 양나라 소명태자(昭明太子) 소통(蕭統,
501-531)이 편찬하였다.【역주】
* 좌사(左思, 250?-305): 서진의 저명한 문학가로, 그가 지은「삼도부(三都賦)」즉
「위도부(魏都賦)」·「오도부(吳都賦)」·「촉도부(蜀都賦)」는 서로 작품을 모사하
느라 종이가 귀해져서 낙양(洛陽)의 종이 값을 상승시켰다고 한다.【역주】
71) 쇄금(灑金): 기물에 옻칠을 한 뒤에 붓으로 금박을 뿌려 칠하는 것을 '쇄금'이라
한다. 금박으로 전체를 덮어 칠하는 것을 '비금(飛金)'이라 한다.【原註】

은 모두 가장 꺼리는 것이다. 또 여섯 짝 짜리를 사용해서는 안 되며,
정방(正房, 몸채)에는 일렬로 사용할 수 있고, 작은 방에는 가운데 칸(가
운데 기둥에만)에만 사용한다. 협사창(夾紗窓)[72]이나 가는 창살로 대신
한 것은 모두 저속한 품격이라 하겠다.

五. 照壁

得文木如豆瓣楠之類爲之, 華而復雅. 不則竟用素染[73], 或金漆亦可. 青紫及
灑金描畫, 俱所最忌. 亦不可用六, 堂中可用一帶[74], 齋中則止中楹[75]用之. 有
以夾紗牕或細格代之者, 俱稱俗品.

6. 당(堂)[76]

정방의 양식은 확 트이고 정교하며 아름다워야 마땅하고, 정방의 앞

---

* 쇄금(灑金)은 기물에 금가루를 뿌려서 칠하는 것이며, 기물 전체를 금가루로
  칠하는 것을 '비금(飛金)'이라 한다.【역주】
72) 협사창(夾紗窓): 창에 종이나 유리 대신에 비단으로 처리한 창.【역주】
73) 素染(소염): 백색의 염료. 오동기름에 연분(鉛粉, 얼굴에 바르는 하얀 분)을 첨가
  한 것을 '백염(白染)'이라 속칭한다.【原註】
74) 一帶(일대): 수사(數詞)의 한 종류로 띠 모양의 사물·풍경·줄지어 있는 건물이
  나 문 등을 셀 때 사용한다.【原註】
75) 中楹(중영): 영(楹)은 원래 대청 앞의 기둥을 의미한다. 영(楹)은 고대에 방과 집의
  크기를 재는 단위의 하나로도 사용되었는데, 일설에는 한 줄(一列)이 '일영(一楹)'
  이라고도 하고, 일설에는 한 칸(一間)을 '일영(一楹)'이라 한다. 그러므로 중영(中
  楹)은 가운데 칸을 의미하는 것으로 해석해야 할 듯하다.【역주】
76) 당(堂): 정방(正房, 몸채)을 의미한다. 『급취편(急就篇)』에 "실(室)·택(宅)·여
  (廬)·사(舍)·누(樓)·전(殿)·당(堂)(室宅廬舍樓殿堂)"이라는 구절에 대해 안사
  고(顔師古)의 주(注)에서 "대개 몸채로서 기대(基臺)가 있는 것을 '당'이라 한다.
  (凡正室之有基者, 則謂之堂.)"라고 하였다.【原註】
* 급취편(急就篇): 서한의 학자·서예가 사유(史遊, ?-?)가 저술하였으며, 아동에
  게 글자를 가르치기 위한 교과서로, 3언·4언·7언으로 구성되어 있다.【역주】

뒤에는 층헌(層軒)[77]과 넓은 정원이 필요하다. 복도와 처마는 모두 한

* 안사고(顔師古, 581-645): 당나라의 학자로 이름은 주(籀), 자(字)가 사고(師古). 당태종의 고구려원정에 따라 갔다가 도중에 사망하였다. 『한서(漢書)』와 『급취편(急就篇)』에 주를 달았다.【역주】
* 기대(基臺): 건축물의 지반을 안정시키기 위하여 건물을 짓기 전에 조성한 평평하고 단단한 기초. 흙이나 석재로 조성한다.【역주】
* 당(堂)은 원래 일반적인 집이나 방보다 높은 지위에 있는 건축물이다. 고대에는 신에게 제사를 지내는 곳을 '당(堂)'이라 하였다. 지금도 '당사(堂事)'란 조상에게 제사지내는 일을 의미한다. 『설문해자(說文解字)』의 단옥재(段玉裁, 1735-1815. 청나라 학자) 주(注)에 의하면, "옛날에는 '당(堂)'이라 했고 한 대 이후에는 '전(殿)'이라 했다. 옛날에는 아래위로 모두 '당(堂)'이라 했고, 한 대 이후에는 아래위를 모두 '전(殿)'이라 했다. 당나라 이후에는 신하들 가운데 '전(殿)'이라 칭하는 사람이 없었다.(古曰堂, 漢以後曰殿. 古上下皆稱堂, 漢上下皆稱殿. 至唐以後, 人臣無有稱殿者矣)."라고 하였다. 반면 청나라 학자 심도(沈濤, 1792?-1855)의 『설문해자』를 교정한 저서인 『설문고본고(說文古本考)』에서는 "전(殿)은 당(堂) 가운데 높고 큰 것이다.(殿, 堂之高大者也.)"라고 하였다. 『예기 · 단궁(禮記 · 檀弓)』에 나오는 "나는 당(堂)과 같은 흙으로 쌓아 만든 무덤을 보았다.(吾見封之若堂者矣.)"에 대한 주석에서는 "당(堂)은 형태가 사각형이고 높은 것이다.(堂形四方而高.)"라고 하였다. 훗날 당(堂)은 점점 집의 대청 혹은 정방(正房, 몸채)을 지칭하는 단어로 변하게 되었다. 또한 정사(政事)를 논의하는 관청의 공간을 의미하는 표현으로도 사용되었다. '당실(堂室)'은 '마루와 내실'을 의미하고 '당방(堂房)'은 '마루와 방'을 의미하는 등, 당(堂)은 실(室)이나 방(房) 등과는 분명하게 구분되는 공간을 표시하고 있다. 그 밖에도 상점이나 서재 이름에도 사용되고 불당(佛堂)의 의미로도 사용되었다.【역주】
77) 층헌(層軒): 헌(軒)은 소식건축(小式建築, 규모가 작은 일반 서민용 건축)으로, 서재와 고아한 담론을 하는 장소의 용도로 만든다. 층헌은 헌 위에 누각이 있는 형태이다.【原註】
* 헌(軒)은 고대에 대부(大夫)들이 타던 '앞부분의 처마가 높고 휘장을 치는 가마'를 의미한다. 이 헌(軒)의 특징으로 인해 '처마'라는 의미가 생겨났다. 『집운(集韻)』에서 "처마의 끝을 '헌(軒)'이라 하며, 가마의 모양에서 취한 것이다.(軒, 檐宇之末曰軒, 取車象.)"라고 하였다. 또 한 가지의 의미는 '창문이 있는 작은 방이나 복도'이다. 명 귀유광(歸有光, 1507-1571, 문학가)은 「항척헌지(項脊軒志)」에서 "헌(軒) 안에서 책을 읽고(讀書軒中)"라 하였는데, 여기서 헌(軒)은 '작은 방'의 의미이다. 예를 들어 '헌자(軒子)'는 창문이 있는 긴 복도를 의미하며, '헌란(軒欄)'은 전각 앞 긴 복도의 난간을 의미한다. 또한 창문 혹은 문의 의미도 있다. 두보(杜甫)는 「여름밤의 탄식(夏夜嘆)」에서 "창을 열고 약간 서늘함을 들인다.(開軒納微凉)"라고 하였다. '헌비(軒扉)'는 문과 창문을 의미한다. 본문의 층헌(層軒)은 단층이 아닌 이층짜리 작은 건물을 의미하는 것으로 보아야 한다.

72

장물지

군데에만 써야 한다. 사방의 벽은 얇은 벽돌로 쌓은 것이 아름답지만, 그렇지 않은 경우에는 흰색의 벽을 사용할 수밖에 없다. 들보를 위로 치켜 올리면 높이와 넓이가 서로 잘 어울린다. 층계는 모두 무늬가 있는 돌로 만들며, 작은 당에는 창 아래 난간을 설치하지 않아도 된다.

六. 堂

　堂之制, 宜宏敞精麗, 前后須層軒廣庭, 廊廡78)俱可容一席; 四壁用細磚砌者 佳, 不則竟用粉壁79). 梁用球門80), 高廣相稱. 層堦俱以文石爲之, 小堂可不設

【역주】
* 집운(集韻): 10권. 송 인종 보원(寶元) 2년(1039)에 완성되었으며, 한자의 음에 따라 운을 나누어 배열한 운서.【역주】
78) 廊廡(낭무): 낭(廊)은 긴 복도이며 흔히 '주랑(走廊)'이라 한다. 무(廡)는 바로 처마 의 아래이다.
　『몽계보필담(夢溪補筆談)』에서 "요즘 사람들은 대부분 곁채를 '무(廡)'라 한다.(今 人多謂廊屋爲廡.)"라고 하였다.
　『광아(廣雅)』에서 "정방의 아래를 '무'라 한다. 대개 정방 아래채의 처마로 덮인 부분이므로 '무의 아래에 선다.'고 한다. 처마의 아래도 '무'라 하지만 무가 복도는 아니다.(堂下曰廡, 蓋堂下屋檐所覆處, 故曰立於廡下, 廊檐之下, 亦得謂之廡, 但廡 非廊耳.)"라고 하였다.【原註】
* 원주와는 다른 견해도 있다. 낭무(廊廡)는 당(堂) 주변의 지붕이 덮인 복도를 의미한다는 것이다. 낭과 무를 구분한다면 낭(廊)은 벽이 없어 통로 구실만을 하고, 무(廡)는 벽이 있어 사람이 살 수도 있다. 『후한서·양홍전(後漢書·梁鴻 傳)』에서 "마침내 오나라 땅에 이르러, 명문가 고백통(皐伯通)에게 의지하여 그 집의 무(蕪) 아래에서 거주하며 남을 위해 쌀을 찧었다.(遂至吳, 依大家皐伯通, 居廡下, 爲人賃春.)"라고 하였으며, 안사고의 주(注)에서 "낭(廊)은 당(堂) 아래 주위의 건물이고, 무(廡)는 문이 있는 건물이다.(廊, 堂下周屋也. 廡, 門屋也.)"라 고 하였다.【역주】
* 몽계보필담(夢溪補筆談): 북송 과학자 심괄(沈括, 1031-1095)의 필기(筆記, 개인 의 자유로운 기록).【역주】
* 광아(廣雅):10권. 삼국 위(魏)나라 훈고학자 장읍(張揖, ?-?)이 저술한 중국 최초 의 백과사전.【역주】
79) 粉壁(분벽): 흰 색의 담벼락을 가리킨다. 남조 양(梁)나라의 학자 고야왕(顧野王, 519-581)의 「무영부(舞影賦)」에서 "하얀 벽에 긴 소매를 그리고, 화려한 당(堂)에 가는 허리를 그리네.(圖長袖於粉壁, 寫纖腰於華堂.)"라고 하였다.【역주】

7. 산재(山齋)82)

산재는 밝고 깨끗해야 하며 너무 넓어서는 안 된다. 밝고 깨끗함은 심신을 상쾌하게 하지만 너무 넓으면 눈이 힘들다. 어떤 것은 처마 옆에 창문 난간을 두기도 하고, 어떤 것은 복도에서 바로 들어온다. 모두 지

---

80) 球門(구문): 건축에서 지방의 용어로 "들보에 구문(球門)을 사용한다.(梁用球門.)" 운운 하는데, 구문은 권붕(卷棚)[번헌(翻軒)]으로 해석해야 할 듯 하며, 들보를 이 러한 양식으로 만든 것은 화청(花廳, 대청 이외의 객청) 형식의 건축에 자주 보이 지만, 대청[당(堂), 정방]에는 자주 보이지 않는다.【原註】
　* 번헌(翻軒): 건물 앞에 처마가 튀어나와 위로 뒤집힌 부분.【역주】
81) 牕檻(창함): 창의 아랫부분에 화분 등을 놓을 수 있도록 설치한 난간. 창턱.【역주】
82) 산재(山齋): 한가할 때 머무는 방을 '재(齋)'라 한다. 『남사·사거전(南史·謝擧傳)』에서 "사거(477-548, 양나라 대신)의 집 안에 있는 산재(山齋)를 희사하여 절로 삼으니, 산수의 아름다움이 거의 자연의 것과 같았다.(擧宅內山齋, 舍以爲寺, 泉石之美, 殆若自然.)"라고 하였다.【原註】
　* 재(齋)는 원래 독서나 휴식, 사색과 재계(齋戒) 등을 하는 방이나 집, 혹은 식당 이나 상점 등 다양한 의미로 사용된다. 산재(山齋)는 말 그대로 '산에 있는 서재' 혹은 '산에 운치 있게 지은 집'을 의미한다. 산재(山齋)는 남북조 시대의 시인 유신(庾信, 513-581)의 시 제목으로 사용된 이래, 문인들의 시나 그림의 소재가 되어 왔다. 유신의 시 「산재(山齋)」에서 "돌 그림자가 물에 거꾸로 드리우고, 산의 구름은 봉우리를 반쯤 감고 있구나. 산 속의 객점을 생각해 보니, 봄에 담근 술이 익어가고 있음을 알겠구나!(石影橫臨水, 山雲半繞峰. 遙想山中店, 懸知春酒濃.)"라고 하여, '산 속에 있는 주막'의 의미로도 사용하였다. 이후 양소(楊素, 544-606, 시인)의 「산재에 홀로 앉아 설내사에게 드리며(山齋獨坐贈薛內史)」에서는 산 속의 정취와 은거의 분위기를 주로 묘사하였다. 명대 주신(周臣, 1460-1535, 화가)이 그린 「산재객지도(山齋客至圖)」에는 은거 중인 사대부가 산 속에 작은 집을 짓고 손님을 맞이하는 장면이 그려져 있다.【역주】
　* 남사(南史): 80권. 당나라 역사학자 이연수(李延壽, ?-?)가 편찬하였으며, 송 무 제 유유(劉裕, 363-422) 영초원년(永初元年, 420)부터 진후주(陳後主) 진숙보(陳叔寶, 553-604) 정명(禎明) 3년(589)까지 남조(南朝) 송·제·양·진(宋齊梁陳) 4국의 역사를 기록한 기전체 역사서로 24사의 하나이다.【역주】

형에 따라 적절하게 하면 된다. 중정(中庭)[83]은 약간 넓어야 꽃과 나무를 심고 분재를 진열할 수 있다. 여름에는 북쪽 문의 문짝을 없애고 앞뒤로 통풍시킨다. 정원 가장자리에 미음을 뿌리면 비가 스며들어 이끼가 자라는데, 무성하게 자라나 사랑스럽다. 섬돌 주위를 둘러싸고 취운초(翠雲草)[84]를 두루 심으면 좋은데, 무성해지면 푸른빛이 떠다니는 듯하다. 앞의 담은 낮아야 한다. 벽려(薜荔)[85]의 뿌리를 가져다 담 아래에 심고 어성수(魚腥水)[86]를 담 위에 뿌려서 무성하게 뻗도록 한 것도 있는데, 깊은 정취는 있으나 하얀 벽만큼 보기가 좋지는 않다.

七. 山齋

宜明淨, 不可太敞[87]. 明淨可爽心神, 太敞則費目力. 或傍檐置窗檻, 或由廊

---

83) 중정(中庭): 원래는 옛 사당의 계단 아래 정중앙 부분을 지칭하지만, 여기서는 '건물 내부에 있는 정원'을 의미한다. 중정은 건물 안의 정원이나 안채와 바깥채 사이의 정원을 의미하는 용어로 주로 사용되고 있다.【역주】

84) 취운초(翠雲草, Chinese alpine rush): 부처손. 학명은 Selaginella uncinata이며 권백과(卷柏科)이다. 권백(卷柏)은 다년생 풀에 속한다. 줄기가 땅을 뒤덮으며 자라는데 대단히 가늘고 부드럽다. 줄기는 황록색이나 붉은 빛을 띠기도 한다. 숲 속의 음습한 바위 위에 자라거나 시내가의 거친 숲 속에 자란다. 중국 동부 · 남부 · 서남부에 분포한다. 약초로도 사용하며 연중 채취가 가능하다.【역주】

85) 벽려(薜荔): 벽려(薜荔, Ficus pumila)는 상록 덩굴나무로 장벽이나 암벽에 붙어 자라며 뽕과에 속한다.【原註】
  * 벽려(薜荔): 학명은 Ficus pumila Linn.으로 '양분자(凉粉子)'나 '목련(木蓮)'이라고도 한다. 노박덩굴과의 상록 활엽 덩굴나무로 높이 10m정도이며, 5-6월에 꽃이 피고 열매는 삭과(蒴果)로 10월에 익는다. 복건 · 강서 · 절강 · 안휘 · 강소 · 대만 등지에서 산출된다.【역주】

86) 어성수(魚腥水): 생선을 다듬고 씻은 다음에 남은 부스러기와 핏물 등을 발효시킨 것을 말한다. 화초에 주는 비료로 사용된다.【역주】

87) 敞(창): 상랑(爽朗, 청량하다)의 의미이다. 장형(張衡)의 「남도부(南都賦)」에서 "한가롭고 청량하니 몸이 상쾌하구나!(體爽塏以閑敞)"라고 하였다.【原註】
  * 敞(창): 여기서는 '청량하다'보다는 앞뒤의 문맥으로 보아 '넓다'는 의미가 더 적당하다.【역주】
  * 장형(張衡, 78-139): 자(字)는 평자(平子). 동한시기의 위대한 천문학자 · 수학

以入, 俱隨地所宜. 中庭亦須稍廣, 可種花木, 列盆景, 夏日去北扉, 前後洞空.
庭際沃[88]以飯瀋[89], 雨漬苔生[90], 綠縟[91]可愛. 逶砌可種翠雲草令遍, 茂則靑
蔥[92]欲浮. 前垣宜矮. 有取薛荔根瘞墻下, 洒魚腥水于墻上引蔓者, 雖有幽致, 然
不如粉壁爲佳.

8. 장실(丈室)[93]

장실은 한 겨울 밤을 지내기에 적당한데, 북쪽의 온실과 대략 비슷하

자 · 발명가 · 지리학자 · 문학가. 수학 저서로 『산망론(算罔論)』, 천문학 저서
『영헌(靈憲)』과 『혼의도주(渾儀圖注)』가 있으며, 혼천의(渾天儀)와 지동의(地動
儀)를 발명하였다.【역주】
88) 沃(옥): 여기서는 동사로 '물을 주다'나 '관개하다'는 의미이다.【原註】
89) 飯瀋(반심): 묽은 쌀죽을 가리킨다.【原註】
90) 雨漬苔生(우지태생): 『본초강목』에서 "이끼에는 다섯 가지 종류가 있다.……땅에
서 자라는 것을 '지의(地衣)'라고 한다.(苔衣之類有五,……在地曰地衣.)"라고 하였
다. 태(苔)는 정원의 땅에 기생하여 자라는 이끼류를 가리킨다. 강소(江蘇) 지역에
서 자주 발견되는 것은 다음과 같다. 태류(苔類, 뿌리와 줄기 및 잎의 분화가 없이
조류와 유사한 형태의 이끼류) 가운데는 지전속(地錢屬, Marchantia)의 지전(地錢,
Marchantia polymorpha L.) · 풍두지전(風兜地錢, Marchantia diptera mont)과 화엽
사태(花葉蛇苔, Conocephalus supradecompositus) · 석지전(石地錢, Reboulia he-
misphaeriea) 등이다. 선류(蘚類, 헛뿌리가 있으며 줄기 및 잎과 유사한 분화가
있지만 관다발은 없는 이끼류)에서는 유구선(扭口蘚, Barbula fallar) · 은엽진선(銀
葉眞蘚, Bryum argenteum) · 인엽선(鱗葉蘚, Taxiphyllum taxiramenum) · 소원엽
마우선(小圓葉麻羽蘚, Claopodium nervosum) · 모첨선(毛尖蘚, Cirriphyllum cirro-
sum)등이 있다. 그러나 이외에도 아마 녹조(綠藻, Chlorophyta)나 남조(藍藻,
Cyanophyta) 혹은 황조(黃藻, Xanthophyta)의 무격조(無隔藻, Vaucheria) 등속에
속하는 이끼들이 자라고 있을 것이다.【原註】
91) 綠縟(녹욕): 초목이 무성한 모습을 가리킨다. 송나라 문학가 구양수(歐陽修,
1007-1072)의 「추성부(秋聲賦)」에서 "풍성한 풀은 서로 자라려 하고, 아름다운 나
무는 번창하니 기쁘구나!(豊草綠縟而爭茂, 佳木葱蘢而可悅.)"라고 하였다.【역주】
92) 靑蔥(청총): '비취색을 띤 녹색'이나 '초봄에 캔 파' 또는 '어린 묘목이나 무성한
수풀의 꼭대기 부분' 등의 여러 가지 의미가 있는데, 여기서는 녹색을 의미하는
것으로 해석하였다.【역주】

기 때문이다. 방 가운데 침대와 선의(禪椅)⁹⁴⁾ 종류를 놓아둔다. 앞의 정원은 넓어야 하는데, 햇빛을 받아야 하기 때문이다. 서쪽에 창문을 만들어 석양을 받아들이면, 북쪽 창을 낼 필요가 없다.

八. 丈室

丈室宜隆冬⁹⁵⁾寒夜, 略仿北地暖房之制, 中可置臥榻及禪椅之屬. 前庭須廣, 以承日色⁹⁶⁾, 留西窗以受斜陽, 不必開北牖⁹⁷⁾也.

---

93) 장실(丈室): 원래 장실은 불교 용어이다. 인도 바이샬리(Vaishali)의 유마힐(維摩詰) 거사는 자신을 문병하러 온 문수보살 등과 불법을 토론하는데, 그가 와병중인 방은 비록 열 자 남짓한 크기였지만, 그 오묘한 진리가 무수한 청중들을 구제할 수 있었다는 의미이다. 당나라 현경연간(顯慶年間, 656-661)에 왕현책(王玄策, ?-?, 외교관)이 책명을 받들고 인도에 사신으로 가서 자신이 가지고 있던 홀(笏)로 그 방을 재어보니 딱 10홀이 나왔다 한다. 그래서 '방장(方丈)' 혹은 '방실(丈室)'이라 하였다. 이 이야기는『유마힐경(維摩詰經)』등에 보인다. 이후 장실은 '주지승의 방'이란 의미로 널리 사용되었고 '열 자 남짓한 좁은 방'이라는 의미도 있다. 두실(斗室)과 비슷한 의미이다.【역주】
94) 선의(禪椅): 참선을 할 때 사용하는 의자이다. 의자에 그냥 앉을 때는 등을 기댈 수 없고 책상다리를 해야만 기댈 수 있도록 앉는 부분이 굉장히 널찍하다. 이것이 선의의 기본적인 특징이지만 모양과 풍격은 다양하다. 송대의 선사와 나한의 화상에는 이렇게 넓은 면의 의자가 묘사되어 있다. 목재나 대나무 혹은 나뭇가지로 제작된 것이 있다. 명대 말기의 양생 전문서『준생팔전(遵生八箋)』은 선의에 대해 "선의는 장의(長椅, 긴 의자)보다 1/2정도 크다. 등받이의 머리 부분은 넓고 두꺼운 횡목으로 만들어야 쓸 만하다."고 하였다. 그리고 이 시기 목수들의 지침서인 오영(午榮, ?-?)의 『노반경장가경(魯班經匠家鏡)』에도 선의의 구체적인 크기와 천연목으로 만든 큰 선의의 그림이 제시되어 있다. 청대 이후 선의의 유행은 조금씩 감소하였다.【역주】
95) 隆冬(융동): 일년 중 가장 추운 기간을 의미한다.【原註】
96) 日色(일색): 햇빛.【역주】
97) 北牖(북유): 북쪽 창을 말한다.【原註】
 * 옛 집들은 밖에서 안으로 향하는 순서대로 문(門), 정(庭, 마당), 당(堂), 실(室)이 배치되어 있다. 문으로 들어서면 정(庭)이고, 정(庭) 뒤에는 당(堂)이고, 당(堂) 뒤가 실(室)이다. 실(室)의 문을 '호(戶)'라 한다. 실(室)과 당(堂) 사이에 있는 창문을 '유(牖)'라 했다. 실(室)의 북쪽에 또 창문 하나가 있는데 이를 '향(向)'이라 했다. 고대의 창(窓)은 주로 천장에 있는 천창(天窓)을 의미했고, 벽에 있는

9. 불당(佛堂)98)

건물의 기단은 약 5척 정도이고, 계단이 줄을 지어 위로 향해 있다. 앞에는 소헌(小軒)99)을 두고 그 좌우에는 모두 환문(歡門)100)을 설치하며, 뒤로는 세 칸으로 된 부처를 모셔 놓은 건물과 통한다. 정원에는 돌로 바닥을 깔고 번당(幡幢)101) 종류를 늘어놓는다. 따로 문 하나를 더

창문은 '유(牖)'라 했다. 때문에 유하(牖下)는 '집안'이라는 의미로 사용된다.【역주】

98) 불당(佛堂): 불상을 모셔둔 방을 의미한다.【原註】
99) 小軒(소헌): 창이 있는 작은 방.【역주】
100) 환문(歡門): 전헌(前軒, 앞의 작은 방) 좌우 양측에 있는 곁문인데, 둥근 형태로 되어 있고 열고 닫는 문을 설치하지 않아 좌우로 출입을 할 수 있다. 지금 불전의 전헌(前軒, 앞의 건물) 좌우에 있는 옆문과 같다.【原註】
 * 원래 환문(歡門)은 송나라 때 유행하던 음식점의 문 형태를 말한다. 건물 입구를 채색 비단이나 종이 등으로 장식한 형태를 의미하며, '채루환문(彩樓歡門)'이라고도 한다. 송나라 문학가 맹원로(孟元老, ?-?)의 『동경몽화록(東京夢華錄, 북송 수도 동경의 모습 기록한 필기)』에서 "모든 수되[즉 변량(汴梁), 지금의 하남성 개봉]의 음식점들은 문 입구에 모두 채루환문(彩樓歡門)을 묶었다.(凡京師酒店, 門首皆縛彩樓歡門.)"라고 하였다. 남송 학자 오자목(吳自牧, ?-?)은 남송의 수도 임안[臨安, 지금의 절강성 항주시(杭州市)]의 풍경을 기록한 『몽량록(夢梁錄)』에서 "강씨(康氏)와 심씨(沈氏) 일가가 여기서 주점을 열었는데, 가게 입구에 채색으로 장식한 환문(歡門)을 설치하였다.……그 문 입구에는 사각형의 목재와 꽃무늬로 산붕(山棚, 아치)처럼 칭칭 감아 올렸다. 위에 반 정도는 돼지와 양을 매달고, 근처의 문과 창문은 모두 붉은 색과 초록색으로 장식하였으며, 이것을 '환문(歡門)'이라 한다.(康沈家在此開沽, 店門首彩畫歡門.……其門首, 以枋木及花樣沓結縛如山棚. 上挂半邊猪羊, 一帶近裏門面窗牖, 皆朱綠五彩裝飾, 謂之歡門.)"라고 하였다. 여기서 유래한 환문(歡門)은 남송 이후 점차 자취를 감추고, 훗날에는 건축물에서 반월 형태로 조각되어 있는 문을 '환문(歡門)'이라고 칭하기도 한다.【역주】
101) 번당(幡幢): 불가의 도구이다. 깃대가 높이 솟아 긴 비단을 늘어뜨린 것을 '번(幡)'이라 하고, 깃대가 높으면서도 아름답고 위쪽을 보석으로 장식하고 여러 가지 비단으로 장중하게 만든 것을 가리켜 '당(幢)'이라 한다.【原註】
 * 번당(幡幢)은 '당번(幢幡)'이라고도 한다. 이는 절에서 사용하는 깃발 종류를 의미한다. 번당(幡幢)의 구분에 대해서는 원주와는 다른 설명도 있다. 번(幡)은 대나무 등으로 받쳐서 꽂아 놓는 긴 형태의 깃발이다. 당(幢)은 휘장이나 우산

만들며, 그 뒤는 작은 방이 있어 침대를 놓을 수 있다.

九. 佛堂

築基高五尺餘, 列級而上[102]. 前爲小軒及左右俱設歡門, 後通三楹供佛. 庭中以石子[103]砌地, 列幡幢之屬. 另建一門, 後爲小室, 可置臥榻[104].

10. 다리(橋)[105]

넓은 연못과 거대한 호수에는 반드시 무늬가 있는 돌로 다리를 만들

이나 깃발을 받치는 막대기를 의미한다. 한위(漢魏) 시대에 당(幢)은 수레 행렬의 의장과 불교 의식에 사용되기 시작하였다. 보통 막대기에 단층 혹은 여러 층으로 우산 형태의 비단 천을 드리우는데 우산 주위는 구슬 등으로 장식한다. 그 위에 경전 구절을 쓰면 경당(經幢)이 된다. 당나라부터는 돌로 만든 경당(經幢)이 출현하였다. 당나라 초기의 석당(石幢)은 주로 경문을 새기는 것이었고 형태도 간단했다. 중당(中唐) 이후에 점점 비단 당(幢)의 형태를 모방하여, 여러 단의 돌기둥과 받침이 중복되어 겹겹이 쌓인 형태의 석당(石幢)이 등장하였으며, 그 주위에는 무늬도 새겨 넣었다. 북송(北宋)에 이르면 석당에 새겨진 양상이 점점 다채로워지고 장식도 화려해졌지만, 경문이 차지하는 비중은 감소하였다. 석당은 대부분 불교 사원에 설치된다.【역주】
102) 列級而上(열급이상): '습급이상(拾級而上, 계단을 하나하나 밟으며 위로 오른다는 의미)'에서 차용한 표현으로 보인다. 여기서 급(級)은 계단을 의미한다. 즉 '계단이 줄지어 위로 향한다'는 의미이다.【역주】
103) 石子(석자): 자갈을 의미한다.【原註】
104) 臥榻(와탑): 탑(榻)은 좁고 길쭉하며 낮은 침대를 의미하고 걸상의 의미도 있다. 와탑(臥榻)은 낮은 침대의 의미이나 침대를 총칭하여 일컫기도 한다.【역주】
105) 橋(교): 『설문해자』에서는 교(橋)를 "수량이다.(水梁也.)"라 하였고, 『단옥재주(段玉裁注)』에서는 "수량은 수중의 다리이다.(水梁, 水中之梁也.)"라 하였다. 대개 외나무다리를 '강(杠)'이라 하고, 난간이 있는 다리를 '교(橋)'라 한다.【原註】
   * 교(橋, 교량)는 중국 건축 역사에 있어 4단계의 발전 과정을 거친다. 첫 번째 단계는 서주(西周)와 춘추(春秋) 시대로 이 시기의 교(橋)는 원시적인 독목교(獨木橋, 외나무다리)와 정보교(汀步橋, 징검다리) 외에 주로 양교(梁橋, beam bridge)와 부교(浮橋, 뜬 다리)의 두 가지 형식이 있었다. 두 번째 단계는 진한

고 구름무늬를 새기는데, 대단히 정교해야 하며 천박해서는 안 된다. 작은 계곡과 굽은 시내에는 돌로 쌓아 만든 것이 좋다. 사방에는 맥문동을 심어도 좋다. 판교(板橋)[106]는 세 번 굽어야 하며, 나무 하나로 다리 난간을 만들어야 한다. 널빤지로 붉게 칠하고 卍(만)자로 장식한 난간 만드는 것을 피한다. 어떤 것은 태호석(太湖石)으로 만들기도 했는데, 역시 천박하다. 돌다리는 세 번 굽어서는 안 되며, 판교는 직각으로 구부려서는 안 되고, 특히 다리 위에 정자를 만들어서는 안 된다.

十. 橋

廣池巨浸[107], 須用文石爲橋, 雕鏤雲物[108], 極其精工, 不可入俗. 小溪曲澗,

(秦漢) 시대로 이 시대에는 벽돌이 발명되었고, 이 벽돌의 구조를 바탕으로 한 아치형 구조가 만들어진다. 세 번째 시기는 남북조(南北朝) 이후 당송(唐宋) 시기까지로, 이 시기에는 많은 유명한 교량들이 만들어진다. 예를 들어 수나라 건축가 이춘(李春, ?-?)이 만든 아치형 돌다리인 조주교[趙州橋, 하북성(河北省) 조현(趙縣) 교하(洨河)에 있는 다리나 북송의 어느 죄수가 발명했다는 아치형 나무다리인 홍교(虹橋) 등이 그것이다. 이후 청대까지는 새로운 발명이나 기술적 진보는 거의 찾아볼 수 없었다.【역주】

* 단옥재주(段玉裁注): 『설문해자주(說文解字注)』. 청나라 학자 단옥재(段玉裁, 1735-1815)가 허신(許愼)의 『설문해자』를 30년에 걸쳐 주석하여 간행한 저서. 【역주】

106) 판교(板橋): 판교, 널다리. 바닥에 널빤지를 깔아서 만든 다리.【역주】
107) 巨浸(거침): 침(浸)은 연못의 총칭이다. 거침은 큰 연못이다. 『장자 · 소요유(莊子 · 逍遙游)』에서 "큰물이 하늘까지 닿다.(大浸稽天.)"라고 하였다. 『주례 · 하관 · 직방씨(周禮 · 夏官 · 職方氏)』에서 "양주(揚州)에는 호수 다섯 개가 있다.(揚州, 其浸五湖.)"라고 하였다.【原註】
108) 雲物(운물): 구름 문양을 의미한다. 『문심조룡(文心雕龍)』에 이르기를 "양웅(楊雄)이나 반고(班固)와 같은 무리나 조식(曹植)이나 유정(劉楨) 이하의 작가들은 산천을 묘사하고 구름을 그려낸다.(楊班之倫, 曹劉以下, 圖狀山川, 影寫雲物.)"라고 하였다.【原註】

* 문심조룡(文心雕龍): 10권 50편. 양나라 문학비평가 유협(劉勰, 465?-520)이 저술한 문학이론서로, 501-502년 사이에 완성되었다.【역주】

用石子砌者佳. 四旁可種繡墩草109). 板橋須三折, 一木爲欄, 忌乎板作朱卍字
欄. 有以太湖石爲之, 亦俗. 石橋忌三環, 板橋忌四方磬折110), 尤忌橋上置亭子.

11. 다실(茶室)111)

작은 방 하나를 산의 서재와 나란하게 짓는다. 안에는 다구(茶具)112)

---

* 양웅(楊雄, B.C.53-18)은 서한 문학가. 반고(班固, 32-92)는 동한의 사학자로
　『한서(漢書)』의 저자. 조식(曹植, 192-232)은 위나라의 문학가로 조조(曹操)의
　아들. 유정(劉楨, 186-217)은 동한 문학가로 건안연간(建安年間, 196-220)에 활
　동한 7인의 문학가인 건안칠자(建安七子)의 한 사람으로, 조식과 더불어 '조류
　(曹劉)'라 불렸다.【역주】
109) 繡墩草(수돈초): 백합과에 속하는 소엽맥문동(Ophiopogon japonicus)을 말하며,
　난초 잎처럼 길고 가는 모양을 한 풀이다. 약간 그늘지고 습도가 높으며 통풍이
　잘되는 환경을 좋아한다. 야생 상태에서는 물가나 산비탈의 풀밭에서 쉽게 볼
　수 있으며, 내한성이 강한 식물이다. 한국·중국·일본 등지에 주로 분포한다.
　화단 가장자리에 심거나 정원이나 계단 아래 혹은 길 양 옆에 심기도 하며, 분재
　로 만들어 관상용으로도 사용한다.【역주】
110) 磬折(경절): 경쇠처럼 구부러졌다는 의미이다. 『예기·곡례(禮記·曲禮)』에서
　"일어나서는 경쇠처럼 허리를 굽혀 패옥을 늘어트려야 한다.(立則磬折垂佩.)"라
　고 하였으며, 소(疏)에서 "신하는 몸을 경쇠의 등처럼 구부려야 한다. 그러므로
　'경절(磬折)'이라 한 것이다.(臣則身宜僂折如磬之背, 故云磬折也.)"라고 하였다.
　【原註】
111) 茶寮(다료): 차를 끓이는 곳을 '다료(茶寮)'라 한다. 허차서(許次紓)의 『다소(茶
　疏)』에서 "작은 방 밖에 따로 다실을 설치하며, 높고 건조하면서 시원해야 하고,
　밀폐시켜서는 안 된다.(小齋之外, 別置茶寮, 高燥明爽, 勿令閉塞.)"라고 하였다.
　【原註】
* 료(寮)는 작은 '창문' 혹은 '작은 집'이라는 뜻이다. 초료(草寮, 띠로 만든 작은
　집)·승료(僧寮, 승려들이 사는 작은 집)·요자(寮子, 작은 집) 등이 그 예이다.
　다료(茶寮)는 다실(茶室)을 의미한다.【역주】
* 허차서(許次紓, 1549-1604): 명나라의 차 전문가이자 학자. 자(字)는 연명(然明),
　호는 남화(南華). 절름발이이므로 일생을 벼슬하지 않았으며, 차에 관한 이론서
　로 1597년에 완성된 『다소(茶疏)』 1권이 전해온다.【역주】
112) 다구(茶具): 차를 끓일 때 사용하는 도구. 『운계우의(雲溪友議)』에서 "육우(陸羽)
　가 다구 24가지를 만들었다.(陸羽造茶具二十四事.)"라고 하였다.【原註】

를 구비하고 시동 하나에게 차에 관한 일을 전문적으로 맡겨, 여름철 긴 낮 동안 청담(淸淡)[113]을 나누거나 겨울밤에 정좌를 할 때 차를 제공

---

* 운계우의(雲溪友議): 당나라 범터(范攄, ?-?)가 편찬한 소설로 당나라 개원연간 (開元年間, 713-741) 이후의 기이한 이야기와 야사 및 시에 관한 내용을 주로 수록하였다.【역주】

* 육우(陸羽, 733-804): 당나라의 차 연구가. 자(字)는 홍점(鴻漸), 호는 경릉자(竟陵子)·상저옹(桑苧翁)·동강자(東岡子)·다산어사(茶山御史), 복주(復州) 경릉[竟陵, 지금의 호북성 천문(天門)] 사람. 차에 관한 이론서인『다경(茶經)』3권을 저술하였으며, 다선(茶仙)과 다성(茶聖)으로 불리고 다신(茶神)으로 제사를 지낸다.【역주】

* 원래 이전의 '다구'는 현대보다 훨씬 개념이 광범위했다. 당나라 문학가 피일휴(皮日休, 838?-883?)의『다구십영(茶具十詠)』에서는 다오(茶塢)·다인(茶人)·다순(茶笋)·다영(茶籯)·다사(茶舍)·다조(茶竈)·다배(茶焙)·다정(茶鼎)·다구(茶甌)·자다(煮茶) 등으로 차에 관한 사항을 나열하였다. 여기서 다오(茶塢)는 차를 재배하는 움푹 들어간 땅이다. 다인(茶人)은 찻잎을 따는 사람이다. 다순(茶笋)은 차를 만드는 차나무에 돋아난 새싹이다. 다영(茶籯)은 대나무로 직조한 바구니 종류이다. 다사(茶舍)는 다인이 사는 작은 오두막을 주로 가리킨다. 다조(茶竈)는 차를 끓일 불을 피우는 화로 종류를 통칭한다. 다배(茶焙)는 찻잎을 찔 때 사용하는 기구로서, 대나무로 만들고 바깥 부분은 대껍질로 감싼 것으로, 대껍질은 불을 흡수하는 작용이 있어 찻잎을 찌다가 누렇게 되는 것을 막는다. 다정(茶鼎)은 물이나 차를 끓이는 솥이다. 다구(茶甌)는 차를 마시는 그릇이다. 자다(煮茶)는 차를 끓여 마시는 것이다. 이 외에도 다마(茶磨, 차를 가는 맷돌)·다연(茶碾, 차를 가는 맷돌)·다구(茶臼, 차를 찧는 절구)·다궤(茶櫃, 차를 담는 함)·다자(茶榨, 찻잎을 눌러 뭉치는 도구)·다조(茶槽, 차를 분쇄하는 구유)·다선(茶筅, 차 솔)·다롱(茶籠, 다구를 넣는 바구니)·다광(茶筐, 찻잎을 따는 광주리)·다판(茶板, 찻상)·다협(茶挾, 차 집게)·다라(茶羅, 차 수건)·다낭(茶囊, 차 주머니)·다표(茶瓢, 차 마시는 표주박)·다시(茶匙, 찻숟가락) 등 수많은 도구들이 있는데, 이러한 기록에 의하면 고대의 다구는 최소한 24종 이상이었던 것으로 보인다.【역주】

113) 청담(淸談): 공허한 이론을 분석하는 것을 '청담(淸談)'이라 한다.『후한서·정태전(後漢書·鄭太傳)』에서 이르기를 "공주(孔伷, ?-?. 동한 관리)가 청담과 고담준론을 펼쳤다.(孔公緖淸談高論.)"라고 하였다.『안씨가훈(顔氏家訓)』에서는 "청담과 우아한 토론으로 현묘한 것을 낱낱이 밝히고 세밀하게 분석한다.(淸談雅論, 剖玄析微.)"라고 하였다.【原註】

* 안씨가훈(顔氏家訓): 7권 20편. 수나라 학자 안지추(顔之推, 531-591)가 자손을 훈계하기 위하여 개인의 경험과 사상 및 학식을 기록한 저술.【역주】

하도록 한다. 이것은 은자에게는 가장 중요한 일이며, 없어서는 안 되는
것이다.

十一. 茶寮

　構一斗室114), 相傍山齋, 內設茶具, 敎一童專主茶役115), 以供長日116)淸淡,
寒宵兀坐117); 幽人118)首務119), 不可少廢者.

---

114) 斗室(두실): 기껏 한 말 정도가 들어갈 수 있는 작은 방을 의미한다. 매우 작은
　　방을 비유할 때 많이 사용된다. 당나라 문학가인 유우석(劉禹錫, 772-842)은 당시
　　개혁운동에 참여했다 환관과 번진(藩鎭) 세력에게 미움을 사서 안휘성(安徽省)
　　화주현(和州縣)의 보잘 것 없는 통판(通判)으로 좌천되었다. 규정에 의하면 통판
　　은 현의 아문에 있는 방 세 칸짜리 집에 살게 되어 있었다. 그러나 당시 화주현에
　　서는 위에서 좌천된 유우석을 깔보고 성의 남쪽에 있는 강 근처에 집을 배정했
　　고, 유우석은 도리어 유유자적하게 시를 읊었다. 화주현 지현(知縣)은 화가 나서
　　이번에는 북문 쪽의 강가로 옮기게 했고, 면적은 원래의 세 칸에서 한 칸 반으로
　　줄였다. 유우석은 상관치 않고 새로운 거처에서 버들가지를 노래한 시를 읊었다.
　　지현은 이번에는 다시 성의 중앙으로 그를 옮기게 하면서 한 칸짜리 집을 배정하
　　였으며, 이 집은 침대와 탁자 및 의자 하나씩만 놓을 수 있는 작은 집이었는데,
　　이것이 바로 두실(斗室)이다. 그러자 유우석은 유명한 「누실명(陋室名)」을 써서
　　비석에 새겨 문 앞에 세워 두었다고 한다.【역주】
115) 茶役(다역): 차를 끓이는 임무를 하는 일꾼.【原註】
116) 長日(장일): 여름의 긴 낮. 혹은 '오랫동안'이나 '늘'이란 의미로 사용된다.【역주】
117) 兀坐(올좌): '단정하게 앉다'라는 의미이다. 소식(蘇軾)의 시에서 "고목처럼 꼿꼿
　　하게 앉아 있네.(兀坐如枯株.)"라고 하였다.【原註】
　　* 兀坐如枯株(올좌여고주): 출처는 소동파의 시 「손님은 졸고 있는데(客位假寐)」.
　　【역주】
118) 幽人(유인): 은거하여 벼슬하지 않는 사람을 지칭하는 말이다. 『역경·이괘(履
　　卦)』에서 "넓고 평탄한 길을 가며 은자처럼 곧으면 길하리라.(履道坦坦, 幽人貞
　　吉.)"라고 하였다.【原註】
119) 首務(수무): 첫 번째로 중요한 임무.【原註】

12. 금실(琴室)[120]

옛 사람들 중에 단층집에 항아리 하나를 묻고 항아리에는 동종(銅鐘)을 매달아 이것으로 거문고 소리를 돋보이게 하는 경우가 있었다. 하지만 이것보다는 다층집의 아래층이 낫다. 윗부분이 판자로 덮여 있어 소리가 흩어지지 않고, 아래는 텅 비어 있어 소리가 구석까지 파고들기 때문이다. 혹은 키 큰 소나무와 긴 대나무·바위 동굴과 석실 아래에 금실을 두기도 하는데, 지역이 청정하고 세속의 기운이 없는 경지이므로 우아한 멋과 더욱 잘 어울린다.

十二. 琴室

古人有于平屋[121]中埋一缸, 缸懸銅鍾, 以發琴聲者. 然不如層樓之下. 蓋上有

---

120) 금실(琴室): 거문고를 연주하는 방. 『남사·서담지전(南史·徐湛之傳)』에서 "서담지(410-453, 송나라 장군)는 풍정(風亭)·월관(月觀)·취대(吹臺)·금실(琴室)을 또 만들었다. 과일나무와 대나무가 무성하고 꽃이 줄지어 있었는데, 문인들을 불러 모아 함께 유람하며 감상하였다.(湛之更起風亭月觀吹臺琴室. 果竹繁茂, 花藥成行, 招集文士, 盡游玩之.)"라고 하였다.【原註】

* 여기서의 거문고(琴)는 고전 현악기의 통칭이다. 오동나무로 만들고 공명통이 있는 5현 혹은 7현 악기이다. 처음에는 5현이었으나 나중에는 7현으로 늘어났다. '칠현금(七絃琴)' 혹은 '고금(古琴)'이라고도 한다. 중국 고대에서는 금(琴, 거문고)·기(棋, 바둑)·서(書, 서예)·화(畵, 그림)가 한 사람의 교양 수준을 알아보는 척도였다. 거문고 연주는 이 네 가지 중 가장 첫손에 꼽히는 능력이었다. 금실(琴室)은 거문고를 보관하고 연주하기 위해 만든 건축물을 말한다. 보통의 금실은 안에 받침대인 금대(琴臺)와 연주자가 앉는 의자인 금등(琴凳) 및 악보를 놓는 금보가(琴譜架) 등이 구비되어 있다. 금실이 단층일 경우에는 땅을 파고 큰 항아리를 묻고는 항아리 안에 큰 동종(銅鐘)을 매달아놓는데, 이것은 거문고의 공명 효과를 높이기 위한 것이다. 또는 소나무 숲이나 대나무 숲 속에 이층짜리 작은 집을 짓고 1층은 비워놓고 2층에 금실을 만드는데, 금실 바닥은 모두 목판으로 깔고 아래층은 비워 놓으면 거대한 공명 상자가 되어, 거문고의 소리가 더욱 맑고 고르게 퍼진다고 한다.【역주】

121) 平屋(평옥): 단층집.【역주】

板, 則聲不散, 下空曠, 則聲透徹. 或于喬松修竹[122]巖洞石室之下, 地淸境絶[123],
更爲雅稱[124]耳!

13. 욕실(浴室)[125]

앞뒤로 방이 두 개가 있으며, 벽으로 분리되어 있다. 앞방에는 무쇠

---

122) 喬松修竹(교송수죽): 키 큰 소나무와 긴 대나무를 의미한다. 『상서·우공(尙書·
禹貢)』에서 "그 나무는 높도다.(厥木惟喬.)"라고 하였으며, 전(傳)에서 "교(喬)는
높다는 뜻이다.(喬, 高也.)"라고 하였다. 『시경·소아·유월(詩經·小雅·六月)』
에서 "네 마리 수말 높고 크며(四牡修廣)"라고 하였다. 『원씨액정기(元氏掖庭
記)』에서 "궁에 더위를 피하는 장소가 있는데 '청림각(淸林閣)'이라 하였다. 사방
에 키 큰 소나무와 긴 대나무를 심어 맑은 바람이 천천히 불어오면, 그 소리가
악기보다 훨씬 뛰어났다.(大內有迎涼之所, 曰淸林閣, 四面植喬松修竹, 淸風徐來,
遠勝絲竹.)"라고 하였다.【原註】
 * 전(傳): 경전에 대하여 주(注)를 붙인 저술로 일반적으로 타인이 기술한다. 여기
   서는 『공안국상서전(孔安國尙書傳)』 30권을 가리키며, 서한의 학자 공안국(孔
   安國, B.C.156-B.C.74)이 지었다고 하는 『상서』의 해설서이지만, 사실은 공안국
   의 저술이 아니라 위진시기에 공안국의 이름을 빌린 위서(僞書)이다.【역주】
 * 수광(修廣): 높고 크다. 길고 넓다.【역주】
 * 원씨액정기(元氏掖庭記): 1권. 원나라 문학가 도종의(陶宗儀, 1321-1412?)가 저
   술한 원나라 궁정의 잡사를 기록한 서적.【역주】
123) 境絶(경절): 도연명(陶淵明)은 「도화원기(桃花源記)」에서 "처자식과 현의 사람들
   을 이끌고 이 절경으로 왔도다!(率妻子邑人, 來此絶境.)"라고 하였으며, 전혀 세
   속의 기운이 없는 경계를 가리킨다.【原註】
 * 도연명(陶淵明, 352?-427): 동진(東晋)의 문학가. 이름은 잠(潛), 자(字)는 원량
   (元亮). '정절선생(靖節先生)'이라 불렸다. 팽택현령(彭澤縣令)을 하던 도중, 오
   두미(五斗米)에 허리를 굽히기 싫다고 하여 사직하고 은거하여 시가 창작을
   하였으며, 은일시인(隱逸詩人)의 종주로 불린다. 이상향을 묘사한 「도화원기
   (桃花源記)」를 지었으며, 저서에 『도연명집(陶淵明集)』이 있다.【역주】
124) 雅稱(아칭): '풍아(風雅, 우아한 풍류)에 어울린다.'는 의미이다.【原註】
125) 욕실(浴室): 중국에서 목욕의 역사는 매우 오래 되었는데, 상나라 시대의 갑골문
   에 이미 '목(沐)'과 '욕(浴)' 두 글자가 출현했다. 목욕은 몸에 있는 더러운 것을
   없애 줌과 동시에 정신도 맑게 하여 우리 몸과 마음을 더욱 건강하게 해 주기
   때문이다. 중국에서는 진(晋)나라 시대에 이미 '욕실'이라는 명칭이 있었고, 북위

솥이 걸려 있고, 뒷방에는 땔감을 땔 준비가 되어 있다. 밀실이 더 필요한데, 바람과 한기(寒氣)가 들어오지 않아야 한다. 벽 가까이에 우물을 파고 도르래를 설치하며, 벽에 구멍을 뚫어 물을 길어 무쇠 솥에 부어 넣는다. 뒷방에는 하수구를 만들어 물을 끌어 밖으로 배출한다. 목욕용품과 수건은 모두 그 안에 구비해 놓는다.

一三. 浴室

前後二室, 以墻隔之, 前砌126)鐵鍋127), 後燃薪128)以俟129). 更須密室, 不爲風寒所侵. 近墻鑿井, 具轆轤130), 爲竅131)引水以入. 後爲溝132), 引水以出. 澡具巾

(北魏) 시대에는 이를 '욕당(浴堂)'이라고 했다. 역사상 최초의 욕실은 동진(東晉) 시대 석회[石虎, 295-349, 후조(後趙)의 무제(武帝)]의 초룡지(焦龍池)이다. 이러한 욕실은 당대(唐代)에는 상당히 보급이 되어 당시 장안의 무덕문(武德門)과 주작문(朱雀門) 일대에 욕실 거리가 형성되어, 황제에서부터 일반 평민까지 모두 그곳에서 목욕을 했다고 한다. 송대에는 욕실을 '향수항(香水行)'이라고 했다. 이 시기 목욕탕은 이미 상업적 성격을 지닌 장소가 되었는데, 당시에 등 밀기와 안마 등의 서비스도 있었다. 명대에는 그 이전보다 더욱더 민간에 보급되어, 백조석(白條石, 길게 다듬은 흰색의 돌)으로 욕조를 만들었고, 욕조와 욕조를 연결시켜 놓기도 했다. 욕조 아래는 여러 개의 큰 솥을 설치하여, 물을 끓인 후 뜨거운 물과 찬물을 섞어 온도를 맞추는 것을 전문적으로 담당하는 사람이 있었다. 목욕물의 수온은 계절과 연령에 따라 뜨거운 물·따뜻한 물·차가운 물의 세 종류로 나누었다. 청대에는 대중목욕탕 영업시간에는 목욕탕 입구 문 앞에 등을 걸어 놓고, 문 양 옆에는 "닭이 아직 울기 전에 물이 먼저 따스해지니, 해가 동쪽에서 뜨면 손님이 가득하리라!(金鷄未唱湯先熱, 紅日東升客滿堂.)"라는 대련을 써 놓을 정도였다.【역주】

126) 砌(체): 섬돌. 깔다. 쌓아 올리다. 어떤 구멍의 가장자리에 돌을 쌓아 올린다는 의미를 지닌다. 본문에서는 목욕물을 끓이는 무쇠 솥이 아궁이에 걸려 있는 상황을 표현하고 있다.【역주】
127) 鐵鍋(철과): 목욕물을 끓이는 무쇠로 된 커다란 가마솥.【역주】
128) 燃薪(연신): 목욕물을 끓이기 위해 아궁이에 땔감을 넣어 불을 때는 것.【역주】
129) 俟(사): 기다리다. 준비되어 있다.【역주】
130) 轆轤(녹로): 도르래.【原註】
131) 竅(규): 뚫거나 파서 생긴 구멍.【原註】
132) 溝(구): 사용한 목욕물을 버리는 하수구.【역주】

帨[133], 咸具其中.

14. 길과 정원(街徑庭除)[134]

다니는 길과 넓은 정원에 무강석(武康石)[135]으로 지면을 포장하면 가장 화려하고 정갈하다. 꽃 사이길이나 연못가를 돌로 만들거나 혹은 부쉬 진 기와조각을 비스듬히 깔아 놓고 비를 오래 맞히면 이끼가 낀다. 이렇게 하면 자연스럽게 예스러운 색깔이 묻어나는데, 어찌 굳이 돈을 들여 둔덕을 만들어야지만 풍경 좋은 곳이라고 말하는가?

一四. 街徑庭除

馳道[136]廣庭, 以武康石皮[137]砌者最華整. 花間岸側, 以石子砌成, 或以碎瓦

---

133) 巾帨(건세): 건(巾)은 닦는 천을 가리키며, 세(帨)는 손을 닦는 수건을 가리킨다. 【原註】
본서에서는 문맥상 건세(巾帨)를 '수건'이라 풀이하였다.【역주】
134) 街徑庭除(가경정제): 본래 사방으로 통하는 길을 '가(街)'라고 하고, 작은 길을 '경(徑)'이라고 한다. 가경(街徑)은 크고 작은 길로 해석된다. 정원 앞 계단 아래 땅을 '정제(庭除)'라고 한다.【原註】
   * 본문에서는 문맥상 '정제(庭除)'를 '정원'으로 풀이하였다.【역주】
   * 전통시기 문인들은 정원을 생명의 공간으로 생각하여 정원을 만들어 즐겼다. 산수대천을 유람하는 것을 좋아했지만, 그 당시 교통이 불편하였으므로 가산(暇山) · 연못 · 태호석(太湖石) · 분재 등을 정원에 옮겨 와서 원림(園林, 숲이 있는 정원) 형태로 만들었다. 또한 정원을 만드는데 있어 지형을 중시하고 가옥 · 행랑 · 누대 등으로 높고 낮음을 추구하기도 했다. 작은 정원일지라도 정원의 조경을 충분히 감상할 수 있도록 정원을 관통하는 길을 구불구불하게 만들었으며, 각 공간을 구분하는 담장에는 측문을 만들었다.【역주】
135) 무강석(武康石): 절강성(折江省) 무강현(武康縣)에서 나는 돌로, 청색 바탕에 황색과 흑색의 반점이 있는 것이 특징이다.【原註】
136) 馳道(치도): 본래 고대 천자가 다니는 길을 '치도(馳道)'라고 하였으나, 이후에는 통행로를 가리킨다.【原註】

片斜砌者, 雨久生苔, 自然古色, 寧必金錢作垃[138]), 乃稱勝地[139])哉.

15. 누각(樓閣)[140])

누각에 침실을 만들려면 반드시 주위가 깊고 조용해야 한다. 높은 곳

---

* 치도(馳道): 중국 최초의 국도(國道)로, 진(秦)나라 때 처음 만들어 졌다. 기원
  전 221년 진시황이 전국을 통일하고 그 다음해인 기원전 220년에 함양(咸陽)을
  중심으로 하여 전국 각지와 통하는 치도를 만들게 했다. 이것이 바로 그 유명
  한 9개의 치도이며, 현재 고릉(高陵, 섬서성 서안시)에서 상군(上郡, 섬서성 북
  부)까지의 상군도(上郡道) · 황하를 지나 산서(山西)까지 가는 임진도(臨晉
  道) · 함곡관(函谷關)에서 하남(河南)과 하북(河北) 및 산동(山東)을 지나는 동
  방도(東方道)가 남아 있다. 본문에서는 '사람이 다니는 길'이라는 포괄적인 의
  미로 해석하였다.【역주】
137) 皮(피): 정원 바닥 표면을 의미한다.【역주】
138) 垃(날): 둑.【역주】
139) 勝地(승지): 경치가 좋은 곳.【역주】
140) 누각(樓閣): 루(樓)는 『설문해자』에서 "지붕이 이층인 건물을 '루'라 한다.(重屋曰
  樓.)"라고 했다. 각(閣)은 『원야(園冶)』에서 "각은 사아(四阿)에 창이 나 있다.(閣,
  四阿開牖.)"라고 했다. 생각건대, 사면에 낙수받이가 있고 사면에 창이 나 있는
  건축물을 말한다.【原註】
* 사아(四阿): 건물 네 변의 낙수받이. 물이 사방에서 이것을 따라 흘러내린다.
  【역주】
* 누각은 중국 고대 건축물 형태의 하나로, 다층건축물이다. 초기에는 누(樓)와
  각(閣)이 구별되어 있었다. 누는 여러 층의 건물이며 좁고 긴 형태를 지니고,
  각은 아래 부분이 기둥만 받치고 있는 형태로 높고 비어 있는 건축물이다. 각
  (閣)은 본래 서화와 경서를 보관하던 곳이었으나, 후에 루(樓)자를 붙여 한 단
  어로 말하게 되었고, 건축 형태의 구분도 누와 각이 서로 섞여 엄격하지 않게
  되었다. 누각은 대부분 목조건물이며, 구조형식은 정혜식(井傒式, 큰 목재를
  종횡으로 얽은 구조) · 중층식(重層式, 다층 양식) · 평좌식[平坐式, 위층의 사
  방은 테라스처럼 만들고 그 아래에 두공(斗拱, 지붕 받침)을 설치한 구조] · 통
  주식(通柱式, 기둥이 아래위로 통한 양식)등이 있다. 불교가 중국에 들어온 이
  후 대부분의 불탑은 누각 형태로 지어졌다. 누각의 형태를 알 수 있는 최초의
  자료는 한대의 명기(明器, 무덤의 부장품)와 화상석(畵像石, 무덤이나 사당 등
  에 부조로 여러 가지 내용을 새긴 석재 건축 자재)이며, 현존하는 가장 이른
  시기에 지어진 누각은 요나라 통화(統和) 2년(984)에 지어진 하북성 천진시(天

에서 바라보는 조망을 제공하려면 반드시 시야가 확 트이고 웅장하며 아름다워야 한다. 서화를 수장하려면 반드시 지세가 높고 밝고 시원한 곳이 가장 좋은데, 이것은 누각 건설의 기본적인 요건이다.

누(樓)의 사면에 창을 내려면, 앞면은 창을 만들고, 뒷면과 양 옆은 나무판으로 창을 낸다. 각(閣)은 사각형으로 지으려면 사면이 모두 똑같은 모양이어야 한다. 누(樓) 앞에는 노대(露臺)[141]와 천막의 설치를 피하고, 누(樓)의 나무판에는 벽돌 사용을 금해야 한다. 무릇 이왕 누각이라는 이름을 붙이려 한다면 반드시 올바른 방식이 있을 것인데, 만약 벽돌을 다시 깐다면 어찌 단층집과 다르다고 할 수 있겠는가? 누각의 높이를 삼층으로 하는 것이 가장 저속하다. 누(樓) 아래의 기둥을 조금 높게 하면 누(樓) 윗면에 평평한 천정을 설치할 수 있다.

一五. 樓閣

樓閣, 作房闥[142]者, 須回環[143]窈窕[144]. 供登眺者, 須軒敞[145]宏麗[146]. 藏書

津市) 계현(薊縣) 독락사(獨樂寺) 관음각(觀音閣)이다. 고대 강남의 3대 누각은 악양루[岳陽樓, 호남성 악양시(岳陽市) 소재]·등왕각[滕王閣, 강서성(江西省) 남창시(南昌市) 공강(贛江) 기슭 소재]·황학루[黃鶴樓, 호북성(湖北省) 무한시(武漢市) 무창(武昌) 사산(蛇山) 소재]이다.【역주】

* 원야(園冶): 3권. 명나라 조경가 계성(計成, 1582-?)이 편찬한 정원에 관한 전문 서적으로, 1634년 간행되었다.【역주】

141) 노대(露臺): 달을 감상하기 위해 쌓은 대인 '월대(月臺)'를 말한다. 지금은 '양대(陽臺, 베란다)'라고 속칭한다.【原註】

* 월대(月臺): 고대 건축물에서 정전(正殿)의 앞에 계단과 연결된 평평한 노천 공간으로, 탁 트이고 장애물이 없어 달을 구경하기에 좋은 장소이므로 '월대(月臺)'라고 하였다. 현재의 월대는 도착하는 차에 직접 승차하기 위해 대기하는 공간(승강장)을 가리킨다.【역주】

142) 房闥(방달): 실(室) 옆에 있는 것을 '방(房)'이라고 하는데, 일반적으로 침실을 '방'이라고 한다. 달(闥)은 보통 '문'으로 해석하는데, 한나라 때 금문(禁門, 대궐의 문)을 '황달(黃闥)'이라 했다. 따라서 방달(房闥)은 침실로 해석해야 한다.【原註】

143) 回環(회환): 순환하다. 반복하다. 둘러싸다. 오고가다.【역주】

畵者, 須爽塏147)高深, 此其大略148)也. 樓作四面窓者, 前楹149)用窓, 後及兩旁用板. 閣作方樣150)者, 四面一式, 樓前忌有露臺卷蓬151), 樓板忌用磚152)鋪. 盖旣名樓閣, 必有正式, 若復鋪磚, 與平屋153)何異? 高閣作三層者最俗. 樓下柱稍高, 上可設平頂.

16. 대(臺)154)

대를 짓는데 있어 여섯 개의 모서리(角)는 피해야 하며, 땅의 넓고

---

144) 窈窕(요조): 깊숙한 상태를 가리킨다. 산수나 집이 깊숙한 것을 '요조'라고 칭한다. 교지지(喬知之, ?-697. 당나라 문학가)의 시에서 " 화려하고 높은 누각은 깊숙하고(窈窕九畵閣)"라고 하였다.【原註】
  * 窈窕九畵閣(요조구화각): 출처는 교지지의 시 「가을날의 규방(秋閨)」. "窈窕九重閨(높은 규방은 깊숙하고)"라고도 쓴다.【역주】
145) 軒敞(헌창): 시야가 탁 트인 것을 의미한다.【原註】
146) 宏麗(굉려): 높은 곳에 올라가 보는 경치가 웅장하고 화려하다.【역주】
147) 爽塏(상개): 밝고 높은 곳을 의미한다.【原註】
  * 서화를 수장하기 좋은 곳은 서화를 오래 잘 보관하기 위해 습기가 적고, 통풍이 잘 되며, 햇살이 잘 드는 곳이 가장 좋다. 따라서 이러한 의미를 포함하는 표현으로 풀이하였다.【역주】
148) 大略(대략): 기본적인 의미는 '대략'이나 '대충'의 의미이지만, 본문에서는 누각을 짓는 기본적인 요건을 의미한다.【역주】
149) 楹(영): 가장 많이 사용하는 일반적인 의미는 '기둥'이지만, 본문에서는 '칸' 혹은 '면'을 의미한다.【역주】
150) 方樣(방양): 너비와 높이가 같은 정사각형을 의미한다.【역주】
151) 卷蓬(권봉): 권붕(卷棚)을 가리키며, 강소성(江蘇省) 남부 지구에서는 '번헌(翻軒)'이라고 한다.【原註】
  * 여기서는 감아올릴 수 있게 만든 천막으로 풀이하였다.【역주】
152) 磚(전): 본래 벽돌을 의미하지만, 여기서는 현대의 벽에 장식용으로 사용하는 타일을 가리킨다.【역주】
153) 平屋(평옥): 일반 집. 단층집. 여기서는 여러 층으로 되어 있는 건물과 대별되는 건물을 말한다.【역주】
154) 대(臺): 흙이나 돌로 만들어 먼 곳을 볼 수 있게 해 놓은 건축물을 말한다. 『설문해자』에서 "사방을 바라보는 높은 곳이다.(觀四方而高者.)"라고 하였다.【原註】

좁음에 따라 만들어야 한다. 만약 구릉 위에 짓는다면, 사방을 굵은 목재로 두르고 붉은 색을 칠한 난간을 만들어도 우아하다.

一六. 臺

築臺忌六角, 隨地大小之, 若築于土岡[155])之上, 四周用粗木, 作朱闌亦雅.

17. 해론(海論)[156)

승진(承塵)[157)의 사용을 피해야 하는데, 속칭 '천장널'이라는 것이 바로 그것이다. 이것은 관청의 건물에만 사용할 수 있으며, 마루에는 간혹 사용해도 된다. 온실에서 대나무 자리를 사용해서는 안 되며, 또는 모직물로 만든 담요를 양탄자로 해도 되지만, 자잘한 벽돌을 까는 것만큼 우아하지는 못 하다. 남쪽은 습기가 많아 공중에 뜨게 설치하면 가장 좋지만, 약간 비용이 많이 들 뿐이다. 방안에 기둥 5개를 세우는 것을 피해야 하며, 곁채를 두 개 두는 것을 피해야 한다. 앞뒤의 대청은 서로 연결되며, 工(공)자형으로 연결되는 것을 피해야 하는데, 관청의 양식에

---

* 대(臺): 높으면서 윗면이 평평한 건축물로, 일반적으로 먼 곳을 조망하거나 감상하는데 사용되었다. 고대의 유명한 대는 춘추시대 연(燕)나라 소왕(昭王, 재위 B.C.312-B.C.279)이 황금을 쌓아놓고 현인을 초빙하기 위해 지었다는 황금대(黃金臺)이며, 제왕들 역시 대를 지어 오락을 즐기거나, 신과 신선들에게 제사를 지낼 때 사용하였다. 이후 궁궐 뜰이나 문인들의 원림에 있는 대는 그곳의 풍경을 감상하기 위해 마련해 놓는 건축물이 되었다.【역주】
155) 土岡(토강): 별로 높지 않은 흙산.【역주】
156) 해론(海論): 총론(總論).【原註】
157) 승진(承塵): 오늘날의 천장널(혹은 천장판)이다. 『석명(釋名)』에서 "승진을 위에 설치하여 떨어지는 먼지를 받는다.(承塵施于上, 以承塵土也.)"라고 하였다.【原註】
* 승진(承塵): 천장에 설치하여, 지붕에서 떨어지는 먼지나 흙은 받는 돗자리나 천을 말한다.【역주】

가깝기 때문에 물러나 쉴 때는 간간이 사용할 수 있다. 본채 주위에 작은 복도를 만드는 것을 피하고, 정원을 집 동쪽과 비교하여 좀 더 크고 넓게 해야 서쪽의 볕이 심하지 않게 된다. 길면서 좁은 것을 피하고, 낮으면서 넓은 것을 피해야 한다. 정자는 위로 뾰족하고 아래로 좁은 것은 피하고, 작은 육각형을 피하며, 호리병 형태를 피하고, 초가지붕 덮는 것을 피하며, 종루(鍾樓)와 성루(城樓)와 같은 양식을 피한다. 계단은 영벽(影壁)158)의 뒤에서부터 만들고 양쪽에 설치하는 것은 피해야 한다. 바닥에 까는 벽돌은 몇 번 구불구불해야 더 우아하다. 물가에 접해 있는 높은 정자는 남색 비단으로 휘장을 만들어 햇빛을 가리고, 자색 비단으로 장막을 만들어 바람과 눈을 막으며, 이것 이외에는 모두 사용할 수 없다. 특히 베로 만든 장막은 피해야 하는데 이것은 유람선과 약방에 설치한 장막과 비슷하기 때문이다.

　작은 방은 가운데를 막지 말아야 하며, 만약 북쪽에 창이 있다면 두 개로 나누어야 한다. 벽에 종이를 바르는 것을 피하고, 눈구덩이처럼 만드는 것을 피하는데, 이렇게 하면 대중목욕탕과 다를 바 없기 때문이지만 일반인들이 이렇게 하는 것을 아주 좋아하는데 전혀 이해할 수가 없다.

　卍(만)자 창 옆에 판자 덧대는 것을 피하고, 벽에 각종 꽃과 새를 그리는 것을 피한다. 옛사람들은 벽에 글씨를 쓰고 그림 그리는 것을 제일 중요시 하였는데, 지금은 고개지(顧愷之)159)와 육탐미(陸探微)160)가 그

---

158) 영벽(影壁): 명나라와 청나라 양대 건축양식에 따라 일반적으로 대청 뒤쪽에 대부분 네 쪽 혹은 여섯 쪽의 병문(屛門, 차단용의 문)을 설치한다. 만약 층계가 있다면 그 뒤에 설치하는데, 영벽은 아마 병문을 가리키는 것으로 앞 문장에서의 조벽(照壁)과 의미가 같으며, 현대인이 '조벽'과 '영벽'이라 부르는 것은 모두 이것과 다른 것이다.【原註】
　* 조벽(照壁): 밖에서 대문 안이 들여다보이지 않도록 가린 벽이다.【역주】

림을 그리거나 종요(鍾繇)¹⁶¹⁾와 왕희지(王羲之)¹⁶²⁾가 글씨를 쓰더라도, 완전히 전체가 하얀 벽이 아름다운 것만 못하다.

긴 복도의 양식은 피하며, 서로 양식을 바꾸어야 아마도 저속해지지 않을 것이다. 대나무로 만든 병풍과 대나무로 짠 울타리 형식은 피하고 황동과 백동으로 만든 경첩은 피한다.

정원에는 가느다란 사각형의 벽돌을 깔아서는 안 되며, 옥상에는 사용해도 된다. 두 기둥 중간에 대들보를 설치하고 그 위에 버팀목을 비스듬히 끼워 넣는 것을 피한다. 이것들은 모두 옛 양식으로 그리 우아하지

---

159) 고개지(顧愷之, 344-406?): 동진의 화가. 호는 호두(虎頭)이며, 강소성에서 출생하였다. 중국 미술의 기틀을 닦아 놓은 위대한 화가로 인물·동물·풍경화 등 각 방면에 재주가 있었으며, 특히 인물화에 뛰어났다. 송나라 육탐미(陸探微, ?-485?)·양나라 장승요(張僧繇, ?-?)와 함께 육조의 3대 화가 가운데 한 사람으로 알려져 있다. 교묘한 필치와 예리한 관찰로 형체의 특징을 놀랄 만큼 정확하게 묘사하여 당시의 사람들은 재절(才絕, 재주 제일)·화절(畵絕, 그림 제일)·치절(癡絕, 어리석기 제일)의 3절로 그를 평가하였다. 그가 그리고 당나라시기에 모사하여 현존하는 작품인「여사잠도(女史箴圖)」는 대영박물관에 소장되어 있는데, 중국 그림 중 가장 오래 된 것으로 유명하다.【역주】
160) 육탐미(陸探微, ?-?): 남북조시기 송나라 화가로 인물화에 능했으며, 붓끝이 가볍고 예리했다. 그의 그림은 절묘하고 신운(神韻)이 풍부하여 생동감과 친근감을 자아냈다고 한다.【역주】
161) 종요(鍾繇, 151-230): 후한-삼국시대 위나라의 정치가이자 서예가. 자(字)는 원상(元常), 예주(豫州) 영천군(潁川郡) 장사현(長社縣, 지금의 하남성 허창시(許昌市) 장갈현(長葛縣)]사람이다. 종요는 서예가로서 교묘한 작은 해서체로 이름을 남기기도 했으며, 예서와 행서에도 탁월했다. 종요의 해서는 서성(書聖) 왕희지를 시작으로 매우 많은 서예가가 공부하면서 현대까지도 전해온다.【역주】
162) 왕희지(王羲之, 303-361): 동진의 정치가이자 시인이며 서예가이다. 자는 일소(逸少), 호는 담재(澹齋), 절강성 소흥시(紹興市) 출신이다. 조상은 산동성 임기(臨沂)에 거주했다. 서예가 탁월해 '서성(書聖)'으로 불린다. 우군장군(右軍將軍)을 역임하여 '왕우군(王右軍)'이라고도 한다. 처음에는 서진의 서예가 위부인(衛夫人, 272-349)에게 배웠으며, 후에 한나라나 위나라의 비문을 연구하여 초서·행서·해서의 서체를 완성하였다. 아들 왕헌지(王獻之, 344-386)도 서예가이다. 작품으로「난정서(蘭亭序)」·「상우첩(上虞帖)」·「황정경(黃庭經)」·「악의론(樂毅論)」등이 있다.【역주】

않다. 목판으로 칸막이를 하는 것을 피하고, 칸막이는 반드시 벽돌을 사용해야 한다. 대들보에 비단과 같은 무늬 및 금색 방승(方勝)163)을 그리는 것을 피한다. 고택은 세월이 오래 되어 나무의 색이 이미 낡아 장식을 하지 않으면 안 되므로, 반드시 기술이 뛰어난 사람이 해야 한다.

문을 들어서는 곳은 반드시 약간 구부러지게 해야 하고 너무 직선인 것을 피한다. 서재 앞에는 반드시 기둥을 세 개로 하고, 곁에는 방 하나를 더 만들어서 침대를 둘 수 있다. 북향의 작은 정원은 너무 커서는 안 되며, 북풍이 거세기 때문이다. 마치 오늘날 발보상(拔步床)164)의 양식과 같이 중간의 기둥에 난간을 설치하는 것을 피해야 한다. 혈창(穴窓)165)을 벽장으로 하지 말고, 기와로 벽을 만들지 말아야 한다. 기와로 동전과 매화 도안을 장식한 것이 있으나, 이것은 모두 깨 부셔야 마땅하다. 또 치미166)는 보기에 좋고, 명칭이 가장 오래 되었지만, 지금 사용하는 것은 어떠한 물건인지 알 수 없으니, 반드시 옛날의 방식대로 해야 하며, 그렇지 않으면 그림에 있는 집의 양식을 따르도록 한다. 처마의 기와는 석회를 사용해서는 안 되고, 커다란 종려 잎으로 물 받침대를 만드는 것이 가장 고상하다. 그렇지 않으면 대나무를 사용하며, 나무와 주석은 사용해서는 안 된다. 아치형의 천장은 사용할 수 없는데, 이것은 관부에서 원고와 피고의 말을 듣는 곳에 사용하는 것으로 일반인은 무엇에 사용하는지 모른다. 매화모양의 창문을 만드는 것을 피한다. 대청의 주렴은 온주(溫州)의 상죽(湘竹)167)으로 만든 것이 좋으며, 흉배와

---

163) 방승(方勝): 마름모꼴 두 개를 겹쳐서 만든 무늬로, 상서로운 의미를 품고 있다고 하여 고대에 장식문양으로 널리 사용되었다.【역주】
164) 발보상(拔步床): 침대의 앞에 발을 딛는 곳이 있고 난간을 설치한 것을 '발보상 (拔步床)'이라고 하며, 또 '대상(大床)'이라고도 한다.【原註】
165) 혈창(穴窓): 벽을 파서 물건을 넣도록 만든 공간.【역주】
166) 치미: 망새. 지붕 용마루 양 끝에 놓이는 장식물.【역주】

같은 꽃문양은 피하고 '수산(壽山)'이나 '복해(福海)'와 같은 글씨가 있는 것을 피한다.

종합해서 말하자면, 방법에 따라 상응하는 형상으로 만들어 각각 어울리게 해야 한다. 차라리 예스러울지언정 유행하는 것은 안 되며, 질박할지언정 기교를 부려서는 것은 안 되고, 차라리 소박할지언정 저속해서는 안 된다. 성글고 고아한 것은 또 본성에서 생겨나는 것으로, 억지로 일을 해결하려는 사람이 얻어서 가볍게 논의할 수 있는 것이 아니다.

一七. 海論

忌用承塵, 俗所稱天花板是也. 此僅可用之廨宇168)中, 地屛169)則間可用之. 暖室170)不可加簟171), 或用氍毹172)爲地衣173)亦可, 然不如細磚之雅. 南方卑濕, 空鋪174)最宜, 略多費耳. 室忌五柱, 忌有兩廂. 前後堂相承, 忌工字體, 亦以近官廨175)也, 退居則間可用. 忌旁無避弄176), 庭較屋東偏稍廣, 則西日不逼. 忌長而

---

167) 온주(溫州)의 상죽(湘竹): 절강성 온주부(溫州府)의 각 현(縣)에서 산출되는 상비죽(湘妃竹, 반점이 있는 대나무)을 말한다.【原註】
168) 廨宇(해우): 해우는 관공서와 같다. 공해(公廨)는 바로 공서(公署)이며, 관사(官舍)를 말한다.【原註】
169) 地屛(지병): '지평(地坪)'이라고도 하며 지판(地板, 마루)을 가리킨다.【原註】
170) 暖室(난실): 따뜻한 집. 당나라 대숙륜(戴叔倫, 732?-789?. 시인)의 시에서 "띠를 엮어 따뜻한 방을 만든다.(結茅成暖室.)"라고 하였다.【原註】
    * 暖室(난실): 햇살이 들어 따스하거나 난방설비를 갖춘 방.【역주】
    * 대숙륜 시의 제목은 「교외에서 경치를 보고 소시랑(蕭侍郞)에게 부쳐(郊園卽事寄蕭侍郞)」이다.【역주】
171) 簟(점): 대나 갈대를 엮어 만든 자리.【역주】
172) 氍毹(구유): 모직물로 만든 카펫(또는 양탄자).【原註】
173) 地衣(지의): 모포 종류로, 바닥을 덮는 것이다. 지금은 '지담(地毯, 양탄자)'이라 속칭한다.【原註】
174) 空鋪(공포): 공중에 뜨게 설치하다.【역주】
175) 官廨(관해): 관청. 『천중기(天中記)』에서 "환선(桓宣, ?-334. 동진의 장군)이 나합(羅合)을 별가(別駕)로 삼자 관아가 시끌시끌해졌으며, 이리하여 성 서쪽 연못의 섬에 초가집을 세웠다.(桓宣以羅合爲別駕, 以官廨喧嚷, 乃於城西池小洲上, 立茅

狹, 忌矮而寬. 亭忌上銳下狹, 忌小六角, 忌用葫蘆, 忌用茆蓋177), 忌如鐘鼓及城
樓式. 樓梯須從後影壁上, 忌置兩旁. 磚者作數曲更雅. 臨水亭榭, 可用藍絹爲
幔, 以蔽日色, 紫娟爲帳, 以蔽風雪, 此外俱不可用. 尤忌用布, 以類酒舫178)及市
藥179)設帳也. 小室忌中隔, 若有北窗者, 則分爲二室. 忌紙糊, 忌作雪洞180), 此
與混堂181)無異, 而俗子絶好之, 俱不可解. 忌爲卍字窓旁塡板, 忌墻角畵各色花
鳥. 古人最重題壁, 今即使顧陸點染182), 鍾王濡筆183), 俱不如素壁184)爲佳. 忌
長廊一式, 或更互其制庶不入俗. 忌竹木屛及竹籬之屬, 忌黃白銅爲屈戍185). 庭

茨之屋.)」라고 하였다.【原註】
* 천중기(天中記): 60권. 명나라 진요문(陳耀文, ?-?)이 편찬한 일종의 백과사전.
【역주】
176) 避弄(피롱): 속칭 '비롱(備弄)'으로, 비슷한 음이다. 집 안 본채 옆에 있는 사람이
다니는 통로이다. 부녀자와 하인들이 다니며, 남자손님과 주인을 피하기 위한
길이라는 데에서 나온 명칭이다.【原註】
177) 茆蓋(묘개): 짚으로 만든 덮개.【原註】
* 茆蓋(묘개): 초가지붕을 말한다.【역주】
178) 酒舫(주선): 舫(선)과 船(선)은 같다. 바로 술을 마시며 음악을 즐기는 배인 화방
(畵舫)의 종류이다.【原註】
* 화방(畵舫): 장식이 화려한 유람선.【역주】
179) 市藥(시약): 약을 팔다.【原註】
180) 雪洞(설동): 눈으로 만든 구덩이.【역주】
181) 混堂(혼당): 속칭 '욕실'이다. 『칠수류고(七修類稿)』에서 "오나라 풍속에 벽돌을
쌓아 벽을 세워 연못을 만들고, 벽돌로 천정을 아치형으로 쌓으며, 뒤에 커다란
솥을 설치하여, 연못과 통하게 한다. 도르래로 물을 끌어 들여 벽에 구멍을 뚫어
물을 저장해 둔다. 한사람이 불 피우는 것을 전담하며, 욕탕의 물과 서로 뒤섞여
마침내 뜨거워지는데, '혼당'이라 한다.(吳俗甃大石爲池, 穹幕以磚, 後爲巨釜, 令
與池通, 轆轤引水, 穴壁而貯焉. 一人專司執爨, 池水相吞, 遂成沸湯, 名曰'混堂'.)"
라고 하였다.【原註】
* 칠수류고(七修類稿): 51권. 명나라 장서가 낭영(郞瑛, 1487-1566)이 편찬한 소설
집.【역주】
182) 顧陸點染(고륙점염): 진(晋) 고개지(顧愷之)와 남북조 송(宋)나라의 육탐미(陸探
微)가 그린 그림이다.【原註】
183) 鍾王濡筆(종왕유필): 위(魏)나라 종요(鍾繇)와 진(晋)나라 왕희지(王羲之)가 쓴
글자이다.【原註】
* 濡筆(유필): 붓에 먹을 묻혀 글씨를 쓰거나 그림을 그리다.【역주】
184) 素壁(소벽): 하얀 벽.【原註】
185) 屈戍(굴수): 굴수(屈戍)는 굴수(鋸鋨)와 같으며, 지금의 '경첩'이나 '걸쇠'를 가리

際不可鋪細方磚, 爲承露臺186)則可. 忌兩檻而中置一梁, 上設叉手笆187). 此皆
舊制188), 而不甚雅. 忌用板隔, 隔必以磚. 忌梁橵畫羅紋189)及金方勝190). 如古
屋歲久, 木色已舊, 未免繪飾, 必須高手191)爲之. 凡入門處, 必小委曲192), 忌太

킨다.『철경록(輟耕錄)』에서 "지금 사람들은 창문에 교구(鉸具, 경첩)를 설치하는
데 쇠나 동으로 되어 있으며, 그 이름을 '환뉴(環紐, 고리)'라고 하며, 고대 금속으
로 만든 포수(鋪首)를 계승하는 의미로, 북방에서는 '굴수(屈戍)'라고 부른다.(今
人家窓戶設鉸具, 或鐵或銅, 名曰環紐, 卽古金鋪之遺意, 北方謂之屈戍.)"라고 하
였다.【原註】

* 철경록(輟耕錄): 30권. '『남촌철경록(南村輟耕錄)』'이라고도 하며, 원말명초의
  문학가이자 역사학자 도종의(陶宗儀, 1321-1412?)가 원나라 역사에 관하여 기
  록한 찰기(札記, 독서하며 얻은 지식이나 생각과 견문 등을 수시로 기록한 글)
  이다.【역주】

186) 承露臺(승로대): 승로대는 오늘날 단층집의 옥상으로, 옛날의 노정(露頂)이며, 벽
     돌을 깔아야만 비로소 물이 새는 것을 방지할 수 있다.【原註】

187) 叉手笆(차수파): 고대 건축의 의수(義手)로, 송(宋)『영조법식(營造法式)』에 상세
     한 그림과 기록이 있으며, 당나라·송나라·원나라의 3대에 걸쳐 지어져 남아
     있는 건물에 그 모습이 드러나 있다. 대들보와 받침기둥 사이를 비스듬히 받치는
     것을 말한다.【原註】

* 영조법식(營造法式): 34권. 북송의 건축학자 이계(李誡, 1035-1110)가 편찬하였
  으며, 북송시기 관부에서 반포한 건축설계와 시공의 표준서.【역주】

188) 舊制(구제): 옛날 방식. 구식.【역주】

189) 羅紋(나문): 얇은 비단의 무늬. 당태종 이세민(李世民, 598?-649)의 시「봉우리를
     감싼 구름을 읊어(賦得含峰雲)」에서 "하늘을 가로질러 그림자 드리우고, 차례로
     비단무늬 일어난다.(橫天起陣影, 逐次起羅紋.)"라고 하였다. 백거이(白居易)의
     시에서 "비스듬한 구름이 펼쳐진 곳에 비단 같은 무늬 생겨나네.(斜雲展處羅紋
     紙.)"라고 하였다.【原註】

* 백거이(白居易, 772-846): 당나라 시인. 자(字)는 낙천(樂天), 호는 취음선생(醉
  吟先生)·향산거사(香山居士) 등이다. 하남성 낙양(洛陽) 부근의 신정(新鄭)에
  서 태어났다. 그가 지은 작품의 수는 대략 3,840편으로, 작품의 형식이 다양하
  여 시가에서부터 산문작품에 이르기까지 모든 문학형식을 망라했다. 백거이는
  문학으로써 정치이념을 표현하고 독자의 감정에 호소하여 실제 행동에 옮기도
  록 하는 것을 문학 활동의 목적으로 삼았다.【역주】

* 백거이 시의 제목은「시어 정동양(鄭東陽)의 '춘민방회추월유견기(春悶放懷追
  越遊見寄)'에 화답하여(和酬鄭侍禦東陽春悶放懷追越遊見寄)」이다.【역주】

190) 金方勝(금방승): 두 개의 비스듬한 사각형을 붙여 만든 것을 '방승(方勝)'이라고
     하며, 속칭 '정승(正勝)'이라고 한다. 금방승은 바로 금색 방승을 가리킨다.【原註】

191) 高手(고수): 기술이 뛰어난 자.【原註】

直. 齋必三楹, 傍更作一室, 可置臥榻. 面北小庭, 不可太廣, 以北風甚厲也. 忌
中楹設欄楯193), 如今拔步床式. 忌穴窗爲檻, 忌以瓦爲墻, 有作金錢梅花式者,
此俱當付之一擊. 又鴟吻好望194), 其名最古, 今所用者, 不知何物, 須如古式爲
之, 不則亦仿畫中室宇之制. 檐瓦不可用粉刷, 得巨栟櫚195)擘爲承溜196), 最雅.
否則用竹, 不可用木及錫. 忌有卷棚197), 此官府198)設以聽兩造199)者, 于人家不
知何用. 忌用梅花簝200). 堂簾惟溫州湘竹者佳, 忌中有花如綉補201), 忌有字如

---

192) 小委曲(소위곡): 조금 구부러지다.【原註】
193) 欄楯(난순): 난간이다. 세로를 '난(欄)', 가로를 '순(楯)'이라 한다. 『남사 · 소정의
    전(南史 · 蕭正義傳)』에서 "곁에 가로세로로 난간을 설치하였다.(傍施欄楯.)"라고
    했다.【原註】
194) 鴟吻好望(치문호망): 치문(鴟吻)은 '치미(鴟尾)'라고도 하며, 궁전 용마루의 장식
    이다. 『묵객휘서(墨客揮犀)』에서 "본래의 명칭은 어미(魚尾, 물고기 꼬리)로, 한
    나라 때 궁전에 재난이 많았는데, 방술사가 '하늘에 어미성(魚尾星)이 있으니 그
    형상을 가지고 재앙을 막아야 마땅합니다.'라고 하여 비로소 이 장식이 존재하게
    되었다. (本名魚尾, 漢以宮殿多災, 述者云, 天上有魚尾星, 宜爲其象以禳之, 始有
    此飾.)"라고 하였다.【原註】
    * 묵객휘서(墨客揮犀): 10권. 송나라 문학가 팽승(彭乘, ?-?)이 편찬하였으며, 관
      부와 문단의 일화나 문장과 시에 관한 평론 등을 기록하였다.【역주】
195) 栟櫚(병려): 종려(Trachy carpus fortunei)는 '병려'라고도 불리는데(『본초강목』),
    상록교목이며 잎이 손 모양으로 여러 개가 한꺼번에 나오고, 줄기는 짧다. 꽃은
    담황색이며 줄기는 원기둥 형상으로 종려과에 속한다.【原註】
196) 承溜(승류): 바로 승류(承霤, 물받이)로, 처마아래에서 물을 받는 용기이다. 옛날
    에는 나무 혹은 청동으로 만들었다. 오늘날에는 속칭 '수탁(水托)'이라고도 한다.
    『예기 · 단궁(檀弓)』에서 "연못에서 승류(承霤)을 바라본다.(池觀承霤.)"의 주(注)
    에서 "승류(承霤)는 나무로 만든 것으로, 물을 흐르게 하는 데 사용한다.(承霤以
    木爲之, 用行水.)"라고 하였다.【原註】
197) 卷棚(권붕): 둥근 아치형의 천정.【역주】
198) 官府(관부): 관공서의 총칭이다. 『주례 · 천관 · 태재(周禮 · 天官 · 太宰)』의 "팔법
    (八法)으로 관부(官府)를 다스린다(以八法治官府.)"의 주(注)에서 "백관이 머무는
    곳을 '부(府)'라고 한다(百官所居曰'府'.)"라고 하였다.【原註】
199) 兩造(양조): 원고와 피고. 『주례 · 추관 · 대사구(주례 · 秋官 · 大司寇)』에서 "원고
    와 피고는 민사소송을 금한다.(以兩造禁民訟.)"라고 하였다.【原註】
200) 梅花簝(매화탑): 『운회(韻會)』에서 "창이다.(窓也.)"라고 하였다. 『집운(集韻)』에
    서 "문짝을 '탑'이라고 한다.(客扉謂之簝.)"라고 하였다. 매화문양이 있는 창을 말
    한다.【原註】
201) 綉補(수보): 명대에 제작한 사각형의 수로 문무 9품의 등급을 나누어 옷의 앞과

壽山福海之類. 總之, 隨方制象, 各有所宜. 寧古無時, 寧樸無巧, 寧儉無俗. 至
於蕭疏雅潔, 又本性生, 非强作解事者所得輕議矣.

뒤에 단다. 『명회전(明會典)』에서 "충정복(忠靖服, 명대 관리의 복장)의 앞뒤에
등급에 따른 무늬의 흉배를 장식한다.(忠靖服前後, 飾以本等花樣補子.)"라고 하
였다.【原註】
* 繡補(수보): 흉배. 명청시기 관복의 앞가슴과 등에 다는 보자(補子, 사각형의
  장식)로, 금실이나 오색실로 조수(鳥獸)의 도안을 수놓아 품계의 고하를 표시
  한 것을 가리킨다.【역주】

권2

꽃과 나무(花木)[1]

꽃을 기르는 것은 일 년이고 꽃을 보는 것은 열흘이다. 그러므로 휘장이나 발로 덮어 가리고 호화령(護花鈴)[2]으로 보호해서 진귀한 꽃들만 가꿀 것이 아니라, 다양한 꽃과 잡목도 많이 심을 것을 계획해야 한다. 또 정원과 난간 옆 같은 곳에는 반드시 구부러지고 오래 자란 가지와 줄기·특이한 품종과 유명한 것을 심어, 가지와 잎이 무성해지고 성글거나 촘촘하게 자리를 배치해야 한다. 어떤 것은 물 가 돌무더기에 옆으로 비스듬히 헝클어져 있기도 하고, 또 어떤 것은 바라보면 숲을 이루기도 하며, 또 어떤 것은 가지 하나가 홀로 빼어나기도 한다. 풀과 나무는

---

1) 花木(화목): 화훼와 관상용 나무를 통칭하는 말이며, 식물을 보고 감상하는 것이다.【原註】
2) 호화령(護花鈴): 왕인유(王仁裕)의 『개원천보유사(開元天寶遺事)』에서 "영왕(寧王)은 봄에 붉은 실을 꼬아 끈을 만들고 금방울을 빼곡하게 달아서 꽃나무 가지에 매어 놓아 새들을 놀라게 하였으며, '호화령(護花鈴, 꽃을 보호하는 방울)'이라 하였다.(寧王春時紐紅絲爲繩, 密綴金鈴, 繫於花梢之上, 以驚鳥雀, 號護花鈴.)"라고 하였다.【原註】
* 개원천보유사(開元天寶遺事): 2권, 146조. 오대 문학가 왕인유(王仁裕, 880-956)가 편찬하였으며, 당나라 현종(玄宗) 개원-천보시기(713-756)의 사건을 기록한 소설.【역주】
* 영왕(寧王): 예종(睿宗) 이단(李旦, 662-716)의 장자 이헌(李憲, 679-742). 황제의 자리를 동생 이융기(李隆基, 685-762. 현종황제)에게 양보하였다.【역주】

번잡하지 않게 곳곳에 심어 사시사철 끊어지지 않도록 하면, 모두 그림 속에 들어갈 만하다. 또 복숭아와 자두 같은 것은 정원에 심을 수 없고 멀리서 바라보아야 한다. 홍매와 강도(絳桃)3)는 모두 숲 속에 드문드문 심고, 많이 심지 않아야 한다. 매화는 산에서 자라나는데, 그 중에 이끼 가 있는 것을 꽃이 피어 있는 난간으로 옮겨 심으면 가장 예스러워진다. 살구꽃은 약간 오래 지속되지 못하고, 꽃이 피었을 때 비바람이 많아서 그저 아주 짧게 감상할 수 있다. 납매(臘梅)4)는 겨울에 빠져서는 안 된 다. 기타 두붕(豆棚)5)과 채소밭은 산 속에 사는 사람의 멋으로 본래 싫 어하지 않지만, 반드시 넓은 공터를 개간해서 별도로 한 구역을 만들어 야 한다. 만약 정원에 심으면 운치 있는 일이 아니게 된다. 게다가 주춧 돌과 나무기둥이 있어 시렁을 정교하게 묶어 가지런하게 하는 것은 갈 수록 나쁜 길로 들어가는 것이다. 난초를 가꾸고 국화를 재배하는데 예 로부터 각각에 맞는 방법이 있었으며, 때때로 가져다가 원예사에게 시 키고 그 업무를 살피는 것도 은자들의 임무이다.

花木

弄花一歲, 看花十日. 故幃6)箔7)映蔽, 鈴索護持, 非徒富貴容也, 第繁花雜木, 宜以畝計8). 乃若庭除9)欄畔10), 必以虬枝11)古幹, 異種奇名, 枝葉扶疏12), 位置

---

3) 강도(絳桃): 붉은 색의 꽃이 피는 복숭아의 일종.【역주】
4) 납매(臘梅): '납매(蠟梅)'나 '금매(金梅)'나 '황매화(黃梅花)'라고도 하며, 겨울에 꽃이 피는 매화의 일종으로 라틴학명은 Chimonanthus praecox(Linn.) Link.이다.【역주】
5) 豆棚(두붕): 식물이 기대어 자라도록 대나무로 엮어 만든 차양.【역주】
6) 幃(위): 홑겹의 장막.『사기・문제기(文帝紀)』에서 "휘장에 문양을 수놓지 않도록 하라.(令幃帳不得文繡.)"라고 하였다.【原註】
7) 箔(박): 대나무 발과 갈대로 만든 발을 통칭해서 '박(箔)'이라 한다.【原註】
8) 畝計(무계): 무(畝, 666.7평방미터)를 단위로 계획하다. 많이 심을 것을 계획하다.【역주】
9) 庭除(정제): 정원 앞 계단 아래를 '정제(庭除)'라 한다.【原註】

疏密. 或水邊石際, 橫偃13)斜披14), 或一望成林, 或孤枝獨秀. 草木不可繁雜, 隨處植之, 取其四時不斷, 皆入圖畫15). 又如桃李不可植庭除, 似宜遠望. 紅梅絳桃, 俱借以點綴林中, 不宜多植. 梅生山中, 有苔蘚者, 移置藥欄16), 最古. 杏花差不耐久, 開時多值風雨, 僅可作片時玩. 臘梅冬月最不可少. 他如豆棚菜圃, 山家風味, 固自不惡, 然必辟隙地17)數頃18), 別爲一區. 若於庭除種植, 便非韻事19). 更有石磉20)木柱, 架縛精整者, 愈入惡道21). 至於藝蘭栽菊, 古各有方, 時取以課園丁22), 考職事23), 亦幽人之務也. 志花木第二

1. 모란(牧丹)24) 작약(芍藥)25)

모란은 화왕(花王)26)이라고 불리고, 작약은 화상(花相)27)이라 불리는

---

10) 欄畔(난반): 난간 옆.【原註】
11) 虬枝(규지): 굽은 나뭇가지.【原註】
12) 扶疏(부소): 무성한 모양. 도연명의 시에서 "집 주위에 나무가 무성하다.(繞屋樹扶疏.)"라고 하였다.【原註】
  * 도연명 시의 제목은 「산해경을 읽고(讀山海經)」30수의 제1수.【역주】
13) 橫偃(횡언): 옆으로 누워 있다. 엎드려 있다가 뒤집는 것이 '복(僕)'이고, 바로 누웠다가 뒤집는 것이 '언(偃)'이다.【原註】
14) 斜披(사피): 비스듬하게 풀어헤치다.【原註】
15) 入圖畫(입도화): 그림 속에 들어가다. 그림으로 그리고 싶을 만큼 경물이 매우 아름답다.【역주】
16) 藥欄(약란): 작약이 피어 있는 난간. 꽃이 피어 있는 난간.【역주】
17) 隙地(극지): 빈터. 공지.【역주】
18) 頃(경): 토지의 넓이를 표시하는 단위. 100무(畝)가 1경이며, 1무는 666.67제곱미터이다.【역주】
19) 韻事(운사): 우아한 일.【原註】
20) 石磉(석상): 기둥 아래 주춧돌은 바로 초석(礎石)으로, '상기석(磉基石)'이라 속칭한다.【原註】
21) 惡道(악도): 사악한 길. 불교 용어로 "악행을 저지르고 가는 길(乘惡行而往之道途)"을 말한다.【原註】
22) 園丁(원정): 정원사. 원예사.【역주】
23) 職事(직사): 직무. 직업.【역주】

24) 모란(牡丹): 모란(Paeonia suffruticosa)은 낙엽관목으로 꽃이 크고 색이 여러 가지 이다. 예로부터 '화왕(花王)'이라 불렸으며, 꽃을 감상하는 식물 가운데 제일로서 모랑과(毛茛科, 미나리아제비과)에 속한다.【原註】
   * 모란은 속씨식물문 쌍떡잎식물강 미나리아재비목에 속한다. 높이 2m이며 각처 에서 재배하고 있다. 가지는 굵고 털이 없다. 잎은 3겹으로 되어 있고 작은 잎은 달걀모양이며 2-5개로 갈라진다. 잎 표면은 털이 없고 뒷면은 잔털이 있으며 흔히 흰빛이 돈다. 꽃은 양성으로 5월에 홍색으로 피고 지름 15cm 이상이며 꽃 턱이 주머니처럼 되어 씨방을 둘러싼다. 꽃받침조각은 5개이고 꽃잎은 8개 이상이며 크기와 형태가 같지 않고 달걀을 거꾸로 세운 모양으로서 가장자리에 불규칙하게 깊이 패어 있는 모양이 있다. 수술은 많고 암술은 2-6개로서 털이 있다. 열매는 9월에 익고 종자는 둥글고 흑색이다. 많은 재배품종이 있으며 뿌리 껍질을 소염·두통·요통·건위·지혈 등에 쓴다. 모란을 심는 적기는 10월 상 순-11월 상순이며 토양은 메마르지 않은 곳이 적당하다. 번식은 실생(實生, 씨앗 틔우기)·포기나누기·접붙이기의 3가지 방법이 있다. 모란의 종류는 발달 과정 에 따라 중국종·일본종·프랑스종의 3계통으로 구분하고, 개화기에 따라 보통 종과 겨울모란으로 나눈다. 꽃말은 부귀이다.【역주】
25) 작약(芍藥): 작약(Paeonia lactiflora)은 다년생초본이고, 꽃 역시 크고 아름다우며 색이 여러 가지가 있다. 예부터 '화상(花相)'으로 불렸고 역시 모랑과에 속한다.【原註】
   * 작약은 속씨식물강 쌍떡잎식물목 미나리아재비과에 속한다. 분포지역은 한국· 중국·일본·동시베리아로서 산지에서 자란다. 줄기는 여러 개가 한 포기에서 나와 곧게 서고 높이 60cm 정도이며, 잎과 줄기에 털이 없다. 꽃은 5-6월에 줄기 끝에 1개가 피는데 크고 아름답다. 꽃의 색은 붉은색과 흰색 등으로 다양하며, 많은 원예 품종이 있다. 꽃받침은 5개로 녹색이고 꽃잎은 10개 정도이나 기본종 은 8-13개이고 달걀을 거꾸로 세운 듯한 모양이며 길이 5cm 정도이다. 열매는 달걀 모양으로 끝이 갈고리 모양으로 굽어 있으며, 씨는 공 모양이다. 꽃이 아름 다워 원예용으로 심고 뿌리는 약재로 쓰인다. 중국에서는 한대(漢代)대에 이미 장안에서 재배되었으며, 재배 역사는 모란보다 오래되었다. 송나라에서 유행하 여 청대에 이미 수십 종류의 품종이 있었다.【역주】
26) 화왕(花王): 꽃 중의 왕.
   『낙양명원기(洛陽名園記)』에서 "천왕원화원자(天王院花園子, 낙양에서 유명한 정 원의 하나). 낙양의 꽃의 종류가 매우 많은데 오직 모란을 '화왕'이라 한다.(天王院 花園子. 洛中花甚多種, 而獨名牧丹曰花王.)"라고 하였다.
   『본초강목』에서 "여러 꽃 중에 모란이 으뜸이므로, 세간에서는 '화왕'이라 부른다. (群芳中以牧丹爲第一, 故世謂爲花王.)"라고 하였다.【原註】
   * 낙양명원기(洛陽名園記): 1권. 북송 여류시인 이청조(李淸照, 1084-1155)의 부친 인 이격비(李格非, 1045?-1105?)가 편찬했으며, 낙양의 유명한 정원에 관한 내용 을 기록하였다.【역주】
27) 화상(花相): 꽃 중의 재상. 『비아(埤雅)』에 "지금 여러 꽃 가운데 모란이 으뜸이고,

데, 모두 꽃 가운데 귀족이다. 재배하고 심고 관상하는데 있어 조금도 궁상맞고 초라한 기색이 없다. 문양이 있는 돌로 난간을 만들고 몇 단계로 들쑥날쑥하게 배열해 차례대로 줄지어 심는다. 꽃이 피면 잔치를 베푸는데, 나무로 선반을 만들고 녹색 기름 먹인 천막을 쳐서 햇빛을 가리고, 밤에는 등을 걸어 비춘다. 두 종류를 나란히 놓는 것을 피하고, 나무통과 화분에 심는 것도 피해야 한다.

一. 牡丹 芍藥

牡丹稱花王, 芍藥稱花相, 俱花中貴裔. 栽植賞玩, 不可豪涉酸氣28). 用文石29)爲欄, 參差數級, 以次列種. 花時設燕30), 用木爲架, 張碧油幔31)於上, 以蔽日色, 夜則懸燈以照. 忌二種並列, 忌置木桶及盆盎中.

2. 옥란(玉蘭)32)

옥란은 관부 청사 앞에 심는 것이 적당하다. 몇 그루를 마주하여 줄

작약이 두 번째이므로, 세상에 모란은 '화왕(花王)', 작약은 '화상(花相)' 혹은 '화왕의 부장'이라고 여긴다.(今群芳中牧丹爲第一, 芍藥爲第二, 故世爲牧丹爲花王, 芍藥爲花相, 又或以爲花王之副也.)"라고 하였다.【原註】
* 비아(埤雅): 20권. 송나라 관리 육전(陸佃, 1042-4402)이 편찬한 『이아(爾雅)』의 보충서로서, 물고기·조수·벌레·나무 등에 관하여 전문적으로 사물의 명칭을 해석하였다.【역주】
28) 酸氣(산기): 차고 알싸한 느낌. 범성대(范成大, 1126-1193. 남송의 시인)의 시에서 "서생의 궁색한 티를 다 씻어냈네.(洗盡書生氣味酸.)"라고 하였다.【原註】
* 범성대 시의 제목은 「송불이 외국 음악을 보고'에 차운하여(次韻宋佛閣番樂)」이다.【역주】
29) 文石(문석): 권1「계단(階)」의 원주 참고.【原註】
30) 設燕(설연): 설연(設宴). 잔치를 베풀다.【역주】
31) 碧油幔(벽유만): 녹색의 기름을 먹인 장막.【原註】
32) 옥란(玉蘭): 옥란(Magnolia denudata)은 '응춘화(應春花)'나 '망춘화(望春花)'라고

을 지어 놓으면, 꽃이 필 때에 마치 옥포(玉圃)33) 및 경림(瓊林)34)과 같아 최고의 절경으로 불린다. 또 자색 종류의 목필(木筆)35)이라 하는데, 감

도 한다. 낙엽교목으로, 잎이 먼저 나고 꽃이 피며, 꽃은 흰색으로 목란과(木蘭科)에 속한다.『군방보(群芳譜)』에서 "옥란은 꽃잎이 9개이고 색은 희면서 약간 푸르며, 향은 난과 같으므로 붙여진 이름이다.(玉蘭花九瓣, 色白微碧, 香味似蘭, 故名.)"라고 하였다.【原註】

* 옥란(玉蘭): 목란과(木蘭科, Magnoliaceae, 목련과) 목란속(木蘭屬, 목련속) 옥란아속(玉蘭亞屬)에 속하며, 일반적으로 흔히 볼 수 있는 목련과 비슷한 낙엽교목으로, 별명은 백옥란(白玉蘭)·망춘(望春)·옥란화(玉蘭花) 등이다. 중국 중부가 원산지이다. 꽃은 2-3월에 피고 꽃의 색은 백색과 옅은 자홍색이며, 꽃잎이 크고 향기가 매우 좋아 관상수로 많이 재배한다. '천녀화(天女花)'라고도 하는 함백이꽃(Magnolia sieboldii K.Koch)과는 비슷하지만 다른 품종이다.【역주】

33) 옥포(玉圃):『계신잡지(癸辛雜識)』에서 "오(吳) 지역의 정원은 시랑(侍郎) 유자청(俞子淸, ?-?. 원나라 화가)의 집만큼 기묘한 경치가 없는데, 무소뿔로 만든 구슬과 옥 나무가 서로 뒤섞여 이리저리 복잡하게 벌어있어, 완연히 옥이 무리를 지어 있는 밭과 같아, 기기묘묘하여 말로 표현할 수 없었다.(吳中園林, 莫如俞子淸侍郎家爲奇絶, 犀珠玉樹, 森列旁午, 儼如群玉之圃, 奇奇怪怪, 不可名狀.)"라고 하였다.【原註】

* 계신잡지(癸辛雜識): 6권. 송원시기의 문학가 주밀(周密, 1232-1298)의 필기로, 송원교체시기의 일화와 제도 및 도성의 명승고적 등을 기록하였다.【역주】
* 旁午(방오): 복잡하다. 사면팔방. 도처.【역주】

34) 경림(瓊林): 당나라 허경종(許敬宗, 592-672. 당나라 재상)의「구름을 보고 응제시에 화답하여(奉和看雲應制詩)」에서 "문득 경림에 왔네.(忽來瓊林曜.)"라고 하였다. 유우석(劉禹錫, 772-842. 당나라 문학가)의「백거이의 '낙양에 눈이 내릴 때 모여 연회를 하는 시'에 화답하여(和樂天洛下雪中宴集詩)」에서 "생각해보니 오늘 토원(兎園)에서 모임이 있으니, 경림에는 깃대가 눈에 가득하게 보이리.(遙想兎園今日會, 瓊林滿眼映旗竿.)"라고 하였다. 옥포경림(玉圃瓊林)은 꽃이 피어서 온통 하얗게 될 때를 말한다.【原註】

* 토원(兎園): 정원의 명칭으로 '양원(梁園)'이라고도 한다. 지금의 하남성 상구현(商丘縣) 동쪽에 있으며, 한나라 양효왕(梁孝王) 유무(劉武, ?-B.C.144)가 건설한 정원.【역주】
* 경림(瓊林): 선경. 하얗게 눈으로 덮인 나무와 숲. 흰색의 꽃나무를 비유.【역주】

35) 목필(木筆): 목필(Magnolia liliflore)은 또 '신이(辛夷)'와 '목란(木蘭)'이라 하며 낙엽대관목이다. 잎이 먼저 나고 꽃이 피며, 꽃술은 옅은 자주색에 내부가 백색으로 목란과(木蘭科)에 속한다.【原註】

* 목란(木蘭): 목련과(Magnoliaceae)의 나무들, 특히 목련(木蓮. 학명 Magnolia kobus)의 다른 이름이다. 목련(木蓮, Magnolia kobus)은 세계적으로 널리 분포

히 옥란의 노비도 될 수 없는 것으로, 옛사람들이 '신이(辛夷)'라고 한
것이 바로 이 꽃이다. 그렇지만 망천(輞川)³⁶)의 신이오(辛夷塢)³⁷)와 목란
시(木蘭柴)³⁸)는 같은 종류의 다른 이름이 아니라, 틀림없이 두 가지 종류

하는 낙엽교목으로 크고 아름다운 흰색 꽃이 핀다. 꽃눈이 붓을 닮아서 '목필(木
筆)'이라고도 하고, 꽃봉오리가 피려고 할 때 끝이 북녘을 향한다고 해서 '북향화
(北向花)'라고도 한다. 높이 10m, 지름 1m까지 자란다. 가지는 굵고, 털이 없으
며 많이 갈라진다. 잎은 어긋나며 넓은 달걀모양으로 길이 5-15cm, 너비 3-6cm
이다. 꽃은 4월 중순부터 잎이 나기 전에 핀다. 꽃잎은 백색이지만 기저부위는
연한 홍색이고 향기가 있다. 제주도 한라산의 높이 1,800m의 개미목 부근에서
자생하고 있는데, 대한민국 어느 지역에서도 월동이 가능하다. 꽃이 아름다워
『양화소록(養花小錄)』의 화목(花木) 9등품에서 7등에 속하였다. 정원수로 가장
많이 심는다. 목재의 재질이 치밀하고 연하여 상을 만들거나 칠기를 만드는 데
에도 적합하다.【역주】
* 양화소록(養花小錄): 4권. 조선 세조 때의 문신 강희안(姜希顔, 1417-1464)이 쓴
원예서.【역주】
36) 망천(輞川): 당나라 왕유(王維)의 별장으로 섬서성 남전현(藍田縣) 망천곡(輞川谷)
입구에 있어 '망곡(輞谷)'이라고도 한다. 왕유의 회화작품「망천도(輞川圖)」가 있
으며, 당나라 시기의 명화이다.【原註】
37) 신이오(辛夷塢): 왕유의 망천 별장에 '신이오(辛夷塢)'라는 경치가 있다. 신이
(Magnolia liliflora)의 속명은 '자옥란(紫玉蘭)'이나 '목란(木蘭)'이라고 하며, 고대
기록에서 '옥란(玉蘭, Magnolia denudata)'을 '신이'라고 한 것이 있는데, 예를 들면
『한서』안사고(顔師古)의 주(注)에서 "'신이'라고 하는 것은 옥란을 가리켜 말한 듯
하다.(所謂辛夷, 似指玉蘭而言.)"라고 하였다.【原註】
* 신이오(辛夷塢): 망천에 있는 신이가 무성하게 피어 있는 주위가 높고 중앙부위
가 낮은 언덕. 왕유의 망천 별장 근처에 있는 신이의 꽃이 많이 피어난 장소로
추정된다.【역주】
* 신이(辛夷): 학명은 Magnolia liliflora Desr.이며, 목란과 목란속 옥련아과에 속하
는 낙엽 소교목으로, 2-3월에 자홍색 · 백색 · 황색 등의 꽃이 잎보다 먼저 피어
난다. 일반적으로 신이(辛夷)는 자목련을 지칭하고 옥란은 백목련을 지칭하지
만, 여러 차이점이 있다. 신이는 소교목(小喬木)이나 관목(灌木)이지만 옥란은
교목(喬木)이다. 신이의 꽃송이는 조금 작고 잎도 작지만, 옥란의 꽃송이와 잎은
비교적 크다. 신이의 꽃받침과 꽃잎은 분명하게 구별되지만, 옥란의 꽃받침은
매우 작아 거의 눈에 잘 뜨이지 않는다. 신이의 꽃잎은 겉이 자주색이고 안은
흰색으로서, 백옥란(白玉蘭)처럼 전체가 희지도 않고 자옥란(紫玉蘭)처럼 전체
가 자홍색도 아니다.【역주】
38) 목란시(木蘭柴): 왕유의 망천 별장에는 '목란시'라는 경치가 있다.
『광군방보(廣群芳譜)』에 따르면 「소망천기(小輞川記)」에서 '취원루의 동쪽에 사

이다.

二. 玉蘭

玉蘭, 宜種廳事39)前. 對列數株, 花時如玉圃瓊林, 最稱絶勝. 別有一種紫者,
名木筆, 不堪與玉蘭作婢, 古人稱辛夷, 即此花. 然輞川辛夷塢木蘭柴不應復名,
當是二種.

3. 해당(海棠)40)

창주해당(昌州海棠)41)은 향이 있는데, 지금은 구할 수 없다. 다음으로

랑채가 있으며, 사랑채의 남쪽에 대(臺)가 있는데, 붉은 난간으로 두르고 옥란을
심어 둘러싸서 이름을 목란시라 했다.'라고 하였다.(小輞川記, 聚遠樓之東有廡, 廡
南有臺, 繞以朱欄, 植玉蘭環之, 題曰木蘭柴.)"라고 하였다. 이것으로 목란시의 모
습을 충분히 설명할 수 있는데, 바로 옥란으로 조성된 것이다.
『화경(花鏡)』에 따르면 "옥란의 옛 명칭이 목란이다.(玉蘭古名木蘭.)"라고 하였다.
『물리소지(物理小識)』에서 "옥란이 바로 목란이다.(玉蘭即木蘭.)"라고 하였다.【原註】
* 왕유(王維)의 시 「목란시(木蘭柴)」에서 "가을 산에 노을이 걷히니, 나는 새도
  앞의 짝을 좇아 날아가네. 푸른빛이 때때로 분명하더니, 언뜻 저녁 산기운이
  사라져 버렸네.(秋山斂餘照, 飛鳥逐前侶. 彩翠時分明, 夕嵐無處所.)"라고 하였
  다.【역주】
* 광군방보(廣群芳譜): 100권. 청나라 관리 왕호(汪灝, ?-?)가『군방보』를 개편하여
  강희 47년(1708)에 완성한 화목에 관한 전문 서적으로, 원명은 『어정패문재광군
  방보(御定佩文齋廣群芳譜)』이다.【역주】
39) 廳事(청사): 본래 '청사(聽事)'라고 하는데 관부에서 일을 처리하는 곳이다. 지금의
  청사는 '청(廳)'이라고만 불리며 집의 주요 건축이고, 대청(大廳)·화청(花廳)·정
  청(正廳, 관공서의 대청)·변청(邊廳, 포도청) 등 여러 종류가 있다.【原註】
* 화청(花廳): 화원 등에 설치된 비교적 크고 전망이 좋으며, 밝고 아름답게 장식된
  대청 이외의 객청.【역주】
40) 해당(海棠): 낙엽활엽관목이며, 별칭이 배회화(徘徊花)이고, 학명은 Rosa rugosa이
  다. 분포지역은 전국 각지이다. 키가 1-1.5m이며 자생지역은 바닷가와 모래땅 및
  산기슭 등이다. 번식은 꺾꽂이와 분근(分根)을 한다. 꽃은 5-7월에 6-9cm인 짙은
  홍색 또는 붉은 자주색의 오판화가 새로 나온 가지 끝에 1-3송이씩 달려 피며,

서부(西府)⁴²⁾해당이 상품이고, 그 다음이 첩경(貼梗)⁴³⁾해당이며, 수사(垂
絲)⁴⁴⁾해당은 또 그 다음이다. 나는 수사해당의 교태가 정말 양귀비가
취한 모습과 같아 앞의 두 가지 종류와 비교해 더 아름답다. 목과(木
瓜)⁴⁵⁾는 해당과 비슷해서 '목과해당(木瓜海棠)'⁴⁶⁾이라고도 부른다. 그러

향기가 진하다. 열매는 8월에 지름 2-3cm의 둥근 수과가 달려 황적색으로 익는데
끝에 꽃받침 조각이 남아 있다. 줄기에는 갈색의 가시와 융털이 많으며 가시에도
융털이 있다. 관상용·공업용·식용·약용으로 이용된다. 어린순은 나물로 먹는
다. 꽃은 향수의 원료로 쓰고 열매는 식용 또는 약용한다. 뿌리는 염료로 쓰인다.
【역주】

41) 창주해당(昌州海棠):『열경여록(閱耕餘錄)』에서 "창주의 해당은 독특하게 향이 있
어, 그 나무는 두 팔로 감쌀 정도이다.(昌州海棠獨有香, 其木合抱.)"라고 하였다.
『화경』에서 "세상에는 해당화가 향이 없다고 말하고 있지만 오직 동천(潼川)과
창주에서 나는 해당이 독특하게 향이 있으므로, 한 가지 예를 가지고 말해서는
안 된다.(世謂海棠無香, 而獨土潼川昌州海棠, 獨有香, 不可一例論也.)"라고 하였다.
수사해당(垂絲海棠, Malus halliana)의 변종이나 변형으로 추정된다. 창주(昌州)는
당나라 때 설치되었고 오늘날 사천성 대족현(大足縣)이다. 동천(潼川)은 오늘날
사천성 재동현(梓潼縣)이다.【原註】
  * 열경여록(閱耕餘錄): 6권. 명나라 관리 장소망(張所望, 1556-1635)의 필기.【역주】
42) 서부(西府): 서부해당(西府海棠, Malus micromalus)은 낙엽소교목이고 꽃은 담홍
색이며 장미과에 속한다.【原註】
  * 서부해당은 서부[西府, 지금의 섬서성 보계시(寶鷄市)]에서 생장하여 이러한 명
칭이 붙었다.【역주】
43) 첩경(貼梗): 첩경해당[貼梗海棠, Chaenomeles speciosa (Sweet) Nakai]은 낙엽관목
이고 꽃은 붉은 색이며, 담홍색에서 흰색까지 변한 것도 있다. 장미과에 속한다.
【原註】
  * 첩경해당: '철각해당(鐵脚海棠)'이나 '철각해당(鐵角海棠)'이라고도 하며, 장미과
목과속(木瓜屬, 모과속) 식물로 가지에 가시가 있으며, 꽃대가 매우 짧아 꽃송이
가 가지에 딱 붙어있는 것 같이 보이므로, '첩경(貼梗, 가지에 착 붙어있다)'이라
는 명칭이 붙었다.【역주】
44) 수사(垂絲): 수사해당(垂絲海棠, Malus halliana Koehne)은 낙엽소교목으로, 꽃이
붉은 색이며 꽃자루가 길고 아래로 늘어져 있어 붙여진 이름이다. 장미과에 속한
다.【原註】
45) 목과(木瓜): 목과화(Chaenomeles sinensis)는 낙엽 소교목으로, 꽃이 담홍색이다.
명칭이『이아』와『본초강목』에 보인다. 장미과에 속한다.【原註】
  * 목과(木瓜): 주위에 흔히 볼 수 있는 모과가 열리는 모과나무를 가리킨다.【역주】
46) 목과해당(木瓜海棠): 목과해당(Chaenomeoes cathayensis Schneid.)은 낙엽관목이

나 목과의 꽃은 잎보다 먼저 피고, 해당화는 꽃이 잎 난 뒤에 피는 것이 다를 뿐이다. 또 다른 종류로 '추해당(秋海棠)'47)이라는 것이 있는데, 특성이 그늘지고 습기 찬 곳을 좋아하므로 그늘진 계단과 섬돌에 심어야 하며, 가을 꽃 가운데 이 꽃이 가장 요염하므로, 역시 많이 심어야 한다.

三. 海棠

　　昌州海棠有香, 今不可得. 其次西府爲上, 貼梗次之, 垂絲又次之. 余以垂絲嬌媚, 眞如妃子醉態48), 較二種尤勝. 木瓜似海棠, 故亦稱木瓜海棠. 但木瓜花在葉先, 海棠花在葉后, 爲差別耳. 別有一種曰秋海棠, 性喜陰濕, 宜種背陰階砌, 秋花中此爲最艶, 亦宜多植.

며, 꽃은 살코기의 붉은 색으로 『군방보』에 보인다.【原註】
　　* 목과해당(木瓜海棠): 장미목 장미과 목과속(木瓜屬, Chaenomelis Lindl.)의 낙엽 관목으로, 높이 2-6m이며, 옅은 홍색이나 백색의 꽃이 3-5월에 피고, 9-10월에 모과와 비슷한 열매가 익으며 향기가 좋다.【역주】
47) 추해당(秋海棠): 추해당(Begonia)은 관상식물에 속하며 종류가 매우 많다. 일반적으로 '추해당(Begonia evansiana)'이라는 것은 다년생식물로 정원에 심으며, 줄기가 약간 붉고, 꽃술은 붉은 색이며, 혹자는 '해당'이라고 간단하게 부르기도 한다. 추해당과에 속한다.【原註】
　　* 추해당(秋海棠): 화분에도 심어 키우는 베고니아를 가리킨다.【역주】
48) 妃子醉態(비자취태): 양귀비가 술에 취한 자태를 말한다. 『양태진외전(楊太眞外傳)』에서 "양귀비가 술에 취해 「예상우의곡(霓裳羽衣曲)」에 따라 춤을 추자 천자가 크게 기뻐했다.(妃醉中舞霓裳羽衣一曲, 天顔大悅.)"라고 하였다.【原註】
　　* 양태진외전(楊太眞外傳): 상하. 송나라 지리학자 악사(樂史, 930-1007)의 저술로 양귀비에 관한 고사를 수록한 전기소설(傳奇小說).【역주】
　　* 예상우의곡(霓裳羽衣曲): 당 현종이 태청궁(太淸宮)에서 노자(老子)에게 제사를 지낼 때에 연주하기 위하여 창작한 곡.【역주】

4. 산다(山茶)⁴⁹⁾

촉다(蜀茶)⁵⁰⁾와 전다(滇茶)⁵¹⁾는 모두 귀하며, 노란 꽃은 더욱 구하기
가 쉽지 않다. 사람들은 대부분 옥란과 짝을 지우는데 꽃이 동시에 피기
때문이지만, 홍색과 백색이 눈부시게 밝기는 하나 조금 저속하다. 또
'취양비(醉楊妃)'⁵²⁾라는 종류가 있는데, 흰 눈 내릴 때 꽃이 피어서 더욱

---

49) 산다(山茶): 동백. 학명은 Camellia japonica이다. 속씨식물강 쌍떡잎식물목 물레
   나무과에 속한다. 분포지역은 한국 남부지방·중국·일본이다. 잎은 어긋나고 타
   원형 또는 긴 타원형이다. 잎 가장자리에 물결 모양의 잔 톱니가 있고 윤기가
   있으며 털이 없다. 꽃은 이른 봄 가지 끝에 1개씩 달리고 적색이다. 꽃잎은 5-7개
   가 밑에서 합쳐져서 비스듬히 퍼지고, 수술은 많으며 꽃잎에 붙어서 떨어질 때
   함께 떨어진다. 열매는 둥글고 지름 3-4cm로서 3실이며, 검은 갈색의 씨가 들어
   있다.【역주】
50) 촉다(蜀茶): '산다화(山茶花)' 혹은 '천다화(川茶花, Camellia japonica)'라고도 부르
   며, 상록교목으로 꽃의 색이 홍색과 흰색이고 반점이 있으며 크기가 다르고 품종
   이 매우 많다. 절강성·강서성·복건성·안휘성·일본에서 산출되며, 많은 품종
   이 사천 성도에서 왔기 때문에 '천다(川茶)'라고도 한다.【原註】
51) 전다(滇茶): '남산다(南山茶, Camillia reticulata)'라고도 하는데, 상록교목이며 모양
   이 산다와 비슷한데, 잎이 좁고 길며 앞쪽은 뾰족하다. 잎맥이 뚜렷하게 보이고
   꽃은 담홍색에서 짙은 자색까지 다양하며 품종이 매우 많다. 산다과(山茶科)에
   속한다. 『군방보』에서 "학정다(鶴頂茶)가 있는데, 연꽃처럼 크고 피처럼 붉으며,
   꽃의 중심이 학의 정수리처럼 붉고, 운남에서 왔다고 하여 '전다(滇茶)'라 부른다.
   (有鶴頂茶, 大如蓮, 紅如血, 中心塞滿如鶴頂, 來自雲南曰滇茶.)"라고 하였다.【原
   註】
52) 취양비(醉楊妃): 취양비는 '양귀비(Camellia japonica var. anemoniflora)'라고도 하
   며, 꽃이 분홍색이고 촉다의 변종이다.
   『군방보』에서 "양비산다(楊妃山茶)는 단엽(單葉)이고 꽃이 일찍 피며 도홍색(桃紅
   色, 연분홍색)이다.(楊妃茶單葉, 花開早, 桃紅色.)"라고 하였다.
   『학포잡소(學圃雜疏)』에서 "양비산다는 조금 뒤 백릉(白菱)과 동시에 꽃이 핀다.
   양비산다는 담홍색으로 크게 아름답지 않으며, 겨울에 피는 꽃으로 한 종을 구비
   해야 마땅할 뿐이다.(楊妃山茶, 稍後與白菱同時開. 楊妃是淡紅, 殊不佳, 爲是冬初
   花, 當具一種耳.)"라고 하였다.【原註】
   * 단엽(單葉): 홑잎. 한 장으로 된 잎.【역주】
   * 학포잡소(學圃雜疏): 1권. 명나라 학자 왕세무(王世懋, 1536 - 1588)가 쓴 원예
     전문서.【역주】

사랑스럽다.

四. 山茶

蜀茶滇茶俱貴, 黃者尤不易得. 人家多以配玉蘭, 以其花同時, 而紅白燦然, 差
俗. 又有一種名醉楊妃, 開向雪中, 更自可愛.

5. 복숭아(桃)53)

복숭아는 선목(仙木)54)으로, 수많은 귀신을 진압할 수 있고 그것을 심

---

53) 桃(도): 복숭아(Prunus persica)는 낙엽 소교목으로 변종이 매우 많고 식용과 관상
으로 제공된다. 장미과이다.【原註】
  * 복숭아: 쌍떡잎식물 장미목에 속한다. 원산지는 중국 황하 유역의 고원지대와
  동북부 및 한국에 걸친 넓은 지역이며, 높이 3m까지 자란다. 나무줄기나 가지에
  수지(樹脂)가 들어 있어, 상처가 나면 분비된다. 꽃은 4-5월에 잎보다 먼저 흰색
  또는 옅은 홍색으로 피며, 꽃잎은 5장부터 수많은 겹꽃잎을 가진 종류까지 다양
  하다. 열매는 핵과(核果)로 7-8월에 익는다. 열매는 식용하고, 씨앗은 약재로 사
  용한다. 현재는 관상용과 식용의 변종이 매우 다양하다.【역주】
54) 선목(仙木):『태평어람(太平御覽)』에서『전술(典術)』을 인용하여 "복숭아나무는
  오목의 정령이므로 사악한 기운을 진압하는 것이다. 복숭아나무의 정령은 귀문
  (鬼門)에서 살며 수많은 귀신을 제압하므로, 오늘날 도인경(桃人梗, 복숭아나무로
  만든 나무인형)을 만들어 문에 부착하여 사악함을 제압하며, 이것이 선목(仙木)이
  다.(桃者五木之精也, 故厭伏邪氣者也. 桃之精, 生在鬼門, 制百鬼, 故今作桃人梗,
  著門以厭邪, 此仙木也.)"라고 하였다.
  『종수서(種樹書)』에서 "복숭아나무는 오목의 정령으로 수많은 귀신을 제압하므로
  '선목'이라 한다.(桃者五木之精, 制百鬼, 謂之仙木.)"라고 하였다.【原註】
  * 태평어람(太平御覽): 1,000권. 북송시기에 이방(李昉)・이목(李穆)・서현(徐鉉)
  등이 칙명을 받들어 편찬한 유서(類書, 일종의 백과사전).【역주】
  * 전술(典術): 서한시기 무명씨의 저서.【역주】
  * 오목(五木): 시기에 맞추어 불을 피울 수 있는 5종의 목재로 느릅나무(楡, 봄)・
  대추나무(棗, 여름)・뽕나무(桑, 여름)・떡갈나무(柞, 가을)・느티나무(槐, 겨울)
  이다.【역주】
  * 종수서(種樹書): 명나라 학자 유종본(俞宗本)이 저술한 농학저서.【역주】

어 숲을 이루면 무릉도원(武陵桃源)55)에 들어가는 것 같다. 또한 그 자체
로 운치가 있지만, 화분과 정원에서는 적합하지 않다. 복숭아의 특성은
과실이 빨리 열리고 십 년이 되면 번번이 시들어 버리므로 '단명화(短命
花)'56)라고 부른다. 벽도(碧桃)57)와 인면도(人面桃)58)는 꽃이 좀 늦게 피

---

* 선목: 온갖 잡귀를 내쫓는 나무.【역주】
55) 무릉도원(武陵桃源): 무릉은 군명(郡名)으로 한나라 때 설치되었으며 의릉(義陵)
   에 관할 관청이 있었고, 동한시기에 임원(臨沅)으로 옮겼다. 지금의 호남성 상덕
   현(常德縣) 서쪽에 있다. 도원(桃源)은 도화원(桃花源)으로 진나라 도연명의「도
   화원기(桃花源記)」에서 "진나라 태원(太元, 376-396) 시기에 무릉 사람이 고기 잡
   는 것을 직업으로 삼고 있었는데, 시내를 따라 가다가 길의 멀고 가까움을 모르게
   되어 길을 잃어 버렸다가 홀연히 복숭아 숲을 만났다. 양쪽 언덕을 끼고 수백
   보를 걸어가도 그 곳에는 다른 나무는 하나 없었고,……(晋太元中, 武陵人, 捕魚
   爲業, 緣溪行, 忘路之遠近, 忽逢桃花林. 夾岸數百步, 中無雜樹…….)"라고 하였다.
   【原註】
56) 단명화(短命花): 나무의 수령이 길지 않는 것을 이른다.『이아익(爾雅翼)』에서 "도
   화는 화려하고 무성하지만 일찍 성장해서 3년이 되면 열매를 맺는다. 복숭아나무
   의 특성은 껍질이 가로로 무늬가 지면서 바싹 조여들므로, 4년 이상이 된 것은
   나무껍질을 칼로 깎아주어야 하며, 7-8년이 되면 늙고 10년이 되면 죽는다.(桃者華
   實幷茂, 而又早成, 蓋三歲而有子. 桃性皮橫而急, 四年以上者, 宜以刀剔其皮, 七八
   年卽老, 十年卽死.)"라고 하였다.【原註】
57) 벽도(碧桃): 꽃잎이 겹쳐져 있고 분홍색이며 품종이 많다. 백색·홍색·진홍색·
   살금색(撒金色, 금가루를 뿌린 듯한 색) 등으로 다양하고, 매우 아름다우며 복숭아
   나무의 변종이다.
   『군방보』에서 "천엽도(千葉桃)는 일명 '벽도'이며, 꽃의 색은 담홍색이다.(千葉桃
   一名碧桃, 花色淡紅.)"라고 하였다.【原註】
58) 인면도(人面桃): 인면도(Prunus persica var. dianthiflora)는 천판화홍도(千瓣花紅
   桃)(『군방보』)로, '미인도(美人桃)'(『화경』)라고도 한다. 꽃은 겹꽃잎의 분홍색에
   가까우며, 복숭아의 변종이다.
   『군방보』에서 "미인도는 일명 '인면도'로, 분홍색의 겹꽃잎은 견실하지 않으며, 이
   색도(二色桃)는 꽃 피는 것이 비교적 늦지만, 분홍색의 겹꽃잎이 매우 아름답다.
   (美人桃一名人面桃, 粉紅千瓣不實, 二色桃, 花開較遲, 粉紅千瓣, 極佳.)"라고 하였
   다.【原註】
   * 천판(千瓣): 겹꽃잎.【역주】
   * 이색도(二色桃): 한 나무에 두 가지 색의 꽃이 피는 복숭아나무. 송대에 최초로
     출현하였다.【역주】

지만, 일반 복숭아꽃과 비교해 모두 아름다우며, 연못가에 많이 심어야 한다. 복숭아와 버드나무를 같이 심는다면 바로 저속해진다.

五. 桃

桃爲仙木, 能制百鬼, 種之成林, 如入武陵桃源, 亦自有致, 第非盆盎及庭除物. 桃性早實, 十年輒枯, 故稱短命花. 碧桃人面桃差之, 較凡桃美, 池邊宜多植. 若桃柳相間, 便俗.

6. 자두(李)59)

복숭아꽃은 아름다운 미인과 같아 춤과 노래를 공연하는 곳에서는 반드시 없어서는 안 된다. 자두는 여도사와 같아서 안개와 노을이 자욱한 자연에 두어야 마땅하지만, 반드시 많이 심을 필요가 없을 뿐이다. 또 욱리자(郁李子)60)라는 품종이 있는데, 더 아름답다.

---

59) 李(리): 자두(Prunus salicina)는 낙엽 소교목으로, 꽃이 백색이고 과실이 원형이며 청색 혹은 황색 혹은 진한 자주색이다. 장미과에 속한다.【原註】
   * 자두: 오얏은 옛말이다. 속씨식물문 쌍떡잎식물강 장미목에 속하며, 원산지는 중국으로 높이 10m까지 자란다. 잎은 어긋나고 긴 달걀을 거꾸로 세운 듯한 모양 또는 타원형 긴 달걀 모양이며 가장자리에 둔한 톱니가 있다. 꽃은 4월에 잎보다 먼저 피고 흰색이며 보통 3개씩 달린다. 열매는 달걀 모양 원형 또는 구형으로서 자연생은 지름 2.2cm이지만 재배종은 길이가 7cm에 달한다. 관상가치가 있으며 날것으로 먹기도 하고 잼이나 파이 등으로도 가공한다. 한국에서 재배하는 자두나무는 대부분 유럽종 자두로서 1920년대 이후 재배하였다. 복숭아나무보다 재배가 쉽기 때문에 교통이 편리한 도시 근교에서 재배한다. 자두나무의 번식은 주로 눈접이 잘 되나 깎기접도 잘 된다.【역주】
60) 욱리자(郁李子): 욱리(Prunus japonica)로 '체(棣)'[『시경소(詩經疏)』]나 '욱(栯)'[『산해경(山海經)』]이라고도 하며, 낙엽관목으로 꽃은 분홍색이다. 홑꽃잎과 겹꽃잎의 두 종류가 있으며 장미과에 속한다. 하얀색은 백욱리나 백체(白棣)라고 한다. 『명의별록(名醫別錄)』에서 "구종석(寇宗奭, ?-?. 송나라 약물학자)이 '이자(李子,

六. 李

桃花如麗姝, 歌舞場[61]中, 定不可少. 李如女道士, 宜置煙霞泉石[62]間, 但不必多種耳. 別有一種名鬱李子, 更美.

7. 살구(杏)[63]

살구는 주리(朱李)[64] 및 반도(蟠桃)[65]와 함께 아름다움을 견줄 만하고,

자두)는 어리자(御李子)처럼 붉게 익어야 먹을 수 있으며, 조금 떫으며 밀전(蜜煎, 과일을 꿀이나 당에 절인 식품)을 만들 수도 있다.'고 하였다.(寇宗奭曰李子如御李子, 紅熟堪啗, 微濇, 亦可蜜煎.)"라고 하였다.

『낙양화목기(洛陽花木記)』에서 "백욱리천엽(白郁李千葉)은 일명 '옥대(玉帶)'라고 한다.(白郁李千葉, 一名玉帶.)"라고 하였다.【原註】

* 어리자(御李子): 자두의 일종. 한나라 헌제(獻帝)가 허창(許昌)으로 천도하여 이 것을 먹어 이러한 명칭이 붙었다고 한다. 이시진의 『본초강목·이(李, 자두)』에 서 구종석의 말을 인용하여 한 종류 어리자는 크기가 앵두와 같고 꽃은 붉은 빛을 띠는 황색이며 자두보다 먼저 익는다.("一種御李子, 大如櫻桃, 紅黃花, 先諸李熟.")라고 하였다.【역주】
* 명의별록(名醫別錄): 3권. 무명씨의 저서로 한대 말기에 처음으로 저술되었으 며, 역대 의사들이 계속하여 내용을 보충하였으므로 『명의별록』이라 한다. 기 존 서적에 있는 약물의 약성과 효능 등에 관하여 보충하고 새로운 약물을 기록 하였다.【역주】
* 낙양화목기(洛陽花木記): 1권. 송나라 관리 주사후(周師厚, 1031-1087)가 낙양의 모란과 작약 등 각종 꽃에 관해 기록한 서적.【역주】
61) 歌舞場(가무장): 노래와 춤 같은 것을 공연하는 곳.【역주】
62) 泉石(천석): 산수. 물과 돌이 어우러진 자연의 경치.【역주】
63) 杏(행): 살구(Prunus armeniaca)는 낙엽교목으로 꽃은 백색 혹은 분홍색으로 과실 이 원형이다. 익으면 황색에 붉은 빛이 돈다. 장미과에 속한다.【原註】
* 살구: 원산지는 중국으로 한국·일본·중국·몽골·미국·유럽 등지에 분포한 다. 높이는 5m에 달하고, 나무껍질은 붉은빛이 돌며 어린 가지는 갈색을 띤 자 주색이다. 잎은 어긋나고 길이 6-8cm의 넓은 타원 모양 또는 넓은 달걀 모양이 며 털이 없고 가장자리에 불규칙한 톱니가 있다. 꽃은 4월에 잎보다 먼저 피고 연한 붉은 색이며, 지난해 가지에 달리고 꽃자루가 거의 없으며 지름이 25-35mm이다. 열매는 핵과이고 둥글며 털이 많고 지름이 3cm이며 7월에 황색

꽃 역시 야들야들하고 아름답다. 대(臺) 하나를 지어서 수 십 그루를 섞어 심어야 한다.

七. 杏

杏與朱李蟠桃皆堪鼎足66), 花亦柔媚. 宜築一台, 雜植數十本.

8. 매화(梅)67)

품격 있는 사람은 꽃을 동반하는데, 매화가 실제로 사랑을 독차지하

또는 황색을 띤 붉은 색으로 익는다. 씨를 '행인(杏仁)'이라 하며, 약재로 사용한다.【역주】

64) 주리(朱李): 주리는 '홍리(紅李)'나 '적리(赤李)'라고 하며, 자두의 껍질이 붉은 것이다. 『서경잡기(西京雜記)』에서 "상림원(上林苑)의 자두에 자리(紫李)·녹리(綠李)·주리(朱李)·황리(黃李)……가 있다.(林苑李有紫李綠李朱李黃李…….)"라고 하였다. 『군방보』에서 "종류는 매우 많아 맥리(麥李)·남거리(南居李)……균정리(均亭李)……적리(赤李)……가 있다.(种類頗多, 有麥李南居李……均亭李……赤李…….)"라고 하였다.【原註】
   * 서경잡기(西京雜記): 2권. 한나라 학자 유흠(劉歆, B.C.50-A.D.23)이 서한시기의 여러 이야기를 기록한 필기.【역주】

65) 반도(蟠桃): 반도(Prunus perisica var. platycarpa)는 낙엽 소교목으로 과실이 납작한 원형이다. 장미과에 속한다.
   『낙양화목기』에서 "반도는 일명 '병자도(餠子桃)'로 겹꽃잎이다.(蟠桃一名餠子桃, 千葉.)"라고 하였다.
   『화경』에서 "병자도는 홑잎에 붉은 꽃으로, 과실의 모양은 달콤한 떡과 같으며 맛이 달다.(餠子桃, 單葉, 紅花, 實狀如甘餠味甘.)"라고 하였다.【原註】
   * 반도(蟠桃): 신화전설에 나오는 먹으면 장수하여 동방삭(東方朔)이 훔쳐 먹었다는 복숭아. 신강(新疆) 원산의 납작한 복숭아 품종의 하나. 여기서는 복숭아 품종을 가리킨다.【역주】

66) 鼎足(정족): 솥의 세 다리처럼 대등한 관계로 자리를 잡다.【역주】

67) 매화(梅): 매화(Prunus mume)는 낙엽교목이고 이른 봄에 잎이 나고 꽃이 핀다. 꽃은 백색·홍색·담홍색이 있다. 홑잎과 겹잎으로 나뉘며 과실을 먹을 수 있다.【原註】

였다. 이끼가 끼어 있고 가지가 좀 오래된 것을 선택하여 암석이나 정원에 옮겨 심으면 가장 예스럽다. 또 넓은 장소에 심어 꽃이 필 때 그 사이에 비스듬히 누우면, 몸과 마음이 맑아진다. 녹악(綠萼)[68]이 가장 아름답고 홍매(紅梅)[69]는 조금 저속하다. 또 가지가 굽은 것이 있어 화분에 심으면 매우 기이하다. 납매(蠟梅)[70]와 경구(磬口)[71]는 상품이고, 하화

---

* 매화나무: 속씨식물문 쌍떡잎식물강 장미목에 속한다. 원산지는 중국이고 한국·일본·중국 등지에 분포한다. 꽃을 '매화'라고 하며 열매를 '매실(梅實)'이라 한다. 높이 5-10m까지 자란다. 잎은 어긋나고 달걀 모양이거나 넓은 달걀 모양이며 길이 4-10cm이다. 중부지방에서 꽃은 4월에 잎보다 먼저 피고 연한 붉은색을 띤 흰빛이며 향기가 난다. 열매는 공 모양의 핵과로 녹색이다. 7월에 노란색으로 익고 지름 2-3cm이며 털이 빽빽이 나고 신맛이 강하다. 뿌리는 '매근(梅根)', 가지는 '매지(梅枝)', 잎은 '매엽(梅葉)', 씨는 '매인(梅仁)'이라 하며 약재로 사용한다. 강희안은『양화소록』의 화목 9등품에서 1품으로 분류하였다.【역주】

68) 녹악(綠萼): 녹악매(綠萼梅, Prunus mume var. viridicalyx)는 낙엽관목으로 꽃은 백색이고 꽃받침은 녹색이다.
『매보(梅譜)』에서 "무릇 매화의 꽃받침과 잎은 모두 붉은 자주색인데, 이것만 순전히 녹색이며, 가지와 줄기도 향기가 나는데 특히 맑고 고고하다.(凡梅花跗葉皆紫絳色, 惟此純綠, 枝梗亦香, 特爲淸高.)"라고 하였다.【原註】
* 매보(梅譜):『범촌매보(范村梅譜)』. 남송 문학가 범성대(范成大, 1126-1193)의 매화에 관한 전문 저서로, 자신이 거주하는 소주(蘇州) 석호(石湖) 범촌(范村)의 매화 12종을 수록하였다.【역주】

69) 홍매(紅梅): 홍매(Prunus mume var.alphandii)는 꽃이 분홍색이고 겹꽃잎이다.
『매보』에서 "홍매는 분홍색이며, 품격은 매화와 같으나, 꽃이 많이 피기는 살구와 같고 향기도 살구와 비슷하다. 시인에게 '북방 사람이 전혀 알지 못해, 살구꽃과 혼동하여 보네.'라는 구절이 있다.(紅梅粉紅色, 標格猶是梅, 而繁密則如杏, 香亦類杏. 詩人有北人全未識, 渾作杏花看之句.)"라고 하였다.【原註】
* 北人全未識, 渾作杏花看: 출처는 북송 문학가 왕안석(王安石, 1021-1086)의 오언시「홍매(紅梅)」. '全'자가 '初'자로 되어있기도 한다.【역주】

70) 납매(蠟梅): 납매(Chimonanthus praecox)는 납엽 소관목으로 겨울에 꽃이 피고, 꽃은 밀랍과 같은 황색으로 향기가 있으며, 수많은 변종이 있다. 납매과에 속한다.
『학포잡소(學圃雜疏)』에서 "납매의 원래 명칭은 황매(黃梅)이고, 옛날 왕안국(王安國)이 희녕연간(熙寧年間, 1068-1077)에 일찍이 황매를 노래했다. 원우연간(元祐年間, 1086-1094)에 이르러 소동파와 황정견(黃庭堅)이 '납매(蠟梅)'라 이름 지었으며, 사람들은 '12월에 피므로 납매(臘梅)라 이름 지었다'고 말하지만, 틀린 것이다. 색이 황매와 아주 비슷할 뿐이다.(考蠟梅原名黃梅, 古王安國熙寧間尚詠黃梅.

(荷花)⁷²⁾가 그 다음이며 구영(九英)⁷³⁾이 가장 하품이지만, 차가운 달이 뜨는 정원에 역시 없어서는 안 된다.

八. 梅

幽人花伴, 梅實專房⁷⁴⁾. 取苔護蘚封⁷⁵⁾, 枝稍古者, 移植石岩或庭際, 最古. 另

至元祐間, 蘇黃命爲蠟梅, 人言臘時開, 故名臘梅, 非也. 爲色正似黃梅耳.)"라고 하였다.【原註】
* 납매(蠟梅): '당매(唐梅)'라고도 한다. 중국 원산이며 관상수로 널리 심는다. 줄기는 뭉쳐나며 높이는 2-4m이다. 잎은 달걀 모양으로 마주나고 길이 7-10cm이다. 1-2월에 잎이 나오기 전에 옆을 향하여 꽃이 피는데 좋은 향기가 난다. 꽃이 진 후 꽃받침은 생장해서 긴 달걀 모양의 위과(僞果)가 되고 그 속에 콩알만 한 종자가 5-20개 들어 있다. 번식은 접목·싹 티우기·포기나누기·꺾꽂이·휘묻이 등으로 한다. 원예품종이 많다.【역주】
* 왕안국(王安國, 1028 - 1074): 북송의 관리. 당송팔대가의 한 사람인 왕안석(王安石)의 동생.【역주】
71) 경구(磬口): 경구매(磬口梅, Chimonanthus praecox var. grandiflourus)는 '단향매(檀香梅)'(『본초강목』)라고도 하고, 낙엽관목이며 꽃은 순황색으로 납매의 변종이다. 『매보』에서 "꽃이 무성하게 피어도 꽃이 항상 반만 벌어지므로 '경구매(磬口梅)'라 하며, 절에서 사용하는 경쇠의 입과 비슷하다는 점을 말하는 것이다. 가장 먼저 핀다.(雖盛開, 花常半含, 名磬口梅, 言似僧磬之口也. 最先開.)"라고 하였다. 『화사(花史)』에서 "경구매는 초나라의 형주(荊州, 호북성 형주시)와 양양(襄陽, 호북성 양양시)의 것이 가장 아름답고, 색은 짙은 황색이며, 둥근 꽃잎은 백매화와 같다.(磬口梅, 楚中荊襄最佳, 色深黃, 圓瓣如白梅.)"라고 하였다.【原註】
* 화사(花史): 10권. 명나라 만력시기의 거인(擧人) 오원광(吳彦匡, ?-?)이 꽃의 역사에 관해 기록한 저서. 현존하는 판본은 후대 서적상의 편집본일 가능성이 많다.【역주】
72) 하화(荷花): 하화매(荷花梅, Chimonanthus praecox var. concolor)는 '소심매(素心梅)'(절강성)와 '백화납매(白化蠟梅)'라고도 하며 낙엽관목이다. 꽃이 매우 크고 납매의 변종이다. 『화사』에서 "하화매는 꽃잎이 조금 뾰족하여 그 모습이 연꽃과 같다.(荷花梅, 瓣有微尖, 形如荷花.)"라고 하였다.【原註】
73) 구영(九英): 구영매(九英梅, Chimonanthus praecox var. intermedius)는 '구영매(狗英梅)'(『매보』)·'구승매(狗蠅梅)'(『본초강목』)·'구영(狗纓)'(『학포잡소』)이라고도 한다. 낙엽관목으로 꽃이 작고 향기로우며 납매의 변종이다. 『매보』에서 "씨로 나게 할 수 있어 접붙이기를 하지 않으며, 작은 꽃은 향이 열어 그 품격이 최하이므로, 속세에서 '구영매(狗英梅)'라고 한다.(以子能出, 不經接, 小花香淡, 其品最下, 俗謂之狗英梅.)"라고 하였다.【原註】

種數畝, 花時左臥其中, 令神骨俱清. 綠萼更勝, 紅梅差俗. 更有虯枝屈曲, 置盆
盎中者, 極奇. 蠟梅磬口爲上, 荷花次之, 九英最下, 寒月庭除, 亦不可無.

9. 서향(瑞香)[76]

"여산(廬山)[77]의 어떤 비구니가 낮잠을 자다가 꿈속에서 꽃 냄새를 맡

---

74) 專房(전방): 총애를 받는다는 말. 『후한서 · 안사염황후기(安思閻皇后紀)』에서 "황
   후가 총애를 독점하고 투기하였다.(后專房妬忌.)"라고 하였다.【原註】
   * 안사염황후(安思閻皇后): 한나라 안제(安帝, 재위 106-125) 유호(劉祜, 94-125)의
     황후 염희(閻姬, ?-126). 시호가 안사황후(安思皇后)이다.【역주】
75) 苔護蘚封(태호선봉): 매화나무에 기생하는 지의류와 이끼류 식물이다.
   『매보』에서 "고목 매화나무의 가지는 온갖 형태로 구부러져 있으며, 푸른 이끼가
   비늘이나 주름처럼 나무 온 몸에 덮여 있고, 또 이끼수염이 가지 사이에 늘어져
   혹은 몇 치까지 자라나서 바람이 불면 녹색 실이 휘날려 감상할 만하다.(古梅其枝
   掬曲萬狀, 蒼蘚鱗皴, 封滿樹身, 又有苔鬚垂枝間, 或長數寸, 風至, 綠絲飄飄可玩.)"
   라고 하였다.【原註】
   * 이끼류: 크기가 작고 포자를 형성하며, 바다를 제외한 전 세계에 두루 분포한다.
     화강암에 사는 이끼류는 검정이끼목(一目 Andreaeales), 이탄(泥炭)에 사는 이끼
     류는 물이끼목(Sphagnales)에 속하며, 다른 모든 종류는 참이끼목(Bryales)에 속
     하는데 이 참이끼목을 종종 '참이끼(true moss)'라 부르기도 한다. 나무의 북쪽
     면에서 자라는 이끼류는 녹조류의 모아포균속(毛芽胞菌屬) 식물이고, 뿔가사리
     (Irish moss)는 홍조류이며, 수염이끼(beard moss) · 아이슬란드이끼(Iceland
     moss) · 참나무이끼(oak moss) · 순록이끼(reindeer moss)는 지의류이다.【역주】
   * 지의류: 흔히 이끼류로 오인하기 쉬우나, 현미경으로 관찰하면 '균체(菌體)'라고
     부르는 곰팡이류의 균사로 형성된 기질(基質) 안에 '지의조(地衣藻)'라고 부르는
     수백만 개의 조류가 엮어져 있다. 약 15,000종이 있는데, 순록이 먹거나 인간이
     이용하기도 한다. 지의류는 거의 모든 물건의 표면에서 자랄 수 있으며, 나무껍
     질 · 암석 · 흙 · 돌 등이 주요서식처이다.【역주】
76) 서향(瑞香): 서향(Daphne odora)은 '수향(睡香)'(『군방보』) · '봉래자(蓬萊紫)' · '풍
   류수(風流樹)' · '노갑(露甲)'(『본초강목』 · 『군방보』)이라고 하며 상록관목이다. 꽃
   은 자색 · 백색 · 분홍색 등이 있고 여러 변종이 있다. 향기가 매우 강렬한데, 자색
   꽃에 잎이 두꺼운 것이 특히 진하다.
   『청이록(淸異錄)』에서 "여산(廬山)의 서향은 처음에 한 비구가 바위에서 낮잠을
   자다가 꿈속에서 지독히 강한 꽃향기를 맡았는데, 이름을 알 수가 없었다. 꿈에서

고, 잠에서 깨어나 그것을 찾았으므로 이름이 '수향'이라 하였으며, 사방에서 기이하게 여겨 '꽃 중의 길조(花中祥瑞)'라고 하였으므로 '서향'이라고 부른다."고 전해온다. 별명은 사낭(麝囊)[78]이다. 또 '금변(金邊)[79]'이라는 것이 있으며, 사람들이 특별히 중요시한다. 가지는 굵고 저속하며, 향기는 또 지독하게 강렬하여 여러 꽃을 해칠 수 있어 '화적(花賊)[80]'이

깨어나 향기를 구하여 찾았으므로 '수향(睡香)'이라 이름 붙였다. 사방에서 기이하게 여겨 꽃 중의 길조라고 해서 마침내 수(睡)를 서(瑞)로 바꾸었다.(廬山瑞香花, 始緣一比丘晝寢盤石上, 夢中聞花香酷烈, 不可名. 旣覺, 尋香求得之, 因名睡香 四方奇之, 謂乃花中祥瑞, 遂以瑞易睡.)"라고 하였다.【原註】
* 서향(瑞香): '수향이라고도 한다. 속씨식물 쌍떡잎식물 팥꽃나무목에 속한다. 높이가 1-2m이고, 줄기는 곧게 서고 가지가 많이 갈라진다. 잎은 어긋나고 길이 3-8cm의 타원 모양 또는 타원 모양의 바소꼴(댓잎 모양과 같은 형태)이며 양끝이 좁고 가장자리가 밋밋하며 털이 없다. 꽃은 암수딴그루이며 3-4월에 피며 향기가 진하다. 열매는 5-6월에 붉은 색으로 익는다. 관상용으로 심으며, 뿌리와 나무껍질은 약재로 쓴다. 한국에서 자라는 것은 대부분 수나무이므로 열매를 맺지 못한다. 주로 장마철에 꺾꽂이로 번식한다.【역주】
   * 청이록(淸異錄): 2권. 북송의 관리 도곡(陶谷, 903-970)이 유서(類書, 일종의 백과사전)의 양식을 빌려 천문지리부터 조수초목과 의복 등 37가지 부문 660여 조목에 걸쳐 기록한 필기.【역주】
77) 여산(廬山): 여산은 강서성 성자현(星子縣) 서북쪽과 구강현(九江縣) 남쪽에 있으며, 옛날에는 '광려(匡廬)'라고 했다.【原註】
   * 여산(廬山): 90여개의 산봉우리가 있고 최고봉인 한양봉(漢陽峰)의 높이는 해발 1,474m이며, 특히 155m에 이르는 폭포가 유명하여 이백이 「여산폭포를 바라보며(望廬山瀑布)」라는 시를 지어 노래하였다.【역주】
78) 사낭(麝囊): 『화소명(花小名)』에서 "서향(瑞香)은 '사낭'이라 한다.(瑞香曰麝囊.)"라고 하였다.【原註】
79) 금변(金邊): 금변수향(金邊睡香, Daphne odora var. marginata)으로 상록관목이며, 잎은 녹색에 금황색을 띠고, 서향의 변종이다.
   『군방보』에서 잎의 테두리가 황색인 것은 '금변서향'이라고 한다.(葉邊黃色者, 名 金邊瑞香.)라고 하였다.【原註】
80) 화적(花賊): 『군방보』에서 "이 꽃은 '사낭(麝囊)'이라 하며, 꽃을 해칠 수 있다.(此 花名麝囊, 能損花.)"라고 하였다.
   『채방수필(采芳随筆)』에서 "서향은 대개 추운 것을 피하고 햇빛을 싫어하여 또 '사낭'이라 하며, 꽃을 해칠 수 있어 따로 심어야 하므로 '화적(花賊, 꽃 가운데 도적)'이라고 한다.(瑞香大抵畏寒惡日, 又名麝囊, 能損花, 宜另種, 故名花賊.)"라고

라 하는데, 진실로 헛되지 않다.

九. 瑞香

相傳廬山有比邱[81]晝寢, 夢中聞花香, 寤而求得之, 故名睡香, 四方奇之, 謂花
中祥瑞, 故又名瑞香. 別名麝囊. 又有一種金邊者, 人特重之. 枝既粗俗, 香復酷
烈, 能損群花, 稱爲花賊, 信不虛也.

10. 장미(薔薇)[82] 목향(木香)[83]

일찍이 사람들의 정원을 보면, 반드시 대나무로 울타리를 치고 그 위

하였다.

『식물명실도고(植物名實圖考)』에서 "자색의 것은 향기가 특히 강렬하고, 여러 꽃
에 섞여 있으면, 여러 꽃이 왕왕 향기가 없어지는데, 모두 사냥에게 빼앗긴 것이므
로, 일명 '탈향(奪香, 향기를 빼앗는 꽃)'이다.(紫色者香尤烈, 雜衆花中, 衆花往往
無香, 皆爲所奪, 一名奪香.)"라고 하였다.【原註】

* 채방수필(采芳隨筆): 24권. 청나라 관리 사빈(查彬, ?-?)의 저술로, 『전방비조(全
  芳備祖)』와 『군방보』를 확충하여 완성하였으며, 식물 870여종을 기록한 식물학
  전문서.【역주】
* 전방비조(全芳備祖): 전집 27권, 후집 31권. 송나라 학자 진경기(陳景沂, ?-?)의
  저술로, 각종 식물에 관해 기록한 전문서.【역주】
* 식물명실도고(植物名實圖考): 22권 청나라 식물학자 오기준(吳其濬, 1789-1847)
  의 저서로, 식물 838종을 수록하였다.【역주】
81) 比邱(비구): 비구(比丘)와 의미가 통하며, 탁발하는 승려로, 세상에서 승려를 높여
    부르는 것이다.【原註】
82) 장미(薔薇): 장미는 상록 혹은 납엽등본(落葉藤本)이며, 품종이 매우 많다. 꽃의
    색깔은 다양하며 장미과에 속한다.【原註】
* 장미: 학명은 Rosa hybrida로 속씨식물 쌍떡잎식물 장미목에 속한다. 원산지는
  서아시아이고, 분포지역은 북반구의 한대·아한대·온대·아열대 지역으로 야
  생종이 약 100종 이상 알려져 있다. 오늘날 장미라고 하는 것은 이들 야생종의
  자연잡종과 개량종을 말한다. 꽃의 아름다운 형태와 향기 때문에 관상용과 향료
  용으로 재배해왔으며, 지금까지 25,000종이 개발되었으나 현존하는 것은 6-7,000
  종이며, 해마다 새 품종이 개발되고 있다. 일반적으로 흰색·붉은색·노란색·

에 오색장미(五色薔薇)[84]를 끌어다 놓았다. 목향은 나무를 엮어 시렁을 만드는데, 이를 '목향붕(木香棚)'이라고 한다. 꽃이 필 때 그 아래 아무렇게나 앉는다면, 이 어찌 술집이나 식당과 다를 것인가? 그러나 이 두 가지 종류는 울타리와 시렁이 아니면 심을 수 없으며, 간혹 규방에 옮겨 심어 여자들에게 꺾도록 제공해도 다소 괜찮다. 따로 황장미(黃薔薇)[85]라는 종류가 있는데 가장 귀하며, 꽃도 흐드러지게 피어 아름답다. 또한 야외에서 떼 지어 자라는 것이 있어 '들장미(野薔薇)[86]'라고 하며, 향이

분홍색 등의 색을 띠며, 품종에 따라 그 형태·모양·색이 매우 다양하다. 꽃의 피는 시기와 기간 역시 품종에 따라 차이가 크다. 국내에서는 일반적으로 품종에 따라 5월 중순경부터 9월경까지 꽃을 볼 수 있다. 『양화소록』에서는 '가우(佳友)'라 하여 화목 9품계 중에서 5등에 넣었다.【역주】

83) 목향(木香): 목향(Rosa banksiae)은 일명 '금붕아(金棚兒)'로 낙엽등본이다. 꽃은 홑꽃잎과 겹꽃잎 및 황색과 백색으로 구분되며, 높은 시렁에 많이 피어나면, 멀리서 보아 향기로운 눈과 같다. 장미과에 속한다.【原註】

* 목향: 속씨식물문 쌍떡잎식물강 초롱꽃목이며, 원산지는 유럽이다. 줄기는 곧게 서며 높이가 0.8-2m이다. 전체에 털이 밀생하고 약초로 재배한다. 잎은 어긋나고 타원형으로 또는 긴 타원형으로 가장자리에 톱니가 있으며 뒷면에 털이 밀생한다. 꽃은 7-8월에 피고 지름 5-10cm로 황색이며 잎겨드랑이에 두상화(頭狀花)가 1개씩 달린다. 열매는 수과(瘦果, 익어도 잘 터지지 않는 열매의 일종)로 연한 적갈색 관모(冠毛)가 있다. 뿌리를 약재로 사용한다.【역주】

84) 五色薔薇(오색장미):『군방보』에서 "오색장미는 꽃잎이 많으면서 작고, 가지 하나에 5-6송이가 피며 짙은 홍색과 옅은 홍색의 구별이 있다.(五色薔薇, 花亦多葉而小, 一枝五六朵, 有深紅淺紅之別.)"라고 하였다.【原註】

85) 황장미(黃薔薇): 황장미(Rosa hugonis)는 산동에서는 '계단황화(鷄蛋黃花)'라 하며 낙엽관목이다. 꽃은 담황색이고 꽃이 피는 시기가 특별히 빠르고 장미과에 속한다. 『군방보』에서 "황장미는 색이 꿀과 같고 꽃이 크며, 운치가 있고 자태가 아리따우며, 자주색 줄기가 사랑스러워 장미 가운데 상등품이다. 담황장미(淡黃薔薇)와 아황장미(鵝黃薔薇)는 쉽게 무성해지지만 오래가기가 어렵다.(黃薔薇, 色蜜花大, 韵雅態嬌, 紫莖可愛, 薔薇上品也. 淡黃薔薇, 鵝黃薔薇易盛難久.)"라고 하였다.【原註】

* 황장미(黃薔薇): 키 작은 관목으로 2.5m까지 자라고, 4-5cm정도 크기의 노란색 꽃이 5-6월에 피는 장미의 일종.【역주】

* 鵝黃(아황): 거위 새끼의 털과 같은 노란 색.【역주】

86) 야장미(野薔薇): 야장미(Rosa multiflora)는 '장미(墻蘼)'[『신농본초경(神農本草經)』]와 '야객(野客)'(『군방보』)이라고도 한다. 낙엽등본으로 꽃은 대부분 무리를 지어

매우 진해서 매괴(玫瑰)와 견줄 수 있다. 기타 보상(寶相)[87] · 금사라(金沙
羅)[88] · 금발우(金鉢盂)[89] · 불견소(佛見笑)[90] · 칠자매(七姊妹)와 십자매(十

피고, 통상 백색 혹은 담홍색이며 장미과에 속한다.
『군방보』에서 "별도로 들장미가 있어 '야객(野客)'이라 하며, 설백색과 분홍색의
것이 더 짙고 강렬하다.(別有野薔薇, 號野客, 雪白粉紅者更鬱烈.)"라고 하였다.【原註】
* 야장미(野薔薇): 찔레꽃을 가리킨다.【역주】
87) 보상(寶相):『초화보(草花譜)』에서 "보상화는 장미와 비교해 꽃송이가 크고, 겹꽃
잎이 꽃의 중심을 덮고 있으며, 진홍색과 분홍색 두 종류가 있다.(寶相花較薔薇朵
大, 而天瓣塞心, 有大紅粉紅兩種.)"라고 하였다.
『낙양화목기』에는 황보상(黃寶相) · 동괴(冬瑰)[단엽보상괴(單葉寶相瑰)] · 보상(寶
相)[천엽보상(千葉寶相)] · 노주보상(廬州寶相)의 네 종류가 실려 있다. 보상화 역
시 황색이다. 학명은 상세하게 알 수 없다.【原註】
* 보상(寶相): 장미의 한 종류를 가리키며, 불교의 전통문양에 많이 사용되는 연꽃
과 비슷한 형태의 보상화(寶相華)와는 다른 종류이다.【역주】
* 초화보(草花譜): 1권. 명나라 학자 고렴(高濂, 1573-1620)의 화훼에 관한 저술로,
1591년에 간행되었다.【역주】
88) 금사라(金沙羅):『초화보』에서 "금사라는 장미와 비슷하지만 꽃은 홑꽃잎이며 색
이 더 붉고 선염해 눈이 부시다.(金沙羅似薔薇而花單瓣, 色更紅艶奪目.)"라고 하
였다.
『낙양화목기』에 천금사(川金沙)와 황금사(黃金沙)가 있으며, 금사라는 홍색과 황
색으로 나누어진다. 학명은 상세하게 알 수 없다.【原註】
* 금사라(金沙羅): 사라(沙羅)는 '사라(沙鑼)'라고도 하며, 군대에서 세숫대야로도
사용되는 타악기의 일종이므로, 꽃이 황금색이며 매우 커다란 장미의 한 종류로
추정된다.【역주】
* 單瓣(단판): 홑꽃잎. 한 겹으로 이루어진 꽃잎.【역주】
89) 금발우(金鉢盂):『초화보』에서 "금발우는 사라(沙羅)와 비슷하지만 꽃이 작다. 뾰
족한 꽃잎은 시루와 비슷하고, 붉고 선염하여 볼만하다.(金鉢盂似沙羅而花小. 尖
瓣似甑, 紅艶可觀.)"라고 하였다.【原註】
90) 불견소(佛見笑):『본초강목』에서 "장미꽃 가운데 가장 큰 것은 '불견소'라 한다.(薔
薇花最大者名佛見笑.)"라고 하였다.
『화경』에서 "도미(荼蘼)는 일명 '불견소'이며, 또 독보춘(獨步春) · 백의지(百宜
枝) · 설매돈(雪梅墩)의 여러 명칭이 있다. 덩굴로 자라고 가시가 많으며, 반드시
시렁으로 받쳐주어야 번성한다. 꽃은 세 종류가 있는데 꽃송이가 큰 겹꽃잎은 흰
색으로 향기로우며, 모든 꽃마다 잎 세 개가 '品'자처럼 붙어 있어, 꽃받침은 푸르
고 꽃봉오리는 붉은데, 활짝 피어나면 순백색이다. 옅은 황색인 것은 황장미에
미치지 못하고, 가지와 줄기에 가시가 많으며 향기롭다. 또 홍색의 것은 속칭 '번
도미(番荼蘼)'라고 하며 향기롭지 않다.(荼蘼一名佛見笑, 又有獨步春百宜枝雪梅

姉妹)91) · 자미(刺蘼)92) · 월계(月桂)93) 등의 꽃과 자태가 비슷하고 심는

敦數名. 蔓生多刺, 須承之以架則繁. 花有三種, 大朵千瓣白而香, 每一穎着三葉如品字, 青跗紅蕚, 及大放則純白. 有蜜色者, 不及黃薔薇, 枝梗多刺而香. 又有紅者, 俗呼番茶蘼, 亦不香.)"라고 하였다.

『식물명실도고』에서 "불견소는 도미(荼蘼)의 별종이다. 꽃송이가 크고 겹꽃잎으로, 꽃받침은 푸르고 꽃봉오리는 붉은데, 활짝 피면 순백색이다.(佛見笑, 荼蘼別種也. 大朵千瓣, 青跗紅蕚, 及大放則純白.)"라고 하였다.

『중국수목분류학(中國樹木分類學)』에서 "불견소는 꽃이 여름에 피는데 가지 끝에 붙어 있고, 꽃부리는 겹꽃잎이며, 황백색을 띤다.(佛見笑, 花于夏月開放, 着生于枝梢, 花冠爲重瓣, 帶黃白色.)"라고 하였다.【原註】

* 도미(荼蘼): 장미과에 속하는 낙엽 소관목으로 찔레꽃의 한 종류. 4-5월에 흰색의 홑꽃잎의 꽃이 피며 향기가 있다.【역주】

91) 칠자매(七姉妹): 『준생팔전』에서 "십자매(十姉妹)는 꽃이 작지만 꽃봉오리 하나에 열 개의 꽃이 핀다고 해서 그렇게 이름 지었다. 꽃의 색은 한 봉오리에 홍색 · 자색 · 백색 · 옅은 자색의 네 가지가 있으며, 운색(雲色)은 핀지가 오래되어 변한 것이다. 한 봉오리에 일곱 송이가 피는 것은 칠자매라고 하며, 꽃이 더 예쁘고 봄이 끝날 때 까지 핀다.(十姉妹花小而一蓓十花, 故名. 其色自一蓓中分紅紫白淡紫四色, 或雲色, 因開久而變. 有七朵一蓓者, 曰七姉妹云, 花更可觀, 開在春盡.)"라고 하였다.

『화경』에서 "십자매는 또 칠자매라고도 하며, 꽃은 장미와 비슷하지만 작고, 천엽경구(千葉磬口)는 봉오리 하나에 꽃잎이 7개나 10개가 피므로 이처럼 두 가지 명칭이 있게 되었다. 색은 홍색 · 백색 · 자주색 · 옅은 자주색의 네 가지 양식이다.(十姉妹又名七姉妹, 花似薔薇而小, 千葉磬口, 一蓓十花七花, 故有此二名. 色有紅白紫淡紫四樣.)"라고 하였다.【原註】

* 칠자매(Rosa cathayensis var.platyphylla): 덩굴장미 · 덩굴찔레 · 덩굴인가목 · 영실(營實) · 동글인가목이라고도 한다. 집에서 흔히 울타리에 심는다. 길이는 5m 정도이고, 전체에 밑을 향한 가시가 드문드문 있다. 꽃은 5-6월에 피며, 흔히 붉은색이지만 다른 여러 가지 색이 있다. 열매는 9월에 익는다. 덩굴을 벋으며 장미꽃을 피워서 이런 이름이 붙었으며 옛날에는 찔레 또는 덩굴찔레라고 하였다.【역주】

* 운색(雲色): 구름처럼 허옇게 시들어 바랜 색.【역주】

92) 자미(刺蘼): 자미(Rosa roxburhii)는 '소사화(繅絲花)'라고도 하며 분지관목(分枝灌木, 가지가 갈라져 자라는 관목)이다. 꽃은 담홍색이며, 변종에 겹꽃잎 · 홑꽃잎 · 털이 있는 꽃잎(毛葉)의 구분이 있다. 장미과에 속한다.

『화경』에서 "소사화는 일명 '자미'이며, 잎은 둥글고 가늘며 푸르다. 꽃의 완전히 매괴와 같고 색은 옅은 자주색이며 향기가 없다. 가지와 꽃받침에는 가시가 있고, 매번 누에고치를 삶아 실을 뽑을 때에 꽃이 비로소 피어나므로 이러한 이름이 붙었다.(繅絲花一名刺蘼, 葉圓細而青. 花儼如玫瑰, 色淺紫而無香. 枝蕚開有刺針,

방법도 같다.

十. 薔薇 木香

嘗見人家園林94)中, 必以竹爲屛, 牽五色薔薇於上. 木香架木95)爲軒96), 名木

每逢煮繭繰絲時, 花始開放, 故有此名.)"라고 하였다.【原註】

93) 월계(月桂): 『군방보』의 장미 조항에서 가장 뒤에 나오는 것으로 "또 월계의 한
   종류가 있으며, 꽃은 달이 차고 이지러지는 것에 반응한다.(又有月桂一種, 花應月
   圓缺.)"라고 했다. 생각건대, 월계(月季)는 바로 복건성과 절강성 온주 발음으로
   계(季, ji)를 귀(貴, gui)나 계(桂, gui)로 읽어, 월계(月季, yueji)를 '월귀(月貴,
   yuegui)'나 '월계(月桂, yuegui)'라고도 한다.
   『낙양화목기』에서 "가시가 있는 꽃 37종 가운데 이름을 순서대로 열거하면, 밀지
   월계(密枝月季)·천엽월계(千葉月桂(분홍색)·황월계(黃月桂)·천사계(川四
   季)·심홍월계(深紅月季)·장춘화(長春花)·월월홍(月月紅)·사계장춘(四季長
   春) 등의 8종류이며, '월계(月桂)'라 부른 것은 월계(月季)의 별명에 속한다.[刺花三
   十七種中, 順次列音, 密枝月季千葉月桂(粉紅)黃月桂川四季, 深紅月季長春花月月
   紅四季長春等八種, 則月桂云云, 當屬月季之別名也.]"라고 하였다.
   『남월필기(南越筆記)』에서 "월계는 도미처럼 매달 피므로 '월귀(月貴)'라 이름 붙
   였으며, 일명 '월기(月記)'로, 진홍색과 연홍색 두 가지 색이 있다.(月貴花如荼薇,
   月月開, 故名月貴, 一名月記, 有深淺紅二色.)"라고 하였다.
   『쇄쇄록(瑣碎錄)』에서 "월계화 잎은 항상 벌레가 먹어 고민인데, 어성수(魚腥水)
   로 그것을 씻어낸다.(月桂花葉常苦蟲食, 以魚腥水澆之.)"라고 하였다.【原註】
   * 남월필기(南越筆記): 16권. 청나라 학자 이조원(李調元, 1734-1803?)의 저서로
     민속과 산천 등에 관하여 기록한 인문지리서.【역주】
   * 쇄쇄록(瑣碎錄): 북송의 장서가 온혁(溫革, 1006-1076)이 이전 시기 양생방면의
     정수를 모아 수록한 저술. 일본에서 간행된 『쇄쇄록·의가류(醫家類)』 3권이 전
     해 온다.【역주】
94) 園林(원림): 건축물 주변에 경물을 배치하고 꽃과 나무를 심어 유려한 환경을 조성
   한 것을 '원림'이라고 한다. '원정(園亭)'·'원정(原庭)'·'임원(林園)'이라고도 하며
   조경학에서 말하는 정원(庭園)이다.
   계성(計成)의 『원야(園治)』에서 "꽃 가운데 나무가 숨어 있고, 물 사이로 정자가
   있으면, 이는 원림으로서 운치를 가진 것이다.(花間隱榭, 水際安亭, 斯園林之得致
   者.)"라고 하였다.【原註】
   * 원야(園治): 3권. 명말 정원사 계성(計成, 1579-?)이 저술한 정원에 관한 전문
     서적으로, 숭정 7년(1634)에 간행되었다.【역주】
95) 架木(가목): 시렁. 골조.【역주】
96) 軒(헌): 집 처마가 높은 것을 '헌(軒)'이라고 하며, 긴 복도에 창문이 있는 것도

香棚. 花時雜坐其下, 此何異酒食肆中. 然二種非屛架不堪植, 或移着閨閣, 供仕女采掇, 差可. 別有一種名黃薔薇, 最貴, 花亦爛漫[97]悅目[98]. 更有野外叢生者, 名野薔薇, 香更濃鬱, 可比玫瑰. 他如寶相金沙羅金鉢盂佛見笑七姊妹十姊妹刺蘪月桂等花, 姿態相似, 種法亦同.

11. 매괴(玫瑰)[99]

매괴는 일명 배회화(徘徊花)로, 엮어서 향낭(香囊)[100]으로 만들면 향기

역시 '헌(軒)'이라고 한다. 여기에서의 헌(軒)은 '높은 시렁'이라 해석해야 한다.【原註】
97) 爛漫(난만): 선명하고 아름답다. 눈부시다.【역주】
98) 悅目(열목): 보기 좋다. 아름답다.【역주】
99) 매괴(玫瑰): 매괴(Rosa rugosa)는 낙엽관목으로, 꽃이 백색과 홍색 및 자색으로 나뉘어져 있다. 장미과에 속한다. 『낙양화목기』에는 매괴(玫瑰)·천심매괴(穿心玫瑰)·황매괴(黃玫瑰) 세 종류가 실려 있다.
『군방보』에서 "현재 꽃에 또한 매괴가 있는데 대체로 귀하게 여기므로, 이러한 이름을 붙였으며, 일명 '배회화(徘徊花)'라고 한다.(今花中亦有玫瑰, 蓋貴之, 因以爲名, 一名徘徊花.)"라고 하였다.【原註】
* 매괴(玫瑰): 장미의 한 종류. 장미과(Rosaceae)에 속하는 낙엽관목으로, 장미(Rosa Multiflora Thunb.)와 매괴(玫瑰, Rosa Rugosa Thunb.)및 월계(月季, Rosa chinensis Jacq.)는 모두 장미과 장미속에 속하여 '장미'라고 통칭하지만, 이파리·가지·꽃·꽃받침·열매 등의 여러 면에서 차이가 존재한다. 장미의 가지는 비교적 가늘고 길며 사방으로 덩굴로 벋어나고, 가시는 크고 듬성듬성하며 대부분 어두운 청색이다. 매괴의 가지는 굵고 직립이며, 가시는 밀집하고 크기가 동일하며 대부분 회갈색이다. 월계의 가지는 키가 작고 굵으며, 가시는 크고 듬성듬성하며 약간 갈고리 형상을 띠고 극소수는 가시가 없다. 꽃의 크기는 월계가 가장 크고, 매괴가 다음이며, 장미의 꽃이 가장 작다. 꽃이 진 뒤에, 매계와 월계의 꽃받침은 떨어지지만, 장미의 꽃받침은 떨어지지 않는다. 장미와 월계의 과실은 원구형이며, 매괴의 열매는 납작한 원형이다.【역주】
100) 향낭(香囊): 향을 넣는 주머니이다.
『두양잡편(杜陽雜編)』에서 "공주가 칠보로 장식한 가마를 타는데 네 구석에 오색 비단 향낭을 두었다. 향낭 속에는 벽사향(辟邪香)·서린향(瑞麟香)·금풍향(金風香)이 들어 있었는데 이것들은 외국에서 바친 것이다.(公主乘七寶步輦, 四角綴五色錦香囊. 囊中貯辟邪香瑞麟香金風香, 此開異國獻者.)"라고 하였다.

가 끊이지 않지만, 실제로 점잖은 사람이 지니기에는 적당하지 않다.
가지가 여리고 가시가 많아 그다지 고상해 보이지 않으며, 꽃 색깔도
약간 저속하므로 식품으로 충당해야 마땅하고, 패용하기에는 적합하지
않다. 오 지역에서 넓은 면적을 계획하는 사람이 있는데, 꽃 필 때 많은
수익을 얻는다.

十一. 玫瑰

　玫瑰一名徘徊花, 以結爲香囊, 芬氳不絶, 然實非幽人所宜佩. 嫩條叢刺, 不堪
雅觀, 花色亦微俗, 宜充食品, 不宜贊帶. 吳中有以畝計者, 花時獲利甚夥.

12. 자형(紫荊)101) 체당(棣棠)102)

　자형의 가지는 마르고 꽃은 귀걸이 같은데, 그 모양·색깔·향기·

『진서·사현전(晋書·謝玄傳)』에서 "사현(343-388. 동진의 장군으로 사안의 조
카)이 어려서 자몽향낭(紫夢香囊) 차는 것을 좋아했는데, 사안(謝安, 320-385. 동
진의 정치가)이 희롱삼아 도박으로 빼앗아 태워 버렸다.(玄少好佩紫夢香囊, 安戲
賭取焚之.)"라고 하였다.【原註】
* 두양잡편(杜陽雜編): 3권. 당나라 소악(蘇鶚, ?-?)이 편찬한 필기소설집으로, 대
　종(代宗)-의종(懿宗)의 10대에 거친 사건과 해외의 진기한 사물에 관해 기록하
　였다.【역주】
101) 자형(紫荊): 자형(Cercis chinensis)은 '만조홍(滿條紅)(『군방보』)'이라고도 하며
　낙엽소교목이다. 잎이 먼저 나고 꽃이 피며 꽃은 홍자색이고 가운데 흰색이 있
　다. 콩과에 속한다.【原註】
* 자형(紫荊): 박태기나무. 속씨식물 쌍떡잎식물 장미목에 속하며 관상용이다.
　높이 3-5m까지 자라고 가지는 흰빛이 돈다. 잎은 길이 5-8cm, 나비 4-8cm로
　어긋나고 심장형이며 밑에서 5개의 커다란 잎맥이 발달한다. 꽃은 이른 봄 잎
　이 피기 전에 피고 7-8개 또는 20-30개씩 한 군데 모여 달린다. 꽃은 홍색을
　띤 자주색이고 길이 1cm 내외이다. 열매는 협과로서 꼬투리는 길이 7-12cm이
　고 편평한 줄 모양 타원형으로 8-9월에 익으며 2-5개의 종자가 들어 있다. 목재
　는 연한 녹색이고, 나무껍질을 약재로 사용한다.【역주】

운치는 무엇 하나 좋은 것이 없다. 특히 경성의 한 가지 사건103)이 세상에 전해져 좋은 나무로 비유된다. 나는 체당을 많이 심어 시인의 마음을 얻는 것만 못하다고 생각한다.

十二. 紫荊 棣棠

紫荊枝幹枯索104), 花如綴珥105), 形色香韻, 無一可者. 特以京兆一事, 爲世所述, 比嘉木106). 余謂不如多種棣棠, 猶得風人107)之旨.

---

102) 체당(棣棠): 체당(Kerria japonica DC.)은 낙엽관목이다. 꽃은 홑잎과 겹잎이 있으며 황색이다. 장미과에 속한다.【原註】
   * 체당(棣棠): 황매화. 크게 자라도 2m 정도의 높이밖에 되지 않는 키 작은 낙엽활엽수이다. 한 자리에 더부룩하게 많은 줄기가 자라 무성하며 줄기와 가지는 푸르고 털이 없다. 잎은 서로 어긋나게 자리하며 길쭉한 타원 꼴 또는 길쭉한 계란 꼴이다. 꽃은 작은 곁가지 끝에 잎과 함께 1송이씩 피어난다. 매화와 흡사한 외모를 가지고 있다. 정원에 심어 가꾸는 것은 일반적으로 겹꽃잎이 피는 종류인데 이것을 겹황매화 또는 겹죽도화라고 한다. 일본이 원산지인 꽃나무로, 고려시대에 도입되었으며 강원도 춘성군 청평사(淸平寺) 주변에 무성하게 자라고 있다.【역주】
103) 京兆一事(경조일사): 경성의 한 가지 사건. 한나라 수도에서 전진(田眞)의 형제 세 사람이 집 앞의 한 그루 자형나무를 나누어 가지는 일을 의논하였다. 『제해기(齊諧記)』에 실려 있다. 【原註】
   * 한나라 때 수도에 전진(田眞)을 포함하여 전경(田慶)과 전광(田廣)의 3형제가 있었는데, 아버지의 재산을 공평하게 나누기로 하였으며, 집 앞에 있는 한 그루의 자형(紫荊)도 3등분으로 나누려 하였다. 다음 날 자형을 자르려고 하였더니 나무가 이미 말라 죽어 있었다. 형제들이 슬픔을 가누지 못해 나무를 자르지 못하였더니, 나무가 다시 살아나 형제들이 감동하였으며, 마침내 재산을 나누지 않고 효자집안이 되었다는 이야기이다. 『제해기(齊諧記)』에 실려있다.【역주】
   * 京兆(경조): 인구가 가장 많은 도시란 뜻으로 수도를 의미한다.【역주】
   * 제해기(齊諧記): 7권. 남조 송나라 동양무의(東陽無疑, ?-?)가 편찬했다는 고사집. 원서는 이미 산일되었으며 17조목이 전해 온다.【역주】
104) 枯索(고색): 생기가 없다. 시들시들하다.【역주】
105) 綴珥(철이): 이(珥)는 주옥으로 만든 귀 장식으로, '귀걸이'라고 한다. 철이(綴珥)는 '주옥으로 장식된 귀걸이'를 말한다.【原註】
106) 嘉木(가목): 아름다운 나무. 구양수의 「취옹정기(醉翁亭記)」에서 "가목(嘉木)은 빼어나게 아름다우면서 무성하다.(嘉木秀而繁英.)"라고 하였다.【原註】

13. 자미화(薇花)[108]

자미화에는 네 종류가 있는데, 자색 외에 백색은 백미(白薇)[109], 붉은
색은 홍미(紅薇)[110], 자색에 남색을 띤 것을 자미(翠薇)[111]라고 한다. 이

---

* 구양수(歐陽脩, 1007-1072): 중국 송나라의 정치가 겸 문인으로 당송팔대가(唐宋八大家)의 한 사람. 송나라 초기의 화려한 서곤체(西崑體)를 개혁하고, 당나라의 한유(韓愈)를 모범으로 하는 시문을 지었다. 주요 저서에는『구양문충공집(歐陽文忠公集)』등이 있다.【역주】
107) 風人(풍인): 시인(詩人).『삼국지(三國志)』에서 "이리하여 화목한 모습을 하였으며, 풍류객이 노래하였다.(是以雍雍穆穆, 風人咏之.)"라고 하였다.【原註】
* 삼국지(三國志): 65권. 서진 사학자 진수(陳壽, 233-297)가 위·촉·오 삼국시대의 역사를 기록한 정사. 흔히『삼국지(三國志)』라고 하는 소설은『삼국지연의(三國志衍義)』를 가리킨다.【역주】
* 雍雍穆穆(옹옹목목): 화목한 모습을 의미한다. 출처는 위나라 문학가 조식(曹植, 192-232)이 조카인 위명제(魏明帝)인 조예(曹叡, 204-239)에게 바친「친척과 통행하며 친하게 지내기를 추구하는 표문(求通親親表)」.【역주】
108) 미화(薇花): 일반적으로 '자미화(紫微花, Lagrstroemia indica, 배롱나무)'라 하며, '만당홍(滿堂紅)'(『용당소품(涌幢小品)』)·'백일홍(百日紅)'(『여남포사(汝南圃史)』·'후랑달수(猴郎達樹)'(『유양잡조(酉陽雜組)』)라고도 한다. 낙엽소교목으로, 꽃잎은 주름이 잡혀 있고 색은 자색·홍색·백색 등 여러 가지이며, 꽃이 피는 기간도 매우 길다.
  명 황보효(皇甫涍, 1497-1546. 문학가)의「자미화행서(紫薇花行序)」에서 "가을날 정원을 거닐다가, 미화가 눈을 부시게 하여 그곳을 오랫동안 배회하였도다.(秋日散步庭隅, 薇花爛目, 徘徊久之.)"라고 하였다.【原註】
* 자미화: 배롱나무를 가리킨다. 낙엽 소교목으로 '백일홍(百日紅)'·'오리향(五里香)'·'만당홍(滿堂紅)'이라고도 한다. 정원수로 많이 심으며, 7-9월에 홍색·백색·홍자색의 꽃이 핀다.【역주】
* 용당소품(涌幢小品): 32권. 명나라 관리 주국정(朱國禎, ?-1632)의 저술로, 명대의 각종 사건에 대하여 기록한 필기.【역주】
* 유양잡조(酉陽雜組): 30권. 당나라 소설가 단성식(段成式, 803-863)의 필기소설.【역주】
109) 백미(白薇): '은미[銀薇, Lagerstroemia indica L. f. alba (Nichols.) Rehd.]'라고도 부르며, 꽃은 백색으로 자미화의 변종이다.【原註】
110) 홍미(紅薇): 홍미는 붉은 색이지만, 진홍색·홍색·담홍색의 세 가지 색이 있으며, 자미의 다른 품종이다.【原註】
111) 취미(翠薇): 취미(L.dindica var.rubra)는 꽃이 자주색으로 자미의 변종이다.『군방보』에서 "자주색으로 남색의 반점을 띠는 것을 '취미'라 한다.(紫帶藍焰者, 名

꽃은 4월에 피고 9월에 져서 속칭 백일홍(百日紅)[112]이라고 한다. 산의 정원에 심으면 내구붕(耐久朋)[113]이라 할 수 있으나, 꽃은 단지 멀리서 보는 것이 좋다. 북방사람들은 후랑달수(猴郎達樹)[114]라고 부르는데, 나무에 껍질이 없어 원숭이가 기어오를 수 없기 때문이며 그 이름도 기이하다.

十三. 薇花

薇花四種, 紫色之外, 白色者曰白薇, 紅色者曰紅薇, 紫帶藍色者曰翠薇. 此花四月開, 九月歇, 俗稱百日紅. 山園植之, 可稱耐久朋, 然花但宜遠望. 北人呼猴郎達樹, 以樹無皮, 猴不能捷也, 其名亦奇.

14. 석류(石榴)[115]

석류는 꽃이 과실보다 좋으며, 진홍색 · 도홍색 · 옅은 백색 세 종류가

翠薇.)"라고 하였다.【原註】
112) 백일홍(百日紅):『군방보』에서 "일명 '백일홍'이며, 4-5월에 꽃이 피기 시작해 8-9월까지 피었다가 지면서 지속되므로 이름을 붙였다.(一名百日紅, 四五月始花, 開謝接續可至八九月, 故名.)"【原註】
113) 내구붕(耐久朋):『당서(唐書)』에서 "위현동(魏玄同, ?-?. 당나라 관리)과 배염(裴炎, ?-684. 당나라 재상)이 교우를 맺어 지속적으로 유지될 수 있었으므로 '내구붕(耐久朋)'이라 하였다.(魏玄同與裴炎締交, 能全始終, 號耐久朋.)"라고 하였다.【原註】
　　* 내구붕(耐久朋): 지속적으로 오래 마음이 변치 않는 친구.【역주】
114) 후랑달수(猴郎達樹):『유양잡조』에서 "자미는 북방사람들이 '후랑달수'라고 부르는데 껍질이 없어 원숭이가 민첩하게 올라갈 수 없기 때문이다.(紫薇, 北人呼爲猴郎達樹, 謂其無皮, 猿不能捷也.)"라고 하였다.【原註】
115) 석류(石榴): 석류(Punica granatum L.)는 '안석류(安石榴)'라고도 하며 낙엽소교목이나 소관목이다. 꽃은 진홍색 · 분홍색 · 황색 · 백색이 있으며 변종이 매우 많다. 관상용으로 유명한 나무이며 중요 과실수이기도 하다. 안석류과에 속한다.【原註】
　　* 석류: 석류과이다. 원산지는 이란과 아프가니스탄으로, 높이가 10m에 달하며 줄기는 뒤틀리는 모양을 하고 있다. 꽃은 양성화이며 6월에 홍색으로 핀다.

있다. 겹꽃잎의 것은 병자류(餠子榴)116)라고 하고, 꽃이 불처럼 강렬하지
만 열매가 없으며 정원에 심어야 적합하다.

十四. 石榴

 石榴, 花勝于果, 有大紅桃紅淡白三種. 千葉者名餠子榴, 酷烈如火, 無實, 宜
植庭際.

15. 부용(芙蓉)118)

부용은 연못 근처 언덕에 심어야 하고, 물을 가까이하면 좋다. 만약

     열매는 둥글고 지름이 6-8㎝로서 9-10월에 황색 또는 황홍색으로 익는다. 석류
     는 많은 씨가 들어 있기 때문에 다산(多産)의 상징으로 많이 사용된다.【역주】
116) 병자류(餠子榴): 『군방보』에서 "병자류는 꽃이 크고 열매를 맺지 않는다.(餠子榴,
     花大, 不結實.)"라고 하였다.【原註】
117) 부용(芙蓉): 부용화(Hibiscus mutabilis)는 목부용(木芙蓉)(『본초강목』)이며 '화목
     (桃木)'과 '거상(拒霜)'(『본초강목』)이라고도 한다. 꽃이 연꽃과 같이 아름다워 '부
     용(芙蓉)'과 '목련(木蓮)'이라는 명칭이 있다. 낙엽교목으로 종류가 다르면 꽃 색
     깔도 각기 다르며, 진홍색 · 담홍색 · 백색과 하루에 세 번 변하는 것이 있다. 금
     규과(金葵科)에 속한다.
     『설문』에서 "부용화는 꽃이 피기 전에는 '함담(菡萏)'이라 하고, 이미 피면 '부용'
     이다.(芙蓉花未發爲菡萏, 己發爲芙蓉.)"라고 하였다.
     『비아』에서 "꽃은 부용이며 봉오리는 '함담'이라 하고, 열매는 '연(蓮)'이라 하며,
     열매가 무성하면 '화(華)'라 한다.(蓉爲芙蓉, 秀曰菡萏, 實曰蓮, 蓮之茂曰華.)"라
     고 하였다.【原註】
    * 부용(芙蓉): 금규목(錦葵目) 금규과(金葵科, 아욱과) 목근속(木槿屬, 무궁화속)
     에 속하고, 원산지는 중국이며, 서식장소와 자생지는 산과 들이다. 높이 2m까
     지 자라고 가지에 성모(星毛, 여러 갈래로 갈라진 별 모양의 털)가 있다. 잎은
     어긋나고 3-7개로 얕게 갈라지지만 갈라지지 않는 것도 있다. 꽃은 8-10월에
     피고 지름 10-13cm이다. 열매는 삭과(蒴果, 씨방이 여러 개인 열매)로 둥글고
     지름 2.5cm 정도이며, 10-11월에 익는다. 주로 관상용으로 재배하며, 잎과 뿌리
     를 약재로 쓴다.【역주】

다른 곳에 심으면 절대로 운치가 풍부하지 않다. 쪽빛 즙을 꽃술에 묻히고 끝 부분을 싸놓으면 꽃이 푸른색으로 피어 아름답기는 하지만, 이러한 것은 그리 큰 의미가 없다.

十五. 芙蓉

芙蓉宜植池岸, 臨水爲佳. 若他處植之, 絶無豊致. 有以靛紙[118]蘸花蕊上, 仍裹其尖, 花開碧色, 以爲佳, 此甚無謂.

16. 담복(薝蔔)[119]

담복은 일명 '월도(越桃)[120]'이고 일명 '임란(林蘭)[121]'이며 속명은 치자

---

118) 靛紙(전지): 전즙(靛汁)은 쪽(Polygonum tinctorium)의 잎에서 나온 즙으로 남색 염료이다. 속칭 '전청(靛靑)'이라 한다. '지(紙)'자는 '수(水)'자의 오자로 추정되므로, '전지(靛紙)'는 '전수(靛水)'로 해야 한다.【原註】
   * 원주에서는 '전지(靛紙)'를 '전수(靛水)'로 풀이하였으나, '전지(靛紙)'를 쪽빛으로 물들인 종이로 보고 원문을 "쪽빛으로 물들인 종이로 꽃술의 위부분에 닿게 하여 계속하여 끝부분을 싸 놓으면(有以靛紙¹⁾蘸花蕊上, 仍裹其尖)"이라고 풀이해도 의미가 통한다.【역주】
119) 담복(薝蔔):『유양잡조』에서 "치자는 바로 서역의 '담복화(薝蔔花)'라고 전해온다.(卮子相傳卽西域之薝蔔花.)"라고 하였으나 사실은 오류이다. 담복의 학명(Michelia champaca)에 따라 대만에서는 '전파가(旃簸迦)', 운남성 곤명(昆明)에서는 '황면계(黃緬桂)'라 하며, 통칭해서 '황난화(黃蘭花)'라 한다. 교목이며, 꽃은 귤색이고, 담복과 전파가는 모두 범어 Champaca의 음역이다. 원산지는 히말라야 산과 말레이시아이며 목란과에 속한다. 치자화(梔子花, Gardenia jasminoides)는 상록관목으로, 꽃이 백색이며 원산지는 중국과 일본 및 월남이고, 천초과(茜草科, 꼭두서니과)에 속한다.【原註】
   * 치자나무: 꼭두서니과(Rubiaceae) 치자나무속(Gardenia)에 속하는 상록성 관목이다. 크기는 1.5-2m이고, 꽃은 6-7월에 유백색(乳白色)으로 잎겨드랑이나 가지 끝에서 피며, 꽃잎은 6-7개이고, 꽃받침은 끝이 6-7개로 갈라진다. 열매는 타원형으로 길이 3.5cm 내외이고, 씨는 편평하며 5mm 정도인데, 덩어리로 엉겨 있다. 9월에 황홍색으로 익는다. 남부지방에서 재배하는 관상식물로, 일본

(梔子)로서 고대에는 '선우(禪友)'[122]라고 했는데, 서역에서 나왔으며 절에 심는 것이 적당하다. 그 꽃은 가까이에서 냄새를 맡아서는 안 되는데 작은 벌레가 있어 사람의 콧속으로 들어 갈 수 있기 때문이며, 서재에는 심지 않아야 된다.

十六. 薝蔔

薝蔔, 一名越桃, 一名林蘭, 俗名梔子, 古稱禪友, 出自西域[123], 宜種佛室中. 其花不宜近嗅, 有微細蟲入人鼻孔, 齋閣[124]可無種也.

17. 말리(茉莉)[126] 소형(素馨)[127] 야합(夜合)[128]

여름밤에 많이 배치해 두는 것이 가장 좋으며, 바람이 한번 돌아 나

오키나와와 대만 및 중국에 분포한다. 열매는 옛날부터 황색 염료로 많이 이용하였다.【역주】

120) 월도(越桃):『군방보』에서 "치자는 일명 '월도'이고 일명 '선지(鮮支)'이다.(梔子一名越桃, 一名鮮支.)"라고 하였다.【原註】

121) 임란(林蘭):『격치총론(格致總論)』에서 "꽃이 조금 큰 한 종류는 사령운(謝靈運, 385-433. 동진의 저명한 문학가)이 임란(林蘭)으로 지목하였다.(一種花差大者, 謝靈運目爲林蘭.)"라고 하였다.【原註】

　* 임란(林蘭): 치자꽃(Gardenia jasminoides Ellis)의 별명이다.【역주】

122) 선우(禪友):『삼여췌필(三餘贅筆)』에서 "치자는 선우이다.(梔子, 禪友.)"라고 하였다.【原註】

　* 삼여췌필(三餘贅筆): 1권. 명나라 도앙(都印, ?-?)의 저술로 26종류로 분류하여 산천풍속과 문자 및 골동 등에 관하여 기록하였다.【역주】

123) 西域(서역): '서역'이라는 명칭은 한대부터 시작되었는데, 돈황(燉煌, 감숙성) 서쪽의 여러 나라를 가리켜 말한다. 지금의 서역은 인도를 가리킨다.【原註】

124) 齋閣(재각): 서재.【역주】

125) 말리(茉莉): 말리(Jasminum sambac)는 상록등본으로, 꽃이 백색이며 향기가 있다. 목서과(木犀科)에 속한다.
『강서통지(江西通志)』에서 "말리화는 강서성에서 산출되고 모두 사시사철 파종

가면 온 실내가 맑고 향기롭다. 장강(章江)[128]에서는 가시 있는 식물을

이 가능하며, 이것을 직업으로 하는 자는 천만금을 벌어, 강과 호수에 배를 띄울 수 있다. 해마다 이익을 얻는다.(茉莉, 贛産, 皆常種, 業之者以千萬計, 舫載江湖. 歲食其利.)"라고 하였다.【原註】

* 말리(茉莉): 목서과(木犀科) 소형속(素馨屬)에 속하는 관목으로 높이 3m까지 자란다. 꽃은 백색으로 5-8월에 피고 열매는 7-9월에 익는다. 꽃이 매우 향기로 워 차나 향료로 사용된다. 재스민차가 말리화로 만든 차이다.【역주】

126) 소형(素馨): 소형(Jasminum grandiflorum)은 일명 '나수명화(那愁茗花)'(『화경』)이며, 깃털 모양의 겹으로 된 잎에, 꽃은 백색이며 향기롭다. 목서과에 속한다. 【原註】

* 소형: 원산지는 인도와 히말라야 및 이란으로 크기는 1-3m까지 자란다. 잎은 마주나고 2-4쌍으로 된 우상복엽(羽狀複葉)이다. 꽃은 여름에 피고 백색이며 향기가 강하며 지름 2-2.5 cm이고 향유(香油)와 향수의 원료(꽃) 및 차에 사용된다.【역주】

127) 야합(夜合):『학포잡소』에서 "백합 가운데 '사향(麝香)'이라 불리는 것이 있는데, 사람들은 '야합화'라고 한다. 뿌리가 달아 먹을 수 있다. 밭에 많이 심어서 그 가운데 좋은 것을 선택하여 화분에 심는다.(百合中名麝香者, 人謂卽夜合花, 根甜可食. 宜多種圃中, 間取佳者爲盆供.)"라고 하였다. 생각건대 사향백합(麝香百合)은 권단(卷丹, Lilium longiflorum)으로 백합과에 속한다.
『화경』에서 "'사향화'라고 하는 한 종류는 천향(天香)과 비슷하며(생각건대 바로 천향백합으로 학명은 Lilium auratum이다), 키가 작고 잎이 무성하며 4월에 핀다.[一種名麝香花, 類天香(按卽天香百合, Lilium auratum), 短而葉繁, 開於四月.]"라고 하였다.
『화경』에서 "야합은 일명 '마라춘(摩羅春)'이고 일명 '백합'으로, 싹의 높이가 2-3자이고, 잎은 가늘고 길며 사방에서 가지를 둘러싸고 위로 올라가고, 가지 끝에 이르러서 비로소 꽃이 핀다. 4-5월에 꽃이 피는데, 꽃의 색은 밀색(蜜色, 엷은 황색)이고 꽃의 중심은 자주색이며, 꽃향기가 가장 진하다.(夜合, 一名摩羅春, 一名百合, 苗高二三尺, 葉細而長, 四面攢枝而上, 至杪始著花, 四五月花開, 蜜色紫心, 花之香味最濃.)"라고 한 것은 백화백합(白花百合, Lilium brownii var. colchesteri)을 가리켜 말한 것이다.
『준생팔전』에서 "홍색의 무늬에 향기가 옅은 것을 '백합'이라 하고, 꿀의 색이면서 향기가 진하고 낮에 피었다가 밤에 오므라드는 것은 '야합'이라 한다.(紅紋香淡者曰百合, 蜜色而香濃日開夜合者, 名夜合.)"라고 하였다.【原註】

* 야합(夜合): 목란과에 속하는 상록관목에 '야합(夜合)'이 있고, 낙엽 활엽 소교목인 자귀나무를 '야합(夜合)'이라고도 하지만, 본문에서 말하는 백합과에 속하는 초본식물인 야합(夜合)과는 다른 종류이다.【역주】

128) 장강(章江): 공수(贛水)로 강서에 있다.
『강서통지』에서 "장강은 남창부(南昌府, 지금의 강서성 남창시)의 남창성 서쪽

섞어 울타리를 엮는데, 모두 말리화를 사용한다. 꽃이 필 때는 천 척의
배가 호구(虎邱)129)에 정박하므로, 꽃 시장이 초여름에 가장 흥청거린
다. 재배 요령을 터득하면 격년마다 꽃을 피울 수 있다. 다만 가지와
꽃은 탁자에 놓는 식물이 아니어서 야합(夜合)만 못하지만, 병에 꽂아
감상하는 데 사용할 수 있다.

十七. 茉莉 素馨 夜合

夏夜最宜多置, 風輪130)一鼓, 滿室淸芬. 章江編籬揷棘131), 俱用茉莉. 花時,
千艘俱虎邱, 故花市初夏最盛. 培養得法132), 亦能隔歲發花. 第枝葉非几案物,
不若夜合, 可供甁玩133).

18. 두견(杜鵑)135)

두견화는 꽃이 매우 흐드러지지만, 특성이 그늘을 좋아하고 뜨거운

장강문(章江門) 밖에 있으며, 폭은 10리이고 일명 '공수(贛水)'로, 바로 옛날의
호한수(湖漢水)이다.(章江在府城西章江門外, 闊十里, 一名贛水, 卽古湖漢水也.)"
라고 하였다.【原註】
129) 호구(虎邱): 산 이름으로 강소성 소주시 북쪽 교외에 있다.【原註】
130) 風輪(풍륜): 바람이 빈 공간에 머물면, 그 모습이 회전하는 바퀴와 꼭 같다.【原
註】
131) 揷棘(삽극): 극(棘, 가시)은 '산조(酸棗)'나 '이조(樲棗, Zizyphus jujuba vav.
spinosa)'라는 별명이 있다. 식물에 가시가 있는 것을 모두 '극(棘)'이라 하며, 가
시 있는 식물을 끼워 넣어 울타리를 만든 것을 '삽극(揷棘)'이라 한다.【原註】
132) 得法(득법): 요령이 있다. 알맞다.【역주】
133) 甁玩(병완): 꽃을 병에 꽂아 감상하다.【역주】
134) 두견(杜鵑): 두견화(Rhododendron)는 상록 혹은 낙엽교목, 또는 관목이다. 꽃은
홍색·백색·황색·자색의 여러 색으로 종류가 다양하다. 중국에 모두 육백 몇
십 종이 있으며, 운남에서 가장 번성하고 있다.【原註】
　* 두견화: 진달래. 속씨식물문 쌍떡잎식물강 진달래목에 속한다. 분포지역은 한

것을 싫어해서 나무 아래 음지에 심어야 적당하다. 꽃이 필 때 탁자에 옮겨 놓는다. 별도로 영산홍(映山紅)135)이라는 종류가 있는데, 바위 사이에 심어야 적당하며 '산척촉(山躑躅)136)'라고도 한다.

국·일본·중국·몽골·우수리 등지이며 서식장소는 산지의 볕이 잘 드는 곳이다. 참꽃이라고도 한다. 높이는 2-3m이고 줄기 윗부분에서 많은 가지가 갈라지며, 작은가지는 연한 갈색이고 비늘조각이 있다. 잎은 어긋나고 긴 타원 모양이며 길이가 4-7cm이고 양끝이 좁으며 가장자리가 밋밋하다. 꽃은 4월에 잎보다 먼저 핀다. 열매는 삭과이고 길이 2cm의 원통 모양이며 끝 부분에 암술대가 남아 있다. 관상용으로 심기도 하고, 꽃은 이른 봄에 화전(花煎)을 만들어 먹거나 진달래술(두견주)을 담그기도 한다. 흰색 꽃이 피는 것을 '흰 진달래(for. albiflorum)'라 하고, 작은 가지와 잎에 털이 있는 것을 '털 진달래(var. ciliatum)'라 하며 바닷가와 높은 산에서 흔히 자란다. 잎이 둥글거나 넓은 타원 모양인 것을 '왕진달래(var. latifolium)'라 한다. 바닷가 근처에서 자라는 것 중에서 잎에 윤기가 있고 양면에 사마귀 같은 돌기가 있는 것을 '반들 진달래(var. maritimum)'라 하고, 열매가 보다 가늘고 긴 것을 '한라진달래(var. taquetii)'라 한다. 키가 작고 꽃도 작으며 5개의 수술이 있는 것을 '제주진달래(R.saisiuense)'라 하며, 한라산 정상 근처에서 자란다.【역주】

135) 영산홍(映山紅): 영산홍(Rhododemdron)은 '만산홍(滿山紅)'과 '조산홍(照山紅)'이라고도 하며, 상록 혹은 반상록 소교목으로, 꽃은 장미 같은 붉은 색이고 농도가 각기 다르다. 두견화과에 속한다.
『준생팔전』에서 "영산홍은 본명이 '산척촉(山躑躅, 산철쭉)'으로, 꽃은 두견화보다 조금 크며 홑꽃잎으로 색이 연하고, 산꼭대기에 가득 자라나면 그 해에 풍년이 들며, 사람들이 다투어 채취하는데 자주색과 분홍색의 두 가지 색이 있다.(映山紅本名山躑躅, 花類杜鵑稍大, 單瓣, 色淺, 生滿山頂, 其年豊稔, 人競采之, 有紫粉紅二色.)"라고 하였다.【原註】
    * 영산홍: 학명은 Rhododendron indicum (L.) Sweet이다. 쌍떡잎식물 합판화군 진달래목 진달래과의 반상록 관목이다. 원산지는 일본이고 한국과 중국에도 자란다. 높이 15-90cm이며, 잎의 길이는 1-3cm에 너비 5-10mm이고, 꽃의 지름은 3.5-5cm이며, 열매는 길이가 7-8mm이다. 꽃은 4-5월에 가지 끝에 홍자색으로 피고, 열매는 삭과로 9-10월에 익으며 달걀 모양으로 길이 7-8mm이고 거친 털이 있다. 겨울에도 잎이 완전히 떨어지지는 않는다. 많은 원예 품종이 있고 꽃은 붉은색·흰색·분홍색 등으로 다양하다. 한방과 민간에서 잎은 약재로 쓴다.【역주】
136) 산촉촉(山躑躅):『본초강목』에서 "산척촉은 일명 '홍척촉(紅躑躅)'이고 일명 '산석류(山石榴)'이며 일명 '영산홍(映山紅)'으로, 산골짜기 곳곳에 있다.(山躑躅一名紅躑躅, 一名山石榴, 一名映山紅, 處處山谷有之.)"라고 하였다.【原註】

十八. 杜鵑

杜鵑, 花極爛漫, 性喜陰畏熱, 宜置樹下陰處. 花時, 移置几案間. 別有一種名映山紅, 宜種石岩之上, 又名山躑躅.

19. 소나무(松)138)

소나무와 잣나무는 예로부터 병칭되지만, 가장 귀한 것은 반드시 소나무가 으뜸이다. 천목산(天目山)138)의 소나무가 가장 좋지만 재배하기가 쉽지 않다. 괄자송(栝子松)139)을 채취하여 집 앞의 넓은 정원이나 넓

---

137) 松(송): 소나무(Pinus) 종류는 잎이 2개짜리·3개짜리·5개짜리로 나누어진다. 【原註】
   * 소나무: 분포지역은 한국·중국 북동부·우수리·일본 등지이다. 줄기는 높이 35m, 지름 1.8m 정도까지 자라며 나무껍질은 붉은빛을 띤 갈색이나 밑 부분은 검은 갈색이다. 바늘잎은 2개씩 뭉쳐나고 길이 8-9cm, 너비 1.5mm이다. 꽃은 5월에 피고 수꽃은 새 가지의 밑 부분에 달리며 노란색으로 길이 1cm의 타원형이다. 암꽃은 새 가지의 끝부분에 달리며 자주색이고 길이 6mm의 달걀 모양이다. 열매는 달걀 모양으로 길이 4.5cm에 지름은 3cm이며 열매조각은 70-100개이고 다음해 9-10월에 노란빛을 띤 갈색으로 익는다. 씨는 길이 5-6mm에 너비 3mm의 타원형으로 검은 갈색이며 날개는 연한 갈색 바탕에 검은 갈색 줄이 있다. 잎과 꽃 및 송진은 약재로 사용한다. 꽃가루는 송화(松花)라 하며 다식을 만들고, 껍질은 송기떡을 만드는데 식용한다. 관상용·정자목·당산목 등으로 많이 심었다.【역주】
138) 천목산(天目山): 천목산은 절강성 임안현[臨安縣], 지금의 여항현(餘杭縣)에 있는데, 어잠현(於潛縣)과 길안현(安吉縣) 두 현의 경계에 있으며, 동쪽과 서쪽의 두 산으로 나뉘어 있다. 오늘날에는 천목산 위에 나는 황산송(黃山松, Pinus tai-wanensis Hayata)을 말한다.【原註】
   * 황산송(黃山松, Pinus taiwanensis Hayata): 해발 600m이상의 고산지대에서 자라는 잎이 이침(二針)인 소나무의 한 종류. 안휘성 황산(黃山)의 소나무가 특히 유명하다. 화산송(華山松)은 잎이 오침(五針)으로 황산송과 다르다.【역주】
139) 괄자송(栝子松): 백피송(白皮松, Pinus bungeana, 즉 백송)으로, '괄자송(『본초강목』)과 '척아송(剔牙松)'(『학포잡소』)이라고도 한다. 상록교목으로 잎은 서너 개가 한 무더기를 이루고 나무껍질은 백색이다. 송과(松科, 소나무과)에 속한다.

은 둔덕 위에 심으며, 짝을 이루어도 무방하다. 실내에도 한 그루 심는
게 좋은데, 아래에는 문양 있는 돌로 받침대를 만들거나 태호석으로 난
간을 만들어도 모두 좋다. 수선·난초와 혜초·원추리와 같은 종류는
그 아래에 섞어 심는다. 산송(山松)은 산언덕에 심어야 하는데, 용의 비
늘 같은 껍질이 갖추어져 솔바람소리와 호응하면, 어찌 오주(五株)140)와
구리(九里)141)에 뒤지겠는가?

【原註】
* 괄자송(栝子松): '괄송(栝松)'이라고도 하며, 송원교체기 주밀(周密, 1232-1298)
  의 필기『계신잡지(癸辛雜識)』와 명 이시진의 『본초강목』에 따르면, 잎이 삼침
  (三針)인 것을 '괄자송'이라 하였다. 껍질이 희고 잎이 이침(二針)인 백송(白松)
  의 한 종류이다.【역주】
140) 오주(五株): 오주(五株)와 구리(九里)는 모두 소나무와 관련된 이야기이다.
  『사기』에서 "진시황이 태산을 올라가는데 비바람이 무섭게 몰아쳐서 나무 아래
  에서 쉬었다. 후에 그 나무를 오대부(五大夫)에 봉했다.(秦始皇上泰山, 風雨暴至,
  休於樹下, 後封其樹爲五大夫.)"라고 하였다.
  『한관의(漢官儀)』의 주(注)에서 "소나무를 말하는 것으로, 후대에 마침내 소나무
  를 '오대부'라 하였다.(謂爲松樹, 後世遂稱松爲五大夫.)"라고 하였다.
  『동재기사(東齋記事)』에서 "오대부는 진나라 작위의 제9급인데, 후세 사람들이
  이해하지 못하여 마침내 소나무로서 대부에 봉해진 것이 5그루하고 하였으므로,
  당나라 사람 육지(陸贄, 754-805. 당 문학가)의 소나무 시에 '다섯 그루가 봉해진
  것이 부럽지 않네.'라는 구절이 있게 되었으나, 사실은 오류이다.(五大夫, 秦爵第
  九級, 後人不解, 遂謂松之封大夫者五, 故唐人陸贄松詩, 有不羨五株封之句, 實
  誤.)"라고 하였다. 다섯 그루라고 한 것은 대체로 여기서 유래하였다.【原註】
  * 한관의(漢官儀): 현재 2권이 전한다. 동한 학자 응소(應劭, 153?-196)가 저술한
    한나라의 전장제도에 관한 저서.【역주】
  * 육지 시 '不羨五株封'의 제목은 「대궐의 봄 소나무(禁中春松)」이다.【역주】
  * 동재기사(東齋記事): 5권, 보유(補遺) 1권. 북송 학자 범진(范鎭, 1007-1088)의
    저서로, 시사견문에 관한 필기이며, 북송의 전장제도와 일화 및 촉 지역의 풍토
    와 인정 등을 기록하였다.【역주】
141) 구리(九里): 서호(西湖)의 구리송(九里松)이다. 『서호지(西湖志)』에서 "당나라 자
  사 원인경(袁仁敬, ?-?)이 항주를 다스릴 때, 소나무를 심어 영은사(靈隱寺)와 천
  축사(天竺寺)까지 이어졌는데, 좌우에 각각 세 줄로서, 푸르게 길을 좌우에서 둘
  러쌌다.(唐刺史袁仁敬守杭, 植松以建靈竺, 左右各三行, 蒼翠夾道.)"라고 하였다.
  후에 그 지역을 '구리송'이라고 부르게 되었다.【原註】
  * 서호지(西湖志): 48권. 고대 절강성 항주의 서호와 서호의 문화역사에 관한 저

十九. 松

松柏古雖幷稱, 然最高貴者, 必以松爲首. 天目最上, 然不易種. 取栝子松, 植
堂前廣庭, 或廣臺之上, 不妨對偶. 齋中宜植一株, 下用文石爲臺, 或太湖石爲欄
俱可. 水仙蘭蕙萱草之屬, 雜蒔其下. 山松宜植山崗之上, 龍鱗[142]既成, 濤聲[143]
相應, 何減五株九里哉.

20. 무궁화(木槿)[144]

무궁화는 꽃 중에서 가장 천하지만, 고대에는 '순화(舜華)'[145]라고 했

서로, 청 옹정연간에 절강총독 이위(李衛, 1687-1738)가 주관하여 편찬하였다.
【역주】

142) 龍鱗(용린): 천자나 영웅 등의 위엄을 비유적으로 이르는 말. 거물.【역주】

143) 濤聲(도성): 파도 소리. 소나무 숲에 바람이 움직이는 소리로, '송도(松濤)'라고도
한다. 원나라 구양현(歐陽玄, 1274-1358. 문학가)의「멋대로 지은 시(漫題詩)」에
서 "주렴 내리고 꼿꼿하게 앉아 소나무 숲의 바람소리를 듣네.(下廉危坐聽松濤.)"
라고 하였다.【原註】

144) 木槿(목근): 목근(Hibiscus syriacus)은 낙엽관목으로 꽃이 백색·홍색·자색·남
색·분홍색 등이 있다. 금규과에 속한다.【原註】

　* 무궁화: 속씨식물 쌍떡잎식물 아욱목이며, 분포지역은 한국·싱가포르·홍
콩·타이완 등지이다. '근화(槿花)'라고도 한다. 대한민국의 나라꽃이다. 내한
성(耐寒性)으로 높이 2-4m까지 자라고 때로는 거의 교목이 되는 것도 있다.
잎은 늦게 돋아나고 어긋나며 자루가 짧고 마름모꼴 또는 달걀모양으로 길이
4-6cm에 너비 2.5-5cm이며 얕게 3개로 갈라지고 가장자리에 불규칙한 톱니가
있다. 꽃은 반드시 새로 자란 잎겨드랑이에서 하나씩 피고 대체로 종(鍾) 모양
이며 자루는 짧다. 꽃은 지름 7.5cm 정도이고 보통 홍자색 계통이나 흰색·연
분홍색·분홍색·다홍색·자주색 등이 있다. 꽃은 홑꽃잎과 여러 형태의 겹꽃
잎이 있다. 홑꽃잎의 꽃잎은 대체로 달걀을 거꾸로 세운 모양으로 5개인데 밑
동에서는 서로 붙어 있다. 겹꽃잎은 수술과 암술이 꽃잎으로 변한 것으로 암술
이 변한 정도에 따라 다양하다. 열매는 길쭉한 타원형으로 5실(室)이고 10월에
익으며 5개로 갈라진다. 씨는 편평하며 털이 있다. 꽃이 아름답고 꽃피는 기간
이 7-10월로 길어서 정원·학교·도로변·공원 등의 조경용과 분재용 및 울타
리로 널리 이용된다.【역주】

145) 순화(舜華): 무궁화의 다른 이름으로, 『시경』에서 "얼굴이 무궁화처럼 아름답다.

으며 그 이름이 가장 오래되었다. 또 '조균(朝菌)146)'이라 한다. 울타리와
야외에 섞어 심어도 무방한데, 반드시 '정원의 좋은 친구'라고는 하지만,
이 호칭을 감당할 수 있을지 알 수 없다.

二十. 木槿

　木槿, 花中最賤, 然古稱舜華, 其名最遠. 又稱朝菌. 編籬野岸, 不妨間植, 必
稱林園147)佳友, 未知敢許也.

21. 계수나무(桂)148)

　무더기로 계화가 필 때면 정말로 '향굴(香窟)149)'이라 부를 만하다. 두

---

146) 조균(朝菌): 무궁화의 별명이다. 『군방보』에서 "무궁화는 일명 '조균(朝菌)', 일명
　　'주근(朱槿)', 일명 '적근(赤槿)', 일명 '조개야락화(朝開夜落花)'이다.(木槿一名朝
　　菌, 一名朱槿, 一名赤槿, 一名朝開夜落花.)"라고 하였다.【原註】
147) 林園(임원): 임원(林園)과 원림(園林)은 같은 뜻으로, 고대 정원 관련 문헌에 항상
　　나타난다. 『원야』에서 "대개 정원의 조성은 촌과 도시를 구분하지 않으며, 외진
　　곳이 더 좋다.(凡結林園無分村郭, 地偏爲勝.)"라고 하였다. 나머지는 본권「장미
　　(薔薇)와 목향(木香)」의 원주 참고.【原註】
148) 桂(계): 계화(Osmanthus fragrans)는 '목서(木樨)'(『본초강목』)나 '목서(木犀)'(『본
　　초강목』)라고도 하며, 상록교목이다. 꽃은 백색·담황색·등황색의 세 종류이다.
　　목서과에 속한다.
　　『격치총론(格致叢論)』에서 "계화는 침목으로 일명 '목서(木犀)'이고 일명 '암계(巖
　　桂)'이며, 백색과 황색 및 홍색의 여러 색이 있고, 꽃잎은 네 잎이나 다섯 잎이거
　　나 겹꽃잎으로 지름은 두 세 푼이고 꽃잎은 둥글며, 황금과 같은 색이면서 좁쌀
　　처럼 작은 꽃이 가지 사이에 피어나는데, 피었을 때 꽃다운 향기가 사람에게 몰
　　려온다.(桂梫木也, 一名木犀, 一名巖桂, 有白黃紅諸色, 花四出或五出, 或重臺, 徑
　　二三分, 圓瓣, 蕊如金粟, 點綴枝間, 開時芳氣襲人.)"라고 하였다.【原註】
＊ 계화: 속씨식물 쌍떡잎식물 미나리아재비목이며, 분포지역은 한국·일본·중
　　국이고, 서식장소는 냇가 등의 양지바른 곳이다. 높이 7m, 지름 1.3m까지 곧게
　　자라고, 굵은 가지가 많이 갈라지며 잔가지가 있다. 잎은 마주나고 달걀 모양

무(畝) 정도의 땅을 개간해 각종 계수나무를 심고 그 안에 정자 하나를 짓는 것이 좋은데, 편액에 천향(天香)[150]과 소산(小山)[151] 등의 말을 써서는 안 되고 더더욱 다른 나무를 섞어 심지 말아야 한다. 나무 아래 땅은 손바닥처럼 평평하게 하고 청결하게 침을 뱉지 못하게 하여 계화가 땅에 떨어지면 바로 음식으로 충당한다.

으로 넓으며 잎의 길이는 4-8cm이며 너비는 3-7cm 정도로 끝이 다소 둔탁하다. 꽃은 암수딴그루에서 피며 5월경에 잎보다 먼저 각 잎겨드랑이에 1개씩 핀다. 열매는 3-5개씩 달리고 씨는 편평하며 한쪽에 날개가 있다. 가을에는 단풍이 아름답고 개화기에는 향기가 좋다. 정원에 관상용으로 심는다.【역주】

149) 향굴(香窟): 향기가 나는 곳을 말한다.
『청이록(淸異錄)』에서 "같은 숙사의 학생 유수(劉垂)가 말하기를, '돈이 있으면 다섯 개의 향굴을 만들어야 한다. 오향굴(吳香窟)에는 매화를 다 심고, 진향굴(秦香窟)에는 사향노루의 배꼽을 두루 매달아놓으며, 월향굴(越香窟)에는 계화를 심고, 촉향굴(蜀香窟)에는 산초나무를 심으며, 초향굴(楚香窟)에는 난초를 심는다. 네 가지 나무와 한 가지 풀이 각각 한 시기를 차지하고, 나머지 날에 사향굴(麝香窟)에 들어가면 일 년을 보내기에 충분하다. 죽어도 향기로운 영혼이 될 것인데, 하물며 살아 있어서야!'라고 하였다.(同舍生劉垂說, 有錢當作五窟室, 吳香窟, 盡種梅株, 秦香窟周懸麝臍, 越香窟植巖桂, 蜀香窟植椒, 楚香窟畦蘭, 四木草各占一時, 餘日入麝窟, 便足了一年. 死且爲香魂, 況于生乎.)"라고 하였다.【原註】

150) 천향(天香): 당나라 송지문(宋之問, 656?-712?. 시인)의 「영은사(靈隱寺)」 시에서 "계수나무 열매는 달에서 떨어지고, 천향은 구름 밖에서 흩날리네.(桂子月中落, 天香雲外飄.)"라고 하였다. 조번(趙藩, 1851-1927. 청나라의 학자)의 「월중계수부(越中桂樹賦)」에서 "자극(紫極)에 이르렀으나 천향은 흩어지지 않네.(臨紫極而天香不散.)"라고 하였다. 천향과 소산(小山)은 모두 계수나무와 관련된 이야기이다.【原註】
  * 자극(紫極): 천상 신선의 거처. 제왕의 궁전.【역주】
  * 천향(天香): 꽃다운 향기. 계수나무나 매화나 모란의 꽃향기.【역주】

151) 소산(小山): 한나라 회남왕(淮南王) 유안(劉安, B.C.179-B.C.122)의 소산(小山) 「초은사(招隱士)」에서 "계수나무는 떼 지어 자라네, 산 그윽한 곳에.(桂樹叢生兮, 山之幽.)"라고 하였다.【原註】
  * 소산(小山): 회남소산(淮南小山). 회남왕 유안의 일부 문객을 아울러 부르는 칭호. 이들이 지은 작품으로 「초은사(招隱士)」 1편이 전해온다.【역주】

二十一. 桂

　叢桂開時, 眞稱香窟. 宜辟地二畝, 取各種幷植, 結亭其中, 不得顔[152]以天香小山等語, 更勿以他樹雜之. 樹下地平如掌, 潔不容唾, 花落地, 即取以充食品.

22. 버드나무(柳)[153]

　가지가 위로 올라 간 것은 양(楊)이며 가지가 아래로 늘어져 있는 것은 유(柳)로, 특히 연못 가까이 심어야 한다. 부드러운 가지가 수면 위를 스치며 푸른 잎과 누런 버들개지가 휘날리면 우아한 정취가 물씬하다. 또 버드나무에는 벌레가 생기지 않아 더욱 귀하다. 서호류(西湖柳)[154]도 아름다운데, 자못 여성적인 운치가 깃들어 있다. 백양(白楊)[155]과 풍양(風楊)[156]은 모두 등급에 들어가지 못한다.

---

152) 顔(안): 편액.【역주】

153) 柳(유): 버드나무(Salix babylonica)는 '수류(垂柳)'라고도 하며, 낙엽교목으로 가지가 아래로 늘어진다. 양류과(楊柳科)에 속한다.【原註】
　* 버드나무: 속씨식물 쌍떡잎식물 버드나무목으로, 분포지역이 한국 · 일본 · 중국 북동부이다. 들이나 냇가에서 흔히 자란다. 높이 약 20m에 지름 약 80cm까지 자란다. 잎은 어긋나고 바소꼴이거나 긴 타원형이며, 길이 5-12cm에 너비 7-20cm이다. 꽃은 4월에 피고 암수딴그루이다. 열매는 삭과로서 5월에 익으며 털이 달린 종자가 들어 있다. 가로수와 풍치목으로 심으며 나무껍질을 수렴제 · 해열제 · 이뇨제로 사용한다.【역주】

154) 서호류(西湖柳): 정류(檉柳, Tamarix chinensis)는 '삼춘류(三春柳)'(『군방보』)나 '관음류(觀音柳)'(『군방보』)라고도 하며 낙엽관목이다. 꽃은 분홍색으로 여뀌 꽃과 같다. 정류과(檉柳科, 위성류과)에 속한다.【原註】

155) 백양(白楊): 학명은 Populus tomentosa Carr. 버드나뭇과에 속하는 낙엽 활엽 교목. 줄기가 매우 곧으며 숲을 이루어 잘 자란다.【역주】

156) 풍양(風楊): 풍양(楓楊, Pterocarya stenoptera)은 '계양(溪楊)'과 '거류(欅柳)'라고도 하며 낙엽교목이다. 꽃은 황녹색이고 과실은 시과(翅果, 날개 같은 껍질이 있는 열매)이다. 호도과(胡桃科)에 속한다.【原註】

二十二. 柳

順插爲楊, 倒插爲柳, 更須臨池種之. 柔條拂水, 弄綠搓黃, 大有逸緻. 且其種不生蟲, 更可貴也. 西湖柳亦佳, 頗涉脂粉氣. 白楊風楊, 俱不入品.

23. 황양(黃楊)[157]

황양은 반드시 윤년에 자라지 않는 것은 아니지만, 확실히 자라기가 어렵다. 한 길 넘게 자란 것은 푸른 잎에 고목의 그루터기로 감상하기에 가장 좋지만, 화분에 심기엔 적당하지 않다.

二十三. 黃楊

黃楊未必厄閏[158], 然實難長. 長丈餘者, 綠葉古株, 最可愛玩, 不宜植盆盎中.

---

157) 황양(黃楊): 황양(Buxus sinica)은 상록 소교목으로 황양과에 속한다.【原註】
   * 황양(黃楊): 속씨식물문 쌍떡잎식물강 무환자나무목에 속하며, 분포지역은 전
   국에 걸쳐 자란다. 석회암지대가 발달된 북한 강원도 회양(淮陽)에서 많이 자
   랐기 때문에 '회양목'이라고 부르게 되었다. 성장속도가 매우 느리며 높이 약
   5m까지 자란다. 잎은 마주달리고 두꺼우며 타원형이고 끝이 둥글거나 오목하
   다. 꽃은 암꽃과 수꽃으로 구분되고 4-5월에 노란색으로 피어난다. 열매는 삭
   과로 타원형이고 끝에 딱딱하게 된 암술머리가 있으며 6-7월에 갈색으로 익는
   다. 한방에서 약재로 사용한다. 조선시대에는 목활자를 만드는데 이용되었으
   며, 호패와 표찰 및 도장을 만드는데도 사용되었다.【역주】
158) 厄閏(액윤):『본초강목』에서 "황양은 특성상 자라기 어려운데, 속설에 '한 해에
   1치가 자라며 윤년이 되면 줄어든다.'고 했다.(黃楊性難長, 俗說歲長一寸, 遇閏卽
   退.)"라고 하였다.
   소식의 시에서 "정원에서 초목은 봄을 무수히 지났지만, 황양만이 윤년에 액을
   당한다.(園中草木春無數, 惟有黃楊厄閏年.)"라고 했는데 결코 사실이 아니다.【原註】
   * 소식 시의 제목은「동소궁(洞霄宮)을 감독하는 낭중 유강직(俞康直)의 처소에
   서, 4수(監洞霄宮俞康直郎中所居四咏)」이다.【역주】
   * 厄閏(액윤): 황양목이 윤년에 자라지 않는다는 속설에서 유래하여 '처지가 곤란
   하다'는 의미로 사용된다.【역주】

24. 회화나무(槐)160) 느릅나무(楡)161)

회화나무와 느릅나무는 문과 정원에 심는 것이 좋은데, 문에 녹색이
비춰지니 정말로 비취색 휘장과 같다. 회화나무는 천연적으로 휘어 있고
가지와 잎이 모두 거꾸로 무성하게 늘어져 '반괴(盤槐)'161)라고 불리는데,
역시 볼만하다. 기타 석남(石楠)162) · 동청(冬青)163) · 삼나무(杉)164) · 백

---

159) 槐(괴): 회화나무(Sophora japonica)는 낙엽교목으로, 깃털모양의 겹잎이다. 콩과
   에 속한다.【原註】
   * 회화나무: 홰나무. 한국 · 일본 · 중국 등지에서 자라는 낙엽관목으로 높이는
     4m 정도이다. 잎은 마주나고 달걀모양 긴 타원형 또는 거꿀달걀꼴로, 가장자
     리에 둔한 톱니가 있다. 꽃은 6월에 자주색으로 피고, 열매는 삭과이며 9월에
     익는다.【역주】
160) 楡(유): 유속(楡屬, Ulmus)의 나무종류 가운데 관상용으로 사용되며, 춘유(春楡,
     Ulmus) · 낭유(榔楡, Ulmus parviflia) · 백유(白楡, Ulmus pumila)는 과실이 있다.
     모두 낙엽교목으로 유과(楡科, 느릅나무과)에 속한다.【原註】
   * 楡(유): 느릅나무. 장미목 느릅나무과의 식물이다. 높이 20-30m쯤 자라며 온대
     북부 지방의 산기슭에서 자란다. 잎은 어긋나고 거꾸로 된 달걀 모양이며 끝이
     뾰족하고 가장자리에 겹 톱니가 있다. 4월에 잎이 나기 전에 잎겨드랑이에서
     자잘한 옅은 풀색의 꽃이 모여 핀다. 열매는 6월에 여무는데 둥글납작하며 둘
     레에 날개가 달린 시과(翅果)이다. 나무껍질이 짙은 회갈색이고 세로로 불규칙
     하게 갈라진다.【原註】
161) 반괴(盤槐): 반괴(Sophtinia japonica var.pendula)는 '용조괴(龍瓜槐, 가지가 밑으
     로 늘어지는 회화나무의 일종)'라고도 하며(『물리소지』), 가지가 나무꼭대기 끝
     에 나고 아래로 늘어진다. 콩과에 속한다.【原註】
   * 반괴(盤槐): 현재 북경의 가로수로 심어져 볼 수 있는, 윗부분이 우산처럼 펼쳐
     져 아래로 가지가 구불구불 드리워져 있는 나무로, 25m까지 자란다.【역주】
162) 석남(石楠): 석남(Photinia serrulata)은 상록 소교목으로, 새로 난 잎과 곧 떨어질
     잎이 모두 붉다. 장미과에 속한다.【原註】
163) 동청(冬青): 여정(女貞, Ligustrum lucidum)은 절강과 강소 일대에서 '동청'이라
     속칭하며, 상록교목으로 물푸레나뭇과에 속한다.【原註】
   * 동청(冬青): 광나무. 상록 활엽 관목으로 3-5m까지 자라며, 바닷가에 자생하고
     잎 · 잔가지 · 줄기 · 뿌리 · 나무껍질 · 열매를 약재로 쓴다.【역주】
164) 삼나무(杉): 삼목(杉木, Cunninghamia lanceolata)은 '사목(桫木)'이라고도 하고,
     상록교목이다. 중국 장강 이남에 분포되어 있으며, 중국의 주요한 조림수종이다.
     삼과(杉科)에 속한다.【原註】

(柏, 잣나무)[165])과 같은 것은 모두 묘지에 심는 나무로 정원에는 적당하지 않다.

二十四. 槐 榆

槐榆, 宜植門庭, 板扉[166])綠映, 眞如翠幄[167]. 槐有一種天然樛屈, 枝葉皆倒垂蒙密, 名盤槐, 亦可觀. 他如石楠冬靑杉柏, 皆邱壟[168]間物, 非園林所尙也.

25. 오동(梧桐)[170])

청동(靑桐)은 훌륭한 그늘이 있으며 가지는 비취와 같이 푸르므로, 넓

---

165) 백(柏): 강소성과 상해 일대에서 측백(側柏, Platycladus orientalis)과 원백(圓柏, Sabina chinensis)을 막론하고 모두 '백(柏)'이라 통칭하며, 측백은 '편백(扁柏)'이라고도 하고, 원백은 '회백(檜柏)'이나 '회첨(檜尖)'이라 한다. 모두 상록교목으로, 남북 각 지역에 모두 분포되어 있으며, 목재로 사용하는 것 외에 관상수와 기념식수로 사용된다. 백과(柏科, 측백나뭇과)에 속한다.【原註】
166) 板扉(판비): 권1「문(門)」의 원주 참고.【原註】
   * 板扉(판비): 문.【역주】
167) 翠幄(취악): 녹색 휘장.【原註】
168) 邱壟(구롱): 구롱(丘壟)과 같으며 묘지이다.
   『한서·유향전(劉向傳)』에서 "황제는 교산(橋山)에 장사지내고, 요임금은 제음(濟陰)에 장사지냈는데, 무덤이 모두 작다.(黃帝葬橋山, 堯葬於濟陰, 丘壟皆小.)"라고 하였다.【原註】
   * 교산(橋山): 하북성 탁록현(涿鹿縣)에 있는 해발 918m의 산.【역주】
   * 제음(濟陰): 제음군(濟陰郡). 지금의 산동성 하택시(荷澤市) 부근. 하택시 견성현(甄城縣) 남쪽부춘향(富春鄉)에 요릉이 있다.【역주】
169) 오동(梧桐): 오동(Firmiana simplex)은 '청동(靑桐)'(『이아』)과 '벽오(碧梧)'[두보「추흥시(秋興詩)」]라고도 하며 낙엽교목이다. 나무껍질은 녹색이고 꽃은 황록색이며 오동과에 속한다.【原註】
   * 오동나무: 한국 원산의 오동은 학명이 Paulownia coreana Uyeki이며, 현삼과(玄蔘科)에 속하는 낙엽교목이다. 키는 10-15m에 지름은 60-90㎝까지 자란다. 길이 15-23 cm에 너비 12-29cm정도의 커다란 오각형 모양의 잎이 마주난다. 5-6월 무렵에 가지 끝의 원추꽃차례에 종 모양의 연보라색 통꽃이 피는데 향기

은 정원에 심는 것이 적당하다. 낮에 사람들이 씻고 닦으며 또 그림과 같이 생긴 가지와 줄기를 따려고 하는 것은 위로 곧바르고 다른 곁가지가 없다. 주먹 같고 덮개 같으면서 솜이 나는 것은 모두 선택하려 하진 않지만 그 씨로 차를 끓일 수 있다. 산에서 나는 것은 '강동(崗桐)'[170]이라 하며, 씨앗으로 기름을 짤 수 있다.

二十五. 梧桐

青桐有佳蔭, 株綠如翠玉, 宜種廣庭中. 當日令人洗拭, 且取枝梗如畫者, 若直上而旁無他枝, 如拳如蓋, 及生棉[171]者, 皆所不取, 其子亦可點茶[172]. 生於山崗

가 진하다. 끝이 뾰족한 달걀 모양인 열매는 삭과로 길이가 3cm이며 여러 개가 모여 열리고, 10월에 익어서 두 조각으로 갈라진다. 오동나무는 빨리 자라므로 심은 지 10년이 되면 목재를 이용할 수 있다. 가벼우면서도 마찰에 강해 책상과 장롱 등의 가구를 만드는 좋은 재료이다. 목재가 소리를 전달하는 성질이 있어 거문고·비파·가야금과 같은 악기를 만드는 데에도 쓴다. 한방에서는 줄기와 뿌리껍질을 약으로 쓴다.【역주】

170) 강동(岡桐): 천년동(千年桐, Aleurites montana)으로 낙엽교목이다. 꽃은 백색이면서 황색과 홍색 반점이 있고 열매는 기름을 짤 수 있다. 대극과(大戟科)에 속하며, '광동(光桐)'(광서성)과 '고동(膏桐)'(『통아(通雅)』)이라고도 한다. 『비아』에서 "강동은 씨가 크고 기름이 있다.(岡桐子大有油.)"라고 하였다. 또 청색과 백색 이외에 또 강동(岡桐)이 있는데 바로 유동(油桐)이다. 높은 산에서 자라며 현재 '강동(岡桐)'이라고도 한다.(靑白之外, 復有岡桐, 卽油桐也. 生於高岡, 今亦謂之岡桐.)"라고 하였다.【原註】
   * 유동(油桐): '동(桐)'자가 들어가 있으나, 일반 오동(梧桐)은 현삼과에 속하며, 유동(油桐)은 대극과에 속하는 종류가 다른 수목이다. 유동은 4-6cm 크기의 구형 씨에 기름이 많아 기름을 짜는데 사용한다.【역주】
171) 생면(生棉): 취면개각충(吹棉介殼蟲)이 나무 위와 아래에 기생해서 마치 바람에 날리는 버들개지와 같다.【原註】
   * 취면개각충(吹棉介殼蟲): 하얀 솜처럼 보슬보슬하며 나뭇잎이나 줄기에 붙어 기생하는 벌레의 한 종류. 무리지어 있으면 마치 흰 솜이 달라붙어 있는 듯이 보인다.【역주】
172) 點茶(점다): '주다(注茶)'나 '철다(澈茶)'라 속칭한다. 옛사람들은 과일과 찻잎을 함께 우려 차로 마셨는데, 역시 '점다(點茶)'라고 했다. 『군방보』에서 "세 번째 뒤섞는 것을 피한다. 차의 본성은 연약하여 쉽게 여러

者曰崮桐, 子可作油.

26. 참죽나무(椿)174)

  참죽나무는 높이 솟아 있으면서 가지와 잎이 성글어서, 가죽나무와
다르지 않으며, 향기가 나면 '참죽나무'라 하고, 썩는 내가 나면 '가죽나
무'라 한다. 정원에 담을 따라 심으며, 많이 심어서 식용으로 사용하면
좋다.

二十六. 椿

  椿樹高聳而枝葉疏, 與樗174)不異, 香曰椿, 臭曰樗. 圃中沿墻, 宜多植以供食.

  본질에 휩쓸린다. 만약 모든 향기롭거나 맵거나 짜거나 달콤한 물질로 차를 끓이
  면 차의 맛이 대체로 뒤죽박죽이 될 것이다.(三曰忌混. 茶性嬌, 易惹諸本, 若以一
  切香辣鹹甛之物點之, 則茶味槪被混淆.)"라고 하였다.【原註】
  * 點茶(점다): 본래 말차(末茶, 가루차)를 끓여 마시는 방법의 하나이지만, 여기
    서는 '끓여서 차로 만든다'는 의미로 사용되었다.【역주】
173) 椿(춘): 향춘(香椿, Toona sinensis)으로 '춘(椿)'(『시경』) 과 '홍춘(紅椿)'(『식물명
    실도고』)이라고도 한다. 낙엽교목이며, 어린잎은 홍색으로 식용이 가능하다. 가
    을이 지나면 다시 홍색으로 된다. 연과(楝科, 멀구슬나뭇과)에 속한다.【原註】
  * 참죽나무: 멀구슬나뭇과에 속하며 개화기가 6월이다. 꽃대가 아래로 처져서
    달린다. 쓰고 냄새 나는 가죽나무와는 달리 순을 먹을 수 있는 진짜 가죽나무
    라고 참죽나무이며 경상도에서는 가죽나무라고도 부른다. 중국이 원산으로,
    중부 이남의 마을 부근에 심는 낙엽교목이며 높이는 20m까지 자란다. 잎은
    어긋나며 깃꼴 겹잎에 길이 60cm이다. 꽃은 양성화로 흰색이다. 향기가 강하
    고, 가지 끝에서 밑으로 처지는 원추꽃차례로 달린다. 열매는 삭과로 거꿀 달
    걀형이며, 길이 2.5cm이고 5개로 갈라진다. 씨는 양쪽에 날개가 있다. 어린
    싹은 식용하며, 목재는 기구 · 조각 · 농기구의 재료 등으로 쓰인다.【역주】
174) 樗(저): 취춘(臭椿, Ailanthus altissima)은 '저(樗)'(『시경』)와 '고(栲)'(『이아』)라고
    도 한다. 낙엽교목으로 잎 기저 부위에 냄새나는 샘이 있어 지독한 냄새가 나므
    로 식용할 수 없다. 고목과(苦木科, 소태나무과)에 속한다.【原註】
  * 樗(저): 가죽나무. 잎을 먹을 수 있는 참죽나무와 비슷하지만, 잎을 먹을 수

27. 은행(銀杏)176)

은행은 가지와 잎이 무성하며, 새 잎이 나서 푸를 때가 가장 보기 좋다. 오 지역의 사원과 오래된 저택의 유명한 정원에는 양팔로 껴안을 정도로 큰 것이 있으므로, 새로 심는 것은 불필요할 듯하다.

二十七. 銀杏

銀杏株葉扶疏176), 新綠時最可愛. 吳中刹宇, 及舊家名園, 大有合抱者, 新植似不必.

없는 가짜라 하여 '가죽나무'라 한다.【역주】

175) 은행(銀杏): 은행(Ginkgo biloba)은 '백과(白果)'와 '공손수(公孫樹)'라고도 하며, 북쪽에서는 '압각(鴨脚)'이라 한다. 낙엽교목으로, 잎은 부채모양이며 열매는 먹을 수 있다. 은행과에 속한다.【原註】
* 은행: 겉씨식물 은행나무목이며, 원산지는 중국이고, 분포지역은 온대지역이다. 높이는 5-10m이지만, 50m에 달하는 것도 있다. 잎은 부채꼴이며 중앙에서 2개로 갈라지지만 갈라지지 않는 것과 2개 이상 갈라지는 것 등이 있다. 은행나무에는 암수의 구분이 있다. 암나무는 수나무에서 날아온 꽃가루가 있어야만 열매를 맺는다. 꽃은 4월에 잎과 함께 피고, 수꽃은 연한 황록색이며 꽃잎이 없고 2-6개의 수술이 있다. 암꽃은 녹색이고 끝에 2개의 밑씨가 있으며 그 중 1개가 종자로 발육한다. 열매는 핵과(核果)로 공 모양과 비슷하고 10월에 황색으로 익는다. 은행나무는 전통적으로 나무에 열매가 열리는지의 여부로 암수를 감별해 왔는데, 은행나무는 30년 이상 일정 기간 이상 자라야 열매를 맺을수 있다.【역주】
* 공손수(公孫樹): 중국 속담에 "공공(公公, 할아버지)이 나무를 심으면, 손자가 열매를 얻을 수 있다.(公公種樹, 孫子得果.)"고 하여 은행나무를 '공손수'라 한다.【역주】
* 압각(鴨脚): 은행잎이 오리의 발가락을 닮았다고 하여 은행나무를 '압각(鴨脚)'이라 한다. 원나라 농학자 왕정(王禎, 1271-1368)의 농학전문서인『농서(農書)』에서 "은빛 살구의 명칭을 얻은 것은 열매가 하얗기 때문이다. 일명 '압각(鴨脚)'으로 잎이 오리발과 비슷한 것에서 따왔다.(銀杏之得名, 以其實之白. 一名鴨脚, 取其葉之似.)"라고 하였다.【역주】
176) 扶疏(부소): 가지와 잎이 무성하게 갈라져 무성한 모습.【역주】

28. 오구(烏臼)[177]

  오구는 늦가을에 잎이 붉어 아름다우며, 단풍과 비교하여 더 오래 간
다. 무성한 숲에 오구 한 두 그루가 있으면 바위가 많은 길과 날씨 차가
운 산의 경치를 감소시키지 않는다.

二十八. 烏臼

  烏臼, 晚秋, 葉紅可愛, 較楓樹[178]更耐久. 茂林中有一株兩株, 不減石徑寒
山[179]也.

29. 대나무(竹)[180]

  대나무는 흙을 쌓아 둔덕에 심어야 하며, 물을 둘러 시내를 만든다.

---

177) 오구(烏臼): 오구(Sapium sebiferum)로 낙엽교목이며 잎이 서리를 맞으면 홍색으
    로 되고, 과실은 기름을 짤 수 있으며, 대극과(大戟科)에 속한다.【原註】
178) 楓樹(풍수): 풍(楓, Liquidambar formosana)은 '풍향(楓香)'이라고도 한다. 낙엽교
    목으로 잎은 삼각형모양이며 가을이 되면 붉고 선명하여 눈에 뜨인다. 과실은
    약용에 사용된다. 금루매과(金縷梅科, 조롱나무과)이다.【原註】
179) 石徑寒山(석경한산): 두목(杜牧, 803-852?. 당나라 시인)의 「산행(山行)」시에서
    "비탈진 돌길 따라 먼 가을 산 오르는데, 구름 이는 곳에 인가 몇 채 보이네.
    해질녘 단풍 숲을 즐겨 수레를 멈추니, 서리 맞은 단풍잎이 봄꽃보다 더 붉구나!
    (遠上寒山石徑斜, 白雲生處有人家. 停車坐愛楓林晚, 霜葉紅於二月花.)"라고 하
    였다. 단풍나무의 잎이 붉어 아름다운 것을 가리킨다.【原註】
    * 石徑寒山(석경한산): 바위가 많은 길과 날씨가 차가운 가을 산의 경치.【역주】
180) 대나무(竹): 대나무는 종류가 매우 많다. 중국에는 모두 25속 200여종이 있는데,
    난대와 열대지역에서 분포하고 있다. 화본과(禾本科) 혹은 죽과(竹科)에 속한다.
    【原註】
    * 대나무: 외떡잎식물 벼목 화본과(벼과, Poaceae) 대나무아과(Bambusoideae)에
    속하는 여러 해살이 식물의 총칭이다. 세계적으로 종류는 매우 많으며 120속
    1,250종이 분포한다. 우리나라에는 19종이 분포하며 대부분의 품종은 중국과

작은 다리를 비스듬히 건너 계단을 밟고 올라가, 그 위에 있는 평평한 둔덕에서 머물며 앉거나 누워 모자를 벗어 머리를 풀어헤치면, 완전히 수많은 대숲 속의 사람과 같아진다. 그렇지 않으면 땅 여러 무(畝)를 개간해서 잡다한 나무를 모두 없애 버리고, 사방에 돌을 쌓아 조금 높게 하여 돌기둥으로 주위를 두른다. 대나무 아래에는 조그만 먼지와 낙엽 조각을 남기지 않으면, 바닥에 자리를 깔고 앉을 수 있고 또는 돌 받침대와 돌 의자 종류 등을 마련해 둔다. 대나무는 길이가 매우 긴 것을 선택하며, 모죽(毛竹)181)이 제일 좋다. 그러나 야산에서는 적합하지만 성내에서는 적합하지 않은데, 성 내에서는 호기순(護基筍)182)이 가장 좋

일본에 분포하는데 중국에 약 500여 종, 일본에 약 650여 종이 자생한다. 대나무는 용도가 매우 다양하며 정원수 등 관상용으로도 많이 심는다. 어린 순은 나물로 요리하여 먹는다. 잎은 좁고 길며, 습기가 많은 땅을 좋아하고 생장이 빠르다. 또한 좀처럼 꽃이 피지 않지만, 필 경우에는 전체가 일제히 핀다. 대나무의 꽃은 번식과는 무관한 돌연변이의 일종으로 '개화병(開花病)'이나 '자연고(自然故)'라고도 한다. 개화 시기는 3년, 4년, 30년, 60년, 120년 등으로 다양하며, 대나무 밭 전체에서 일제히 꽃이 핀 후 모두 고사한다.【역주】

181) 모죽(毛竹): 모죽(Phyllostachys pubescens)은 '모죽(茅竹)'(『군방보』)·'묘죽(猫竹)'[대개(戴凱)의『죽보』]·'강남죽(江南竹)'(『강남통지』)·'남죽(楠竹)'(사천성과 호남성)·'맹종죽(孟宗竹)'(『여남포사』)이라고도 한다. 줄기가 굵고 크며 장강 이남의 각 성에 분포되어 있다.
『군방보』에서 "묘죽(猫竹)은 '모죽(茅竹)'이라고 하고 또 '모죽(毛竹)'이라 하는데, 줄기가 크고 두꺼워 다른 대나무와 다르며, 사람들이 가져다 배를 만든다.(猫竹一作茅竹, 又作毛竹, 幹大而厚, 異于衆竹, 人取以爲舟.)"라고 하였다.【原註】
182) 호기순(護基筍): 호거죽(護居竹)의 죽순이다. 호거죽(Phyllostachys dulcis)은 '포계죽(哺鷄竹)'(강소성, 절강성)으로 불리며, 높이가 한 길 5자에서 세길까지나 되고, 마디가 돌출되어 나왔으며 또 각각 좌우를 향해 약간 비뚤어져있다. 장강양 기슭의 정원에 모두 심는다.
『오현지(吳縣志)』에서 "포계죽은 호거죽이다.(哺鷄竹卽護居竹.)"라고 하였다.
죽보상록(竹譜詳錄)』에서 "포계죽은 또 '계포죽(鷄蒲竹)'이라 하며, 소주(蘇州)와 호주(湖州)의 산중에서 산출되고, 인가의 정원에도 간혹 심는다. 그리 크지 않으며 대개 8종류로, 대개 서로 비슷하지만, 마디와 잎에 차이가 있고, 죽순이 나오는 것에도 빠르고 늦은 것이 있으며, 먹으면 매우 달고 아삭거린다.(哺鷄竹又名鷄蒲竹, 出蘇湖山中, 人家庭園亦或栽之. 不甚高大, 凡八種, 大槪相似, 節葉差異,

고 나머지는 그다지 우아하지 않다. 분죽(粉竹)[183] · 근죽(筋竹)[184] · 반죽
(斑竹)[185] · 자죽(紫竹)[186] 네 종류는 모두 괜찮고, 연죽(燕竹)[187]이 가장

筍出亦有早晚, 食之極甘脆.)"라고 하였다.

『오현지(吳縣志)』에서 "포계죽은 잎이 커서 대부분 그늘이 짙으며, 대나무의 둘
레가 아주 큰 것은 찾기가 어려운데, 품종이 바뀐 것은 죽순이 만연하여 땅을
덮어, 닭이 새끼를 알을 낳는 것과 같이 매우 많으므로, 이렇게 이름 붙였다.
소주 지역 사람들은 닭과 오리가 엎드려 알을 품는 것을 '포(哺)'라고 한다.(哺鷄
竹, 葉大多濃蔭, 圍徑難得極大者, 而至易種, 其筍, 蔓延滿地, 若鷄之生子, 最多,
故名. 吳人謂鷄鶩伏卵爲哺.)"라고 하였다.

『무석현지(無錫縣志)』에서 "호거죽은 일명 포계죽으로, 죽순이 계란처럼 많은 것
을 말한다.(護居竹一名哺鷄竹, 言其筍如鷄卵之多.)"라고 하였다. 강소성과 절강
성에 자주 보이는 것은 오포계죽(烏哺鷄竹, Phyllostachys virax)과 백포계죽(白哺
鷄竹, Phyllostachys dulcis)으로 강소성과 절강성의 농촌과 정원에서 모두 재배한
다.【原註】

* 죽보상록(竹譜詳錄): 10권. 송나라 화가 이간(李衎, 1245-1320)이 저술한 대나
  무에 관한 전문 서적.【역주】

183) 분죽(粉竹): 담죽(淡竹, Phyllostachys nigra var.kenonis)의 일종으로 추측된다.
『죽보상록』에서 "담죽은 도처에 있으며 대개 3종류이다. 남방에 있는 것은 높이
가 두 길쯤으로 대개 생죽(笙竹, 생황을 만드는 대나무)과 서로 비슷하지만, 마디
가 촘촘하고 껍질이 얇으며, 마디 아래에 백색의 가루가 매우 많고, 잎은 매우
작으며, 죽순 껍질에 가는 무늬가 있고, 반점은 없다. 북방에 있는 것은 역시
높이가 한 길쯤으로, 잎은 약에 넣으면 좋고, 죽순을 먹어도 맛이 좋으며, 의술에
서 죽력(竹瀝, 대를 불에 구워 만든 진액)을 사용할 때 이 대나무가 있으면 가장
오묘하다.(淡竹處處有之, 凡三種, 南方者高二丈許, 大概與笙竹相類, 但節密皮薄,
節下粉白甚多, 葉甚小, 筍籜上有細紋理, 無花斑. 北方者亦高丈許, 葉入藥爲良,
筍食亦佳, 醫方用竹瀝, 有此竹最妙.)"라고 하였다.【原註】

184) 근죽(筋竹):『죽보상록』에서 "근죽은 강소성 · 절강성 · 복건성 · 광동성에는 도처
에 존재한다. 모두 2종류로 대개 조죽(篠竹, 조릿대)과 같은 종류이며 차이가
미세하다. 껍질이 얇고 짙은 녹색으로 껍질을 벗겨 죽제품을 만들면 매우 질기
며, 다른 용도에는 마땅하지 않다. 죽순은 조죽(篠竹)과 다르며, 안남(安南, 지금
의 베트남)에서는 '소죽(小竹)'이라 한다. 절강성 동부의 산중에서 자라는 것은
두께가 두껍고 속이 비어 쇠뇌를 만들 수 있다.(筋竹, 江浙閩廣之間, 處處有之.
凡二種, 大概與篠竹相類, 差勻細. 皮薄, 深綠色, 僅可作篾, 甚堅韌, 他非所宜. 笋
與篠竹不同, 安南呼爲小竹. 生浙東山中者, 肉厚竅中, 可爲弩.)"라고 하였다. 강소
성 의흥(宜興) 일대에서 생산되는 근죽(筋竹, Phyllostachys viridiglaucescens)은
담죽과 비슷하고 잎이 비교적 크고 성글다. 대나무 마디가 튀어 나왔으며, 다른
점은 껍질을 사용하기에 마땅치 않은 것이다.【原註】

하품이다. 자모죽(慈姥竹)[188]은 도지죽(桃枝竹)[189]으로 높은 품격에 들어

---

185) 반죽(斑竹): 반죽(Phyllostachys bambusoides var. tanakae)은 '상비죽(湘妃竹)' · '소상죽(瀟湘竹)' · '반문죽(斑紋竹)' · '매록죽(梅鹿竹)'이라고도 한다. 줄기에 크고 작은 흑색 반점이 있으며 관상용으로 사용된다. 『죽보상록』에서 "반죽은 도처에 있으며, 그 종류가 가장 다양하여, 무릇 반점이 나 있는 것은 모두 반죽이지만, 반점이 크거나 작거나, 둥근 무늬가 이중이거나, 둥근 무늬가 단일하거나, 색이 혹은 진하고 옅은데, 각각 산출되는 풍토에 따라 변한 것이다.(斑竹處處有之, 其類最繁, 凡生斑者皆是, 然斑花或大或小, 或勻或細 不等, 或重量, 或單量, 色或深淺, 各隨出産風土變易.)"라고 하였다. 지금 조사해 보면, 반죽은 절대 한 종류에 한정되지 않으며, 담죽(淡竹)과 파죽(擺竹, Indosasa shibattaoides)에도 반죽현상이 나타나는 것은 대개 균류(菌類, 버섯이나 곰팡이) 가 기생하여 그렇게 된 것이다.【原註】

186) 자죽(紫竹): 자죽(Phyllostachys nigra)은 '오죽(烏竹)'이라고도 하며, 새로 난 줄기 는 녹색이지만 뒤에 흑색이 점차 증가하여 늙은 대는 자흑색을 띠고, 큰 가지와 작은 가지는 모두 흑색이나 옅은 흑색이 나타나는데, 관상용으로 사용된다. 『죽 보상록』에서 "자죽은 강소성 · 절강성 · 양회(兩淮)지역에 도처에 존재한다. 또 생죽(笙竹) · 담죽(淡竹) · 고죽(苦竹)이 있으며 크거나 작지만 색은 연하거나 진 한데, '자죽'이라 통칭한다. 처음에 녹색이었다가 점차 자주색이 되는 것이 있으 며, 죽순이 나오자마자 자주색인 것이 있는데, 세상에서 공통으로 '자죽'이라 한 다.(紫竹出江浙兩淮, 處處有之. 又笙竹淡竹苦竹, 或大或小, 但色有淺深, 通名紫 竹. 有初綠而漸紫者, 有笋出卽紫者, 世共謂之紫竹.)"라고 하였다.【原註】
    * 양회(兩淮): 강소성 장강 이북의 회하(淮河) 남북 대부분 지역.【역주】

187) 연죽(燕竹): '조죽(早竹)'이나 '조원죽(早園竹)'이라고도 하며, 학명은 Phyllo-stachys praecox이다. '연죽'이라는 것은 대개 제비가 올 때 죽순이 나기 시작해서 붙여진 이름이다. 『죽보상록』에서 "연죽은 전죽(箭竹)과 같은 종류이지만, 이 대나무는 제비가 날 아 올 때 죽순이 돋으므로 이름 붙여졌다. 가흥(嘉興)의 도처에서 자라난다. 근죽 (筋竹)과 동일한 한 종류도 제비가 날아올 때 죽순이 돋아나 이름이 붙여졌는데, 죽순껍질이 자주색이다.(燕竹與箭竹同類, 但此竹以燕來時作笋, 因以爲名. 嘉興 在處生. 一種與筋竹相同, 亦以燕子來時作笋而名, 其苞紫.)"라고 하였다. 항주와 가흥 및 소주지역 농촌에서 보편적으로 재배하고 있다.【原註】

188) 자모죽(慈姥竹): 자효죽(慈孝竹, Bambusa multiplex)은 '자모죽(慈姥竹)'[『호주부 지(湖州府志)』]과 '효순죽(孝順竹)'[『죽회(竹薈)』]이라고도 하며 줄기가 모여 난 다. 여름부터 가을까지 계속하여 죽순이 나며, 관상용이다. 『준생팔전』에서 "항주에서 효죽(孝竹)이 산출되는데, 겨울에는 죽순이 대 무더기 의 밖에서 자라나 어머니 대나무의 추위를 막아주고, 여름에는 죽순이 대 무더기 의 속에서 자라나 어머니 대나무를 시원하게 하며, 대나무를 건조하여 낚싯대를 만들 수 있고, 무더기로 자라나 사랑스럽다.(杭産孝竹, 冬則笋生叢外, 以衛母寒,

가지 못한다. 또 목죽(木竹)190) · 황고죽(黃菰竹)191) · 약죽(篛竹)192) · 방

夏則笋生叢內, 以凉母熱, 其竹乾可作釣竿, 叢生可愛.)"라고 하였다.

『죽보』에서 "소관죽(簫管竹, 퉁소를 만들 수 있는 대)은 둥글고 운치가 있어 다른 지방의 대나무가 단단하고 마디가 많으며 껍질이 희어서 눈가루를 뿌린 것과 다른데, 당도(當塗, 지금의 안휘성 당도현)의 자모산(慈姥山)에서 산출되어 또 '자모죽'이라 한다.(簫管竹圓致, 異於他處篁堅而促節, 皮白而雪粉, 出當塗慈姥山, 又名慈姥竹.)"라고 하였다. 【原註】

* 죽회(竹薈): 4권. '『죽휘(竹彙)』'라고도 하며, 1833년에 청나라 관리 진근(陳僅, 1787-1868)이 저술한 대나무에 관한 전문서적.【역주】

189) 도지죽(桃枝竹): 자효죽(慈孝竹)을 홍치연간(弘治年間, 1488-1505)의 『소흥부지(紹興府志)』에서는 '도지죽(桃枝竹)'과 '사계죽(四季竹)'이라 하였다. 그러나 『계매우형지(桂梅虞衡志)』에서 말하는 도지죽은 종죽(棕竹)을 가리켜 말한 것이다. 【原註】

* 계매우형지(桂梅虞衡志): 1권. 범성대가 편찬하였으며, 송대 광남서로(廣南西路, 지금의 광서성과 해남도를 포함하는 지역)의 풍토와 민속을 기록하였다. 【역주】

190) 목죽(木竹): 석죽(石竹, Phyllostachys nuda)으로 줄기의 구멍이 매우 작아서 속이 찬 것에 가깝다.

진근(陳僅)의 『죽회(竹薈)』에서 "목죽은 항주 영은산(靈隱山)에서 산출되며, 단단하고 치밀하며 마디가 서로 통하여, 현재 사람들이 채취하여 지팡이를 만들고, 죽순은 속이 차고 맛이 달아 먹을 만하다.(木竹出杭州靈隱山中, 堅致通節脉, 今人采爲杖, 笋堅味甘可食.)"라고 하였다.【原註】

191) 황고죽(黃菰竹): 강소성과 절강성 넓은 지역에 분포되어 있는 황고죽(黃姑竹, Phyllostachys angusta)을 가리키고, 강소성에서 산출되는 황고죽(黃苦竹, Phyllostachys decora)은 아니며, 또 황피강죽(黃皮剛竹)과 금죽(金竹) 등도 아닐 것이다.

동치시기의 『호주부지』에서 "황고죽: 『안길현지 · 유지(安吉縣志 · 劉志)』에서 '큰 것은 석죽(石竹)과 같으나 줄기가 약간 짧으며, 색은 녹색이고 성질이 질겨 대나무 공예품을 만들 수 있어, 동쪽으로 가서 사람들에게 판매하는데 몇 개를 모아 한 묶음으로 한다.'라고 하였다.(黃菰竹, 安吉劉志, 大者如石竹而竿略短, 色綠性靭, 可作篾, 東而售人, 以若干爲一個.)"라고 하였다. 대개 이것을 가리킬 것이다.【原註】

192) 약죽(篛竹): 약죽(箬竹, Indocalamus tessellatus)은 잎이 크고 줄기가 가늘며 키가 작다. 잎으로 삿갓을 만들 수 있으므로 붙여진 이름이며, '종죽(棕竹)'이라고도 한다.

『죽보상록』에서 "약죽(箬竹)은 또 '약죽(篛竹)'이라 하며, 강서성 · 절강성 · 복건성 · 광서성의 도처에 존재하고, 잎은 요죽(篠竹, 작은 대나무의 일종)과 비슷하지만 곁가지가 많이 자라나며, 줄기는 전죽(箭竹)과 같다. 키가 커도 5-7자에 불

죽(方竹)¹⁹³⁾ · 황금간벽옥(黃金間碧玉)¹⁹⁴⁾ · 관음(觀音)¹⁹⁵⁾ · 봉미(鳳尾)¹⁹⁶⁾ ·

과하며, 강서 사람들은 잎으로 차를 포장하는데 전문적으로 사용한다고 한다.(箸竹又名簫竹, 出江浙閩廣, 處處有之, 葉類簾竹, 但多生傍枝, 幹如箭竹. 高者不過五七尺, 江西人專用其葉爲茶罨云.)"라고 하였다.【原註】

193) 방죽(方竹): 방죽(Chimonobambusa quadrangularis)은 '사방죽(四方竹)'이라고도 하며, 줄기가 사각형으로 사계절 죽순이 나오므로 '사계죽(四季竹)'이라고도 한다. 『화경』에서 "방죽은 징주(澄州, 광서성) · 도원(桃源, 호남성) · 항주(절강성)에서 산출되며, 현재 강남에 모두 자라는데, 형체가 사각형으로, 깎아서 만든 것처럼 힘차고 우뚝하여 지팡이를 만들 만하며, 역시 특이한 품종이다.(方竹産於澄州桃源杭州, 今江南俱有, 體方, 有如削成而勁挺, 堪爲挂杖, 亦異品也.)"라고 하였다.【原註】

194) 황금간벽옥(黃金間碧玉): 황금간벽옥죽(Phyllostachys viridis f. youngii)은 '금양벽감죽(金鑲碧嵌竹)'(『화경』) · '금죽(金竹)'(『여남포사』) · '조리황강죽(槽里黃剛竹)'(강소성)이라고도 한다. 줄기 껍질이 황색이며 사이사이에 녹색의 선이 있어 매우 아름답다.
『준생팔전』에서 "황금간벽옥죽은 항주에서 산출되며, 대나무의 몸체가 황금색으로, 마디마다 직선으로 녹색의 선 하나가 박혀있는데, 인위적인 솜씨를 빌리지 않고 자연에서 나온 것이다.(黃金間碧玉竹, 杭産, 竹身金黃, 每節直嵌翠綠一條, 不假人爲, 出自天巧也.)"라고 하였다.【原註】

195) 관음(觀音): 『죽보상록』에서 "관음죽은 절강성 일대와 강회(江淮)에 모두 있으며, 담죽과 차이가 없는 한 종류이지만, 잎이 좀 작으며, 가느다랗고 날씬하여 버드나무와 비슷하고, 높이는 5-6자에 불과한데, 이리저리 흔들거려 아름답고, 자주색의 것도 있다.(觀音竹, 兩浙江淮俱有之, 一種與淡竹無異, 但葉差小, 細瘦彷彿楊柳, 高只五六尺, 婆娑可喜, 亦有紫色者.)"라고 하였다. '봉미죽(鳳尾竹)'이라고도 한다.【原註】
* 강회(江淮): 강소성과 안휘성 일대.【역주】

196) 봉미(鳳尾): 봉미죽(Bambusa multiplex var. nana)은 '관음죽'(사천)과 '봉황죽'(일본)이라고도 하며, 잎은 가지의 양 옆에 배열되어 있어 마치 날개 형상과 같다. 관상용이다.
『죽보상록』에서 "봉미죽은 강서에서 자라며, 완전히 생죽(笙竹)과 같지만, 하변에 가지와 잎이 드물고 꼭대기에 이르러 무성하여 봉황의 꼬리처럼 흔들거리므로, 이러한 명칭을 얻었다.(鳳尾竹生江西, 一如笙竹, 但下邊枝葉稀少, 至梢則繁茂, 搖搖如鳳尾, 故得此名.)"라고 하였다.
『화경』에서 "봉미죽은 줄기가 자주색이고 높이는 2-3자를 넘지 않으며, 잎은 가늘고 작으면서 하늘거려 봉황의 깃털과 비슷하며, 화분에 심으면 우아한 관상용이 될 수 있다.(鳳尾竹, 紫幹, 高不過二三尺, 葉細小而猗那, 類鳳毛, 盆種可作清玩.)"라고 하였다.
『죽회』에서 "봉미죽은 높이가 1자를 넘지 않으며, 잎은 가늘어 세 푼 정도인데,

금은(金銀)197) 등이 있다. 꽃 난간 위와 정원에 평평하게 심는 것을 피하고, 담장을 따라서 한 줄로 몇 그루를 꼿꼿하게 심는다. 작은 대나무처럼 무더기로 자라는 것은 소상죽(瀟湘竹)198)이라 하는데, 바위로 된 작은

꼭대기에 무성하게 피어나 봉황의 꼬리와 같다. 섬세하고 작아 하늘거려 화분에 심으면 우아한 관상용이 될 수 있다. 또 '관음죽'이라 한다.(鳳尾竹高不逾尺, 葉細三分, 梢森秀如鳳尾. 纖小猗那, 藝植盆中, 亦可供玩. 又名觀音竹.)"라고 하였다. 생각건대, 현재 분류상 봉미죽은 관음죽의 별명으로 일본에서는 '봉황죽'이라 한다.【原註】
* 청완(淸玩): 서화나 금속기물이나 분경이나 골동품처럼 감상용의 정교하고 우아한 기물.【역주】
197) 금은죽(金銀竹): 금죽(金竹)과 은죽(銀竹)의 합칭으로 보인다. 황고죽(黃枯竹)을 '금죽'이라고도 한다. 『죽보상록』에서 "금죽은 강서와 절강에서 산출되며, 완전히 담죽과 같고, 키는 1-2길에 불과하며, 가지와 줄기가 황색으로 완전히 진짜 금과 같으므로, 이렇게 이름 붙였다.(金竹生江浙間, 一如淡竹, 高者不過一二丈, 其枝幹黃淨如眞金, 故名.)"라고 하였다.
축법진(竺法眞)의 「나부산소(羅浮山疏)」에서 "나부산에 황금과 같은 색의 대나무가 있다.(羅浮山有竹如黃金.)"라고 하였다.
『오군지(吳郡志)』에서 "금죽은 그리 크지 않으며, 색이 황금과 같은데, 현재 전혀 보이지 않는다.(金竹不甚大, 色如金, 今都不見.)"라고 하였다.
『광주지(廣州志)』에서 "은죽의 죽순은 키가 3-4자로 통통하고 희며 연한데, 서녕(西寧, 베트남의 지명)에서 산출된다.(銀竹笋長三四尺, 肥白而脆, 産西寧.)"라고 하였다.
황금간벽옥죽은 일본에서 '금은죽'이라고도 하며, 현재 이미 별도로 황금간벽옥죽을 나열하였으므로, 금은죽은 일본에서 가리키는 것과 다르다.【原註】
* 오군지(吳郡志): 50권. 남송 학자 범성대(范成大, 1126-1193)가 남송 평강부(平江府, 지금의 소주)에 관해 39부문으로 나누어 기록한 인문지리서.【역주】
198) 소상죽(瀟湘竹): 『죽보상록』에서 "소상죽은 모두 2종류로, 복건의 산속에서 산출되는데, 둥글며 마디가 길어, 큰 것은 우산대를 만들 수 있고, 작은 것은 통소와 피리의 재료가 된다. 한 종류로서 가늘고 작으며 높이가 몇 자에 불과한 것은 인가에서 화분에 옮겨 심는데, 무성하여 사랑스럽다.(瀟湘竹凡二種, 出七閩山中, 圓而長節, 大者可爲傘柄, 小者爲簫笛之材. 一種細小, 高不過數尺, 人家移植盆檻中, 芃芃可愛.)"라고 하였다. 현재 말하는 것은 후자를 가리키는 듯하다.
『죽회』에서 "소상죽은 높이가 몇 치에 불과하고, 신선이 다니는 깊은 산에 있다.(瀟湘竹高只數寸, 仙迴深山有之.)"라고 하였다. 학명은 자세하지 않다.【原註】
* 소상죽(瀟湘竹): '반죽(斑竹)'이나 '상비죽(湘妃竹)'이라고도 하며, 줄기와 가지에 자갈색의 얼룩이 나타난다.【역주】

연못 옆에 몇 그루 심으면 운치가 더 그윽하다. 대나무를 심을 때는 소종(疏種)·밀종(密種)·천종(淺種)·심종(深種) 네 가지 방법이 있다. 소종은 3-4척 지점에 구멍 하나를 파서 땅을 텅 비게 하여 대나무뿌리가 잘 뻗도록 하려는 것을 말한다. 밀종은 대나무가 비록 성글게 심어지긴 하였지만 구멍마다 오히려 4-5그루를 심어 뿌리를 조밀해지도록 하려는 것을 말한다. 천종은 심을 때 땅에 깊이 묻지 않는 것을 말한다. 심종은 비록 땅에 깊이 심진 않았지만 뿌리 위에 점토를 덮어 둘러싸는 것을 말한다. 이 방법과 같이 하면 무성해지지 않을 수가 없다. 또 종죽(棕竹)[199]에는 세 등급이 있다. 근두(筋頭)[200]와 단병(短柄)[201]이라 하는 두

---

199) 종죽(棕竹): 종죽(Rhapis humilis)은 '종려죽(棕櫚竹)'(『죽보상록』)이라고도 하며, 잎은 손바닥 모양으로 줄기 꼭대기에서 난다. 대나무와 같은 마디가 있고 열대식물이다. 종려과에 속한다. 『죽보상록』에서 "종려죽은 절강성 일대·광서성과 광동성·복건성에 모두 있으며, 높이는 7-8자이고, 잎은 종려와 같으나 댓잎처럼 뾰족하고 작으며, 땅에서 돋아나는데 잎 하나가 떨어질 때마다 바로 마디 하나가 생겨나고, 피부가 푸릇푸릇하여 완전히 대나무와 같다.(棕櫚竹, 兩浙兩廣七閩皆有之, 高七八尺, 葉是樓櫚而尖小如竹葉, 自地而生, 每一葉脫落, 卽成一節, 膚色靑靑一如竹枝.)"라고 하였다.
『십도지(十道志)』에서 "사천의 종이는 10가지 색을 헤아리고 대나무는 9종류인데, 종죽(棕竹)이 그 중에 하나로서, 종려의 몸체이면서 대나무의 특성을 가지고 있다.(蜀紙推十色, 竹則九種, 棕竹其一, 棕身而竹性.)"라고 하였다.
또 장득지(張得之)가 '도지죽(桃枝竹)은 잎이 종려와 같고 마디는 4치이며, 황색이면서 아주 매끄러워 방석을 만들 수 있으며, 유자후(柳子厚)가 '도생(桃笙)'이라 했다.(桃枝竹, 葉如棕櫚, 節四寸, 最黃滑, 可爲簟, 柳子厚謂之桃笙.)"라고 하였다.【原註】
* 십도지(十道志): 16권. 『십도사번지(十道四蕃志)』. 당나라 측천무후시절의 관리 양재언(梁載言, ?-?)이 편찬한 전국적인 지리서.【역주】
* 장득지(張得之): 「죽보(竹譜)」를 저술했다고 하나, 책은 산일되었으며, 인적사항을 자세히 알 수가 없다.【역주】
* 유자후(柳子厚): 당나라 문학가로 당송팔대가의 한 사람인 유종원(柳宗元, 773-819). 자(字)가 자후(子厚)이다.【역주】
* 도생(桃笙): 도지죽(마디가 짧은 대나무의 일종)으로 짜서 만든 대나무 방석. 출처는 유종원의 시 「잡곡가사·행로난3수(雜曲歌辭·行路難三首)」의 제3수 "화려한 시절이 한 번 지나가 귀한 몸이 도리어 비천해지니, 도상과 규선(葵扇,

종류는 가지가 짧고 잎이 늘어져 화분에 심을 수가 있다. 박죽(樸竹)[202]이라는 것은 마디가 드물고 잎이 딱딱해서 온화하고 우아한 느낌이 전혀 없지만 부챗살의 재료와 화의병(畵義柄)[203]으로 사용할 수 있다.

二十九. 竹

種竹宜築土爲壟[204], 環水爲溪, 小橋斜渡, 陟[205]級而登, 上留平臺, 以供坐臥, 科頭[206]散發, 儼如萬竹林中人也. 否則辟地數畝, 盡去雜樹, 四周石疊令稍高, 以石柱朱欄圍之, 竹下不留纖塵片葉, 可席地而坐, 或留石臺石凳之屬. 竹取長枝巨幹, 以毛竹爲第一, 然宜山不宜城. 城中則護基筍最佳, 餘[207]不甚雅. 粉筋斑紫, 四種俱可, 燕竹最下. 慈姥竹即桃枝竹, 不入品. 又有木竹黃菰竹篛竹方竹黃金間碧玉觀音鳳尾金銀諸竹. 忌種花欄之上, 及庭中平植, 一帶墻頭, 直立

종려잎으로 만든 부채)으로 어찌 늘 지낼 수 있을까?(盛時一去貴反賤, 桃笙葵扇安可常.)【역주】

200) 근두(筋頭): 『군방보』에서 "종죽에는 세 종류가 있으며, 제일 뛰어난 것은 '근두'라 하는데, 줄기가 단단하고 잎이 늘어져 책상에 둘만하다.(棕竹有三種, 上曰筋頭, 梗硬葉垂, 堪置書几.)"라고 하였다. 학명은 Rhapis excelsa이다.【原註】

201) 단병(短柄): 『군방보』에서 "그 다음은 '단병'이라 하며, 정원과 계단에 진열해 놓을 수 있다.(次曰短柄, 可列庭階.)"라고 하였다.【原註】

202) 박죽(樸竹): 『군방보』에서 "또 그 다음은 박죽으로, 마디가 드물고 잎이 단단하여 온화하고 우아함이 전혀 없어, 다만 부챗살의 재료가 될 수 있을 뿐이다.(再次樸竹, 節稀葉硬, 全欠溫雅, 但可作爲扇骨料耳.)"라고 하였다. 학명은 Rhapismojor이다.【原註】

203) 화의병(畵義柄): 정확한 의미를 알 수 없으며, 그림 족자의 아래 위에 있는 축으로 추정된다.【역주】

204) 壟(농): 밭의 높은 곳을 '농(壟)'이라 한다. 『설고』에서 "농(壠)이 본래 글자다.(壠本字.)"라고 하였다. 『사기 · 진섭세가(陳涉世家)』에서 "밭을 갈아서 두둑을 만든다.(輟耕而之壟土.)"라고 하였다.【原註】

205) 陟(척): 산이 중첩되어 있는 것을 말한다.【역주】

206) 科頭(과두): 양백암(楊伯嵒)의 『억승(臆乘)』에서 "세속에서 관을 쓰지 않은 것을 과두(科頭)라 한다.(俗謂不冠爲科頭.)"라고 하였다.【原註】
   * 과두(科頭): 관이나 모자를 쓰지 않고 상투를 드러내는 것.【역주】
   * 억승(臆乘): 1권. 송나라 관리 양백암(?-1254)의 필기.【역주】

207) 餘(여): 나머지.【역주】

數竿. 至如小竹叢生, 曰瀟湘竹, 宜于石岩小池之畔, 留植數株, 亦有幽致. 種竹有疏種密種淺種深種之法208). 疏種謂, 三四尺地方種一窠, 欲其土虛行鞭209). 密種謂, 竹種雖疏, 然每窠却種四五竿, 欲其根密. 淺種謂, 種時入土不深. 深種謂, 入土雖不深, 上以田泥雍之. 如法, 無不茂盛. 又棕竹三等, 曰筋頭, 曰短柄, 二種枝短葉垂, 堪植盆盎, 曰樸竹, 節稀葉硬, 全欠溫雅, 但可作扇骨料及畫義柄耳.

30. 국화(菊)211)

소주 지역에서 국화가 가장 성행할 때, 호사가(好事家)211)는 반드시

---

208) 竹有疏種密種淺種深種之法(죽유소종밀종천종심종지법): 『종수서(種樹書)』에서 "대궐에 대나무를 심었는데, 일이년 사이에 무성해지지 않은 게 없었다. 정원사가 말하기를 애초부터 다른 기술은 없고 단지 '소종밀종천종심종(疏種密種淺種深種, 성글게 심고, 촘촘하게 심고, 얕게 심고, 깊게 심는다.)'의 여덟 자에 불과하다.(禁中種竹, 一二年間無不茂盛, 園子曰, 初無他術, 只有八字, 疏種密種淺種深種.)"라고 하였다.【原註】

209) 鞭(편): 대나무 뿌리.【역주】

210) 국화(菊): 국화(Dendranthema morifolium)는 숙근식물(宿根植物, 3년 이상 사는 초본식물)로 품종이 매우 다양하고, 형태와 색채가 극히 복잡하며, 중요한 화훼이다. 국화과에 속한다.【原註】
   * 국화: 관상용으로 널리 재배하며, 많은 원예 품종이 있다. 높이 1m 정도로 줄기 밑 부분이 목질화하며, 잎은 어긋나고 깃꼴로 갈라진다. 꽃은 줄기 끝에 피고, 노란색 · 흰색 · 빨간색 · 보라색 등 품종에 따라 다양하고 크기나 모양도 품종에 따라 다르다. 꽃의 지름에 따라 18cm 이상인 것을 대륜, 9cm 이상인 것을 중륜, 그 이하인 것을 소륜이라 한다. 중국 원산이라고 하나, 그 조상은 현재 한국에서도 자생하는 감국이라는 설, 산국과 뇌향국화와의 교잡설, 감국과 산구절초와의 교잡설 등 여러 가지가 있다. 재배를 시작한 시기는 당대(唐代) 이전으로 추정된다.【역주】

211) 호사가(好事家): 『도회보감(圖繪寶鑒)』에서 "미불이 '호사가와 감상가에는 스스로 두 등급이 있다. 집안에 재산이 많고 명성을 탐하고 호승심이 있어 물건을 보면 사두는데, 남의 말을 듣는 것에 불과하면, 이것을 호사라 한다.'라고 하였다.(光元章謂, 好事家與賞鑒家自是兩等. 家多資力, 貪名好勝, 遇物收置, 不過聽聲, 此謂好事.)"라고 하였다.【原註】
   * 도회보감(圖繪寶鑑): 5권. 원말명초의 화가 하문언(夏文彦, ?-?)의 저술로, 고대

수 백 그루를 모아 다양한 색을 뒤섞어 높낮이에 따라 차례로 늘어놓고
감상하는데, 이렇게 부귀한 모습을 과시하는 것이라면 가능하다. 만약
진정으로 꽃을 감상할 줄 아는 자는 반드시 특이한 품종을 찾아서 고풍
스런 화분에 한 두 그루 심는다. 줄기가 뻗어 수려하고 잎이 무성하면서
풍만해지면 꽃이 필 때 탁자와 침대 사이에 두고 앉거나 누워서 감상하
면서 바로 꽃의 성격을 체득할 수 있다. 감국(甘菊)²¹²⁾은 오직 탕구(蕩
口)²¹³⁾에 한 종류가 있는데, 가지가 넘어진 일산처럼 굽어 있고 꽃은 비
단을 깔아 놓은 듯 촘촘한 것이 가장 기이하고, 나머지는 그저 꽃을 거
두어 식용에 사용할 뿐이다. 야국(野菊)²¹⁴⁾은 정원에 심는 것이 좋다.

의 회화비평서를 초록하여 수록하였다.【역주】
212) 감국(甘菊): 감국(Dendranthema boreale)은 '감야국(甘野菊)' · '암향국(巖香
菊)' · '향엽국(香葉菊)'이라고도 하며, 다년생초본으로, 꽃은 관상(管狀)이며 황색
이다. 국화과에 속한다.
범성대의 『국보(菊譜)』에서 "감국은 일명 '가국(家菊)'으로, 인가에서 심어 채소
로 먹는다. 모든 국화는 잎이 모두 짙은 녹색이면서 두껍고 맛이 극히 쓰거나
잎에 털이 있는데, 이 국화는 옅은 녹색이면서 말끔하고 맛이 조금 달아서, 씹으
면 향기와 맛이 모두 뛰어나므로, 뜯어 국을 끓이거나 차를 우리면 매우 운치가
있다. 천수자(天隨子)가 읊은 것이 바로 이 종류로서, 꽃은 들국화보다 조금 뛰어
나 매우 아름다운데, 본래는 꽃이 아니었다.(甘菊一名家菊, 人家種以供蔬茹. 凡
菊, 葉皆深綠而厚, 味極苦, 或有毛, 惟此菊淡綠有瑩, 味微甘, 咀嚼香味俱勝, 摘以
作羹及注茶, 極有風致. 天隨子所賦卽此種, 花差勝野菊, 甚美, 本不系花.)"라고 하
였다.
사정지(史正志)의 『국보(菊譜)』에서 "감국의 색은 짙은 황색으로, 체당과 비교해
조금 작다.(甘菊色深黃, 比棣棠小.)"라고 하였다.【原註】
* 천수자(天隨子): 당나라 시인 육구몽(陸龜蒙, ?-881)의 호.【역주】
* 사정지(史正志)의 국보(菊譜): 송나라 관리 사정지(?-?)가 국화 28종을 기록한
서적으로 4권이며, 『사씨국보(史氏菊譜)』나 『사로포국보(史老圃菊譜)』라고
도 한다.【역주】
213) 탕구(蕩口): 탕구진(蕩口鎭)은 강소성 무석현(無錫縣) 남쪽에 있고 오현(吳縣) 및
상숙(常熟)과 인접해 있다.【原註】
214) 야국(野菊): 야국(Dendranthema indicum)은 사정지의 『국보』에서 "야국은 가늘
고 날씬하며, 가지가 쇠약해 보이고, 대부분 야생이며 꽃이 백색인 것도 있다.(野
菊細瘦, 枝柯凋衰, 多野生, 亦有白者.)"라고 하였다.【原註】

국화를 심는 데는 여섯 가지 해야 할 것과 두 가지 방비하는 방법이 있다. 방비하는 것은 묘목 배양·적절한 토양·부목을 대서 키우기·비와 해 비추기·가지와 그루터기를 정리하기·관개·해충방지·참새가 둥지를 만들 때 반드시 잎을 따려는 것인데, 이 일들은 모두 정원사가 알아야 할 것으로 우리들이 할 일이 아니다. 기와로 만든 화분과 기와 두 개를 합쳐 화분으로 만든 것은 꽃 없는 것만 못 하다.

三十. 菊

吳中215)菊盛時, 好事家必取數百本, 五色相間, 高下次列, 以供賞玩, 此以夸富貴容則可. 若眞能賞花者, 必覓異種, 用古盆盎植一株兩株, 莖挺而秀, 葉密而肥, 至花發時, 置几榻間, 坐臥把玩, 乃爲得花之性情. 甘菊惟蕩口有一種, 枝曲如偃蓋, 花密如鋪錦者, 最奇, 餘僅可收花以供服食. 野菊, 宜種籬落間. 種菊有六要二防之法, 謂胎養216)土宜217)扶植218)雨暘219)修葺220), 灌漑221)防蟲, 及雀

---

215) 吳中(오중): 고대에는 '오현(吳縣)'이라 했으며, 지금의 소주시 남부 지역.【역주】
216) 胎養(태양): 배양하기 시작하다.
    『준생팔전』에서 "대개 국화가 핀 뒤에는 태양을 향하도록 하고 추위를 차단해 보호해서 원기를 배양해야 한다. 곡우(양력 4월 20일 무렵)가 되어 뿌리가 돋아 나려고 할 때, 흙을 잘게 부수어 싹이 튼튼하고 뿌리가 있는 것을 골라 단독으로 심는다.(凡菊開後, 宜置向陽, 遮護氷雪, 以養其元. 至穀雨時, 將根掘起, 剖碎, 采壯嫩有根者單種.)"라고 하였다.【原註】
217) 土宜(토의): 토양에 적합하다.
    『준생팔전』에서 "흙은 두둑을 높게 해서 수해(水害)에서 멀어지도록 하고, 도랑을 넓게 파서 물이 흐르기 편하게 하며, 검은 진흙을 가져다가 돌을 골라내고 닭과 오리의 똥을 흙에 섞어 땅에 5-7치의 두께로 깐 다음에 묘목을 심는다. 화분에 심으려면, 원래의 묵은 흙을 제거하고 새 흙으로 바꾸어준다.(土宜畦高, 以遠水患, 寬溝以便水流, 取黑泥, 去瓦礫, 用鷄鵝糞和土, 在地鋪五七寸厚, 揷苗. 上盆則去舊土, 易以新土.)"라고 하였다.【原註】
218) 扶植(부식): 부목(副木)을 대서 재배하다.
    『준생팔전』에서 "속담에 '국화를 아직 심지 않았을 때 먼저 대나무를 깎아야 한다.'라고 했다. 국화 묘목이 자라서 3-4치 크기가 되면, 즉시 작은 대나무 하나를 옆에 세워, 종려나무 털로 널찍하게 묶어 곧게 자라도록 한다.(諺云, 未種菊, 先

作窠時222), 必來摘葉, 此皆園丁所宜知, 又非吾輩事也. 至如瓦料盆223)及合兩

攛竹. 菊苗長至三四寸長, 卽立小細竹一枝於傍, 以棕線寬縛令直.)"라고 하였다.
【原註】

219) 雨暘(우양): 비오는 것과 맑은 것.
   『준생팔전』에서 "장마 비가 내리면 국화의 뿌리가 썩기 쉽다. 비가 그치면 바로
   미리 준비해 두었던 고운 흙으로 북돋아 주며, 다시 새 뿌리가 나서 뿌리가 더욱
   튼튼해질 것이다. 여름철에 더 나빠지는데, 만약 뿌리를 덮어줄 수 있으면, 가을이
   되어 잎이 끝까지 푸를 것이다.(黃梅雨, 其根易爛. 雨過, 卽用豫畜細泥封培, 更生新
   根, 其本益固. 夏月更惡, 若能覆被, 秋後葉終靑翠.)"라고 하였다.【原註】

220) 修葺(수즙): 다듬고 잘라 정리하다.
   『준생팔전』에서 "4-5월 사이, 매 번 비가 온 뒤, 국화의 싹이 어지럽게 자라나면,
   그루마다 꼭대기의 것을 따버려 가지가 갈라져 위로 자라도록 한다. 8월초에 국
   화 봉오리가 작은 콩의 크기와 같이 자라 가지마다 반드시 4-5개가 되는데, 참을
   성을 가지고 손톱으로 곁에 난 것을 제거하고 중앙의 한 봉오리를 남겨놓으며,
   또 가지 아래 옆으로 난 봉오리를 보면 모두 제거한다.(四五月間, 每雨後, 菊長亂
   苗, 每株卽摘去正頭, 使分枝而上. 八月初時, 菊蕊以生如小豆大, 每頭必有四五,
   須耐心用指甲剔去傍生, 留中一蕊, 更看枝下傍出蕊枝, 悉令刪取.)"라고 하였다.
   【原註】

221) 灌漑(관개): 물과 비료를 주다.
   『준생팔전』에서 "심은 뒤에 아침과 저녁으로 개울물과 빗물을 뿌려주며, 뿌리의
   싹이 머리를 들고 일어나면 잠시 중지한다. 5-7치의 길이로 자라기를 기다렸다가
   똥물을 한 번 뿌려주고, 다시 닭과 거위의 털을 삶은 물을 사용한다. 털을 항아리
   에 거두어 저장했다가 더러운 냄새가 나지 않게 되면 가져다 뿌려주는데, 꽃이
   무성해지고 아래위의 잎이 모두 떨어지지 않게 된다.(種後, 早晩用河水天落水澆,
   活苗頭起暫止. 待長五七寸長, 用糞汁澆一次, 再用燖鷄鵝毛湯. 待毛用缸收貯, 待
   其作穢不臭後, 取澆灌, 則花盛而上下葉俱不脫.)"라고 하였다.【原註】

222) 防蟲及雀作窠時(방충급작작과시): 벌레를 방어하고 참새가 둥지를 지을 때.
   『준생팔전』에서 "처음 심어서 자랄 때, 잎을 갉아먹는 작은 벌레가 있어 구불구
   불 하얀 자국이 살짝 드러나면, 손톱으로 찔러 죽일 수 있다. 또 검고 작은 지잠
   (地蠶, 굼벵이)이 뿌리를 갉아 먹는지 아침과 저녁으로 살펴야 한다. 4월에 참새
   가 둥지를 지으려고 가지와 잎을 쪼으므로 방비해야 한다. 또 마디의 눈에 좀이
   생기는 것을 막아야 하며,…… 5월에 '국우(菊牛)'라는 벌레가 있으며……. 6-7월
   이후에는 청충(靑蟲, 녹색의 작은 벌레)이 생긴다.(初種活時, 有細蟲穿葉, 微見白
   路縈回, 可用指甲刺死. 又有黑小地蠶齧根, 早晩宜看. 四月麻雀作窠, 啄枝銜葉,
   宜防. 又防節眼內生蛀蟲,……. 五月間, 有蟲名菊牛,……. 又於六七月後, 生靑
   蟲.)"라고 하였다.【原註】
   * 국우(菊牛): 하늘소과에 속하는 국천우(菊天牛)로 추정된다. 크기는 1cm정도
     로 산란할 때 국화의 줄기를 물어 시들거나 부러지게 하며, 유충이 줄기에 붙어

161

瓦爲盆者, 不如無花爲愈矣.

31. 난(蘭)225)

난은 복건에서 난 것을 상품으로 치는데 잎이 검처럼 날카롭고 꽃이 잎보다 높은 위치에 있다. 「이소(離騷)」225)에서 "추란은 푸르디 푸르고,

———

살아 꽃이 피지 못하게 하거나 전체를 고사시킨다.【역주】
223) 瓦料盆(와료분): 기와 재료로 만든 화분. 명청시기에는 자기와 도기로 모두 기와를 만들었으므로, 도자기화분을 가리킨다.【역주】
224) 난(蘭): 난은 난과(蘭科, Orchidaceae) 난속(蘭屬, Cymbidium)에 속한다. 난과 식물은 전 세계에 모두 500여 속 1만 여종이 있으며, 재배되는 것은 2,000종이 있다. 난속(蘭屬)은 모두 70여종이며, 크게 기생(氣生)과 지생(地生) 두 가지 종류로 구분한다. 기생란은 열대에서 산출되며 뿌리가 공기 중에 노출되어 자라고, 꽃이 매우 아름다우며, 관상용의 상등품으로 모두 30여종이다. 지생란은 아열대에서 산출되고, 주로 중국의 강소성·절강성·복건성·광동성·사천성·운남성·안휘성·강서성·대만 등에 분포한다. 보통 난(蘭)과 혜(蕙)의 두 종류로 나뉘는데, 줄기 하나에 꽃이 하나 피는 것이 '난(蘭)'이고, 줄기 하나에 꽃이 여러 개 피는 것을 '혜(蕙)'라 한다. 또 꽃 피는 계절에 따라 춘란(春蘭)·하란(夏蘭)·추란(秋蘭)·동란(冬蘭) 등의 여러 종으로 나뉜다. 보통 초란(草蘭, Cymbidium goeringii)은 '춘란'이라 하고, 혜란(蕙蘭, Cymbidium falesi)은 '하란'이라 하며, 건란(建蘭, Cymbidium ensifolium)과 어심란(魚魷蘭, Cymbidium gyokuchin)을 '추란'이라 하고, 한란(寒蘭, Cymbidium kanran)은 '동란'이라 한다. 『이아익』에서 "난과 혜는 매우 비슷하며, 줄기 하나에 꽃이 하나이며 향기가 넘치는 것을 '난'이라 하고, 줄기 하나에 5-6송이이며 향기가 부족한 것을 '혜(蕙)'라고 한다. 지금 사람은 난을 '유란(幽蘭)'이라 하고, 혜를 '혜란(蕙蘭)'이라 한다.(蘭與蕙甚相類, 其一幹一花而香有餘者曰蘭, 一幹五六花而香不足者曰蕙. 今人稱蘭爲幽蘭, 蕙爲蕙蘭.)"라고 하였다.【原註】
* 난: 외떡잎식물 중에서 가장 진화된 식물군으로, 아름답고 향기로운 꽃이 피는 종이 다양한 관엽식물이다. 전 세계에 약 700속 25,000종이 알려져 있고, 한국 자생종은 39속 84종이다. 원예적으로는 동양란과 서양란으로 구별하고 있다. 동양란은 한국·일본·중국에 자생하는 것이며, 보춘화·한란 등의 심비디움 속(Cymbidium)과 석곡(石斛)·풍란(風蘭)을 포함한다. 중국에서는 10세기경부터 재배하고 감상했다는 설이 있으며, 한국에서는 고려 말기로 추정하고 있다. 서양란은 열대 원산으로 주로 유럽에서 재배되고 육종되어 왔다.【역주】

장물지

녹색 잎에 자색 줄기라네.(秋蘭兮靑靑, 綠葉兮紫莖)"라고 했다. 다음으로 공주(贛州)226)의 것이 좋은데 이것은 산의 서재에서 빼 놓을 수 없는 것이다. 그러나 처소마다 화분 하나에 심어 놓을 수 있는데, 많으면 호구(虎邱)의 꽃시장과 비슷해진다. 화분은 반드시 용천(龍泉)227)·균주(均

225) 이소(離騷): 『초사(楚辭)』의 편명으로 전국시기 굴원(屈原, B.C.340-B.C.278. 초나라 애국시인)의 작품이다.【原註】
   * 초사(楚辭): 초나라 지역(지금의 호남성과 호북성 일대)의 지역특색을 띤 시가의 한 형식, 또는 이러한 작품을 모은 시가집을 가리킨다. 굴원이 대표 작가이다.【역주】
226) 공주(贛州): 지금의 강서정 공주시(贛州市)로, 난 가운데 강서성 공주에서 나오는 것을 '공란(贛蘭)'이라 한다.
   『학포잡소』에서 "공주란의 꽃은 길고 튼튼하지 않아서, 가격이 항상 반으로 줄어든다.(贛州蘭花不長勁, 價常減半.)"라고 하였다.
   『공주부지(贛州府志)』에서 『『이아익』에서 '줄기 하나에 꽃이 하나인 것이 난이고, 줄기 하나에 꽃이 여러 개인 것이 혜이다.'라고 했다. 공주의 풍속에는 '난'으로 통칭한다. '보춘란(報春蘭)'이라는 것이 있으며, 봄이 오면 바로 피어나고 줄기 하나에 꽃이 하나로 '보춘괴(報春魁)'라 한다. 추란은 잎이 짧고 두터우며 줄기는 가늘고 꽃이 춘란보다 작은데, 소심란(素心蘭)이 있으며 품종이 가장 귀하다. 사계란은 사계절에 모두 핀다. 홍란은 들판이 불에 타서 잎이 다 지고서 꽃이 홀로 피어나 '화소란(火燒蘭)'이라 속칭하며, 구하기 매우 어렵다.(爾雅翼, 一幹一花者蘭, 一幹數花者蕙, 贛俗通稱蘭. 有名報春者, 春到卽開, 一莖一花, 又名報春魁. 秋蘭葉短而厚, 莖細而花小於春蘭, 有素心者, 品最貴. 有四季蘭, 四季均開. 紅蘭經野燒, 葉盡而花獨發, 俗稱火燒蘭, 甚難得.)"라고 하였다.【原註】
   * 一幹一花者蘭, 一幹數花者蕙: 출처는 북송 문학가 황정견(黃庭堅, 1045-1105)의 산문「서유방정(書幽芳亭)」의 "줄기 하나에 꽃이 하나이며 향기가 넘지는 것이 난(蘭)이고, 줄기 하나에 꽃이 5-7개이면서 향기가 부족한 것이 혜(蕙)이다.(一幹一華而香有餘者蘭, 一幹五七華而香不足者蕙.)"【역주】
227) 용천(龍泉): 용천요(龍泉窯)이다.
   『신증격고요론(新增格古要論)』에서 "옛날의 용천요는 지금의 절강성 처주부(處州府) 용천진(龍泉鎭)에 있으며, 오늘날(명나라) '처기(處器)'와 '청기(靑器)'라 하는 것이다. 말한다. 옛날 청자는 태토가 곱고 기벽이 얇으며, 취청색의 것이 귀한 것이다. 분청색(粉靑色)의 것은 일등급이다. 동이의 바닥면에 물고기 두 마리 무늬가 있고, 동이의 외면에 청동기처럼 고리가 장식되어 있으며 기벽이 두꺼운 것은 그리 아름답지 않다.(古龍泉窯, 在今浙江處州府龍泉鎭, 今曰處器靑器. 古靑器, 土脈細且薄, 翠靑色者貴者. 有粉靑色者, 有一等. 盆底有雙魚, 盆外有銅綴環, 體厚者, 不甚佳.)"라고 하였다.【原註】

州)228) · 내부(內府)229) · 공춘(供春)230) 가운데 가장 큰 것을 찾아야 하고,

---

* 분청색(粉青色): 투명하고 맑은 것이 아니라 분이 풀린 듯이 불투명한 하늘색. 중국 청자 유색 품종의 한 종류이다. 조선의 회색빛 분청사기의 분청과는 다른 개념이다.【역주】

228) 균주(均州): 균주요(均州窑)이며 '균요(均窯)'라고도 한다. 균주는 균대(均臺)로 지금의 하남성 우현(禹縣)에 있다. 자기의 질이 세밀하고 유색은 연지의 색이며, 토끼털과 같은 문양과 모래와 같은 반점이 있는 것이 상등품이다. 청색 · 흑색 · 총취색(葱翠色, 파와 같은 녹색) · 녹색 등 단색의 것은 중등품이며, 청색과 흑색이 뒤섞인 것 · 매자청(梅子青, 매실의 푸른 색) · 가피자(茄皮紫, 가지 껍질의 보라색) · 해당홍(海棠紅, 해당화의 홍색) · 저간(豬肝, 돼지 간과 같은 홍색) · 노폐(驢肺, 당나귀의 폐와 같은 붉은 색) 등의 색이 최하이다.【原註】
  * 균요(均窯): 현대에는 균요(鈞窯)로 표기한다. 명나라 만력황제 주익균(朱翊鈞, 1563-1620)의 '균(鈞)'자를 피휘하여 '균(均)'자를 사용하였다.【역주】

229) 내부(內府): 내부요(內府窯)가 바로 내요(內窯)이다. 송 황실이 강남으로 천도한 뒤, 옛 제도를 답습해서 수내사(修內司)에 가마를 설치해 청자를 구웠으며, 이를 '내요'라고 하고 '관요(官窯)'라고도 한다.【原註】
  * 수내사(修內司): 궁전과 태묘(太廟)의 수선업무를 담당하는 관청. 남송시기에 항주 봉황산(鳳凰山) 노호동(老虎洞)에 설립한 관요를 '수내사관요'나 '내요'라고 한다. 이후 오구산(烏龜山)에 새로 가마를 설치하였으며, 이를 '교단하관요(郊壇下官窯)'라고 한다. 모두 요지가 발견되어 많은 연구가 이루어지고 있다. 청자기물로서, 표면에 흑색의 굵은 빙렬이 나타나고, 구연 부위의 색은 자주색을 띠고 굽의 접지면의 색이 검은 빛을 띠며, 이를 '자구철족(紫口鐵足)'이라 한다.【역주】

230) 공춘(供春): 공춘은 명대 의흥(宜興)의 도공 가운데 유명한 사람이다. 『양선명도록(陽羡名陶錄)』에서 "공춘은 오이산(吳頤山, 의흥 출신의 명사)의 어린 노비이다. 오이산이 금사사(金沙寺)에서 독서할 때 공춘은 급사역할을 하는 여가에, 몰래 노승의 솜씨를 모방하여 또 흙을 개서 도자기를 만들었는데, 세상에서는 그가 공(龔)씨이므로 공춘(龔春)으로도 쓴다.(供春, 吳頤山家僮也. 頤山讀書金沙寺中, 春給使之暇, 竊仿老僧心匠, 亦淘土搏坯, 世以其系龔姓, 亦書爲龔春.)"라고 하였다.【原註】
  * 공춘은 자사호(紫砂, 의흥에서 산출되는 자주색이 나는 점토로 만든 찻주전자)를 잘 만든 사람으로 유명하며, 여기서는 의흥에서 자사로 만든 화분을 가리킨다.【역주】
  * 양선명도록(陽羡名陶錄): 2권. 청나라 화가 오건(吳騫, 1733-1813)이 의흥의 유명한 도기 즉 자사기물(紫砂器物)에 관하여 전문적으로 논술한 저서.【역주】
  * 금사사(金沙寺): 강소성 의흥시 호한진(湖漢鎮) 서남에 있었던 절. 소동파도 이곳에 들러 차를 마셨다고 한다.【역주】

화항(花缸)231)과 우퇴(牛腿)232)와 같이 저속한 양식은 피해야 한다. 사시 사철 재배하며, 봄에는 새싹이 벌써 나오고, 화분의 흙이 충분히 비옥하면 비료를 주면 안 되고, 항상 먼지떨이로 잎을 털어 먼지가 앉지 않도록 한다. 여름에는 꽃이 피고 잎이 연하므로, 손으로 건드리지 말고 길고 무성하게 자라기를 기다린 뒤에 먼지를 닦아낸다. 가을에는 뿌리의 흙을 가볍게 헤집어 주고 미감수(米泔水)233)를 약간 뿌리에 주는데 잎 위에 뿌려 더럽히지 않도록 한다. 겨울에는 해가 잘 드는 따뜻한 방에 놓아두고, 날이 맑고 바람이 없으면 들고 나가 때때로 화분을 돌려가며 사면을 고르게 햇볕을 쬐고 오후에는 들여 와 서리와 눈이 맞지 않도록 한다. 만약 잎이 검고 꽃이 피지 않으면 그늘이 많기 때문이다. 개미와 잎벌레를 없애려면 큰 대야나 어항에 물을 가득 붓고 화분을 담그면 개미가 저절로 나간다. 또 하얀 점과 같은 잎벌레를 다스리려면, 대야 안에 물을 담아 거기에 참기름을 조금 떨어뜨려서 면으로 그 물을 묻혀 닦으면 또 자연스럽게 없어질 것이다. 이는 난을 간편하게 가꾸는 방법이다. 또 항주(杭州)234)에서 나는 것을 항란(杭蘭)235)이라고 하고, 양선

---

231) 화항(花缸): 의흥에서 생산된 자사(紫砂) 본래의 색을 가진 꽃을 꽂는 항아리로 추정된다.【原註】
  * 화항(花缸): 꽃을 심어 키우는 주둥이가 넓은 커다란 항아리로, 연꽃을 많이 심어 보통 '하화항(荷花缸)'이라고도 한다.【역주】
232) 우퇴(牛腿): 우퇴(牛腿)는 항아리의 이름으로, 입구가 크고 아래가 약간 뾰족한 항아리이며, '우퇴항(牛腿缸)'이라 통칭한다.【原註】
  * 우퇴항(牛腿缸): 물을 담아 저장해 두는 커다란 항아리. 7석의 물이 들어가는 큰 항아리는 '칠석우퇴(七石牛腿)'라 한다.【역주】
233) 미감수(米泔水): 쌀을 씻고 난 후 남는 뿌연 물, 즉 쌀뜨물.【역주】
234) 항주(杭州): 지금의 절강성 항주시.【原註】
235) 항란(杭蘭): 항주에서 나는 난.
  『군방보』에서 "항란은 오직 항주성에 있으며, 꽃이 건란과 같고, 향기가 진하다. 가지 하나에 꽃이 하나로, 잎은 건란과 비교하여 조금 넓고, 자화황심(紫花黃心)이 있는데 색은 연지와 같으며, 백화황심(白花黃心)이 있는데 희기가 양의 비계

(陽羨)236)의 산 속에서 나는 것을 흥란(興蘭)237)이라고 한다. 한 그루에서 많은 꽃이 피는 것을 '혜(蕙)'238)라고 하는데, 이것들은 모두 바위 아

와 같고, 꽃이 매우 사랑스럽다.(杭蘭惟杭城有之, 花如建蘭, 香甚. 一枝一花, 葉較建蘭稍闊, 有紫花黃心, 色若臙脂, 有白花黃心, 白若羊脂, 花甚可愛.)"라고 하였다.【原註】

236) 양선(陽羨): 한나라 때 설치했으며, 수나라 때 의흥현(宜興縣)으로 바꾸었다. 지금의 강소성 의흥시를 말한다.【原註】

237) 흥란(興蘭): 의흥에서 나는 난.
『학포잡소』에서 "줄기 하나에 꽃 하나의 것을 '난'이라 하며, 의흥의 산중에 특별히 많고, 남경과 항주에 모두 있어, 비록 귀하지는 않지만 향기는 자연히 사랑스러우므로, 화분에 많이 심는 게 마땅하다.(一莖一花者曰蘭, 宜興山中特多, 南京杭州俱有, 雖不足貴, 香自可愛, 宜多種盆中.)"라고 하였다.
『형계소(荊溪疏)』에서 "난으로서 형계에서 산출되는 것은 잎이 부드럽고 꽃이 연약하여 복건 및 절강산과 비교하여 다르며, 또 쉽게 찾을 수 있는데, 용지(龍池)와 동관(銅官)의 사이 언덕에 두루 있으며 계곡을 채우고 있다.(蘭出荊溪者, 葉柔花弱, 比閩浙産不同, 又易致, 龍池銅官之間, 彌坡盈谷.)"라고 하였다.
『격치전서(格致全書)』에서 "흥란은 또 '구절란(九節蘭)'이라 하며, 꽃은 넘치지만 향기가 부족하다.(興蘭又名九節蘭, 花有餘, 香不足.)"라고 하였다.【原註】
* 형계소(荊溪疏): 2권. 명나라 학자 왕치등(王稚登, 1535-1612)의 저술로 만력 11년(1583)에 의흥을 유람할 때 지은 저서.【역주】
* 격치전서(格致全書): 『격치총서(格致叢書)』. 명나라 서적 출판업자 호문환(胡文煥, ?-?)이 181종 600여종(또는 206종 346종)의 서적을 수록한 백과전서류의 총집.【역주】

238) 혜(蕙): 혜란은 '구절란(九節蘭)'이나 '하란(夏蘭)'이라 속칭하며, 잎은 완전히 녹색으로 평평하고 매끄러우며 광택이 있다. 매년 곡우 전후로 꽃과 줄기가 돋아나온다. 꽃이 날 때는 7-8개에서 10개로 서로 다르며, 꽃은 담황색이고 순판(脣瓣, 입술 모양의 꽃잎)은 녹색을 띠는 백색으로 모두 홍자색의 반점이 나타나며 향기가 풍부하다.
『화경』에서 "혜란은 일명 '구절란'으로, 난은 구란(甌蘭)과 같으나 조금 길고 단단하며, 하나의 줄기에서 8-9개 꽃이 피는데 그 모양은 건란(建蘭)과 비슷하지만 수척하고, 향기도 건란에 미치지 못한다. 다만 구란보다 뒤에 피어 오히려 꽃을 이어서 피게 할 수 있다. 구란은 건란에 앞서서 피어나므로, 잠시 건란을 잇게 할 수 있으므로, 한 해의 꽃다운 향기와 작은 창문 앞의 청공(淸供)이 면면히 이어져 끊어지지 않을 것이다.(蕙蘭一名九節蘭, 蘭同甌蘭, 稍長而勁, 一莖發八九花, 其形似甌蘭而瘦, 卽香味亦不及焉. 但後甌蘭而開, 猶可續步. 甌蘭先建蘭而放, 聊堪接續建蘭, 則一歲芳香, 半窓淸供, 可以綿綿不絶矣.)"라고 하였다.【原註】
* 구란(甌蘭): 절강성 온주(溫州)에서 많이 산출되는 건란(建蘭)이며, 온주가 고

래로 옮겨 심을 수는 있지만 반드시 원래 자라던 흙이 있어야 해마다 꽃을 피운다. 진주(珍珠)[239]와 풍란(風蘭)[240]은 모두 높은 품격에 들어가지 않는다. 약란(箬蘭)[241]은 잎이 대나무와 같은데, 난 같지만 향이 없는

대의 소수민족인 구월(甌越)이 활동하던 지역이므로 '구란'이라 한다.【역주】
* 청공(淸供): 분경(盆景)·꽃·과일·수석·공예품·골동품·문방구 등처럼 실내에 진열하여 감상하는 기물.【역주】

239) 진주(珍珠): 금속란(金粟蘭, Chloranthus spicatus)은 '진주란(珍珠蘭)' 혹은 '진주란(眞珠蘭)'과 '어자란(魚子蘭)'(모두 『화경』에 보인다)이라고도 하며, 오늘날 '주란(珠蘭)'이라 속칭한다. 덩굴모양의 상록관목이며, 꽃은 작고 황록색으로, 향기가 진하며, 금속란과에 속한다.
『치부전서(致富全書)』에서 "진주란(眞珠蘭)은 꽃의 색이 자주색이고 꽃봉오리가 진주와 같으며, 또 '어자란(魚子蘭)'이라 한다. 습기가 있어야 하고 그늘을 좋아하므로, 2월에 선택하여 닷새에 한 번 물을 준다.(眞珠蘭, 其花色紫, 蓓蕾如珠, 又名魚子蘭, 宜濕喜陰, 二月取出, 五日一澆.)"라고 하였다.
본문에서 진주(珍珠)와 금속란을 병렬하고 모두 다시 고하를 분별하였으나, 오류로 추정되며, 다른 종류라고 인식했기 때문일 것이다.【原註】
* 치부전서(致富全書): 12권. 원명은 『여남포사(汝南圃史)』. 명나라 말기의 학자 주문화(周文華, ?-?)의 식물 재배기술에 관한 전문 저서. 서문과 목차에서 일률적으로 '치부전서(致富全書)'라 하였으며, 후대에 화훼와 과수를 심어 부자가 될 수 있다는 의미에서 이러한 제목을 붙였을 것이다.【역주】

240) 풍란(風蘭): 풍란(Chlorophytum capense)은 '괘란(掛蘭)'(『초화보』)과 '적란(吊蘭)'(『식물명실도고』)이라고도 하며, 열대 상록초본으로 고목에 착생하는데, 꽃은 황백색으로 은은한 향기가 있으며, 각각 『화경』과 『군방보』에 보인다. 난과에 속한다.
『초화보』에서 "괘란은 절강성의 온주(溫州)과 태주(台州)의 산 속에서 산출되며, 바위 계곡의 깊은 곳에 뿌리를 매달아 생장하므로, 옛 사람들이 채취하여 대나무로 틀을 만들어 나무 위에 걸어놓아 흙이 없어도 생장하며, 꽃은 약간 황색으로 난초를 닮았으나 가늘다.(挂蘭産浙江之溫台山中, 巖壑深處, 懸根而生, 故人取之, 以竹爲絡, 挂之樹上, 不土而生, 花微黃, 肖蘭而細.)"라고 하였다.【原註】

241) 약란(箬蘭): 약란(Bletilla striata)은 '백급(百芨)'(『본초경』)과 '주란(朱蘭)'(『화경』)이라고도 하며, 잎이 대나무와 같다. 꽃은 자주색으로 모양은 난과 비슷하지만 향이 없다. 4월에 꽃이 피며, 석류가 붉어지는 것과 시기가 같다. 섬의 그늘진 계곡에 잘 자라며, 강소·절강·복건·광동 등에 모두 분포되어 있다. 난과에 속한다.
『치부전서』에서 "약란은 잎이 조릿대와 같고, 난과 비슷하지만 향기가 없다.(箬蘭, 葉如箬, 似蘭無香.)"라고 하였다.【原註】

기이한 화초 종류이다. 금속란(金粟蘭)²⁴²⁾은 새란(賽蘭)이라 하며 향기가
특별히 진하다.

三十一. 蘭

蘭出自閩中²⁴³⁾者爲上, 葉如劍芒, 花高于葉, 離騷所謂秋蘭兮靑靑, 綠葉兮紫

---

242) 금속란(金粟蘭):『치부전서』에서 "별도로 '새란(賽蘭)'이라는 한 종류가 있는데,
불가(佛家)에서는 '이란(伊蘭)'이라 한다. 나무는 말리(茉莉)와 같고 꽃은 금속(金
粟, 계화)과 같아, 호사가들이 '금속란'으로 이름을 바꾸었다. 거의 난의 종류가
아니며, 매화에 대하여 납매와 같은 경우이다.(別有一種名賽蘭者, 佛家謂之伊蘭,
樹如茉莉, 花如金粟, 好事家易名金粟蘭, 殆非蘭種, 亦尤蠟梅之于梅花也.)"라고
하였다.
『군방보』에서 "이란은 사천에서 산출되며, '새란'이라 하는데, 말리화와 같고, 꽃
은 계화와 같으며 향기가 특히 멀리 퍼지고 강렬하여, 이것을 착용하면 향기를
10보 밖에서도 맡고 하루 종일 흩어지지 않는다.(伊蘭出蜀中, 名賽蘭, 如茉莉,
花小如金粟, 香特馥烈, 戴之香聞十步, 經日不散.)"라고 하였다.【原註】

243) 閩中(민중): 민중은 복건지역을 말하며, 건란(建蘭)은 복건성에서 산출되기 때문
에 붙여진 이름으로, '추란(秋蘭)'이라 속칭한다. 잎이 좁고 뾰족하며 재질이 단단
하고 아름답다. 7-8월에 꽃대가 솟아나오고, 꽃은 5-9 송이로 담황색이며 녹색을
띠었다. 꽃잎에 자색 반점이 있고 향기가 매우 강하다. 변종인 장란(漳蘭)은 잎이
건란과 비교하여 약간 넓으며 부드럽고, 윗부분은 꼿꼿하고 아랫부분은 늘어지
며, 꽃은 건란과 비슷하다.
『군방보』에서 "건란은 줄기와 잎이 비대하고 꽃은 푸른색으로 사랑스러우며, 잎
이 유독 널찍한데, 잎이 짧아서 꽃이 드러나는 보이는 것이 좋다.(建蘭莖葉肥大,
花翠可愛, 其葉獨闊, 葉短而花露者爲佳.)"라고 하였다.
『학포잡소』에서 "건란은 오월에 무성해지며, 종류도 많다. 옥심(玉魶)이 제일이
며 줄기가 희고 꽃이 위로 솟아 나오는 것이다. 다음은 사계(四季)이며, 그 다음
은 금변(金邊)으로 '난(蘭)'이라 하지만, 사실은 혜(蕙)이다. 복건산이 좋다. 공주
란(贛州蘭)은 꽃이 길고 굳세지 않아서 가격이 항상 반으로 줄어든다.(建蘭盛於
五月, 其種亦多. 玉魶爲第一, 白幹而花上出者是也. 次四季, 次金邊, 名曰蘭, 其實
皆蕙也. 閩産爲佳. 贛州蘭花不長勁, 價常減半.)"라고 하였다.
『화경』에서 "건란은 복건에서 산출되며 꽃의 이름이 매우 많은데, 혹은 형태와
색으로, 혹은 지명으로, 혹은 성씨로 이름을 붙였다.(建蘭産自福建, 而花之名目
甚多, 或以形色, 或以地里, 或以姓氏得名.)"라고 하였다.
『본초강목습유(本草綱目拾遺)』에서 "건란에는 장엽(長葉, 긴 잎)과 단침(短針,
짧은 잎) 및 활엽(闊葉, 넓은 잎)의 여러 종류가 있으며, 꽃은 오색이 구비되어

莖者是也. 次則贛州者亦佳, 此俱山齋所不可少. 然每處可植一盆, 多則類僭虎邱花市. 盆盎須覓龍泉均州內府供春絕大者, 忌用花缸牛腿諸俗制. 四時培植, 春日葉芽已發, 盆土已肥, 不可沃肥水, 常以塵掃拂拭其葉, 勿令塵垢. 夏日花開葉嫩, 勿以手搖動, 待其長茂, 然後拂拭. 秋則微撥開根土, 以米泔水少許注根下, 勿漬污葉上. 冬則安頓向陽暖室, 天晴無風昇出, 時時以盆轉動, 四面令勻, 午後即收入, 勿令霜雪侵之. 若葉黑無花, 則陰多故也. 治蟻虱, 惟以大盆或缸盛水, 浸逼花盆, 則蟻自去. 又治葉虱[244]如白點, 以水一盆, 滴香油[245]少許于內, 用棉蘸水拂拭, 亦自去矣, 此藝[246]蘭簡便法也. 又有一種出杭州者, 曰杭蘭, 出陽羨山中者, 名興蘭, 一幹數花曰蕙, 此皆可移植石岩之下, 須得彼中原土[247], 則歲歲發花. 珍珠風蘭, 俱不入品. 箬蘭, 其葉如箬, 似蘭無馨, 草花奇種. 金粟蘭名賽蘭, 香特甚.

있다. 색이 검은 것은 '묵란(墨蘭)'이라 하지만 구하기 쉽지 않다. 붉은 꽃은 '홍란(紅蘭)'이라 하며, 황색 꽃은 '밀란(蜜蘭)'이라 하고, 청색의 것은 오직 차를 끓이거나 꿀에 절일 수 있는데, 달고 향기로운 것을 선택한다. 소심(素心, 한 가지 색이면서 다른 무늬가 없는 꽃)인 것은 '소심란(素心蘭)'이라 한다. 대개 건란은 줄기 하나에 꽃이 여러 개이며, 사실은 혜(蕙)이고 난(蘭)이 아니다.(建蘭有長葉短針闊葉諸種, 其花備五色. 色黑者爲墨蘭(Cymbidium sinensis), 不易得. 紅花者名紅蘭, 黃花者名蜜蘭, 青色者惟堪點茶或蜜浸, 取其甘芳. 素心者名素心蘭. 蓋建蘭一莖數花, 實蕙而非蘭也.)"라고 하였다.【原註】

244) 虱(슬):『군방보 · 난혜위호(蘭蕙衛護)』에서 "갑자기 잎에 흰점이 생기면 '난슬(蘭虱)'이라 하며, 대꼬챙이로 살며시 제거한다. 만약 제거되지 않으면, 어성수(魚腥水, 물고기를 발효시켜 만든 액체)나 조개를 끓인 물을 자주 뿌려주면 바로 사라지며, 혹은 마늘을 갈아 물과 섞어 깨끗한 양털에 적셔서 씻어 제거한다.(忽然葉生白點, 謂之蘭虱, 用竹鐵輕輕剔去. 如不去, 用魚腥水或煮蚌湯頻灑之, 卽滅, 或硏蒜和水, 新羊毛蘸洗去.)"라고 하였다. 생각건대, 개각충(介殼虫, 구글벌레)의 한 종류이다.【原註】
245) 香油(향유): 참기름.【역주】
246) 藝(예): 심다, 뿌리다.【原註】
247) 原土(원토): 원래 산출되었던 땅.【역주】

32. 규화(葵花)[248]

규화의 종류는 일정하지 않으며, 초여름에 꽃이 번성하고 잎도 무성해서 가장 볼 만하다. 한 종류는 융규(戎葵)[249]라고 하는데 수백 가지 기이한 형태를 지니고 있어 넓은 곳에 심어야 하고, 다른 한 종류는 금규(錦葵)[250]라고 하는데 동전과 같이 작고 문양과 색깔이 감상할 만하여 정원에 심어야 한다. 또 다른 종류는 향일(向日)[251]이라 하는데, 별칭이 서번규(西番葵)로서 가장 보기 싫다. 가을에 피는 종류는 추규(秋葵)[252]

---

248) 규화(葵花): 여기서 여러 종류가 거론되고 있으며, 일반적으로 접시꽃을 가리킨다.【역주】

249) 융규(戎葵): 융규는 촉규(蜀葵, Althaea rosea)로, 숙근초본(宿根草本)이다. 꽃은 홑꽃잎이나 겹꽃잎이며 홍색과 자색 및 백색 등으로 금규과에 속한다.
『이아』에서 "견(菺)은 융규이다.(菺戎葵.)"라고 하였다. 소(疏)에서 "견(菺)은 일명 '융규'이다. 곽박(郭璞)이 '지금의 촉규(蜀葵, 접시꽃)로 접시꽃과 비슷하며 꽃은 무궁화와 같은데, 변방 촉지역이 대체로 산출되는 곳이므로 이것으로 이름을 붙였다.(菺一名戎葵. 郭云, 今蜀葵也, 似葵, 花如木槿, 戎蜀蓋其所自也, 因以名之.)"라고 하였다.【原註】
   * 곽박(郭璞, 276-324): 진(晋)나라의 저명한 문학가 · 훈고학자 · 풍수가 · 방술사(方術士). 자(字)는 경순(景純). 『주역』 · 『이아』 · 『산해경』 · 『초사』 등에 주석을 달았다.【역주】

250) 금규(錦葵): 금규(Malva sylvestris var.mauritiana)는 격년 혹은 다년생 초본이다. 꽃은 옅은 자홍색에 짙은 자색 줄이 있으며 금규과에 속한다.
『본초강목』에서 "작은 종류의 일종은 '금규'라고 하는데, 바로 '형규(荊葵)'이다. 『이아』에서 '수(荍)'라고 했는데, 그 꽃은 크기가 오수전(五銖錢, 한나라의 화폐로 무게가 5수 즉 3.35g짜리 동전)과 같고 분홍색이며 자주색 실 문양이 있다.(一種小者名錦葵, 卽荊葵也, 爾雅謂之荍, 其花大如五銖錢, 粉紅色, 有紫縷文.)"라고 하였다.【原註】

251) 향일(向日): 해바라기. 향일규(向日葵, Helianthus annus)는 '장국(丈菊)' · '서번국(西番菊)' · '영일화(迎日花)'(『군방보』)라고 하며, 일년생초본이다. 줄기가 한 길이 넘고, 꽃은 쟁반처럼 크며 황색으로, 씨는 기름을 짤 수 있다. 국화과에 속한다.
『식물명실도고』에서 "이 꽃은 태양을 향하므로 속세에서 '향일규(向日葵)'라 통칭하며, 그 씨는 볶아서 먹을 수 있는데 약간 고소하지만, 많이 먹으면 머리가 어지럽다.(此花向陽, 俗間遂通呼向日葵, 其子可炒食微香, 多食頭暈.)"라고 하였다.【原註】

라 하는데, 잎이 용의 발톱과 같고 꽃은 연노랑으로 가장 아름답다.

三十二. 葵花

葵花種類莫定, 初夏, 花繁葉茂, 最爲可觀. 一曰戎葵, 奇態百出, 宜種曠處, 一曰錦葵, 其小如錢, 文采可玩, 宜種階除, 一曰向日, 別名西番葵, 最惡. 秋時一種, 葉如龍爪, 花作鵝黃者, 名秋葵, 最佳.

33. 양귀비(罌粟)253)

양귀비는 겹꽃잎인 것이 아름답지만, 홑잎인 것은 씨가 많아 가져다

---

252) 추규(秋葵): 추규(Abelmoschus manihot)는 '황촉규(黃蜀葵)'라고도 하며 일년생 초본이다. 잎은 손바닥 모양이고, 꽃은 황색이며 아랫부분이 홍색이다. 금규과에 속한다.
『초화보』에서 "추규의 꽃은 색이 옅은 황색이고 꽃술은 자주색으로, 가을에 피는 꽃으로서 아침저녁으로 해에 따라 기울어진다.(秋葵華, 色密心紫, 秋花, 朝暮傾陽.)"라고 하였다.【原註】

253) 罌粟(앵속): 앵속(Papaver somniferum)은 '미낭자(米囊子)' · '어미(御米)' · '상각(象殼)' · '앵자속(罌自粟)'(『본초강목』)이라고도 하며 일년생초본이다. 꽃이 아름답고 크며, 긴 꽃줄기에서 홍색 · 백색 · 분홍색 · 백색에 홍색 테두리가 있는 등의 꽃이 피며, 앵속과에 속한다.
『학포잡소』에서 "작약의 뒤에 양귀비꽃이 가장 번화하며, 양귀비는 변할 수가 있어 주의하여 재배하면, 아름다움이 천태만상이다. 일찍이 황색과 녹색의 것이 있었는데, 멀리서 보면 매우 아름답지만, 가까이서 기르면 향기를 맡을 수가 없다.(芍藥之後, 罌粟花最繁華, 其物能變, 加意灌植, 妍好千態. 曾有作黃色綠色者, 遠視佳甚, 近頤不堪聞.)"라고 하였다.
앵속의 과실은 아편을 만드는데 사용하며, 아편을 강력하게 금지한 뒤로 앵속의 재배도 삼엄하게 금지하는 계열에 있으므로, 이로부터 정원에서 자취가 사라졌다.【原註】
* 앵속: 양귀비. 속씨식물문 쌍떡잎식물강 양귀비목에 속하며, 원산지는 지중해 연안 또는 소아시아이다. 줄기는 털이 없고 윗부분에서 가지가 갈라지며 높이가 50-150cm이다. 잎은 어긋나고 길이 3-20cm의 긴 달걀 모양이다. 열매는 삭과이고 길이 4-6cm의 둥근 달걀 모양이며 다 익으면 윗부분의 구멍에서 씨가

가 죽을 만들어도 나쁘지 않아 약초밭에 이 종류가 없어서는 안 된다.

三十三. 罌粟

罌粟, 以重臺千葉[254]者爲佳, 然單葉者子必滿, 取供清味[255] 亦不惡, 藥欄[256]中不可缺此一種.

_____

나온다. 꽃은 5-6월에 흰색·붉은 색·자주색 등 여러 가지 빛깔로 피고 줄기 끝에 1개씩 위를 향해 달린다. 익지 않은 열매에 상처를 내어 받은 유즙을 60℃ 이하의 온도로 건조한 것이 아편이다. 민간에서는 열매와 식물체를 분리해 두었다가 응급 질환에 사용했다. 씨는 45-50%의 지방이 들어 있어 식용 또는 공업용으로 사용하며 마취 성분이 없다. 양귀비는 당나라 현종의 황후이며 최고의 미인이었던 양귀비에 비길 만큼 꽃이 아름답다고 해서 지어진 이름이다. 거의 모든 국가에서 법으로 일반인의 재배가 금지되어 있다.【역주】

254) 重臺千葉(중대천엽): 꽃 중에 겹꽃잎을 가리킨다. 당나라 한악(韓偓, 842?-923?. 시인)의 시에서 "기이한 꽃은 하필 겹꽃잎인가?(異花何必更重臺)"라고 하였다. 원나라 원각(袁桷, 1266-1327. 학자)의 시에서 "겹꽃잎의 궁궐 복사꽃은 향기가 정원에 가득하네.(千葉宮桃滿院香)"라고 하였다.【原註】
 * 重臺(중대): 겹꽃잎의 꽃.【역주】
 * 千葉(천엽): 수많은 꽃잎으로 이루어진 겹꽃잎을 가리킨다.【역주】
 * 한악 시의 제목은 칠언시「투매(妬媒)」이다.【역주】
 * 원각 시의 제목은 칠언율시「마백용(馬伯庸)의 '이상은(李商隱)의 무제시(無題詩)를 본떠'를 차운하여(馬伯庸擬李商隱無題次韵)」 4수 가운데 제1수. 마백용(馬伯庸): 원나라시기 회족(回族) 출신의 저명한 시인 마조상(馬祖常, 1279-1338)의 자(字)가 백용(伯庸)으로, 광주[光州, 지금의 하남성 황천(潢川)] 사람.【역주】
255) 取供清味(취공청미): 양귀비의 싹과 열매 및 종자는 모두 식용으로 사용할 수 있다.
 소철(蘇轍)의「널리 채소를 심은 시(廣植作蔬詩)」에서 "농부가 나에게 보고하여, '앵속은 저장할 수 있습니다. 앵속은 병처럼 작고, 앵속은 조처럼 잘지만, 싹은 봄나물이 될 만하고, 열매는 가을 곡식에 비견됩니다. 우유처럼 갈아서 삶아 죽을 끓입니다. 노인의 기력이 쇠약해졌을 때에 먹으면 고기와 같습니다.(畦夫告予, 罌粟可儲, 罌小如罌, 粟細如粟, 苗堪春菜, 實比秋穀. 研作牛乳, 烹爲佛粥. 老人氣衰, 食以當肉.)"라고 하였다.【原註】
 * 清味(청미): 개운하고 산뜻한 맛. 죽.【역주】
256) 藥欄(약란): 약재. 약초밭.【역주】

34. 훤화(萱花)[257]

훤초는 '망우(忘憂, 근심을 잊다)', 또는 '의남(宜男, 아들을 낳는다)'이라고도 부른다. 식품으로 사용할 수 있고, 바위 사이 담장 구석이 이것을 심기에 가장 좋다. 또 금훤(金萱)[258]이 있는데 꽃 색깔은 담황색이고 향기가 매우 강렬하며, 의흥(義興)[259]의 산골짜기에는 두루 퍼져 있지만 오 지역에서는 아주 적다. 기타 자백협접(紫白蛺蝶)[260] · 춘라(春羅)[261] ·

---

257) 훤화(萱花): 훤화는 훤초(萱草, 원추리)이다. 훤초(Hemerocallis fulva)는 '훤초(諼草)'(『시경』)라고도 하며, '망우(忘憂)'와 '의남(宜男)'(『본초강목』)이라고도 하고, '금침채(金針菜)'라고 속칭하기도 한다. 다년생초본이며 꽃은 홍색과 황색 및 자색의 세 가지이다. 백합과에 속한다.【原註】
* 훤화: 속씨식물문 외떡잎식물강 백합목이며, 원산지는 동아시아이고, 분포지역은 한국과 중국 등지이다. 산지에서 자란다. 높이 약 1m이다. 잎은 2줄로 늘어서서 나고 조금 두꺼우며 흰빛을 띤 녹색이다. 꽃은 7-8월에 핀다. 빛깔은 주황색이고 길이 10-13cm이다. 열매는 삭과로서 10월에 익는다. 양지바른 곳에서 잘 자라며 번식은 종자나 포기나누기로 한다. 어린순을 나물로 먹고, 꽃을 중국요리에 사용하며, 뿌리를 이뇨 · 지혈 · 소염제로 쓴다.【역주】
258) 금훤(金萱): 『삼재도회』에서 "훤화에는 대여섯 종류가 있으며, 일명 '향훤(香萱)'이고, 또 '황훤(黃萱)'이라 하며, 또 '금훤(金萱)'이라 하는데 매우 아름답다.(萱有五六種, 一名香萱, 又名黃萱, 又名金萱, 甚佳.)"라고 하였다.
『학포잡소』에서 "한 종류 작으면서 완전히 황색인 것을 '금대(金臺)'라 한다.(一種小而絶黃者, 曰金臺.)"라고 하였다.【原註】
259) 의흥(義興): 군(郡)의 이름이며 진(晋)나라 때 설치되었고, 지금의 강소성 의흥현(宜興縣)이다.【原註】
260) 자백협접(紫白蛺蝶): 자색 혹은 백색의 호접화(Iris japonica)로 다년생상록초본이며, 꽃은 황색꽃잎의 위에 적색의 반점이 있거나, 백색 꽃잎의 위에 황적색의 반점이 있으며, 중심에 황색이 나타난다. 이름이 『화경』에 보인다. 연미과(鳶尾科, 붓꽃과)에 속한다.【原註】
261) 춘라(春羅): 전춘라(剪春羅, Lychnis coroata)는 '전하라(剪夏羅)' · '쇄전라(碎剪羅)' · '전홍라(剪紅羅)'(『화경』)라고도 하며, 다년생초본이다. 꽃은 전홍색(磚紅色, 붉은 벽돌색)이나 징홍색(澄紅色, 옅은 홍색)이며, 여름이 되면 꽃이 피기 시작한다. 석죽과에 속한다.
『본초강목』에서 "전춘라는 2월에 싹이 나서 여름에 들어와 꽃이 피는데, 짙은 홍색으로 꽃은 동전처럼 크고, 대개 6개이며, 두루 돌아가며 비단을 잘라 만든 듯이 사랑스럽다.(剪春羅二月生苗, 入夏開花, 深紅色, 花大如錢, 凡六出, 周回如

추라(秋羅)262) · 녹총(鹿蔥)263) · 낙양(洛陽)264) · 석죽(石竹)265) 등은 모두 이 꽃의 부속과 같다.

三十四. 萱花

萲草266)忘憂, 亦名宜男, 更可供食品, 岩間墙角, 最宜此種. 又有金萱, 色淡

剪成可愛.)"라고 하였다.【原註】
262) 추라(秋羅): 전추라(剪秋羅, Lychnis senno)는 '전추사(剪秋紗)'와 '한궁추(漢宮秋)'(『군방보』)라고도 한다. 다년생초본으로 꽃은 화홍색(火紅色, 불꽃처럼 붉은 색)이며, 꽃잎은 갈라져 있고 뾰족하여 아름답다. 여름과 가을 사이에 피고 석죽과에 속한다. '하수선(夏水仙)'이라고도 한다.
『군방보』에서 "전추라는 일명 '한궁추'로, 색은 짙은 홍색이며, 꽃잎은 여러 갈래로 나누어지고 뾰족하여 아름다운데, 팔월 무렵에 핀다.(剪秋羅一名漢宮秋, 色深紅, 花瓣分數岐, 尖峭可愛, 八月間開.)"라고 하였다.【原註】
263) 녹총(鹿蔥): 녹총(Lycoris squamigera)은 다년생초본이며 꽃은 옅은 홍자색이다. 꽃의 명칭이 『화경』에 보인다. 석산과(石蒜科, 수선화과)에 속한다.
『군방보』에서 "녹총은 색이 원추리와 매우 비슷하지만 향기가 없을 뿐이고, 사슴이 즐겨 먹으므로 이러한 이름을 붙였다.(鹿蔥色頗類萱, 但無香耳, 鹿喜食之, 故以命名.)"라고 하였다.【原註】
264) 낙양(洛陽): 낙양화(洛陽花, Dianthus chinensis var.heddewigii Regel)는 '봉맥(蓬麥)'(『화경』)이라고도 하고, 또 '금단석죽(錦團石竹)'이라고도 하며, 다년생초본이다. 석죽 가운데 겹꽃잎의 것에 홍색 · 자색 · 백색 등 여러 색 및 홍자색 반점이 있는 것이 있다. 석죽과에 속한다.
『초화보』에서 "석죽에는 두 종류가 있는데, 홑꽃잎은 '석죽(패랭이꽃)'이라 하며, 겹꽃잎은 '낙양화'라 한다.(石竹有二種, 單瓣者名石竹, 千瓣者名洛陽花.)"라고 하였다.【原註】
265) 석죽(石竹): 석죽(Dianthus chinensis)은 '석국(石菊)(『화경』)'이라고도 하며 다년생초본이다. 꽃은 진홍색 · 담홍색 · 백색 · 홑꽃잎 · 겹꽃잎 등으로 상이하고 석죽과에 속한다.
『본초강목』에서 "석죽은 줄기 끝에서 꽃이 피고, 들에서 생장하며, 꽃은 동전처럼 크고, 홍자색이다. 인가에서 재배하는 것은 꽃이 조금 작으나 아름다우며, 백색 · 분홍색 · 자홍색 · 알록달록 한 것의 여러 색이 있다.(石竹稍間開花, 野田生, 花大如錢, 紅紫色, 人家栽者花稍小而嫵媚, 有細白粉紅紫赤斑爛數色.)"라고 하였다.【原註】
266) 萲草(훤초): 훤초(萱草)와 통한다. 훤(萱)은 본래 훤(蕿)이다.
『시경』에서 "어찌 훤초를 얻으리오!(安得蕿草.)"라고 하였다. 지금은 훤(萲)으로

黃, 香甚烈, 義興山谷遍滿, 吳中甚少. 他如紫白蛺蝶春羅秋羅鹿蔥洛陽石竹, 皆
此花之附庸[267]也.

35. 옥잠(玉簪)[269]

옥잠은 옥과 같이 하얗고 은은한 향기가 있어 가을꽃 가운데에서도
나쁘지 않다. 다만 담장 가에 한 줄로 이어 심어 꽃이 필 때 보면 눈이
내린 것처럼 보이게 해야 하고, 화분에 돌과 같이 심으면 가장 저속해진
다. 자주색의 것은 자악(紫萼)[269]이라 하며, 아름답지 않다.

三十五. 玉簪

玉簪, 潔白如玉, 有微香, 秋花中亦不惡. 但宜墻邊連種一帶, 花時一望成雪,
若植盆石中, 最俗. 紫者名紫萼, 不佳.

한다.【原註】
267) 附庸(부용): 큰 나라에 딸려 지내는 작은 나라. 부속.【역주】
268) 옥잠(玉簪): 옥잠(Hosta plantaginea)은 '백악(白萼)'(『군방보』)과 '백학(白鶴)'(『학
　　포잡소』)이라고도 한다. 다년생초본이며 여름에 백색 꽃이 피며, 혹은 자색을
　　띠며 향기가 있다. 백합과에 속한다.
　　『군방보』에서 "한무제가 이부인을 총애하여 옥비녀를 뽑아 머리를 긁었는데, 후
　　에 궁의 사람들이 모두 모방하여, '옥잠화'라는 명칭을 여기서 선택하였다.(漢武
　　帝寵李夫人, 取玉簪搔頭, 後宮人皆效之, 玉簪花之名取此.)"라고 하였다.【原註】
　　* 옥잠: 속씨식물 외떡잎식물 백합목으로, 원산지는 중국이다. 잎은 자루가 길고
　　달걀 모양의 원형이며, 꽃은 8-9월에 피고 흰색으로 향기가 있다. 열매는 삭과
　　로 세모진 원뿔 모양이고 씨에 날개가 있다.【역주】
269) 자악(紫萼): 자악(Hosta ventricosa)은 '자옥잠(紫玉簪)'(『화경』) · '자학(紫鶴)'(『학
　　포잡소』) · '간도옥잠(間道玉簪)'(『여남포사』)이라고도 한다. 다년생초본이며 옥
　　잠과 비교해 작고, 옥잠보다 한 달 먼저 꽃이 핀다. 꽃은 자색이나 백색을 띠고
　　향기가 없다. 백합과에 속한다.
　　『학포잡소』에서 "옥잠은 일명 '백학(白鶴)'으로, 꽃이 자주색인 것은 '자학(紫鶴)'
　　이라 한다.(玉簪一名白鶴, 花紫者名紫鶴.)"라고 하였다.【原註】

36. 금전(金錢)271)

금전은 한낮에 피고 한밤에 시들므로 '자오화(子午花)'라고 한다. 길이는 한 자가 넘는 정도이고, 대나무로 부축해 놓으면 기울어지지 않는다. 돌 근처에 심으면 볼 만하다.

三十六. 金錢

金錢, 午開子羅, 故名子午花. 長過尺許, 扶以箭竹, 乃不傾欹. 種石畔, 可觀.

37. 연꽃(藕花)271)

연꽃은 연못에 심는 것이 가장 좋은데, 오색의 관요에서 제작한 항아

---

270) 금전(金錢): 금전화(pentapetes phoenicea)는 '야락금전(夜落金錢)'·'오시화(午時花)'·'자오화(子午花)'라고도 하며, 일년생초본으로, 꽃은 황적색이고 꽃이 정오에 피기 시작해 다음날 새벽에 오므라든다.
『화사』에서 "오시에 피었다가 자시에 떨어지므로 '자오화'라 한다.(午開子落, 故名子午花)"라 하였다. 오동과에 속한다.【原註】
* 금전화: 쌍떡잎식물강 아욱목 벽오동과의 한해살이식물이다. 높이는 80-120cm로 곧게 선다. 잎은 어긋나고 짙은 녹색으로 잎자루가 있다. 5월에 파종하면 8-9월에 윗부분의 잎겨드랑이에 2-3개의 꽃자루가 나와 4cm 정도의 진홍색 꽃이 핀다. 꽃은 정오에 피고 다음날 아침에 시든다. 열매는 원형으로 꽃받침에 싸여 있다. 인도·미얀마 지방에서 자생한다.【역주】
271) 藕花(우화): 바로 하화(荷花, Nelumbo nucifera)이다. '부거(芙蕖)'와 '수부용(水芙蓉)'(『군방보』)이라고도 한다. 뿌리와 줄기 및 잎은 원형이며, 잎자루가 매우 길고, 꽃은 홍색과 백색 두 색이다. 홑꽃잎과 겹꽃잎으로 나뉘며, 과실은 벌집과 같이 생겼고 씨는 먹을 수 있다.
『군방보』에서 "꽃이 이미 피었으면 '부거(芙蕖)'이고 꽃이 아직 피지 않았으면 '함담(菡萏)'이다.(花已發爲芙蕖, 未發爲菡萏.)"라고 하였다. 수련과에 속한다.【原註】
* 우화: 연꽃. 쌍떡잎식물강 미나리아재비목으로, 원산지는 아시아 남부와 오스트레일리아 북부이다. 진흙 속에서 자라면서도 청결하고 고귀한 식물로, 여러

리에 심어 정원에 두고 감상하는 것도 좋다. 항아리의 위에 작고 붉은 난간을 만드는 것은 금해야 한다. 꽃은 또 기이한 품종을 선택해야 하며, 병두(幷頭)[272]·중대(重臺)[273]·품자(品字)[274]·사면관음(四面觀音)[275]

나라 사람들에게 친근감을 주어 온 식물이다. 연못에서 자라고 논밭에서 재배하기도 한다. 잎은 뿌리줄기에서 나와서 높이 1-2m로 자란 잎자루 끝에 달리고 둥글다. 꽃은 7-8월에 피고 홍색 또는 백색이며 꽃줄기 끝에 1개씩 달리고 지름 15-20cm이며 꽃줄기에 가시가 있다. 꽃잎은 달걀을 거꾸로 세운 모양이며 수술은 여러 개이다. 꽃받침은 크고 편평하며 지름 10cm 정도이고 열매는 견과이다. 땅속줄기는 연근이라고 하며, 요리에 많이 이용하고, 뿌리줄기와 열매는 약용으로 한다.【역주】

272) 병두(幷頭): 병두련(幷頭蓮)은 '병체련(幷蒂蓮)'이라고도 하며 연꽃 품종의 하나이다. 꽃의 끝부분이 판화(瓣化, 속씨식물의 꽃에서 수술과 암술 및 꽃받침 조각 등이 꽃잎 모양으로 변화하는 것)되어 두 개로 분리되므로, 하나의 줄기에 두 개의 꽃봉오리가 자라난 것 같다.
『군방보』에서 "병두련은 진(晉) 태화연간(太和年間, 366-371)에 현포(玄圃)에서 태어났으며, '가련(嘉蓮)'이라 했는데, 현재 도처에 있으며, 매우 쉽게 생장하여 다른 종류를 해칠 수가 있으므로, 따로 심어야 마땅하다.(竝頭蓮, 晉太和間, 生於玄圃, 謂之嘉蓮, 今所在有之, 最易生, 能傷別種, 宜獨種.)"라고 하였다.【原註】
* 현포(玄圃): 위진남북조시기 낙양과 건강(建康, 지금의 남경)에 있던 궁중의 정원 이름.【역주】

273) 중대(重臺): 중대련(重臺蓮)은 연꽃 품종의 하나로 꽃받침이 판화(瓣化)되지 않았으나 암술은 이미 판화되었다.
『화경』에서 "꽃이 핀 뒤에 꽃받침의 눈 안에서 다시 꽃이 피어나고, 씨가 없다.(花放後, 房中眼內復吐花, 無子.)"라고 하였다.【原註】

274) 품자(品字): 품자련(品字蓮)은 연꽃 품종의 하나로 꽃의 끝부분이 판화되어 세 개로 변해 품(品)자 형태로 배열되어있다.
『군방보』에서 "일품련(一品蓮)은 한 줄기에서 세 개의 꽃받침이 난다.(一品蓮一本生三蕚.)"라고 하였다.
『화경』에서 "하나의 꽃꼭지에 세 송이가 품(品)자처럼 피어나며, 열매를 맺을 수 없다.(一蒂三花, 開如品字, 不能結實.)"라고 하였다.【原註】
* 품자련(品字蓮): 화심(花心, 꽃술이 있는 부분)이 3개인 연꽃으로 천판련(千瓣蓮, 겹꽃잎 연꽃)의 한 종류이다. 화심이 2개이면 '병두련(竝頭蓮)', 3개이면 '품자련', 4개이면 '사면련(四面蓮)', 5개 이상이면 '수구련(繡球蓮)'이라 한다.【역주】

275) 사면관음(四面觀音): 사면련(四面蓮)은 연꽃 품종의 하나로 꽃의 끝부분이 판화되어 4개가 된 것이다.
『군방보』에서 "사면련은 주위에 네 개의 꽃받침이 있다.(四面蓮周圍共四蕚.)"라고 하였다.

· 벽련(碧蓮)276) · 금변(金邊)277) 등과 같은 것이 아름답다. 하얀 것은 연근이 좋고 붉은 것은 연실(蓮實)이 좋다. 커다란 술 단지와 화항(花缸)278) 안에 심어서는 안 된다.

三十七. 藕花

藕花池塘最勝, 或種五色官缸279), 供庭除賞玩猶可. 缸上忌設小朱欄. 花亦當取異種, 如并頭重臺品字四面觀音碧蓮金邊等乃佳. 白者藕勝, 紅者房280)勝. 不可種七石酒缸281)及花缸內.

『화경』에서 "사면련은 색이 붉고, 하나의 꽃꼭지에 공처럼 겹꽃잎이 모여 있으며, 사면에서 모두 황색의 꽃술을 토해낸다.(四面蓮色紅, 一蒂千瓣如球, 四面皆吐黃心.)"라고 하였다.【原註】

276) 벽련(碧蓮): 벽련화(碧蓮花)는 연꽃 품종의 하나로 화피(花被, 꽃부리와 꽃받침)가 흰빛을 띠는 녹색이다. 『화경』에서 "벽련화는 겹꽃잎이 무더기로 붙어 나며, 향기가 진하여 우화(藕花, 연꽃)보다 뛰어나다.(碧蓮花千瓣叢生, 香濃而藕勝.)"라고 하였다.【原註】

277) 금변(金邊): 금변(金邊)과 금변(錦邊)은 통한다. 금변련(金邊蓮)은 연꽃 품종의 하나로 꽃잎의 테두리가 자홍색이지만 기타 부분은 백색이다.
『군방보』에서 "금변련의 주위 한 줄은 색이 희미한 황색이다.(金邊蓮周圍一線, 色微黃.)"라고 하였다.
『화경』에서 "금변련은 백색의 꽃인데, 꽃잎의 테두리마다 한 줄 홍색의 무늬나 황색의 무늬가 있다.(金邊蓮白花, 每邊上有一線紅暈或黃暈.)"라고 하였다.【原註】

278) 화항(花缸): 본권 「난(蘭)」의 원주 참고.【原註】

279) 官缸(관항): 관요에서 만든 자기이다. 송 정화연간(政和年間, 1111-1118)에 내부(內府)에서 변주(汴州, 지금의 개봉시)에 가마를 설치하여 자기를 제작하였으며, '관요'라 하였다. 명대에도 관요가 있었으며, 각지에 나누어 설치했다. 『명회전(明會典)』에 보인다.【原註】

* 五色(오색): 여기서의 오색은 여러 가지 색채를 가리키며, 명대의 관요 자기의 품종에 나타나는 오채자기(五彩瓷器, 순백자나 청화백자 위에 각종 색깔의 안료로 문양을 그려 여러 차례 구워서 완성한 채색자기로, 조선의 자기에는 없는 종류)로 추정된다.【역주】

280) 房(방): 꽃받침을 말한다.【原註】

281) 七石酒缸(칠석주항): 술 7석을 담을 수 있는 항아리.【原註】

38. 수선화(水仙)[283]

수선에는 두 종류가 있는데 꽃이 잎보다 높은 곳에서 피고 잎이 짧으며 홑꽃잎이 좋다. 대부분 겨울에 심는 것이 적합지만 그 특성이 추위를 견디지 못하므로, 가장 좋은 것을 선택하여 화분에 옮겨 탁자 사이에 둔다. 그 다음으로는 소나무와 대나무의 아래나 오래된 매화와 기이한 돌 사이에 섞어 심으면 더욱 우아하다. 풍이(馮夷)[283]가 8석의 꽃을 먹고 물의 신선이 되었으며, 그러한 명칭이 가장 우아하다. 육조(六朝)[284]시대의 사람들은 '아산(雅蒜, 우아한 마늘)[285]'이라고 불렀는데, 크게 웃을

---

282) 수선(水仙): 수선(Narcissus tazetta var. chinensis)은 다년생초본이다. 홑꽃잎은 '금잔은대(金盞銀臺)'라 하며, 꽃은 순백색이고 황색의 부관(副冠)이 있다. 겹꽃잎은 '옥영롱(玉玲瓏)'이라 하며, 꽃이 백색으로 향기가 특별히 진하고 석산과(石蒜科)에 속한다. 『본초강목』에서 "이 식물은 낮고 습한 곳이 적당하여 물이 없어서는 안 되므로 '수선'이라 하였다.(此物宜卑濕處, 不可缺水, 故名水仙.)"라고 하였다.【原註】

* 부관(副冠): Corona. 나팔꽃이나 수선화에서처럼, 화피편의 융합으로 형성된 컵 모양의 구조. 이런 형태의 꽃들을 '부관화(副冠花)'라고도 한다.【역주】
* 수선: 속씨식물문 외떡잎식물강 백합목 수선화과의 여러해살이풀로 원산지는 지중해 연안이다. 잎은 늦가을에 자라기 시작하고 줄 모양이다. 꽃은 12-3월에 피며 노란색이나 흰색이다. 수선화의 속명인 나르시수스(Narcissus)는 그리스 신화에 나오는 나르시스에서 유래하였다.【역주】

283) 풍이(馮夷): 고대 수신(水神)의 이름으로 하백(河伯)이다.
『고금도서집성·신이전(古今圖書集成·神異典)』에서 "「청령전(清泠傳)」에서 '풍이는 화음(華陰, 지금의 섬서성 화음시) 동향(潼鄉) 제수(堤首) 사람이다. 8석의 꽃을 먹고 물의 신선이 되었으며, 하백이다.'라고 하였다.(清泠傳, 馮夷, 華陰潼鄉堤首人也. 服八石花, 得水仙, 是爲河伯.)"라고 하였다.【原註】

284) 육조(六朝): 오(吳)·동진(東晋)·송(宋)·제(齊)·양(梁)·진(陳)은 모두 지금의 남경에 도읍을 두었으며, 이를 '육조(六朝)'라고 한다.【原註】

285) 아산(雅蒜): 『태평청화(太平清話)』에서 "보경(寶慶) 사람은 수선을 '아산(雅蒜)'이라 한다.(寶慶人呼水仙謂雅蒜.)"라고 하였다.【原註】

* 태평청화(太平清話): 4권. 명나라 서화가 진계유(陳繼儒, 1558-1639)가 고금의 자잘한 이야기를 기록한 저서.【역주】
* 보경(寶慶): 지금의 호남성 소양시(邵陽市)로 송대에 '보경'이라 했다.【역주】

만하다.

三十八. 水仙

水仙二種[286], 花高葉短, 單瓣者佳[287]. 冬月宜多植, 但其性不耐寒, 取極佳者
移盆, 置几案間. 次者雜植松竹之下, 或古梅奇石間, 更雅. 馮夷服花八石, 得爲
水仙, 其名最雅. 六朝人乃呼爲雅蒜, 大可軒渠[288].

39. 봉선화(鳳仙)[289]

봉선화는 '금봉화(金鳳花)'[290]라고 부르며, 송나라 이황후(李皇后)[291]를

---

286) 水仙二種(수선이종): 홑꽃잎과 겹꽃잎을 가리킨다.
    『초화보』에서 "두 종류가 있으며, 홑꽃잎의 것은 '수선'이라 하고, 겹꽃잎의 것은
    '옥영롱(玉玲瓏)'이라 하며, 또 홑꽃잎의 것은 '금잔은대(金盞銀臺)'라 한다.(有兩
    種, 單瓣者名水仙, 千瓣者名玉玲瓏, 又以單瓣者名金盞銀臺.)"라고 하였다.【原註】
287) 花高葉短, 單瓣者佳(화고엽단, 단판자가): 『학포잡소』에서 "대개 꽃은 겹꽃잎이
    귀중한데, 수선은 홑꽃잎이 귀중하다. 가정현(嘉定縣, 지금의 상해시 가정구)에
    서 나오며 잎이 짧고 꽃이 높은 위치에서 피는 것이 가장 좋은 품종이다.(凡花重
    臺者爲貴, 水仙以單瓣者爲貴. 出嘉定, 短葉高花最佳種也.)"라고 하였다.【原註】
288) 軒渠(헌거): 웃는 모양.『후한서』에서 "환하게 웃으며 기뻐하다.(軒渠笑悅.)"라고
    하였다.【原註】
    * 軒渠笑悅(헌거소열): 출처는『후한서 · 방술전하 · 계자훈(後漢書 · 方術傳下 ·
      薊子訓)』.【역주】
289) 봉선화(鳳仙): 봉선화(Impatiens balsamina)는 일년생초본이며, 꽃은 홑꽃잎이나
    겹꽃잎으로 백색과 자색 및 분홍색 등으로 다양하다. 봉선화과에 속한다.【原註】
    * 봉선화: 원산지는 인도 · 동남아시아로, '봉숭아'라고도 한다. 햇볕이 드는 곳에
      서 잘 자라며 나쁜 환경에서도 비교적 잘 자란다. 4-5월에 씨를 뿌리면 6월
      이후부터 꽃이 피기 시작하며 분홍색 · 빨간색 · 주홍색 · 보라색 · 흰색 등이 있
      고, 꽃 모양도 홑꽃잎 · 겹꽃잎이 있다. 열매는 삭과로 타원형이고 털이 있으며
      익으면 탄력적으로 터지면서 씨가 튀어나온다. 옛날부터 부녀자들이 손톱을
      물들이는 데 많이 사용했다.【역주】
290) 금봉화(金鳳花):『군방보』에서 "가지 사이에서 꽃이 피며, 머리와 날개와 꼬리
    및 다리를 모두 활짝 펼친 봉의 형상이므로 '금봉(金鳳)'이라는 명칭이 있다.(極

피휘하여 '호아녀화(好兒女花)'라고 바꾸었다. 봉선화는 쉽게 자라고 꽃과 잎이 모두 무성하지만 보잘 것 없다. 또 여러 색깔의 종자를 대나무 통에 함께 담아 놓으면 여러 가지 색의 꽃이 피는데, 기이하긴 하지만 그리 말할 것이 없다. 꽃이 붉어 손가락을 물들일 수 있지만 미인에게는 어울리지 않는다.

三十九. 鳳仙

鳳仙, 號金鳳花, 宋避李后諱292), 改爲好兒女花. 其種易生, 花葉俱無可觀. 更有以五色種子同納竹筒, 花開五色, 以爲奇, 甚無謂. 花紅, 能染指甲293), 然亦非美人所宜.

間開花, 頭翅尾足俱翅翅然如鳳狀, 故有金鳳之稱.)"라고 하였다.
『공주부지(贛州府志)』에서 "봉선은 '금봉(金鳳)'이라고도 하며, 사월에 꽃이 핀다.(鳳仙亦名金鳳, 四月開花.)"라고 하였다.
『화경』에서 "봉선화는 꽃의 모양이 완연히 날아가는 봉과 같이 머리와 날개 및 꼬리가 모두 갖추어졌으므로 '금봉(金鳳)'이라 하였다.(鳳仙花, 花形宛如飛鳳, 頭翅尾俱全, 故名金鳳.)"라고 하였다.【原註】
291) 이황후(李皇后): 이봉낭(李鳳娘, 1144-1200). 남송 제3대 황제 광종(光宗, 재위 1190-1194) 조돈(趙惇, 1147-1200)의 황후.【역주】
292) 宋避李后諱(송피이후휘): 송나라에서 이황후(李皇后)의 이름를 피휘(避諱)하다. 『본초강목』에서 "송나라 광종 이황후의 이름인 봉(鳳)을 피휘하여 궁중에서 '호아녀화(好兒女花)'라고 불렀다.(宋光宗李后諱鳳, 宮中呼爲好兒女花.)"라고 하였다. 이황후의 자(字)는 봉낭(鳳娘)으로 안양(安陽) 사람이다.【原註】
293) 染指甲(염지갑): 『본초강목』에서 "여자들은 봉선화의 꽃과 잎을 따서 손가락을 물들인다.(女人菜其花及葉, 染指甲.)"라고 하였다.
『농정전서(農政全書)』에서 "봉선화는 통속적으로 '염지갑화(染指甲花, 손톱을 물들이는 꽃)'라 한다.(鳳仙花俗名染指甲花.)"라고 하였다.【原註】
* 농정전서(農政全書): 60권. 명대 학자 서광계(徐光啓, 1562-1633)가 명대의 농업과 백성의 생활에 관해 전문적으로 기술한 농업서적.【역주】

40. 추색(秋色)294)

  오 지역에서는 계관(雞冠)295) · 안래홍(雁來紅)296) · 심양금(十樣錦)297)
등의 종류를 추색이라 부른다. 가을이 깊어지면 다채로운 색으로 찬란
히 빛나 모두 장식으로 사용할 만하다. 그러나 넓은 정원에만 심을 수
있으며, 그윽한 창가에 많이 심으면 바로 번잡하게 느껴진다. 계관 가운
데 왜각(矮脚)298)이라는 것이 있으며, 그 종류가 또한 기이하다.

---

294) 추색(秋色): 가을 풍경. 오(吳) 지역에서는 계관(雞冠, 닭 벼슬) · 안래홍(雁來紅,
기러기가 날아올 때 붉어진다) · 십양금(十樣錦, 여러 무늬가 장식된 비단) 등을
'추색(秋色)'이라 한다.【原註】
295) 계관(雞冠): 맨드라미. 계관화(Celosia argentea var. cristata)는 일년생식물로 꽃
은 홍색 · 백색 · 황색으로 꽃이 작다. 꽃의 모습이 닭의 벼슬과 같은 모양으로,
현과(莧科, 비름과)에 속한다.【原註】
296) 안래홍(雁來紅): 안래홍(Amaranthus tricolor)은 '노소년(老少年)'(『화경』)이라고
도 한다. 일년생식물로, 잎이 자란 다음에 선홍색과 황색 반점이 나타나 매우
아름답다. 현과에 속한다.【原註】
297) 십양금(十樣錦): 안래홍의 일종으로 일명 '금서풍(錦西風)'(『화경』)이다. 6월에 잎
이 붉어지는 것을 '십양금'이라 한다.
  『화경』에서 "십양금은 일명 '금서풍'으로, 잎이 비름과 비슷하지만 크고, 가지 끝
에 잎이 어지럽게 무리지어 나는데, 홍색 · 자주색 · 황색 · 녹색을 서로 겸비하여
그 색이 뒤섞여있으므로 '십양금'이라 하였다.(十樣錦, 一名錦西風, 葉似莧而大,
枝頭亂葉叢生, 有紅紫黃綠相兼, 因其色雜出, 故名十樣錦.)"라고 하였다.【原註】
298) 왜각(矮脚): 난쟁이 맨드라미.
  『군방보』에 "또 일종의 오색인 것이 있어 가장 키가 작은데, '수성계관(壽星鷄冠)'
이라 한다. 부채모양의 것은 작은 것을 아름답게 여긴다.(又有一種五色者最矮,
名壽星鷄冠, 扇面者以矮爲佳.)"라고 하였다.
  『북서포옹록(北墅抱甕錄)』에서 "그 나무는 높이가 가지런하지 않아서 키가 작은
것은 몇 치의 것이 있다. 소자유(蘇子由) 시의 주(注)에서 '왜각계관은 옥수후정
화이다.'라고 하였다.(其本高卑不齊, 有矮不數寸者. 蘇子由詩注, 矮脚鷄冠卽玉樹
後庭花云.)"라고 하였다.【原註】
  * 수성(壽星): 장수를 상징하는 신령으로, 키는 작고 머리는 크면서 대머리이며,
수염은 길고 지팡이를 짚고 손에 복숭아를 든 형상으로 묘사된다. 복성(福星)
및 녹성(祿星)과 함께 복록수(福祿壽) 삼성(三星)의 하나이다.【역주】
  * 북서포옹록(北墅抱甕錄): 1권. 청나라 관리 고사기(高士奇, 1645-1704)가 저술
한 필기.【역주】

四十. 秋色

吳中稱雞冠雁來紅十樣錦之屬, 名秋色. 秋深, 雜彩燦然, 俱埤點綴. 然僅可植廣庭, 若幽窗多種, 便覺蕪雜. 雞冠有矮脚者, 種亦奇.

41. 파초(芭蕉)299)

파초는 창에 푸르게 비추지만, 키가 작은 것을 선택하는 것이 좋은데, 만약 키가 크면 잎이 바람에 부서진다. 겨울에 줄기를 제거하고 볏짚으로 덮어 놓고 삼 년이 지나면 꽃에 감로(甘露)300)가 맺히지만, 역시 그다지 필요하지 않다. 또 분재(盆栽)로 만들어 감상하는 것이 있는데 더욱 가소롭다. 종려나무만큼 우아하지 않으며, 또 주미(麈尾)301)나 부들방석

---

* 소자유(蘇子由): 북송문학가 소동파의 동생인 소철(蘇轍, 1039-1112).【역주】
* 소철의 시 「거처의 여섯 가지를 노래하여(寓居六咏)」의 "후정화가 무성한데, 네가 흥망을 따지는 게 가엽네.(後庭花草盛, 憐汝計興亡.)"라는 구절에 "혹은 '왜계관이 옥수후정화이다.'라고 한다.(或言矮鷄冠卽玉樹後庭花.)"라는 주가 붙어 있다.【역주】
299) 파초(芭蕉): 파초(Musa basjoo)는 '녹천(綠天)'과 '감초(甘蕉)'라고도 하며, 상록의 대형식물로 다년생대형초목이다. 파초과에 속한다.【原註】
* 파초: 속씨식물강 외떡잎식물문 생강목이다. 뿌리줄기 끝에서 돋은 잎은 서로 감싸면서 원줄기처럼 2m정도까지 자란다. 여름에 잎 사이에서 꽃줄기가 자라고 줄기 끝에서 꽃 이삭이 밑을 향하여 달리며, 꽃은 노란빛을 띤 흰색이고 길이 6-7cm이다. 열매는 작은 장과로서 10월에 익으며 종자는 검은빛이다. 번식은 포기나누기로 한다. 중국 원산으로서 귀화식물이며 관상용으로도 심는다.【역주】
300) 감로(甘露):『군방보』에서 "화포(花苞, 꽃 턱잎)의 속에 꿀과 같이 물이 고이면 '감로'라고 하며, 이른 새벽에 꺼내 먹으면 매우 향기롭고 달다. 열매를 맺지 않지만, 복건과 광동에서 자라는 것은 초자(蕉子, 파초 열매)를 맺는다.(花苞中積水如蜜, 名甘露, 侵晨取食, 甚香甘, 不結實, 生閩廣者, 結蕉子.)"라고 하였다. 『식물명실도고』에서 "감초(甘蕉)는 일명 '감로'이며, 화포에 있는 이슬이 매우 달아 이름 붙여졌다.(甘蕉一名甘露, 花苞有露極甘, 故名.)"라고 하였다. 파초의 과실은 광동에서 '대초(大蕉)'라고 속칭한다.【原註】

으로 사용하면 더 적합하다.

四十一. 芭蕉

芭蕉, 綠窓分映, 但取短者爲佳, 蓋高則葉爲風所碎耳. 冬月有去梗以稻草覆
之者, 過三年, 即生花結甘露, 亦甚不必. 又有作盆玩者, 更可笑. 不如栟櫚302)爲
雅, 且爲麈尾蒲團303), 更適用也.

42. 병에 꽂은 꽃(瓶花)304)

화병에 꽂는 꽃이 대청에서는 키가 큰 화병에 큰 가지를 사용해야만
사람들의 마음을 시원스럽게 한다. 동여맨 듯이 복잡하게 하지 말아야
하고 꽃이 화병보다 적어 보이는 것을 피해야 하며, 향과 연기 및 등불
의 그을음에 접촉해서는 안 되고 기름 묻은 손으로 집어서는 안 된다.
우물물을 병속에 담지 말아야 하는데, 짠맛이 꽃에 적합하지 않기 때문
이다. 꽃을 꽂았던 물을 먹으면 안 되는데, 매화와 추해당의 두 종류는

---

301) 주미(麈尾): 불진(拂塵, 먼지떨이).【原註】
 * 주미(麈尾): 위진 청담가(淸談家)들이 먼지를 피하고 더위를 쫓으며 신분을 드
   러내기 위해 사용하던 도구로, 나뭇잎과 비슷한 형태에 손잡이가 달려 있어,
   현대의 부채와 비슷하였다. 청담에 뛰어난 명사라야 비로소 주미를 잡을 수
   있는 자격이 있었다고 한다. 동진의 정치가 왕도(王導, 276-339)는 「주미명(麈
   尾銘)」을 짓기도 했다. 막대 손잡이의 끝부분에 털이 붙어있는 형태의 먼지떨이
   와는 다른 기물이며, 송나라 이후 점차 사라졌다.【역주】
302) 栟櫚(병려): 1권 「해론(海論)」의 원주 참고.【原註】
303) 蒲團(포단): 부들로 짠 원형의 방석으로, 승려들이 좌선과 절할 때 사용한다.【原註】
304) 瓶花(병화): '병에 꽂은 꽃'을 의미한다. 명나라 장겸덕(張謙德)이 지은 『병화보
   (瓶花譜)』라는 저서가 있으며, 본문에 언급한 말이 이 책에 많이 보인다. 『화경』
   에 「양화삽병법(養花揷瓶法)」이 있다.【原註】
 * 병화보(瓶花譜): 명나라 장겸덕(張謙德, 1577-1643)이 1595년에 완성한 꽃꽂이
   에 관한 전문 저서.【역주】

독이 매우 심하기 때문이다. 겨울에는 화병에 유황을 넣으면 물이 얼지
않는다.

四十二. 瓶花

瓶花, 堂供必高瓶大枝, 方快人意. 忌繁雜如縛, 忌花瘦于瓶, 忌香煙燈煤熏
觸, 忌油手拈弄. 忌井水貯瓶, 味鹹不宜于花. 忌以揷花水入口, 梅花秋海棠二
種, 其毒尤甚. 冬月入硫磺于瓶中, 則不凍.

43. 분재(盆玩)305)

분재는 요즘에 안석과 탁자 사이에 두는 것을 제일로 치고, 정원 누대
에 두는 것을 그 다음으로 치지만 나의 지론은 이와 반대이다. 가장 오
래된 것으로는 천목송(天目松)306)이 제일이며, 큰 것은 두 자가 안 되고
짧은 것은 한 자를 넘지 못한다. 뿌리는 팔과 같고 잎은 화살촉과 같으
며, 마원(馬遠)307)의 기울어지고 구불구불함·곽희(郭熙)308)의 호방하

---

305) 분완(盆玩): 분경(盆景)이나 분재(盆栽)이다.
　　건륭시기의 『오현지(吳縣志)』에서 "소나무 가운데 척아송(剔牙松)과 나한송(羅
　　漢松)은 모두 분경이다. 곤산석(昆山石)을 쌓고 하얀 도기화분에 물을 담으면,
　　정원의 뛰어난 모습으로 가장 사랑스럽다.(松剔牙松羅漢松, 皆盆景也, 疊昆石,
　　白瓦盆貯水, 園林之勝, 最可愛.)"라고 하였다.【原註】
306) 천목송(天目松): 본권「소나무」의 원주 참고.【原註】
307) 마원(馬遠): 남송 전당(錢塘, 지금의 항주) 사람으로 자(字)는 요부(遙夫)이고 호
　　는 흠산(欽山)이며, 원적은 하중[河中, 지금의 산서성 영제(永濟)]이다.
　　『화사회요(畵史會要)』에서 "마원은 산수와 인물 및 화조를 그렸으며 갖가지 오묘
　　함을 모아 화원(畵院, 궁중의 회화 담당 기관)에서 독보적이었다. 광종(光宗, 재
　　위 1190-1194)과 영종(寧宗, 재위 1195-1224)시기에 한림원대조를 했다.(馬遠, 畵
　　山水人物花禽, 種種臻妙, 院中人獨步也. 光寧朝翰苑待詔.)"라고 하였다. 남송 4
　　대가의 일인이다.【原註】
　　* 마원(?-1225): 북종화의 대표적 인물로 중국 산수화에 큰 영향을 주었다. 그림

고 거침없음·유송년(劉松年)309)의 이리저리 마구 축축 늘어진 모습·
성자소(盛子昭)310)의 단단하게 뿌리를 박고 위로 치솟아 오르는 모습
등의 형상으로 맺혀 있어 멋진 화분에 재배하면 가지가 얽히고설킨 모

에 시적인 운치를 담았고, 대부벽준(大斧劈皴)으로 험하고 깎아 세운 듯한 바
위산을 잘 그렸다.【역주】
* 화사회요(畵史會要): 5권. 명나라 종실이자 서예가 주모인(朱謀垔, ?-?)이 저술
한 명대 회화사.【역주】

308) 곽희(郭熙, 1023-1085): 송나라 사람. 『도화견문지(圖畵見聞志)』에서 "곽희는 하
남 온[溫, 지금의 하남성 맹현(孟縣)] 사람으로, 어서원예학(御書院藝學)을 하였
다. 산수를 그렸으며 이성(李成, 919-967)을 사모하여 익혔으나, 또 스스로 터득
한 것이 있어 거대하고 높은 장벽을 세워 지금 세상에서 홀로 뛰어날 것이다.(郭
熙, 河南溫人, 爲御書院藝學, 畵山水, 學慕營邱, 亦能自放胸臆, 巨障高壁, 今之世
爲獨絶矣.)"라고 하였다.【原註】
* 도화견문지(圖畵見聞志): 6권. 송나라 평론가 곽약허(郭若虛, ?-?)가 저술하였
으며, 역사 평론·화가의 전기·그림에 관한 숨겨진 이야기의 3부분으로 구성
된 회화사.【역주】

309) 유송년(劉松年, 1174-1224?): 남송 사람. 명나라 관리 진선(陳善, 1514-1589)의
『항주지(杭州志)』에서 "유송년은 전당(錢塘, 지금의 항주) 사람으로 청파문(淸波
門)에 거주하였는데, '암문(暗門)'이라 속칭하여 사람들이 '암문류(暗門劉)'라 불
렀다. 소희연간(紹熙年間, 1190-1194)에 화원의 학생이 되어 장돈례(張敦禮)를
스승으로 섬겼으며, 인물과 산수를 그리는 데에 뛰어나, 신령스러운 기운이 있으
면서 정교하고 오묘하여 스승보다 뛰어났다. 영종시기에 「경직도(耕織圖)」를 바
쳐 칭찬을 받고 황금 띠를 하사받았는데, 화원에서 가장 뛰어난 작품이었다.(劉
松年, 錢塘人, 居淸波門, 俗呼爲暗門, 人稱暗門劉. 紹熙間, 畵院學生, 師張敦禮,
工畵人物山水, 神氣精妙, 過於師. 寧宗朝, 進耕織圖, 稱旨, 賜金帶, 院人中絶品
也.)"라고 하였다. 이당(李唐, 1066-1150)·마원·하규(夏珪, ?-?)와 함께 '남송4대
가'라 병칭한다.【原註】
* 장돈례(張敦禮, ?-?): 북송 화가. 하남 개봉 사람. 인물화에 뛰어났으며, 영종(英
宗) 조서(趙曙, 1032-1067)의 부마가 되었다.【역주】

310) 성자소(盛子昭): 원나라 사람이다. 『화사회요』에서 "성무(盛懋, ?-?)는 자(字)가
자소(子昭)로, 산수인물과 화조를 잘 그렸다. 처음에 진중미(陳仲美)를 배웠으나
약간 그 화법을 변화시켜 정교하고 운치 있는 점이 넘쳤는데, 특히 정교한 것에
뛰어났다.(盛懋, 字子昭, 善畵山水人物花鳥. 始學陳仲美, 略變其法, 精致有餘, 特
過於巧.)"라고 하였다.【原註】
* 진중미(陳仲美): 원나라 화가 진림(陳琳, ?-?). 자(字)는 중미(仲美), 전당(錢塘,
지금의 절강성 항주) 사람.【역주】

양이 볼 만하다. 또 고목 매화 가운데에는 푸른 이끼가 돋고 물고기 비늘과 같은 껍질이 있으며, 기다란 이끼가 잔뜩 늘어져 있고, 꽃을 머금고 잎이 돋아나며 오랫동안 시들지 않는 것이 있어 역시 예스럽다. 요즘 높이 평가하는 침향 쪼가리로 만든 것과 같은 것은 언급할 가치조차 전혀 없다. 혹시 나무 조각에 꽃이 핀다고 해도 무슨 멋이 있겠는가? 정말 이른바 소문을 듣고 믿는 격이다. 또한 구기(枸杞)[311]·수동청(水冬靑)[312]·야유(野楡)[313]·회백(檜柏)[314] 등의 종류로서, 뿌리가 용이나 뱀처럼 구불구불하고 이리저리 묶거나 톱으로 자른 흔적이 드러나지 않는 것이 있는데 모두 품격이 높다. 그 다음으로 복건지역의 수죽(水竹)[315]과 항주의 호자(虎刺)[316]는 오히려 우아함과 저속함 사이에 있다.

---

311) 구기(枸杞): 구기(Lycium chinensis)는 낙엽관목으로 과실이 익을 때 진홍색이 되며 매우 아름답다. 가과(茄科, 가지과)에 속한다.
『준생팔전』에서 "구기자는 산속에 있으며, 늙은 나무는 이리저리 구부려 사랑스럽고, 열매를 맺으면 매우 붉은데 점점이 매달아 놓은 듯하여 눈 속에 볼만하다.(枸杞, 山中有之, 老本虯曲可愛, 結子深紅, 點點若綴, 雪中可觀.)"라고 하였다. 【原註】
312) 수동청(水冬靑): 수동청(水冬靑)의 명칭은 『화경』에 보이며, '수랍수(水蠟樹)'라고도 하고, 바로 소엽여정(小葉女貞, Ligustrum quihoui)이다. 낙엽관목으로 목서과에 속한다. 【原註】
313) 야유(野楡): 야생 느릅나무이다. 【原註】
314) 회백(檜柏): 원백(圓柏, Sabina chinensis)으로 상록교목이며, 잎은 침엽(針葉)과 인엽(鱗葉)의 두 종류가 있고, 변종이 매우 많다. 백과(柏科, 측백나무과)에 속한다. 【原註】
315) 수죽(水竹):『고반여사(考槃餘事)』에서 "또 수죽과 같은 것은 복건에서도 산출된다. 높이는 5-6치가량으로, 매우 크면 1자가 되고, 잎은 가늘면서 줄기가 늙어 처량하여 친근하며, 몇 그루를 화분에 심으면 바로 위천(渭川)에 대한 생각이 나게 한다. 이 세 친구는 분경 가운데 높은 품격이다.(又如水竹, 亦産閩中, 高五六寸許, 極則盈尺, 細葉老幹, 瀟疏可人, 盆植數竿, 便生渭川之想. 此三友者, 盆几之高品也.)"라고 하였다. 삼우(三友)는 천목송(天目松)·석해(石海, 수석)·수죽(水竹)이다.
『학원잡소』에서 "가장 작아 탁자에 놓을 수 있는 것을 '수죽'이라 한다.(其最小而可置几案者, 曰水竹.)"라고 하였다. 학명은 연구가 필요하다. 【原註】

그리고 창포구절(菖蒲九節)317)은 신선도 진기하게 여겼는데, 돌에 심으면 가늘어 지고 흙에 심으면 굵어져서 재배하기 아주 어렵다. 오 지역 사람은 뿌리를 씻어 물을 주고 대나무 가위로 말끔하게 정리하며, 아침에 잎에 맺힌 이슬로 눈을 촉촉하게 할 수 있다고 하는데 매우 진귀하게 여긴다는 의미이다. 이것을 작은 정원에 돌을 깔고 그 위에 두루 심으면 비온 뒤에 푸르러져 자연스레 향이 날 것이다. 만약 화분에 심어 안석과 책상 사이에 두면 의미가 전혀 없다고 여기는데, 이것은 반도(蟠桃)318)

---

* 수죽(水竹): 별명은 실심죽(實心竹)・목죽(木竹)・여자죽(黎子竹). 학명은 Phyllostachys heteroclada Oliver.이다. 화본과에 속하며 물속에서 잘 자라는 작은 대나무의 일종.【역주】
* 고반여사(考槃餘事): 4권. 명나라 문학가 도륭(屠隆, 1543-1605)이 쓴 저서로, 문방용구에 대하여 주로 논술하였다.【역주】
* 위천(渭川): 위수(渭水), 위하(渭河). 감숙성 위원현(渭源縣)에서 발원하여 섬서성 동관현(潼關縣)에서 황하로 흘러들어가는 강물. 위천은 중국 고대에 3대 대나무 생산지 가운데 하나였다.【역주】
316) 호자(虎刺): 호자(Damnacanthus indicus)는 '복우화(伏牛花)'라고도 하며, 낙엽 혹은 상록소관목으로, 꽃이 백색이고 과실은 은홍색(殷紅色, 검붉은 색)이고, 오래 두어도 시들지 않으며 천초과(茜草科)에 속한다.
『준생팔전』에서 "호자는 항주의 소산(蕭山)에서 산출되며, 흰 꽃에 붉은 씨로 성격이 굳세어 비록 엄동설한이라도 시들게 할 수 없다. 햇살을 두려워하고, 백년이 된 것도 겨우 높이가 2-3자이며, 그리 쉽게 성장하지 못한다.(虎刺, 産杭州之蕭山, 白花紅子, 性甚堅, 雖嚴冬寒雪, 不能敗也. 畏日色, 百年者止高二三尺, 不甚易活.)"라고 하였다.【原註】
317) 창포구절(菖蒲九節): '창포(菖蒲)'라는 것은 분재(盆栽)를 가리키며, 관상용의 석창포(石菖蒲, Acorus graminenus)를 말한다. 잎은 칼 모양이면서 가늘고, 꽃은 작으면서 담황색이며, 시냇물에 산다. 천남성과에 속한다.
『군방보』에서 "『본초』에 석창포가 실려 있으며, 1치에 마디가 아홉인 것이 훌륭하다.(本草在石菖蒲, 一寸九節者良.)"라고 하였다.
『본초경』에서 "아홉 마디짜리 창포는 선가(仙家)에서 진귀하게 여긴다.(菖蒲九節, 仙家所珍.)"라고 하였다.
『학포잡소』에서 "창포는 마디가 아홉인 것이 보물이고, 호랑이 수염이 있는 것이 아름다우며, 강서의 품종이 귀중하다.(菖蒲以九節爲實, 以虎鬚爲美, 江西種爲貴.)"라고 하였다.【原註】
318) 반도(蟠桃): 본권 「살구(杏)」의 원주 참고.【原註】

및 쌍과(雙果)[319] 종류와 더불어 모두 시류를 따라 잘 하려고 하는 것이 아니다. 그 외에 봄에 피는 난혜·여름의 야합(夜合)[320]과 황향훤(黃香萱)[321] 및 협죽도(夾竹桃花)[322]·가을에 피는 황밀왜국(黃蜜矮菊)[323]·겨울에 피는 단엽수선(短葉水仙)[324]과 미인초(美人蕉)[325] 등 여러 종류

---

319) 쌍과(雙果): 복숭아나무에 열매가 두 개 열리는 것을 '쌍과'라고 하며, '합환과(合歡果)'나 '원앙도(鴛鴦桃)'라고도 한다.
『화경』에서 "원앙도는 겹꽃잎의 진홍색이며, 꽃이 진 후에 열매를 반드시 두 개 맺는다.(鴛鴦桃, 千葉沈紅, 開最後, 結實必雙.)"라고 하였다.
지금의 반도쌍과(蟠桃雙果)는 반도 가운데 쌍과가 열리는 것으로 풀이해야 할 것이다.【原註】
320) 야합(夜合): 본권 「말리·소형·야합」의 원주 참고.【原註】
321) 황향훤(黃香萱): 본권 「훤초」의 원주 참고.【原註】
322) 협죽도화(夾竹桃花): 협죽도(Nerium indicum)는 상록관목으로, 꽃은 도홍색(桃紅色, 붉은색)이나 백색으로 협죽도과에 속한다.【原註】
323) 황밀왜국(黃蜜矮菊): 황색과 옅은 황색 두 가지 색의 키 작은 국화이다.
『준생팔전』에서 "서재의 청공(淸供)에는 화초 6종류가 품격에 들어가는데, 가을에 황색과 옅은 황색의 두 가지 색 국화를 골라 균주(均州)의 커다란 화분이나 요요(饒窯)에서 만든 무늬가 있는 둥근 백자화분에 심거나, 옛날 가마에서 만든 화분에 3-5치 높이의 국화 한 그루를 심고, 그 옆에 작은 돌을 세워 탁자 위에 놓는다.(書齋淸供, 花草六種入格, 秋取黃蜜二色菊花, 以均州大盆, 或饒窯白花圓盆種之, 或以古窯盆種三五寸高菊花一株, 傍立小石, 上几.)"라고 하였다.【原註】
* 요요(饒窯): 현대에는 '경덕진요(景德鎭窯)'라고 한다. 경덕진은 중국 '도자기의 수도(瓷都)'로 송대 이후 현재까지 도자기 생산의 중심지이다. 白花圓盆(백화원분)은 명대 경덕진요에서 청화자기와 오채자기를 주로 생산했으므로, 백색에 무늬가 있는 원형의 화분 즉 청화백자 화분으로 추정된다.【역주】
324) 단엽수선(短葉水仙): 단엽수선은 바로 수선(Narcissus tazetta var. chinensis)으로, 잎이 꽃대보다 짧아서 나온 이름이다.
『준생팔전』에서 "수선에는 두 종류가 있으며, 홑꽃잎의 것을 '수선'이라 하고 겹꽃잎의 것을 '옥영롱(玉玲瓏)'이라 한다. 또 홑꽃잎의 것을 '금잔은대(金盞銀臺)'라 하였으며, 꽃의 특성이 물을 좋아하므로 '수선'이라 하였다. 홑꽃잎의 것은 잎이 짧고 향기가 있어 사랑스러워, 화분에 심어 탁자 위에 놓는다.(水仙有二種, 單瓣者曰水仙, 千瓣者曰玉玲瓏. 又以單瓣者名金盞銀臺, 因花性好水, 故名水仙. 單瓣者葉短而香, 可愛, 用以盆栽, 上几.)"라고 하였다. 또 "겨울에는 네 지역 요지(窯址)의 사각형이나 원형 화분에 단엽수선을 심으며, 홑꽃잎의 것이 아름답다.(冬以四窯方圓盆種短葉水仙, 單瓣者佳.)"라고 하였다.【原註】
* 四窯(사요): 도자기를 제작하는 네 개의 요지. 정확히 어느 것을 가리키는지는

는 모두 수시로 감상할 수 있다. 화분은 청록색 녹이 슨 고대 청동기·백정(白定)326)·관요와 가요(哥窯)의 도자기가 가장 좋고, 새로 제작한 것은 관요 오채자기와 공춘이 만든 화분이 사용할 만하며, 그 나머지는 모두 높은 품격에 들어가지 않는다. 화분은 원형이어야 하며 사각형은 적절치 않은데, 특히 길고 좁은 것은 피해야 한다. 돌은 영벽(靈璧)327)·영석(英石)328)·서산(西山)329)의 흑석(黑石)으로 보조하고, 그 나머지는

알 수 없으며,『장물지』에서 언급된 도자기 요지를 꼽으면 송나라 관요·정요·명나라 관요·요요(경덕진요)·용천요·균요·의흥(자사 기물) 등이 있다.【역주】

325) 미인초(美人蕉): 미인초(Cana indica)는 꽃이 홍색을 띠는 황색이고, 7월에서 9월까지 꽃이 핀다. 미인초과에 속한다.
『준생팔전』에서 "또 미인초와 같은 것은 작은 돌을 세우고 영지 한 그루로 보좌하며, 길고 네모난 옛날 화분을 사용해야 비로소 어울린다.(又如美人蕉, 立以小石, 佐以靈芝一顆, 須以長方舊盆始稱.)"라고 하였다.【原註】

326) 백정(白定): 백색의 정요(定窯)자기이다. 송대 정주(定州)에서 만들어졌으며 소철화(素凸花, 도드라지게 조각한 무늬)·획화(劃花, 긁어서 표현한 무늬)·인화(印花, 찍어서 나타낸 무늬) 등의 여러 기법이 있으며, 모란·원추리·날아가는 봉황 등의 무늬가 많다. 색깔은 홍색과 백색 두 가지로 나뉘며, 백색은 윤기가 흐르거나 혹은 유면에 죽사백문(竹絲白紋)이 있는 것이 진귀하여 '분정(粉定)'이라 속칭하고, '백정(白定)'이라고도 한다. 정화(政和, 1111-1117)와 선화연간(宣和年間, 1119-1125)에 만들어진 것이 가장 많다.【原註】
* 죽사백문(竹絲白紋): '죽사쇄문(竹絲刷汶)'이라 한다. 정요자기를 다듬을 때에 물레를 돌려가며 대나무 칼로 깎을 때 남은 흔적으로, 기물의 표면에 실처럼 가느다란 원형의 흔적으로 나타나는데, 정요의 유약이 얇아서 완성된 자기에 이러한 흔적이 선명하게 드러나며, 정요를 감정하는 특징 가운데 하나이다.【역주】

327) 영벽(靈璧): 영벽석은 안휘성 영벽현(靈璧縣)에서 산출되며 '영벽대리석'이라고도 한다.【原註】

328) 영석(英石): 영석은 광동성 영덕(英德)에서 산출되며 '광동백석(廣東白石)'이나 '광동반석(廣東礬石)'이라 하며, 석영질(石英質)이고 백색이므로 이렇게 이름 붙여졌다.【原註】

329) 서산(西山):『준생팔전』에서 "연경(燕京, 지금의 북경) 근처 서산(西山)의 흑석은 형상이 완전히 응석(應石)과 비슷한데, 우뚝 솟고 깎아지른 듯하며, 주름무늬는 그보다 더 많아 연산(研山, 산 모양이 있는 벼루나 붓 거치대)을 만들 수 있는 것이 많지만, 돌의 특성이 부슬거려 거센 충격을 견디지 못한다.(燕中西山黑石, 狀儼應石, 而崢岏巉巖, 紋片皺過之, 可作研山者爲多, 但石性鬆脆, 不受激觸.)"라

역시 높은 품격에 들어가지 않는다. 서재에는 또 겨우 한두 개의 화분만 둘 수 있으며, 너무 많이 진열하면 안 된다. 작은 분재는 붉은 탁자에 두면 안 되고, 큰 분재는 관요에서 만든 벽돌에 놓는 것을 피해야 되며, 오래된 돌 의자나 연화무늬가 새겨진 주춧돌을 구해 받침대로 하면 아름답다.

四十三. 盆玩

盆玩, 時尚以列几案間者爲第一, 列庭榭中者次之, 余持論反是. 最古者以天目松爲第一, 高不過二尺, 短不過尺許, 其本如臂, 其針如簇, 結爲馬遠之欹斜詰屈330), 郭熙之露頂張拳331), 劉松年之偃亞層疊332), 盛子昭之拖拽軒翥333)等狀,

고 하였다.【原註】
  * 서산(西山)의 흑석: 현재 북경의 서산지구는 석탄이 많이 매장된 지역이므로, 흑석은 석탄이나 석탄과 함께 채굴되는 흑색의 돌로 추정된다.【역주】
  * 崒屼巉巖(줄올참암): 崒屼(줄올)은 험준한 모양, 巉巖(참암)은 깎아지른 듯이 높고 험하다.【역주】
330) 欹斜詰屈(의사힐굴): 의사(欹斜)는 비스듬히 기울어져 수평이 아니다. 『순자·유좌편(宥坐篇)』의 주(注)에서 "의기(欹器, 가득차면 뒤집어지는 그릇)는 기울어지며, 쉽게 뒤집히는 그릇이네.(欹器傾欹, 易覆之器.)"라고 하였다. 『유편(類篇)』에서 "의(欹)는 평평하지 않은 것을 말한다.(欹一曰不平.)"라고 하였다. 힐굴(詰屈)은 '굽어 곧지 않은 것'을 말한다. 『정자통(正字通)』에서 "대개 굽어 펴지지 않는 것은 모두 '굴(屈)'이라 한다.(凡曲以不申者, 皆曰屈.)"라고 하였다. 『진서·위항전(晋書·衞恒傳)』에서 "『자세(字勢)』에서 '계연(計硏)과 상홍양(桑弘羊)이 굽힌 것을 헤아릴 수가 없었다.'라고 했다.(字勢云, 硏桑不能數其詰屈.)"라고 하였다.【原註】
  * 자세(字勢): 1권.『사체서세(四體書勢)』. 진나라 서예가 위항(衞恒, ?-291)이 지었으며, 한자의 구성과 글자체의 변화 및 서진 이후 서예가에 대한 평론을 논술하였다.【역주】
  * 계연(計硏)과 상홍양(桑弘羊): 계연(?-?)은 춘추시기의 저명한 책사. 상홍양(?-B.C.80)은 서한의 정치가.【역주】
331) 露頂張拳(노정장권): '호방하고 거침없는 태도'를 말한다.【原註】
  * 露頂(노정): 모자를 벗어 맨 머리를 드러내어 예의의 속박을 받지 않다. 장권(張拳): 주먹을 휘두르다.【역주】

栽以佳器, 槎牙334)可觀. 又有古梅, 蒼蘚鱗皴, 苔鬚垂滿, 含花吐葉, 歷久不敗
者, 亦古. 若如時尚作沉香片者, 甚無謂. 蓋木片生花, 有何趣味. 眞所謂以耳
食335)者矣. 又有枸杞及水冬靑野楡檜柏之屬, 根若龍蛇, 不露束縛鋸截痕者, 俱
高品也. 其次則閩之水竹, 杭之虎刺, 尙在雅俗間. 乃若菖蒲九節, 神仙所珍, 見
石則細, 見土則粗, 極難培養. 吳人洗根澆水, 竹翦修淨, 謂朝取葉間垂露, 可以
潤眼, 意極珍之. 余謂此宜以石子鋪一小庭, 遍種其上, 雨過靑翠, 自然生香, 若
盆中栽植, 列幾案間, 殊爲無謂, 此與蟠桃雙果之類, 俱未敢隨俗作好也. 他如春
之蘭蕙, 夏之夜合黃香萱夾竹桃花, 秋之黃蜜矮菊, 冬之短葉水仙及美人蕉諸種,
俱可隨時供玩. 盆以靑綠古銅336)白定官哥337)等窯爲第一, 新制者五色內窯338)

332) 偃亞層疊(언아층첩): 빳빳하고 추하고 괴이한 모습이 계속하여 나오는 모습을
　　　말한다.【原註】
　　　* 偃亞(언아): 덮어 씌워져 아래로 늘어지다. 소나무가 축축 늘어진 모습을 형용
　　　한 표현이다. 層疊(층첩): 여러 겹으로 겹치다.【역주】
333) 拖拽軒轟(타예헌굉): 억지로 잡아끌어도 일어나지 않으며, 또 위를 향해 치받는
　　　자세를 가지고 있는 것을 말한다. 4대 화가가 그린 그림의 특징을 빌려 소나무분
　　　재의 자태를 형용하였다.【原註】
　　　* 拖拽軒轟(타예헌굉): 잡아당기고 들어 올리다.【역주】
334) 槎牙(사아): 가지가 얽히고설킨 모양.【역주】
335) 耳食(이식): 귀로 듣고 그대로 믿다. 『사기·육국연표서(六國年表序)』에서 "학자
　　　는 듣고 보는 것에 얽매이게 되고……, 예를 들어 비웃었으므로, 이것은 귀로
　　　듣고 그대로 믿는 것과 차이가 없다.(學者牽於所聞見……因擧而笑之, 此與耳食
　　　無異.)"라고 하였다.【原註】
336) 靑綠古銅(청록고동): 산화되어 청록색이 나는 고대 청동기.
　　　『준생팔전』에서 "조명중(曹明仲)의 『격고요론』에서 '청동기가 흙속에 들어가 천
　　　년이 되면 색인 순청색으로 비취와 같고, 물에 들어가 천년이 지나면 색이 오이
　　　처럼 녹색으로, 모두 옥처럼 반짝이고 윤택하지만, 천년이 되지 않으면 비록 청
　　　록색이 있더라도 반짝이고 윤택하지 않다.(曹明仲格古論云, 銅器入土千年者, 色
　　　純靑如翠, 入水千年者, 色綠如瓜, 皆瑩潤如玉, 未及千年, 雖有靑綠, 而不瑩潤.)
　　　라고 하였다.【原註】
　　　* 조명중(曹明仲): 원말명초의 학자 조소(曹昭, ?-?). 자(字)가 명중(明仲)이다.
　　　【역주】
337) 官哥(관가): 관요(官窯)와 가요(哥窯)에서 만든 자기이다. 관요는 북송 정화연간
　　　(1111-1117) 수도(변경)에 가마를 설치하여 자기를 제작하여 '관요'라 하였다. 강
　　　남으로 천도한 뒤에 옛 제도를 답습해서 수내사(修內司)에 설치하여 제작한 청자
　　　를 '내요(內窯)'라 하며, '관요'라고도 한다. 북송 관요의 품격은 가요와 대체로

及供春粗料339)可用, 餘不入品. 盆宜圓, 不宜方, 尤忌長狹. 石以靈璧英石西山
佐之, 餘亦不入品. 齋中亦僅可置一二盆, 不可多列. 小者忌架于朱幾, 大者忌置
于官磚340), 得舊石凳或古石蓮礫341)爲座, 乃佳.

동일하다. 가요는 송나라 때, 처주[處州, 지금의 절강성 여수시(麗水市)] 용천진
(龍泉鎭)에 장(章)씨 성의 형제가 모두 도자기를 제작했는데, 두 사람이 합동으로
가마 하나를 만들어 '유전요(琉田窯)'라 했으며, 용천요의 하나이다. 그 뒤에 형제
가 분리하여 도자기를 제작하였으며, 형이 만든 것을 '가요'라 하고, 동생이 만든
것을 '장용천요(章龍泉窯)'라 하여, '장요(章窯)'라고 약칭하였다. 가요자기는 동
생 가마의 자기보다 조금 희고 갈라터진 무늬가 많아 '급쇄(扱碎)'라 한다. 가요는
형이 만든 것이다. 청대 도자감독관 당영(唐英,1682-1756)이 "형제 두 사람의 도
자기는 그 색이 모두 청색이며, 그 차이는 유면이 갈라터진 무늬의 있고 없음에
있다.(兄弟兩窯, 其色皆青, 其別卽在有無斷紋片耳.)"라고 하였다.【原註】
* 가요(哥窯): 송원시기의 청자를 제작한 가마이며, 아직 요지가 발견되지 않아
  중설이 분분하다. 회색빛이 도는 표면에 '금사철선(金絲鐵線)'이라는 흑색의 굵
  은 선과 황색의 가는 선이 나타나는 점이 특징이다. 전해오는 기물의 수량이
  극히 적고, 명청시기에 모방품이 제작되었으며, 이를 '방가요(仿哥窯)'라 한다.
  【역주】
338) 五色內窯(오색내요): 관요 오채자기이다.
  『준생팔전』에서 "세종시기(가정황제, 1507-1567)의 청화와 오채는 두 가마에서
  제작한 기물이 모두 갖추어졌다. 선덕요의 오채는 안료를 진하고 두텁게 칠하였
  으므로 그리 아름답지 않다. 그러나 성화요의 오채는 사용한 색이 담담하여 자못
  그윽한 운치가 있다.(世宗青花五彩, 二窯制器悉備. 宣窯五彩, 深厚堆塽, 故不甚
  佳. 而成窯五彩, 用色淺淡, 頗有幽意.)"라고 하였다.
  『당씨사고(唐氏肆考)』에서 "자기는 청색을 귀하게 여기고 채색한 제품은 그 다음
  이다.(器以青爲貴, 彩品次之.)"라고 하였다.【原註】
  * 五色內窯(오색내요): 황실용 기물을 제작하는 경덕진의 어요창(御窯廠)에서 제
    작한 오채자기. 관요 오채는 명 선덕시기에 시작되어 성화를 거쳐 가정과 만력
    시기에 크게 발전하였으며, 청대 말기까지 지속되었다.【역주】
  * 당씨사고(唐氏肆考): 청 건륭시기의 도자감독관 당영(唐英)의 도자기에 관한
    전문 저술로 『요기사고(窯器肆考)』라고도 한다.【역주】
  * 堆塽(퇴타): 퇴적시키다.【역주】
339) 供春粗料(공춘조료): 공춘(供春)이 제작한 화분. 공춘은 본권 난(蘭)의 원주 참
  고.【原註】
340) 官磚(관전): 명대 관요에서 구워 만든 벽돌. 『명회전(明會典)』에서 "소주요(蘇州
  窯)에서 2자와 1자 7치 크기로 고운 재료를 사용한 사각형 벽돌을 구워 만들었다.
  홍무연간(1368-1398)에 각 지역의 여객선으로 하여금 강을 따라서 관요에서 구워
  만든 벽돌을 실어다 공부(工部)에 바치도록 했다.(蘇州窯, 燒造二尺尺七細料方

193
권2 꽃과 나무(花木)

磚. 洪武間, 令各處客船量帶沿江燒造官磚於工部交納.)"라고 하였다.

* 소주요(蘇州窯): 명대 관용의 벽돌을 제작한 소주에 있던 가마. 재질이 치밀하
    고 두드리면 금석의 소리가 나서 '금전(金磚)'이라 불렸으며, 품질이 매우 뛰어
    나, 영락황제(永樂皇帝)가 '어요(御窯)'라는 명칭을 하사하였다고 한다.【역주】
341) 石蓮礎(석련상): 주춧돌의 위에 연꽃을 새긴 것을 '석련상'이라 한다. 여기서는
    아마 특별히 송원시기에 제작된 엎어진 연꽃무늬가 있는 주춧돌을 가리킬 것이
    다.【原註】

권3

수석(水石)[1]

돌은 사람을 예스럽게 하고, 물은 사람을 심원하게 한다. 정원에 물과 돌은 절대 없어서는 안 된다. 이리저리 구부러지고 우뚝하게 솟아나며 알맞은 위치에 적절하게 배치되어야 한다. 봉우리 하나는 바로 천심(千尋)[2]의 화산(華山)[3]이고, 물 한 국자는 만 리를 흐르는 강과 호수이다. 또 죽 뻗은 대나무·고목·괴상하게 굽은 등나무·추악한 형상의 나무가 교차하면서 우뚝 서고, 높은 절벽과 푸른 시내가 있으며, 샘이 솟아 빠르게 흘러 마치 크고 굽은 물웅덩이나 깎아지른 계곡 속에 있는 듯해야 바로 명승지가 된다. 그 명칭을 대충 일별하였지만, 일부분에 그쳤을 것이다.

---

1) 수석(水石): 정원에 산을 쌓아 만들고 물을 끌어들여 멋진 풍경이 늘어나게 한다.【原註】
   * 수석(水石): 흐르는 물과 물속에 있는 돌. 천석(泉石) 즉 산수(山水). 본문에서는 자연의 멋진 경치를 모방하여 조성하는 정원에 사용하는 물과 돌의 의미로 사용되었다.【역주】
2) 천심(千尋): 1심(尋)은 8자(약 2.4m). 천심은 약 2,400m.【역주】
3) 화산(華山): 오악(五嶽)의 하나로 섬서성 화음현(華陰縣)에 있으며, 최고봉인 남봉(南峰)의 높이는 2,154.9m이다.【역주】

水石

石令人古, 水令人遠. 園林水石, 最不可無. 要須回環[4]峭拔[5], 安揷[6]得宜. 一峰則太華千尋, 一勺則江湖萬里. 又須修竹老木怪藤醜樹[7], 交覆[8]角立[9], 蒼崖[10]碧澗[11], 奔泉汎流, 如入深岩[12]絶壑[13]之中, 乃爲名區勝地. 約略[14]其名, 匪一端矣. 志 水石 第三

1. 넓은 연못(廣池)[15]

연못을 파는데 1무(畝)[16]에서 1경(頃)[17]에 이르기까지 넓을수록 좋

---

4) 回環(회환): 구불구불 감돌다. 빙빙 돌다.【역주】
5) 峭拔(초발): 산이 높고 가파르다.【역주】
6) 安揷(안삽): 알맞은 위치에 배치하다.【역주】
7) 醜樹(추수): 형상이 추악한 나무. 『한서·오행지(漢書·五行志)』에서 "혹은 모습이 추악하였다.(或形貌醜惡.)"라고 하였다.【原註】
8) 交覆(교복): 교상복개(交相覆蓋). 서로 뒤덮다.【역주】
9) 角立(각립): 특별히 뛰어나다. 우뚝하다.【原註】
10) 蒼崖(창애): 아주 높은 절벽.【역주】
11) 碧澗(벽간): 산에서 흐르는 푸른 시내.【原註】
12) 深岩(심암): 기슭의 물웅덩이가 구부러진 장소.【역주】
13) 絶壑(절학): 깎아지른 계곡.【역주】
14) 約略(약략): 자세하지 않다. 대체로. 대개. 대충 계산하다.【역주】
15) 廣池(광지): 광활한 연못.【原註】
  * 지(池): 지당(池塘). 연못. 지면에 물이 들어오는 물길이 없이 천연의 지하수원이나 인공으로 물을 끌어 들였으며, 작아서 배를 사용할 수 없고 대부분 대나무 뗏목을 이용하여 건너는 고여 있는 물이나, 사람이 완전히 물에 잠기지 않고 안전하게 건너갈 수 있거나, 깊이가 얕아서 햇살이 바닥에 닿을 수 있는 고여 있는 물을 가리킨다. 수중생태계가 폐쇄된 상태로 있어 호수와 구별된다. 남조 송나라 시인 사령운(謝靈運)의 시 「연못의 누대에 올라(登池上樓)」에서 "연못에 봄풀 피어나고, 정원의 버들에서 우는 새소리가 변했구나!(池塘生春草, 園柳變鳴禽.)"라고 하였다.【역주】
16) 1무(畝): 현재의 1무는 약 666.7평방미터. 명대의 1무는 약 606.7-613평방미터.【역주】
17) 경(頃): 백무(百畝)가 1경이다.【原註】

다. 가장 넓은 것에는 중간에 대사(臺榭)18)와 같은 종류를 설치할 수 있으며, 혹은 긴 둑이 가로로 가로막고, 모래톱에는 창포를, 기슭에는 갈대를 섞어 심어 끝없이 넓어 보이게 해야 바로 큰 연못이라 할 수 있다. 만약 화려하면서도 질서정연하게 하려면, 무늬가 있는 돌로 기슭을 쌓고 붉은 난간을 빙 둘러싸서 중간에 맨 땅이 남아있는 것을 피해야 하며, 전어돈(戰魚墩)19)이라 속칭하거나 서로 대치해 있는 금산(金山)과 초산(焦山)20)을 모방한 종류처럼 해야 한다. 연못 옆에 수양버들을 심고, 복숭아와 살구나무를 섞어 심는 것을 피한다. 연못에 들오리와 기러기가 있어야 하는데, 반드시 수 십 마리가 떼를 지어야 바야흐로 생기가 넘친다. 가장 넓은 곳에는 수상 누각을 설치할 수 있으며, 반드시 그림 속의 누각과 같아야 아름답다. 대나무를 엮어 지은 작은 집의 설치를 피한다. 기슭에 연꽃을 심고 대나무를 잘라 울타리를 만들어 널리 퍼지지 않도록 하며, 연잎이 연못을 덮어 물빛이 보이지 않게 되는 것을 피한다.

一. 廣池

鑿池自畝以及頃, 愈廣愈勝. 最廣者, 中可置臺榭之屬, 或長堤橫隔, 汀蒲21)

---

18) 대사(臺榭): 고대에는 지면에 땅을 다져 높이 만든 작은 언덕을 '대(臺)'라 하고, 그 위에 세운 목조 건물을 '사(榭)'라 하였으며, 합쳐서 '대사'라 하였다. '사(榭)'는 또 사면이 개방된 비교적 커다란 건물을 가리키며, 물가나 수중에 세운 건물을 '수사(水榭)'라 한다.【역주】

19) 전어돈(戰魚墩): 소주(蘇州)의 사투리이다. 평지에 있는 무더기를 '돈(墩)'이라 한다. 이른바 전어돈은 아마 물속에 있는 흙으로 된 돈대로서, 그물을 던져 고기를 잡기에 편리한 곳이다.【原註】

20) 금산(金山)과 초산(焦山): 금산은 강소성 진강시(鎭江市) 서북부에 있는 높이 43.7m의 작은 산이며, 초산은 진강시 동북부에 있는 71m의 작은 산으로, 동서로 약 7km 떨어진 상태에서 마주하고 있다.【역주】

21) 汀蒲(정포): 작은 모래톱이나 물가의 평지가 정(汀)이다. 포(浦)는 창포(菖蒲,

岸葦22)雜植其中, 一望無際, 乃稱巨浸23). 若須華整24), 以文石25)爲岸, 朱欄26)
回繞, 忌中留土, 如俗名戰魚墩, 或擬金焦27)之類. 池旁植垂柳, 忌桃杏間種. 中
畜鳧28)雁29), 須十數爲群, 方有生意. 最廣處可置水閣30), 必如圖畫中者佳. 忌
置牌舍31). 於岸側植藕花32), 削竹爲闌, 勿令蔓衍33), 忌荷葉滿池, 不見水色.

Acorus calamus)이며 '백창(白菖)'이라고도 하고, 다년생수생초본으로 잎이 검의
날처럼 좁고 납작하며, 꽃은 작으면서 대부분 담황색이고, 천남성과(天南星科)에
속한다.【原註】

22) 岸葦(안위): 물가 기슭의 높은 곳을 '안(岸)'이라 한다. 위(葦)는 갈대(Phragmites
communis)이며 다년생초본으로 습지나 얕은 물속에서 자라고, 꽃은 회색으로 꽃
이 진 뒤에 열매가 맺혀 날아가 흩어지며, 벼과에 속한다.【原註】

23) 巨浸(거침): 권1「다리(橋)」의 원주 참고.【原註】

24) 華整(화정): 화려하면서 질서정연하다.【역주】

25) 文石(문석): 권1「계단(階)」의 원주 참고.【原註】

26) 朱欄(주란): 홍색의 난간.【原註】

27) 擬金焦(의금초): 즉 두 개의 산이 대치하다. 강소성 진강시(鎭江市) 금산(金山)과
초산(焦山) 두 산의 의미를 모방하다. 생각건대 금산과 초산의 두 산은 원래 강
속에서 대치하였으나, 지금 금산은 이미 육지에 있으며 초산도 장강 기슭에서 멀
지 않다.【原註】

28) 鳧(부): 부(鳧, Anas crecc)는 '야압(野鴨)'이라고도 하며, '녹시압(綠翅鴨)'(『중국경
제동물』)이라 통칭하고, 철새의 하나로서 기러기보다 뒤에 날아와 또 기러기보
다 늦게 날아가며, 떼를 지어 물 위에서 노닐고, 조강 기러기목 오릿과에 속한다.
『이아』 곽박(郭璞)의 주(注)에서 "부는 오리이다.(鳧, 鴨也.)"라고 하였다. 소(疏)에
서 "들오리를 '부'라 하고 집오리를 '압'이라 한다.(野曰鳧, 家曰鴨.)"라고 하였다.
【原註】

29) 雁(안): 기러기의 종류가 매우 많으며, 보통 늘 보이는 것은 두안(豆雁, Anser
fabalis, 큰 기러기)[『중국경제동물지(中國經濟動物志)』]이며, 철새의 하나로 날씨
가 추울 때에 무리를 지어 남으로 날아가고, 봄이 오면 북으로 돌아가는데, 날아갈
때 '人'자 형태를 구성하여 '안행(雁行)'이라 하고, 조강 기러기목 오릿과에 속한다.
【原註】

   * 중국경제동물지(中國經濟動物志): 1960년부터 출판하기 시작하였으며, 1990년
   대까지 여러 학자가 공동으로 편찬한 학술서적. 전문적으로 중국에 분포하는
   인류와 밀접한 관계가 있는 경제적인 가치가 비교적 큰 동물에 관하여 체계적으
   로 정리하였다. 조류부분은 1963년에 조류학자 정작신(鄭作新, 1906-1998) 등이
   편찬하였다.【역주】

30) 水閣(수각): 수상의 누각.【原註】

31) 牌舍(패사): 패(牌)는 패(簰)와 같으며, 대나무로 엮어서 만든 뗏목으로 '죽배(竹排,
대나무 뗏목)'나 '목배(木排, 나무 뗏목)'라 속칭한다. 대나무를 엮어 지은 작은 집

2. 작은 연못(小池)34)

계단의 앞 돌 옆에 작은 연못을 파는데, 반드시 태호석(太湖石)35)으로 사방을 에워싸야 샘이 맑아 바닥이 보일 수 있다. 연못 안에 금붕어와 푸른 물풀을 키우면, 물고기가 헤엄치는 것을 완상할 수 있다. 사방에 야생 등나무와 가는 대나무를 심고, 조금 깊게 땅을 파서 샘물줄기를 끌어들일 수 있으면 더욱 아름다우며, 사각형이나 원형이나 팔각형의 여러 양식은 피해야 한다.

二. 小池

階前石畔鑿一小池, 必須湖石四圍, 泉淸可見底. 中畜朱魚36)翠藻, 遊泳可玩. 四周樹野藤細竹, 能掘地稍深, 引泉脈者更佳, 忌方圓八角諸式.

3. 폭포(瀑布)37)

산에 있는 거처에 샘물을 끌어들여 높은 곳에서 떨어지게 하면 폭포

을 '패사(牌舍)'라 한다.【原註】
32) 藕花(우화): 하화(荷花). 연꽃.【역주】
33) 蔓衍(만연): 만연(蔓延, 널리 퍼지다)과 의미가 통한다.【原註】
34) 小池(소지): 협소한 연못.【原註】
35) 태호석(太湖石): 권1「계단」의 원주 참고.【原註】
36) 朱魚(주어): 주사어(朱砂魚). 또 '금어(金魚, Carassius auratus)'라 하며, 일명 '금어(錦魚)'로, 지느러미가 크고 꼬리는 대부분 갈라지고 품종이 매우 많으며, 형상과 색채 및 크기가 일정하지 않고, 관상용으로 공급되며 잉어과에 속한다. 명 장겸덕(張德謙, ?-?)의 저서에 『주사어보(朱砂魚譜)』가 있다. 권4「주어(朱魚)」의 원문과 주(注)에 자세하다.【原註】
    * 주어(朱魚): 붉은 고기는 바로 현재의 금붕어를 가리킨다.【역주】
37) 폭포(瀑布): 물이 절벽에서 수직으로 낙하하거나 높은 곳에서 비스듬히 낙하하여, 그 기세가 용솟음치며 물거품이 날려 멀리서 바라보면 하얀 비단을 걸어놓은 것

를 만들기에 조금 쉽다. 정원에 이렇게 만들려면, 대나무를 크기가 다르게 잘라서 낙숫물을 모두 받아 돌의 틈과 연결시켜 보이지 않도록 감추고, 도끼로 돌을 깎아 높게 쌓아 하부에 작은 연못을 만들어 물을 받게 한다. 그 아래에 돌을 즐비하게 배치하면, 비가 올 때에 날리는 샘물이 요동치고 졸졸 흐르면서 소리를 내므로, 또 하나의 기이한 장면이다. 특히 대나무 사이와 소나무 아래가 적당하며, 푸른빛에 가려졌다 드러났다 하면 더욱 볼만하다. 또 가산(假山)의 꼭대기에 물을 가두어 두었다가, 손님이 오면 갑문을 열어 물이 공중에서 수직으로 주입되는 것은 결국 빗속에 낙숫물을 받는 것만큼 우아하지 못하다. 대체로 전부 인위적인 것에 속하지만, 이 방법이 오히려 자연에 가까울 뿐이기 때문이다.

三. 瀑布

山居引泉, 從高而下, 爲瀑布稍易. 園林中欲作此, 須截竹長短不一, 盡承檐溜[38], 暗接藏石罅中, 以斧劈石疊高, 下作小池承水, 置石林立其下, 雨中能令飛泉濆薄[39], 潺湲[40]有聲, 亦一奇也. 尤宜竹間松下, 青蔥掩映, 更自可觀. 亦有蓄水於山頂, 客至去閘, 水從空直注者, 終不如雨中承溜爲雅, 蓋總屬人爲, 此尙近自然耳.

같으므로 '폭포'라 한다.【原註】
38) 檐溜(첨류): 하늘에서 비가 올 때에 처마에서 떨어지는 물. 낙숫물【原註】
39) 濆薄(분박): 물이 서로 요동치며 솟아오르다. 좌사(左思)의 「오도부(吳都賦)」에서 "요동치며 비등하다.(濆薄沸騰.)"라고 하였다.【原註】
40) 潺湲(잔원): 물이 흐르는 모양.『초사·구가·상부인(楚辭·九歌·湘夫人)』에서 "흐르는 물을 보니 천천히 흘러가네.(觀流水兮潺湲.)"라고 하였다.【原註】

4. 우물 파기(鑿井)[41]

우물물은 맛이 혼탁하여 요리에 사용할 수는 없으나, 꽃에 물을 주고 대나무를 세척하며 벼루를 씻고 책상을 닦는데 모두 없어서는 안 된다. 우물 파기는 반드시 대나무 아래에 해야 샘물의 줄기가 깊게 드러나며 그 위에 도르래를 설치하여 길어 올리게 되는데, 그렇지 않으면 대개 작은 정자로 우물을 덮는다. 돌난간은 옛날에 '은상(銀床)[42]'이라 했으며, 옛 양식 가운데 가장 크고 예스러우며 질박한 것을 선택하여 그 위에 설치한다. 우물에는 신령이 있으니, 우물곁에 바위를 배치하고 작은 감실을 하나 파 놓고 새해의 첫머리가 되어 맑은 샘물 한 잔을 바치면, 또 저절로 운치가 생기리라!

四. 鑿井

井水味濁, 不可供烹煮, 然澆花洗竹, 滌硯拭几, 俱不可缺. 鑿井須於竹樹[43]

---

41) 鑿井(착정): 우물을 파다. '격정(擊井)'이라고도 한다. 고대 「격양가(擊壤歌)」에서 "우물을 파서 마시네.(鑿井而飮.)"라고 하였다.【原註】
  * 井(정): 우물은 땅을 파서 지하의 물을 획득하는 장치로, 전설에 따르면 황제(黃帝)의 제4대손으로 조씨(趙氏)와 진나라의 조상이 된 백익(伯益, ?-B.C.1973)이 발명했다고 한다. 중국 고대인은 우물을 신성시하여, 우물가에서 칼을 갈거나, 우물가에 복숭아나무를 심거나, 우물을 뛰어 넘거나 하는 행위 등을 금기시하였으며, 우물이 황천과 통한다고 생각하였다. 또한 우물을 팔 때, 임산부나 여인이 근처에 가면 부정을 타서 물이 나오지 않거나 쓴 물이 나온다고 간주하였다.【역주】
  * 격양가(擊壤歌): 요임금 시대에 한 노인이 땅을 두드리며 불렀다는 평화로운 생활을 읊은 노래로, 출처는 동한 철학자 왕충(王充, 27-97)의 철학서 『논형ㆍ감허편(論衡ㆍ感虛篇)』.【역주】
42) 銀床(은상): 우물의 난간. 당 소미도(蘇味道)의 시 「우물을 읊어(咏井)」에서 "맑게 우물의 난간에 쏟아지네.(澄澈瀉銀床.)"라고 하였다.【原註】
  * 소미도(蘇味道, 648-705): 당나라 정치가이자 문학가. 당나라의 시가를 모은 총집 『전당시(全唐詩)』에 시 16수가 전한다.
43) 竹樹(죽수): 대나무와 수목. 현대 임학(林學)에서는 보통 '죽목(竹木)'이라 한다.

之下, 深見泉脈, 上置轆轤[44]引汲, 不則蓋一小亭覆之. 石欄古號銀床, 取舊制最大而古樸者置其上. 井有神[45], 井傍可置頑石[46], 鑿一小龕[47], 遇歲時[48], 奠[49]以淸泉一杯, 亦自有致.

5. 천천(天泉)[50]

　천천(天泉), 즉 빗물이나 눈이 녹은 물은 가을의 빗물이 가장 좋으며, 장마철의 빗물이 다음이다. 가을의 빗물은 맑고 시원하며, 장마철의 빗물은 맑고 달다. 봄과 겨울 두 계절의 빗물 가운데, 봄이 겨울보다 좋은데, 대개 바람이 온화하고 비가 달콤하기 때문이다. 그러므로 여름철의 폭우는 적당하지 않은데, 혹은 바람과 우뢰가 교룡(蛟龍)[51]에 의해 발생하기 때문으로, 사람을 해치는 것이 가장 심하다. 눈은 오곡(五穀)[52]

【原註】

44) 轆轤(녹로): 우물에서 물을 긷는 도구 즉 도르래. 권1「욕실」의 원주 참고.【原註】

45) 井神(정신): 우물의 신. 중국 고대에는 대문·방문·우물·부엌·토지의 5종류 집안의 신령이 있다고 여겼다. 우물의 신에게는 일반적으로 신상과 사당이 없으며, 우물에서 간단한 제사의식을 거행한다.【역주】

46) 頑石(완석): 돌멩이. 잡석. 여기서는 감실을 팔 수 있는 바위로 풀이하였다.【역주】

47) 龕(감): 신상이나 불상을 봉안하는 가구를 '감(龕)'이라 하며 대부분 돌과 나무로 만든다.【原註】

48) 歲時(세시): 세(歲)는 년(年)이며 시(時)는 춘하추동의 사계를 말한다. 『서경·홍범(書經·洪範)』에서 "해와 달은 한 해의 절기나 계절에 따라 바뀌네.(日月歲時其易.)"라고 하였다.【原註】

49) 奠(전): 신전에 제수를 차려놓는 것을 '전(奠)'이라 한다.【原註】

50) 천천(天泉): 하늘에서 떨어지는 물, 즉 비와 눈이 녹은 물.【原註】

51) 蛟龍(교룡): 고서적에 기재된 형상이 다양하지만, 일반적으로 뿔이 없으며 바람과 비를 부를 수 있다고 하는 수룡.【역주】

52) 五穀(오곡): 곡식의 통칭 또는 5종의 곡식. 오곡의 종류에 대해서는 여러 설이 있으며 일반적으로 벼·찰기장·메기장(또는 조)·보리·콩의 5종이나 마·찰기장·메기장(또는 조)·보리·콩의 5종을 말한다.【역주】

의 정화이므로 눈을 가져다가 차를 끓이면 제일 그윽하지만, 새로 내린 눈에는 흙 기운이 있으므로, 조금 묵혀야 비로소 좋다. 빗물을 받을 때에는 천을 사용하여 뜰 가운데에서 받으며, 낙숫물은 사용할 수 없다.

五. 天泉

天泉秋水[53]爲上, 梅水[54]次之. 秋水白而冽, 梅水白而甘. 春冬二水, 春勝於冬, 蓋以和風甘雨, 故夏月暴雨不宜, 或因風雷蛟龍所致, 最足傷人. 雪爲五穀之精, 取以煎茶, 最爲幽況, 然新者有土氣, 稍陳乃佳. 承水用布, 於中庭受之, 不可用檐溜[55].

6. 지천(地泉)[56]

달고 맑은 샘물이 넘쳐흐르지만, 혜산천(惠山泉)[57]이 가장 훌륭하고,

---

53) 秋水(추수): 가을철에 내리는 빗물.【原註】
54) 梅水(매수): 매실이 익는 계절에 내리는 빗물로 '매수(霉水)'라고도 한다.【原註】
   * 梅水(매수): 매실이 익을 때 내려 '매우(梅雨)'라고도 하며, 장마를 가리킨다.【역주】
55) 檐溜(첨류): 첨적(檐滴). 처마 끝에서 떨어지는 물, 즉 낙숫물.【역주】
56) 지천(地泉): 지하에서 솟아나는 샘물.【原註】
   * 천(泉): 샘. 지하수가 자연적으로 지표면에 드러난 물로 하천의 원류가 되기도 한다. 일반적으로 수온에 따라 냉천(冷泉, 차가운 샘)과 온천으로 구분된다. 유명한 냉천은 강소성 진강시(鎭江市)의 중령천(中冷泉)이 있으며, 유명한 온천은 양귀비가 목욕을 했다는 서안시의 여산온천(驪山溫泉)이 있다.【역주】
57) 혜산천(惠山泉): '혜천(惠泉)'이라고도 하며, 강소성 무석시(無錫市)의 서쪽 교외에 있다. 당 육우(陸羽, 733-804)가 '천하제이천(天下第二泉)'이라 하였으며, 원 조맹부(趙孟頫, 1254-1322)가 쓴 '천상제이천(天上第二泉)'이라는 글씨가 바위에 새겨져 있다. 샘은 지금의 석혜공원(錫惠公園) 내에 있다.【原註】
   * 육우(陸羽): 자(字)는 홍점(鴻漸). 당나라의 저명한 차전문가로 '다성(茶聖)'이라 불리며, 차에 관한 전문서 『다경(茶經)』을 저술하였다.【역주】
   * 조맹부(趙孟頫): 자(字)는 자앙(子昂), 호는 송설도인(松雪道人), 시호는 문민(文敏). 원나라의 저명한 서화가.【역주】

그 다음은 맑고 차가운 것을 선택한다. 샘물은 맑기가 어렵지 않으나 차갑기는 어려우며, 토양에 모래가 많고 진흙이 끈적끈적하게 엉겨있는 경우에는, 틀림없이 맑고 차갑지 않다. 또 향기로우면서 달콤한 샘물이 있지만 달콤하기는 쉬운데 향기롭기는 어렵고, 향기로우면서 달콤하지 않은 샘물은 없다. 격렬하게 솟아나고 급하게 흐르는 샘물은 마시지 않도록 한다. 그것을 오래 마시면 사람에게 머리의 질병을 발생시키기 때문이다. 여산(廬山) 수렴수(水簾水)[58]와 천태산(天台山)의 폭포[59]는 귀와 눈으로 감상하기에는 좋지만, 수품(水品)[60]에 들어가기에는 적당하지 않으며, 온천수에는 유황이 풍부하지만 이 또한 식품은 아니다.

---

58) 여산(廬山) 수렴수(水簾水): 『전다수기(煎茶水記)』에서 "여산 강왕곡(康王谷)의 수렴수(水簾水)로 끓인 차가 제일이다.(廬山康王谷水簾水煎茶第一.)"라 하였다. 【原註】
* 여산(廬山): 강서성 구강시(九江市)에 있는 명산으로 높이 155m의 폭포가 장관이며, 이백의 「여산폭포를 바라보며(望廬山瀑布)」라는 시로 널리 알려져 있다. 【역주】
* 전다수기(煎茶水記): 1권. 당 보력(寶曆) 2년(825)에 관리 장우신(張又新, ?-?)이 지은 책. 『수경(水經)』·『수설(水說)』·『수품(水品)』이라고도 한다. 당 형부시랑 유백추(劉伯芻, 755-815)가 열거한 7종류 수질과 육우가 열거한 20종류 수질의 우열을 평가하였다.【역주】
* 강왕곡(康王谷)의 수렴수(水簾水): '삼첩천(三疊泉)'이나 '삼급천(三級泉)'이라고도 하며, 여산 동곡(東谷) 회선정(會仙亭) 옆에 있다. 육우가 여산에 올라 여러 샘을 품평하여, 관음교(觀音橋) 동쪽의 초은천(招隱泉)을 '천하제육천(天下第六泉)'이라 평가하였고, 수렴수를 '천하제일명천(天下第一名泉)'이라 평가하였다. 수렴(水簾)은 물이 위에서 주렴처럼 넓게 떨어지는 모습으로 폭포를 지칭하므로, 수렴수는 폭포수를 가리키며, 삼첩천과 삼급천도 결국은 폭포수를 가리킨다.【역주】
59) 천태산(天台山)의 폭포: 천태산은 지금의 절강성 천태현(天台縣) 북방에 있다.【原註】
60) 수품(水品): 물을 품평하여 정한 등급. 『전다수기』에 제1 여산 강왕곡 수렴수부터 제20 설수(雪水, 눈 녹은 물)까지, 당 육우가 품평한 천하의 뛰어난 물 20개가 기록되어있다.【역주】

六. 地泉

乳泉61)漫流, 如惠山泉爲最勝, 次取淸寒者. 泉不難於淸, 而難於寒, 土多沙
膩泥凝者, 必不淸寒. 又有香而甘者, 然甘易而香難, 未有香而不甘者也. 瀑湧湍
急者, 勿食, 食久令人有頭疾. 如廬山水簾天台瀑布, 以供耳目則可, 入水品則不
宜, 溫泉下生硫黃, 亦非食品.

7. 유수(流水, 흐르는 물)

사람이 사는 곳과 멀리 떨어진 강물을 선택하며, 양자강의 남령천(南
泠泉)62)은 바위 사이에 샘물이 고여 연못이 되었는데, 특별히 일등품에
들어간다. 강물이 샘물과 통하는 경우에는 반드시 물을 길어다 두고 맑
아진 된 뒤에야 역시 마실 수가 있다.

七. 流水

江水取去人遠者, 楊子南泠, 夾石渟淵63), 特入首品. 河流通泉竇64)者, 必須

---

61) 乳泉(유천): 종유석에서 떨어지는 물. 달고 맑은 샘물.【역주】
62) 양자강의 남령천(南泠泉):『전다수기』에서 "물 가운데 차에 적당한 것을 비교하면
   모두 7등급이며, 양자강 남령수가 제일이고 회수(淮水)가 최하이다.(較水之與茶
   宜者, 凡七等, 揚子江南泠水第一, 淮水最下.)"라 하였다. '남령(南泠)'은 '남령(南
   零)'이라고도 한다. 지금의 강소성 진강시(鎭江市) 금산(金山) 앞의 중령천(中泠
   泉)을 '천하제일천(天下第一泉)'이라 하는데, 바로 이것이다.【原註】
   * 회수(淮水): 회하(淮河). 하남성 동백산(桐柏山)에서 발원하여 하남성과 안휘성
   및 강소성을 거쳐 바다로 들어가는 하천.【역주】
63) 夾石渟淵(협석정연): 협(夾)은『운회(韻會)』에서 "좌우에서 잡고 있다.(左右持也.)"
   라고 하였다. 정(渟)은『비창(埤蒼)』에서 "정은 물이 멈추어 있는 것이다.(渟, 水止
   也.)"라고 하였다. 협석정연(夾石渟淵)은 바위 사이에서 솟아나는 샘물을 말한다.
   『전다소품(煎茶小品)』에서 "양자강은 본래 강으로, 그 남령천(南泠泉)은 바로 바
   위 사이에 물이 고여 연못이 되었으며, 특별히 일등품에 들어간다. 내가 시험 삼아
   맛보니 진실로 산의 샘물과 다름이 없었다.(揚子固江也, 其南泠則夾石渟淵, 特入

汲置, 候其澄澈, 亦可食.

8. 단천(丹泉)[65]

명산대천과 신선이 수련하는 장소에는 물속에 단사(丹砂)가 있어서 그 맛이 이상하며, 수명을 늘리고 병을 물리칠 수가 있다. 이것은 천연의 장생불사약으로, 쉽게 얻을 수 없다.

八. 丹泉

名山大川, 仙翁修煉[66]之處, 水中有丹, 其味異常, 能延年卻病, 此自然之丹

首品, 余嘗試之, 誠與山泉無異.)"라고 하였다.【原註】

* 비창(埤蒼): 삼국시대 위나라 문학가 장집(張輯, ?-?)이 편찬한 훈고서적으로 3권이라 하나 지금은 실전되었다.【역주】
* 전다소품(煎茶小品): 『자천소품(煮泉小品)』의 오기로 보인다. "양자는 본래 강이다. 그 남령천은 바로 바위 사이에 물이 고여 연못이 되었으며, 특별히 일등품에 들어간다. 내가 시험 삼아 맛보니 진실로 산의 샘물과 다름이 없었다.(揚子固江也. 其南泠則夾石潭淵, 特入首品, 余嘗試之, 誠與山泉無異.)"라는 내용은 명나라 문학가 전예형(田藝衡, 1524-?)의 『자천소품(煮泉小品)』에 나타난다. 『자천소품(煮泉小品)』은 명 가정(嘉靖) 33년(1554)에 편찬되었으며, 10개 부분으로 나누어지고, 천하의 샘물을 품평하였다.【역주】
64) 泉竇(천두): 샘물이 솟아나는 구멍.【역주】
65) 단천(丹泉): 즉 주사천(朱砂泉). 주사는 '단사(丹砂)'라고도 하며 성분은 황화수은(HgS)으로, 단사를 함유한 샘을 '단천'이라 한다. 성홍지(盛弘之)의 『형주기(荊州記)』에서 "의도(宜都, 지금의 호북성 의도시) 이도현(夷道縣) 서남에 망주산(望州山)이 있으며, 산속에 솟아나는 샘이 있는데, 비가 오려하면 번번이 붉은 기운이 나타나므로, 또 '단천'이라 한다.(宜都夷道縣西南有望州山, 內有涌泉, 欲雨輒有赤氣, 又名丹泉.)"라고 했다.【原註】
* 주사(朱砂): 안료나 약재로 쓰이는 수은과 황의 화합으로 만들어진 붉은 색을 띠는 광물.【역주】
* 형주기(荊州記): 3권. 지리지. 남조(南朝) 송나라 문학가 성홍지(盛弘之, ?-?)가 편찬. 원서는 이미 산일되고 여러 서적에 분산되어 내용이 전해지고 있다.【역주】

液⁶⁷⁾, 不易得也.

9. 품석(品石)⁶⁸⁾

돌은 영벽석(靈壁石)⁶⁹⁾이 상품이고 영석(英石)⁷⁰⁾은 그 다음이다. 그러나 두 가지의 품종은 매우 귀하여 구입하기 매우 어려운데, 큰 것은

---

66) 仙翁修煉(선옹수련): 선옹은 도가(道家)를 가리킨다. 당나라 시인 요합(姚合, 779?-855?)의 시에 "몇 년 동안 산 아래에서 도사를 섬겼네.(幾年山下事仙翁.)"라는 구절이 있다.【原註】
　＊ 요합 시의 제목은 「내향(內鄉, 지금의 하남성 내향현)으로 가는 주부(主簿) 장제물(張齊物)을 전송하며(送張齊物主簿赴內鄉)」이다.【역주】
67) 丹液(단액): 도교에서 말하는 장생불로하는 약.【역주】
68) 품석(品石): 관상용의 돌을 품평하다.【原註】
　＊ 품석(品石): 돌을 감상하는 문화는 천연석을 대상으로 한다. 선진시기에 이미 관련 기록이 있으며, 황제(黃帝)가 최초의 창조자라 한다. 『상서·우공(尙書·禹貢)』에 청주(靑州)에서 공물로 바치는 물품에는 "태산 계곡의 비단·대마·납·소나무·기이한 돌(岱畎絲枲鉛松怪石)"이라는 내용이 있으며, 서주(徐州)에서 공물로 바치는 물품에는 "사수(泗水) 가의 경(磬)을 만들 수 있는 가벼운 돌(泗濱浮磬)"이라는 내용이 있다. 『후한서·응소전(後漢書·應劭傳)』에 "송나라의 어리석은 남자가 또 연석[燕石, 하북성 북방에 있는 연산(燕山)에서 산출되는 옥과 비슷한 돌]을 보물로 여겼다.(宋愚夫亦寶燕石.)"라는 내용이 있다. 정원의 출현과 더불어 아름다운 돌이 정원에 장식으로 많이 사용되었으며, 남조시기 건강(建康, 지금의 남경) 동태사(同泰寺) 앞의 세 개 경석(景石, 장식성이 높은 감상용의 돌)은 양무제(梁武帝, 재위 502-549)가 삼품의 관직을 수여하여 '삼품석(三品石)'으로 불렸다고 하며, 심지어 무덤의 벽화에도 경석이 출현하였다. 수당시기에 더욱 유행하여 장석가(藏石家, 돌 소장가)도 나타났다. 이덕유(李德裕, 787-850. 당나라 재상)가 건설한 평천산장(平泉山莊)은 소장된 괴석과 기화이초로 유명하였다. 백거이는 「태호석기(太湖石記)」라는 글을 지어 돌을 품평하기도 하였다. 송대 이후로 더욱 발전하였으며 화가 미불(米芾, 1051-1107)이 돌을 보고 절을 했다는 고사가 특히 유명하다.【역주】
69) 영벽석(靈壁石): 안휘성 영벽현의 경산(磬山)에서 산출되는 관상용의 돌.【역주】
70) 영석(英石): '영덕석(英德石)'이라고도 하며, 광동성 중북부의 북강(北江) 중류에 위치한 영덕시(英德市)에서 산출된다. 송대 황실의 공품이었으며, 중국 4대 명석의 하나이다.【역주】

더욱 얻기가 쉽지 않기 때문에 높이가 몇 자를 넘는 것은 기이한 품종에 속한다. 작은 것은 탁자 위에 놓을 수 있으며, 색이 옻칠처럼 검고 소리가 옥처럼 맑은 것이 가장 훌륭하다. 형상이 가로로 배치된 돌은 누르스름한 재질이면서 봉우리가 우뚝 한 것이 상품으로, 속어에서 "영벽석에는 봉우리가 없고", "영석에는 비탈이 없다."고 하지만, 내가 본 바로는 또 다 그렇지는 않다. 다른 돌은 무늬가 굵고 커서 이리저리 구부러지고 매끄러우면서 우뚝하며, 봉우리가 많으면서 험준하고 높이 솟은 것이 전혀 없다. 근래에 또 큰 덩어리의 진사(辰砂)71) · 석청(石靑)72) · 석록(石綠)73)으로 연산(研山)과 분석(盆石)74)을 만든 것은 가장 저속하다.

---

71) 진사(辰砂): '주사(朱砂, Cinnabar)' 또는 '주사(硃砂)'라고도 하며, '단사(丹砂)'라고도 한다. 진주(辰州)에서 산출되는 것은 '진사(辰砂)'라며, 성분은 황화수은(HgS)으로, 육방정계(六方晶系, hexagonal system)에 속하고, 다이아몬드와 같은 광택 및 선형(線形)의 무늬가 나타나고 색은 새빨갛다. 호남성 진주에서 산출되는 이외에 귀주성의 개양(開陽)과 성계(省溪) 및 사천성의 유양(酉陽)에서 모두 산출된다.【原註】
   * 진사(辰砂): 즉 주사(朱砂). 한약재 · 도자기의 채색 안료 · 부적을 그리는 용도 등으로 사용된다.【역주】
72) 석청(石靑): 석청은 바로 남동광(藍銅鑛)으로, 모양이 납작하므로 '편청(扁靑)'이라고도 한다. 광동성의 남해(南海)에서 산출되며, 새파란 색으로 오래 지나도 변하지 않으므로 화가들이 많이 사용한다.【原註】
   * 남동광(藍銅鑛): 남동석. 공작석(孔雀石)에 들어 있던 물의 일부분이 없어져서 이루어진 탄산염 광물로서, 단사 정계에 속하며, 기둥 또는 덩어리 모양으로, 푸르고 투명하다. 공작석과 함께 구리 광상(鑛床) 지대에서 흔히 발견되며 안료를 만드는 데 사용한다.【역주】
73) 석록(石綠): 석록은 '녹(綠)'이라고도 하며, 공작석으로 색이 아름다워 장식물과 녹색의 안료를 만드는데 사용한다.
   『본초(本草)』에서 "석록은 페르시아에서 산출되며, 돌 위에서 나는 것을 '석록'이라 하는데, 장식한 색이 오래되어도 변하지 않는다.(石綠出波斯國, 生石上, 謂之石綠, 裝色久而不變.)"라고 하였다.
   『운림석보(雲林石譜)』에서 "신주[信州, 지금의 강서성 상요시(上饒市) 관할] 연산현(鉛山縣)의 석록은 깊은 산중에서 산출된다.(信州鉛山縣石綠産深山中.)"라고 하였다.
   * 본초(本草): 『신농본초경(神農本草經)』. '『본초경(本草經)』'이나 '『본경(本經)』'이

九. 品石

石以靈壁爲上, 英石次之. 然二種品甚貴, 購之頗艱. 大者尤不易得, 高逾數尺者, 便屬奇品. 小者可置几案間, 色如漆, 聲如玉者最佳. 橫石以蠟地[75]而峰巒峭拔者爲上, 俗言靈壁無峰, 英石無坡, 以余所見, 亦不盡然. 他石紋片粗大, 絶無曲折岮崒森聳[76]峻嶒[77]者. 近更有以大塊辰砂石青石綠爲研山盆石, 最俗.

라고도 한다. 중국 전통 의학에서 4대 경전의 하나로 동한시기에 편집되었다. 3권으로 구성되고, 365종류의 약물을 수록하여 상중하의 3품으로 구분하였다. 【역주】

* 운림석보(雲林石譜): 남송시기에 두관(杜綰, ?-?)이 저술하였으며, 116종의 수석을 평론한 석보(石譜).【역주】

74) 연산(研山)과 분석(盆石): 연산(研山)은 작은 돌을 쌓아 산의 모양을 만들어 책상머리의 청공(淸供, 책상머리에 진열하여 감상하는 기물)으로 만든 것. 송 미불(米芾, 1051-1107)에게 「연산도기(研山圖記)」가 있었으며, 도종의(陶宗儀, 1321-1412?)의 『철경록(輟耕錄)』에 보인다. 미불의「연산도기」에서 "오른 편의 이 돌은 남당(南唐, 937-975) 이욱(李煜, 937-978)의 보배로운 수석으로, 오랫동안 내 서재에 연산으로 있었는데, 지금은 도조(道祖)가 바꾸어 갔다.(右此石爲南唐寶石, 久爲吾齋研山, 今爲道祖易去.)"라 하였다. 분석(盆石)은 또 화분에 놓고 감상하는 돌.【原註】

* 연산도기(研山圖記): 미불이 연산을 그리고 글을 쓴 작품. 도종의『철경록』권6에 미불의「보진재연산도(寶晉齋研山圖)」와 원주의 "右此石……易去."라는 내용이 기록되어 있다.【역주】

* 도조(道祖): 북송시기의 서예가이자 미불의 친구로 미불과 함께 '미설(米薛)'이라 불리었던 서예가 설소팽(薛紹彭, ?-?). 자(字)가 도조(道祖)이다.【역주】

75) 蠟地(납지): 밀랍과 같이 누르스름한 색으로 된 바탕.【原註】

76) 森聳(삼용): 많으며 높고 험준하다.【原註】

77) 峻嶒(준증): 높은 모양. 양나라 심약(沈約, 441-513)의 「종산시, 서양왕(西陽王)의 가르침에 응대하여(鍾山詩應西陽王敎)」에 "높고 가파르게 일어선 푸른 산봉우리(峻嶒起靑嶂)"라는 구절이 있다.【原註】

* 심약(沈約, 441-513): 남조 양나라의 저명한 문학가이자 사학자. 자(字)는 휴문(休文), 오흥(吳興) 무강(武康, 지금의 절강성 호주(湖州) 덕청(德淸)] 사람.【역주】

10. 영벽석(靈壁石)78)

영벽석은 봉양부(鳳陽府) 숙주(宿州) 영벽현(靈壁縣)79)에서 산출되며, 깊은 산의 모래 속에 존재하여 파면 바로 나타나고, 옥처럼 가늘고 흰 무늬가 있으며, 구멍은 없다. 아름다운 것은 소가 누워있거나 용이 서려 있는 것과 같으며, 갖가지 특이한 형상이 있어, 참으로 기이한 품종이다.

十. 靈壁石

靈壁石出鳳陽府宿州靈壁縣, 在深山沙土中, 掘之乃見, 有細白紋如玉, 不起岩岫80). 佳者如臥牛蟠螭81), 種種異狀, 眞奇品也.

11. 영석(英石)82)

영석은 영주의 거꾸로 자라난 바위 아래에서 산출되며, 톱으로 잘라

---

78) 영벽석(靈壁石): 영벽석은 '경석(磬石)'이라고도 하며, 안휘성 영벽현의 경산(磬山)에서 산출되고, 안산암(安山巖)의 일종으로 재질이 치밀하면서 무르며, 연마하면 광택이 있어, '영벽대리석(靈壁大理石)'이라고도 한다.【原註】
 * 안산암(安山巖): 화산암의 하나로 대부분 작은 결정으로 되어 있고, 널 모양 또는 기둥 모양의 규칙적인 결이 있다. 사장석·각섬석·흑운모·휘석 등을 함유하고 있으며, 건축 및 토목 재료로 사용된다.【역주】
79) 영벽현(靈壁縣): 안휘성 북부 숙주시(宿州市)의 동쪽에 위치.【역주】
80) 岩岫(암수): 岩(암)은 巖(암)의 속자이다. 『증운(增韻)』에서 "석굴을 '암(巖)'이라 한다. 산에 있는 구멍을 '수(岫)'라 한다.(石窟曰巖. 山有穴曰岫.)"라고 하였다.【原註】
 * 증운(增韻): 5권. 송나라 관리 모황(毛晃, ?-?)이 주석을 첨가하고 그의 아들 모거정(毛居正, ?-?)이 교감하고 증정하여 편집한 운서인 『증수호주예부운략(增修互注禮部韻略)』.【역주】
81) 蟠螭(반리): 이무기의 모습처럼 구부러지다. 이무기는 용과 같으나 황색으로 뿔이 없으며, 고대인들은 조각하면서 이무기의 형상을 모방하여 장식으로 삼았으며, 이수(螭首, 이무기의 머리)와 반리(蟠螭, 똬리를 튼 이무기) 같은 종류이다.【原註】
82) 영석(英石): 영석은 광동성 영덕시(英德市)에서 산출되며, 이어진 산봉우리와 바

서 취하므로 바닥이 평평하고 봉우리가 솟아나 있으며, 봉우리가 높은
것은 3자에 이르고, 작은 것은 한 치 정도이다. 작은 서재 앞에 작은
산을 하나 쌓으면 최고로 우아하고 진귀하지만, 길이 멀어 가져오기 쉽
지 않다.

十一. 英石

英石出英州[83]倒生岩下, 以鋸取之, 故底平起峰, 高有至三尺及寸餘者, 小齋
之前, 疊一小山, 最爲淸貴, 然道遠不易致.

12. 태호석(太湖石)[84]

태호석은 물 속에 있는 것이 진귀하며, 세월이 오래되어 파도에 부딪
쳐 모두 구멍이 뚫린 돌이 되어 표면이 영롱하다. 산 위에 있는 것은
한석(旱石)[85]이라 하는데, 건조하고 윤택하지 못하며, 구멍을 인위적으
로 만들어 시간이 지나 세월이 오래되면, 깎은 흔적이 이미 다 사라져
역시 보기 좋다. 소주(蘇州)에서 숭상하는 가산은 모두 이 돌을 사용한
다. 또 작은 돌이 오랫동안 호수 속에 잠겨 있다가 어부가 그물로 건지
는데, 영벽석이나 영석과도 매우 유사하지만 다만 소리가 맑게 울리지

위 구멍의 형상을 갖추고 있으므로, 채취하여 가산(假山)을 장식하면 매우 기이한
광경이 많아진다. 작고 정교한 것은 책상과 분경(盆景)의 장식용으로 사용할 수
있다.【原註】
83) 영주(英州): 지금의 광동성 영덕시.【原註】
84) 태호석(太湖石): 돌의 이름으로 수석(水石)과 한석(旱石)의 두 종류로 나누어지며,
수석은 태호 속에서 산출되고, 한석은 오흥[吳興, 지금의 절강성 호주시(湖州市)]
의 변산(卞山)에서 산출되며, 태호의 여러 산에도 존재한다.【原註】
85) 한석(旱石): 본래의 의미는 숫돌. 여기서는 건조한 지역에서 채굴하여 표면에 윤
기가 적은 돌의 의미.【역주】

않는다.

十二. 太湖石

太湖石在水中者爲貴, 歲久爲波濤衝擊, 皆成空石, 面面玲瓏. 在山上者名旱石, 枯而不潤, 贋[86]作彈窩[87], 若曆年歲久, 斧痕已盡, 亦爲雅觀. 吳中[88]所尙假山, 皆用此石. 又有小石久沉湖中, 漁人網得之, 與靈壁英石, 亦頗相類, 第聲不淸響.

13. 요봉석(堯峰石)[89]

요봉석은 근래 들어서야 비로소 나타났으며, 이끼가 무더기로 피어나 예스럽고 질박하여 사랑스럽다. 아직 파서 채취하지 않아 산중에 매우 많지만, 영롱하지 않을 뿐이다. 그러나 바로 영롱하지 않은 점 때문에

---

86) 贋(안): 안(贋)은 안(贗)과 통하며 위조물. 『한비자·설림(韓非子·說林)』에서 "제나라가 노나라를 공격하여 참정(讒鼎)을 요구하였다. 노나라에서 모조품을 보내었다. 제나라 사람이 가짜라 하였으며, 노나라 사람은 진짜라 하였다.(齊伐魯, 索讒鼎, 魯以其贋往. 齊人曰贋也. 魯人曰眞也.)"고 하였다.【原註】
   * 참정(讒鼎): '잠정(岑鼎)'이나 '숭정(崇鼎)'이라고도 하는 노나라에서 귀중하게 보관하던 솥으로, 열국의 제후들에게 명성이 높아 서로 차지하려 들었다. 노나라에서 모조품을 제작하여 보낸 사건은 청동기 위조의 시초이다.【역주】
87) 彈窩(탄와): 『태호석지(太湖石志)』에서 "태호석은 물속에서 나는 것이 우수하며, 오랜 세월에 걸쳐 파도가 부딪쳐 구멍을 형성하고, 태호석의 표면에 보조개와 같은 홈이 많아지는데, 이름을 '탄와'라 하며 역시 물결이 남긴 흔적이다. 두드리면 경쇠처럼 소리가 맑고 우렁차다.(石生水中者良, 歲久波濤沖擊成嵌空, 石面鱗鱗作靨, 名曰彈窩, 亦水痕也, 扣之鏗然如磬.)"라고 하였다.【原註】
   * 태호석지(太湖石志): 남송 범성대(范成大, 1126-1193)가 저술한 석보(石譜.).【역주】
88) 吳中(오중): 지금의 강소성 소주시 남부에 있는 오중구(吳中區). 소주를 지칭하기도 한다.【역주】
89) 요봉석(堯峰石): 강소성 소주 요봉산(堯峰山)에서 산출된다.【原註】

아름답다.

十三. 堯峰石

堯峰石近時始出, 苔蘚叢生, 古樸可愛. 以未經採鑿, 山中甚多, 但不玲瓏耳.
然正以不玲瓏, 故佳.

14. 곤산석(昆山石)[90]

곤산석은 곤산시(昆山市) 마안산(馬鞍山)[91] 아래에서 산출되며, 산중
에서 산출되므로 땅을 파면 바로 얻을 수가 있고, 색이 흰 것이 귀하다.
계골편(鷄骨片)[92]과 호도괴(胡桃塊)[93] 두 종류가 있는데, 역시 세속에
서 숭상하긴 하지만 우아한 물건은 아니다. 간혹 높이가 7-8자에 이르는
것이 있는데, 커다란 돌 화분에 배치해도 좋다. 이 산은 모두 화석(火

---

90) 곤산석(昆山石): 즉 곤산현[昆山縣, 지금의 강소성 곤산시(昆山市)] 마안산[馬鞍山,
　　지금의 곤산시 옥봉산(玉峰山)]의 돌.【原註】
　　＊ 옥봉산(玉峰山): 방원 1.5km²에 해발 80m의 낮은 산이지만, 드넓은 평야에 봉우
　　　리 하나가 우뚝 솟아 있어 조망이 탁월하고, 많은 명승고적이 있으며 곤산석이
　　　산출된다.【역주】
91) 마안산(馬鞍山): 강소성 곤산현 서북에 있으며, 봉우리 하나가 우뚝 솟아나 사방을
　　다 조망할 수 있는데, 백리 안에 가리는 것이 없다. 현정부의 소재지는 산의 남쪽
　　에 있으며, 속설에 '곤산(昆山)'이라 잘못 말하지만, 사실 곤산은 송강현(松江縣,
　　상해시 송강구)의 경내에 있다.【原註】
　　＊ 곤산시는 송강현의 북쪽에 있으며, 마안산은 곤산시 경내에 있는데, 곤산시와
　　　송강현의 사이에 상해시 청포구(靑浦區)가 끼어 있어 송강현과 거리가 있다.【역주】
92) 계골편(鷄骨片): 곤산석에 박혀있는 닭의 뼈처럼 반투명하고 옥과 같은 색이며
　　판과 같은 모양이 종횡으로 교차하여 자연스럽게 배열되어 조각. 곤산석의 4대
　　품종의 하나로 품질이 비교적 우수하다.【역주】
93) 호도괴(胡桃塊): 곤산석의 표면에 주름 무늬가 두루 분포하여 덩어리 형상으로
　　튀어나온 것. 곤산석 4대 품종의 하나로 가장 많은 품종이다.【역주】

石)⁹⁴⁾으로 화기(火氣)가 있어 따뜻하므로, 창포 등의 식물을 그 위에 재배하면 제일 무성하게 자란다. 결코 탁자나 화분에는 배치할 수 없다.

十四. 昆山石

昆山石出昆山馬鞍山下, 生於山中, 掘之乃得, 以色白者爲貴. 有雞骨片胡桃塊二種, 然亦俗尚, 非雅物也. 間有高七八尺者, 置之大石盆⁹⁵⁾中, 亦可. 此山皆火石, 火氣暖, 故栽菖蒲等物於上, 最茂. 惟不可置几案及盆盎⁹⁶⁾中.

15. 금천(錦川) 장락(將樂) 양두석(羊肚石)⁹⁷⁾

금천석과 장락석 및 양두석은 석품(石品)⁹⁸⁾ 가운데 이 세 종류만이

---

94) 화석(火石): 즉 부싯돌(Flint). 잠정석(潛晶石, 석영을 함유한 광물)이나 규석(硅石)의 일종이며, 옛날에는 불을 피우는데 사용하였고, 유리를 제조하는 재료로 많이 사용된다. 여기서는 '돌의 성질이 따스하다'로 풀이하였다.【原註】

95) 大石盆(대석분): 대형 석제 분. 중국에서는 태호석이나 곤산석이나 영벽석 등의 수석을 돌로 만든 분에 모래나 흙을 깔고 여기에 꽃처럼 심어서 관상용으로 사용하기도 한다.【역주】

96) 盆盎(분앙): 분(盆)과 앙(盎, 배가 불룩한 항아리). 비교적 커다란 용기. 마구 사용하는 투박한 기물. 여기서는 합쳐서 화분으로 풀이.【역주】

97) 금천(錦川)·장락(將樂)·양두석(羊肚石): 모두 돌의 이름이다. 금천석은『명일통지(明一統志)』에서 "금천은 요동 금주성(錦州城)의 서쪽에 있다.(錦川在遼東錦州城西.)[지금의 요녕성 금현(錦縣)으로 금주시(錦州市)에 속한다.]"라고 하였다. 장락은 현의 이름으로, 지금은 복건성 남평(南平)지구에 속한다.『산호망(珊瑚網)』에서 "양두석(羊肚石)은 흰색의 작은 돌로, 대나무와 부들을 심은 화분 속에 놓는 것이다.(羊肚, 白色小石, 植竹蒲盆中者.)"라 하였다.【原註】

* 명일통지(明一統志): 90권. 관리 이현(李賢, 1408-1466)과 팽시(彭時, 1416-1475)가 황명을 받아 편찬한 명나라의 지리총서로, 천순(天順) 5년(1461)에 완성되었다.【역주】

* 산호망(珊瑚網): 48권. 명대말기의 대소장가 왕가옥(汪珂玉, 1587-?)이 서화작품에 관해 전문적으로 기술한 저서.【역주】

98) 석품(石品): 돌의 품종과 등급.【역주】

가장 하급이며, 금천석은 더욱 나쁘다. 매 번 다른 사람의 집에 가서 돌로 만든 가산을 보면, 번번이 가산 위에 봉우리 여러 개를 배치했지만, 무슨 멋인지 알 수가 없다. 도끼로 쪼갠 듯이 크고 투박한 것이 우아하다. 만약 한 조각을 곧게 세워 놓으면 역시 제일 가증스럽다.

十五. 錦川 將樂 羊肚石

錦川將樂羊肚石, 石品中惟此三種最下, 錦川尤惡. 每見人家石假山, 輒置數峰於上, 不知何味. 斧劈[99]以大而頑[100]者爲雅. 若直立一片, 亦最可厭.

16. 토마노(土瑪瑙)[101]

토마노는 산동성 연주부(兗州府) 기주(沂州)[102]에서 산출되며, 무늬는 마노와 같은데 홍색이 많으면서 가늘고 윤택한 것이 좋다. 홍사석(紅絲石)은 흰 바탕 위에 진홍색의 무늬가 있으며, 죽엽마노(竹葉瑪瑙)는 무늬가 댓잎과 유사해서 이름을 이렇게 붙였다. 이것들은 모두 톱질하여 판으로 잘라서 탁자와 병풍 등에 상감할 수 있지만, 귀중한 품종은

---

99) 斧劈(부벽): 도끼로 쪼개다. 여기서는 회화기법의 부벽준(斧劈皴)처럼 도끼로 쪼갠 듯이 보이는 돌의 모습을 의미한다.【역주】
100) 頑(완): 어리석다. 우둔하다. 여기서는 '예스럽고 투박하다'는 의미로 풀이.【역주】
101) 토마노(土瑪瑙): 돌의 무늬가 마노와 비슷한 것.【原註】
  * 토마노(土瑪瑙): 산동성 임기시(臨沂市) 거남현(莒南縣)·기수현(沂水縣)·비현(費縣)·임기(臨沂)와 일조시(日照市) 거현(莒縣) 등지에서 산출되는 돌로, 석질이 그리 좋지 않으며 반투명으로 대부분 회색·백색·홍색의 3가지 색이며, 태문(苔紋, 이끼 무늬)과 호도문(胡桃紋, 호두무늬)이 석재에 나타난다. 판 모양으로 잘라서 탁자의 표면이나 병풍의 장식으로 사용된다.【역주】
102) 기주(沂州): 기주는 부(府)의 명칭으로 산동성에 속한다. 민국시기에 난산현(蘭山縣)으로 바뀌었으며, 지금의 임기시(臨沂市)로, 임기지구에 속한다.【原註】

아니다. 토마노석은 오색으로, 혹은 주먹처럼 크거나 콩처럼 작으며, 돌에 새·물고기·조수·인물·방승(方勝)·회문(回紋)[103]의 모습이 존재하여, 작은 청록색의 화분이나 선덕(宣窯)[104]의 백자 화분 안에 놓으면 멋들어져 감상할 만하다. 그러므로 그 가치가 매우 귀할뿐 아니라 또 쉽게 얻을 수 없지만, 집에 많이 배치해서는 안 된다. 근래에 남의 집에서 여러 개의 화분을 둥글게 늘어놓은 것을 보았는데, 완전히 상점과 같았다. 북경에 '취석재(醉石齋)'[105]라는 사람이 있는데, 소장한 돌이 매

---

103) 회문(回紋): 가로세로로 구부러져 '회(回)'자와 비슷한 모양이 빙빙 돌며 이어지는 기하문양으로, 끊임없이 이어지고 영원히 상서롭다는 의미를 부여하여, 기물에 장식도안으로 많이 사용한다.【역주】

104) 선요(宣窯): 선덕요(宣德窯). 가마의 이름으로 명 선덕연간(1426-1435)에 제작된 자기는 품질이 우수하고 섬세하면서 정교하며 광채가 아름다운데, 특히 작은 기물이 훌륭하다. 색은 선홍(鮮紅)·보석홍(寶石紅)·담채(淡彩)·첨백(甛白)·제람(霽藍) 등의 여러 종류로 구분되지만, 선홍이 가장 귀중하다.【原註】

  * 선홍(鮮紅, bright red): 산화동을 발색제로 한 홍유(紅釉)의 일종으로, 고온의 환원염(還元焰)에서 번조하며, 선명하고 요염한 홍색을 띠므로 '선홍'이라 하였다. 영락시기 영락요(永樂窯)의 선홍이 특히 진귀한 평가를 받는다.【역주】

  * 보석홍(寶石紅, Ruby red): 홍유의 일종으로, 붉은 보석처럼 붉고 아름다운 빛깔을 띠므로 이렇게 이름을 붙였으며, 선덕요에서 창조한 품종이다.【역주】

  * 담채(淡彩): 중국도자사에 '선덕담채(宣德淡彩)'나 '담채(淡彩)'라는 용어는 없으며, 문맥으로 보면 선홍이나 보석홍보다 옅은 색채를 의미하고 바로 뒤의 첨백(甛白)이 단색의 백유자기인 점으로 유추하면 담채(淡彩)는 산화철을 착색제로 한 황유(黃釉, yellow glaze)자기로 추정된다.【역주】

  * 첨백(甛白): 백자의 일종. 영락요에서 창조한 백유 품종으로, 백설탕과 같이 달콤한 느낌을 준다고 하여 '첨백'이라 한다.【역주】

  * 제람(霽藍): 남유(藍釉)자기의 일종. '제람(祭藍)'이나 '보석람(寶石藍)'이나 '적람(積藍)'이라고도 하며, 비가 개인 하늘색과 같은 빛깔의 도자기 품종이다. 산화코발트를 발색제로 하고, 원대에 창조되었으며, 선덕시기에 특히 발전하였고, 청대에 많이 제작되었다.【역주】

105) 취석재(醉石齋): 만력연간의 신안별가(新安別駕) 정극전(程克全)이 금릉(金陵, 지금의 남경)에 거주할 때에 수석을 진열하고 감상하던 서재의 이름. 시인인 친구 풍몽정(馮夢禎, 1548-1605)이 「취석재기(醉石齋記)」를 지어 주었다. 정극전은 특히 우화석(雨花石)을 좋아하였다고 한다. 우화석은 천연 마노의 일종으로 여러 가지 색깔을 띤 작은 자갈이며, 주로 남경시 육합구(六合區)와 의정시(儀征市)

우 풍부하고도 기이하다고 들었다. 기주의 산골짜기에 흐르는 시내에는 또 완전한 홍색이나 완전한 녹색의 토마노가 있으며, 역시 아끼고 귀여 워할 만하다.

十六. 土瑪瑙

土瑪瑙出山東兗州府沂州, 花紋如瑪瑙, 紅多而細潤者佳. 有紅絲石, 白地上有赤紅紋, 有竹葉瑪瑙, 花斑與竹葉相類, 故名. 此俱可鋸板, 嵌几榻屛風之類, 非貴品也. 石子五色, 或大如拳, 或小如豆, 中有禽魚鳥獸人物方勝回紋之形, 置青綠小盆, 或宣窯白盆內, 斑然可玩, 其價甚貴, 亦不易得, 然齋中不可多置. 近見人家環列數盆, 竟如賈肆106). 新都107)人有名醉石齋者, 聞其藏石甚富且奇. 其地溪澗108)中, 另有純紅純綠者, 亦可愛玩.

17. 대리석109)

대리석은 운남성에서 산출된다. 옥처럼 희고 먹처럼 검은 것이 귀중 하다. 백색이면서 약간 청색을 띠거나 흑색이면서 약간 회색을 띠는 것

월당(月塘)일대에서 산출되는 특산물로서, '석중황후(石中皇后, 돌 가운데 황후)' 라는 별칭이 있다.【역주】

106) 賈肆(가사): 상점. 가(賈)의 음은 古(gu, 꾸)이다. 『설문해자』에서 "가(賈)는 자리 에 앉아서 판매하는 것이다.(賈, 坐賣售也.)"라고 하였다.【原註】

107) 新都(신도): 지금의 북경. 명대 초기에 남경에 도읍을 정하였다가, 성조[成祖, 영 락황제(永樂皇帝)]가 북경으로 천도하였으므로, 북경을 '신도(新都)'라 하였다. 【原註】

108) 溪澗(계간): 산골짜기에 흐르는 시내.【역주】

109) 대리석: 운남성 대리(大理)에서 산출된다. 대리석은 결정질의 석회암으로 조입상 (粗粒狀, 굵은 입자 모양)이나 당입상(糖粒狀, 설탕입자 모양)의 방해석(方解石) 이 모여 구성되었으며, 아름다운 광택과 각종 색채의 무늬를 가지고 있어 장식용 으로 사용될 수 있다. 광동성에서도 산출되며 '광대리(廣大理)'라고 한다.【原註】

은 모두 하품이다. 그러나 오래된 돌을 구했는데 천연으로 산수와 구름 및 안개와 같은 무늬를 구성하고 있어 미가산(米家山)110)과 같으면, 이것은 최고로 훌륭한 품종이다. 옛사람들은 대리석을 병풍에 상감하였으며, 근래에 비로소 탁자를 만들지만 결국은 예스러운 것이 아니다. 근래 경구(京口)111)의 한 종류는 대리석과 유사하지만, 문양과 빛깔이 선명하지 못하므로, 안료를 칠하여 산·구름·샘·바위 등을 표현하는데, 이역시 높은 가격을 받을 수가 있다. 그러나 진위 또한 판별하기 쉬우며, 진품은 더욱 오래된 것을 귀중하게 평가한다.

十七. 大理石

大理石出滇112)中. 白若玉黑若墨爲貴. 白微帶靑, 黑微帶灰者, 皆下品. 但得舊石113), 天成山水雲煙, 如米家山, 此爲無上佳品. 古人以鑲屛風, 近始作几榻, 終爲非古. 近京口一種, 與大理相似, 但花色114)不淸, 石藥115)塡之爲山雲泉石, 亦可得高價. 然眞僞亦易辨, 眞者更以舊爲貴.

---

110) 미가산(米家山): 송 미불은 산수화를 그려 스스로 일가를 이루었으며, 아들인 미우인(米友仁)이 가문의 학문을 계승하여 그린 산수와 초목이 미불의 참된 의도를 잃지 않았으므로, 세상에서 미불의 화파를 '미가산'이라 하였다.【原註】

111) 경구(京口): 지금의 강소성 진강시(鎭江市). 『운림석보』에서 "진강부의 성에서 15리 떨어진 곳의 지명은 황산(黃山)이며, 학림사(鶴林寺)의 서남에 또 하나의 '현산(峴山)'이라는 산이 있어 황산의 동쪽에 있는데, 모두 돌이 산출된다.(鎭江府去城十五里, 地名黃山, 在鶴林寺之西南, 又一山名峴山, 在黃山之東, 皆産石.)"라고 하였다.【原註】

112) 滇(전): 운남성.【역주】

113) 舊石(구석): 채굴하여 기물로 만든 지가 오래 된 대리석.【역주】

114) 花色(화색): 무늬와 빛깔.【역주】

115) 石藥(석약): 광물질로 만든 약. 위진시기부터 당나라까지 상류인사들이 즐겨 복용하였다. 『태평광기(太平廣記)』권247에 "북위 효문제시기(471-499)에 여러 왕과 높은 신하들이 석약을 많이 복용하였다.(後魏孝文帝時, 諸王及貴臣多服石藥.)"라고 하였다. 고대의 안료는 광물질로 많이 제조했으므로, 여기서는 안료로 풀이하였다.【역주】

18. 영석(永石)[116]

영석은 기양석(祁陽石)[117]으로 초(楚)[118]지역에서 산출된다. 돌은 단단하지 않으며, 빛깔이 좋은 것에는 산수·일월·인물의 형상이 있다. 자주색 무늬의 돌이 조금 우수하지만, 대부분 칼로 깎아 만들어 천연의 것이 아니며, 손으로 어루만져서 요철이 있으면 검증할 수 있고, 큰 것은 병풍을 만들어도 우아하다.

十八. 永石

永石即祁陽石, 出楚中. 石不堅, 色好者有山水日月人物之象. 紫花者稍勝, 然多是刀刮成, 非自然者, 以手摸之, 凹凸者可驗, 大者以制屛亦雅.

---

116) 영석(永石): 영주석(永州石)이다(명칭은 『운림석보』에 보인다). 영주는 수나라시기에 설치되었고, 명청시기에는 영주부(永州府)가 되어 호남성에 속하였으며, 영릉(零陵)에 관할 관청이 있었고, 영릉·기양(지금의 호남성 기양현)·동안(東安, 지금의 호남성 동안현)·영원(寧遠, 지금의 호남성 영원현)·영명[永明, 지금의 호남성 강영현(江永縣)]·강화[江華, 지금의 호남성 강화요족자치현(江華瑤族自治縣)]·신전(新田, 지금의 호남성 신전현)의 7개 현과 도(道) 및 주(州)를 관할하였으며, 민국시기(1913)에 없어지고, 지금은 영릉지구(호남성 영주시)로 변경되어 모두 7개 현과 1개 자치현이 속해있다.【原註】
    * 신전(新田)이 원주에는 '신전(新甸)'으로 되어 있으나, 오류이므로 수정하였다.【역주】
117) 기양석(祁陽石): 호남성 영주시 기양현(祁陽縣)에서 산출되는 돌로, 석질이 세밀하며 자홍색을 띠고 옅은 녹색의 석맥(石脈)이 나타난다. 자홍색의 바탕과 옅은 녹색의 돌무늬를 이용하여 만든 벼루인 기양연(祁陽硯)이 유명하다.【역주】
118) 초(楚): 호남성과 호북성, 특히 호북성을 가리킨다.【역주】

새와 물고기(禽魚)

우는 새가 처마를 스치며 낮게 날고 노니는 물고기가 마름을 헤치고 곧게 나아가면, 은사는 마음이 흐뭇해져 번번이 온종일 권태를 잊고 돌아갈 줄을 모르게 된다. 울음소리와 자태 그리고 물을 마시고 먹을 것을 쪼는 모습을 살펴보면, 사람과 멀리 떨어져서 둥지에 살고 동굴에 거처하며, 모래사장에서 잠을 자고 포구에서 헤엄을 치며, 즐겁게 놀면서 물 위로 떠오르거나 물속으로 가라앉는다. 사람에게 가까이 와서 지붕을 쪼며 커다란 건물의 완성을 축하하고, 둥지를 보고 햇수를 알며 새벽을 알리는 일을 맡고, 봄에 울어대며 저녁에 시끄러운 것은 종류를 이루다 기록할 수가 없다. 단풍이 든 숲과 푸른 물에 어찌 저속한 품격을 그 안에 들여 놓겠는가? 그러므로 반드시 우아하고 정결하여 맑게 감상하여 즐길 수 있는 것 몇 종류와 소통하여, 동자에게 먹이로 잘 길러 그들의 마음을 얻도록 한다. 아마도 새를 길러 훈련시키고 오리와 물고기를 가지고 노는 것은 산속에 은거하는 사람의 학문일 것이다.

禽魚

語鳥[1]拂[2]閣[3]以低飛, 游魚排荇[4]而徑度[5], 幽人會心, 輒令竟日忘倦. 顧聲音顏色, 飲啄態度, 遠而巢居穴處, 眠沙泳浦, 戲廣[6]浮深. 近而穿屋賀廈[7], 知歲[8]

司晨9), 啼春10)噪晚11)者, 品類不可勝紀.12) 丹林綠水, 豈令凡俗之品, 闌入其

---

1) 語鳥(어조): 잘 우는 새.【原註】
2) 拂(불): 노략질하다. 추어올리다.【역주】
3) 閣(각): 누각. 처마.【역주】
4) 荇(행):『시경』에서 "올망졸망 마름풀(參差荇菜)"이라 하였으며, 육기(陸璣)의 소(疏)에서 "행은 일명 '접여'이다.(荇, 一名接余.)"라고 하였다.『안씨가훈』에서 "행(荇)은 또 행(莕)으로 쓴다.(荇或作莕.)"라고 하였다. 행채(Nymphodes peltatum)는 다년생 수생식물로 잎은 순채(순(蓴)와 비슷하며, 꽃은 진한 녹색이고 연한 잎은 식용이 가능하다. 용담과(龍膽科)에 속한다.【原註】
   * 육기(陸璣, ?-?): 삼국시대 오나라의 학자. 자(字)는 원각(元恪).『모시초목조수충어소(毛詩草木鳥獸蟲魚疏)』2권을 저술하여『모시(毛詩)』에 언급된 동물과 식물의 명칭을 전문적으로 해석하였다.【역주】
5) 徑度(경도): 곧바로 건너다.『집운(集韻)』에는 "경(徑)은 곧은 것이다.(徑, 直也.)"라고 하였다.『예기 · 단궁(檀弓)』에서 "곧은 마음을 가지고 곧게 행동하는 자이다.(有直情而徑行者.)"라고 하였다.
   『옥편(玉篇)』에서는 "도(度)와 도(渡)는 통하며, 지나가는 것이다.(度與渡通, 過也.)"라고 하였다.【原註】
6) 戲廣(희광): 넓은 곳에서 즐겁게 놀다.【原註】
7) 穿屋賀廈(천옥하하): '천옥(穿屋)'은 참새를 가리킨다.
   『시경 · 소남 · 행로(詩經 · 召南 · 行露)』에서 "누가 참새에게 부리가 없다고 하는가? 어떻게 우리 집을 뚫을 수 있었겠는가?(誰謂雀無角, 何以穿我屋.)"라고 하였다. '하하(賀廈)'는 제비와 참새를 가리킨다.
   『회남자 · 설림훈(說林訓)』에서 "큰 집이 완성되자 제비와 참새가 서로 기뻐한다.(大廈成而燕雀相賀.)"라고 하였다.
   제비(Hirundo rustica gutcuralis)는 들보에 둥지를 틀고, 겨울에는 떠나고 봄에 돌아오는 조강(鳥綱) 작형목(雀形目) 연과(燕科, 제비과)에 속한다. 참새(Passer montanus saturatus)는 집 위에 둥지를 만든다. 작형목 작과(雀科, 참새과)에 속한다.【原註】
   * 穿屋賀廈(천옥하하): 지붕을 쪼며 커다란 건물이 완성된 것을 축하하다.【역주】
8) 知歲(지세): 까치.『회남자 · 인간훈(人間訓)』에서 "까치는 그 해에 바람이 많이 불 것을 미리 알고서 높은 나무에서 내려와 낮은 가지에 둥지를 튼다.(夫鵲, 先識歲之多風也, 去高木而巢扶枝.)"라고 하였다.
   『당서 · 오행지(五行志)』에서 "까치의 둥지로 햇수를 안다.(鵲巢知歲次.)"라고 하였다. 까치(Pica pica sericea)는 바로 양쪽 어깨에 각각 흰색의 커다란 반점이 있으며, 복부가 하얗고 그 외엔 모두 검다. 작형목 아과(鴉科, 까마귀과)에 속한다.【原註】
9) 司晨(사신): 닭(Gallus domestica).『상서 · 목서(牧誓)』에서 "암탉은 아침을 알리지 않는다.(牝鷄無晨.)"라고 하였다.『양양기(襄陽記)』에서 "닭은 새벽을 주관하여 담당한다.(鷄主司晨.)"라고 하였다.【原註】

中. 故必疏其雅潔, 可供清玩者數種, 令童子愛養餌飼, 得其性情. 庶幾馴鳥雀, 狎13)鳬14)魚, 亦山林之經濟15)也. 志禽魚第四

---

* 司晨(사신): 새벽을 알리는 일을 담당하다.【역주】
* 양양기(襄陽記): 5권. 원명은 『양양기구기(襄陽耆舊記)』. 동진의 사학가이자 문학가인 습착치(習鑿齒, ?-383)가 편찬하였으며, 양양지역(지금의 호북성 양양시)의 고대 인물과 지리에 관한 내용을 기록하였다.【역주】
10) 啼春(제춘): 꾀꼬리로, 초봄에 울기 시작한다.
  『예기 · 월령』에서 "중춘 달밤에 꾀꼬리가 운다.(仲春之月, 倉庚鳴.)"라고 하였으며, 주(注)에서 "창경(倉庚)은 꾀꼬리이다.(倉庚, 黃鸝也.)"라고 하였다.
  『금경(禽經)』에서 "오늘날에는 '황려'라고 한다.(今謂之黃鶯.)"라고 하였다.
  꾀꼬리(Oriolus chinensis diffusus)는 일명 '고춘조(告春鳥, 봄을 알리는 새)'로, 바로 흑침황려(黑枕黃鸝, Black-naped oriole)이다. 온몸이 모두 황색이고, 머리 위에 넓고 검은 무늬가 있으며, 양쪽 날개와 꼬리 역시 검은 색이다. 작형목 황려과(黃鸝科, 꾀꼬리과)에 속한다.【原註】
* 啼春(제춘): 봄에 울어대다.【역주】
* 仲春(중춘): 봄이 한창인 때라는 뜻으로, 음력 2월을 다르게 부르는 말.【역주】
* 금경(禽經): 1권. 춘추시대 저명한 음악가 사광(師曠, ?-?)이 편찬하고 진(晋) 장화(張華)가 주(注)를 달았다고 하지만 모두 오류이며, 송나라 이전의 조류에 관한 지식을 종합하여 정리한 서적이다.【역주】
11) 噪晚(조만): 까마귀. 당나라 전기(錢起, 722 ?-780. 시인)의 시에서 "단봉성(丹鳳城, 수도 장안) 성 머리에서 저녁 까마귀가 울어대네.(丹鳳城頭噪晚鴉.)"라고 하였다. 까마귀(Corvus macrorhynchus colonorum)는 바로 '큰부리까마귀'로서, 속칭 '오아(烏鴉)' 혹은 '노아(老鴉)'라고 하며, 날개와 몸 전체가 검은 색이다. 작형목 아과(鴉科, 까마귀과)에 속한다.【原註】
* 噪晚(조만): 저녁에 시끄럽다.【역주】
* 전기 시의 제목은 「동으로 유람하는 최십삼을 전송하며(送崔十三東遊)」이다.【역주】
12) 聲音顏色……品類不可勝紀: 출처는 북송 선화 경자년(1120)에 궁정에서 편찬된 회화평론서 『선화화보(宣和畫譜)』(총 20권) 권15의 「화조서론(花鳥舒論)」.【역주】
13) 狎(압): 놀리다.【原註】
14) 鳬(부): 권3 「넓은 연못(廣地)」의 원주 참고.【原註】
15) 山林之經濟(산림지경제): 산림은 은자가 거처하는 곳이다. 진나라 장화(張華)의 시에서 "은자는 산림에 의탁하여, 속세를 피해 진리를 보존한다.(隱士托山林, 遁世以保眞.)"라고 하였다. 산림의 경제는 은거하는 사람의 학식을 가리킨다.【原註】
* 장화(232-300. 문학가)의 싯구는 「은거하도록 초대하는 시(招隱詩)」2수의 첫수에 나오는 구절.【역주】

1. 학(鶴)16)

화정(華亭)의 학과촌(鶴窠村)17)에서 난 학은 자태가 고상하고 푸른 다리에 거북의 등껍질 문양이 있어 가장 사랑스럽다. 강릉(江陵) 학택(鶴

16) 학(鶴): 학은 종류가 매우 많은데, 그중 가장 귀한 것은 단정학(丹頂鶴, Grus japonensis)이다. '백학'이나 '선학'이라고도 하며, 대부분 온몸이 백색이고, 머리 부분의 피부가 모두 노출되어 있어 주홍색으로 보여 육관(肉冠)과 같다. 조강(鳥綱) 학형목(鶴形目) 학과(鶴科)에 속한다. 다른 종류는 현학(玄鶴)·요학(遼鶴)·백정학(白頂鶴)·사우학(簑羽鶴)·백두학(白頭鶴)·관학(冠鶴) 등이 있다.【原註】
  * 육관(肉冠): 볏. 닭이나 꿩 따위의 머리에 세로로 붙은 톱니 모양의 붉은 살 조각.【역주】
  * 학: 척삭동물((脊索動物) 두루미목 두루미과에 속한다. 멸종위기등급 1급이며 천연기념물이다. 몸길이 136~140cm, 날개를 펼친 길이 약 240cm, 몸무게 약 10kg이다. 온몸이 흰색이다. 머리꼭대기는 피부가 드러나 붉고, 이마에서 목에 걸친 부위는 검다. 날개의 안쪽 둘째날개깃과 셋째날개깃은 검정색이고, 나머지 날개깃은 흰색이다. 꽁지를 덮고 있는 둘째날개깃이 검정색이므로, 앉아 있거나 걸을 때는 마치 꽁지가 검은 것처럼 보인다. 시베리아의 우수리지방과 중국 북동부 및 일본 홋카이도 동부 등지에서 번식하며, 겨울에는 중국 남동부와 한국의 비무장지대에서 겨울을 난다. 민간에서는 평화와 장수의 상징으로 여겨 그림이나 자수 등에 사용했으나, 실제로는 두루미(鶴)가 아니라 황새(鸛)가 잘못 그려진 것이라고 한다. 두루미의 수명은 지금까지 검은목두루미의 86년이 최고 수명으로 기록되어 있다.【역주】
17) 화정(華亭) 학과촌(鶴窠村): 화정(華亭)은 지금의 상해시 송강현(松江縣)을 말한다. 강희시기의 『송강부지(松江府志)』에서 『『염회록(念懷錄)』에서 '학은 오직 화정 학과촌에서 난 것이 살기에 적당한 토양을 얻었으며, 다른 곳에도 있지만 모두 평범한 모습이다.'라고 하였다. 「예학명(瘞鶴銘)」에서도 역시 '임진년에 화정에서 학을 얻었다.'라고 했다. 학과는 하사(下沙)로, 지금 학이 많다.(念懷錄, 鶴惟華亭鶴窠村所出爲得地, 他雖有, 凡骨也. 瘞鶴銘亦謂, 壬辰歲得之華亭. 鶴窠卽下沙, 至今多鶴.)"라고 하였다.
  『고반여사』에서 "오직 화정 학과촌에서 난 것이 살기에 적당한 토양을 얻었다. 대개 동해에서 날아와 하사에 모이고, 원래 화정에서 난 것은 아니다.(惟華亭鶴窠村所出爲得地. 蓋以東海飛集於下沙, 原非華産.)"라고 하였다.【原註】
  * 예학명(瘞鶴銘): 지금의 강소성 진강시(鎮江市) 초산(焦山) 절벽에 있으며, 화양진일(華陽眞逸)이 짓고 상황산초(上皇山樵)가 글씨를 썼다고 하지만, 시기와 작가에 관하여 이설이 분분하다. 내용은 한 서예가가 기르던 학이 죽자 이를 묻고 지은 애도문으로 160자 정도이다. 권5 「서화」의 원주 참고.【역주】

澤)18)과 유양(維揚)19)에 모두 학이 있다. 학을 고를 때는 자태에 품위가 있고 준수한지, 울음소리가 낭랑한지, 목이 가늘고 긴지, 다리가 날씬하고 마디가 있는지, 몸을 꼿꼿하게 서려고 하는지, 등이 곧은 지를 따져야 한다. 학을 기르려면 넓고 평평한 대(臺) 혹은 높은 둔덕을 지어 둥지에 살게 하고, 가까이에 연못을 두어 물고기와 곡물로 사육한다. 학에게 춤을 가르치고자 한다면 배고플 때를 기다렸다가 넓은 빈 공간에 먹을 것을 두고 아이들더러 박수를 치고 발을 구르게 해서 학을 유도한다. 이렇게 익혀서 익숙해지면 박수소리만 들려도 바로 일어나 춤을 추는데, 이를 '식화(食化)'20)라고 한다. 텅 빈 숲과 황량한 거처, 하얀 바위와

---

18) 강릉(江陵) 학택(鶴澤): 강릉은 지금의 호북성 강릉현이다. 『방여승람(方輿勝覽)』에서 "진나라 양호(羊祜, 221-278. 정치가)가 형주(荊州, 지금의 호북성 형주시)를 다스릴 때, 강릉(江陵, 지금의 호북성 강릉현)의 연못에 학이 많았는데, 언제나 학을 잡아다가 춤을 가르쳐 손님들을 즐겁게 했다. 후에 마침내 강릉군을 '학택'으로 이름 붙였다.(晉羊祜鎭荊州, 江陵澤中多鶴, 常取之敎舞, 以娛賓客. 後逐名江陵郡爲鶴澤.)"라고 하였다.【原註】
   * 『방여승람(方輿勝覽)』: 70권. 남송의 학자 축목(祝穆, ?-?)의 저서로, 남송 임안부(臨安府, 지금의 절강성 항주시) 관할 지역의 지리와 풍속 및 인물 등을 기록하였다.【역주】
19) 유양(維揚): 유양(維揚)은 지금의 강소성 양주시(揚州市)를 가리킨다. 가경시기에 편찬된 『양주부지(揚州府志)』에서 "학은 고니이다. 여사장(呂四場)에서 나온 학은 다리에 거북의 등껍질 문양이 있다.(鶴, 鵠也. 出呂四場者, 脚有龜紋.)"라고 하였다.【原註】
   * 여사장(呂四場): 지금의 강소성 계동시(啓東市) 여사항진(呂四港鎭)에 있는 지명.【역주】
20) 식화(食化): 먹을 것으로 훈련시키는 것이다.
   『준생팔전』에서 "학에게 춤을 가르치고자 한다면, 배고플 때를 기다렸다가 넓은 빈 공간에 먹을 것을 두고 아이들더러 박수를 치며 신나게 놀면서, 손을 흔들며 발을 들어 학을 유인하면, 학이 날개를 펄럭이며 울고 다리를 움직여 춤을 출 것이다. 이렇게 익히는 것이 이미 오래되면, 박수소리만 들려도 바로 춤을 추기 시작하는데 이를 '식화(食化)'라 한다.(子欲敎以舞, 俟其饑餒, 置食于空野, 使童子拊掌歡顚, 搖手起足以誘之, 彼則奮翼而唳, 逸足而舞矣. 習之旣久, 一聞拊掌卽便起舞, 謂之食化.)"라고 하였다.【原註】

푸른 소나무에는 학만이 가장 잘 어울리고, 나머지 깃털 달린 족속은
모두 품격에 들지 못한다.

一. 鶴

鶴, 華亭鶴窠村所出, 其體[21]高俊, 綠足龜文, 最爲可愛. 江陵鶴澤維揚俱有
之. 相鶴但取標格[22]奇俊[23], 唳聲淸亮, 頸欲細而長, 足欲瘦而節, 身欲人立[24],
背欲直削. 蓄之者當筑廣臺, 或高崗土坡之上, 居以茅庵, 鄰以池沼, 飼以魚谷.
欲敎其舞, 俟其饑, 置食于空野, 使童子拊掌[25]頓足以誘之. 習之旣熟, 一聞拊掌,
卽便起舞, 謂之食化. 空林野墅, 白石靑松, 惟此君最宜. 其餘羽族, 俱未入品.

2. 계칙(鸂鶒)[26]

계칙은 흐르는 물을 다스릴 수 있어 수생동물이 그것을 해칠 수가

---

21) 其體(기체): 자태.【역주】
22) 標格(표격): 본성. 풍격. 당나라 두보의 시에서 "젊었을 때에는 풍격이 드러나, 총
    기가 북두칠성을 찔렀네.(早年見標格, 秀氣沖星斗.)"라고 하였다.【原註】
    * 두보의 시 제목은「판관 이팔장에게 드려(奉贈李八丈判官)」이다. 이팔장(李八
    丈)은 '이씨 집안의 여덟 번째'를 높임말이며 이훈(李曛, ?-?)이다.【역주】
23) 奇俊(기준): 준걸과 같으며, 걸출하다는 의미이다.『북사(北史)』에서 "뛰어나게 걸
    출하다.(超擢奇儁.)"라고 하였다.【原註】
    * 超擢奇儁(초탁기준): 출처는『북사 · 유림전서(北史 · 儒林傳序)』.【역주】
    * 북사(北史): 100권. 북위 등국원년(登國元年, 386)에서 수 의녕(義寧) 2년(618)까
    지의 역사를 기록한 정사로 24사의 하나. 당나라 사학자 이대사(李大師, ?-?)와
    그의 아들 이연수(李延壽, ?-?)가 편찬하였다.【역주】
24) 人立(인립): 사람이 서 있는 형상이다.【原註】
25) 拊掌(부장): 박수.【原註】
26) 계칙(鸂鶒):『이아익(爾雅翼)』에서 "황색과 적색 등의 오색이 있는 것과 머리에
    줄이 있는 것은 모두 계칙이다. 그러나 계칙도 원앙 종류로, 그 색은 대부분 자색
    이다. 이백 시「고풍59수(古風五十九首)」의 제18수에서 '칠십마리의 자원앙(紫鴛
    鴦), 쌍쌍이 정자에서 그윽하게 노니네.'라고 했는데, 계측을 가리킨다.(黃赤五彩

없다. 이것을 키우려면 넓은 못이나 큰 호수가 적당하고, 10마리나 100마리가 무리를 지어 살며, 비취색 깃털에 붉은 부리는 물속에서 찬란히 빛난다. 다른 검은 부리의 하얀 오리와 같은 것도 한두 마리 길러 거위 떼를 대신할 수 있으며, 굽은 난간과 수양버들 아래 헤엄치며 노니는 것을 완상할 수 있다.

者, 首有纓者, 皆鸂鶒耳. 然鸂鶒亦鴛鴦之類, 其色多紫. 李白詩所謂七十紫鴛鴦, 雙雙戲亭幽, 謂鸂鶒也.)"라고 하였다. 『설문해자』에는 '계칙(溪鴣)'이라 되어 있다. 『본초강목』에서 "계칙은 시내에서 노니는데, 좌측에 수컷 우측에 암컷이 있어 무리의 대오가 어수선하지 않아 법도가 있는 듯 하므로, 『설문해자』에서는 또 '계칙(溪鴣)'이라 했다. 그 형상은 원앙보다 크고 색은 대부분 자색으로, 역시 함께 노는 것을 좋아하므로 '자원앙(紫鴛鴦)'이라 한다.(鸂鶒, 其遊于溪也, 左雄右雌, 群伍不亂, 似有式度者, 故說文又作溪鴣. 其形大于鴛鴦而色多紫, 亦好幷遊, 故謂之紫鴛鴦也.)"라고 하였다.

『비아(埤雅)』에서 "계목(溪鶩)은 오색으로, 꼬리에 배의 키와 같은 깃털이 있으며, 오리보다 작다. 심약(沈約, 441-513. 문학가)의 「교거부(郊居賦)」에서 '가을 갈매기와 겨울의 집오리, 기다란 가마우지와 짧은 들오리.'라고 말한 것이다. 본성은 단호(短狐)를 잡아먹어 산과 호수에 다시는 독기가 없도록 하므로, 「회부(淮賦)」에서 '계칙은 사악한 것을 찾아내어 해로운 것을 쫓아내네.'라고 하였다. 이 새는 대개 시내에서 사악한 것을 몰아내고 해로운 것을 쫓아내는 것이므로 이러한 이름을 붙였다.(溪鶩五色, 尾有毛如船舵, 小于鴨. 沈約郊居賦所謂秋鴛寒鶩, 修鶵短鳧是也. 性食短狐, 在山澤中無復毒氣, 故淮賦云, 鸂鶒尋邪而逐害. 此鳥蓋溪中之救邪逐害者, 故以名云.)"라고 하였다.

여러 책에서의 기록이 그다지 일치하지 않아 도대체 어떤 종류에 속한 새인지 확실히 알기 어려우며, 지속적인 연구가 필요하다.【原註】

* 계칙(鸂鶒): '계칙(鸂鷘)'이나 '계래(鸂鶆)'라고도 한다. 원앙보다 크고 몸에 자주색이 많아 '자원앙(紫鴛鴦)'이라고도 한다. 명청시기 7품문관의 관복에 수놓아진 무늬가 바로 계칙이다. 국내에서 뜸부기를 계칙이라 하기도 하지만, 완전히 다른 새이다.【역주】

* 단호(短狐): 물속에 사는 껍질이 딱딱한 벌레의 일종으로 '역(蜮)'·'사공(射工)'·'사영(射影)'·'수호(水狐)'라고도 하며, 물속에 숨어 있다가 사람이 지나갈 때 모래를 뿜어 물에 비친 사람의 그림자를 맞추면, 그 사람이 병이 나서 죽기도 한다는 전설의 벌레. 간보(干寶, ?-336)의 소설 『수신기(搜神記)』에 나온다.【역주】

二. 鸂鶒

鸂鶒能救水[27], 故水族不能害. 蓄之者, 宜于廣池巨浸, 十百爲群, 翠毛朱喙, 燦然水中. 他如烏喙[28]白鴨, 亦可畜一二, 以代鵝群, 曲欄垂柳之下, 游泳可玩.

3. 앵무(鸚鵡)[29]

앵무는 말을 할 수 있는데, 반드시 짧은 시와 압운한 어구를 가르쳐야

---

27) 救水(구수):『둔재한람(遯齋閑覽)』에서 "계칙은 물을 다스릴 수가 있으므로, 물에서 자도 해칠 수가 없다.(鸂鶒能救水, 故水宿而莫能害.)"라고 하였다.
   『비아(埤雅)』에서 "진소유(陳昭裕)의『건주도경(建州圖經)』에서 '계칙은 물가 모래톱에서 자며, 늙은 것과 젊은 것이 칙령을 내린 듯 질서가 있다.'라고 하였다.(陳昭裕建州圖經, 鸂鶒水渚宿, 老少若有救令也.)"라고 하였다.【原註】
   * 둔재한람(遯齋閑覽): 14권. 송나라 학자 진정민(陳正敏, ?-?)의 소설로, 원서는 이미 산일되었다.【역주】
   * 진소유(陳昭裕)의『건주도경(建州圖經)』: 구체적인 내용을 알 수 없으며, 당 무덕(武德) 4년(621)이후 북송 초기 사이에 지어진 건주(建州) 즉 지금의 복건성 건구시(建甌市)의 지리서로 추정된다.【역주】
28) 烏喙(오훼): 검은 주둥이다.【原註】
29) 앵무(鸚鵡): 앵무새(Psittacula)는 '앵가(鸚哥鳥)'라고 하며, 깃털이 아름답고 종류가 매우 많으며, 백색·적색·황색·녹색 등의 색이 있다. 사람의 말을 흉내 낼 수 있으며, 중국에서 자주 보이는 농조(籠鳥, 새장에서 키우는 새)는 가슴이 붉은 앵무(P.alexandri fasciata)이다. 위는 붉고 아래는 녹색이며 중국 극서지역에 분포되어 있다. 조강(鳥綱) 앵형목(鸚形目) 앵무과(鸚鵡科)에 속한다.『남주이물지(南州異物志)』에서 "앵무는 세 종류가 있으며, 한 종류는 푸르고 한 종류는 희며 한 종류는 오색이다.(鸚鵡有三, 一種靑, 一種白, 一種五色.)"라고 하였다.【原註】
   * 남주이물지(南州異物志): 1권. 삼국시대 오나라 단양태수(丹陽太守) 만진(萬震, ?-?)의 저서로, 이역의 기이한 사물을 기록한 지리서이다.【역주】
   * 앵무목 앵무과: 앵무목 앵무과에는 328종이 알려져 있으며, 보통 열대지방이나 뉴질랜드 및 태평양의 여러 섬에 분포되어 있다. 전장 9~99㎝의 소형·중형·대형에 이르는 변화가 있다. 꼬리와 다리도 짧은 종에서 긴 종에 이르는 변화가 있으며, 발은 대지족(對趾足, 2개는 앞으로, 2개는 뒤로 향한 발가락)이다. 부리는 강하며 갈고랑이처럼 밑으로 굽어져 있고, 깃털은 엷으며 분우(粉羽)이기 때문에 깃털 끝이 늘 분말처럼 닳아서 떨어진다. 대개 군집생활을 하고, 나무열

하고, 시정의 비루한 말을 듣게 해서 귀에 시끄럽게 않게 해야 한다. 구리로 된 선반과 모이그릇은 모두 정교해야 한다. 그러나 앵무·금계 (錦鷄)30)·공작(孔雀)31)·도괘(倒挂)32)·토수(吐綬)33) 등의 여러 종류는

매·종자·버섯·꽃·꿀 등을 먹으며 드물게는 곤충류도 먹는다. 나무 구멍에 새끼를 치나 돌 틈새나 나뭇가지에 집단으로 둥우리를 틀기도 한다. 1~12개의 알을 낳아 암수 또는 암컷이 품는다.【역주】

30) 금계(錦鷄): 금계(Chrysolophus pictus)는 또 '홍복금계(紅腹錦鷄)'·'금계(金鷄)'· '별치(鷩雉)'로 불리며, 모습이 닭과 같다. 수컷은 머리에 금색의 관 모양의 털을 달고 있으며, 머리에는 등황색에 검은 반점이 있고, 몸 아래와 어깨는 주홍색이다. 암컷의 깃털은 회갈색이다. 조강 계형목(鷄形目) 치과(雉科)에 속한다.【原註】

31) 공작(孔雀): 공작(Pavo muticus imperatar)은 녹공작으로 몸 색깔이 아름답다. 수컷은 온몸에 빛이 나는 비취색과 남색 및 녹색으로 되어 있고, 하체 역시 자동색 (紫銅色)으로 빛나며 반짝인다. 정수리에는 직립한 관 모양 깃털이 한 움큼 나있다. 매우 아름다우며 열대삼림에 떼 지어 서식한다. 계형목 치과에 속한다. 중국에는 1아종(亞種) 뿐이며, 운남 서남지역과 남부에 분포되어 있다.【原註】

* 공작: 자바공작(P. muticus)과 인도공작(P. cristatus)의 두 종류가 있다. 자바공작의 수컷은 날개길이 약 55cm, 꽁지길이 약 60cm이다. 몸 빛깔은 녹색이고 목덜미는 파란색을 띤다. 머리 위에는 끝이 뾰족한 꽃술 모양 장식깃이 곧게 서 있으며 얼굴은 잿빛이 도는 흰색이다. 암컷은 약간 작고 온몸이 갈색 빛을 띠고 있다. 인도공작은 자바공작보다 약간 작다. 날개길이는 약 50cm이며 꽁지깃도 짧다. 머리의 장식깃은 부채모양이고 비녀를 꽂은 모양과도 비슷하다. 수컷의 목은 새파랗고 등은 청동색이다. 암컷은 온몸이 갈색을 띠며 수컷보다 약간 작은 편이다. 인도공작은 인도의 나라 새이기도 하다. 유럽에서는 옛날부터 고기 맛이 매우 좋아 고급 요리에 사용하였다. 자바공작은 중국 남부에서 인도차이나반도·미얀마·말레이반도에 분포하고, 인도공작은 인도와 스리랑카에 분포한다. 【역주】

32) 도괘(倒挂): 『남월필기·나부지(南越筆記·羅浮志)』에서 "도괘조(倒挂鳥)는 일명 '요봉(么鳳)'이다. 소동파의 사(詞)에서 '도괘는 녹색 털의 요봉(倒挂綠毛么鳳)'이라고 한 것이다.(倒挂鳥一名么鳳. 東坡詞, 倒挂綠毛么鳳是也.)"라고 하였다. 이지의(李之儀)는 "이 새는 12월에 날아오며, 수향(收香)·도괘자(倒挂子)·채향사(采香使) 등의 여러 이름을 가지고 있다. 소식의 시에서 '봉래궁의 아름다운 새가 사신을 가서, 녹색 깃털의 도괘가 부상에서 아침을 맞이하네.'라고 하였다. 소식 자신의 주(注)에서 '영남의 진귀한 날짐승으로 도괘자가 있는데, 녹색 깃털에 붉은 부리는 앵무새와 비슷하고 작으며, 바다 동쪽에서 날아오는데, 속세의 동물이 아니다.'라고 하였다.(此鳥以十二月來, 有收香倒挂子采香使諸名. 蘇詩, 蓬萊宮中花鳥使, 綠衣倒挂扶桑暾. 自註云, 嶺南珍禽有倒挂子, 綠衣紅嘴, 似鸚鵡而小, 自海東來, 非塵埃中物也.)"라고 하였다.

『조수고(鳥獸考)』에서 "낮에는 향이 타는 것을 좋아하여 날개 사이에 저장하고, 밤에는 꼬리와 날개를 핀 채 거꾸로 매달려 향을 내뿜는다. 그러므로 명나라 고계(高啓, 1336-1373)의 「도괘(倒掛)」시에서 '녹색 옷의 작은 봉황 근심에 차 우니, 수척한 그림자 가지에 거꾸로 매달렸네. 부용 장막에서 향 연기 잦아드니, 품어 거둔 남은 향기 밤중에 뿌리네.'라고 읊었다.(日間好焚香, 藏之羽翼間, 夜張尾翼倒掛以放香. 故明高啓詩云, 綠衣小鳳啼愁罷, 瘦影齷齪懸掛枝下, 芙蓉帳里篆煙消, 解斂餘香散中夜.)"라고 하였다.

유적(鎦績)의 『비설록(霏雪錄)』에서 "바로 동화조(桐花鳥)이다.(卽桐花鳥.)"라고 하였다.

정작신(鄭作新, 1906-1998) 교수의 학설에 따르면, "작형목 필과(鴨科, 직박구리과)의 녹앵취필(綠鸚嘴鵯, Spizixos semitorques)에 속하는 것 같으며, 복주(福州)에서는 '녹왜(綠孬)'라고 한다. 입 모양은 짧고, 앵무와 비슷하며 몸 전체가 녹색이다. 가슴부위는 부분적으로 하얀 무늬가 있으며, 대부분 평원과 삼림, 풀숲과 관목이 혼합된 곳에서 생활하며 특히 시내 부근의 나무숲에 잘 보인다. 울음소리는 구성지면서도 진동을 하며 소리가 풍부하다. 중국 장강 유역 이남에 분포하며, 해외는 월남 서북지역에서만 발견된다."라고 하였다. 그러나 송나라 소식 시의 주(注)에 "붉은 부리에 녹색의 깃털로 앵무와 비슷하면서 작다.(紅嘴綠衣, 似鸚鵡而小.)"라고 하였으며, 바로 붉은 부리 푸른 앵무(紅嘴綠鸚鵡)에 속하는 소형 변종의 일종이다.【原註】

* 도괘(倒掛): 광서(廣西) 지방에 사는 앵무새와 비슷한 새이다. 부리는 붉고 깃털은 푸르며, 새장 속에서 거꾸로 매달리기를 잘하며 잘 지껄인다.【역주】

* 남월필기(南越筆記): 16권. 청나라 학자 이조원(李調元, 1734-1803?)의 저서로 민속과 산천 등에 관하여 기록한 인문지리서.【역주】

* 倒掛綠毛么鳳(도괘녹모요봉): 출처는 소동파의 사 「서강월·매화(西江月·梅花)」.【역주】

* 이지의(李之儀, 1048-1117): 북송의 사인(詞人). 소식의 막료(幕僚)를 지냈다.【역주】

* 蓬萊宮中花鳥使, 綠衣倒掛扶桑暾(봉래궁중화조사, 녹의도괘부상돈): 출처는 소식의 시 「다시 '송풍정 아래 매화가 무성해 피었을 때'의 운을 사용하여(再用松風亭下梅花盛開韵)」. 송풍정은 광동성 혜주(惠州) 가우사(嘉祐寺) 부근에 있는 정자.【역주】

* 조수고(鳥獸考): 1권. 명나라 학자 신무관[愼懋官, ?-? 자(字)는 여학(汝學)]의 저서 『화이화목조수진완고(華夷花木鳥獸珍玩考)』에 실려 있다.【역주】

* 비설록(霏雪錄): 2권. 명말의 학자 유적(鎦績, ?-?)의 저술로, 전해들은 이야기와 환상적이고 우스운 사건 및 옛날 시사(詩詞)에 대한 연구 등이 주요 내용이다.【역주】

* 紅嘴綠衣, 似鸚鵡而小(홍취록의, 사앵무이소): 출처는 소식의 시 「12월 26일 송풍정 아래에 매화가 활짝 피어(十一月二十六日松風亭下梅花盛開)」.【역주】

33) 토수(吐綬): 토수계(吐綬鷄, Meleagris gallopava)는 '칠면조(七面鳥)'와 '화계(花鷄)'

모두 규방에서의 노리개이며, 은사와 고상한 선비들에게 필요한 것이 아니다.

三. 鸚鵡

鸚鵡能言, 然須教以小詩及韵語[34], 不可令聞市井鄙俚之談, 聒然[35]盈耳. 銅架食缸, 俱須精巧. 然此鳥及錦鷄孔雀倒挂吐綬諸種, 皆斷爲閨閣中物, 非幽人所需也.

라고도 부른다. 머리는 맨 살이 드러나 있으며, 붉은 육종이 나 있고, 목 아래가 늘어져서 붉은 색 고깃덩어리가 있다. 깃털색은 품종에 따라 다른데, 청동색·백색·적색·황색·암흑색 등이 있다. 계형목 토수계과(吐綬鷄科, 칠면조과)에 속한다. 『화경(花鏡)』에 "토수계는 일명 '역(鷊)'이라고도 하며, 사천과 복건의 넓은 산에서 나오고, 많은 사람들이 그것을 기르며 완상하고 애호한다. 모양은 집닭보다 크고 구욕새보다 작다. 머리는 꿩과 비슷한 매와 같고, 깃털의 색은 대부분 검으며, 황백색 둥근 반점이 섞여 있는데 진주와 같은 반점이다. 정수리에 주머니가 있어 속칭 '금낭(錦囊)'이라고 한다. 내부에 육질의 끈이 감추어져 있는데, 평상시에는 보이지 않고 울 때에 주머니가 드러난다.(吐綬鷄一名鷊, 出巴峽及閩, 廣山中, 人多畜之以爲玩好. 其形大如家鷄, 小若鴝鵒. 頭鷄似雉, 羽色多黑, 雜有黃白圓點, 如眞珠斑. 頂有嗉囊, 俗謂之錦囊, 內藏肉綬, 常時不見, 鳴則囊見.)"라고 하였다.【原註】
  * 칠면조(七面鳥): 닭목 꿩과 칠면조속(Meleagris)에 속한다. 북아메리카와 멕시코가 원산지이다. 몸길이는 수컷 약 1.2m에 암컷 약 0.9m이고, 몸무게는 수컷 5.8~6.8kg에 암컷 3.6~4.6kg이다. 야생종은 초지에서 산지에 걸쳐 생활한다. 머리에서 목에 걸쳐 피부가 드러나 있고 센털이 나 있는데, 이 부분이 붉은색이나 파란색으로 변하기 때문에 '칠면조'라는 이름이 붙었다. 수컷의 앞이마에는 신축성 있는 육질(肉質)의 돌기가 달려 있다. 칠면조는 오래 전부터 북아메리카의 원주민들에 의해 사육되어 왔는데, 콜럼버스가 북아메리카대륙을 발견한 1492년 이후 전 세계에 보급되었다. 산란기는 4~6월이며 한 해에 30~50개를 낳는다. 알은 평균 80g에 크기는 달걀의 약 2배이다.【역주】
  * 화경(花鏡): 6권. 청나라 원예학자 진호자(陳淏子, 1612?~?)의 저서로, 화훼재배와 원림에서 키우는 동물에 관한 지식을 기록하였으며, 강희 27년(1688)에 완성되었다.【역주】
34) 韵語(운어): 압운한 어구.【역주】
35) 聒然(괄연): 시끄러운 소리.【原註】

4. 백설(百舌)[36] 화미(畵眉)[37] 구욕(鸜鵒)[38]

백설·화미·구욕을 사육해 훈련시키면 아름답고 부드러운 갖가지

---

36) 백설(百舌): 백설(Turdus merula mandarinus)은 바로 흑동(黑鶇, 지빠귀)으로, '반설(反舌)'(『예기·월령』)·'할갈(鶷鶡)'·'알조(鴶鳥)'·'조알(鳥鶷)'이라고도 한다. 상체는 흑색, 하체는 흑갈색이며, 턱은 깃털 가장자리가 갈색으로 되어 있다. 목 부분에도 이 색깔이 조금 있으며, 강소성 남부에 있는 것은 변종이다. 작형목 알과(鶷科, 지빠귀과)에 속한다.
『예기·월령』에서 "소서가 되면 반설은 소리를 내지 않는다.(小暑至, 反舌無聲.)"라고 하였으며, 주(注)에서 "반설은 백설조이다.(反舌, 百舌鳥.)"라고 하였다.
『익도방물기(益都方物記)』에서 "백설조는 사천 산골짜기에서 나오며, 깃털이 비취색으로 사천 사람들이 많이 기른다. 일명 '취벽조(翠碧鳥)'라고 하며, 다른 짐승의 말을 잘 흉내 내는데, 이것을 가리킨다.(百舌鳥出邛蜀山谷間, 毛羽翠碧, 蜀人多畜之. 一云翠碧鳥, 善效他禽語, 指此.)"라고 하였다.【原註】
    * 익도방물기(益都方物記): 1권. 『익부방물략기(益部方物略記)』라고도 한다. 송대 문학가 송기(宋祁, 998-1061)의 저서로, 검남지구[劍南地區, 사천성 성도(成都) 일대]의 초목과 약재 및 조수(鳥獸) 등을 기록하였다.【역주】
37) 화미(畵眉): 화미(Garrulax canorus)는 일명 '금화미(金畵眉, 사천성)'로, 모양이 곤줄박이와 비슷하고, 눈에 눈썹과 같은 백색의 반점이 있으며, 잘 울어 은은하여 듣기 좋다. 작형목 옹과(鶲科, 딱새과) 화미아과(畵眉亞科)에 속한다.
『남월필기』 권8에서 "화미조는 『초당시여(草堂詩餘)』에서는 또 황미조(黃眉鳥)라고 한다.'라고 하였다. 『민서(閩書)』에서 '호전적이고 잘 운다.'라고 했다. 『월지(粤志)』에서 '눈썹이 길면서 흐트러지지 않은 것이 잘 울고, 가슴의 털이 짧은 것은 잘 싸운다.'라고 하였다.(畵眉鳥, 草堂詩餘又名黃眉鳥. 閩書云, 好鬪善鳴. 粤志謂, 眉長而不亂者善鳴, 胸毛短者善鬪.)"라고 하였다.【原註】
    * 초당시여(草堂詩餘): 2권. 남송 문학가 하사신(何士信, ?-?)이 영종(寧宗) 경원년간(慶元年間, 1195-1200)이전에 편찬한 사(詞) 선집.【역주】
    * 민서(閩書): 154권. 명나라 사학자 하교원(何喬遠, 1558-1631)이 편찬하였으며, 복건에 관한 지방지.【역주】
    * 월지(粤志): 어떤 책인지 알 수 없다.【역주】
38) 구욕(鸜鵒): 구욕새(Acridotheres cristatellus)는 온몸이 흑색으로 앞이마에 깃털로 된 두건이 있고, 양쪽 날개에 백색 날개 모양 반점이 있으며, 꼬리깃털 앞부분의 맨 끝에는 역시 백색이다. 『중화고금주(中華古今注)』에서 "지금의 뻐꾸기이다.(今之布穀也.)"라고 하였다.
『화경』에서 "구욕은 일명 '별별조(別別鳥)'라고 하며, 속칭 '팔가(八哥)'라고도 한다.(鴝鵒一名別別鳥, 俗名八哥.)"라고 하였다.
『단도현지(丹徒縣志)』에서 "토착민들은 '팔가'라고 부른다. 깃털은 순흑색이고 등

소리가 섞여 나오는데, 듣기에 매우 좋지만 그윽한 서재에는 적당치 않다. 혹은 굽은 회랑 아래 정교하게 조각된 새장과 그림이 그려진 난간으로 경치를 장식하는 것이라면 가능하다. 소주에서 이 새를 가장 좋아한다. 나는 새를 기르는 취미가 있는 사람은 마땅히 무성한 숲과 높은 나무가 있는 곳을 찾아 자연에서 나는 새소리를 들어야 더욱 좋게 느껴질 것이라 생각한다. 또 '황두(黃頭)'[39]라는 작은 새는 호전적이고 생긴 것도 우아하지 않으므로 더욱 더 의미 없는 것에 속한다.

에 자색광이 나는 약간의 띠가 있으며, 사람의 말을 배울 수 있다.(土人呼爲八哥. 羽毛純黑色, 背上略帶紫光, 可敎以人語.)"라고 하였다. 작형목 양조과(椋鳥科, 찌르레기과)에 속한다.【原註】

* 구욕(鸜鵒): 척삭동물문 조강 참새목 찌르레기과 구관조속에 속한다. 사람의 말을 잘 흉내 내어 애완용으로 사육된다. 야생에서는 산악지대의 숲속에서 주로 생활하고 있으며, 까마귀와 흡사한 느낌이 들지만, 부리와 다리 색이 다르며, 까마귀보다 작다. 구관조의 가장 큰 특징은 말을 잘 할 수 있는 소질을 가지고 있으며, 훈련에 따라서 사람의 목소리와 거의 비슷하게 말을 하기도 한다는 점이다. 또 구욕새는 북방에 사는 새로 남쪽의 제수(濟水)를 넘어오지 않는데, 노(魯, 산동성) 땅에 들어와 둥지를 트니, 이를 '구욕입처(鸜鵒入處)'라 하여 이변(異變)이 있을 전조라 했다[『사기 · 노주공세가(魯周公世家)』].【역주】

* 중화고금주(中華古今注): 3권. 당나라 말기의 관리 풍호(馬縞, ?-?)가 명물과 제도를 주로 고증한 책으로, 체계가 최표(崔豹)의 『고금주(古今注)』와 비슷하며, 내용도 많이 중복된다.【역주】

* 단도현지(丹徒縣志): 4권. 명 정덕 16년(1521)에 관리 이동수(李东修) · 양완찬(杨琬纂) · 반호(潘浩) · 모문(毛文) 등이 편찬하여 간행하였으며, 지금의 강소성 진강시(鎭江市) 단도구(丹徒區)의 지리서. 청 동치시기에도 편찬되었다.【역주】

39) 황두(黃頭): 황작(黃雀, Carduelis spinus, 검은머리 방울새)으로, '노화황작(蘆花黃雀)'과 '황두작(黃脰雀)'으로도 불린다. 등은 검은 녹색이며 허리에 노란 반점이 있고, 날개는 흑색에 노란 반점이 있다. 하체는 앞쪽은 황색이고 뒤쪽은 백색이며, 새장에 키우는 새가 될 수가 있고, 성질이 호전적이다. 작형목(雀形目) 작과(雀科)에 속한다.
『화경』에서 "황두는 작은 새의 맹금류로 참새와 비슷하고, 깃 색깔은 윤기 나는 노란색이다. 입은 작으면서 뾰족하고 예리하며, 발가락은 강력하여 힘이 세다. 사람들은 대부분 조롱에서 키운다.(黃頭, 小鳥之鷙者, 似麻雀而羽色更黃潤, 嘴小而尖利, 瓜剛而力强, 人多以籠畜之.)"라고 하였다.【原註】

四. 百舌畵眉鸜鵒

百舌畵眉鸜鵒飼養訓熟, 縣蠻[40]軟語[41], 百種雜出, 俱極可聽, 然亦非幽齋所宜. 或于曲廊之下, 雕籠畵檻[42], 點綴景色則可. 吳中最尚此鳥. 余謂有禽癖[43]者, 當覓茂林高樹, 聽其自然弄聲, 尤覺可愛. 更有小鳥名黃頭, 好鬪, 形既不雅, 尤屬無謂[44].

5. 주어(朱魚)[45]

주어(朱魚)는 유독 소주 일대에서 유행하는데, 그 색깔이 진주(辰州)의

---

40) 縣蠻(면만): 『시경』에서 "깃털이 아름다운 꾀꼬리(縣蠻黃鳥)"라 하였다. 주희의 주(注)에서 "면만(縣蠻)은 새 울음소리이다.(縣蠻, 鳥聲.)"라고 하였다.【原註】
   * 縣蠻(면만): '면만(綿蠻)'이라고도 쓴다. 화려하고 복잡한 무늬가 촘촘한 모양을 가리킨다.【역주】
41) 軟語(연어): 온화하고 완곡한 말.【역주】
42) 雕籠畵檻(조롱화함): 조각이 정교한 새장과 그림으로 장식한 난간.【역주】
43) 禽癖(금벽): 새를 키우는 취미.【原註】
44) 無謂(무위): 의미가 없다.【역주】
45) 주어(朱魚): '주사어(朱砂魚)'라고도 하는데, 바로 금어(金魚, Carassius auratus var, 금붕어)로서, '금어(錦魚)'·'화어(火魚)'·'금즉어(金鯽魚)'라고 한다. 지느러미가 크고, 꼬리는 세 개에서 네 개로 나누어져 있고 풀어 헤쳐져 있다. 색은 홍색·자색·황색 등으로 다르고, 변종이 매우 많다. 어강(魚綱) 골표목(骨鰾目) 이과(鯉科, 잉어과)에 속한다.
   『삼재도회(三才圖會)』에서 "금어의 몸은 황금과 같으며, '화어'라고 부르는데, 온몸이 적색인 것·반만 적색인 것·적색으로 어지럽게 무늬가 있는 것·등에 적색의 팔괘 모양의 무늬가 있는 것·머리는 적색이고 꼬리가 백색인 것·비늘은 홍색이고 몸이 백색인 것이 있으며, 형상이 제각각 다르다.(金魚體如金, 名火魚, 有通身赤者, 有半身赤者, 有亂赤文者, 有背赤文作卦形者, 有頭赤尾白者, 有鱗紅身白者, 形象各各不同.)"라고 하였다.【原註】
   * 주어(朱魚): 척삭동물 경골어류 잉어목 잉어과. 붕어와 형태가 비슷한 점과 염색체의 수가 같고 또 같은 형인 점 및 순종으로 분리하여 사육을 반복해 가다 보면 붕어가 생긴다 하여 붕어의 변종으로 되어 있다. 원산지는 양자강 하류의 절강성 항주이다. 『본초강목』의 저자 이시진(李時珍)은 '금어(金魚)' 또는 '금즉어(金鯽魚)'라 하여 당대(唐代)에 야생의 금붕어가 있었음을 기록하고 있다. 북

주사(朱砂)와 같으므로 붙여진 이름이다. 이 종류는 어항에서 기르기에 가장 적합하며, 붉은 색에 황색을 띤 것은 겨우 연못을 장식할 수 있을 뿐이다.

五. 朱魚

朱魚獨盛吳中, 以色如辰州朱砂[46]故名. 此種最宜盆蓄, 有紅而帶黃色者[47], 僅可點綴陂池[48].

6. 어류(魚類)

어류에서 몸 전체가 붉은 색인 것과 순백색인 것을 가장 귀히 여기며,

송시대(960-1126)에는 몸빛깔이 황금색으로 변이한 금붕어에 관한 기록이 있으며, 절강성 가흥(嘉興)의 남호(南湖)와 서호(西湖)가 발생지라 하였다. 서호에서 방생(放生)을 위해 금붕어의 반사육화(半飼育化)가 시작되었다. 처음에는 왕후 귀족의 관상물로 사육이 시작되었으며, 송대에는 상품화되어 서민사회에 보급되어 갔다. 16세기 초 일본으로, 16세기 말 영국으로, 18세기 중엽 프랑스로, 19세기 초 미국 등으로 전래되어 세계적으로 전래되었으며, 많은 신품종이 생겨났다.【역주】

46) 辰州朱砂(진주주사): 호남 진주에서 생산되는 주사(朱砂). 권3「품석(品石)」의 원주 참고.【原註】

47) 紅而帶黃色者(홍이대황색자):『주사어보(朱砂魚譜)』에서 "붉으면서 황색을 띠는 것은 사람들이 '금즉(金鯽)'이라고 하는 바로 금붕어의 별종으로, 단지 연못을 장식할 수는 있지만, 주사어의 1/10에도 미치지 못하므로, 절대 기르지 말라.(有等紅而帶金色者, 卽人間所謂金鯽, 乃其別種, 僅可點綴陂池, 不能當朱砂魚之十一, 切勿蓄.)"라고 하였다.【原註】

　*주사어보(朱砂魚譜): 상하편. 명나라 학자 장겸덕(張謙德, 1577-?)의 저서. 중국 최초로 금붕어의 생태습성과 사육방법 등을 기록한 전문서.【역주】

48) 陂池(피지): 피(陂)는 물을 모아두는 것을 가리킨다. 피지(陂池)는 바로 물을 모아 두는 곳이다.『예기·월령』에서 "피지를 건너지 말라.(毋渡陂池.)"라고 하였다.【原註】

그 다음에는 정수리에 붉은 색 왕(王)자가 있는 것(金盔)⁴⁹⁾ · 허리 부분에 금색을 두른 것(金鞍)⁵⁰⁾ · 비단 이불과 같은 것(錦被)⁵¹⁾, 그리고 머리 부분에 사각형으로 붉은 색이 있는 것(印頭紅)⁵²⁾ · 머리 부분이 붉은 것(裹頭紅)⁵³⁾ · 볼 부분이 붉은 것(連腮紅)⁵⁴⁾ · 머리와 꼬리가 붉은 것(首尾紅)⁵⁵⁾ · 학 정수리와 같이 붉은 색의 사각형이 있는 것(鶴頂紅)⁵⁶⁾이며, 그 다음으로는 검은 눈을 가진 것(墨眼)⁵⁷⁾ · 하얀 눈을 가진 것(雪眼)⁵⁸⁾ · 붉은 눈을

---

49) 金盔(금회): 『주사어보』에서 "백색 몸이고, 정수리에 빨간색 왕(王)자가 있는 것이다.(白身, 頭頂紅朱王字者.)"라고 하였다.【原註】

50) 金鞍(금안): 『주사어보』에서 "머리와 꼬리가 모두 하얗고, 허리 부분에 금색의 띠를 두른 것이다.(首尾俱白, 腰圍金帶者.)"라고 하였다.【原註】

51) 錦被(금피): 『주사어보』에서 "붉은 색과 흰색이 수놓은 비단처럼 서로 뒤섞인 것으로, 등지느러미가 없고, 오색의 오화단(五花蛋, 계란처럼 둥근 혹)이 있다.(朱砂白相錯如錦者, 無脊鰭而呈五色之五花蛋.)"라고 하였으며, '금피(錦被)'로 추정된다.【原註】

52) 印頭紅(인두홍): 『주사어보』에서 "백색 몸에 머리 부분의 붉은 색이 사각형의 인장과 같다.(白身, 頭頂朱砂若方印.)"라고 하였다.【原註】

53) 裹頭紅(과두홍): 『주사어보』에서 "백색 몸에 머리 부분이 홍색이다.(白身, 頭部作紅色.)"라고 하였다.【原註】

54) 連腮紅(연시홍): 『주사어보』에서 "백색 몸에, 머리에서 볼 부분이 홍색이다.(白身, 頭部連腮作紅色.)"라고 하였다.【原註】

55) 首尾紅(수미홍): 『주사어보』에서 "머리와 꼬리가 모두 붉다.(首尾俱朱.)"라고 하였다.【原註】

56) 鶴頂紅(학정홍): 『주사어보』에서 "백색 몸에 등지느러미가 없으며, 정수리 부분에 홍색의 사각형이 하나 있다.(白身, 無脊鰭, 頭頂有一方紅色.)"라고 하였다.【原註】

57) 墨眼(흑안): 『주사어보』에서 "눈이 눈두덩이 밖으로 돌출되었고, 눈은 흑색에 붉은 색 무늬가 있는 것이 용종(龍種, '용안(龍眼)'이라고도 한다.]이다.(眼球突出於眼眶以外, 而眼呈黑色紅紋者, 爲龍種.)"라고 하였다.【原註】

＊ 용종(龍種): 금붕어의 일종. '용종금어(龍種金魚)'나 '용종어(龍種魚)'라고 한다. 체형이 굵고 짧으며, 머리는 평평하면서 넓고, 안구가 눈두덩의 밖으로 돌출되어 용안(龍眼)과 비슷하여 '용안(龍眼)'이라고도 한다. 현재 약 50여 종류가 있다.【역주】

58) 雪眼(설안): 『주사어보』에서 "붉은 색 몸에 흰 눈. 몸은 붉은 색이고, 안구가 눈두덩이 밖으로 돌출되었으며 백색에 홍채가 나타난다. 역시 용종의 일종이다.(朱身白眼. 體朱色, 眼球突出於眼眶之外, 而呈百色紅彩者. 亦爲龍種之一種.)"라고 하였다.【原註】

가진 것(朱眼)59)·자주색 눈을 가진 것(紫眼)60)·마노색 홍채가 있는 눈을 가진 것(瑪瑙眼)61)·호박색 눈을 가진 것(琥珀眼)62)·짙은 붉은 색 꼬리를 가진 것(金管)63)·형광(螢光)의 하얀색 꼬리를 가진 것(銀管)64)으로, 유행하고 있으며 매우 귀하게 여겼다. 또 등에 주사색(朱砂色)으로 점이 있으며 줄 하나가 그어져 경계가 되어 있는 것(金砌玉)65)·바닥에 떨어진 꽃처럼 붉은 것(落花流水)66)·정수리에 국화꽃 문양이 있는 것(蓮臺八瓣)67)·몸의 반은 주사색이고 반은 흰색인 것(隔斷紅塵)68)·머리는 붉고

---

59) 朱眼(주안):『주사어보』에서 "백색 몸에 붉은 색 눈. 몸은 백색이고, 안구가 눈두덩이 밖으로 돌출되었고 주색에 홍채가 나타난다. 역시 용종의 일종이다.(白身朱眼. 體白色, 眼球突出於眼眶之外, 而呈朱色紅彩者. 爲龍種之一種.)"라고 하였다.【原註】

60) 紫眼(자안):『주사어보』에서 "백색 몸에 자색 눈. 몸은 백색이고, 안구가 눈두덩이 밖으로 돌출되었으며 자색에 홍채가 나타난다. 역시 용종의 일종이다.(白身紫眼. 體白色, 眼球突出於眼眶之外, 而呈紫色紅彩者. 爲龍種之一種.)"라고 하였다.【原註】

61) 瑪瑙眼(마노안):『주사어보』에서 "백색 몸에 마노색 눈. 안구가 눈두덩이 밖으로 돌출되었고 마노색에 홍채가 나타난다. 역시 용종의 일종이다.(白身, 瑪瑙眼. 眼球突出於眼眶之外, 而呈瑪瑙色紅彩者. 爲龍種之一種.)"라고 하였다.【原註】

62) 琥珀眼(호박안):『주사어보』에서 "백색 몸에 호박색 눈. 안구가 눈두덩이 밖으로 돌출되었고 호박색에 홍채가 나타난다. 역시 용종의 일종이다.(白身, 琥珀眼. 眼球突出於眼眶之外, 而呈琥珀色紅彩者. 爲龍種之一種.)"라고 하였다.【原註】

63) 金管(금관):『제경경물략』에서 "짙은 적색은 '금(金)'이라고 한다. '관(管)'이라는 것이 갈기 아래에서 꼬리 위로 몸 전체를 아우른다.(深赤曰金. 管者, 鬣下而尾上, 周其身者也.)"라고 하였다.『고반여사』에서 "관은 꼬리이다. 금관(金管)·은관(銀管)·광릉(廣陵)·신도(新都)·고소(姑蘇)가 진귀함을 다툰다.(管, 尾也. 金管銀管廣陵新都姑蘇競珍之.)"라고 하였다.【原註】

64) 銀管(은관):『제경경물략』에서 "반짝이는 백색을 '은'이라고 한다.(瑩白曰銀.)"라고 하였다.【原註】

65) 堆金砌玉(퇴금체옥):『주사어보』에서 "온몸이 순백색이고 등에 붉은 색으로 점이 있으며, 줄 하나가 경계를 두고 있다.(滿身純白, 背點朱砂, 界一線者.)"라고 하였다.【原註】

66) 落花流水(낙화류수):『주사어보』에서 "꽃이 떨어져 땅바닥이 온통 붉다.(落花紅滿地者.)"라고 하였다.【原註】

67) 蓮臺八瓣(연대팔판):『주사어보』에서 "백색 몸에 정수리는 국화모양으로 되었거나, 붉은 색 몸에 정수리가 국화모양으로 되어 있다.(白身頭頂菊花者, 或朱砂身, 頭頂菊花者.)"라고 하였다.【原註】

허리에 옥대를 두른 것(玉帶圍)[69]·정수리에 붉은 색 매화꽃으로 된 것
(梅花片)[70]·붉은 색 몸에 백색의 물결 문양이 있는 것(波浪紋)[71]·붉은
색 몸에 칠성문양이 있는 것(七星紋)[72] 등등 갖가지 변종을 이루 다 서술
하기 어렵고, 또 마음대로 이름을 정해서 일정한 격식이 없다.

六. 魚類

魚類, 初尙[73]純紅[74]純白[75], 繼尙金盔金鞍錦被, 及印頭紅裹頭紅連腮紅首尾
紅鶴頂紅. 繼又尙墨眼雪眼朱眼紫眼瑪瑙眼琥珀眼金管銀管, 時尙極以爲貴. 又
有堆金砌玉落花流水蓮臺八瓣隔斷紅塵玉帶圍梅花片波浪紋七星紋種種變態,
難以盡述, 然亦隨意定名, 無定式[76]也.

---

68) 隔斷紅塵(격단홍진):『주사어보』에서 "몸의 반은 붉은 색이고 나머지 반은 백색이
며, 혹은 한 쪽은 붉은 색이고 다른 한 쪽은 백색으로서, 천양지차로 나누어진다.
(半身朱砂, 半身白者, 或一面朱砂一面白, 作天地分者.)"라고 하였다.【原註】
69) 玉帶圍(옥대위):『주사어보』에서 "머리와 꼬리가 모두 붉은 색이며, 허리부분에
흰색의 띠를 둘렀다.(首尾俱朱, 腰圍玉帶者.)"라고 하였다.【原註】
70) 梅花片(매화편):『주사어보』에서 "백색 몸에 정수리는 홍매화 문양이거나, 붉은
색 몸에 정수리는 백매화문양인 것이다.(白身, 頭頂紅梅花, 或朱身, 頭頂白梅花
者.)"라고 하였다.【原註】
71) 波浪紋(파랑문):『주사어보』에서 "온몸이 백색이고 붉은 색 문양이 사이사이에 있
다. 온몸이 붉은 색이고 백색이 사이사이에서 물결문양으로 되어 있는 것도 있다.(有
滿身白色, 朱紋間之. 亦有滿身朱砂, 白色間之, 作波浪紋者.)"라고 하였다.【原註】
72) 七星紋(칠성문):『주사어보』에서 "온몸이 순백색이고 등에 붉은 색 점이 있다. 혹
은 온몸이 붉은 색이고 등 가운데 백색으로 칠성문양이 이루어져 있다.(有滿身純
白, 背點朱砂. 或滿身朱砂, 背間白色, 作七星紋者.)"라고 하였다.【原註】
73) 尙(상): 귀하게 숭상하다.【原註】
74) 純紅(순홍): 명나라 장겸덕(張謙德)의『주사어보』에서 "머리부터 꼬리까지 몸 전
체가 모두 홍색이다.(首尾通身皆紅色.)"라고 하였다.【原註】
75) 純白(순백):『주사어보』에서 "머리부터 꼬리까지 몸 전체가 모두 백색이다.(首尾
通身皆白色.)"라고 하였다.【原註】
76) 定式(정식): 일정한 격식.【原註】

7. 남어(藍魚) 백어(白魚)[77]

푸르기는 비취와 같고 희기는 눈과 같아, 그것을 가까이에서 보면 위장이 모두 드러나 보인다. 이것은 바로 금붕어의 변종으로 역시 매우 귀하다.

七. 藍魚 白魚

藍如翠[78], 白如雪, 迫而視之, 腸胃俱見. 此即朱魚別種, 亦甚貴.

---

77) 남어(藍魚)와 백어(白魚): 남어는 반짝이는 회색이고 비늘은 불투명하다. 투명한 것은 '수정람(水晶藍)'이라고 한다. 백어는 비늘이 투명하여 그 내장을 볼 수 있으며, 현재는 '파리어(玻璃魚)'라고 한다. 형태가 용안(龍眼) 및 문어(文魚)와 서로 비슷하고 역시 금붕어의 변종이다.
『주사어보』에서 "물고기 종류 가운데 순백색의 것이 가장 쓸모가 없는데, 바로 오래되어 파뿌리와 같은 백색으로 변한 것이다. 비취색인 것과 수정색인 것은 가까이에서 그것을 보면 위장이 환히 드러나 보인다. 이것은 사어(砂魚)의 별종으로 진귀하다. 그러나 일이년이 안 되어 다시 하얗게 변할 것이다. 아마도 오색구름은 쉽게 흩어지고 유리는 잘 부서지기 때문이다.(魚戲中, 其純白者最無用, 乃有久之變爲蔥白者. 翡翠者, 水晶者, 迫而視之, 俱洞見腸胃, 此系砂魚之別種, 可貴. 但不一二年, 復變爲白矣. 倘亦彩雲易散, 琉璃脆也.)"라고 하였다.
진정(陳楨, 1894-1957. 동물학자) 교수의 「금붕어의 가축화와 변이」에서 "남어와 수정어는 단지 투명어종의 강별(綱別) 변이로, 투명한 상태는 이러한 물고기의 보편적인 특성이다. 순백·파와 같은 백색·비취는 이러한 물고기의 강별 변이로, 현재 이러한 어류를 '오화(五花)'라고 한다."라고 하였다.【原註】
  * 파리어(玻璃魚): 몸통이 투명하며 등지느러미가 형광(熒光) 남색으로 태국·인도·미얀마 등이 원산지이다. 여러 변종을 만들어 분홍색·옅은 녹색·황금색 등도 있다.【역주】
  * 文魚(문어): 원명은 문어(紋魚). 명대 말기에 금붕어를 연못에서 어항으로 옮겨 키운 뒤에 색이 점차 증가하였으며, 원래의 금붕어와 구분하기 위하여 '문어(紋魚)'라고 부르게 되었다. 몸체가 삼각형이고 머리부위가 쥐의 머리처럼 뾰족하며 지느러미가 발달하였다.【역주】
78) 翠(취): 청록색을 '취(翠)'라고 한다.【原註】

8. 물고기 꼬리(魚尾)[79]

물고기의 꼬리는 모두 두 개에서 아홉 개까지 있는데, 아름다움이 꼬리에 집중되어 있지만 반드시 몸매가 아름답지는 않다. 대개 물고기의 몸체는 크기가 적당하고 뼈와 살이 균형 잡히며 문양과 색이 선명해야 비로소 높은 품격에 들어간다.

八. 魚尾

魚尾自二尾以至九尾[80], 皆有之, 第美鐘[81]于尾, 身材未必佳. 蓋魚身必洪纖合度[82], 骨肉停勻[83], 花色鮮明, 方入格.

---

79) 魚尾(어미): 원문에는 없었으나, 보충해 넣었다. 『주사어보』에서 "물고기의 꼬리는 모두 2개 인데, 유독 주사어만 세 개인 것·다섯 개인 것·일곱 개인 것·아홉 개인 것이 있고, 없는 물고기도 있다. 아름다움은 꼬리에 모여 있지만, 몸매가 반드시 아름다운 것이 아니므로, 아름다운 것을 골라서 잡는다.(魚尾皆二, 獨朱砂魚有三尾者, 五尾者, 七尾者, 九尾者, 凡魚所無也. 第美鍾于尾者, 身材未必嘉, 故取節焉, 乃得.)"라고 하였다.【原註】

80) 九尾(구미): 『주사어보』에서 "우리 집에서 경인년(1590)에 기르던 물고기로는 한때 정수리에 붉은 색 '왕(王)'자가 있는 것·옥대(玉帶, 흰 띠)가 있는 것·칠성(七星)이 있는 것·교운(巧雲, 오색구름)이 있는 것·매화가 있는 것·홍색에 백색 테두리가 있는 것이었는데, 모두 꼬리가 아홉 개와 일곱 개였다.(余家庚寅年所蓄, 一時有頭頂朱砂王字者, 玉帶者, 七星者, 巧雲者, 梅花者, 紅白邊緣者, 皆九尾七尾.)"라고 하였다.【原註】

81) 鍾(종): 모이다.【原註】

82) 洪纖合度(홍섬합도): 크기가 서로 어울리다.【原註】

　　* 洪纖(홍섬): 엄청나게 넓고 큰 것과 매우 가늘고 작은 것을 아울러 이르는 말.【역주】

　　* 合度(합도): 적당하다.【역주】

83) 骨肉停勻(골육정균): 뼈와 살이 모두 고르다.【原註】

9. 관어(觀魚)[84]

관어(觀魚)는 일찍 일어나 해 뜨지 않을 때에 해야 하며, 연못이든 어항이든 상관없이 물고기는 모두 맑은 샘과 푸른 못에서 헤엄치고 다녀야 한다. 또 서늘한 날 달이 뜬 밤에 그림자가 물결에 거꾸로 비칠 때, 때때로 놀란 물고기가 뛰어 오르는 소리에 귀와 눈이 번쩍 뜨인다. 얕은 바람이 선선히 불고 졸졸졸 물소리가 나며, 비온 뒤 새로 물이 불어 출렁이는 푸른 파도는 모두 관어(觀魚)의 훌륭한 배경이 된다.

九. 觀魚

觀魚宜早起, 日未出時, 不論陂池[85]盆盎[86], 魚皆蕩漾[87]于淸泉碧沼之間. 又宜涼天夜月倒影揷波[88], 時時驚鱗潑剌[89], 耳目爲醒. 至如微風披拂, 琮琮[90]成

---

84) 관어(觀魚): 고기 잡는 것을 구경하거나 물고기를 보며 즐기는 일.【역주】
85) 陂池(피지): 연못.【역주】
86) 盆盎(분앙): 앙(盎)은 분(盆)으로 해석한다. 양웅(揚雄)의 『방언(方言)』에서 "함곡관의 서부에서는 앙(盎)을 혹은 '분(盆)'이라 한다.(自關而西, 盎或謂之盆.)"라고 하였다.【原註】
   * 양웅(揚雄)의 방언(方言): 13권. 원명은 『적헌사자절대어석별국방언(適軒使者絶代語釋別國方言)』. 서한의 문학가 양웅(揚雄, B.C.53-18)이 편찬했으며, 각지의 방언을 수집하여 기록한 어학저서.【역주】
87) 蕩漾(탕양): 물이 움직이는 모양. 이백(李白)의 부(賦)에서 "물은 출렁거리고 푸르도다.(水蕩漾兮碧色.)"라고 하였다.【原註】
   * 이백 부의 제목은 「석여춘부(惜餘春賦)」이다.【역주】
88) 揷波(삽파): 파도 속으로 뚫고 들어가다.【原註】
89) 潑剌(발랄): 물고기가 뛰는 소리로, '발랄(跋剌)'이라고도 한다. 신기질(辛棄疾)의 사(詞)에서 "은빛 나는 물고기 팔딱거리며 바구니에 가득 하네.(銀鱗潑剌滿籃魚.)"라고 하였다.【原註】
   * 원주에서 신기질의 사로 인용한 작품은 주돈유(朱敦儒, 1081 - 1159)의 사 「좋은 일이 가까이 있네-어부사(好事近-漁父詞)」의 제6수이며, '은린(銀鱗)'이 아니라 '금린(錦鱗)'이다.【역주】
   * 은린(銀鱗): 비늘이 은빛으로 빛나고 모양이 좋은 물고기. 금린(錦鱗): 수를 놓은 비단 같이 아름다운 물고기.【역주】

韻, 雨後新漲, 穀紋[91]皺綠[92], 皆觀魚之佳境也.

10. 흡수(吸水)[93]

어항 속의 물은 하루나 이틀 만에 교환하며, 어항 바닥에 쌓인 오물은 상죽(湘竹)[94] 한 마디로 흡수관을 만들어 빨아 없앤다. 만약 시기를 넘겨 제거하지 않으면 물의 색이 바로 맑지 않게 되므로, 좋은 물고기를 절대로 어항에서 기를 수 없게 된다.

十. 吸水

盆中換水一兩日, 即底積垢膩[95], 宜用湘竹一段, 作吸水筒[96]吸去之. 倘過時不吸, 色便不鮮美, 故佳魚, 池中斷不可蓄.

11. 물 항아리(水缸)[97]

어항 가운데 오래된 청동 항아리가 있는데, 크기는 2석의 물을 담을

---

90) 琮琮(종종): 졸졸졸 물소리.【原註】
91) 穀紋(곡문): 『증운(增韻)』에서 "추사(縐紗)는 '주름비단'이라고 한다.(縐紗曰穀.)" 라고 하였다. 곡문(穀紋)은 가는 물결문양을 말한다.【原註】
    * 추사(縐紗): 주름 무늬가 있도록 짠 비단의 일종.【역주】
92) 皺綠(추록): 녹색의 주름무늬.【原註】
93) 흡수(吸水): 어항바닥의 침전물을 제거하다.【原註】
94) 상죽(湘竹): 상비죽. 권2「대나무」의 원주 참고.【原註】
95) 垢膩(구니): 불결한 물질.【原註】
96) 吸水筒(흡수통): 흡수관.【原註】
97) 물항아리(水缸): 물을 담아 놓는 항아리. 여기서는 어항으로 사용할 수 있는 항아리.【역주】

수 있고 온통 청록색으로 덮여 있어 옛사람들은 어떻게 사용하는지 몰랐다. 틀림없이 동굴에서 기름을 붓고 불을 켜던 물건으로 썼을 것이며, 오늘날 물고기를 기를 때 사용하면 가장 예스럽다. 그 다음으로 오색의 내부(內府) 관요(官窯)[98]와 자주(瓷州)[99]에서 구운 순백자 어항도 사용

98) 오색의 내부(內府) 관요(官窯): 내부(內府)는 바로 창고이다.
『후한서 · 남만 · 서남이전(西南夷傳)』에서 "또 종가(賨幏) · 화취(火毳) · 훈련된 날짐승 · 봉수(封獸, 큰 코끼리) 등의 공물을 수레에 실어와 창고에 쌓아 두며, '소부(小府)'라고도 하는데, 천자의 개인 창고이다. 동한시기에는 궁중 복식과 의복 · 보화 · 진기한 음식 등의 종류를 관장했고, 수나라에 이르러서는 소부감(少府監)을 설치해서 상방(尙方)과 직염(織染) 등의 부서를 통솔하였다.(又其賨幏火毳訓禽封獸之賦, 軨積於內府. 亦卽小府, 爲天子之私府. 東漢, 掌宮中服飾衣服寶貨珍膳之屬, 至隋置少府監, 領尙方織染等署.)"라고 하였다.
『철경록』에서 "송 정화년간(1111-1118), 경성[즉 변경(汴京)]에 가마를 설치해 자기를 구워 만들었는데, '관요(官窯)'라고 한다. 남으로 장강을 건너간 뒤 소성장(邵成章, ?-?. 흠종시기의 환관)이 제거(提擧)를 맡아 '소국(邵局)'이라 하였으며, 옛 수도(즉 변경)의 옛 제도를 답습하여 가마를 수내사(修內寺)에 설치해 청자를 만들었는데, '내요(內窯)'라고 하며 '관요'라고도 한다.(宋政和年, 京師自置窯燒造瓷器, 曰官窯. 南渡後, 有邵成章提擧, 號邵局, 襲舊京遺制, 置窯于修內司, 造靑器曰內窯, 亦稱官窯.)"라고 하였다.【原註】
* 원주에서 '오색의 내부 관요'를 송나라에서 제작한 청자로 설명하고 있으나, 청자는 오색자기가 아니므로, 명대에 제작된 여러 가지 천연색 안료로 문양을 그려 만든 오채자기(五彩瓷器)나 투채자기(鬪彩瓷器)로 풀이해야 더 적당하다. 현재 오채자기나 청화자기로 만든 어항으로 사용되었던 명대의 커다란 항아리가 전해 내려온다.【역주】
* 종가(賨幏): 종포(賨布). 진한시기 지금의 호남과 사천 일대 소수민족이 공물로 바치던 천.【역주】
* 화취(火毳): 석면(石綿)으로 만들어 불에 타지 않는 직물.【역주】
* 상방(尙方): 천자의 의복과 궁내의 재물 및 보물 따위를 관리하고 공급하는 일을 맡아보던 관청.【역주】

99) 자주(瓷州): 자주(磁州)로, 수나라에서 설치되었고 당나라 때 혜주(惠州)로 바뀌었다. 지금의 하북성 자현(磁縣)을 말한다. 자기를 생산하는 곳으로 유명하며, 통상 '자주(瓷州)'라 한다.【原註】
* 자주(瓷州)라기 보다는 자주(磁州)가 더 많이 사용되며, 이곳의 가마를 '자주요(磁州窯)'라고 하는데, 북방의 대표적인 민간 요지로 송대부터 지금까지 제작이 지속되고 있다.【역주】

할 수 있다. 다만 의흥(宜興)[100]에서 구워낸 화항(花缸)[101]과 칠석우퇴
(七石牛腿)[102]의 여러 저속한 양식은 사용할 수 없다. 내가 여기서 열거
한 것들은 실제로 감상을 위한 것이기 때문에, 반드시 그림대로 찾으려
한다면 역시 판에 박힌 듯이 저속해질 것이다.

十一. 水缸

水缸有古銅缸, 大可容二石[103], 靑綠四褁[104], 古人不知何用. 當是穴中注油
點燈之物, 今取以蓄魚, 最古. 其次以五色內府官窯瓷州所燒純白者, 亦可用. 惟
不可用宜興所燒花缸, 及七石牛腿諸俗式. 余所以列此者, 實以備淸玩一種, 若
必按圖而索[105], 亦爲板俗[106].

---

100) 의흥(宜興): 지금의 강소성 의흥현이다.【原註】
　　* 의흥(宜興): 의흥에서는 자사(紫砂, 자주색의 점토)로 만든 도기가 유명하며,
　　　차를 마시는데 사용하는 다호(茶壺, 찻주전자)가 대표적이다.【역주】
101) 화항(花缸): 권2 「난(蘭)」의 원주 참고.【原註】
102) 칠석우퇴(七石牛腿): 물 항아리의 이름으로 7석의 물을 담을 수 있는 우퇴항(牛
　　腿缸)이다. 우퇴(牛腿)는 권2 「난」의 원주 참고.【原註】
103) 石(석): 옛날의 부피를 세는 명칭으로, 10말이 1석이다.【原註】
104) 靑綠四褁(청록사과): 사방이 청록색의 산화동으로 뒤덮이다.
　　『철경록』에서 "청동기가 땅에 매장되어 천년이 지나면 비취를 깔아놓은 듯이 순
　　청색이 된다. 그 색이 자정 이후에는 약간 옅어지며, 정오 이후에는 습기를 머금
　　어 비취색이 윤기가 나서 물이 흘러 떨어질 듯하고, 중간 중간에 흙이 들어가
　　부식된 곳은 뚫어지거나 벗겨져 있으며, 모두 달팽이가 기어간 흔적처럼 자연스
　　럽다. 청동기가 물속에서 천년을 지나면 순수한 녹색으로 되며 옥처럼 반짝인다.
　　천년이 안 되면 녹색이지만 반짝이지 않는다.(銅器入土千年, 純靑如鋪翠. 其色子
　　後稍淡, 午後乘陰氣, 翠潤欲滴, 間有土蝕處, 或穿或剝, 幷如蝸篆自然. 銅器經水
　　千年, 則純綠色, 而瑩如玉. 未及千年, 綠而不瑩.)"라고 하였다.【原註】
　　* 靑綠四褁(청록사과): '동록(銅綠)'이나 '동청(銅靑)'이라 하는 동수(銅銹, 구리의
　　　녹)는 주성분이 알칼리성 탄산동(炭酸銅, Copper Carbonate)으로, 청동기가 이
　　　산화탄소나 초산의 작용을 받아 산화되어 녹색으로 변화된 것이다. 이러한 녹
　　　색이 물에 장기간 잠겨서 녹색의 칠을 한 것처럼 반짝이는 것을 '녹칠고(綠漆
　　　古)'라 한다. 흑색으로 반짝이는 것을 '흑칠고(黑漆古)'라 하고, 은백색으로 반
　　　짝이는 것을 '수은고(水銀古)'라 하며, 생성원인은 녹칠고와 상이하다.【역주】
105) 按圖而索(안도이색): 안도이기(按圖而驥, 그림에 따라 천리마를 찾는다)는 어떤

일에 얽매여 융통성이 없는 것을 비유한다.

『예림벌산(藝林伐山)』에서 "백락의 아들은 아버지의 저서인 『상마경(相馬經)』에 의거하여 말을 구했으나 사나운 말을 얻어 와 제어할 수가 없었다. 백락은 '이리 된 것은 그림에 따라 천리마를 구했기 때문이다.'라고 했다.(伯樂子執父所著之相馬經求馬, 而得悍馬, 不可馭. 伯樂曰, 此所謂按圖索驥也.)"라고 하였다.【原註】

* 예림벌산(藝林伐山): 20권. 명나라 문학가 양신(楊愼, 1488-1559)이 편찬한 고사집.【역주】

* 상마경(相馬經): 중국 최초의 말에 관한 저서. 춘추시대의 말 전문가 백락(伯樂, ?-?)이 편찬했다고 하며, B.C.168년 이전에 저술되었다.【역주】

106) 板俗(판속): 판에 박힌 듯이 용렬하고 통속적이다.【原註】

권5
서화(書畵)

금은 산에서 나고 진주는 연못에서 나는데 끝없이 채취할 수 있으나 도리어 천하에서 진귀하게 여기고 아낀다. 하물며 서화는 우주에 존재하지만 세월이 이미 오래되어 명인과 예술가가 다시 살아날 수 없으니, 진귀하게 깊이 감추고 보물처럼 사랑하지 않을 수 있겠는가? 일단 속인의 손에 들어가면, 움직일 때마다 치욕을 당하여 말아서 보관하거나 펼쳐서 볼 때 올바른 방법을 잊어버리고 꽉 움켜쥐거나 문지르거나 건조하여 갈라터지므로, 진실로 서화의 액운이다. 그러므로 거두어 보관하지만 감식할 수 없고, 감식할 수 있으나 잘 펼쳐서 감상하지 못하며, 펼쳐서 감상하지만 표구할 수 없고, 표구하지만 등급을 매길 수가 없는 사람은 모두 진실로 서화를 모을 수 있는 사람이 아니다. 또 모아서 축적한 작품이 이미 많아지면, 아름다운 작품과 추한 작품이 뒤섞여 있어도 등급을 나누는 데 조금도 오류가 없어야 한다. 만약 진품과 모조품을 함께 진열하고 신작과 구작이 뒤섞여 나오면, 오랑캐의 골동상점에 들어간 것과 같으므로 무슨 흥취가 있겠는가? 소장품에 반드시 진(晉)나라·당나라·송나라·원나라의 유명한 작품이 있어야 바로 옛일에 정통했다고 한다. 만약 헛되이 최근의 서화작품을 선택하여 진위를 견주어 헤아리고, 진실로 감상할 마음이 없이 귀를 눈으로 삼아, 손에 두루마리를 잡은 채 입으로 귀천을 평론하는 것은 진실로 잘못된 방법이다.

書畵

金生於山, 珠産於淵, 取之不窮, 猶爲天下所珍惜. 況圖畵在宇宙, 歲月旣久, 名人藝士, 不能復生, 可不珍秘寶愛. 一入俗子之手, 動見勞辱[1], 卷舒[2]失所, 操揉[3]燥裂, 眞書畵之厄也. 故有收藏而未能識鑒[4], 識鑒而不善閱玩[5], 閱玩而不能裝褫[6], 裝褫而不能銓次[7], 皆非能眞蓄書畵者. 又蓄聚旣多, 妍蚩[8]混雜, 甲乙次第[9], 毫不可訛. 若使眞贋幷陳, 新舊錯出, 如入賈胡肆[10]中, 有何趣味. 所藏必有晉唐宋元名蹟, 乃稱博古[11], 若徒取近代紙墨[12], 較量眞僞, 心無眞賞, 以耳爲目, 手執卷軸[13], 口論貴賤, 眞惡道也. 志書畵 第五

---

1) 勞辱(노욕): 자주 만져 소중하게 보호하지 않다.【原註】
2) 卷舒(권서): 말고 펼치다.【原註】
3) 操揉(조유): 조(操)는 '꽉 움켜쥐다', 유(揉)는 '마찰하다'로 풀이한다.【原註】
4) 識鑒(식감): 식별하여 감정하다.【原註】
5) 閱玩(열완): 펼쳐보며 감상하다.【原註】
6) 裝褫(장치): 표구하다.【原註】
7) 銓次(전차): 선택하고 분류하여 등급을 매기다.【原註】
8) 妍蚩(연치): 치(蚩, 어리석다)는 치(媸, 추하다)와 같다. 연치(妍蚩)는 아름다움과 추함으로 풀이한다.【原註】
9) 甲乙次第(갑을차제): 등급을 나누다. 『후한서・마융전(後漢書・馬融傳)』의 이현 (李賢, 655-684. 당나라 태자)의 주(注)에서 "갑을은 차례를 말한다.(甲乙謂相次也.)"라고 하였다.【原註】
10) 賈胡肆(가호사): 회족(回族)의 골동상점을 '가호사(賈胡肆)'라 한다. 『후한서・마원전(後漢書・馬援傳)』에서 "경서(耿舒)가 형 호주후(好畤侯) 경엄(耿弇)에게 보내는 글에서 이르기를, '복파장군 마원은 서역의 오랑캐 상인처럼 가는 곳마다 번번이 멈추었다.'(耿舒與兄好畤侯弇書曰, 伏波類西域賈胡, 到一處輒止.)"라고 하였다. 사(肆)에 관해『회남자(淮南子)』에서 "상인은 점포를 떠나지 않고, 농부는 들을 떠나지 않는다.(賈不去肆, 農不去野.)"라고 하였다.【原註】
   * 賈胡(가호): 장사하는 오랑캐. 오랑캐 상인.【역주】
   * 경서(耿舒, ?-?): 동한시기의 장군으로 경엄(耿弇)의 동생.【역주】
   * 경엄(耿弇, 3-58): 동한의 개국 명장으로 호주후(好畤侯)에 봉해졌다.【역주】
11) 博古(박고): 옛일에 정통하다.【역주】
12) 紙墨(지묵): 종이와 먹. 서화작품.【역주】
13) 卷軸(권축): 두루마리. 고대 서화는 두루마리의 형태로 보관되었으므로, 서화작품

1. 서예 비평(論書)

고대의 서예작품을 관찰하려면, 마음을 맑게 하고 사고를 안정시킨 채, 먼저 운필의 구성과 기운이 전체를 관통하여 서로 호응하는지를 관찰해야 한다. 다음에는 인위적인 것과 자연스러운 것 그리고 자연스러운지 억지로 조작했는지를 관찰해야 하고, 그 다음으로 고대에서 현재까지의 발문(跋尾)[14]과 전해 온 내력을 관찰해야 한다. 그 다음으로 소장가의 인장과 제기(題記)[15] 그리고 종이의 색과 비단을 관찰해야 한다. 혹 구성은 뛰어나지만 예리한 기세가 없는 것은 모본(模本)[16]이다.

을 지칭하기도 한다.【역주】

14) 발미(跋尾): 판본과 서화 두루마리의 뒷부분에 쓴 글을 '발미(跋尾)'라 한다.【原註】
   * 발미(跋尾): '발문(跋文)'이나 '제발(題跋)'이라고도 한다. 문체의 일종으로 서적 · 서화 · 시문 · 비첩 등의 뒷부분에 쓰며, 대부분 내용을 평가하거나 창작과정 등을 설명하였다. 당대에는 '제모후(題某後)'나 '독모(讀某)'라 하였으며, 송나라 문학가 구양수(歐陽修, 1007-1072)의「잡제발(雜題跋)」과『집고록발미(集古錄跋尾)』에 최초로 '발(跋)'이라는 용어가 나타난다.【역주】

15) 제기(題記): 여러 가지 의미가 있으나, 여기서는 작품을 기념하여 쓴 글을 의미한다.【역주】

16) 모본(模本): 모본(摹本, 모사본)과 의미가 통한다. 모방하여 간행한 작품을 '모본(摹本)'이라 한다.
   『황조유원(皇朝類苑)』에서 "지금 전하는「악의전」은 모두 모사본이다.(今傳樂毅傳皆摹本也.)"라고 하였다.
   『동관여론(東觀餘論)』에서 "'모(摹)'는 얇은 종이를 고대의 서첩 위에 덮고 글자의 굵기에 따라 그대로 베끼는 것으로, '모화(摹畵, 그림을 베끼다)'의 '모(摹)'와 같으므로 '모(摹)'라고 한다.(摹謂以薄紙覆古帖上, 隨其細大而拓之, 若摹畵之摹, 故謂之摹.)"라고 하였다.【原註】
   * 황조유원(皇朝類苑): 63권. 1145년에 완성. 송나라 관리 강소우(江少虞, ?-?)가 편찬하였으며, 송나라의 전장제도(典章制度)부터 외교와 각 지역의 풍속까지를 망라한 저술.【역주】
   * 동관여론(東觀餘論): 북송의 학자 황백사(黃伯思, 1079-1118)의 저술. 상하 2권으로 구성. 상권은 송나라 미불(米芾)이『순화각첩(淳化閣帖)』을 평한 내용을 다시 수정한『법첩간오(法帖刊誤)』이며, 하권은 서화 · 옛 기물 · 교감한 서적의 서문 등의 제기와 발문으로 구성되어 있다.【역주】

작가의 의도는 이해했으나 배치가 적당하지 못한 것은 임본(臨本)17)이다. 필세(筆勢)18)가 연속되지 못하고 글자의 모양이 주판알과 같은 것은 집서(集書)19)이다. 글자 모양은 비슷하지만 작가의 진정한 풍채와 운치가 하나도 없는 것은 쌍구(雙鉤)20)이다. 또 고대인이 먹을 사용할 때에는 건조하거나 윤택하거나 풍만하거나 수척하거나를 막론하고, 모두 종이나 비단에 스며들어가 있지만 후대 사람의 위작은 먹이 표면에 떠 있으므로 판별하기 쉽다.

一. 論書

觀古法書21), 當澄心定慮, 先觀用筆結體22), 精神照應23), 次觀人爲天巧24),

---

* 법첩(法帖): 역대 명인의 서예작품을 석재나 목판에 새겨서 탁본을 뜨거나 인쇄하여 표구해서 만든 두루마리나 책으로, 서예 학습의 표본이므로 '법첩'이라 한다.【역주】
17) 臨本(임본): 서첩을 보고 따라 쓰다. 『동관여론』에서 "임(臨)은 종이를 고대 서첩의 옆에 놓고 글자의 형세를 보고서 그것을 익히는 것을 말하며, 연못에 가까이 가다(臨淵)의 임(臨)과 같으므로 '임(臨)'이라 한다(臨謂以紙在古帖旁, 觀其形勢而學之, 若臨淵之臨, 故謂之臨.)"라고 하였다.【原註】
* 임모(臨摹): 임모하다. 임(臨, 흉내 내는 것)과 모(摹, 그대로 대고 베끼는 것)는 결국 원작을 모방하여 작품을 생산하는 행위로, 고대에는 학습의 수단으로 사용되었다. 난이도는 모(摹)가 임(臨)보다 쉬우며, 모두 형사(形似, 작품의 겉모습만 모방)에서 신사(神似, 작가의 정신세계까지 모방)의 경지에 도달하는 것을 목표로 한다.【역주】
18) 필세(筆勢): 글씨의 획에 나타나는 힘.【역주】
19) 집서(集書): 고대 비첩의 글자를 모아서 만드는 것을 말한다. 『법첩간오 · 여주신각제첩변(法帖刊誤 · 汝州新刻諸帖辨)』에서 "고대 서첩과 비석의 글자를 모아 위조 서첩을 만든 것은, 조금 글씨를 아는 사람이라면 바로 구별할 수 있다.(至其集古帖及碑中字, 萃爲僞帖, 稍識書者, 便可別之.)"라고 하였다.【原註】
20) 쌍구(雙鉤): 당나라 사람이 모범이 되는 서예작품을 돌 위에 모방하여 새길 때, 글자의 양측 가장자리의 흔적을 따라 가는 선으로 묘사하여 글자의 굵고 가늘기가 진면목을 잃어버리지 않도록 한 것을 '쌍구'라고 한다.【原註】
21) 法書(법서): 예술성이 뛰어나 서예의 모범이 되는 작품.【역주】
22) 用筆結體(용필결체): 필법과 구성. 『운석재필담(韻石齋筆談)』에서 "곽희(郭熙)의

自然强作25), 次考古今跋尾, 相傳26)來歷, 次辨收藏印識27), 紙色絹素28). 或得
結構而不得鋒鋩29)者, 模本也. 得筆意30)而不得位置者, 臨本也. 筆勢不聯屬,
字形如算子31)者, 集書也. 形跡雖存, 而眞彩神氣索然32)者, 雙鉤也. 又古人用

옥화전(玉華殿) 후원 병풍의 화고(畵稿)는 구성이 예스럽고 우아하여 평생 드물게
보는 것이었다.(郭河陽玉華殿後苑御屛粉本, 結體古雅, 生平僅見.)"라고 하였다.
【原註】
* 운석재필담(韻石齋筆談): 2권. 청나라 장서가이자 학자 강소서(姜紹書?-1680?)
가 편찬하였으며, 자신이 본 고대 기물과 서화 및 기이한 기물에 대하여 기물의
명칭을 표제로 하여 자세하게 기록하였다.【역주】
* 곽희(郭熙, 1000?-1080?): 북송의 궁정화가이자 회화이론가로 하양(河陽) 온현
[溫縣, 지금 하남성 초작시(焦作市)에 속함] 사람이어서 '곽하양(郭河陽)'이라고
도 한다.【역주】
* 粉本(분본): 화고. 고대에 그림을 그릴 때 먼저 분을 칠하여 그린 밑그림. 이
밑그림에 따라 붓으로 다시 정밀하게 그렸다.【역주】
23) 精神照應(정신조응): 의경(意境, 정취)과 연계(호응). 그림을 그리는 것은 기운이
전체를 관통하여 호응할 수 있어야 한다.【原註】
24) 人爲天巧(인위천교): 인공과 천연.【原註】
25) 自然强作(자연강작): 자연스러움과 억지로 한 조작.【原註】
26) 相傳(상전): 장기간 유전되어 오다. 교대로 전수하다.【역주】
27) 印識(인지): 인장과 작품을 기념하여 쓴 글.【原註】
28) 絹素(견소): 고대인이 서화에 사용한 흰 명주를 '견소(絹素)'라 하며 지금은 '명주'
라 통칭한다. 『당서·배행검전(唐書·裵行儉傳)』에서 "배행검은 초서와 예서에
정통한 명가로서, 황제가 일찍이 비단에 『문선(文選)』을 쓰도록 명하였다.(行儉工
草隷名家, 帝嘗以絹素詔寫文選.)"라고 하였다.【原註】
* 배행검(裵行儉, 619-682): 강주(絳州) 문희(聞喜, 지금의 산서성 문희) 사람. 당
고종시기의 장군. 백제인 흑치상지(黑齒常之, 630-689)를 발탁하였다.【역주】
* 문선(文選): 60권. 『소명문선(昭明文選)』이라고도 한다. 남조 양무제의 장자 소
통(蕭統, 501-531)이 문인들을 동원하여 편찬하였으며, 선진시기부터 양나라 초
기까지의 문학작품을 망라한, 현존하는 중국 최초의 시문총집이다.【역주】
29) 鋒鋩(봉망): 서화 작품에서 우러나오는 예리한 기세.【역주】
30) 筆意(필의): 작가의 의도. 운필할 때의 마음가짐. 서화의 취향.【역주】
31) 算子(산자): 주판알. 잘못 놓여 진 물건을 비유한다. 『화선실수필(畵禪室隨筆)』에
서 "왕희지는 '글자가 주판알과 같으면 바로 글씨가 아니다.'라고 하였다(王義之
言, 字如算子, 便不是書.)"라고 하였다.【原註】
* 화선실수필(畵禪室隨筆): 2권. 명나라 화가 동기창(董其昌)이 저술한 명대의 서
예와 회화이론서이며, 1권은 서예에 관한 내용이고, 2권은 회화에 관한 내용이
다.【역주】

墨33), 無論燥潤肥瘦, 俱透入紙素34), 後人僞作, 墨浮而易辯.

2. 회화 비평(論畵)

회화는 산수가 제일이고 대나무·나무·난초·바위가 다음이며 인물·새와 짐승·누대와 전각·가옥과 나무 가운데 작은 작품이 그 다음이며, 큰 작품이 또 그 다음이다. 인물은 돌아보며 말을 하는 듯이 생동하고, 꽃과 과일은 바람결에 이슬을 머금은 듯하며, 새·동물·벌레·물

---

32) 索然(색연): 다하여 없어지다.【역주】
33) 用墨(용묵): 서예 용어. 먹빛에는 농묵(濃墨, 진한 먹)·담묵(淡墨, 옅은 먹)·고묵(枯墨, 물기가 적은 먹)·윤묵(潤墨, 물기가 많은 먹)의 구분이 존재하며, 서체와 사용하는 종이 및 붓에 따라 적절하게 사용하는 방식이 있다.【역주】
34) 紙素(지소): 종이와 흰 비단. 소(素)는 흰 비단이다. 『설문통훈정성(說文通訓定聲)』에서 "삶아서 표백하지 않은 비단을 '소(素)'라 하고, 삶아서 표백한 비단을 '련(練)'이라 한다.(生帛曰素, 陳帛曰練.)"라고 하였다. 『급취편(急就篇)』의 안주(顏注)에서 "'소(素)'는 비단 가운데 정교하고 흰 것을 말하며, 글자를 쓰는데 사용하는 비단이다.(素謂絹之精白者, 卽所用寫字之素也.)"라고 하였다. 고대의 서화는 대부분 비단으로 종이를 대신하였다. 1942년 2월 호남성 장사시(長沙市) 동남쪽 교외 진가대산(陳家大山)의 주나라 말기 전국시기의 초나라 무덤에서 백화(帛畵, 비단에 그린 그림)가 발견되었다. 근래 마왕퇴(馬王堆) 등의 한나라 무덤에서도 발견되었다.【原註】
  * 설문통훈정성(說文通訓定聲): 동한의 허신(許愼)이 지은 최초의 자전(字典)인 『설문해자(說文解字)』를 연구하여 해설한 저술로, 설문(說文)·통훈(通訓)·정성(定聲)의 3부분으로 구성되어 있으며, 모두 18권. 청나라 훈고학자 주준성(朱駿聲, 1788-1858)이 편찬하여 동치 9년(1870)년에 간행하였다.【역주】
  * 급취편(急就篇): 서한 서예가 사유(史遊, ?-?)의 저술로 아동에게 글자를 가르치는 교과서의 일종. 안주(顏注): 1권. 『급취편주(急就篇注)』라고도 한다. 당나라의 유학자이자 경학가이며 역사학자인 안사고(顏師古, 581-645)가 『급취편』에 붙인 주석.【역주】
  * 마왕퇴(馬王堆): 서한초기 장사국(長沙國) 승상 이창(利蒼, ?-B.C.185)과 그 가족의 무덤으로, 1972년부터 발굴하여 백서(帛書, 비단에 쓴 글씨)·백화(帛畵)·칠기(漆器)·도기(陶器) 등 3,000여점의 유물이 발견되었다.【역주】

고기는 정신이 핍진하고, 산·물·숲·샘은 맑고 그윽하면서 탁 트여야 한다. 가옥은 그윽하고, 다리에는 인마가 왕래하며, 바위는 오래되어 보이면서도 윤기가 있어야 한다. 그 밖에 물은 맑으면서 환하며, 산세는 높으면서 험하고, 흐르는 샘물은 시원스러우며, 구름과 안개는 출몰하고, 들의 길은 이리저리 굽어 있으며, 소나무는 용과 뱀처럼 서려 있고, 대나무는 비바람을 머금고 있다. 산기슭에 맑은 물이 흘러들면서 수원(水源)의 내력이 분명한 이러한 여러 사항을 갖추고 있으면, 비록 작가의 이름을 모르더라도 뛰어난 작품으로 판정한다. 만약 인물이 시체와 같고 흙으로 빚어 놓은 듯하며, 꽃과 과일은 밀가루로 주물럭거린 조각과 비슷하고, 벌레·물고기·새·동물이 단지 겉모습만 표현되어 있으며, 산·물·숲·샘의 배치가 바짝 붙어있고, 누대와 전각이 모호하게 뒤섞여 있으며, 다리는 억지로 끊어진 모습이고 길에 평탄하고 험준한 느낌이 없으며, 거리에 오고가는 인마가 없으며, 바위는 한 면만 표현되고, 나무에는 사방의 가지와 잎이 없으며, 높이와 크기가 어울리지 않거나 원근이 구분되지 않거나 농담이 적당하지 않고 배치와 색칠에 법도가 없고, 산기슭에 수면(水面)이 없고 수원에 내력이 없으면, 비록 유명한 이름이 있어도 저속한 작품이며, 후세 사람이 베껴 그린 것으로 판정한다. 임모한 위조자의 작품은 운필과 채색이 자연히 예스럽지 않으므로 판별하기 어렵지 않다.

二. 論畫

畵山水第一, 竹樹蘭石次之, 人物鳥獸樓殿屋木小者次之, 大者又次之. 人物顧盼語言35), 花果迎風帶露, 鳥獸蟲魚, 精神逼眞, 山水林泉, 淸閒幽曠36), 屋廬

---

35) 顧盼語言(고반어언): 이리저리 돌아보며 말을 하다. 생동한다는 표현.【原註】
36) 幽曠(유광): 그윽하고 고요하며 광활하다.【原註】

深邃37), 橋彴38)往來, 石老而潤, 水淡而明, 山勢崔嵬39), 泉流灑落, 雲煙出沒, 野徑迂回, 松偃龍蛇, 竹藏風雨, 山腳入水澄淸, 水源來歷分曉, 有此數端, 雖不知名, 定是妙手. 若人物如尸如塑, 花果類粉捏雕刻, 蟲魚鳥獸, 但取皮毛, 山水林泉, 布置迫塞40), 樓殿模糊錯雜, 橋彴强作斷形, 徑無夷險41), 路無出入, 石止一面, 樹少四枝42), 或高大不稱, 或遠近不分, 或濃淡失宜, 點染43)無法, 或山腳無水面, 水源無來歷, 雖有名款44), 定是俗筆, 爲後人塡寫. 至於臨摹贋手45), 落墨設色, 自然不古, 不難辨也.

---

37) 深邃(심수): 邃(수)의 음은 粹(수)이다. 심수(深邃)의 의미는 심원하다.【原註】

38) 橋彴(교작): 교(橋)는『설문해자』에서 "물 위에 놓인 다리이다.(水梁也.)"라고 하였다. 彴(작, zhuo)의 음은 勺(작, shao)이며, 물을 건너도록 가로질러 놓은 나무이다.『광아(廣雅)』에서 "외다리이다.(獨梁也.)"라고 하였으며, 나무 하나로 만든 다리이다.【原註】

* 광아(廣雅): 10권. 위나라 학자 장읍(張揖, ?-?)의 저서로『이아』를 모방한 백과사전.【역주】

39) 崔嵬(최외): 산이 높고 험한 것을 '최외(崔嵬)'라 한다.【原註】

40) 迫塞(박색): 바싹 접근하다. 가로막다.【原註】

41) 夷險(이험): 평탄함과 험준함.【原註】

42) 四枝(사지): 사면의 가지와 잎.【原註】

43) 點染(점염): 화가가 경물을 배치하고 색을 칠하는 것을 '점염(點染)'이라 한다.【原註】

44) 名款(명관): 서화작품에 쓰여 있는 이름을 '녹관(錄款)'이라 한다. 손님의 이름은 '상관(上款)'이라 하고, 작가의 이름은 '하관(下款)'이라 한다.【原註】

45) 贋手(안수): 고대 명인의 작품을 가짜로 만드는 사람.【原註】

* 남조 송나라 서예가 우화(虞龢, ?-?)는 조서를 받들어 왕희지(王羲之, 303-361)와 왕헌지(王獻之, 344-386)의 서예 작품을 수집하였으며,「논서표(論書表)」에서 "신유(新渝) 혜후(惠侯) 유의종(劉義宗, ?-444)이 평소에 왕희지와 왕헌지의 작품을 애호하고 중시하여 상금을 걸고 찾아 구매하며 값을 따지지 않았다. 그러나 경박한 무리들이 마음을 단단히 먹고 모방하여, 초가집에서 흘러내린 물로 종이의 색을 염색하여 변화시키고, 갖은 노력을 더하여 오래된 글씨와 비슷하도록 만들어, 진위가 서로 뒤섞여 식별할 수가 없었다. 그러므로 혜후가 소장한 작품에는 진품이 아닌 것이 많았다.(新渝惠侯雅所愛重, 懸金招買, 不計貴賤. 而輕薄之徒銳意摹學, 以茅屋漏汁染變紙色, 加以勞辱, 使類久書, 眞僞相糅, 莫之能別. 故惠侯所蓄, 多有非眞.)"라고 하였다. 구체적인 위조자의 성명은 알 수 없지만, 이미 5세기에 왕희지와 왕헌지의 위조 작품이 많이 유통되고 있었음을 알 수 있다.【역주】

3. 서화의 가치(書畵價)

　서예의 가치는 해서(楷書)를 표준으로 한다. 예를 들어 왕희지의 초
서(草書)[46] 100자는 바로 한 줄의 행서(行書)[47]에 필적하고, 3줄의 행서
는 1줄의 해서에 필적한다. 「악의론(樂毅論)」·『황정경(黃庭經)』·「동
방삭화상찬(東方朔畵像贊)[48]」·「고묘문(告墓文)[49]」 경우는 완전한 작
품을 구하기만 하면 글자의 수로 계산하지 않는다. 그림의 가치도 그렇
다. 산수·대나무와 바위·고대 명현의 초상은 해서에 해당할 수 있다.

---

46) 초서(草書): 한나라가 흥성하고 초서가 존재했다. 글자가 서로 연결되지 않은 것
　　을 '장초(章草)'라고 하며, 한위시기의 초서이다. 진(晋) 이후에 글자가 서로 연결
　　된 것을 '금초(今草)'라 한다. 초서는 한대 말기에 시작하여 지금까지 유행하고
　　있다. '초서'라고 통칭한다(『설문해자서(說文解字序)』에 보인다). 당대(唐代)에 또
　　글씨가 서로 연결된 '광초(狂草)'가 나타났다.【原註】
　* 장초(章草): 초기의 초서로 서한시기에 창조되어 동한시기에 성숙되었으며, 초
　　서체로 쓴 예서에서 변화되어 나왔고, '금초'의 전신으로 글자가 서로 연결되지
　　않은 점에서 금초와 구별된다. 초기의 명인으로는 장지(張芝, ?-192)·조식(曹
　　植, 192-232)·위관(衛瓘, 220-291)·삭정(索靖, 239-303)·육기(陸機, 261-303)
　　등이 있으며, 특히 육기의 「평복첩(平復帖)」은 장초로 쓰였으며, 법첩의 시조로
　　평가를 받는다.【역주】
　* 광초(狂草): 가장 방종한 풍격을 가진 초서의 일종으로, 글자가 서로 이어지면서
　　구불구불 감돌고 자형의 변화가 풍부하다. 한나라 서예가 장지(張芝, ?-192?)가
　　창조하여, 당나라 서예가 장욱(張旭, ?-?)과 회소(懷素, 725-785)에 이르러 비로
　　소 널리 알려졌다.【역주】
47) 행서(行書): 해서와 초서의 사이에 있는 서체의 일종. 해서의 법칙이 초서의 법칙
　　보다 많은 것을 '행해(行楷)'라 하고, 초서의 법칙이 해서의 법칙보다 많은 것을
　　'행초(行草)'라 한다. 한대 말기에 시작되어 지금까지 유행한다.【原註】
48) 동방삭화상찬(東方朔畵像贊): 서진(西晋) 문학가 하후담(夏侯湛, 243?—291?)이
　　지었으며, 서한시기의 문학가로서 '삼천갑자 동방삭'으로 널리 알려진 동방삭(?-?)
　　을 그린 그림에 대한 찬양문으로 600여자이다.【역주】
49) 고묘문(告墓文): 왕희지와 표기장군(驃騎將軍) 왕술(王述, 303-368)은 명성이 나란
　　했으나, 왕희지는 왕술을 몹시 경시했다. 왕희지가 회계내사(會稽內史)가 되었을
　　때, 왕술은 양주자사(揚州刺史)가 되어 왕술의 아래에 속하게 되었으므로, 관직을
　　사퇴하고 부모의 무덤 앞에서 다시는 관리가 되지 않겠다고 맹세하며 지은 글.【역
　　주】

인물과 화조로 작은 작품은 행서에 해당할 수 있다. 인물을 그린 작품 가운데 큰 작품·귀신·불상·궁실 누각·동물·벌레와 물고기의 그림은 초서에 해당할 수 있다. 그리고 누대와 전각에 그린 열렬한 공신도와 궁전에 그린 절개 있는 유명한 인물화의 경우에도 절묘함은 입신의 경지에 들어갈 만하고 신령스럽게 성스러운 경지와 통한다. 궤짝을 열면 사라지거나 걸어놓으면 날아가려 하는 것처럼 신기한 사적과 특이한 명성과 관계만 있으면, 가치를 따질 수 없는 나라의 보물이다. 또 서화는 본래 우아한 예술이므로, 일단 온갖 잡귀신을 그려서 근거를 캐물을 수가 없으면 고금의 명인 작품을 막론하고 모두 제2등급으로 떨어진다.

三. 書畵價

書價以正書爲標准, 如右軍50)草書一百字, 乃敵一行行書, 三行行書, 敵一行正書51). 至於樂毅黃庭52)畵贊告誓53), 但得成篇, 不可計以字數. 畵價亦然, 山水竹石, 古名賢象, 可當正書. 人物花鳥, 小者可當行書. 人物大者, 及神圖佛象宮室樓閣走獸蟲魚, 可當草書. 若夫臺閣標功臣之烈54), 宮殿彰貞節之名55), 妙

---

50) 右軍(우군): 왕희지(王羲之, 303-361 또는 321-379). 진(晉)나라 사람으로 자(字)는 일소(逸少)이며, 일찍이 우군장군(右軍將軍)과 회계내사를 역임하여, 세상에서 '왕우군(王右軍)'이라 한다. 초서와 예서는 고금의 으뜸이다.【原註】
51) 正書(정서): 해서의 바른 것은 서체의 모양이 방정하고 필획은 바르게 써서 모범이 될 수 있으므로 이렇게 이름을 붙였다. 동한시기에 시작되어 지금까지 통행되고 있다.【原註】
52) 樂毅黃庭(악의황정):「악의론(樂毅論)」과「황정경(黃庭經)」.「악의론」은 위(魏)나라 하후현(夏侯玄, 209-254)의 작품으로 진나라 왕희지가 글씨를 썼으며, 후대 사람이 작은 해서체의 법첩으로 받들어 존중한다.『황정경』은 노자의『황정경』으로 모두 4종류가 있으며, 그중의 한 종류가『황정외경경(黃庭外景經)』으로 세상에는 왕희지의 글씨와 거위를 바꾼 것이라 전해온다.【原註】
53) 畵贊告誓(화찬고서): 동방삭(東方朔)의「화상찬(畵像贊)」과「고묘문(告墓文)」(「서묘문(誓墓文)」이라고도 한다)으로 모두 왕희지의 글씨이다.【原註】
54) 臺閣標功臣之烈(대각표공신지열):『자치통감강목(資治通鑑綱目)』에서 "명제(明帝) 영평(永平) 3년(60), 황제가 중흥의 공신을 그리워하여, 바로 운대각(雲臺閣,

낙양의 남궁(南宮)에 있던 누각에 28명 장군의 도상을 그렸다.(明帝永平三年, 帝思中興功臣, 乃圖二十八將於雲臺.)"라고 하였다.

『당서・태종기(唐書・太宗記)』에서 "17년 12월에 능운각에 공신의 도상을 그렸다.(十七年十二月, 圖功臣於凌雲閣.)"라고 하였다.

『대당신어(大唐新語)』에서 "정관 17년(643), 태종이 태원(太原)에서의 의거(義擧)와 진왕부(秦王府)의 공신……24명을 능운각에 도상으로 그렸으며, 저수량(褚遂良, 서예가)이 능운각의 글씨를 쓰고 염립본(閻立本, 화가)이 그림을 그렸다.(貞觀十七年, 太宗圖太原倡義及秦府功臣……二十四於凌雲閣, 太宗親爲之贊, 褚遂良題閣, 閻立本畫.)"라고 하였다.【原註】

* 자치통감강목(資治通鑑綱目): 59권. 정통과 비정통을 엄격하게 구분하고 윤리강상을 명확하게 판별하며 춘추필법에 의한 포폄에 중점을 두어, 강(綱)은 『춘추』를 모방하고 목(目)은 『좌전』을 모방하여, 주희와 그의 문인 조사연(趙師淵, 1150?-1210)이 편찬한 역사서. 1172년에 완성되었다.【역주】

* 대당신어(大唐新語): 3권. 당나라 관리 유숙(劉肅, ?-?)이 저술하였으며, 당나라 초기부터 대력연간(大曆年間, 766-779)까지 당나라의 역사인물에 대한 고사를 기록한 소설집. 원화(元和) 정해년(807)의 서문이 붙어있다.【역주】

55) 宮殿彰貞節之名(궁전창정절지명): 『야객총서(野客叢書)』에서 "황정견(黃庭堅)이 '당나라 궁전은 모두 청색으로 칠한 벽에 흰색으로 그림을 그렸다.'고 말하였다. 내가 조사해 보았는데, 한나라 궁전은 모두 분칠한 벽에 고대의 선비와 여인을 그렸으며, 한나라 『한관전직의식선용(漢官典職儀式選用)』에 보인다. 그리고 심약(沈約)의 『송지(宋志)』에서도 '낭관은 명광전(明光殿)에서 일을 받들며, 전각에는 호분(胡粉)으로 고대 현인과 선비를 그려놓았다.'고 하였다. 『동관한기(東觀漢記)』에서 '영제(靈帝)가 채옹(蔡邕)에게 적천후(赤泉侯) 양희(楊喜)의 5세대 장군과 재상을 궁중에 그리도록 조서를 내렸다.'고 하였다. 당나라의 기록에서 '문종(文宗)이 상서(尙書)와 군신(君臣)의 사적을 편찬하고 태액정(太液亭)에 그림을 그리도록 명하였다.'고 하였다. 궁중에서 벽에 그린 그림은 기록에 나타나는 것이 이처럼 다양하다.(魯直言唐省中皆靑壁畫雪. 僕因考之, 漢省中皆粉壁畫古列士列女, 見漢官典職. 而沈約宋志亦曰, 郎官奉事明光殿, 殿以胡粉畫古列賢列士. 東觀記謂, 靈帝詔蔡邕畫赤泉侯五代將相於省. 唐錄謂文宗撰尙書君臣事迹, 命畫於太液亭. 省禁畫壁, 見於所載, 斑斑若此.)"라고 하였다.【原註】

* 야객총서(野客叢書): 송나라 왕무(王楙, 1151-1213)의 저술로서, 전적을 조사하여 시비를 밝히고 송나라와 역대의 숨은 이야기를 다양하게 기록하였다.【역주】

* 황정견(黃庭堅, 1045-1105): 자(字)는 노직(魯直), 호는 산곡도인(山谷道人). 홍주(洪州) 분녕[分寧, 지금의 강서성 수수현(修水縣) 사람. 북송의 저명한 문학가・서예가. 소동파의 제자.【역주】

* 한관전직의식선용(漢官典職儀式選用): 동한 서예가 채옹(蔡邕, 133-192)의 숙부인 한나라 관리 채질(蔡質, ?-?)이 편찬하였으며, 관직제도와 예식을 다양하게 기록한 저술.【역주】

將入神, 靈則通聖, 開廚或失56), 挂壁欲飛57), 但涉奇事異名, 即爲無價國寶. 又書畫原爲雅道, 一作牛鬼蛇神, 不可詰識, 無論古今名手, 俱落第二.

4. 고금의 우열(古今優劣)

서예를 익히는 것은 반드시 시대를 한계로 하므로, 육조(六朝)58)는 서진과 북위에 미치지 못하고 송나라와 원나라는 육조와 당나라에 미치지 못한다. 회화는 그렇지 않으므로, 불교와 도교·인물·미인·소와 말은 근래의 작품이 고대에 미치지 못하고, 산수·숲과 바위·꽃과 대나무·새와 물고기는 고대의 작품이 근래에 미치지 못한다. 예를 들어

---

* 송지(宋志): 100권. 양나라 심약이 편찬한 남북조시기 송나라의 역사를 기록한 역사서.【역주】
* 호분(胡粉): 납을 가공하여 만든 흰색의 분말로 화장용이나 백색의 안료로 사용한다. 염기성 탄산납으로 화학식은 2PbCO3·Pb(OH)2이다.【역주】

56) 開廚或失(개주혹실):『진서·고개지전(晋書·顧愷之傳)』에서 "고개지가 일찍이 궤짝에 그림을 그리고 그 앞에 제목을 붙여서 환현(桓玄, 369-404. 동진의 권력가)에게 보내었는데, 환현은 궤짝을 연 뒤에 그림을 훔쳐 가지고 옛날처럼 닫아 봉하여 돌려주며, '열지 않았다.'고 하였다. 고개지는 곧바로 '신묘한 그림은 영통하므로 변화하여 사라지는데, 또 사람이 신선이 되어 하늘로 올라가는 것과 같다.'고 하였다.(愷之嘗以一廚畵, 糊題其前寄桓玄, 玄發廚後竊取畵而緘閉如舊以還之, 給云, 未開. 愷之直云, 妙畵通靈, 變化而去, 亦猶人之登仙.")라고 하였다.【原註】

57) 挂壁欲飛(괘벽욕비):『신이기(神異記)』에서 "장승요가 금릉(金陵, 지금의 남경) 안락사(安樂寺)에 네 마리의 용을 그리고는 눈을 그리지 않은 채, 매번 '눈을 그리면 날아갈 것이다.'라고 하였다. 사람들이 망령되다고 여겨서 눈을 그리도록 요청하자, 순식간에 천둥과 번개가 치며 벽이 부서지고 두 마리 용이 날아가는 것이 보였다.(張僧繇於金陵安樂寺畵四龍而不點睛, 每云點之則飛去矣. 人以爲妄固請點之, 須臾雷電破壁, 見二龍飛去.")라고 하였다. "용에 눈을 그리니, 벽이 부서지고 날아갔다.(畵龍點睛, 破壁飛去.)"라는 신화가 전한다.【原註】
* 신이기(神異記): 진(晋) 왕부(王浮)가 편찬한 괴이한 이야기를 쓴 소설로서, 원서는 사라지고 각종 책에서 수집하여 모은 약 400여자 분량이 남아있다.【역주】
58) 육조(六朝): 권2「수선(水仙)」의 원주 참고.【原註】

고개지(顧凱之)59) · 육탐미(陸探微)60) · 장승요(張僧繇)61) · 오도현(吳道玄)62) 그리고 염립덕(閻立德)63)과 엽립본(閻立本)64)은 모두 매우 중후

---

59) 고개지(顧凱之): 진나라 사람. 『진서 · 고개지전(晋書 · 顧愷之傳)』에서 "고개지의 자(字)는 장강(長康)이며, 진릉(晋陵) 무석[無錫, 지금의 강소성 초계(焦溪)] 사람이다. 박학하고 재기가 있으며, 그림에 더욱 뛰어나 그림이 특히 오묘했다. 세속에 전하기를 고개지에게 세 가지 절기가 있으며, 재절(才絶, 재능 제일) · 화절(畵絶, 그림 제일) · 치절(癡絶, 괴짜 제일)이다.(愷之字長康, 晋陵無錫人. 博學有才氣, 尤善丹靑, 圖寫特妙. 俗傳愷之有三絶, 才絶畵絶痴絶.)"라고 하였다.
당나라 서예가 장회관(張懷瓘)은 "고개지의 어렸을 때의 자(字)는 호두(虎頭)로서, 사람들이 '고호두(顧虎頭)'라고 한다.(小字虎頭, 人稱顧虎頭.)"라고 하였다.【原註】

60) 육탐미(陸探微, ?-485?): 남북조 유송(劉宋)시기의 사람이다. 『역대명화기(歷代名畵記)』에서 "육탐미는 오(吳, 지금의 강소성 소주) 사람으로 송나라 명제(明帝, 재위 466-472)시기에 항상 황제를 시종하였으며, 그림이 오묘하여 가장 뛰어난 사람으로 추대되었다. 송나라 효무제의 초상과 송나라 명제의 초상 등이 모두 후대에 전한다.(陸探微, 吳人, 宋明帝時, 常在侍從, 丹靑之妙, 最推工者. 有宋孝武像宋明帝像等, 幷傳於代.)"라고 하였다. 『화단(畵斷)』에서 "육탐미는 신령과 교감하고 절묘하게 고려하였으며, 걸핏하면 본질에 합치하여 필치가 굳세고 예리해서 송곳과 같았다.(陸公參靈酌妙, 動與神會, 筆跡勁利, 如推刀焉.)"라고 하였다. 풍속화 · 인물화 · 불화와 도교화 · 금수(禽獸)를 잘 그렸다.【原註】
* 역대명화기(歷代名畵記): 10권. 당나라의 화가이자 회화이론가인 장언원(張彦遠, 815-907)의 저술로, 그 당시 회화에 대한 백과사전적 성격의 저서.【역주】
* 화단(畵斷): 당나라 서예가 장회관(張懷瓘, ?-?)이 저술한 회화 비평서로 『화품단(畵品斷)』이라고도 한다. 신기한 작품(神品) · 오묘한 작품(妙品) · 능란한 작품(能品)의 3등급으로 화가의 고하를 판정하였다.【역주】

61) 장승요(張僧繇, ?-?): 남북조 양나라 사람. 『역대명화기(歷代名畵記)』에서 "장승요는 오중(吳中, 지금의 소주) 사람이다. 양나라 천감연간(天監年間, 502-519)에 무릉국왕시랑(武陵王國侍郎)과 직비각지화사(直秘閣知畵事)가 되었으며, 우군장군(右軍將軍)과 오흥태수(吳興太守)를 역임하였다.(張僧繇, 吳中人也. 梁天監中, 爲武陵王國侍郎, 直秘閣知畵事, 歷右軍將軍吳興太守.)"라고 하였다. 산수화와 불상을 잘 그렸다.【原註】

62) 오도현(吳道玄, 680?-759): 당나라 사람. 『당조명화록(唐朝名畵錄)』에서 "오도현의 자(字)는 도자(道子)이며 동경(東京) 양적[陽翟, 지금의 하남시 우현(禹縣)] 사람으로, 어려서 외롭고 가난했다. 하늘에서 내려준 품성이 있어서 나이가 20이 못되어 그림의 오묘한 경지에 통달하였다. 낙양을 떠돌 때에 현종이 그의 명성을 알고 불러 들여 조정에서 황제를 모셨으며, 인물 · 불상 · 신선과 귀신 · 금수 · 산수 · 누대와 전각 · 초목을 그린 것이 모두 세상에 으뜸이었다.(吳道玄, 字道子, 東京陽翟人, 小孤貧, 天授之性, 年未弱冠, 窮丹靑之妙, 浪跡東洛時, 明皇知其名, 召入內供

하고 규범이 있으며 품성이 천연에서 나왔다. 주방(周昉)65) · 한간(韓幹)66) · 대숭(戴嵩)67)은 기운과 골법(骨法)68)이 모두 평범한 생각의 밖

奉, 凡畵人物佛像神鬼禽獸山水臺殿草木皆冠絶於世.)"라고 하였다.【原註】

* 당조명화록(唐朝名畵錄): 당나라 관리 주경현(朱景玄, ?-?)이 저술한 회화역사서. 당나라 화가 124명을 수록하고 신품 · 묘품 · 능품 · 일품(逸品)의 4 등급으로 품평하고, 신품과 묘품 및 능품은 또 상중하로 구분하였다.【역주】

63) 염립덕(閻立德, 596?-656): 당나라 사람. 『당서 · 염립덕전(舊唐書 · 閻立德傳)』에서 "염립덕은 옹주(雍州) 만년(萬年, 지금의 서안시 경내) 사람으로, 수나라 전내소감(殿內少監, 황제의 의복과 수레 등을 관장하는 전내성의 소감) 염비(閻毗, 564-613)의 아들이다. 염비는 처음부터 예술에 정통한 것으로 유명했다. 염립덕과 아우 염립본(閻立本)이 일찍이 집안의 학풍을 계승하였다. 무덕연간(武德年間, 618-626)에는 상의봉어(尙衣奉御, 황제의 의복과 일상 용품을 관리, 정5품)에 임명되었으며, 정관연간(貞觀年間, 627-649) 초기에 대안현남(大安縣男)에 봉해졌고, 장작대장(將作大匠, 토목을 관장하는 장작감(將作監)의 대장을 역임했으며, 공부상서로 옮겼고, 진급하여 대안현공에 봉해졌다.(閻立德, 雍州萬年人, 隋殿內少監毗之子也. 毗初以工藝知名. 立德與弟立本, 早傳家學. 武德中, 累除尙衣奉御, 貞觀初, 封大安縣男, 歷將作大匠, 遷工部尙書, 進封爲公.)"라고 하였다. 『당조명화록』에서 "염립덕의「직공도(職貢圖)」는 이국의 인물과 괴이한 모습을 그린 것으로, 양나라와 위나라 이래로 유명한 작가가 뛰어넘을 수 없었다.(閻立德職貢圖, 異邦人物詭怪之質, 自梁魏以來, 名手不可過也.)"라고 하였다.【原註】

* 직공도(職貢圖): 당태종시기 남해의 여러 국가에서 중국으로 와서 앵무새 · 괴석 · 상아 등과 같은 각종 진귀한 물품을 바치는 모습을 표현한 작품. 현재 타이베이 고궁박물원에 소장되어 있다.【역주】

64) 염립본(閻立本, 601?-673): 『당서 · 염립본전(唐書 · 閻立本傳)』에서 "염립본은 현경연간(顯慶年間, 656-661)에 장작대장으로 염립덕을 대신하여 공부상서가 되었다.(立本顯慶中, 以將作大匠, 代立德爲工部尙書.)"라고 하였다. 『구당서 · 염립본전(舊唐書 · 閻立本傳)』에서 "염립본은 정무를 처리하는 재능이 있었으며, 특히 그림에 뛰어나 사실화에 정통하였고,「진부십팔학사도(秦府十八學士圖)」와 정관연간의「능연각공신도(凌烟閣功臣圖)」는 모두 염립본의 작품으로, 그 당시 사람이 모두 절묘하다고 칭송하였다.(立本有應務之才, 而尤善圖畵, 工於寫眞, 秦府十八學士圖及貞觀中凌烟閣功臣圖, 幷立本之迹也, 時人咸稱其妙.)"라고 하였다.【原註】

65) 주방(周昉, ?-?): 당나라 사람. 『당조명화록』에서 "주방은 자(字)가 중랑(仲郞)이며, 경조(京兆, 지금의 서안) 사람이다. 글짓기를 잘했으며, 그림의 묘리에 통달하여 그가 그린 불상 · 신선 · 인물 · 여인이 모두 신묘한 작품이다.(周昉, 字仲郞, 京兆人. 好屬文, 窮丹靑之妙, 其繪畵佛像眞仙人物仕女皆神品.)"라고 하였다. 고개지 · 육탐미 · 오도현과 함께 '인물화의 사대가'라고 불린다.【原註】

66) 한간(韓幹, ?-?): 당나라 사람. 『유양잡조(酉陽雜俎)』에서 "한간은 남전(藍田, 지금

에서 나왔으므로, 후대에 학습한 사람들이 끝내 미칠 수가 없었다. 관동(關仝)[69] · 서희(徐熙)[70] · 황전(黃荃)[71] · 거채(居寀)[72] · 이성(李成)[73] ·

의 섬서성 서안시 남전현) 사람이다(韓幹, 藍田人.)"라고 하였다. 『당조명화록』에서 "한간은 당 현종 천보연간(天寶年間, 742-756)에 불려 들어가 황제를 모셨다.(韓幹, 明皇天寶中, 召入供奉.)"라고 하였다. 『역대명화기』에서 "한간은 인물을 잘 모사했으며 특히 말 그림에 뛰어났는데, 처음에는 조패(曹霸, 704?-770. 현종시기 말 그림에 뛰어났던 장군)를 스승으로 삼았다가 뒤에 스스로 홀로 뛰어났다.(韓善寫貌人物, 尤工鞍馬, 初師曹霸, 後自獨擅.)"라고 하였다.【原註】

* 유양잡조(酉陽雜俎): 당나라 소설가 단성식(段成式, 803-863)이 지은 필기소설집. 전집과 속집 총 30권 36편으로 구성되어 있으며, 신선 · 불상 · 귀신 · 인간사 · 동물 · 식물 · 술과 음식 등과 각 지역 및 이국의 사물을 기록하였다.【역주】
67) 대숭(戴嵩, ?-?): 당나라 사람. 『역대명화기』에서 "대숭은 한황(韓滉, 723-787. 소 그림에 뛰어났던 정치가)이 양절서로(兩浙西路, 지금의 강소성 남부)를 다스릴 때 순관(巡官)으로 배속되었으며, 한황의 그림을 스승으로 삼아 물소 그림에 뛰어났고, 농가와 강물의 그림도 운치가 있었다.(戴嵩, 韓晉公之鎭浙右, 署爲巡官, 師晉公畫, 善水牛, 田家川原亦有意.)"라고 하였다.【原註】
68) 골법(骨法): '골력(骨力)'이라고도 한다. 서예용어로 글씨의 점과 획에 함축되어 있는 필력을 가리킨다.【역주】
69) 관동(關仝, 907?-960): 오대 양나라 사람. 『도화견문지(圖畫見聞志)』에서 "관동은 장안(長安, 지금의 섬서성 서안) 사람으로 산수를 그리는 데 정통하였고, 형호(荊浩)를 따라 그림을 익혔으나 청출어람의 아름다움이 있었으므로, 그 당시에 명성을 날려 감히 대적할 사람이 없었다.(關仝, 長安人, 工畫山水, 從荊浩學, 有出藍之美, 馳名當代, 無敢分庭.)"라고 하였다.
『선화화보(宣和畫譜)』에서 "관동은 가을 산의 싸늘한 숲과 마을 및 들의 나루터를 즐겨 그렸으며,……운필이 간결할수록 기개가 더욱 장렬하였으며, 경물이 적을수록 운치가 더욱 풍부하였다.(仝喜作秋山寒林與其村居野渡,……筆愈簡而氣愈壯, 景愈少而意愈長也.)"라고 하였다.【原註】
* 도화견문지(圖畫見聞志): 6권. 송나라 곽약허(郭若虛, ?-?)가 저술하였으며, 역사평론과 화가의 전기 및 그림에 관한 숨겨진 이야기의 3부분으로 구성된 회화사.【역주】
* 형호(荊浩, 850?-?): 오대 후량(後梁)의 화가로, 산수화에 뛰어난 북방 산수화파의 시조이다. 저술한 『필법기(筆法記)』는 고대 산수화 이론의 전범으로 일컬어진다.【역주】
* 선화화보(宣和畫譜): 20권. 송 휘종시기에 궁정에 소장되어 있던 231명 역대 화가의 작품 6,396건을 제재에 따라 10종으로 분류하고 서론 · 화가의 평전 · 작품의 목록과 수량을 기록하였다.【역주】
70) 서희(徐熙, ?-975): 오대 남당 사람. 『성조명화평(聖朝名畫評)』에서 "서희는 종릉

[鍾陵, 지금의 강서성 진현현(進賢縣)] 사람으로, 대대로 당나라에서 벼슬을 하였던 강남의 명족이다. 서희가 그린 꽃과 대나무·숲과 나무·매미와 나비·풀과 벌레 부류는 송 태종이 일찍이 '꽃과 과일의 묘리는 내가 서희의 그림에만 있는 줄 알고 있다.'고 하였다.(徐熙, 鍾陵人, 世仕爲唐, 爲江南名族. 熙畵花竹林木蟬蝶草蟲之類, 宋太宗嘗曰, 花果之妙, 我獨知有熙.)라고 하였다.【原註】

* 성조명화평(聖朝名畵評): 『송조명화평(宋朝名畵評)』이라고도 한다. 북송의 화가 유도순(劉道醇, ?-?)이 저술한 오대 말기에서 북송초기까지 화가의 예술적인 성취를 비평하여 기록한 회화사.【역주】

71) 황전(黃筌, ?-965): 오대 후촉(後蜀) 사람. 『도회보감(圖繪寶鑑)』에서 "황전은 자(字)가 요숙(要叔)이며, 성도(成都) 사람으로 어려서 명성을 얻었다. 17세에 전촉왕 왕연(王衍)을 섬겨 대조(待詔)가 되었으며, 후촉 맹창(孟昶)시기에 이르러 검교소부감(檢校少府監)이 더해졌고, 여러 차례 승진하여 여경부사(如京副使)에 이르렀다. 꽃과 대나무는 등창우(滕昌祐, 당말-오대시기의 화가)를 스승으로 삼았고, 새는 조광(刁光)을 스승으로 삼았으며, 산수는 이승(李昇, ?-?. 수당시기 화가)을 스승으로 삼았고, 학은 설직(薛稷)을 스승으로 삼았으며, 인물과 용 및 물은 손위(孫位, ?-?. 당말의 화가)를 스승으로 삼아, 여러 명가의 장점을 자산으로 삼아 겸하여, 오묘한 경지에 도달하지 않은 게 없었다.(黃筌, 字要叔, 成都人, 早得時名. 十七歲, 事蜀王衍爲待詔, 至孟昶, 加檢校少府監, 累遷至京副使. 花竹師滕昌祐, 鳥雀師刁光, 山水師李昇, 鶴事薛稷, 人物龍水師孫位, 資諸家之善而兼有之, 無不臻妙.)"라고 하였다. 화조의 명성이 가장 두드러졌다.【原註】

* 도회보감(圖繪寶鑑): 5권. 원말명초의 화가 하문언(夏文彦, ?-?)의 저술로, 고대의 회화비평서를 초록하여 수록하였다.【역주】

* 조광(刁光, 852?-935): 본명은 조광윤(刁光胤). 당말-오대시기의 화가. 옹경(雍京, 지금의 서안) 사람으로 호석(湖石)·화죽(花竹)·고양이와 토끼·새 등의 그림에 뛰어났다. 그의 작품으로 전하는 「사생화훼책(寫生花卉册)」은 위탁으로 판정되었다.【역주】

* 설직(薛稷, 649-713): 당나라 서화가. 자(字)는 사통(嗣通), 포주(蒲州) 분음(汾陰, 지금의 산서성 만영(萬榮) 사람. 서예에 뛰어나 우세남·구양순·저수량과 함께 초당 사대서예가로 꼽힌다.【역주】

72) 거채(居寀): 송나라 사람 황거채(黃居寀, 933-993). 『익주명화록(益州名畵錄)』에서 "황거채의 자(字)는 백란(伯鸞)이며, 황전(黃筌)의 막내아들이다. 후촉시기에 한림대조(翰林待詔)가 되었으며, 송나라에 들어와 그대로 대조·조청대부(朝請大夫)·시승(寺丞)·상주국(上柱國)을 하고 자금어대(紫金魚袋)를 하사받았다.(黃居寀, 字伯鸞, 筌少子, 後蜀時爲翰林待詔, 入宋仍爲待詔, 朝請大夫寺丞上柱國, 賜紫金魚袋.)"라고 하였다.

『도화견문지』에서 "황거채는 꽃과 대나무 및 동물을 그리는데 정통했으며, 태호석의 그림은 특히 부친을 능가하였다.(居寀工畵花竹翎毛, 太湖石尤過乃父.)"라고 하였다. 그의 부친 황전의 화법을 계승하였으며, 청출어람의 면모가 있었다.【原註】

범관(范寬)[74]·동원(董源)[75]·미불과 미우인(米友仁)[76]·원나라 송설

* 익주명화록(益州名畵錄): 3권. 『성도명화기(成都名画記)』'라고도 하며, 북송 황휴복(黃休復, ?-?)이 편찬한 당나라에서 송대 초기까지 사천지역 사원벽화를 주요 내용으로 하는 지역성 회화사로, 58명 화가의 전기와 벽화작품을 기록하였다.【역주】
* 자금어대(紫金魚袋): 자주색의 관복과 금어부(金魚符, 황금으로 만든 3품 이상의 관원이 차는 물고기 모양의 장식)를 담아 허리에 차는 주머니. 은어부(銀魚符)를 담는 주머니는 '은어대'라 한다.【역주】

73) 이성(李成, 919-967): 송나라 사람. 『선화화보』에서 "이성의 자(字)는 함희(咸熙)이며, 그의 선조는 당나라의 종실로서 북해군[北海郡, 지금의 산동성 유방시(濰坊市) 경내]으로 피난하여 마침내 영구[營丘, 지금의 산동성 임치(臨淄)] 사람이 되었다.(李成, 字咸熙, 其先, 唐之宗室, 避地北海, 遂爲營丘人.)"라고 하였다.
『송사·이유전(宋史·李宥傳)』에서 "조부 이성은 오대말기에 시와 술로 공경 사이에서 멋대로 노닐었는데, 산수를 잘 모사하였으며, 득의한 작품에 이르면 필묵으로 그린 것이 아닐까 의심되었다.(祖成, 五代末, 以詩酒遨遊公卿間, 善摹寫山水, 至得意處, 疑非筆墨所成.)"라고 하였다.【原註】

74) 범관(范寬, 950-1032): 송나라 사람. 『성조명화평』에서 "범관은 이름이 중정(中正)이고 자(字)는 중립(仲立)이며, 화원[華原, 지금의 섬서성 동천시(銅川市) 요주구(耀州區)] 사람이다. 성격이 온후하여 대범한 풍도가 있었으므로 그 당시 사람들이 지목하여 '범관(范寬)'이라 하였다.(范寬, 名中正, 字仲立, 華原人 性溫厚, 有大度, 故時人目爲范寬.)"라고 하였다.
『선화화보』에서 "범관은 태도와 풍채가 엄숙하고 수수하였으며, 술을 좋아하고 호탕하였다.(范寬, 風儀峭古, 嗜酒落魄.)"라고 하였다.
『도회보감』에서 "범관을 산수를 그릴 때에 처음에는 이성(李成)을 스승으로 삼았으나, 뒤에는 형호(荊浩)를 스승으로 삼았으며, 얼마 후에 탄식하며 '사람을 스승으로 삼는 것은 여러 자연을 스승으로 삼는 것만 못하다.'고 하였다.(寬畵山水, 初師李成, 後師荊浩, 旣乃嘆曰, 與其師人, 不若師諸造化.)"라고 하였다.
종남산(終南山, 서안시에 있는 산)과 태화산(太華山, 서악 화산)에 자리를 잡고 살면서 명승을 두루 관람하여 운필이 웅장하고 노련하며 굳세었다.【原註】

75) 동원(董源, ?-962?): 송나라 사람. 『도화견문지』에서 "동원은 자(字)가 숙달(叔達)이며, 종릉(鍾陵, 지금의 강서성 진현현(進賢縣)] 사람으로, 남당에서 벼슬을 하여 후원부사(後苑副使)가 되었고, 산수를 잘 그렸으며, 수묵화는 왕유(王維, 남종화의 시조)와 유사하고 착색은 이사훈(李思訓, 북종화의 시조)과 같아서, 형호와 범관 이후에 아마도 그러한 사람일 것이다.(董源, 字叔達, 鍾陵人, 事南唐, 爲後苑副使, 善畵山水, 水墨類王維, 著色如李思訓, 荊寬之後, 殆其人歟.)"라고 하였다.
『몽계필담(夢溪筆談)』에서 "동원은 가을산과 원경에 정통하여 강남의 실제 산을 많이 그렸는데, 기이하고 험준한 필치를 사용하지 않았다.(董源工秋嵐遠景, 多寫江南眞山, 不爲奇峭之筆.)"라고 하였다.

(松雪, 조맹부)77) · 대치[大癡, 황공망(黃公望)]78) · 원진[元鎭, 예찬(倪

『화사회요(畵史會要)』에서 "또 다른 자(字)는 북원(北苑)이다.(亦字北苑.)"라고 하
였다.【原註】
   * 몽계필담(夢溪筆談): 30권. 북송의 과학자이자 정치가인 심괄(沈括, 1031-1095)
     이 저술한 과학과 공예기술 및 사회역사현상에 대한 종합적인 기록.【역주】
   * 화사회요(畵史會要): 5권. 명나라 종실인 주모인(朱謀垔)의 저술한 명대 회화사.
     【역주】
76) 미불과 미우인(米友仁): 『송사 · 미불전(宋史 · 米芾傳)』에서 "미불(1051-1107)은
    호가 원장(元章)이고, 오(吳, 지금의 강소성 일대) 사람으로, 지옹구현(知雍丘
    縣) · 지연수군(知漣水軍) · 태상박사(太常博士) · 지무위군(知無爲軍)을 역임했으
    며, 불려 들어가 서화학박사(書畵學博士)가 되었다. 서예에 뛰어나 침착하면서 날
    아갈 듯하여 왕헌지(王獻之, 왕희지의 아들)의 취지를 얻었으며, 특히 옮겨 베끼는
    데에 정통하여 진품과 혼동되어 판별할 수 없을 지경이었다.(米芾, 號元章, 吳人,
    歷知雍丘縣漣水軍太常博士知無爲軍, 召爲書畵學博士, 妙於翰墨, 沈着飛翥, 得王
    獻之筆意, 尤工臨移, 至亂眞不可辨.)"라고 하였다.
    사호(史浩, 1106-1194)의 『양초적유(兩鈔摘腴)』에서 "미불은 스스로 '녹문거사(鹿
    門居士)'라 하였다.(芾自號鹿門居士.)"라고 하였다.
    황진(黃溍)의 『필기(筆記)』에서 "원장은 또 해악외사(海嶽外史)라 하였으며, 또 양
    양만사(襄陽漫士)라 하였다.(元章, 又稱海嶽外史, 又稱襄陽漫士.)"라고 하였다.
    『송사 · 미우인전(宋史 · 米友仁傳)』에서 "미우인(1074-1153)의 자(字)는 원휘(元
    暉)이며 미불의 아들로, 학문에 힘쓰고 옛것을 좋아하였는데, 또 서화에 뛰어나
    세상에서 '소미(小米)'라 하였고, 벼슬은 병부시랑과 부문각직학사(敷文閣直學士)
    에 이르렀다.(友仁字元暉, 芾子, 力學嗜古, 亦擅書畵, 世號小米, 仕至兵部侍郎敷
    文閣直學士.)"라고 하였다.【原註】
   * 양초적유(兩鈔摘腴): 1권. 남송 문학가이자 정치가 사호가 저술한 자부(子部)
     잡가류(雜家類)에 속하는 필기.【역주】
   * 필기(筆記): 1권. 『일손재필기(日損齋筆記)』. 원나라 문학가 황진(黃溍, 1277-
     1357)의 저서로, 경사자집(經史子集)의 다른 점과 같은 점 및 득실을 고증한 내
     용.【역주】
77) 송설(松雪): 원나라 사람 조맹부(趙孟頫, 1254-1322). 『원사 · 조맹부전(元史 · 趙孟
    頫傳)』에서 "조맹부는 자(字)가 자앙(子昻)이고 호는 송설도인(松雪道人)이며, 호
    주(湖州, 지금의 절강성 호주시) 사람으로, 관직이 한림학사승지(翰林學士承旨)에
    이르렀고, 시호는 문민(文敏)이며, 서예로 천하에 유명하였고, 산수 · 목석 · 꽃과
    대나무 · 사람과 말을 그린 것은 더욱 정치하였다.(孟頫字子昻, 號松雪道人, 湖州
    人, 官至翰林學士承旨, 諡文敏, 以書名天下, 其畵山水木石花竹人馬尤精致.)"라고
    하였다.【原註】
78) 대치(大癡): 원나라 사람 황공망(黃公望, 1269-1354). 『화사회요』에서 "황공망은
    자(字)가 자구(子久)이고 호는 일봉(一峰)이며 또 다른 호는 대치도인(大痴道人)

瓚)]79)·숙명[叔明, 왕몽(王蒙)]80) 등의 여러 분 그리고 근래의 당인(唐

으로, 평강(平江) 상숙(常熟, 지금의 절강성 상숙시) 사람이다. 산수는 동원(董源)과 거연(巨然, ?-?. 오대시기 승려 화가)을 스승으로 삼았는데, 만년에 필법을 변화시켜 스스로 일가를 이루었다.(黃公望, 字子久, 號一峰, 又號大痴道人, 平江常熟人, 山水師董源巨然, 晩年變其法, 自成一家.)"라고 하였다.

『용대집(容臺集)』에서 "원말 4대가는 황공망을 첫째로 하지만 왕몽(王蒙)·예찬(倪瓚)·오진(吳鎭)이 황공망과 서로 맞서고 있다.(元季四大家, 以黃公望爲冠, 而王蒙倪瓚吳仲圭與之對壘.)"라고 하였다.【原註】

* 황공망은 본성이 육(陸)이고 이름은 견(堅)이었으며, 영가부[永嘉府, 지금의 절강성 온주시(溫州市)] 평양현 황씨의 양자가 되어 상숙시 우산(虞山)에 거주하게 되었으므로, 황씨로 성을 바꾸었다.【역주】
* 용대집(容臺集): 명대의 화가 동기창(董其昌)의 시문집.【역주】
* 오진(吳鎭, 1280-1354): 화가. 원사대가의 일인. 자(字)가 중규(仲圭).【역주】

79) 원진(元鎭): 원나라 사람 예찬(倪瓚, 1301-1374). 명나라 관리 전부(錢溥, 1408-1488)는 『예운림시집(倪雲林詩集)』의 서문에서 "예찬의 자는 원진이며 운림(雲林)은 자호이다[『화사회요』에서는 '무석 사람이다'고 하였다]. 계곡과 산 및 대나무와 바위 그리기를 즐겼으며, 시와 문장에 정성을 들여 모두 지극하게 옛 의미가 있었다. 항상 작은 배에 홀로 앉아 오호(五湖)와 삼묘(三泖) 사이를 떠돌았다.[倪瓚, 字元鎭, 雲林其自號也(畵史會要云無錫人). 愛寫溪山竹石, 功詞翰, 皆極古意. 常獨坐扁舟, 混迹五湖三泖間.]"라고 하였다.

『화사회요』에서 "예우(倪迂, 예찬의 호)는 처음에 동원(董源)을 스승으로 삼았으며, 만년에 이르러 더욱 정묘한 조예를 더하여, 옛 필법을 일변시켜 천진하고 그윽한 것을 주제로 삼았다.(倪迂, 初以董源爲師, 及乎晩年, 愈益精詣, 一變古法, 以天眞幽淡爲宗.)"라고 하였다. 집안에 청비각(淸秘閣)이 있었으며, 소장한 서예작품과 명화 및 고적이 매우 많았다.【原註】

* 오호삼묘(五湖三泖): 오호(五湖)는 지금의 태호와 그 부근의 장탕호(長蕩湖)·사호(射湖)·귀호(貴湖)·격호(滆湖). 삼묘(三泖)는 지금의 상해 부근의 묘호(泖湖)로 북상묘(北上泖)·중대묘(中大泖)·남하묘(南下泖)의 세 부분으로 나누어진다.【역주】
* 청비각(淸秘閣): 예찬의 장서각으로, 650여년이 지난 현재에도 북경시 유리창에 서화판매점으로 변하여 존재하고 있다.【역주】

80) 숙명(叔明): 원나라 사람 왕몽(王蒙, 1308-1385). 「청우루제현기(聽雨樓諸賢記)」에서 "왕몽의 자(字)는 숙명이고, 오흥[吳興, 지금의 절강성 호주시(湖州市)] 사람이며, 호는 황학산초(黃鶴山樵)로서 조맹부의 외손자이다. 평소에 그림그리기를 좋아하였으며, 외조부 집안의 필법을 얻었다.(王蒙, 字叔明, 吳興人, 號黃鶴山樵, 趙松雪之外孫也. 素好畵, 得外氏家法.)"라고 하였다. 『용대집』에서 "왕몽의 그림은 그의 외숙부(생각건대 외숙부는 오류로 추정된다)와 매우 유사하며, 또 당송시기의 명인을 두루 섭렵하고 동원(董源)과 왕유(王維)를 조종으로 삼았으므로, 자유

寅)과 심주(沈周)⁸¹⁾ 및 우리 집안의 문징명(文徵明)과 문가(文嘉)⁸²⁾ 등
은 모두 스승의 자질에 의지하지 않고도 매우 정교하면서 운치가 풍부
하였다. 가령 이사훈(李思訓)과 이소도(李昭道)⁸³⁾가 다시 태어나고 변

분방하고 다양한 모습은 또 왕왕 조맹부의 규격 밖으로 벗어났다.(王叔明畵, 酷似
其舅(按舅疑誤), 又泛濫唐宋名家, 以董源王維爲宗, 故其縱逸多姿, 又往往出文敏
規格之外.)"라고 하였다.【原註】
   * 청우루제현기(聽雨樓諸賢記): 왕몽「청우루도(聽雨樓圖)」의 소장가인 심성보(沈
   成甫)가 왕달[王達, 자(字)는 달선(達善), 서예에 뛰어난 관리]에게 요청하여 영락
   5년(1407)에 쓴 제기로, 역대 유명 화가의 간단한 전기를 기록하였다.【역주】
81) 당인(唐寅)과 심주(沈周): 축윤명(祝允明)의 『축씨집략(祝氏集略)』에서 "당인
   (1470-1523)은 자(字)가 자외(子畏)이고 자호는 유여거사(六如居士)이며, 오(吳, 지
   금의 소주) 사람이다. 무오년(1498)에 응천부(應天府, 지금의 남경)에서 시험을
   보아 장원으로 합격하였으며, 시세에 대응하는 문장과 시가는 그리 고심하지 않
   았어도 기이한 흥취가 때때로 발동하였으며, 그림에 기탁하여 붓을 대면 번번이 당
   송시기의 명인에 근접하였다.(唐寅, 字子畏, 自號六如居士, 吳人, 戊午試應天府,
   錄爲第一, 於應世文字詩歌不甚措意, 奇趣時發, 或寄於畵, 下筆輒追唐宋名匠.)"라
   고 하였다.
   『진택집(震澤集)』에서 "심주(1427-1509)는 자(字)가 계남(啓南)으로 세상에서 '석
   전선생(石田先生)'이라 하였으며, 자호는 백석옹(白石翁)이다. 그림을 그리면 이
   어진 산봉우리와 운무・파도와 화훼・조수와 벌레・물고기는 각각 절묘한 자태가
   아닌 것이 없었으며, 대충 그려도 운치가 이미 풍부하였다.(沈周, 字啓南, 世稱之
   曰石田先生, 自號白石翁. 作繪事, 峰巒煙雲, 波濤花卉, 鳥獸蟲魚, 莫不各極其態,
   或草草點綴, 而意已足.)"라고 하였다.【原註】
   * 진택집(震澤集): 당인의 스승으로 문학가이자 명신인 왕오(王鏊, 1450-1524)의
   문집. 왕오의 묘비에 당인이 "천하에서 문장으로 제일이셨고, 산속의 재상으로
   짝할 이가 없었네.(海內文章第一, 山中宰相無雙.)"라고 썼다.【역주】
82) 문징명(文徵明)과 문가(文嘉):『명사・문원전(明史・文苑傳)』에서 "문징명은 장주
   사람으로 초명은 벽(壁)이며 자(字)로 행세하였는데 자(字)를 징중(徵仲)으로 고
   쳤고, 별호는 형산(衡山)이다.……정덕연간(1505-1521) 말기에 한림원대조에 임명
   되었다.(文徵明, 長洲人, 初名壁, 以字行, 更字徵仲, 別號衡山.……正德末授翰林院
   待詔.)"라고 하였다.
   『오잡조(五雜組)』에서 "문징명은 멀리 곽희를 배우고 가까이 조맹부를 익혔는데,
   왕왕 정교한 것으로 뛰어났으며, 기운과 정신은 한 시대에 독보적이었다(文徵仲
   遠學郭熙, 近學松雪, 往往以工致勝, 至其氣韻神彩, 獨步一時.)"라고 하였다.
   화주(和州)는 문가를 가리키며, 자(字)는 휴승(休承)이고 호는 문수(文水)로 문징
   명의 둘째 아들이며, 산수화에 정통하였다.【原註】
83) 이사훈(李思訓, 651-716)과 이소도(李昭道, ?-?):『구당서・이사훈전(舊唐書・李思

란(邊鸞)84)이 다시 나타나더라도, 어떻게 그 사이에서 솜씨를 발휘하겠는가? 그러므로 서예의 수집과 보관은 반드시 멀리 상고시대의 작품을 구해야 하고, 그림의 수집과 보관은 고개지·육탐미·장승요·오도현에서 시작하여 아래로 가정(嘉靖, 1522-1566)과 융경(隆慶, 1567-1572)시기 명인의 작품에 이르면 모두 기이한 볼거리가 있다. 다만 근래에 그림을 그린 여러 분에 대해서는 아직 감히 경솔하게 비평하지 않는다.

四. 古今優劣

書學必以時代爲限, 六朝不及晉魏85), 宋元不及六朝與唐. 畵則不然, 佛道人物仕女牛馬, 近不及古, 山水林石花竹禽魚, 古不及近. 如顧凱之陸探微張僧繇吳道玄及閻立德立本, 皆純重雅正, 性出天然. 周昉韓幹戴嵩, 氣韻骨法, 皆出意

訓傳)』에서 "이사훈은 왕족으로서 이효빈(李孝斌, ?-?)의 아들이다. 개원연간(713-741) 초기에 좌무위대장군(左武衛大將軍)을 역임했으며 팽국공(彭國公)에 봉해졌다.(李思訓, 宗室, 孝斌子. 開元初, 歷左武衛大將軍, 封彭國公.)"라고 하였다. 『역대명화기』에서 "이사훈은 일찍부터 뛰어난 재주로 그 당시에 칭송되었으며, 한 가족 5명이 모두 그림에 뛰어났는데, 서화는 한 시대의 절묘한 작품으로 칭송되었다. 산수와 나무 및 바위를 그린 것은 필치와 격조가 굳세어, 그 당시 사람들이 '대이장군(大李將軍)'이라 불렀다.(思訓早以藝稱於當時, 一家五人, 幷善丹靑, 書畵稱一時之妙. 其畵山水樹石, 筆格遒勁, 時人謂之大李將軍.)"라고 하였다. 동기창의 『화지(畵旨)』에서 "당나라시기에 비로소 그림이 남종과 북종의 두 종파로 나누어졌으며, 북종은 이사훈부자로 채색산수이다.(唐時始分畵之南北二宗, 北宗則李思訓父子, 着色山水.)"라고 하였다. 『역대명화기』에서 "이소도는 이사훈의 아들로 부친의 필세를 변화시켜, 세상에서 산수를 말하는 사람들이 '소이장군(小李將軍)'이라 불렀다.(昭道, 思訓子, 變父之勢, 妙又過之, 世上言山水者, 稱小李將軍.)"라고 하였다.【原註】
* 화지(畵旨): 1권. 동기창이 저술한 산수화론으로, 화법·화가·감상·품평에 관해 다양하게 기록하였다.【역주】
84) 변란(邊鸞, ?-?): 당나라 사람. 『당조명화록(唐朝名畵錄)』에서 "변란은 경조(京兆, 지금의 섬서성 서안) 사람으로, 젊어서 그림에 정통했으며 화조에 가장 뛰어났고, 초목의 가지를 그린 것의 오묘함은 예로부터 없었다.(邊鸞, 京兆人, 少工丹靑, 最長於花鳥, 折枝草木之妙, 古未有之也.)"라고 하였다.【原註】
85) 晉魏(진위): 서진(西晉, 266-316)과 북위(北魏, 386-557).【原註】

表, 後之學者, 終莫能及. 至如關仝徐熙黃荃居寀李成范寬董源二米[86]勝國[87]松雪大癡元鎭叔明諸公, 近代唐沈及吾家太史和州[88]輩, 皆不藉師資, 窮工極致, 借使二李[89]復生, 邊鸞再出, 亦何以措手其間. 故蓄書必遠求上古, 蓄畫始自顧陸張吳[90], 下至嘉隆名筆[91], 皆有奇觀, 惟近時點染[92]諸公, 則未敢輕議.

5. 분본(粉本)[93]

옛날 사람들의 화고는 '분본'이라 하며, 선배들은 대부분 이것을 보물로 보관하였다. 대체로 대충 의도적이지 않은 부분에 자연스러운 묘미가 있으며, 선화(宣和, 1119-1125)와 소흥(紹興, 1131-1162) 시기에 소장된 분본에 신묘한 작품이 많다.

---

86) 二米(이미): 송나라 미불과 아들 미우인은 모두 산수화에 뛰어나 세상에서 '이미(二米)'라고 하였다.【原註】

87) 勝國(승국): 현 시대에서 이전 시대를 '승국(勝國)'이라고 하므로, 여기서는 바로 명나라 사람이 원나라를 말하는 것이다.【原註】

88) 吾家太史和州(오가태사화주): 명나라 문징명(文徵明, 1470-1559)과 문가(文嘉, 1501-1583) 부자.【原註】
   * 吾家太史和州(오가태사화주): 우리 집안(문진형 집안)의 태사(太史)와 화주(和州). 문징명은 한림원대조를 역임하여 '문태사(文太史)'라고도 하며, 문가는 화주和州, 지금의 안휘성 마안산시(馬鞍山市) 화현(和縣)]의 학정(學正, 지방 학교의 학관)을 역임하였으므로, 태사(太史)와 화주(和州)는 문징명과 문가를 가리킨다.【역주】

89) 二李(이리): 당나라 사람 이사훈(李思訓)과 이소도(李昭道) 부자를 세상에서 '이리(二李)'라고 한다.【原註】

90) 顧陸張吳(고륙장오): 고개지·육탐미·장승요·오도자.【原註】

91) 嘉隆名筆(가륭명필): 명대 세종(世宗) 가정연간(嘉靖年間, 1522-1566)부터 목종(穆宗) 융경연간(隆慶年間, 1567-1572)까지의 여러 명가.【역주】

92) 點染(점염): 본권「논화(論畵)」의 원주 참고.【原註】

93) 분본(粉本): 화고(畵稿, 밑그림)를 '분본'이라 하며, 예를 들면「오도자가 당현종에게 대답한 글(吳道子答唐玄宗文)」에서 "신의 화고는 모두 마음에 기억되어 있습니다.(臣之粉本, 幷記在心.)"라고 하였다.【原註】

五. 粉本

古人畵稿, 謂之粉本, 前輩多寶蓄之, 蓋其草草不經意處, 有自然之妙, 宣和[94]
紹興[95]所藏粉本, 多有神妙者.

6. 감상(賞鑑)[96]

서화를 보는 것은 미인을 마주하는 것과 같이 거칠고 경솔한 기분을
조금이라도 가져서는 안 된다. 대개 고화가 그려진 종이와 비단은 모두
잘 부서지므로, 두루마리를 펼치거나 말 때에 정확한 방법을 사용하지
않으면 가장 손상되기 쉽고, 특히 바람과 햇살을 가까이 해서는 안 된
다. 등불 아래에서 그림을 보아서는 안 되는데 그을음이나 재가 떨어지
고 촛농에 오염될까 두려워서이다. 식사한 뒤와 술이 취한 뒤에 두루마
리를 보려면, 반드시 맑은 물에 손을 씻고 펼쳐서 감상할 때에 손톱으로
손상시켜서는 안 된다. 이와 같은 모든 사항은 일일이 열거할 수 없다.
그러나 반드시 사항마다 어겨서는 안 되는데, 또 억지로 청아한 척하는
것도 두렵다. 오직 진실로 감상할 수 있고 옛 것을 매우 풍부하게 열람
한 사람을 만나야 바야흐로 더불어 이야기할 수 있다. 만약 시골뜨기의
무리와 마주하면, 진귀하게 감추어 꺼내어 보이지 않을 뿐이다.

六. 賞鑑

看書畵如對美人, 不可毫涉粗浮之氣. 蓋古畵紙絹皆脆, 舒卷不得法, 最易損

---

94) 宣和(선화): 송 휘종(徽宗) 조길(趙佶)의 연호(1119-1125).【原註】
95) 紹興(소흥): 송 고종(高宗) 조구(趙構)의 연호(1131-1162).【原註】
96) 賞鑑(상감): 가치를 인식하여 찬양하고 진위를 감별하다.【原註】

壞, 尤不可近風日, 燈下不可看畫, 恐落煤爐, 及爲燭淚所汚, 飯後醉餘, 欲觀卷
軸, 須以淨水滌手, 展玩之際, 不可以指甲剔損. 諸如此類, 不可枚擧. 然必欲事
事勿犯, 又恐涉强作淸態. 惟遇眞能賞鑒, 及閱古甚富者, 方可與談, 若對傖父97)
輩惟有珍秘不出耳.

7. 서화용의 하얀 비단(絹素)98)

옛 그림은 비단의 색과 먹빛 자체에 일종의 사랑스럽고 예스런 향기
가 있다. 단지 불화(佛畫)는 향불과 연기로 검게 그을려 대부분 아래
위가 다른 두 가지 색이고, 위조한 작품은 비단의 색이 누렇지만 작품이
정채롭지 못하다. 옛 비단에 저절로 손상된 부위는 반드시 붕어의 입처
럼 삐죽삐죽하고 몇 개의 실오라기가 연결되어 있으나, 위조한 작품은
직선으로 찢어져 있다. 당나라 비단은 올이 굵어서 두터우며 삶고 다듬
이질 한 것이 있고, 독사견(獨梭絹)99)은 폭이 4척 정도이다. 오대(五代,

97) 傖父(창부): 『진양추(晉陽秋)』에서 "오(吳, 지금의 강소성 소주 일대) 지역 사람은
   하남성 사람을 '촌뜨기'라고 한다.(吳人以中州人爲傖.)"라고 하였다.
   『진서·좌사전(晉書·左思傳)』에서 "육기(陸機, 261-303. 서진의 문학가)가 아우
   육운(陸雲, 262-303)에게 보내는 편지에서 '요즈음 시골뜨기(좌사를 지칭)가 있어
   「삼도부(三都賦)」를 지으려 한다.'고 하였다.(陸機與弟書曰, 此間有傖父, 欲作
   三都賦.)"라고 하였다.【原註】
   * 傖父(창부): 시골뜨기. 위진남북조시기에 남방 사람들이 북방 사람을 상스럽다
     고 조롱하며 멸시하여 부르는 칭호.【역주】
   * 진양추(晉陽秋): 32권. 동진의 사학자 손성(孫盛, 302?-374)이 편찬한 서진과 동
     진의 역사서.【역주】
98) 絹素(견소): 본권 「서예 비평」의 원주 참고.【原註】
99) 독사견(獨梭絹): 조소(曹昭)의 『격고요론·고화론(格古要論·古畫論)』에서 "당나
   라 비단은 올이 굵어 두터우며, 삶고 다듬이질 한 것이 있고 폭이 4자쯤 되는 독사
   견이 있다.……송나라에도 독사견이 있다.(唐絹絲粗而厚, 或有搗熟者, 有獨梭絹
   闊四尺餘者.……宋亦有獨梭絹.)"라고 하였다.【原註】
   * 독사견(獨梭絹): 단사견(單絲絹). 씨실과 날실을 홑실로 하여 짠 얇은 비단으로

907-979)의 비단은 베와 같이 매우 거칠었다. 송나라에는 원견(院絹)[100]이 있어 균일하고 말끔하면서 두텁고 촘촘하며, 또 독사견은 폭이 5자 정도로 세밀하기가 종이와 같다. 원나라 비단(元絹)[101]과 명나라 황실의 비단은 모두 송나라 비단과 동일하다. 원나라시기에 복기견(宓機絹)[102]이 있어 조맹부와 성무(盛懋)가 그림을 그릴 때에 이것을 많이 사용하였다. 대체로 가흥부(嘉興府) 복씨(宓氏) 집안이 비단으로 명성을 얻었으며, 현재 이 지역에는 아직도 훌륭한 비단이 있다. 근래 동기창의

회화용으로 많이 사용하며, 송대에 남경을 중심으로 발전하였다.【역주】

* 격고요론(格古要論): 3권. 홍무 21년(1388) 간행. 원말명초 소장가였던 조소(曹昭, ?-?)가 저술. 고대의 청동기·서화·거문고·벼루·옥기·도자기·목기·비단 등에 대한 설명과 위조수법 및 진위감정을 논한 이론서.【역주】

100) 원견(院絹): 송대 화원(畵院)의 비단. 『준생팔전』에서 "송나라 비단은 종이처럼 반짝이고 섬세하며 옥처럼 매끄러워 접어도 그대로이며, 특히 폭이 5-6자의 것이 있는데 '독사(獨梭)'라 한다.(宋絹則光細若紙, 摺摩若玉, 夾則如常, 更有闊五六尺者, 名曰獨梭.)"라고 하였다.【原註】

101) 원나라 비단(元絹): 원대의 비단. 『준생팔전』에서 "원나라 비단에 '독사(獨梭)'라는 것이 있어 송나라의 것과 유사하고, 복씨(宓氏) 집안의 직기로 짠 비단은 모두 절묘하다. 고대 회화는 묻은 먹과 착색이 깊이 비단에 스며들어가고 반염(礬染)이 이미 여러 번 이루어져서 아주 특이하게 정채하다.(元絹有獨梭者, 與宋相似, 有宓家機絹皆妙. 古畵落墨着色, 深入絹素, 礬染旣多, 精采迥異.)"라고 하였다.【原註】

* 반염(礬染): '반(礬)'은 먹이나 안료가 비단에 잘 부착되도록 아교(아교와 백반을 물과 섞은 것)를 비단에 칠하는 것이며, '염(染)'은 채색하는 것. 세밀한 그림을 그릴 경우에 옅은 색채를 반복하여 칠하여 원하는 색을 표현하며(染), 이러한 경우에 이미 칠한 안료가 잘 부착되어 있도록 하고(礬), 이러한 과정을 반복하여 작품을 완성한다. '삼반구염(三礬九染)'이라고도 한다.【역주】

102) 복기견(宓機絹): 절강성 가흥(嘉興)의 복씨 집안에서 만드는 비단. 『절강통지(浙江通志)』에서 『두씨화보(杜氏畵譜)』를 인용하여 "복기견은 매우 균일하고 말끔하며, 위당(魏塘)에서 산출되는데, 조맹부는 대부분 이것을 사용하여 그림을 그렸다.(宓機絹極勻淨, 出魏塘, 趙子昻多用此作畵.)"라고 하였다.【原註】

* 위당(魏塘): 지금의 절강성 가선현(嘉善縣).【역주】

* 두씨화보(杜氏畵譜): 3권. 명나라 두준(杜濬, ?-?)이 편찬한 『시보(詩譜)』·『문보(文譜)』·『서보(書譜)』·『화보(畵譜)』의 『두씨사보(杜氏四譜)』 가운데 하나.【역주】

작품은 대부분 윤을 낸 하얀 비단을 사용했으며, 사대부의 기질에서 벗어나지 못하였다.

七. 絹素

古畵絹色墨氣, 自有一種古香可愛, 惟佛像有香煙熏黑, 多是上下二色, 僞作者, 其色黃而不精采. 古絹自然破者, 必有鯽魚口, 須連三四絲, 僞作則直裂. 唐絹[103]絲粗而厚, 或有搗熟者, 有獨梭絹, 闊四尺餘者. 五代絹極粗如布. 宋有院絹, 勻淨厚密, 亦有獨梭絹, 闊五尺餘, 細密如紙者. 元絹及國朝內府絹[104], 俱與宋絹同. 勝國[105]時有宓機絹, 松雪子昭[106]畵多用此, 蓋出嘉興府宓家, 以絹得名, 今此地尚有佳者. 近董太史[107]筆, 多用砑光白綾[108], 未免有進賢氣[109].

---

103) 唐絹(당견): 당나라의 비단. 고렴(高濂)의 『준생팔전·연한청상전(遵生八箋·燕閒淸賞箋)』에서 "당나라 사람의 종이는 경황지(硬黃紙, 밀랍을 칠하고 누렇게 물들인 불경용 종이)로 발문(종이를 제조할 때 펄프를 뜨는 발의 흔적)이 짧으며, 비단은 올이 굵어 두터운데, 삶고 다듬이질 한 것이 있고, 폭이 4자인 것이 있다. (唐人紙則硬黃短帘, 絹則絲粗而厚, 有搗熟者, 有四尺闊者.)"라고 하였다.【原註】
104) 國朝內府絹(국조내부견): 국조는 본조이며, 여기서는 명나라를 가리켜 말하였다. 내부견은 바로 황실 직염국(織染局)에서 제조한 비단이다.【原註】
    * 내부(內府): 왕실 창고의 물품을 관장하는 관직의 명칭. 황실의 창고. 궁정 내에 있는 부서.【역주】
105) 勝國(승국): 본권 「고금의 우열」 원주 참고.【原註】
106) 子昭(자소): 성무(盛懋). 권2 「분완(盆玩)」 원주 참고.【原註】
107) 董太史(동태사): 명 동기창(董其昌, 1555-1636). 『송강지(松江志)』에서 "동기창은 자(字)가 현재(玄宰)이며 화정(華亭, 지금의 상해에 속하는 지역)사람이다. 만력 16년(1588)에 진사가 되어 예부상서를 역임하고 태자태부(太子太傅)로 추증되었으며, 시호는 문민(文敏)이다. 행서와 해서의 오묘함은 한 시대를 뛰어넘었다. 그의 그림은 송나라와 원나라 여러 화가의 장점을 모아서 자신의 의도에 따라 사용하였으므로, 평론가들이 '기운은 수려하고 윤택하며 시원스럽고 생동하여, 사람이 미칠 수 있는 바가 아니다.'라고 하였다.(董其昌, 字玄宰, 華亭人, 萬曆十六年進仕, 歷遷禮部尙書, 贈太子太傅, 諡文敏. 行楷之妙, 跨絶一代. 其畵集宋元諸家之長, 行以己意, 論者稱其氣韻秀潤, 瀟灑生動, 非人所及也.)"라고 하였다.【原註】
108) 砑光白綾(아광백릉): 돌로 표면을 문질러 윤을 낸 백색의 능(綾, 비단의 일종). 명주와 비슷하면서 얇은 것을 '능(綾)'이라 한다.【原註】

8. 황실 소장 서화(御府書畵)[110]

송 휘종(徽宗)이 황실에 소장한 서화는 모두 황제의 글씨로 제목을 표시하였으며, 후에 선화(宣和) 연호를 사용하였고, 옥으로 만든 호리병 문양의 황제 인장을 찍었다. 그림의 제목은 인수(引首)[111]에 썼는데, 폭은 겨우 손가락 크기이며, 그 옆에 나무 인장으로 찍은 검은 글자가 한 줄 있어 표구한 장인의 화압(花押)[112]과 낙관이 갖추어져 있다. 그러나

---

109) 進賢氣(진현기): 진현(進賢)은 본래 관(冠)의 이름으로,『한서・여복지(漢書・輿服志)』에 보이며, 문사의 복장이다. 여기서는 사대부의 기질을 말한다. 생각건대 화익륜(華翼綸, ?-?)의『화설(畵說)』에서 "착색은 반드시 묵본(흑색의 먹으로 그린 밑그림)이 정교해야 하며,……묵본이 부족한데도 이를 따라서 착색하는 것은 기술자의 부류이다.……옛 그림 같으면 바로 사대부의 기질이 배어 있으며, 만약 한 무더기 새로 칠한 색이 종이의 표면에 떠 있으면, 저속한 것이 아니라면 바로 상투적인 것이다.(設色必於墨本求工,……墨本不足, 從而設之, 是工匠之流也.……卽若舊畵, 乃爲有士大夫氣, 若有一團新色, 浮於紙墨, 非俗卽熟.)"라고 하였다.【原註】
   * 화설(畵說): 1권 26칙. 도광-동치시기의 감상가이자 화가 화익륜의 저서로, 화파・감상・각종 화법・종이와 먹 등을 잡다하게 논술한 회화이론서. 약 1850년에 완성되었다.【역주】
110) 御府書畵(어부서화): 황실에서 소장한 서화.【原註】
111) 인수(引首): 두루마리 서화의 전문 용어. 두루마리로 표구한 서화작품에서, 두루마리를 펼치면 제일 앞부분에 있는 공백으로, 보통 작품의 명칭을 쓰거나 요약된 품평을 쓴다. 두루마리를 펼칠 때 제일 먼저 눈에 보이므로 '인수(引首)'라 한다.【역주】
112) 화압(花押): 송나라 황백사(黃伯思)의『동관여론(東觀餘論)』에서 "유도(劉燾, ?-?. 송나라 관리)가 말하기를 당나라 사람의 것이라 전해 오는 책을 한가할 때 보았는데, 내용에서 '당 태종은 여러 신하들이 상주(上奏)할 때 해서와 초서를 마음대로 사용하도록 했지만, 이름만은 초서를 사용하지 못하도록 하였다.'고 하였다. 후대 사람은 마침내 초서로 쓴 이름을 '화압(花押, 자필 서명, sign)'이라 하였으며, 위척(韋陟)의 5송이 구름이 그렇다.……후세 사람의 화압은 바로 초서체를 이용하여 자신의 이름을 썼으므로, '압자(押字)'라 하며 '초자(草字)'라고도 하는데, 대개 이것을 답습하였을 뿐이다.(劉燾言閑見傳唐人一書中云, 文皇令群臣上奏, 任用眞草, 惟名不得草. 後人遂以草名花押, 韋陟五朶雲是也.……後人花押, 乃以草書記其自書, 故謂之押字, 或謂草字, 蓋沿習此耳.)"라고 하였다. 원나라 사람 가운데 화압을 사용한 사람이 많으며 '원압(元押)'이라고 한다.【原註】

또 진품과 위조품이 뒤섞여 있으며, 대개 그 당시 명인이 임모한 작품은 모두 진품으로 표시하였다. 명창연간(明昌年間, 1190-1195)[113]에 이르러 기록된 작품이 더욱 많지만, 지금 사람이 이것을 얻으면 또 그런대로 괜찮다고 할 것이다.

八. 御府書畵

宋徽宗御府所藏書畵, 俱是御書標題, 後用宣和年號, 玉瓢御寶[114]記之. 題畵書於引首一條, 闊僅指大, 傍有木印黑字一行, 俱裝池匠[115]花押名款[116], 然亦眞僞相雜, 蓋當時名手臨摹之作, 皆題爲眞跡. 至明昌所題更多, 然今人得之, 亦可謂買王得羊[117]矣.

---

* 위척(韋陟, 697-761): 당나라의 문학가지며 서예가. 자(字)는 은경(殷卿), 경조 사람.【역주】
113) 명창(明昌): 금나라 장종(章宗) 완안경(完顔璟)의 연호(1190-1195).【原註】
114) 玉瓢御寶(옥표어보): 송 휘종은 옥으로 만든 호리병 문양의 인장을 사용하였다. 제왕의 인장을 '보(寶)'라 한다.【原註】
* 송 휘종은 '선화칠보(宣和七寶)'라 불리는 7개의 인장과 다른 인장을 여러 개 사용하였다. 선화칠보에는 호리병 문양의 내부에 '어서(御書)'라는 글자가 새겨진 인장이 있으며, '선화(宣和)'라는 글자의 직사각형 인장도 있다.【역주】
115) 裝池匠(장지장): 서화를 표구하는 장인.【原註】
116) 名款(명관): 낙관. 이름이나 자(字)나 호(號)를 새긴 도장.【역주】
117) 買王得羊(매왕득양): 『서단(書斷)』에서 "양흔(羊欣)은 왕헌지를 스승으로 삼아 직접 오묘한 취지를 계승하였으므로, 당시 사람들이 '왕헌지의 글씨를 구입하려다가 양흔의 글씨를 구입해도 실망할 것은 아니다.'라고 하였다. 왕헌지의 글씨 가운데 풍채가 촌스러운 것은 왕왕 양흔의 서체이다.(羊欣師資大令, 親承妙旨, 時人云, 買王得羊, 不失所望. 大令書中風神怯者, 往往是羊也.)"라고 하였다.【原註】
* 서단(書斷): 상중하 3권. 당나라 서예가 장회관(張懷瓘)이 저술. 서예가와 서예를 평론한 내용. 상권에서 10종 서체의 원류와 발전과정을 서술하였고, 중권과 하권에서는 서예가의 작품을 신품(神品)·묘품(妙品)·능품(能品)으로 나누어 비평하고 작가의 전기를 수록하였다.【역주】
* 양흔(羊欣, 370-442): 동진과 남조 송시기의 관리이자 서예가. 왕헌지의 외 조카. 저서에 서예의 역사에 관한 『채고래능서인명(採古來能書人名)』이 있으며, 작품으로 「모춘첩(暮春帖)」·「대관첩(大觀帖)」·「한광첩(閑曠帖)」 등이 전한

9. 원화(院畫)[118]

송나라 화원의 여러 화가들은 대개 하나의 그림을 그릴 때, 반드시 먼저 화고를 바친 뒤에 완성된 그림을 바쳤는데, 산수·인물·꽃과 나무·새와 짐승을 그린 것에는 모두 작가의 이름이 없다. 현재 궁정 내에서 그려진 수륙화(水陸畫)[119]와 부처의 형상도 그러하며, 금빛과 푸른 빛이 어우러져 찬란하여 또 기이한 작품이다. 지금 사람들은 무명작가의 그림을 보고 번번이 형태가 비슷하면 유명인의 낙관을 써 넣어 높은 가치를 추구한다. 예를 들면 소 그림을 보면 반드시 대숭(戴嵩)[120]이라 하고, 말 그림을 보면 반드시 한간(韓幹)[121]이라 하는 부류로, 너무나 가소롭다.

九. 院畫

宋畫院衆工, 凡作一畫, 必先呈稿本, 然後上眞[122], 所畫山水人物花木鳥獸,

다.【역주】
118) 원화(院畫): 송 선화연간에 어전화원(御前畫院)을 설치하였으며, 남송시기에 금나라와 강화가 성립한 뒤에 다시 설치하였다. 화원에는 대조(待詔)와 지후(祗候) 등의 여러 관직이 있으며, 화원에서 그린 작품을 '원화(院畫)'라고 하고, '원체화(院體畫)'라고도 한다. 명대에 송나라 화원의 작품을 모방한 작품을 '원체(院體)'라고 통칭한다.【原註】
119) 수륙화(水陸畫): 불교에서 음식을 수중과 육상에 뿌려 외로운 혼령이나 아귀들에게 베풀어 고뇌를 제거하게 한다는 법회인 수륙법회(水陸法會)에서 사용하는 그림으로 불교·도교·민간의 신령·지옥의 귀신·신화전설 등으로 주제가 다양하다.【역주】
120) 대숭(戴嵩): 본권 「고금의 우열」 원주 참고.【原註】
121) 한간(韓幹): 본권 「고금의 우열」 원주 참고.【原註】
122) 上眞(상진): 『격고요론(格古要論)』에서 "송나라 화원의 여러 화가들은 대개 하나의 그림을 그릴 때, 반드시 먼저 밑그림을 바친 다음에 완성된 그림을 바쳤다.(宋畫院衆工, 凡作一畫, 必先上稿, 然後上眞.)"라고 하였다. 생각건대, '상진(上眞)'은 화고 위에 먹을 칠하고 색을 칠하여 정식으로 그림을 그리는 것으로, 작문하기에

皆是無名者. 今內府所畵水陸及佛像亦然, 金碧[123])輝燦, 亦奇物也. 今人見無名人畵, 輒以形似, 塡寫名款, 覓高價, 如見牛必戴嵩, 見馬必韓幹之類, 殊爲可笑.

10. 족자(單條)[124])

송나라와 원나라의 옛 그림에는 결코 이러한 양식이 없는데, 아마 요즈음 풍속의 양식이겠지만 사람들이 매우 좋아한다. 건물에 매달아 걸면 속된 분위기가 사람을 엄습해오므로 설령 진품이라 해도 그 가치는 낮게 평가해야 한다.

十. 單條

宋元古畵, 斷無此式, 蓋今時俗制, 而人絶好之. 齋中懸挂, 俗氣逼人眉睫, 即果眞跡, 亦當減價.

앞서 초고를 쓴 다음에 정자로 베껴 쓰는 것과 같다.【原註】
123) 金碧(금벽): 그림의 안료인 금분과 석청(石靑, 남동광) 및 석록(石綠, 공작석). 이것을 사용한 그림을 '금벽산수'라고도 하며, 금빛과 푸른빛이 어울려 매우 휘황찬란한 느낌을 준다. 여기서는 산수화가 아니라 이러한 안료를 사용하여 화려하게 표현하였다는 의미이다.【역주】
124) 單條(단조): 화폭이 가늘고 길며 단독으로 걸어 놓은 것을 '단조(單條, 즉 족자)'라고 하며 '조폭(條幅)'이라고도 한다. 『고반여사(考槃餘事)』에서 "고아한 서재와 학당에는 단조를 걸어야 마땅하며, 대형 족자를 걸면 우아한 흥취가 줄어드는데, 하물며 네다섯 축이야?(高齋精舍, 宜掛單條, 若大軸即少雅致, 況四五軸乎.)"라고 하였다.【原註】

11. 명가(名家)

명가의 서화는 소장할 때 너무 번잡해서는 안 된다. 큰 작품은 건물의 벽에 걸고, 작은 작품은 두루마리나 책으로 만들어 상자나 책상에 둔다. 아득한 고대의 전주(篆籒)[125] 그리고 종요(鍾繇)[126] · 장지(張芝)[127] ·

---

125) 전주(篆籒): '주서(籒書)'나 '대전(大篆)'이라고도 한다. 서주 선왕(宣王, 재위 B.C.827-B.C.781)시기에 태사주[太史籒, 사관(史官) 주(籒)]가 창조하였다고 하며, 춘추전국시대 진(秦)나라에서 유행한 전서체의 일종으로, B.C.221년에 진나라가 천하를 통일한 뒤에 필획이 간략하게 변형되어 소전(小篆)이 탄생하였다. 【역주】

126) 종요(鍾繇, 151-230): 위나라 사람. 『위지 · 종요전(魏志 · 鍾繇傳)』에서 "종요의 자(字)는 원상(元常)이며 영천(穎川) 장사[長社, 지금의 하남성 허창시(許昌市) 장갈(長葛)] 사람이다. 태부로 옮겼다가 정릉후(定陵侯)에 봉해졌고, 시호는 성후(成侯)이다.(鍾繇, 字元常, 穎川長社人, 封定陵侯, 遷太傅, 諡成侯.)"라고 하였다. 『서단(書斷)』에서 "위항(衛恒)이 말하기를 호소(胡昭)와 종요는 모두 유덕승(劉德升)을 스승으로 삼았으며, 모두 초서와 행서에 뛰어나 여러 마리 학이 하늘에서 노니는 듯하다.(衛恒云, 胡昭與鍾繇幷師劉德升, 俱善草行, 而胡肥鍾瘦.)"라고 하였다.
원앙(袁昂)의 『서평(書評)』에서 "종요의 글씨는 의기가 가득하고 수려하여 날아가는 기러기가 바다에서 노닐고 여러 마리의 학이 하늘에서 노니는 듯하다.(鍾繇書, 意氣密麗, 若飛鴻戲海, 群鶴遊天.)"라고 하였다.【原註】
* 위항(衛恒, ?-291): 서진의 서예가. 자(字)는 거산(巨山). 초서와 예서에 뛰어났다. 고대 문자에 뛰어나, 급군(汲郡)에서 발견된 전국시대 위나라 무덤에서 나온 과두문자(蝌蚪文字)로 쓰인 죽간의 정리 작업에 참여하였다.【역주】
* 호소(胡昭, 161-250): 자(字)는 공명(孔明). 영천[穎川, 지금의 하남성 우주(禹州)] 사람. 삼국시대의 은자이면서 서예가로, 예서에 뛰어나 종요와 명성이 나란하여 '종호(鍾胡)'라 불렸다.【역주】
* 유덕승(劉德升, ?-?): 자(字)는 군사(君嗣), 영천 사람. 동한시기의 서예가로 해서와 초서의 사이에 위치한 행서체를 창조하여 '행서의 시조'라 불린다.【역주】
* 원앙(袁昂, 461-540): 자(字)는 천리(千里), 부악[扶樂, 지금 하남성에 태강현(太康縣)] 사람. 그림을 잘 그렸으며, 양나라에서 사공(司空)을 역임했고 시호는 목정(穆正)이며, 『고금서평(古今書評)』을 저술했다.【역주】
* 고금서평(古今書評): 1권. 진한시기부터 양나라까지 서예에 뛰어났던 저명한 서예가 25명을 품평하였으며, 추상적으로 서체를 비평하였다.【역주】

127) 장지(張芝, ?-192?): 후한 사람. 『후한서 · 장환전(後漢書 · 張奐傳)』에서 "장지의 자(字)는 백영(伯英)이며 돈황 주천(酒泉) 사람으로, 홍농(弘農) 화음(華陰, 지금

위관(衛瓘)128)·삭정(索靖)129)·고개지·육탐미·장승요·오도자 및 역
대의 그리 저명하지 않는 작품은 다 평론할 수가 없다. 서예로는 왕희
지·왕헌지(王獻之)130)·지영(智永)131)·우영흥(虞永興)132)·저하남

의 섬서성 화음시)으로 본적을 옮겼다. 장지와 아우 장창(張昶, ?-?)은 모두 초서
에 뛰어났다.(張芝, 字伯英, 敦煌酒泉人. 徙屬弘農華陰, 芝及弟昶, 幷善草書.)"라
고 하였다.
『서단』에서 "장지는 특히 장초에 뛰어났는데, 서법은 두도(杜度)에게서 나왔으
며, 위탄(韋誕)이 '초서의 성인'이라 하였고, 행서는 왕희지와 왕헌지에 버금갔다.
또 예서를 잘 썼으며, 헌제 초평연간(初平年間, 190-193)에 사망하였다.(芝尤善章
草, 書出諸杜度, 韋仲將謂之草聖, 其行書則二王之亞也. 又善隷書, 以獻帝初平中
卒.)"라고 하였다.【原註】
  * 두도(杜度, ?-?): 자(字)는 백도(伯度). 동한의 정치자이가 서예가.【역주】
  * 위탄(韋誕, 179-253): 자(字)는 중장(仲將)으로 위나라 경조(京兆, 지금의 서안)
    사람이며, 각종 서체에 뛰어났다. 장지를 스승으로 삼고 한단순(邯鄲淳, 132?-
    221, 위나라 서예가)의 서법을 겸하여 배웠다.【역주】
128) 위관(衛瓘, 220-291): 진(晋)나라 사람. 『진서·위관전(晋書·衛瓘傳)』에서 "위관
    은 자(字)가 백옥(伯玉)이며, 하동 안읍[安邑, 지금의 산서성 하현(夏縣)] 사람이
    다. 위나라에 벼슬하여 진동장군(鎭東將軍)에 이르렀고 치양후(菑陽侯)에 봉해
    졌다. 태시연간(泰始年間, 265-274) 초기에 벼슬이 진급하여 공(公)이 되고 태자
    소부(太子少傅)가 되었으며 시호는 성(成)이다. 위관과 삭정(索靖)은 모두 초서
    에 뛰어나 당시 사람들이 '일대이묘(一臺二妙, 하나의 상서대에서 두 명의 뛰어
    난 사람)'라 하였다. 한나라 말기에 장지가 초서에 뛰어났으며, 평론가들이 '위관
    은 장지의 근육을 얻었고 삭정은 장지의 살을 얻었다.'고 하였다.(衛瓘, 字伯玉,
    河東安邑人, 仕魏至鎭東將軍, 封菑陽侯. 泰始初, 進爵爲公, 領太子少傅, 諡曰成.
    瓘與索靖俱善草書, 時人號爲一臺二妙. 漢末, 張芝善草書, 論者謂瓘得伯英筋, 靖
    得伯英肉.)"라고 하였다.【原註】
129) 삭정(索靖, 239-303): 진나라 사람. 『진서·삭정전(晋書·索靖傳)』에서 "삭정은
    자(字)가 유안(幼安)이며 돈황 사람이다. 삭정과 상서령 위관은 모두 초서로 명
    성이 알려졌으며, 관직이 후장군(後將軍)에 이르고 안락정후(安樂亭侯)에 봉해
    졌다. 글씨를 잘 썼으며, 장지의 서예를 익혔는데 초서가 특히 뛰어났다.(索靖,
    字幼安, 敦煌人, 靖與尙書令衛瓘俱以善草書知名, 官至後將軍, 封安樂亭侯. 善書,
    學張伯英, 草書尤勝.)"라고 하였다.
    『남사·왕승건전(南史·王僧虔傳)』에서 "삭정은 장지의 초서를 계승하였으나 형
    체는 상이하였으며, 자신의 글씨를 매우 자랑하여 글자의 형세를 '은구채미(銀鉤
    蠆尾, 은으로 만든 갈고리나 힘차게 말려 올라간 전갈의 꼬리)'라 이름 붙였다.
    (靖傳芝草而形異, 甚矜其書, 名其字勢曰銀鉤蠆尾.)"라고 하였다.【原註】
130) 왕헌지(王獻之, 344-386): 진나라 사람. 『진서·왕헌지전(晋書·王獻之傳)』에서

"왕헌지의 자(字)는 자경(子敬)이며, 왕희지의 7째 아들이다. 젊어서 훌륭한 명성이 있었으며 고매하고 비범하였는데, 초서와 예서에 정통했고 그림에 뛰어났다. (獻之, 字子敬, 羲之第七子. 少有盛名, 高邁不羈, 工草隷, 善丹靑.)"라고 하였다. 『서단(書斷)』에서 "왕헌지는 중서령이 되어 태원(太元) 13년(388)에 벼슬한 채로 죽었으며, 나이 45세였는데, 아우뻘 되는 친척 왕민(王珉, 351—388)이 그 자리를 대신하였다. 그 당시에 왕헌지를 '대령(大令)'이라 하고 왕민을 '소령(小令)'이라 하였다.(子敬爲中書令, 太元十三年卒於官, 年四十五, 族弟珉代居之. 時謂子敬爲大令, 珉爲小令.)"라고 하였다.【原註】

131) 지영(智永, 510-608): 남북조시기 진(陳)나라 사람. 『서단』에서 "진(陳) 영흔사(永欣寺)의 승려 지영은 회계(會稽, 지금의 소흥시(紹興市) 사람으로, 먼 조상 왕희지를 스승으로 삼았으며, 여러 서체에 겸하여 뛰어났는데, 초서에 가장 뛰어났다. (陳永欣寺僧智永, 會稽人, 師遠祖逸少, 兼能諸體, 於草最優.)"라고 하였다. 하연지(何延之)의 「난정시말기(蘭亭始末記)」에서 "지영은 왕희지의 7대손으로 형인 왕효빈(王孝賓)과 더불어 모두 출가하여 불가에 들어갔으며, 속세에서 '영선사(永禪師)'라 하였다. 항상 영흔사 누각에서 살며 글씨를 썼는데, 모두 30년 동안 해서체와 초서체의 천자문 800여 권을 써서 절강 동부의 여러 사찰에 각각 1권씩 시주하였다.(智永, 右軍七世孫, 與兄孝賓俱舍家入道, 俗號永禪師, 常居永欣寺閣上臨書, 凡三十年, 得眞草千字文八百餘本, 浙東諸寺, 各施一本.)"라고 하였다.【原註】

* 영흔사(永欣寺): 절강성 호주시(湖州市) 선련진(善璉鎭)에 있는 절.【역주】
* 난정시말기(蘭亭始末記): 당나라 초기의 관리였던 하연지가 714년에 지은 것으로, 왕희지가 「난정서」를 쓰게 된 전 과정과 후대의 소장·저래·어명에 의한 임모(臨模)·기록·당 태종의 소릉(昭陵)에 부장된 사실 등을 체계적으로 기록하였다.【역주】

132) 우영흥(虞永興): 당나라 사람 우세남(虞世南, 558-638). 『구당서·우세남전(舊唐書·虞世南傳)』에서 "우세남은 자(字)가 백시(伯施)로 월주(越州) 여요[余姚, 지금의 절강성 자계시(慈溪市) 관해위진(觀海衛鎭) 명학장(鳴鶴場)] 사람이다. 지영은 왕희지의 글씨에 뛰어났는데, 우세남이 지영을 스승으로 삼아 그 서체의 묘리를 체득하였다. 수나라 대업연간(大業年間, 605-618) 초기에 비서랑에 임명되었으며, 당 태종이 이끌어 진부참군(秦府參軍)으로 삼았고 홍문관학사가 되었다. 태종은 항상 우세남의 다섯 가지 뛰어난 점으로 덕행·충직·박학·문사(文詞, 문장)·서한(書翰, 서예 작품)을 칭찬했으며, 은청광록대부(銀靑光祿大夫, 청색의 인끈이 있는 은제 인장을 찬 광록대부)를 제수하였고, 시호는 문의(文懿)이다.(虞世南, 字伯施, 越州餘姚人. 智永善王羲之書, 世南師焉, 妙得其體. 隋大業初, 授秘書郎, 太宗引爲秦府參軍, 弘文館學士. 太宗常稱世南五絶, 德行忠直博學文詞書翰, 授銀靑光祿大夫, 諡曰文懿.)"라고 하였다.【原註】

* 우영흥(虞永興): 우세남이 정관 8년(634)에 영흥현공(永興縣公)에 봉해졌으므로 '우영흥'이라 한다.【역주】

(褚河南)133) · 구양솔경(歐陽率更)134) · 당명황(唐明皇)135) · 회소(懷

133) 저하남(褚河南): 당나라 사람 저수량(褚遂良, 596-659). 저수량이 하남군공(河南郡公)에 봉해졌으므로 세상에서 '저하남'이라 하였다.
『선화서보(宣和書譜)』에서 "저수량의 자(字)는 등선(登善)이다.(褚遂良, 字登善.)"라고 하였다.
『구당서 · 저수량전(舊唐書 · 褚遂良傳)』에서 "저수량은 산기상시 저량(褚亮, 555-647)의 아들이다. 문학과 역사를 섭렵하였으며, 특히 예서에 정통하여 부친의 친구 구양순(歐陽詢, 557-641)이 매우 중시하였다. 위징(魏徵, 580-643. 당태종의 명신)은 '저수량은 운필이 힘차 왕희지의 서체를 많이 얻었다.'고 하였다. 태종이 불러 시서(侍書, 문서 담당 관리)를 삼았으며, 고종이 즉위하여 하남현공의 작위를 하사하였다. 직언으로 용감하게 간언하여 애주자사(愛州刺史)로 좌천되었으며, 벼슬을 한 채로 죽었다.(遂良, 散騎常侍亮之子也. 涉文史, 尤工隸書, 父友歐陽詢甚重之. 魏徵曰, 褚遂良下筆遒勁, 甚得王逸少體. 太宗召令侍書, 拜中書令, 高宗卽位, 賜爵河南縣公. 直言敢諫, 累貶愛州刺史, 卒於官.)"라고 하였다.【原註】
* 선화서보(宣和書譜): 20권. 궁정에 소장된 197명 1,344건의 서예작품을 수록하였다. 북송 휘종 선화 2년(1120)에 명을 받들어 대신들이 편찬하였다.【역주】

134) 구양솔경(歐陽率更): 당나라 사람 구양순(歐陽詢, 557-641). 태자솔갱령(太子率更令)을 역임하였으므로 '구양솔경'이라 불렸다. 『당서 · 구양순전(唐書 · 歐陽詢傳)』에서 "구양순은 자(字)가 신본(信本)으로 담주(譚州) 임상(臨湘, 지금의 호남성 장사(長沙)] 사람이며, 수나라에서 벼슬하여 태상박사가 되었다. 고조가 즉위하여 급사중(給事中)으로 발탁되었다. 구양순은 처음에는 왕희지의 글씨를 본받았으나, 뒤에는 놀랄 만큼 힘이 넘쳤으므로, 그의 서체에 자신의 이름이 붙었다. 전해오는 편지는 사람들이 법식으로 삼았으며, 신라에서 늘 사신을 파견하여 구양순의 글씨를 구했다. 정관연간 초기에 태자솔갱령(太子率更令)과 홍문관학사를 역임했으며, 발해남(渤海男)에 봉해졌다.(歐陽詢, 字信本, 譚州臨湘人, 仕隋爲太常博士. 高祖卽位, 累擢給事中. 詢初效王羲之書, 後險勁過之, 因自名其體. 尺牘所傳, 人以爲法, 高麗常遣使求之. 貞觀初, 歷太子率更令, 弘文館學士, 封渤海男.)"라고 하였다.【原註】

135) 당명황(唐明皇): 『구당서 · 현종본기(舊唐書 · 玄宗本紀)』에서 "현종(재위 712-756)은 이름이 이융기(李隆基)이며 예종의 셋째 아들이다. 성격은 영민하고 과단성이 있었으며, 재주가 다양하여 특히 음률을 이해하고 팔분서(八分書)에 뛰어났다.(玄宗, 諱隆基, 睿宗第三子也. 性英斷, 多藝, 尤知音律, 善八分書.)"라고 하였다. 주월(周越)의 『고금법서원(古今法書苑)』에서 "당나라 현종은 팔분서와 장초에 정통하였으며, 재주가 많고 영특하였다.(唐明皇, 工八分章草, 豊茂英特.)"라고 하였다.【原註】
* 팔분서(八分書): 예서의 일종으로 파책[波磔, 비스듬한 획을 오른 쪽의 아래로 삐치는 필법으로 영(永)자의 마지막 획을 쓰는 필법]의 특징이 뚜렷한 예서를 지칭. 진(秦)나라[또는 동한]의 서예가 왕차중(王次仲, ?-?)이 창조했다고 하며

素)136) · 안노공(顔魯公)137) · 유성현(柳誠懸)138) · 장장사(張長史)139) ·

현재 해서의 원형이다.【역주】

* 고금법서원(古今法書苑): 10권. 북송의 서예가 주월(周越, 970-1028)이 편찬한 서예이론서. 현재 일부만 남아있다.【역주】

136) 회소(懷素, 725-785): 당나라 사람. 『선화서보』에서 "승려 회소는 자(字)가 장진(藏眞)으로 속세의 성은 전(錢)이다. 장사(長沙) 사람으로 경조(京兆, 지금의 서안)로 이사를 왔으며, 삼장법사 현장(玄奘, (602年-664)의 제자이다. 처음에 율법(律法)을 연구하였으며, 만년에 필묵에 몰두해서 끊임없이 따라 모방하여, 몽당붓이 무덤만큼 쌓였으며, 스스로 '초서의 삼매경을 얻었다.'고 하였다. 조사해 보면, 평소 술을 마시고 흥이 일어 글자를 쓰면, 글자가 날아 움직여 휘도는 묘리가 있어 완연히 신들린 듯하였다.(釋懷素, 字藏眞, 俗姓錢. 長沙人, 徙家京兆, 玄奘三藏之門人也. 初勵律法, 晩精意於翰墨, 追仿不輟, 禿筆成冢, 自謂得草書三昧. 考其平日得酒發興, 要欲字字飛動圓轉之妙, 宛若有神.)"라고 하였다.

육우(陸羽)의 「승회소전(僧懷素傳)」에서 "회소는 가난하여 글씨를 쓸 종이가 없었으며, 일찍이 고향에 파초 만여 그루를 심어 글씨 쓰는 재료로 사용하였다.(懷素, 貧無紙可書, 嘗於故里種芭蕉萬餘株, 以供揮灑.)"라고 하였다.【原註】

* 육우(陸羽, 733-804): 자(字)는 홍점(鴻漸). 복주(復州) 경릉[竟陵, 지금의 호북성 천문시(天門市)] 사람. 당나라의 저명한 차전문가로 '다성(茶聖)'이라 불리며 차에 관한 전문서인 『다경(茶經)』을 저술하였다.【역주】

137) 안로공(顔魯公): 당나라 사람 안진경(顔眞卿, 709-784). 『당서 · 안진경전(唐書 · 顔眞卿傳)』에서 "안진경은 자(字)가 청신(淸臣)으로, 낭야(琅琊) 임기(臨沂, 지금의 산동성 임기) 사람이다. 개원연간(713-741)에 진사에 합격하고 특별시험에 발탁되었으며, 천보년간(742-756) 말기에 평원태수(平原太守)로 나아갔고, 형부상서와 태자태사를 역임했으며, 노군공(魯郡公)에 봉해지고 시호는 문충(文忠)이다. 안진경은 조정에 들어와 엄정한 태도를 지니고 강직하면서 예의가 있어, 천하에서 이름으로 부르지 않고 유일하게 '노공(魯公)'이라 불렀다. 해서와 초서에 뛰어나 필력이 힘차면서 온유하여 세상에 보물로 전한다.(顔眞卿, 字淸臣, 琅琊臨沂人, 開元中, 擧進士, 擢制科, 天寶末, 出爲平原太守, 歷遷刑部尙書, 太子太師, 封魯郡公, 謚文忠. 眞卿入朝正色, 剛而有禮, 天下不以姓名稱, 而獨曰魯公. 善正草書, 筆力遒婉, 世寶傳之.)"라고 하였다.【原註】

138) 유성현(柳誠懸): 당나라 사람 유공권(柳公權, 778-865). 『구당서 · 유공권전(舊唐書 · 柳公權傳)』에서 "유공권은 자(字)가 성현(誠懸)으로, 경조(京兆) 화원[華原, 지금의 섬서성 동천시(銅川市) 요주구(耀州區)] 사람이다. 원화연간(元和年間, 806-820) 초기에 진사로 과거에 합격하였으며, 함통연간(咸通年間, 860-874) 초기에 관직이 태자소사(太子少師)에 이르렀다. 유공권은 처음에 왕희지의 글씨를 배웠으며, 근래의 필법을 두루 열람하였는데, 서체의 형세가 힘차고 온유하여 스스로 일가를 이루었다.(柳公權, 字誠懸, 京兆華原人, 元和初, 進士擢第, 咸通初, 官至太子少師. 公權初學王書, 遍閱近代筆法, 體勢遒媚, 自成一家.)"라고 하였다.

이회림(李懷琳)140) · 송고종(宋高宗)141) · 이건중(李建中)142) · 소식(蘇

『예원치언(藝苑巵言)』에서 "안진경의 서체는 단정함을 귀하게 여겨, 글자의 골격
은 드러내고 힘줄은 감추었으며, 유공권의 서체는 힘을 귀하게 여겨, 힘줄과 골격
을 모두 드러냈다.(顔書貴端, 骨露筋藏, 柳書貴遒, 筋骨盡露.)"라고 하였다.【原註】
* 예원치언(藝苑巵言): 8권. 명나라의 학자 왕세정(王世貞, 1526-1590)이 저술한
  문학 평론집.【역주】

139) 장장사(張長史): 당나라 사람 장욱(張旭, ?-?). 『선화서보』에서 "장욱은 소주 사람
    으로 관직이 장사(長史)에 이르러 세상에서 '장장사'라 한다.(張旭, 蘇州人, 官至
    長史, 世稱張長史.)"라고 하였다.
    『당서 · 장욱전(唐書 · 張旭傳)』에서 "장욱은 술을 좋아하고 서예에 정통하였는
    데, 매번 크게 취하면 크게 부르짖으며 미친 듯이 달려가 바로 글씨를 썼는데,
    머리칼에 먹을 묻혀 글씨를 쓰기도 하였다. 깨어나면 스스로 신품(神品)으로 다
    시는 얻을 수 없다고 여겼다. 세상에서 '장전(張顚), 미친 장욱)'라 하였다. 문종시
    절에 조서를 내려 이백의 시와 배민(裵旻)의 검무 및 장욱의 초서를 삼절(三絶)로
    삼았다.(旭嗜酒工書, 每大醉, 呼叫狂走, 乃下筆, 或以頭濡墨而書. 旣醒, 自視以爲
    神, 不可復得也. 世呼張顚. 文宗時, 詔以李白歌詩, 裵旻劍舞, 張旭草書爲三絶.)"
    라고 하였다.【原註】
    * 배민(裵旻, ?-?): 당나라 개원연간의 인물. 뛰어난 검객으로 알려져 '검성(劍聖)'
      이라 불리었으며, 이백이 그에게서 검을 배운 일이 있었다. 활쏘기에도 뛰어나
      북평[北平, 지금의 하북성 보정시(保定市)에 속하는 지역]을 다스릴 때 하루에
      호랑이 31마리를 쏘아 죽였다고 한다.【역주】

140) 이회림(李懷琳, ?-?): 당나라 사람. 『술서부주(述書賦注)』에서 "이회림은 낙양 사
    람으로, 당나라 초기에 위조품을 잘 만들었으며, 그가 만든 「대급취(大急就)」를
    왕희지의 글씨라 하였다. 태종시절에 대조문림관(待詔文林館)이 되었다.(李懷
    琳, 洛陽人, 國初時, 好爲僞迹, 其大急就, 稱王書. 太宗時, 待詔文林館.)"라고 하
    였다.【原註】
    * 술서부주(述書賦注): 당나라 서예가 두기(竇臮, ?-?)가 지은 상고시대부터 당나
      라 대력연간(大曆年間, (766-779))까지의 역대 서예가와 작품에 대하여 논술한
      『술서부』(2권)에 두기의 형 두몽(竇蒙, ?-?)이 붙인 주석.【역주】

141) 송고종(宋高宗): 『송사 · 예문지(宋史 · 藝文志)』에서 "고종의 이름은 조구(趙構,
    1107-1187)이며 자(字)는 덕기(德基)이고 휘종의 9째 아들이다. 선화 3년(1121)에
    강왕(康王)에 봉해지고, 건염원년(1127)에 송주[宋州, 지금의 하남성 상구(商丘)]
    에서 황제로 즉위하여 임안(臨安, 지금의 절강성 임안시)으로 천도하였다.(高宗
    諱構, 字德基, 徽宗第九子. 宣和三年, 封康王, 建炎元年, 卽帝位於宋州, 遷都臨
    安.)"라고 하였다.
    『옥해(玉海)』에서 "고종은 초기에 황정견의 체재와 격조를 매우 좋아하였으며,
    후에는 또 미불을 선택하였으나, 이윽고 모두 방치하여 사용하지 않았고, 왕희지
    와 왕헌지 부자를 매우 좋아하여 곧바로 더불어 나란히 나아갔다.(高宗初頗喜黃

282
장물지

軾)과 소철(蘇轍)[143]·이미(二米)[144]·범문정(范文正)[145]·황로직(黃魯

庭堅體格, 後又采米芾, 已而皆置不用, 頗喜義獻父子, 直與之齊驅幷轡.)"라고 하였다.【原註】

* 옥해(玉海): 204권. 남송의 학자 왕응린(王應麟, 1223-1296)이 편찬. 천문·지리·관제(官制)·식화(食貨) 등의 21부문으로 나누어진 유서(類書, 일종의 백과사전).【역주】

142) 이건중(李建中, 945-1013): 송나라 사람. 『송사·이건중전(宋史·李建中傳)』에서 "이건중은 자(字)가 득중(得中)이며 그의 선조는 경조 사람이다.……조부 이조(李稠)가……재난을 피하여 지역을 옮겨 사천으로 들어왔다.……이건중은 성격은 간결하고 고요하며 풍채가 수려하고 정신이 우아하여 영리에 태연하였으며, 앞뒤로 세 번 서경유사어사대(西京留司御史臺)를 구하여 맡았다. 특히 낙양의 풍토를 사랑하여 정원과 연못을 건설하여 '정거(靜居)'라 하였다. 시 읊기를 좋아하여 매 번 산수를 유람하면 기념한 글을 많이 남겼으며, 스스로 '암부민백(嚴夫民伯)'이라 하였다.……편지글에 뛰어났고 행서는 더욱 정통하였으며, 새로운 서체를 많이 창작하였고, 초서·예서·전서·팔분서도 오묘하였다.(李建中, 字得中, 其先京兆人.……祖稠……避地入蜀.……建中性簡靜, 風神雅秀, 恬於榮利, 前後三求掌西京留司御史臺. 尤愛洛中風土, 就構園池, 號曰靜居. 好吟詠, 每遊山水, 多留題, 自稱嚴夫民伯.……善書札, 行筆尤工, 多構新體, 草隷篆籀八分亦妙.)"라고 하였다.【原註】

143) 소식(蘇軾)과 소철(蘇轍): 『송사·소식전(宋史·蘇軾傳)』에서 "소식은 자(字)가 자첨(子瞻)으로 미산(眉山, 지금의 사천성 미산시) 사람이다. 가우연간(嘉祐年間, 1056-1063)에 진사가 되었고, 희녕연간(熙寧年間, 1068-1077)에는 황주(黃州)에 안치(安置)되어, 동쪽 언덕에 집을 짓고 스스로 '동파거사(東坡居士)'라 했다. 철종시기에 단명전한림시독학사(端明殿翰林侍讀學士)와 예부상서를 겸했으며, 시호는 문충(文忠)이다.(蘇軾, 字子瞻, 眉山人. 嘉祐進士, 熙寧中, 黃州安置, 築室東坡, 自號東坡居士, 哲宗時, 兼端明殿翰林侍讀學士, 禮部尙書, 諡文忠.)"라고 하였다.
『난성집(欒城集)』에서 "소식은 진(晋)나라 사람에게는 미치지 못하고, 당나라 저수량·설직(薛稷)·안진경·유공권에 이르면 비슷하게 가깝다고 스스로 말하였다.(子瞻自言不及晋人, 至唐褚薛顔柳, 彷佛近之.)"라고 하였다.
『송사·소철전(宋史·蘇轍傳)』에서 "소철(1039-1112)의 자(字)는 자유(子由)이며, 19세에 형 소식과 함께 진사과에 합격하여, 원우 6년(1090)에 상서우승(尙書右丞)에 임명되었고 문하시랑으로 진급하였으며, 죽은 뒤의 시호는 문정(文定)이다.(轍字子由, 年十九, 與兄軾同登進士科, 元祐六年, 拜尙書右丞, 進門下侍郎, 卒諡文定.)"라고 하였다.
『산곡집(山谷集)』에서 "소철의 글씨는 수척하고 힘이 넘쳐 좋아할 만하다.(子由書, 瘦勁可喜.)"라고 하였다.【原註】

* 안치(安置): 송대에 관리를 귀양 보내어 지역을 정해 거주하도록 하는 것.【역주】

直)146) · 채충혜(蔡忠惠)147) · 소창랑(蘇滄浪)148) · 황장예(黃長睿)149) ·

* 난성집(欒城集): 96권. 소철의 시문별집.【역주】
* 산곡집(山谷集): 70권. 황정견의 문집.【역주】
144) 이미(二米): 미불과 그의 아들 미우인. 본권 「고금의 우열」 원주 참고.【原註】
145) 범문정(范文正): 송나라 사람 범중엄(范仲淹, 989-1052). 시호가 문정(文正)이므
로 '범문정'이라 불린다. 『송사 · 범중엄전(宋史 · 范仲淹傳)』에서 "범중엄은 자
(字)가 희문(希文)으로, 소주 오현(吳縣) 사람이다. 진사에 응시하여 합격하였으
며, 인종시기에 불러서 우사간(右司諫)을 삼았고, 천장각대제(天章閣待制) · 추밀
직학사(樞密直學士) · 참지정사(參知政事)에 임명되었으며, 시호는 문정(文正)이
다.(范仲淹, 字希文, 蘇州吳縣人, 舉進士第, 仁宗朝, 召爲右司諫, 拜天章閣待制,
樞密直學士, 參知政事, 謚文正.)"라고 하였다.
『산곡집』에서 "범중엄의 글씨는 운필이 통쾌하고 침착하여 진(晋)나라와 송(宋,
남조)나라 사람의 글씨에 매우 근접했는데, 대개 범중엄은 손가락을 구부리고
팔을 돌리는 것이 모두 옛사람의 법도에 잘 들어맞았기 때문이다.(范文正公書,
落筆痛快沈着, 極近晋宋人書, 蓋文正鉤指回腕, 皆優入古人法度.)"라고 하였다.
【原註】
* 回腕(회완): 서예 용어. 팔뚝과 손을 구부려 손가락이 가슴의 앞을 향하도록
붓을 잡는 방법.【역주】
146) 황로직(黃魯直): 송나라 사람 황정견(黃庭堅, 1045-1105). 『송사 · 황정경전(宋
史 · 黃庭堅傳)』에서 "황정견은 자(字)가 노직(魯直)으로, 홍주(洪州) 분녕(分寧,
지금의 강서성 수수현(修水縣)] 사람이다. 진사에 합격하였으며, 초서와 해서에
뛰어나 또 스스로 일가를 이루었고, 자호는 산곡도인(山谷道人)이다.(黃庭堅, 字
魯直, 洪州分寧人, 舉進士, 善草書楷法, 亦自成一家, 自號山谷道人.)"라고 하였
다.【原註】
147) 채충혜(蔡忠惠): 송나라 사람 채양(蔡襄, 1012-1067). 『송사 · 채양전(宋史 · 蔡襄
傳)』에서 "채양은 자(字)가 군모(君謨)이며 흥화(興化) 선유(仙遊, 지금의 복건성
선유현) 사람으로, 관직은 단명전학사(端明殿學士)에 이르렀다. 서예에 정통하
여 당시에 제일이었으며, 건도연간(乾道年間, 1067-1068)에 '충혜(忠惠)'라는 시
호를 내렸다.(蔡襄, 字君謨, 興化仙遊人, 官至端明殿學士. 工書, 爲當時第一, 乾
道中, 賜謚忠惠.")라고 하였다. 『동파집(東坡集)』에서 "채양의 해서 · 행서 · 초
서 · 예서는 뜻대로 되지 않은 게 없었으며, 남은 힘과 남은 의도는 비백(飛白)으
로 변화하여, 좋아할 수는 있으나 익힐 수는 없다.(君謨眞行草隷, 無不如意, 其遺
力餘意, 變爲飛白, 可愛而不可學.)"라고 하였다.【原註】
* 동파집(東坡集): 40권. 스스로 편집한 소동파의 문집.【역주】
* 비백(飛白): 특수한 서법. 동한 영제(靈帝, 재위 168-189)시기에 채옹이 창조했
다고 하며, 필획에 실처럼 하얀 부분이 드러나는 기법으로, 먹을 적게 묻혀
글씨를 쓰는 건필(乾筆)과 비슷하다.【역주】
148) 소창랑(蘇滄浪): 송나라 사람 소순흠(蘇舜欽, 1008-1048). 호가 창랑옹(滄浪翁)으

설도조(薛道祖)150) · 범문목(范文穆)151) · 장즉지(張即之)152) · 선신국

로, 관직에서 밀려나 소주에 창랑정(滄浪亭)을 짓고 지냈으며, 「창랑정기(滄浪亭記)」를 지었다. 『송사 · 소순흠전(宋史 · 蘇舜欽傳)』에서 "소순흠은 자(字)가 자미(子美)이며, 소이간(蘇易簡, 958-997)의 손자로, 재주(梓州) 동산銅山, 지금의 사천성 중강현(中江縣)] 사람이다. 범중엄(范仲淹, 989-1052. 북송 대신)이 천거하였으며, 시가는 체제가 호방하였다. 초서에 뛰어나 매 번 술이 거나해서 운필하면, 다투어 사람들에게 전해졌다.(蘇舜欽, 字子美, 易簡之孫, 梓州銅山人. 范仲淹薦之, 歌詩, 其體豪放. 善草書, 每酣酒落筆, 爭爲人所傳.)"라고 하였다.【原註】

149) 황장예(黃長睿): 송나라 사람 황백사(黃伯思, 1079-1118). 『송사 · 황백사전(宋史 · 黃伯思傳)』에서 "황백사는 자(字)가 장예(長睿)이고 소무(邵武, 지금의 복건성 소무시) 사람으로, 원부(元符) 3년(1100)에 진사가 되었으며, 전서 · 예서 · 해서 · 행서 · 초서 · 장초 · 비백이 모두 절묘한 경지에 이르렀다. 관직은 비서랑으로 자호는 운림자(雲林子)이고, 별호는 소빈(霄賓)으로 정화(政和) 8년(1118)에 사망하였다.(黃伯思, 字長睿, 邵武人, 元符三年進士, 篆隸正行草, 章草飛白, 皆至妙絶. 官秘書郎, 自號雲林子, 別字霄賓, 政和八年卒.)"라고 하였다.【原註】

150) 설도조(薛道祖): 송나라 사람 설소팽(薛紹彭, ?-?). 『서사회요(書史會要)』에서 "설소팽은 자(字)가 도조(道祖)이며 장안 사람으로, 관직은 비각수찬(秘閣修撰)에 이르렀고, 외지로 나아가 재동조운(梓潼漕運)이 되었다. 글씨의 명성은 미불에 버금갔으며, 원부-가우(1098-1063) 사이에 글씨에 능하다고 하였다.(薛紹彭, 字道祖, 長安人, 官至秘閣修撰, 出爲梓潼書, 書名亞米芾, 符祐間, 號能書.)"라고 하였다. 『청하서화방(淸河書畫舫)』에서 "설소팽은 별호가 취미거사(翠微居士)로, 미불의 서화 친구이다. 구성이 긴밀하고 필봉을 감추어 진나라와 송나라 사람의 필치를 체득하였으나, 운치가 부족한 것이 애석할 뿐이다.(薛紹彭, 別號翠微居士, 米元章書畫友也. 緊密藏鋒, 得晋宋人意, 惜少風韻耳.)"라고 하였다.【原註】

* 서사회요(書史會要): 9권. 명나라의 학자 도종의(陶宗儀, 1321-1412?)의 저서. 홍무 9년(1376)에 완성. 100여 종의 서적에서 원대까지 서예가의 전기와 논평을 선택하여 수록하였다.【역주】

* 청하서화방(淸河書畫舫): 12권. 명나라 소장가이자 감정가인 장추(張醜, 1577-1643)의 저서. 자신이 소장하고 보았던 삼국시대 종요부터 명대 중기의 구영(仇英)까지, 140명 서화가의 작품 164점을 12종류로 분류하여 평론하고 고증하였다.【역주】

151) 범문목(范文穆): 송나라 사람 범성대(范成大, 1126-1193). 『송사 · 범성대전(宋史 · 范成大傳)』에서 "범성대는 자(字)가 치능(致能)으로 오군(吳郡, 지금의 강소성 소주) 사람이며, 자호는 석호거사(石湖居士)이다. 소흥(紹興) 24년(1154)에 진사가 되었고, 효종시절에 참지정사에 임명되었다가 자정전학사(資政殿學士)로 승진했으며, 시호는 문목(文穆)이다.(范成大, 字致能, 吳郡人, 自號石湖居士. 紹興二十四年進士, 孝宗時, 拜參知政事, 進資政殿學士, 諡文穆.)"라고 하였다. 『서사회요』에서 "범성대는 서예에 능하여 칭송되었으며, 황정견과 미불을 조종

(先信國)¹⁵³⁾ · 조오흥(趙吳興)¹⁵⁴⁾ · 선우백기(鮮于伯機)¹⁵⁵⁾ · 강리자산
(康里子山)¹⁵⁶⁾ · 장백우(張伯雨)¹⁵⁷⁾ · 예원진(倪元鎭)¹⁵⁸⁾ · 양철애(楊鐵

으로 삼아 필력이 굳세어 볼만하였다.(石湖以能書稱, 宗黃庭堅米芾, 遒勁可觀.)"
라고 하였다.【原註】

152) 장즉지(張卽之, 1186-1263): 송나라 사람.『송사 · 장즉지전(宋史 · 張卽之傳)』에
서 "장즉지는 자(字)가 온부(溫夫)이며, 역양(歷陽) 사람으로 호는 저료(樗寮)이
다. 진사가 되어 사농시승(司農寺丞)을 역임하고 직비각(直秘閣)에 임명되었으
며, 서예에 능하여 천하에 알려졌고, 금나라 사람이 특히 그의 글씨를 보물로
여겼다.(張卽之, 字溫夫, 歷陽人, 號樗寮. 進士, 歷司農寺丞, 授直秘閣, 以能書聞
天下, 金人尤寶其翰墨.)"라고 하였다.【原註】

153) 선신국(先信國): 송나라 사람 문천상(文天祥, 1236-1283).『송사 · 문천상전(宋
史 · 文天祥傳)』에서 "문천상은 자(字)가 송서(宋瑞)이며 또 다른 자(字)는 이선
(履善)이고 호는 문산(文山)으로, 길수[吉水, 지금의 강서성 길안시(吉安市)] 사람
이다. 20세에 진사에 응시하여 이종(理宗)이 직접 1등으로 선발하였으며, 함순연
간(咸淳年間, 1265-1274)에 우승상에 임명되어 추밀사를 겸했고, 소보(少保)와 신
국공(信國公)이 더해졌다. 덕우연간(德祐年間, 1275-1276) 초기에 황제를 호위하
라는 조서에 부응하여 힘껏 실지회복을 도모하였으나, 군대가 패하여 사로잡히
자, 굴복하지 않고 죽었다.(文天祥, 字宋瑞, 又字履善, 號文山, 吉水人. 年二十,
擧進士, 理宗親拔第一, 咸淳中, 除右丞相, 兼樞密使, 加少保, 信國公. 德祐初, 應
詔勤王, 力圖恢復, 兵敗被執, 不屈死.)"라고 하였다.【原註】

154) 조오흥(趙吳興): 원나라 사람 조맹부. 생각건대, 오흥군(吳興郡)은 삼국시대 오나
라에서 설치하였으며, 송대에는 호주(湖州) 오흥군(吳興郡)으로 되었다. 조맹부
의 선대에 호주에 저택을 하사받아 호주 사람이 되었으므로, 세상에서 '조오흥
(趙吳興)'이라 하였다. 본권「고금의 우열」원주 참고.【原註】

155) 선우백기(鮮于伯機): 원나라 사람 선우추(鮮于樞, 1246-1302).『서사회요』에서
"선우추는 자(字)가 백기(伯機)이고 호는 곤학민(困學民)으로, 어양[漁陽, 지금의
북경시 계현(薊縣)] 사람이며, 관직은 태상시전부(太常寺典簿)에 이르렀다. 술이
취하면 놀랄 만큼 방종해져서, 쓴 글자에 기이한 자태가 마구 피어났으며, 행서
와 초서에 뛰어나 조맹부가 매우 높이 받들어 중요하게 평가하였고, 작은 해서체
는 종요(鍾繇)와 유사하였다.(鮮于樞, 字伯機, 好困學民, 漁陽人, 官至太常寺典
簿. 酒酣驚放, 作字奇態橫生, 善行草, 趙文敏極推重之, 小楷類鍾元常.)"라고 하였
다.【原註】

156) 강리자산(康里子山): 원나라 사람 노노(巙巙, 1295-1345).『원사 · 노노전(元史 ·
巙巙傳)』에서 "노노는 자(字)가 자산(子山)으로[도종의(陶宗儀)는 호가 '정재서수
(正齋恕叟)'라 하였다.], 강리씨(康里氏)이다. 관직은 한림학사승지에 이르렀고,
해서 · 행서 · 초서에 뛰어나 식자들이 진(晉)나라와 당나라 사람 서예의 취지를
얻었다고 하였다.[巙巙, 字子山(陶宗儀云, 號正齋恕叟), 康里氏. 官至翰林學士承

匡)159) · 가단구(柯丹邱)160) · 원청용(袁淸容)161) · 위태박(危太樸)162) 등

旨, 善眞行草書, 識者謂得晋唐人筆意.」라고 하였다.【原註】

* 강리씨(康里氏): 외몽고 지역에서 유목생활을 하던 돌궐족의 한 갈래.【역주】

157) 장백우(張伯雨): 원나라 사람 장우(張雨, 1283-1350). 『서사회요』에서 "도사 장우
는 자(字)가 백우(伯雨)이며 호는 구곡외사(句曲外史)이다.(道士張雨, 字伯雨, 號
句曲外史.)"라고 하였다.
『옥산아집(玉山雅集)』에서 "일명 천우(天雨)이며, 호는 진거자(眞居子)로 전당(錢
塘, 지금의 절강성 항주) 사람이다.(一名天雨, 號眞居子, 錢塘人.)"라고 하였다.
『철망산호(鐵網珊瑚)』에서 "진거진인(眞居眞人)은 시문과 서화는 모두 명나라
도사의 작품 가운데 제일이다.(眞居眞人, 詩文字畵, 皆爲本朝道品第一.)"라고 하
였다.【原註】

* 옥산아집(玉山雅集):『옥산초당아집(玉山草堂雅集)』. 원나라 학자 고아영(顧
阿瑛, 1310-1369)이 강소성 곤산(昆山)에 지은 옥산초당(玉山草堂)에, 80여 명
의 문인들이 모여 10여년에 걸쳐 교류하며 남긴 3,369편의 시문을 모아 정리한
책.【역주】

* 철망산호(鐵網珊瑚): 명나라 감정가 주존리(朱存理, 1444-1513)가 모아 역은 고
대의 서화작품을 수록한 책. 서예 143점과 그림 97건에 대하여 내용과 관지
및 소장가의 인장과 역대 제발 등을 수록하였다.【역주】

158) 예원진(倪元鎭): 원나라 사람 예찬(倪瓚, 1301-1374). 자(字)가 원진(元鎭). 본권
「고금의 우열」의 원주 참고.【原註】

159) 양철애(楊鐵厓): 원나라 사람 양유정(楊維楨, 1296-1370). 유장(劉璋)의 『서화사
(書畵史)』에서 "양유정은 자(字)가 염부(廉夫)이고 호는 철애(鐵厓) · 동유자(東
維子) · 철적도인(鐵笛道人)이며, 회계(會稽, 지금의 절강성 소흥시) 사람이다. 태
정(泰定) 4년(1327)에 진사가 되어 관직은 건덕로총관부추관(建德路總管府推官)
과 강서유학제거(江西儒學提擧)에 이르렀다. 행서와 초서는 비록 높은 품격에
들어가지 못하지만, 스스로 맑고 힘이 있어 좋아할 만하다.(楊維楨, 字廉夫, 號鐵
厓東維子鐵笛道人, 會稽人, 泰定四年進士, 官至建德路總管府推官, 江西儒學提
擧. 行草書雖未合格, 然自淸勁可喜.)"라고 하였다. 저서에 『동유자집(東維子集)』
이 있다.【原註】

* 유장(劉璋, 1429-1511): 명나라의 정치가로 공부상서를 역임했다. 저서에 『황명
서화사(皇明書畵史)』3권이 있다.【역주】

* 서화사(書畵史): 3권. 『황명서화사(皇明書畵史)』. 1515년에 완성되었으며, 홍
무시기 이래 서화가 370여명을 기록한 서화 역사서.【역주】

160) 柯丹邱(가단구): 원나라 사람 가구사(柯九思, 1290-1343). 『화사회요(畵史會要)』
에서 "가구사는 자(字)가 경중(敬仲)이고 호는 단구생(丹丘生)이며, 태주(台州)
선거(仙居, 지금의 절강성 선거현) 사람이다. 원나라 문종(文宗, 재위 1329-1332)
이 규장각을 짓고 특별히 학사원감서박사(學士院鑑書博士)에 임명하였다. 박학
하고 문장에 능하며 글씨에 뛰어났는데, 대나무 그림은 문동(文同)을 스승으로

이 있다. 명나라에는 송문헌(宋文憲) 송렴(宋濂)163) · 중서사인(中書舍人) 송수(宋璲)164) · 방손지(方遜志) 방효유(方孝孺)165) · 송남궁(宋南宮)

삼았고, 꽃그림에도 뛰어났다.(柯九思, 字敬仲, 號丹丘生, 台州仙居人. 元文宗築奎章閣, 特授學士院鑑書博士. 博學能文, 善書, 墨竹師文湖州, 亦善墨花.)"라고 하였다.【原註】

161) 袁淸容(원청용): 원나라 사람 원각(袁桷, 1266-1327).『원사 · 원각전(元史 · 袁桷傳)』에서 "원각은 자(字)가 백상(伯常)이고 호는 청용거사(淸容居士)이며, 경원[慶元, 지금의 절강성 영파(寧波)] 사람이다. 원나라 지치원년(至治元年, 1321)에 시강학사로 옮겼으며, 저서에『청용거사집(淸容居士集)』등이 있다.(袁桷, 字伯常, 號淸容居士, 慶元人. 元至治元年, 遷侍講學士, 所著有淸容居士集等.)"라고 하였다.
『서사회요』에서 "원각은 학식이 돈독하여 통하여 깨달은 바가 많았으며, 글씨는 진(晋)나라와 당나라에서 나왔으나 스스로 일가를 이루었다.(袁桷篤學, 多所通曉, 書從晋唐中來, 而自成一家.)"라고 하였다.【原註】

162) 위태박(危太樸): 명나라 사람 위소(危素, 1303-1372). 송렴(宋濂)의『학사집(學士集)』에서 "위소는 자(字)가 태박(太樸)으로 임천[臨川, 지금의 강서성 무주시(撫州市)] 사람이며, 지원연간(至元年間, 1335-1340)에 한림학사승지가 되었다. 홍무2년(1369)에 시강학사와 지제고에 임명되었으며, 학식이 풍부하고 문장에 뛰어났는데, 특히 서예에 정통하였다.(危素, 字太樸, 臨川人, 至元中, 爲翰林學士承旨, 洪武二年, 授侍講學士, 知制誥, 博學善文辭, 尤精於書.)"라고 하였다.【原註】

163) 송문헌(宋文憲) 송렴(宋濂, 1310-1381): 명나라 사람. 문헌(文憲)은 시호이다.『명사 · 송렴전(明史 · 宋濂傳)』에서 "송렴은 자(字)가 경렴(景濂)이며, 그의 선조는 금화(金華, 지금의 절강성 금화시)의 잠계(潛溪) 사람으로, 송렴에 이르러 바로 포강(浦江, 지금의 절강성 포강현)으로 이사하였다. 원나라 지정연간(1341-1370)에 천거되어 한림원편수(翰林院編修)가 되었으나 사양하고 나아가지 않았다. 홍무연간(1368-1398)에 벼슬은 시강학사(侍講學士) · 지제고(知制誥) · 동수국사(同修國史)를 지냈다. 송렴은 근시로서 시력이 좋아 기장 한 알에 여러 글자를 쓸 수가 있었다.(宋濂, 字景濂, 其先金華之潛溪人, 至濂乃遷浦江. 元至正中, 薦授翰林院編修, 辭不行. 洪武中, 官侍講學士, 知制誥, 同修國史. 濂視近而明, 一黍上能作數字.)"라고 하였다.【原註】

164) 송수(宋璲, 1344-1380): 명나라 사람.『명산장(名山藏)』에서 "송수는 자(字)가 중형(仲珩)으로[『명사』에는 백형(伯珩)으로 되어 있다.], 송렴의 둘째 아들이다. 홍무연간에 불러서 중서사인을 삼았으며, 전서와 예서에 정통하고 해서와 초서에 통달하였는데, 소전(小篆)의 정교함은 명나라 제일이었다.(宋璲, 字仲珩(明史作伯珩), 宋濂次子. 洪武中, 召爲中書舍人, 精篆隷, 工眞草書, 小篆之工, 爲國朝第一.)"라고 하였다.
『회록당집(懷麓堂集)』에서 "송수의 초서는 출입과 변화에서 옛 법식을 위주로

288
장물지

송극(宋克)166) · 심학사(沈學士) 심도(沈度)167) · 유자지(兪紫芝) 유화(兪

하지 않았고, 또 한 풍격을 고집하지 않았으므로, 진실로 문장과 서화의 영웅이다. (仲珩草書, 出入變化, 不主故常, 又非株守一格, 眞翰墨之雄.)"라고 하였다.【原註】

* 명산장(名山藏): 명나라 관리 하교원(何喬遠, 1558-1631)이 편찬. 37조의 기(記)로 나누어 명나라 가정황제(嘉靖皇帝, 재위 1522-1566) 이전의 역대로 전해오는 사적을 기록한 기전체(紀傳體) 역사서.【역주】

* 회록당집(懷麓堂集): 100권. 명나라 시인이자 정치가인 이동양(李東陽, 1447-1516)의 문집.【역주】

165) 방손지(方遜志) 방효유(方孝孺, 1357-1402): 손지(遜志)는 방효유의 호.
『오학편(吾學編)』에서 "방효유는 자(字)가 희직(希直)이며 또 하나의 자(字)는 희고(希古)로, 해녕(寧海, 지금의 절강성 해녕현) 사람이다. 촉헌왕(蜀獻王)이 초빙하여 세자의 스승으로 삼았으며, 방효유가 독서하는 집을 '정학(正學)'이라 하였다. 홍무연간에 한중교수(漢中敎授)가 되었으며, 황태손(주원장의 손자)이 즉위하고 불러서 한림학사를 삼았고, 얼마 뒤에 시강학사로 승진하였으며, 정난(靖難)의 변이 일어났을 때 황제를 따라 죽었다.(方孝孺, 字希直, 一字希古, 寧海人. 蜀獻王聘爲世子師, 名其讀書之廬曰正學. 洪武時, 爲漢中敎授, 皇太孫卽位, 召爲翰林博士, 尋升侍講學士, 靖難時, 以死殉.)"라고 하였다.
『엄주산인고(弇州山人稿)』에서 "방효유는 또 글씨로 명성이 있으며, 굳세어 꺾이지 않는 기개가 글자 사이에 넘쳐흘렀다.(希直亦以書名, 而剛方不折之氣, 流溢筆墨間.)"라고 하였다. 저서에『손지재집(遜志齋集)』이 있다.【原註】

* 오학편(吾學編): 69권. 명나라 관리 정효(鄭曉, 1499-1566)가 편찬한 명 홍무-정덕 사이의 역사를 기록한 기전체 역사서.【역주】

* 정난(靖難)의 변: 연왕(燕王) 주체(朱棣, 1360-1424)가 건문원년(建文元年, 1399)에 반란을 일으켜 군대를 이끌고 남하한 사건. 결국 건문제는 행방불명되고 연왕이 영락제로 등극하였다.【역주】

* 엄주산인고(弇州山人稿): 명나라 학자 왕세정(王世貞, 1526-1590)의 문집.【역주】

166) 송남궁(宋南宮) 송극(宋克, 1327-1387): 명나라 사람. 고계(高啓, 1336-1373. 시인)의「남궁생전(南宮生傳)」에서 "송극은 자(字)가 백온(伯溫)으로 장주(長洲, 지금의 강소성 소주) 사람이며, 집이 남궁리(南宮里)에 있으므로 스스로 '남궁생(南宮生)'이라 했다. 홍무 초기에 봉상동지(鳳翔同知)가 되었다. 평소 초서와 예서에 정통하여 종요 및 왕희지와 비슷하였다.(宋克, 字伯溫, 長洲人, 家南宮里, 故自號南宮生. 洪武初, 爲鳳翔同知. 素工草隷, 逼鍾王.)"라고 하였다.
『단청지(丹靑志)』에서 "송극은 대나무를 잘 그렸으며, 숙연하여 속세의 분위기가 없었다.(宋克善寫竹, 蕭然無塵俗之氣.)"라고 하였다.【原註】

* 단청지(丹靑志): 1권.『오군단청지(吳郡丹靑志)』. 명나라 서예가 왕치등(王穉登, 1535-1612)의 저술로, 원말에서 명대 중기까지 소주 지역의 화가에 대한 기록.【역주】

167) 심학사(沈學士) 심도(沈度, 1357-1434): 명나라 사람.『동리집(東里集)』에서 "심

和)168) · 서무공(徐武功)   서유정(徐有貞)169) · 금원옥(金元玉)   금종(金

도는 자(字)가 민칙(民則)으로[『첨씨소변(詹氏小辨)』에서 '호는 자락(自樂)이다.'
라고 하였다.], 화정[華亭, 지금의 상해 송강(松江)] 사람이며, 어려서 학문에 힘써
전서·예서·해서·행서·팔분서에 뛰어났다. 홍무시기에 문학에 임명되었으나
취임하지 않았으며, 영락황제가 한림전적으로 발탁하여 한림을 역임하고 시강학
사에 이르렀다.(沈度, 字民則(詹氏小辨云, 號自樂), 華亭人, 少力學, 善篆隷眞行
八分書. 洪武中, 擧文學, 不就, 成祖擢爲翰林典籍, 累官翰林, 至侍講學士.)"라고
하였다.
『육엄산집(陸儼山集)』에서 "나의 송강(松江)의 심도와 심찬(沈粲, 1379-1453, 심
도의 아우) 선생은 특히 서예로 현명한 황제(영락황제)에게 인정을 받았으므로,
나의 고향에서 '대학사'와 '소학사'라는 칭호가 있었다.(吾松二沈先生, 特以毫翰
際遇文皇, 故吾鄕有大學士小學士之稱. 民則不作行草, 民生時習楷法, 不欲兄弟
間爭能也.)"라고 하였다.【原註】
* 첨씨소변(詹氏小辨): 64권. 명 첨경봉(詹景鳳, 1537?-1602)의 문집.【역주】
* 동리집(東里集): 명나라 학자 양사기(楊士奇, 1366-1444)의 문집.【역주】
* 육엄산집(陸儼山集): 명대 문학가이자 서예가 육심(陸深, 1477-1544)의 문집.
  【역주】
168) 유자지(兪紫芝) 유화(兪和, 1307-1382): 명나라 사람. 진선(陳善, 1514-1589. 관
리)의 『항주지(杭州志)』에서 "유화는 자(字)가 자중(子中)으로 항주 사람이며[해
진(解縉)이 유화는 동강(桐江, 지금의 절강성 동려(桐廬)] 사람으로 전당(錢塘,
지금의 항주)에 살았다고 하였다.], 호는 자지(紫芝)로서 은거하여 벼슬하지 않았
으며, 시에 능하고 서예를 좋아하였다. 젊었을 때에 조맹부가 운필하는 방법을
취득하여, 행서와 초서가 조맹부와 매우 흡사하였으므로, 호사가가 유화의 글씨
를 얻어 조맹부의 관지를 사용하면 창졸간에는 판별할 수가 없었다.[兪和, 字子
中, 杭人(解縉云, 桐江人, 寓居錢塘), 號紫芝, 隱居不仕, 能詩, 喜書翰. 早年得見
趙文敏運筆之法, 行草逼眞文敏, 好事者得其書, 用趙款識, 倉卒莫能辨.]"라고 하
였다.【原註】
169) 서무공(徐武功) 서유정(徐有貞, 1407-1472): 명나라 사람. 왕세정(王世貞)의 『오
중왕철상찬(吳中往哲像贊)』에서 "서유정은 명나라 오현(吳縣, 지금의 강소성 소
주) 사람으로, 초명은 정(珵)이며 자는 원옥(元玉)이고 호는 천부(天夫)이다.[서
유정의 제자 오관(吳寬, 1435-1504)이 쓴 「천전선생서공행장(天全先生徐公行
狀)」에서는 '천전(天全)'이라 하였다] 진사에 합격하여 한림편수에 임명되었고 시
강(侍講) 벼슬을 했으며, 후에 남궁(南宮)에서 태상황 정통황제(正統皇帝)를 맞
이해 다시 천순황제(天順皇帝)로 옹립하여 병부상서와 화개전대학사(華蓋殿大
學士)로 승진하고, 무공백(武功伯)에 봉해졌다. 글씨에 있어서는 젊어서 한눈을
팔지 않았고, 시가에 능하며 행서와 초서에 뛰어났으며, 장사 사람 회소의 서체
를 체득하였고 미불의 풍격을 스승으로 삼았다.[徐有貞, 明吳縣人, 初名珵, 字元
玉(吳寬行狀云, 全), 號天夫. 擧進士, 授編修, 官侍講, 後迎太上皇於南宮復闢, 進

琮)170) · 심대리(沈大理) 심찬(沈粲)171) · 해학사(解學士) 대신(大紳) 해
진(解縉)172) · 전문통(錢文通) 전부(錢溥)173) · 상유주(桑柳州) 상열(桑

兵部尙書, 華蓋殿大學士, 封武功伯. 於書少所不窺, 能詩歌, 善行草, 得長沙素師
米襄陽風.]"라고 하였다.
『청하서화방』에서 "서유정의 산수는 맑고 힘이 넘쳐 평범하지 않다.(徐有貞山水,
淸勁不凡.)"라고 하였다.【原註】
  * 오중왕철상찬(吳中往哲像贊): 6권. 명나라 학자 왕세정이 100여명의 오중(吳
    中, 지금의 강소성 소주) 지역에 살았던 선현의 사적을 기록한 내용.【역주】
170) 금원옥(金元玉) 금종(金琮, 1449-1501): 명나라 사람. 『열조시집(列朝詩集)』에서
    "금종은 자(字)가 원옥(元玉)으로 금릉(金陵, 지금의 남경) 사람이며, 자호는 적송
    산농(赤松山農)이고, 서예에 뛰어나 초서는 조맹부를 법식으로 삼았는데, 만년에
    는 장우(張雨)의 글씨를 학습하여 정교하고 사랑스러웠다. 문징명이 극히 좋아하
    여, 작은 작품을 얻으면 모두 표구하여 두루마리로 만들고 '적옥(積玉)'이라 제목을
    붙였다.(金琮, 字元玉, 金陵人, 自號赤松山農, 善書, 草法趙, 晩年學張伯雨, 精工可
    愛. 文待詔極喜之, 得片紙, 皆裝潢成卷, 題曰積玉.)"라고 하였다.【原註】
  * 열조시집(列朝詩集): 81권. 청대 초기 학자 전겸익(錢謙益, 1582-1664)이 편집
    한 명나라의 시선집. 명대 278년 동안 1,600여 시인의 작품을 선별 수록하였다.
    【역주】
171) 심대리(沈大理) 심찬(沈粲, 1379-1453): 명나라 사람. 『송강지(松江志)』에서 "심
    찬은 자(字)가 민망(民望)으로 심도(沈度)의 아우이며, 해서와 초서에 뛰어났고
    특히 시에 뛰어났다. 중서사인으로부터 관직이 대리소경(大理少卿)에 이르렀으
    며, 자호는 간암(簡庵)이다.(沈粲, 字民望, 沈度之弟, 善眞草書, 尤長於詩. 自中書
    舍人, 累官至大理少卿, 自號簡庵."라고 하였다.
    『수동일기(水東日記)』에서 "심찬은 초서의 성인으로 한 시대를 주름잡았으며, 해
    서와 행서 모두 아름답다.(沈簡庵草聖擅一時, 眞行皆佳.)"라고 하였다.【原註】
  * 수동일기(水東日記): 40권. 명나라 관리 섭성(葉盛, 1420-1474)이 편찬하였으
    며, 명대 전기의 전장제도를 주로 기록하고, 역사서에 나타나지 않는 그 당시
    사람들의 일화 등도 기록하였다.【역주】
172) 해학사(解學士) 대신(大紳) 해진(解縉, 1369-1415): 명나라 사람. 『열경기(列卿
    記)』에서 "해진은 자(字)가 대신(大紳)으로 길수(吉水, 지금의 강서성 길수현) 사
    람이다.(解縉, 字大紳, 吉水人.)"라고 하였다. 『명산장』에서 "다른 하나의 자(字)
    는 진신(縉紳)이다.(一字縉紳.)"라고 하였다.
    『격고요론』에서 "호는 춘우(春雨)이며 길수 사람이다. 홍무 21년(1388)에 진사가
    되어 시독학사(侍讀學士)로 승진했고, 글씨는 작은 해서체에 정통하고 뛰어났으
    며, 행서와 초서 모두 아름다웠다.(號春雨, 吉水人. 洪武二十一年進士, 進侍讀學
    士, 書小楷精絶, 行草皆佳.)"라고 하였다.【原註】
  * 열경기(列卿記): 165권. 『국조열경기(國朝列卿記)』. 명나라 관리 뇌례(雷禮,

悅)174) · 축경조(祝京兆) 축윤명(祝允明)175) · 오문정(吳文定) 오관(吳
寬)176) · 문징명 · 왕태학(王太學) 왕총(王寵)177) · 이태복(李太僕) 이응

    1505-1581)가 편찬한 명나라 관리들의 전기.【역주】
173) 전문통(錢文通) 전부(錢溥, 1408-1488): 명나라 사람.『열경기』에서 "전부는 자
    (字)가 원부(原溥)이며 화정(華亭, 지금의 상해) 사람이다. 정통 4년(1439)에 진사
    가 되어 검토(檢討)에 임명되었으며, 성화시기(1465-1487)에 남경이부상서가 되
    었고, 시호는 문통이다.(錢溥, 字原溥, 華亭人. 正統四年進士, 授檢討, 成化中, 爲
    南京吏部尙書, 諡文通.)"라고 하였다.
    『서사회요』에서 "전부는 작은 해서체와 행서 및 초서에 모두 정통했다.(溥, 小楷
    行草俱工.)"라고 하였다.【原註】
174) 상유주(桑柳州) 상열(桑悅, 1447-1513): 명나라 사람.『사현집소전(思玄集小傳)』
    에서 "상열은 자(字)가 민역(民懌)으로 별호는 학계도인(鶴溪道人)이며, 상숙(常
    熟, 지금의 강소성 상숙시) 사람이다. 성화시기에 향시에 합격하고, 세 번 과거에
    응시해서 차석을 하여 태화훈도(泰和訓導)가 되었으며, 장사통판(長沙通判)으로
    옮겼다가 유주통판(柳州通判)으로 전임되었다. 서예는 조맹부를 법식으로 삼았
    으며, 준수한 풍격은 진실로 왕희지와 왕헌지를 조종으로 삼았고, 또 이옹(李邕)
    이 남긴 법식을 얻었다.(桑悅, 字民懌, 別號鶴溪道人, 常熟人. 領成化鄕薦, 三試
    得乙榜, 除泰和訓導, 遷長沙通判, 調柳州. 書法趙子昻, 其俊秀實祖二王, 又得北
    海遺法.)"라고 하였다.【原註】
    * 사현집(思玄集): 상열의 문집.【역주】
175) 축경조(祝京兆) 축윤명(祝允明, 1460-1527): 명나라 사람. 지금의 남경에서 경조
    응천부통판(京兆應天府通判)을 지내어 '축경조'라고도 한다.『명산장』에서 "축윤
    명은 자(字)가 희철(希哲)이며[왕세정은 호가 지산(枝山)이라 했다.], 장주(長洲,
    지금의 강소성 소주) 사람으로, 태어나면서 오른 손에 덧붙은 손가락이 있어 스
    스로 '지지생(指枝生)'이라 했다. 거인(擧人)으로 흥녕령(興寧令)에 임명되었으
    며, 조금 뒤에 경조응천부통판으로 옮겼다가, 얼마 후에 사직하고 귀향하였다.
    그의 글씨는 진(晋)나라와 위나라의 서법을 익혔으며, 만년에 더욱 기이하고 방
    종해져서 명나라의 제일이 되었다.(祝允明, 字希哲(王世貞云, 號枝山), 長洲人,
    生而右手指枝, 自號枝指生. 以擧人授興寧令, 稍遷應天府通判, 亡何乞歸. 其書出
    入晋魏, 晚益奇縱, 爲國朝第一.)"라고 하였다.【原註】
176) 오문정(吳文定) 오관(吳寬, 1435-1504): 명나라 사람.『진택집(震澤集)』에서 "오
    관은 자(字)가 후박(厚博)으로[『명산장』에 따르면, 세상 사람들이 중시하여 '포암
    선생(匏庵先生)'이라 했다.], 장주(長洲, 지금의 강소성 소주) 사람이다. 성화 임
    신년(1472)에 회시에서 장원을 하고 정시에서 또 장원을 하여, 한림수찬에 임명
    되었다. 홍치시기에 예부상서가 되어 학사를 겸했으며, 태자태보에 추증되었고,
    시호는 문정(文定)이다. 글씨는 자태가 윤택한 가운데 험하고 변화가 많았으며,
    비록 소식을 모방했으나 스스로 얻은 바가 많았다.[吳寬, 字厚博(名山藏, 世人重

정(李應禎)178) · 왕문각(王文恪) 왕오(王鏊)179) · 당해원(唐解元) 당인
(唐寅)180) · 고상서(顧尚書) 고린(顧璘)181) · 풍고공(豊考功) 풍방(豊坊)182) ·

之, 稱匏庵先生), 長洲人. 成化壬辰會試第一, 廷試又第一, 授翰林修撰. 弘治中,
爲禮部尙書, 兼學士, 贈太子太保, 諡文定. 作書姿潤中時出奇崛, 雖規模於蘇, 而
多所自得.]'라고 하였다.【原註】

177) 왕태학(王太學) 왕총(王寵, 1494-1533): 명나라 사람. 8번 과거에 불합격하고 간
신히 생원의 자격으로 남경국자감에 선발되어 들어가 태학생(太學生)이 되어,
'왕태학(王太學)'이나 '왕공사(王貢士)'라 불렸다. 왕세정의 『오중왕철상찬』에서
"왕총은 자(字)가 이인(履仁)인데, 훗날의 자(字)는 이길(履吉)이고, 별호는 아의
산인(雅宜山人)이며, 오현(吳縣, 지금의 강소성 소주) 사람이다. 글씨는 처음에
우세남과 왕헌지를 모방하였으나, 만년에 조금 자신의 의도를 노출해서 졸렬함
으로 교묘함을 취하여, 수려하고 힘차면서 표일하여 그 당시에 흥밋거리가 되었
으며, 거의 축윤명의 가격을 탈취하였다.(王寵, 字履仁, 後字履吉, 別號雅宜山人,
吳縣人. 書始摹永興大令, 晚節稍稍出己意, 以拙取巧, 婉麗遒逸, 爲時所趣, 幾奪
京兆價.)"라고 하였다.【原註】

178) 이태복(李太僕) 이응정(李應禎, 1431-1493): 명나라 사람. 『열경기(列卿記)』에서
"이응정은 이름이 신(甡)이며, 자(字)로 행세하였는데, 자(字)를 정백(貞伯)으로
고쳤고, 호는 범암(范庵)으로 장주(長洲, 지금의 강소성 소주) 사람이다. 경태(景
泰) 계유년(1453)에 향시에 합격하고, 홍치시기에 태복소경이 되었다.(李應禎, 名
甡, 以字行, 更字貞伯, 號范庵, 長洲人. 景泰癸酉擧鄕試, 弘治中, 爲太僕少卿.)"라
고 하였다.

『서사회요』에서 "이응정의 해서 · 행서 · 초서 · 예서는 모두 맑고 윤택하며 단정하
여 그 사람과 같았다.(少卿眞行草隷, 皆淸潤端方, 如其爲人.)"라고 하였다.【原註】

179) 왕문각(王文恪) 왕오(王鏊, 1450-1524): 명나라 사람. 『열경기』에서 "왕오는 자
(字)가 제지(濟之)이며[왕세정은 '별호가 수계(守溪)이다.'라고 하였고, 학자들은
'진택선생(震澤先生)'이라 하였다.], 오현(吳縣, 지금의 강소성 소주) 사람이다. 성
화 을미년(1475)에 진사가 되었고, 정덕시기에 내각에 들어가 호부상서와 문연각
대학사로 승진하고 소부(少傅)가 더해졌으며, 무영전대학사로 바뀌었다. 사후에
태부(太傅)가 추증되었으며, 시호는 문각(文恪)이다. 문장은 한유(韓愈, 당송팔
대가의 일인)와 진한시기의 문장을 모방하였으며, 시는 한산하고 맑아서 왕유(王
維, 당나라 시인)와 잠삼(岑參, 당나라 시인)의 풍격이 있었고, 서예는 맑고 힘차
진(晋)나라와 당나라의 운치를 얻었다.(王鏊, 字濟之(王世貞云, 別號守溪, 學者
稱震澤先生.), 吳縣人. 成化乙未進士, 武宗時入內閣, 進戶部尙書, 文淵閣大學士,
加少傅, 改武英. 贈太傅, 諡文恪. 文規模昌黎以及秦漢, 詩蕭散淸逸, 有王岑風格,
書法淸勁, 得晋唐筆意.)"라고 하였다.【原註】

180) 당해원(唐解元) 당인(唐寅, 1470-1523): 명나라 사람. 축윤명의 「당자외묘지(唐子
畏墓志)」에서 "당인은 자(字)가 백호(伯虎)인데 자(字)를 자외(子畏)로 고쳤으며,

오현(吳縣, 지금의 강소성 소주) 사람이다. 무오년(1498)에 응천부에서 응시하여 1등으로 합격하였으나 회시에서 자격이 박탈되어 절강 번국(藩國)의 아전으로 임명되었으며, 불교에 귀의하여 스스로 '육여(六如)'라 하였다.(唐寅, 字伯虎, 更字子畏, 吳縣人. 戊午試應天府, 錄爲第一, 會試黜, 掾於浙藩, 歸心佛氏, 自號六如.)"라고 하였다.

『예원치언』에서 "당인은 재주가 고명하여 송나라 이성·범관·이당·마원·하규로부터 원나라 조맹부·왕몽·황공망의 여러 대가에 이르기까지 연마하여 이해하지 못한 것이 없어서, 운필이 극히 수려하고 윤택하며 치밀하여 운치가 있었다.(伯虎材高, 自宋李營丘范寬李唐馬夏以至勝國吳興王黃數大家, 靡不硏解, 行筆極秀潤縝密而有韻度.)"라고 하였다.

『도회보감속찬(圖繪寶鑑續纂)』에서 "당인의 산수와 인물은 묘리를 모으지 않은 것이 없으며, 비록 유송년(劉松年)과 이당(李唐)의 준법을 얻었지만, 작품이 수려하고 우아하여 청출어람이었다.(唐寅山水人物, 無不臻妙, 雖得劉松年李希古之皴法, 其筆墨秀雅, 靑於藍也.)"라고 하였다. 나머지는 본권「고금의 우열」원주 참고.【原註】

* 당해원(唐解元): 29세에 남경 응천부의 향시에 참가하여 일등인 '해원'이 되었으므로 '당해원'이라고도 한다. 30세에 경성으로 가서 회시에 참가하였으나, 부정행위를 했다는 죄목에 억울하게 걸려들어 평생 과거를 보지 못하는 처벌을 받자, 이후로 그림에 전념하였다.【역주】

* 도회보감속찬(圖繪寶鑑續纂): 8권. 풍선(馮仙)·남영(藍瑛, 1585-1666?)·사빈(謝彬, 1604-1681)등이 편찬한 회화사로 명청시기의 화가 644명의 전기를 수록.【역주】

* 유송년(劉松年, 1155?-1218): 남송의 궁정화가. 전당(錢塘, 지금의 절강성 항주) 사람. 청파문(淸波門, 항주성에 있는 문의 하나)에 살아 '유청파(劉淸波)'라는 호가 있었으며, 외호를 '암문유(暗門劉)'라 하였다. 인물과 산수에 뛰어났으며, 화원대조를 하였고, 「경직도(耕織圖)」를 바쳐 금대(金帶, 황금 허리띠)를 하사받았다.【역주】

181) 고상서(顧尙書) 고린(顧璘, 1476-1545): 명나라 사람. 『명산장』에서 "고린은 자(字)가 화옥(華玉)으로[『금릉쇄사(金陵瑣事)』에서 '호는 동교(東橋)'라 하였다.], 상원(上元, 지금의 남경) 사람이다. 홍치시기(1488-1505)에 진사가 되었으며, 가정시기(1521-1566)에 남경형부상서가 되었다.[顧璘, 字華玉(金陵瑣事云, 號東橋), 上元人. 擧弘治進士, 嘉靖中, 爲南京刑部尙書.]"라고 하였다.

『서사회요』에서 "고린은 행서와 초서에 뛰어났으며, 필력이 고명하고 예스러웠다.(璘善行草, 筆力高古.)"라고 하였다.【原註】

* 금릉쇄사(金陵瑣事): 8권. 명나라 학자 주휘(周暉, 1546-?)가 편찬. 명나라 초기 이래 금릉(지금의 남경)의 역사적 사실을 전문적으로 기술하였다.【역주】

182) 풍고공(豊考功) 풍방(豊坊, 1492-1563): 명나라 사람. 남경이부고공주사(南京吏部考功主事)를 지내어 '풍고공'이라고도 한다. 『첨씨소변』에서 "풍방은 자(字)가

문팽(文彭)과 문가(文嘉)[183] · 왕이부(王吏部) 왕곡상(王穀祥)[184] · 육문

인숙(人叔)이고 호는 남우외사(南禺外史)이며, 근(鄞, 지금의 절강성 근현) 사람이다.[『열조시집』에서 '자(字)는 존례(存禮)이며, 도생(道生)으로 개명한 자(字)는 인옹(人翁)으로, 가정 2년(1523)에 진사가 되었다.'고 하였다.] 서예에 대한 학문이 매우 박식하여 오체에 모두 능하였으며, 위진으로부터 명나라에 이르기까지의 여러 명가를 겸하여 정통하지 않은 것이 없었고, 법칙이 모두 그의 손에서 나왔으므로, 대체로 글씨를 쓰는 것에 정통한 사람이다.[豊坊, 字人叔, 號南禺外史, 鄞人(列朝詩集云, 字存禮, 改名道生, 字人翁, 嘉靖二年進士). 書學極博, 五體幷能, 諸家自魏晋以及國朝, 靡不兼通, 規矩盡從手出, 蓋工於執筆者也.]"라고 하였다.【原註】

183) 문팽(文彭)과 문가(文嘉): 왕세정의 『오중왕철상찬』에서 "문팽(1498-1573, 문진형의 조부)은 자(字)가 수승(壽承)이고 호는 삼교(三橋)이며, 문징명의 큰아들이다. 젊어서 가문의 학풍을 계승하여 해서·행서·초서에 뛰어났으며, 특히 초서와 예서에 정통하였다. 생원으로 나이에 따라 선발되어 수수훈도(秀水訓導)가 되었으며, 남경에서 국자감조교로 발탁되었다.[文彭(震亨祖)字壽承, 號三橋, 文徵明伯子. 少承家學, 善眞行草書, 尤工草隷. 以諸生久次貢, 得秀水訓導, 擢國子助敎於南京.]"라고 하였다.
『화사회요』에서 "문팽의 그림은 풍격이 웅혼하여 매화도인[梅花道人, 원나라 오진(吳鎭)]과 비슷하다.(彭畵蒼鬱, 似梅花道人.)"라고 하였다.
『도회보감속찬』에서 "문가(1501-1583)는 자(字)가 휴승(休承)이고 호는 문수(文水)이며, 문징명의 둘째 아들로[왕세정은 '문가가 오정훈도(烏程訓導)에 임명되고 화주학정(和州學正)으로 발탁되었다.'고 하였다], 그림은 산수에 정통하였다.[文嘉, 字休承, 號文水, 徵明仲子(王世貞言, 嘉授烏程訓導, 擢和州學正), 畵精山水.]"라고 하였다.
『첨씨소변』에서 "문가의 작은 해서는 경쾌하고 맑으며 힘차고 상쾌하여, 완연히 수척한 학과 같았다.(嘉小楷輕淸勁爽, 宛如瘦鶴.)"라고 하였다.
옛 서찰에서는 존장에 대하여 모두 피휘(避諱, 이름을 직접 거명하지 않거나 필획을 변형시켜서 표시하는 것)하여 이름을 그대로 사용하지 않았다.【原註】

184) 왕이부(王吏部) 왕곡상(王穀祥, 1501-1568): 명나라 사람. 『풍원성집(馮元成集)』에서 "왕곡상은 자(字)가 녹지(祿之)로 장주(長洲, 지금의 강소성 소주) 사람이다. 가정 기축년(1529)에 진사가 되어 서길사(庶吉士)로 바뀌었고, 공부주사에 임명되었다가 이부문선원외랑(吏部文選員外郞)으로 옮겼으며, 서화에 뛰어났다.(王穀祥, 字祿之, 長洲人. 嘉靖己丑進士, 改庶吉士, 授工部主事, 轉吏部文選員外郞, 善書畵.)"라고 하였다.
황보방(皇甫汸)의 『사훈집(司勛集)』에서 "왕곡상의 글씨는 진(晋)나라 사람을 모방했으며, 전서와 주문(籒文) 등의 팔체(八體)는 모두 묘한 품격을 가지고 있다(谷祥書仿晋人, 篆籒八體, 幷臻妙品.)"라고 하였다.【原註】
* 풍원성집(馮元成集): 83권. 명나라 문학가 풍시가(馮時可, 1540?-?)의 문집인

유(陸文裕) 육심(陸深)185) · 팽공가(彭孔嘉) 팽년(彭年)186) · 육상보(陸
尙寶) 육사도(陸師道)187) · 진방백(陳方伯) 진류(陳鎏)188) · 채공목(蔡孔

『풍원성선집(馮元成選集)』.【역주】
* 팔체(八體): 8종류의 서체. 진나라가 문자를 통일하여 진나라 문자에 부합하지
않는 6국의 문자를 폐기하고 서체를 대전(大篆) · 소전(小篆) · 각부(刻符, 부절
에 사용하는 전서체) · 충서(蟲書, 필획이 새의 모양과 유사한 서체) · 모인(摹
印, 인장에 사용하는 문자) · 서서(署書, 편액에 사용하는 문자) · 수서(殳書, 병
기에 새겨진 문자) · 예서(隸書)의 8종으로 확정하여 '팔체'라 하였다. 해서가
출현한 이후의 팔체는 고문(古文) · 대전(大篆) · 소전(小篆) · 예서 · 비백 · 팔
분 · 행서 · 초서이다.【역주】
* 사훈집(四勛集): 60권.『황보사훈집(皇甫司勛集)』. 명나라 관리이자 시인 황보
방(1497 - 1582)의 문집.【역주】
185) 육문유(陸文裕) 육심(陸深, 1477-1544): 명나라 사람. 시호가 문유(文裕)이다. 하
언(夏言, 1482-1548. 명나라 문학가)의 『계주문집(桂洲文集), 하언의 문집』에서
"육심은 자(字)자 자연(子淵)이고 호는 엄산(儼山)이며, 화정(華亭) 사람이다. 홍
치 을축년(1505)에 진사가 되어, 가정시기에 첨사(詹事)를 하고 퇴직하였으며,
예부시랑으로 추증되었다. 서예는 절묘하여 종요와 왕희지에 근접해서 조맹부와
비교되었으나, 힘찬 것은 조맹부를 초월하였다.(陸深, 字子淵, 號儼山, 華亭人.
弘治乙丑擧進士, 嘉靖中, 爲詹事, 致仕, 贈禮部侍郎. 書法妙逼鍾王, 比於趙松雪
而遒勁過之.)"라고 하였다.【原註】
186) 팽공가(彭孔嘉) 팽년(彭年, 1505-1566): 명나라 사람. 왕세정의 「오중행철상찬」에
서 "팽년은 자(字)가 공가(孔嘉)이고 호는 용지산초(龍池山樵)이며, 오(吳, 지금의
강소성 소주) 사람이다. 글씨는 진(晋)나라 사람을 법식으로 하였으며, 후에 해서
체 가운데 작은 해서는 구양순을 법식으로 하고 큰 해서는 안진경을 법식으로
하였으며, 행서와 초서는 소식을 법식으로 하였다.(彭年, 字孔嘉, 號龍池山樵, 吳
人. 書法晋人, 已爲楷, 其小者信本, 大者淸臣, 行草則子瞻.)"라고 하였다.【原註】
* 信本(신본): 구양순의 자(字).【역주】
* 淸臣(청신): 안진경의 자(字).【역주】
* 子瞻(자첨): 소식의 자(字).【역주】
187) 육상보(陸尙寶) 육사도(陸師道, 1510-1573): 명나라 사람.『고소명현소기(姑蘇名
賢小記)』에서 "육사도는 자(字)가 자전(子傳)이고 호는 오호(五號)이며, 장주(長
洲, 지금의 강소성 소주) 사람이다. 가정 무술년(1538)에 진사가 되어 관직이 상
보소경(尙寶少卿)에 이르렀다. 문징명을 스승으로 받들어 문장과 서화에 힘을
다하여, 모두 묘품에 들어갔다.(陸師道, 字子傳, 號五號, 長洲人. 嘉靖戊戌進士,
官至尙寶少卿. 師事待詔, 刻意爲文章及書畵, 皆入妙品.)"라고 하였다.【原註】
* 고소명현소기(姑蘇名賢小記): 2권. 명대 서예가이자『장물지』의 저자 문진형
의 형인 문진맹(文震孟, 1574-1636)이 편찬하였으며, 명초 고계(高啓)부터 명말

目)　채우(蔡羽)[189] · 백양산인(白陽山人)　진순(陳淳)[190] · 장효렴(張孝

廉)　장봉익(張鳳翼)[191] · 왕징군(王徵君)　왕치등(王穉登)[192] · 周山人天

왕경신(王敬臣, 1513-1595)까지 50여 명의 소주 지역에서 탁월한 인물을 선택
하여 전기를 기록하고 찬을 붙였다.【역주】

188) 진방백(陳方伯) 진류(陳鎏, 1508-1575): 명나라 사람. 신시행(申時行)의『사한당
집(賜閑堂集)』에서 "진류는 자(字)가 자겸(子兼)이고 별호는 우천(雨泉)이다. 가
정 무술년(1538)에 진사가 되어 관직이 사천우포정사(四川右布政使)에 이르렀으
며, 서예는 더욱 정교하고 절륜하여 편지 종류와 방서(榜署)는 얻은 사람이 영광
으로 여겼다.(陳鎏, 字子兼, 別號雨泉, 嘉靖戊戌進士, 官至四川右布政使, 書法尤
精絶, 賤流榜署, 得者以爲榮.)"라고 하였다.【原註】
　* 사한당집(賜閑堂集): 40권. 명나라 대신 신시행(申時行, 1535-1614)의 문집.【역주】
　* 방서(榜署): '방서(榜書)' · '방서(牓書)' · '서서(署書)' · '제방서(題榜書)'라고도
　　한다. 궁전 · 편액 · 대문에 사용하는 커다란 글씨.【역주】
189) 채공목(蔡孔目) 채우(蔡羽, ?-1541): 명나라 사람. 왕세정의『오중왕철상찬』에서
　"채우는 자(字)가 구규(九逵)이며, 오(吳, 지금의 강소성 소주)의 동정서산(洞庭
西山, 태호에 있는 섬)에 거주하였으므로 스스로 '임옥산인(林屋山人)'이라 하였
다. 글을 짓는데 정통하고 시가에 능하였으며, 해서와 행서도 힘이 있었고, 생원
으로 문징명과 명성을 나란히 하였으며, 태학으로 뽑혀 들어가 남경한림공목(南
京翰林孔目)이 되었다.(蔡羽, 字九逵, 居吳之洞庭山, 因自號林屋山人. 工屬文, 能
爲歌詩, 正行書亦遒勁, 爲諸生, 與文待詔齊名, 貢入太學, 授南京翰林孔目.)"라고
하였다.【原註】
190) 백양산인(白陽山人) 진순(陳淳): 즉 진도복(陳道復). 본절의 원주 참고.【原註】
191) 장효렴(張孝廉) 장봉익(張鳳翼, 1527-1613): 명나라 사람.『열조시집』에서 "장봉
익은 자(字)가 백기(伯起)로 장주(長洲, 지금의 소주) 사람이며, 아우 장헌익(張
獻翼) 및 장연익(張燕翼)과 더불어 모두 재주로 명성이 있었으므로[가정 갑자년
(1560)에 아우 장연익과 함께 향시에 합격], 소주 사람들이 '앞에 사황(四皇, 황보
씨 사형제)이 있고 뒤에 삼장(三張, 장씨 삼형제)이 있다.'고 하였다. 글씨에 뛰어
났으며 만년에는 청탁을 하지 않고 글씨를 팔아서 자급하였다.(張鳳翼, 字伯起,
長洲人, 與其弟獻翼燕翼幷有才名(嘉靖甲子與弟燕翼同擧於鄕), 吳人語曰, 前有
四皇, 後有三張. 善書, 晚年不事干請, 鬻書以自給.)"라고 하였다.【原註】
　* 사황(四皇): 황보충(皇甫沖, 1490-1558) · 황보효(皇甫涍, 1497-1546) · 황보방
　　(皇甫汸, 1497 - 1582) · 황보렴(皇甫濂, 1508-1564)의 사형제로 '황보사걸(皇甫
　　四傑)'이라 불리었다.【역주】
192) 왕징군(王徵君) 왕치등(王穉登): 명나라 사람.『열조시집』에서 "왕치등은 자(字)
가 백곡(伯穀)으로, 선대에는 강음(江陰, 지금의 강소성 강음) 사람이었으나, 오
문(吳門, 지금의 소주)으로 이사 와서 거주하였다. 10세에 시를 지었으며, 자라면
서 신속하게 발전하여 명성이 오회(吳會, 지금의 강소성 동부와 절강성 서부)에

297

球193) · 형시어(邢侍御) 형동(邢侗)194) · 동태사(董太史) 동기창(董其昌)195)

가득했고, 글씨에 절묘하여 전서와 예서에까지 미쳤다.(王穉登, 字伯穀, 先世江陰人, 移居吳門, 十世爲詩, 長而駿發, 名滿吳會間, 妙於書及篆隸.)"라고 하였다.【原註】

* 징군(徵君): 징사(徵士, 조정의 초빙을 거절한 은자)의 존칭. 왕치등은 만력 22년(1594)에 명나라 역사의 편찬에 참여하도록 추천을 받았으나 소집에 불응하였다. 고령(顧苓, 1609-1682)이 지은 「무영전 중서사인으로 사직한 문진형의 행장(武英殿中書舍人致仕文公行狀)」에 따르면, 저자 문진형의 본처가 왕치등의 손녀이다.【역주】

193) 주산인(周山人) 주천구(周天球, 1514-1595): 명나라 사람. 호가 육지생(六止生) · 군옥산인(群玉山人) · 군옥산초(群玉山樵)이다. 우신행(于愼行)의 『곡성산방집(穀城山房集)』에서 "주천구는 자(字)가 공가(公瑕)이고 호는 유해(幼海)이며, 장주(長洲, 지금의 강소성 소주) 사람이다.(周天球, 字公瑕, 號幼海, 長洲人.)"라고 하였다.

『풍원성집』에서 "주천구의 대전 · 소전 · 고예(古隸, 진나라에 통행하던 전서체) · 행서 · 해서는 모두 문징명을 모범으로 하였으며, 만년에 스스로 법식을 체득할 수 있었다.(公瑕善大小篆古隸行楷, 皆模範文太史, 晩能自得蹊徑.)"라고 하였다.

『화사회요』에서 "난초를 그리는 기법은 조맹부 이후에 실전되었으나, 다시 주천구에게서 겨우 나타났다.(寫蘭草法, 自趙文敏後失傳, 復於公瑕僅見.)"라고 하였다.【原註】

* 우신행(于愼行, 1545-1607): 명대 시인. 자(字)는 가원(可遠) 또는 무구(無垢). 저서에 『곡산필진(穀山筆塵)』(18권) · 『곡성산관문집(穀城山館文集)』(42권) · 『곡성산관시집(穀城山館詩集)』(20권) · 『독사만록(讀史漫錄)』(10권) 등이 있다. 곡성산방집(穀城山房集)은 『곡성산관문집(穀城山館文集)』으로 추정된다.【역주】

194) 형시어(邢侍御) 형동(邢侗, 1551-1612): 명나라 사람. 이유정(李維楨)의 『대비산방집(大泌山房集)』에서 "형동은 자(字)가 자원(子願)으로 임읍(臨邑, 지금의 산동성 덕주시(德州市) 임읍현)사람이다. 갑술년(1574)에 진사가 되어 행태복소경(行太僕少卿)으로 벼슬을 끝마쳤다. 서예는 종요 · 왕희지 · 우세남 · 저수량 · 미불 · 회소를 법식으로 하였으나 왕희지의 신묘한 서체를 깊이 체득하여 천하에서 매우 진귀하게 되었다. 유구(琉球, 지금의 일본 오키나와 지역)의 사자가 공물을 바치러 들어오면 잠시 머물며 형동의 글씨를 구입하기를 원하였다(邢侗, 字子願, 臨邑人. 甲戌成進士, 終行太僕少卿. 書法鍾王虞褚顔米禿素, 而深得右軍神體, 極爲海內所珍. 琉球使者入貢, 願小留, 買邢書法.)"라고 하였다.【原註】

* 대비산방집(大泌山房集): 134권. 명나라 관리 이유정(李維楨, 1547-1626)의 문집.【역주】

195) 동태사(董太史) 동기창(董其昌): 본권 「서화용의 하얀 비단(絹素)」 원주 참고.【原註】

등이 있다. 또 진문동(陳文東) 진벽(陳壁)196)과 강중서(姜中書) 강립강(姜立綱)197) 등은 비록 화원의 기풍을 제거할 수 없었지만, 역시 쟁쟁하게 명성이 있는 사람이다. 그림에는 왕우승(王右丞) 왕유(王維)198)·이사훈(李思訓) 부자199)·주방(周昉)200)·관동(關仝)201)·형호(荊浩)202)·

---

196) 진문동(陳文東) 진벽(陳壁, ?-?): 명나라 사람. 공보(孔輔, ?-?) 등의 『화정지(華亭志)』에서 "진벽은 자(字)가 문동(文東)이며[『첨씨소변』에서 '호는 곡양생(谷陽生)이다.'라고 하였다.], 문학으로 명성이 알려졌고 특히 전서와 예서에 뛰어났으며, 해서와 초서는 유창하고 경쾌하며 힘이 있고 법도가 풍부하였다. 홍무연간(1368-1398)에 수재로서 해주판관(解州判官)에 임명되고, 호광(湖廣, 지금의 호북성과 호남성 및 하남성 일부)으로 파견되었다.[陳壁, 字文東(詹氏小辨云, 號谷陽生), 以文學知名, 尤善篆隷, 眞草流暢快健, 富於繩墨. 洪武間, 以秀才任解州判官, 調湖廣.]"라고 하였다.【原註】

197) 강중서(姜中書) 강립강(姜立綱, 1444-1499): 명나라 사람. 『화사회요』에서 "강립강은 자(字)가 정헌(廷憲)이고 호는 동계(東溪)이다. 천순시기(1457-1464)에 중서사인에 임명되었고 관직이 태상시경에 이르렀으며, 그림은 황공망의 가법을 얻었다.(姜立綱, 字廷憲, 號東溪. 天順中, 授中書舍人, 累官至太常寺卿, 畵得黃子久家法.)"라고 하였다.
『서사회요』에서 "강립강은 7세에 글씨를 쓸 수 있었으며, 어명으로 한림원수재가 되었고, 해서에 뛰어나 맑고 힘차며 방정하였다.(立綱七歲能書, 命爲翰林院秀才, 善楷書, 淸勁方正.)"라고 하였다.
『명산장』에서 "일본 황궁의 문은 높이가 13장(약 19m)으로 사신을 파견하여 편액을 요청하였으며, 강립강이 글자를 썼는데, 그 나라 사람들이 지극한 보물이라 자랑하였다.(日本國門高十三丈, 遣使求扁, 立綱爲書之, 其國人夸爲至寶.)"라고 하였다.【原註】

198) 王右丞(왕우승) 왕유(王維, 701-761): 당나라 사람. 『구당서·왕유전(舊唐書·王維傳)』에서 "왕유는 자(字)가 마힐(摩詰)이며 태원(太原) 기(祁, 지금의 산서성 기현) 사람으로, 현종시기(712-756)에 상서우승을 하였다. 서화는 특히 절묘하여 운필은 구상을 종합하고 자연의 조화를 참고하여 경전이 되는 도식을 창조하였으며, 가령 빠진 것이 있더라도 평평하고 아득하게 펼쳐진 산수 그리고 구름 낀 봉우리와 바위의 빛깔은 절묘한 솜씨가 자연의 조화와 비슷하여, 그림을 그리는 사람이 따라갈 바가 아니었다.(王維, 字摩詰, 太原祁人, 玄宗時, 尙書右丞. 書畫特妙, 筆綜措思, 參於造化, 而創意經圖, 即有所缺, 如山水平遠, 雲峰石色, 絶迹天機, 非繪者之所及也.)"라 하였다.
동기창의 『화지(畵旨)』에서 "남종화는 왕유가 처음으로 담담하게 그리는 기법을 사용하여, 정밀하게 구성하는 방법을 일변시켰다.(南宗則王維始用渲淡, 一變搆硏之法.)"라고 하였다.【原註】

동북원(董北苑) 동원(董源)203) · 이영구(李營邱) 이성(李成)204) · 곽하양
(郭河陽) 곽희(郭熙)205) · 미불 · 송휘종(宋徽宗)206) · 미우인 · 최백(崔白)207) ·

---

199) 이사훈(李思訓) 부자: 본권「고금의 우열」원주 참고.【原註】
200) 주방(周昉): 본권「고금의 우열」원주 참고.【原註】
201) 관동(關仝): 본권「고금의 우열」원주 참고.【原註】
202) 형호(荊浩, 850?-?): 오대 양(梁)나라 사람. 『오대명화보유(五代名畵補遺)』에서
   "형호는 자(字)가 호연(浩然)으로 하남 심수(沁水, 지금의 산서성 심수현) 사람이
   다. 경전과 역사에 널리 통하고 글을 잘 지었는데, 오대 말기에 변고가 많으므로,
   태행산(太行山)의 홍곡(洪谷)에 은거하여 스스로 '홍곡자(洪谷子)'라 하였다. 일
   찍이 산수와 죽석을 그리면서 유유자적했으며, 『산수결(山水訣)』1권을 저술하
   였다.(荊浩, 字浩然, 河南沁水人. 博通經史, 善屬文, 五季多故, 隱於太行山之洪
   谷, 自號洪谷子. 嘗畵山水竹石以自適, 著山水訣一卷.)"라고 하였다.【原註】
     * 오대명화보유(五代名畵補遺): 북송 유도순(劉道醇) 저. 『오대명화기(五代名畵
     記)』나 『오조명화록(五朝名畵錄)』이라고도 한다. 가우(嘉祐) 4년(1059)에 완
     성되었으며, 오대 양(梁)나라를 범위로 한 단대 회화사로, 24인 화가의 전기를
     수록하였다.【역주】
     * 산수결(山水訣): 1권. '화산수부(畵山水賦)』라고도 한다. 형호가 부(賦)의 형
     식으로 쓴 산수를 그리는 비결.【역주】
203) 동북원(董北苑) 동원(董源): 자(字)는 숙달(叔達), 또 다른 자(字)는 북원(北苑).
   본권「고금의 우열」원주 참고.【原註】
204) 이영구(李營邱) 이성(李成). 본권「고금의 우열」원주 참고. 『선화화보』에서 "대
   개 산수를 말하는 사람은 반드시 이성을 고금의 제일로 여기며, 이름을 알 수
   없는 것이면 '이영구'라 하였다.(凡稱山水者, 必以成爲古今第一, 至不名, 而曰李
   營邱焉.)"라고 하였다.【原註】
205) 곽하양(郭河陽) 곽희(郭熙, 1000?-1080?): 송나라 사람. 『도회보감』에서 "곽희는
   하남 온현[溫縣, 지금의 하남성 맹현(孟縣)] 사람으로 어화원예학(御畵院藝學)을
   하였다. 산수와 쓸쓸한 숲의 풍경에 뛰어났고, 이성(李成)의 화법을 조종으로 삼
   아, 구름과 안개가 출몰하여 산봉우리가 숨었다 드러나는 자태를 배치하는 필법
   을 획득하여 한 시대를 독보하였으며, 만년에는 운필이 더욱 웅장하였고, 산수를
   그리는 이론과 비결을 저술하였다(郭熙, 河陽溫縣人, 爲御畵院藝學. 善山水寒林,
   宗李成法, 得雲煙出沒峰巒隱顯之態, 布置筆法, 獨步一時, 晩年落筆益壯, 著畵山
   水論幷訣.)"라고 하였다.【原註】
     * 곽희의 산수비결은 『임천고치집(林泉高致集)』 6편으로, 아들 곽사(郭思, ?-?)가
     편집하였으며, 곽희의 창작경험과 예술적인 견해가 담겨있다.【역주】
206) 송휘종(宋徽宗): 『도회보감』에서 "송휘종은 서화를 좋아하여 두루마리에 그린 그
   림은 하늘이 부여한 듯이 절묘하여, 진(晋)나라와 당나라의 풍격과 운치가 있었
   다. 꽃과 바위의 수묵화에 뛰어났으며, 묵죽은 촘촘하고 가늘게 그리면서 농담을

황전(黃筌)208) · 황거채(黃居寀)209) · 문여가(文與可)210) · 이백시(李伯時)

이공린(李公麟)211) · 곽충서(郭忠恕)212) · 동중상(董仲翔) 동우(董羽)213) ·

구분하지 않았고, 한 가지 색의 초묵(焦墨, 수분 함량이 적은 진한 먹)으로 스스로 일가를 이룩하였으며, 특히 화조에 주의를 기울였는데, 눈동자는 검은 옻칠을 많이 사용하였다.(宋徽宗, 好畵書, 丹靑卷軸, 具天縱之妙, 有晉唐風韻. 善墨花石, 作墨竹緊細, 不分濃淡, 一色焦墨, 自成一家, 尤注意花鳥, 點睛多用黑漆.)"라고 하였다.【原註】

207) 최백(崔白, 1004-1088): 송나라 사람. 『도화견문지』에서 "최백은 자(字)가 자서(子西)로 호량濠梁, 지금의 안휘성 봉양(鳳陽)]사람이다. 꽃과 대나무 및 영모(翎毛, 새)를 그리는 데 정통하여 체계가 맑았으며, 비록 시든 연이나 오리나 기러기로 명성을 얻었으나, 불교·도교·귀신 그리고 산림·인물·짐승에도 정교하고 뛰어나지 않은 것이 없었다. 송 희녕연간(熙寧年間, 1068-1077) 초기에 도화원예학(圖畵院藝學)으로 보충 임명되었다.(崔白, 字子西, 濠梁人. 工畵花竹翎毛, 體制淸贍, 雖以敗荷鳧鴈得名, 然於佛道鬼神, 山林人獸, 無不精絶. 宋熙寧初, 補圖畵院藝學.)"라고 하였다.【原註】

208) 황전(黃筌): 본권「고금의 우열」원주 참고.【原註】

209) 황거채(黃居寀): 본권「고금의 우열」원주 참고.【原註】

210) 문여가(文與可) 문동(文同, 1018-1079): 송나라 사람. 『송사·문동전(宋史·文同傳)』에서 "문동은 자(字)가 여가(與可)이며 재동[梓潼, 지금의 사천성 면양시(綿陽市)에 속함) 사람으로, 자호가 소소선생(笑笑先生)이며[『도회보감』에서는 또 '금강도인(錦江道人)'이라 하였다.], 대나무와 산수를 그리는 데 뛰어났다. 황우원년(皇祐元年, 1049)에 진사가 되어 관직은 사봉원외랑(司封員外郎)을 하였고, 호주(湖州)로 나아가 다스렸으므로 '문호주(文湖州)'라고도 한다.[文同, 字與可, 梓潼人, 自號笑笑先生(圖繪寶鑑又稱錦江道人), 善畵竹及山水. 皇祐進士, 官司封員外郎, 出守湖州, 故亦稱文湖州.]"라고 하였다.【原註】

211) 이백시(李伯時) 이공린(李公麟, 1049-1106): 송나라 사람. 『송사·이공린전(宋史·李公麟傳)』에서 "이공린은 자(字)가 백시(伯時)이며, 서주[舒州, 지금의 안휘성 동성(桐城)] 사람이다. 진사에 급제하여 중서문하후성산정관(中書門下後省刪定官)이 되었으며, 원부(元符) 3년(1100)에 늙어서 용면산(龍眠山)으로 돌아와 스스로 '용면거사(龍眠居士)'라 하였다. 본래 그림에 뛰어났으며, 스스로「산장도(山莊圖)」를 그렸는데 세상에 보물로 전하고, 인물을 그리는데 더욱 정통하여, 식자들이 고개지나 장승요에 버금간다고 평가하였다.(李公麟, 字伯時, 舒州人. 第進士, 爲中書門下後省刪定官, 元符三年, 歸老於龍眠山, 自號龍眠居士. 雅善畵, 自作山莊圖, 爲世寶傳, 寫人物尤精, 識者以爲顧愷之張僧繇之亞.)"라고 하였다.【原註】

212) 곽충서(郭忠恕, ?-977): 송나라 사람. 『송사·곽충서전(宋史·郭忠恕傳)』에서 "곽충서는 자(字)가 서선(恕先)이며 낙양 사람이다. 7세에 글을 외우고 문장을 지을

소식·소숙당(蘇叔黨) 소과(蘇過)214) · 왕진경(王晉卿) 왕선(王詵)215) ·

수 있었으며, 특히 대전(大篆)에 뛰어났다. 후주(後周) 광순연간(廣順年間, 951-953)에 종정승(宗正丞) 겸 국자서학박사(國子書學博士)로 지명되었다. 송 태종이 즉위하여 국자감주부로 임명되었다. 그림에 뛰어났으며, 그린 건물과 벽이 중첩된 형상이 매우 정묘하였다.(郭忠恕, 字恕先, 洛陽人. 七歲能誦書屬文, 尤工篆籒. 周廣順中, 名爲宗正丞兼國子書學博士. 太宗卽位, 授國子監主簿. 善畵, 所圖屋壁重複之狀, 頗極精妙.)"라고 하였다.【原註】

213) 동중상(董仲翔) 동우(董羽, ?-?): 송나라 사람. 『성조명화평(聖朝名畵評)』에서 "동우는 자(字)가 중상(仲翔)으로 비릉[毗陵, 지금의 강소성 상주(常州)] 사람이다. 용과 물고기를 그리는 데에 뛰어났으며, 특히 바닷물에 뛰어났다. 이욱(李煜, 남당의 마지막 황제)을 섬겨 대조가 되었으며, 송나라에 귀순하여 도화원예학이 되었고, 「향화각위상병(香花閣幃床屏)」과 「적수도(積水圖)」를 그려 크게 칭찬과 상을 받았다.(董羽, 字仲翔, 毗陵人. 善畵龍魚, 尤長於海水. 事李煜, 爲待詔, 歸宋, 爲圖畵院藝學, 寫香花閣幃床屏及積水圖, 大見稱賞.)"라고 하였다.【原註】

214) 소숙당(蘇叔黨) 소과(蘇過, 1072-1123): 송나라 사람. 『송사·소과전(宋史·蘇過傳)』에서 "소과는 자(字)가 숙당(叔黨)으로 소식의 셋째 아들이며, 시와 문장으로 양절로(兩浙路)에서 알려졌고, 소식이 첨이(儋耳, 지금의 해남도 첨이현)로 옮겨가자 홀로 가서 모셨다. 영창[潁昌, 지금의 하남성 허창(許昌)]에 집을 짓고 물길과 대숲 여러 무(畝)를 건설하여 '소사천(小斜川)'이라 이름 짓고 스스로 '사천거사(斜川居士)'라 하였으며, 그 당시에 '소파(小坡)'라고 불렸다.(蘇過, 字叔黨, 軾第三子, 以詩賦解兩浙路, 軾遷儋耳, 獨過侍之. 家潁昌, 營水竹數畝, 名曰小斜川, 自號斜川居士, 時稱爲小坡.)"라고 하였다.

『화계(畵繼)』에서 "소과는 만년에 중산쉬(中山倅)에 임명되었으며, 괴석과 대나무 무더기를 잘 그렸고, 또 때때로 참신한 경지를 제출하여 산수를 그렸는데, 먼 곳의 물은 물결이 많고 바위에 기대어 집을 그렸으며, 모두 사람의 자취가 끊어진 풍경이고, 아울러 초묵(焦墨, 물기가 적고 진한 먹)으로 그렸는데, 이 점이 특별하였다.(過晚年除中山倅, 善作怪石叢篠, 又時出新意作山水, 遠水多紋, 依巖作屋木, 皆人迹絶處, 幷以焦墨爲之, 此出奇也.)"라고 하였다.【原註】

* 양절로(兩浙路): 북송의 지방행정구역으로 14주(州) 2군(軍)을 포함하며 지금의 절강성 전체와 강소성 남부와 소주·무석(無錫)·상주(常州)·진강(鎭江)의 4개시 및 상해를 포함하는 지역.【역주】

* 화계(畵繼): 10권. 송나라 회화이론가이자 장서가 등춘(鄧椿, ?-?)의 저서. 북송 희녕(熙寧) 7년(1074)부터 남송 건도(乾道) 3년(1171)까지의 화가 219명의 전기를 기록한 회화사.【역주】

215) 왕진경(王晉卿) 왕선(王詵, 1036-1093? 또는 1048-1104?): 송나라 사람. 『송사·왕선전(宋史·王詵傳)』에서 "왕선은 자(字)가 진경(晉卿)으로 태원(太原) 사람이며, 영종의 딸 촉국공주(蜀國公主, 1050-1080)와 결혼하여 부마도위가 되었고 이주방어사(利州防禦使)를 하였다.(王詵, 字晉卿, 太原人, 尙英宗女蜀國公主, 爲駙馬都

장순민(張舜民)216) · 양보지(揚補之)   양무구(揚無咎)217) · 양계형(揚季
衡)218) · 진용(陳容)219) · 이당(李唐)220) · 조천리(趙千里)221) · 마원(馬

尉, 利州防禦使.)"라고 하였다.

『도회보감』에서 "왕선은 이성(李成)의 산수를 익혀서 맑고 윤택하여 사랑스러웠
다. 또 채색산수화를 그렸는데, 당나라 이사훈을 스승으로 하여 유례를 찾을 수
가 없이 스스로 일가를 이루었다. 묵죽 그림은 문동(文同)을 스승으로 삼았다.(詩
學李成山水, 淸潤可愛. 又作着色山水, 師唐李將軍, 不古不今, 自成一家. 畵墨竹,
師文湖州.)"라고 하였다.【原註】

216) 장순민(張舜民): 송나라 사람. 『송사 · 장순민전(宋史 · 張舜民傳)』에서 "장순민은
자(字)가 운수(芸叟)이며 빈주(邠州, 지금의 섬서성 빈현(彬縣)) 사람이다. 진사
시험에 합격하여 휘종(徽宗, 재위 1100-1125)이 이부시랑으로 발탁하였으나, 원
우당(元祐黨)에 연좌되어 초주단련부사(楚州團練副使)로 좌천되었으며, 스스로
'부휴거사(浮休居士)'라 하였다.(張舜民, 字芸叟, 邠州人, 中進士第, 徽宗擢吏部
侍郎, 坐元祐黨, 謫楚州團練副使, 自號浮休居士.)"라고 하였다.

『화사회요』에서 "장순민은 서예에 뛰어났다.(浮休擅豪翰.)"라고 하였다.

『화계』에서 "또한 스스로 창조한 산수에 능하였다.(亦能自作山水.)"라고 하였다.
【原註】

* 원우당(元祐黨): 북송 철종(哲宗, 재위 1085-1100)이 즉위하고 사마광(司馬光,
1019-1086)이 재상이 되어 왕안석(王安石, 1021-1086)의 변법을 전면적으로 폐
지하였으며, 변법(變法)에 반대하는 원우당과 변법을 지지하는 원풍당(元豐黨)
의 정치투쟁이 휘종시기까지 지속되었다.【역주】

217) 양보지(揚補之) 양무구(揚無咎, 1097-1171): 송나라 사람. 『도회보감』에서 "양무
구는 자(字)가 보지(補之)이고 호는 도선노인(逃禪老人)이며, 남창(南昌, 지금의
강서성 남창시) 사람이다. 조부 양한자(揚漢子)가 '양씨 성을 쓸 때에 扌(수)를
따르고 木(목)을 따르지 않는다.'고 하였다. 고종시기에 진회(秦檜, 1090-1155.
저명한 간신)에게 굽히지 않고 여러 번 불러도 움직이지 않았으며, 또 스스로
'청이장자(淸夷長者)'라 하였다. 수묵 인물화는 이공린을 배웠으며, 송죽매와 바
위 및 산수는 필법이 맑고 한가로우며 질박하여 세상에 으뜸이었다.(揚無咎, 字
補之, 號逃禪老人, 南昌人也. 祖漢子云, 其書姓從扌不從木. 高宗朝, 以不直秦檜,
屢徵不起, 又自號淸夷長者. 水墨人物學李伯時, 梅竹松石山水, 筆法淸淡閑野, 爲
世一絶.)"라고 하였다.【原註】

218) 양계형(揚季衡, ?-?): 송나라 사람. 명 노정선(盧廷選)의 『남창부지(南昌府志)』에
서 "양계형은 양무구의 조카로 묵매 그리는 것은 가법을 많이 체득하였으며, 또
수묵 영모화를 잘 그릴 수 있었다.(揚季衡, 補之侄, 畵墨梅甚得家法, 又能作水墨
翎毛.)"라고 하였다.【原註】

* 노정선(盧廷選, 1569-1619): 명대 서예가. 자(字)는 현경(鉉卿), 호는 정상(貞
常). 보전(莆田) 사람. 1605년에 남창지부(南昌知府)가 되었으며, 1607-1609에

遠)222) · 마규(馬逵)223) · 하규(夏珪)224) · 범관(范寬)225) · 진각(陳珏)226) ·

걸쳐 『남창부지』 56권을 편찬하였다.【역주】

219) 진용(陳容, ?-?): 송나라 사람. 『민화기(閩畵記)』에서 "진용은 자(字)가 공저(公儲)
이며 스스로 '소옹(所翁)'이라 하였고, 장락(長樂, 지금의 복건성 장락시)] 사람이
다. 단평연간(端平年間, 1234-1236)에 진사가 되어 군문학(郡文學)을 지냈으며,
조정에 들어가 국자감주부가 되었고, 나와서 보전(莆田)을 다스렸다. 용을 그리
는 데 뛰어나 변화의 의미를 체득했으며, 일찍이 의도하지 않고 그려내어 모두
신묘한 경지에 들어갔다. 때때로 송죽을 그렸으며 유공권(柳公權)의 철구쇄법
(鐵鉤鎖法)을 익혔다. 보우연간(寶祐年間, 1253-1258)에 명성이 한 때 대단하였
다.(陳容, 字公儲, 自號所翁, 長樂人. 端平進士, 歷郡文學, 入爲國子監主簿, 出守
莆田. 善畫龍, 得變化之意, 曾不經意而得, 皆入神妙. 時爲松竹, 學柳誠懸鐵鉤鎖
之法. 寶祐間, 名重一時.)"라고 하였다.【原註】

* 민화기(閩畵記): 2권. 명나라 시인 서발(徐勃, 1563-1639)의 저서. 복건 지역
화가를 수록하였으나, 책은 이미 실전되었다. 서발의 자(字)는 유기(惟起), 호
는 흥공(興公).【역주】

* 철구쇄법(鐵鉤鎖法): 붓이 오고가는 것이 철사를 얽는 것과 같은 수묵화 운필
법의 하나. 남당의 이욱이 이 기법을 잘 사용하였으며, 당 유공권의 서예 운필
법과 매우 비슷하다고 한다.【역주】

220) 이당(李唐, 1066-1150): 송나라 사람. 『도회보감』에서 "이당은 자(字)가 희고(晞
古)이며, 하양(河陽) 삼성[三城, 지금의 하남성 맹현(孟縣)] 사람이다. 휘종시기에
화원에 보충으로 들어가고, 건염연간(建炎年間, 1127-1130)에 화원대조로 발탁되
었으며, 산수와 인물을 잘 그려 필치가 평범하지 않았고, 특히 소를 그리는 데
정통하여, 고종이 일찍이 「장하강사도(長夏江寺圖)」두루마리 작품에 제기를 써
서, '이당은 당나라 이사훈과 견줄 수 있다.'고 하였다.(李唐, 字晞古, 河陽三城人.
徽宗朝, 補入畫院, 建炎間, 擢畫院待詔, 善畫山水人物, 筆意不凡, 尤工畫牛, 高宗
嘗題長夏江寺卷上曰, 李唐可比唐李思訓.)"라고 하였다.【原註】

* 장하강사도(長夏江寺圖): 강가에 수많은 봉우리와 사원이 늘어선 광경을 묘사
한 이당의 작품. 비단에 채색. 세로 44cm, 가로 249cm. 현재 북경 고궁박물원
소장.【역주】

221) 조천리(趙千里) 조백구(趙伯駒, 1120-1182): 송나라 사람. 『화계』에서 "조백구는
송나라의 종실로서 자(字)는 천리(千里)이다. 고종시기에 벼슬은 절동로검할(浙
東路鈐轄)을 했으며, 산수·꽃과 과일·영모에 뛰어났다. 아우 조백숙(趙伯驌,
1124-1182)은 자(字)가 희원(希遠)으로 산수와 화목(花木)에 뛰어났으며, 채색화
에 더욱 정통하였다.(趙伯駒, 宋宗室, 字千里, 高宗時, 官浙東路鈐轄, 優於山水花
果翎毛. 弟伯驌, 字希遠, 長山水花木, 着色尤工.)"라고 하였다.【原註】

222) 마원(馬遠, 1140?-1225?): 송나라 사람. 『도회보감』에서 "마원은 마흥조(馬興祖,
?-?. 송나라 화가)의 손자로 자(字)는 흠산(欽山)이다. 산수·인물·화조를 그리
면 종류마다 절묘하여, 화원의 사람 가운데 독보적이었다. 광종(光宗, 1190-1194)

진중미(陳仲美) 진림(陳琳)227) · 이산(李山)228) · 조송설(趙松雪)229) 조맹
부 · 관중희(管仲姬) 관도승(管道昇)230) · 조중목(趙仲穆)231) · 이식재(李

과 영종(寧宗, 1195-1224)시기에 화원대조에 임명되었다.(馬遠, 興祖孫, 字欽山, 畵山水人物花禽, 種種臻妙, 院人中獨步也. 光寧朝, 授畵院待詔.)"라고 하였다. 생각건대 마원은 바로 남송사대가의 일인이다.【原註】

223) 마규(馬逵, ?-?): 송나라 사람. 『도회보감』에서 "마규는 마원의 형으로, 가문 학풍의 묘리를 체득하여 산수 · 인물 · 꽃과 과일 · 새 그림은 성글게 선염(渲染, 농담의 변화를 주는 색칠 기법)을 하여도 지극히 정교하여, 깃털이 찬란하고 날아가면서 울어 생동하는 자태가 실물에 매우 가까웠다.(馬逵, 遠兄, 得家學之妙, 山水人物花果禽鳥, 疏渲極工, 毛羽燦然, 飛鳴生動之態逼眞.)"라고 하였다.【原註】

224) 하규(夏珪, ?-?): 송나라 사람. 진선(陳善, ?-?. 명나라 문관)의 『항주지(杭州志)』에서 "하규는 자(字)가 우옥(禹玉)으로 그림에 뛰어났다. 영종(寧宗, 1195-1224) 시기에 대조가 되어 금대(金帶, 금으로 장식한 띠)를 하사받았으며, 인물을 그리는 필법이 세련되고 힘이 있으면서 먹물이 흥건하였고, 설경은 완전히 범관(范寬)을 익혔다. 화원 가운데 산수를 그리는 사람은 이당(李唐) 이후로 그보다 뛰어난 사람이 없었다.(夏珪, 字禹玉, 善畵. 寧宗朝待詔, 賜金帶, 畵人物筆法蒼老, 墨汁淋漓, 雪景全學范寬, 院中人畵山水, 自李唐以下, 無出其右者.)"라고 하였다.【原註】

225) 범관(范寬): 본권 「고금의 우열」 원주 참고.【原註】

226) 진각(陳珏, ?-?): 송나라 사람. 진선(陳善)의 『항주부지(杭州府志)』에서 "진각은 송나라 전당(錢塘, 지금의 절강성 항주) 사람으로 호는 계암(桂巖)이며, 인물과 채색산수를 잘 그렸고, 보우연간(寶祐年間, 1253-1258)에 대조를 지냈다(陳珏, 宋錢塘人, 號桂巖, 善畵人物, 着色山水, 寶祐年待詔.)"라고 하였다.【原註】

227) 진중미(陳仲美) 진림(陳琳, 1260?-1320?): 원나라 사람. 『도회보감』에서 "진림은 자(字)가 중미(仲美)이며 진각(陳珏)의 둘째 아들이다. 산수 · 인물 · 화조에 뛰어났으며, 모두 옛사람을 스승으로 삼아 묘한 경지에 도달하지 않은 것이 없었다. 평론가들이 '강남으로 넘어온 200년 동안 이 사람보다 뛰어난 화공이 없었다.'라고 하였다.(陳琳, 字仲美, 珏之次子, 善山水人物花鳥, 俱師古人, 無不臻妙. 論者謂南渡二百年, 工人無出此筆也.)"라고 하였다.【原註】

228) 이산(李山, 1121?-1202?): 금나라 사람. 『엄주산인고』에서 "이산은 관직이 금나라의 비서감으로, 「풍설송삼도(風雪松杉圖)」를 그렸는데, 운필이 소쇄하고 매우 정밀하며 운치가 있어, 고정된 법식의 밖으로 나왔다.(李山, 官金秘書監, 作風雪松杉圖, 用筆瀟灑, 精絶有致, 出蹊徑外.)"라 하였다.【原註】

229) 조송설(趙松雪): 즉 조맹부로 호가 송설(松雪)이다. 본권 「고금의 우열」 원주 참고.【原註】

230) 관중희(管仲姬) 관도승(管道昇, 1262-1319): 원나라 여류 서화가. 『송설재집(松雪齋集)』에서 "나의 아내 관도승은 자(字)가 중희(仲姬)로 오흥(吳興, 지금의 절강성 호주(湖州)] 사람이다. 연우 4년(1317)에 위국부인(魏國夫人)에 봉해졌고 서화

息齋) 이간(李衎)232) · 오중규(吳仲圭)233) · 전순거(錢舜擧) 전선(錢選)234) ·

와 문학에 뛰어났다.(管夫人道昇, 字仲姬, 吳興人. 延祐四年, 封魏國夫人, 擅長翰
墨詞章.)"라고 하였다.

『도회보감』에서 "관도승은 대나무 · 매화 · 난초를 잘 그렸으며 맑은 날의 대나무
와 돋아나는 죽순은 그의 창조로서 후학이 모범으로 삼았다.(管夫人善畵墨竹梅
蘭, 晴竹新篁, 是其始創, 後學爲之模範.)"라고 하였다.【原註】

231) 조중목(趙仲穆) 조옹(趙雍, ?-?): 원나라 사람. 『도회보감』에서 "조옹은 자(字)가
중목(仲穆)으로 조맹부의 아들이다. 관직은 집현전대제와 동지호주총관부사(同
知湖州總管府事)에 이르렀다. 산수는 동원을 스승으로 삼았으며 특히 인물 ·
말 · 꽃 · 바위에 뛰어났다.(趙雍, 字仲穆, 文敏子也. 官至集賢殿待制, 同知湖州總
管府事. 山水師董源, 尤善人馬花石.)"라고 하였다.【原註】

232) 이식재(李息齋) 이간(李衎, 1245-1320): 원나라 사람. 소천작(蘇天爵, 1294-1352.
원 문학가)의 『자계문고(滋溪文稿)』에서 "이간은 자(字)가 중빈(仲賓)이고 호는
식재도인(息齋道人)이며, 대대로 연(燕)나라 사람이다.[『도회보감』에는 계구(薊
丘, 지금의 북경)로 되어 있다] 원나라 황경원년(皇慶元年, 1312)에 관직이 이부
상서에 이르렀고, 집현전대학사에 임명되었다. 고목과 죽석을 잘 그려 거의 왕유
(王維)나 문동(文同)의 고아한 운치에 가까웠다.[李衎, 字仲賓, 號息齋道人, 世爲
燕人(圖繪寶鑑作薊丘人). 元皇慶元年, 官至吏部尚書, 拜集賢殿大學士. 善圖古木
竹石, 庶幾王維文同之高致.]"라고 하였다.

오사도(吳師道, 1283-1344. 원나라 학자)의 『예부집(禮部集)』에서 "문동(文同)과
소식이 세상을 떠나고 난 뒤 200년 동안의 묵죽 일파를 계구(薊丘)의 이간이 얻
었다.(文與可蘇子瞻仙去, 二百年墨竹一派, 薊丘李公得之.)"라고 하였다. 저서에
『죽보상록(竹譜詳錄)』 등이 있다.【原註】

   * 자계문고(滋溪文稿): 30권. 원나라 문학가 소천작의 문집으로 부하 관리 고명
     (高明)과 갈원철(葛元哲)이 편집했으며, 모두 108편 수록.【역주】

   * 죽보상록(竹譜詳錄): 7권. 화죽(画竹) · 묵죽(墨竹) · 죽태(竹態) · 죽품(竹品)으
     로 나누어 300여 종 대나무를 상세하게 논술하였다.【역주】

233) 오중규(吳仲圭) 오진(吳鎭, 1280-1354): 원나라 사람. 『창라집(滄螺集)』에서 "오
진은 자(字)가 중규(仲圭)이고 호는 매화도인(梅花道人)이며, 가흥(嘉興, 지금의
절강성 가흥시) 위당(魏塘) 사람이다. 문장에 정통하였으며 특히 산수와 대나무
를 잘 그렸는데, 지극히 절묘한 품격에 도달하여 허도녕(許道寧, ?-?. 북송 화가)
과 문동(文同)에 뒤지지 않았다.(吳鎭, 字仲圭, 號梅花道人, 嘉興魏塘人. 工詞翰,
尤善畵山水竹木, 臻極妙品, 不下許道寧文與可.)"라고 하였다.【原註】

   * 창라집(滄螺集): 6권. 명초 문학가이지 장서가인 손작(孫作, 1340?-1424)의 시
     문집.【역주】

234) 전순거(錢舜擧) 전선(錢選, 1239-1299): 원나라 사람. 『화사회요』에서 "전선은 자
(字)가 순거(舜擧)이고 호는 옥담(玉潭)이며[이일화(李日華)의 『육연재필기(六硏
齋筆記)』에 '또 호는 손봉(巽峰)이다.'라고 하였다.], 삽천(雪川, 지금의 절강성

306
장물지

성자소(盛子昭) 성무(盛懋)235) · 육천유(陸天遊)236) · 조운서(曹雲西) 조지백(曹知白)237) · 당자화(唐子華) 당체(唐棣)238) · 고사안(高士安)239) ·

호주시) 사람으로, 송 경정연간(景定年間, 1260-1264)에 향공진사(鄕貢進士)가 되었다. 원나라 초기에 '오흥팔준(吳興八俊)'이라는 호칭이 있어 조맹부를 첫째로 하였으며, 조맹부가 조정에 들어가자 모두 서로 빌붙어 벼슬이 형통하였으나, 전선은 홀로 영합하지 않고 시와 그림을 떠나지 않은 채 삶을 끝냈다. 인물 · 산수 · 화조는 조창(趙昌, ?-?. 북송 화가)을 스승으로 삼고, 청록산수는 조백구를 스승으로 삼았으며, 특히 절지화(折枝畵, 전체를 그리지 않고 가지 일부만을 그린 그림)를 잘 그렸다.[錢選, 字舜擧, 號玉潭(李日華六硏齋筆記云, 又號巽峰), 雪川人. 宋景定間鄕貢進士. 元初, 吳興有八俊之號, 以子昂爲首, 子昂登朝, 皆相附宦達, 獨舜擧不合, 流連詩畵終身. 人物山水花鳥師趙昌, 靑綠山水師趙千里, 尤善作折枝.]"라고 하였다.【原註】
* 육연재필기(六硏齋筆記): 12권. 명나라 서화가 이일화(李日華, 1565-1635)가 서화를 감상한 내용과 시사(詩詞) 등을 수필의 형식으로 기록한 책.【역주】
* 오흥팔준(吳興八俊): 남송말·원나라 초기의 걸출한 화가이자 서예가이며 시인이 8인의 명인으로 전선 · 조맹부 · 왕자중(王子中) · 모응룡(牟應龍, 1247-1324. 서예가) · 초자중(肖子中) · 진천일(陳天逸) · 진중신(陳仲信) · 요식(姚式).【역주】
* 향공진사(鄕貢進士): 지방의 관리가 향시의 합격자를 중앙의 예부에서 거행하는 진사과에 참가하도록 추천하였으나 발탁되지 못한 사람.【역주】

235) 성자소(盛子昭) 성무(盛懋): 원나라 사람. 권2「분완(盆玩)」의 원주 참고.【原註】

236) 육천유(陸天遊) 육광(陸廣, ?-?): 원나라 사람. 『화사회요』에서 "육광은 자(字)가 계홍(季弘)이고 호는 천유생(天遊生)이며, 오(吳, 지금의 강소성 소주) 사람이다. 그림은 왕몽을 모방하여 운필이 고아하고 힘찼으며, 먹의 사용이 평범하지 않아서, 나뭇가지를 그리면 난새가 춤추고 뱀이 놀라 날뛰는 기세가 있었다.(陸廣, 字季弘, 號天遊生, 吳人. 畵倣王叔明, 落筆蒼古, 用墨不凡, 其寫樹枝, 有鸞舞蛇驚之勢.)"라고 하였다.【原註】

237) 조운서(曹雲西) 조지백(曹知白, 1272-1355): 원나라 사람. 『송강지(松江志)』에서 "조지백은 자(字)가 우현(又玄)이고『화사회요』에서 '자(字)는 정소(貞素)이다.'라고 했다.], 별호는 운서(雲西)이며 화정(華亭, 지금의 상해) 사람이다. 지원연간(1335-1340)에 곤산교유(昆山敎諭)가 되었으나, 마음에 들지 않아 사직하고 떠났다.[曹知白, 字又玄(畵史會要云, 字貞素), 別號雲西, 華亭人. 至元中, 爲昆山敎諭, 不樂, 辭去.]"라고 하였다.
『사우재총설(四友齋叢說)』에서 "조지백은 그림을 잘 그렸는데, 평원(平遠)은 이성을 법식으로 하였고, 산수는 곽희를 스승으로 하였으며, 필치가 맑고 윤택하여 속기가 전혀 없다.(曹雲西善畵, 其平遠法李成, 山水師郭熙, 筆墨淸潤, 全無俗氣.)"라고 하였다.【原註】
* 사우재총설(四友齋叢說): 38권. 명나라 학자 하량준(何良俊, 1506-1573) 저. 경

고극공(高克恭)²⁴⁰⁾ · 왕숙명(王叔明) 왕몽(王蒙)²⁴¹⁾ · 황자구(黃子久)²⁴²⁾

사자집(經史子集) · 시문 · 서화 등에 관하여 고증하고 평론하였다.【역주】
* 평원(平遠): 곽희가 주장한 삼원(三遠) 표현법의 하나로써, 가까운 산에서 먼 곳의 산을 바라보아 그 사이의 경물이 평면적으로 아득히 멀게 전개되도록 그리는 표현법으로, 시야가 확 트이는 효과가 있다.【역주】

238) 당자화(唐子華) 당체(唐棣, 1296-1364): 원나라 사람.『옥산초당아집(玉山草堂雅集)』에서 "당체는 자(字)가 자화(子華)이며 오흥(吳興, 지금의 절강성 호주시) 사람으로, 재주가 많아 오강령(吳江令)이 되었다.(唐棣, 字子華, 吳興人, 有茂才爲吳江令.)"라고 하였다.
『육연재필기』에서 "당체는 조맹부에게 그림을 배웠으며, 산수는 곽희를 익혀, 곽희의 화려하고 윤택하며 풍부한 운치를 얻었다.(子華學畫於趙松雪, 山水學郭熙, 得其華潤森鬱之趣.)"라고 하였다.【原註】

239) 고사안(高士安): 원나라 사람.『신증격고요론(新增格古要論)』에서 "고사안은 원나라 위구르 사람으로 자(字)는 안경(顏敬)이다. 관직에 있으면서 공무가 한가할 때에 등산을 하며 즐겼고, 호수와 산이 수려하고 구름이 변하고 사라지는 모습을 보고 가슴 속에 모았다가 붓으로 표현하여, 자연스럽고 매우 뛰어났다. 봉우리의 준법(皴法)은 동원(董源)을 법식으로 하고 구름과 나무는 미불(米芾)을 배워, 품격이 중후하여 원나라 제일이었다.(高士安, 元回鶻人, 字顏敬. 居官公暇, 登山賞玩, 覽其湖山秀麗, 雲煙變滅, 蘊於胸中, 發於豪端, 自然高絶, 其峰巒皴法董源, 雲樹學米元章, 品格渾厚, 元朝第一名.)"라고 하였다.【原註】

240) 고극공(高克恭, 1248-1310): 원나라 사람. 등문원(鄧文原, 1258-1328)의『파서집(巴西集)』에서 "고극공은 자(字)가 언경(彦敬)이며『도회보감』에서 '호가 방산도인(房山道人)이다.'라고 하였다.], 그의 선조는 서역 사람으로 후에 대동(大同, 지금의 산서성 대동시)에 호적을 정하였다. 지원 12년(1275)에 경성에서 공보공부령사(貢補工部令史)로부터 형부상서에 이르렀으며, 묵죽을 잘 그려 문동(文同)에 뒤지지 않았으며, 산수를 그릴 경우에 처음에는 미불 부자를 익혔으나, 후에 이성(李成) · 동원(董源) · 거연(巨然)의 화법을 사용하여 조예가 매우 뛰어났다.[高克恭, 字彦敬(圖繪寶鑑云, 號房山道人), 其先西域人, 後占籍大同. 至元十二年, 由京師貢補工部令史, 至刑部尚書, 好作墨竹, 不減文湖州, 畫山水, 初學米氏父子, 後乃用李成董源巨然法, 造詣精絶.]"라고 하였다.【原註】
* 등문원(鄧文原, 1258-1328): 원나라 관리. 자(字)는 선지(善之) 또는 비석(匪石). '소리선생(素履先生)'이나 '등파서(鄧巴西)'로 불렸다. 사천 면주[綿州, 지금의 면양(綿陽)] 사람.『파서집(巴西集)』2권은 그의 문집이다.【역주】

241) 왕숙명(王叔明) 왕몽(王蒙, 1308-1385): 원나라 사람. 왕달(王達)의「청우루제현기(聽雨樓諸賢記)」에서 "왕몽은 자(字)가 숙명(叔明)으로 오흥(吳興, 지금의 절강성 호주시) 사람이다. 원대 말기에 황학산(黃鶴山)에 은거하여 스스로 '황학산초(黃鶴山樵)'라 하였으며, 조맹부의 외손자이다.(『옥산초당아집』에는 조맹부의 조카로 되어 있으나, 오류로 추정된다.)[王蒙, 字叔明, 吳興人. 元末, 隱居黃鶴山中, 自號黃

황공망·예원진(倪元鎭) 예찬243)·가단구(柯丹邱)244) 가구사·방방호
(方方壺) 방종의(方從義)245)·왕원장(王元章) 왕면(王冕)246)·대문진
(戴文進)247)·왕맹단(王孟端) 왕불(王紱)248)·하태상(夏太常) 하창(夏

鶴山樵, 趙松雪之外孫也.(玉山草堂雅集作趙文敏之甥, 疑誤).]"라고 하였다.
『화사회요』에서 "왕몽의 산수는 거연을 스승으로 하였으며, 먹을 사용하는 방법
을 깊이 체득하여, 수려하고 윤택하여 좋아할 만하며, 또 인물에 뛰어났다.(王蒙
山水師巨然, 甚得用墨法, 秀潤可喜, 亦善人物.)"라고 하였다. 원나라 사대가 가운
데 황공망에게만 뒤진다. 본권 「고금의 우열」 원주 참고.【原註】
242) 황자구(黃子久) 황공망: 본권 「고금의 우열」 원주 참고.【原註】
243) 예원진(倪元鎭) 예찬: 본권 「고금의 우열」 원주 참고.【原註】
244) 가단구(柯丹邱): 원나라 사람 가구사(柯九思)로, 호는 단구생(丹丘生). 앞의 원주
참고.【原註】
245) 방방호(方方壺) 방종의(方從義, 1302?-1393): 원나라 사람.『서사회요』에서 "도사
방종의는 자(字)가 무우(無隅)이고 호는 방호(方壺)이며, 귀계(貴溪, 지금의 강서
성 귀계) 사람으로, 시문에 정통하였고 진(秦)나라 예서와 장초에 뛰어났다.(道士
方從義, 字無隅, 號方壺, 貴溪人. 工詩文, 善古隷章草.)"라고 하였다.
『도회보감』에서 "방종의가 그린 산수는 매우 소쇄하여, 봉우리가 높이 솟고 수목
의 곁가지가 이리저리 튀어나오며, 구름이 고개에 가로 비끼고 배는 모래톱에
정박해 있으며, 현묘한 기운이 부드럽게 드리워, 속세의 필치가 아니다.(方壺畫
山水, 極瀟灑, 峰巒高聳, 樹木槎枒, 雲橫嶺岫, 舟泊沙汀, 墨氣冉冉, 非塵俗筆也.)"
라고 하였다.
산수를 잘 그려서 원나라 사대가 이외에 별도로 한 파를 이루었으며, 예서와 초
서에 모두 정통하였다.【原註】
246) 왕원장(王元章) 왕면(王冕, 1287-1359): 명나라 사람. 송렴(宋濂, 1310-1381. 정치
가)의『잠계집(潛溪集)』에서 "왕면은 [『열조시집』에 자(字)는 원장(元章)] 호가 자
석산농(煮石山農)으로, 제기(諸暨, 지금의 절강성 제기시) 사람이다. 매화를 잘
그려 양보지에 뒤지지 않았다. 홍무황제가 무주[婺州, 지금의 절강성 금화시(金
華市)]를 점령하고 월성(越城, 남경성)을 공격하려다가 물색하여 왕면을 찾아 막
부에 두고 자의참군(諮議參軍)으로 발탁하였다.[王冕(列朝詩集, 字元章), 號煮石
山農, 諸暨人. 善畫梅, 不減揚補之. 皇帝取婺州, 將攻越, 物色得冕, 置幕府, 擢諮
議參軍.]"라고 하였다. 『죽재시집(竹齋詩集)』이 있다.【原註】
247) 대문진(戴文進) 대진(戴進, 1388-1462): 명나라 사람.『도회보감』에서 "대진은 자
(字)가 문진(文進)이고 호는 정암(靜庵)이며 또 다른 호가 운천산인(雲泉山人)으
로, 전당(錢塘, 지금의 절강성 항주) 사람이다. 산수는 여러 명가의 묘리를 체득
하였으며, 신상·인물·동물·꽃과 과일·영모는 모두 극히 세밀하였다.(戴進,
字文進, 號靜庵, 又號雲泉山人, 錢塘人. 山水得諸家之妙, 神像人物走獸花果翎毛,
俱極精致.)"라고 하였다. 선덕연간에 궁정에서 대조(待詔)를 지냈으며, 세상에

昊)249) · 조선장(趙善長) 조원(趙原)250) · 진유윤(陳惟允) 진여언(陳汝
言)251) · 서유문(徐幼文) 서분(徐賁)252) · 장래의(張來儀) 장우(張雨)253) ·

서 명대 화원풍의 그림 가운데 제일이라고 추앙하였고, 배우려는 사람이 매우
많아서 '절파(浙派)'라는 명칭이 있었다.【原註】
* 절파(浙派): 명대 초기에 대진을 시조로 하는 회화유파로, 궁정의 회화를 중심
  으로 하는 원체파(院體派)와 쌍벽을 이루어, 선덕-정덕연간(1426-1521)에 화단
  의 주류가 되었다.【역주】
248) 왕맹단(王孟端) 왕불(王紱, 1362-1416): 명나라 사람. 『명산장』에서 "왕불은 자(字)
  가 맹단(孟端)이고 호는 우석(友石)이며, 또 다른 호는 구룡산인(九龍山人)으로,
  무석(無錫) 사람이다.(王紱, 字孟端, 號友石, 又號九龍山人, 無錫人.)"라고 하였다.
  『열조시집』에서 "영락초기에 글씨에 뛰어나 천거되어 문연각에서 근무했으며,
  중서사인에 임명되었다.(永樂初, 以善書薦, 供事文淵閣, 拜中書舍人.)"라고 하였다.
  왕진(王進)은 「우석선생시집서(友石先生詩集序)」에서 "왕불은 그림에 뛰어나, 기
  다란 강물과 멀리 있는 산 및 대나무 무더기와 괴석은 마음대로 그려도 절묘하지
  않은 게 없었다.(孟端善於繪事, 長江遠山, 叢篁怪石, 隨意所造, 無不絶妙.)"라고
  하였다.【原註】
249) 하태상(夏太常) 하창(夏昶, 1388-1470): 명나라 사람. 왕세정의 『오중왕철상찬』에
  서 "하창은 자(字)가 중소(仲昭)이며 곤산(昆山, 지금의 강소성 곤산) 사람이다.
  영락시기에 진사가 되어 한림서길사(翰林庶吉士)를 했으며, 해서에 정통하여 총
  애를 받아 중서사인에 임명되었고, 자주 승진하여 태상시경(太常寺卿)이 되었
  다.(夏昶, 字仲昭, 昆山人. 永樂進士, 爲翰林庶吉士, 以工楷法得幸, 授中書舍人,
  累遷太常寺卿.)"라고 하였다.
  『명산장』에서 "하창의 대나무 그림은 왕불을 스승으로 하였으며, 아주 먼 곳의
  오랑캐도 작품을 구입하였다.(夏昶畵竹, 師王紱, 至遠夷亦購之.)"라고 하였다.
  【原註】
250) 조선장(趙善長) 조원(趙原, ?-?): 명나라 사람. 『오현지(吳縣志)』에서 "조원은 자
  (字)가 선장(善長)이고 오(吳, 지금의 강소성 소주) 사람이며, 호가 단림(丹林)이
  다. 그림은 동원을 스승으로 삼아 동원의 풍격을 깊이 체득하였다. 명나라 초기
  에 천하의 화가로 하여금 경사에 와서 역대의 공신상을 그리도록 하였는데, 조원
  의 응대가 황제의 뜻에 부합하지 않아 죄에 걸려 사형되었다.(趙原, 字善長, 吳
  人, 號丹林. 畵師董源, 甚得其骨格. 明初, 召天下畵師至京師, 圖歷代功臣, 原以應
  對不稱旨, 坐死.)"라고 하였다.【原註】
251) 진유윤(陳惟允) 진여언(陳汝言, ?-?): 명나라 사람. 『오현지』에서 "진여언은 자
  (字)가 유윤(維允)으로[『화사회요』에서 '호가 추수(秋水)이다.'라고 하였다.], 형
  진여질(陳汝秩, ?-?)과 함께 시에 정통하고 겸하여 그림에 뛰어났다. 홍무초기에
  천거되어 제남경력(濟南經歷)을 맡았으나 사건에 연좌되어 면직되었다.[陳汝言,
  字維允(畵史會要云, 號秋水), 與兄汝秩齊名, 工詩, 兼善繪事. 洪武初, 以薦任濟南

송남궁(宋南宮)254) 송극·주동촌(周東村) 주신(周臣)255)·심정길(沈貞吉)과 심항길(沈恒吉)256)·심석전(沈石田) 심주(沈周)257)·두동원(杜東

經歷, 坐事免.]"라고 하였다. 산수화에 뛰어났으며 형과 함께 '대소염(大小髯)'이라는 칭호가 있었다.【原註】

252) 서유문(徐幼文) 서분(徐賁, 1335-1380): 명나라 사람. 『화사회요』에서 "서분은 자(字)가 유문(幼文)으로 사천에서 소주로 이사하였으며[『보전집(甫田集)』에서 '비릉(毗陵, 지금의 강소성 상주)에서 소주의 제문(齊門, 소주성의 북으로 향한 문)으로 이사하였으며, 호는 북곽생(北郭生)이다.'라고 하였다.], 그림은 동원을 법식으로 하였다.[徐賁, 字幼文, 自蜀徙蘇州(甫田集云, 自毗陵徙居吳之齊門, 號北郭生), 畵法董源.]"라고 하였다.
  『명산장』에서 "서분은 홍무연간(1368-1398)에 불려와 기용되었으며, 관직은 하남포정사(河南布政司)에 이르렀다. 그림에 뛰어났는데 산수의 정취가 있었다.(賁, 洪武中徵起, 官至河南布政. 善圖染, 有山澤間意.)"라고 하였다.【原註】
  * 보전집(甫田集): 35권, 부록 1권. 문징명의 시문집.【역주】

253) 장래의(張來儀) 장우(張雨, 1333-1385): 명나라 사람. 『화사회요』에서 "장우는 자(字)가 내의(來儀)인데, 고친 자(字)는 부봉(附鳳)으로 호가 정거(靜居)이며, 심양[潯陽, 지금의 강서성 구강시(九江市)]에서 오군(吳郡, 지금의 소주)으로 이사하여 살았다. 홍무초기에 불려 들어와 한림원대제와 태상시승(太常寺丞)이 되었다. 화풍은 미불 부자를 법식으로 하였으며, 필치가 가장 오묘하였다.(張羽, 字來儀, 更字附鳳, 號靜居, 由潯陽徙居吳郡. 洪武初, 徵爲翰林院待制, 太常寺丞. 畵法米氏父子, 筆意最妙.)"라고 하였다.【原註】

254) 宋南宮(송남궁): 즉 송극(宋克). 앞의 원주 참고.【原註】

255) 주동촌(周東村) 주신(周臣, 1460-1535): 명나라 사람. 『단청지(丹靑志)』에서 "주신은 자(字)가 순경(舜卿)으로[『예원치원』에서 '별호는 동촌(東村)'이라 하였다.], 오현(吳縣, 지금의 강소성 소주) 사람이다. 산수와 인물을 그렸으며, 협곡이 깊숙하고 산이 중후하며 예스러운 면모를 기이하게 표현해서, 광활한 풍격이 있었으므로, 일시에 '작자(作者, 창조자)'라 불렸다. 당인(唐寅)과 구영(仇英)이 일찍이 그를 따라 그림을 배웠다.(周臣, 字舜卿(藝苑巵言云, 別號東村), 吳縣人. 畵山水人物, 峽深嵐厚, 古面奇妝, 有蒼蒼之色, 一時稱爲作者. 唐寅仇英曾從其學.)"라고 하였다.【原註】

256) 심정길(沈貞吉)과 심항길(沈恒吉): 명나라 사람. 양순길(楊循吉)의 『오중왕철기(吳中往哲記)』에서 "심정길(1400-?)은 자(字)가 남재(南齋)이고 아우 심항길은 자(字)가 동재(同齋)이며[『열조시집』에서 '심항길은 심주(沈周) 선생의 부친이다.'라고 하였다.], 상성(相城, 지금의 소주시 상성구)에서 대대로 벼슬을 한 집안으로, 모두 당나라 율시에 정통하였고 겸하여 그림에 뛰어났다.[沈貞吉, 字南齋, 弟恒吉, 字同齋(列朝詩集云, 同齋, 石田先生之父), 相城故家, 皆工唐律, 兼善繪事.]"라고 하였다.

原) 두경(杜瓊)258)·유완암(劉完庵) 유각(劉珏)259)·문징명·문가·문

유봉(劉鳳)의『속오선현찬(續吳先賢贊)』에서 "심정길과 심항길은 모두 그림에
뛰어났으며, 사람과 가축을 모사하는 것도 아주 절묘했다.(吉恒吉, 皆善繪素, 貌
人畜, 亦工絶.)"라고 하였다.【原註】
　* 오중왕철기(吳中往哲記): 1권. 명대 관리이자 문학가인 소주 사람 양순길(楊循
　　吉, 1456-1544)의 저술로, 명대 초기 소주의 인물을 7항목으로 구분하여 41명을
　　수록.【역주】
　* 속오선현찬(續吳先賢贊): 15권. 명나라 가정시기(1522-1566) 소주의 문학가이자
　　장서가인 유봉(劉鳳, ?-?)의 저술로, 소주 지역 각종 인물에 대한 기록.【역주】
257) 심석전(沈石田) 심주(沈周, 1427-1509): 명나라 사람.『진택집(震澤集)』에서 "심
　　주는 자(字)가 계남(啓南)으로 세상에서 '석전선생'이라 하며[왕세정이 '별호는 백
　　석옹(白石翁)'이라 하였다], 집은 장주(長洲, 지금의 강소성 소주)의 상성리(相城
　　里)이다. 간혹 그림을 그리면 이어진 봉우리·안개와 구름·파도와 화훼·새와
　　동물·벌레와 물고기가 각각 그 자태를 다 드러내지 않은 것이 없었으며, 혹은
　　간략하게 그려내어도 운치가 이미 풍부하였고, 그림이 완성되면 번번이 그림에
　　스스로 화제를 썼는데, 세상에서 '이절(二絶, 두 가지 절기)'이라 하였다.[沈周,
　　字啓南, 世稱之曰石田先生(王世貞云, 更號白石翁), 家長洲之相城里. 間作繪事,
　　峰巒煙雲, 波濤花卉, 鳥獸蟲魚, 莫不各極其態, 或草草點綴, 而意已足, 成輒自題
　　其上, 時稱二絶.]"라고 하였다. 심주는 당인·문징명·구영과 함께 '명나라 사대
　　가'로 불린다.【原註】
258) 두동원(杜東原) 두경(杜瓊, 1396-1474): 명나라 사람.『진택집(震澤集)』에서 "두
　　경은 자(字)가 용가(用嘉)로 오성(吳城, 지금의 강소성 소주)의 악포리(樂圃里)에
　　살았으며, 별호는 동원경자(東原耕者)이고, 세상에서 '동원선생(東原先生)'이라
　　하였으며, 또 '녹관도인(鹿冠道人)'이라 하였다.[『오중왕철상찬』에서 '친족들이
　　붙여 준 시호는 연효선생(淵孝先生)'이라 하였다.] 시를 잘 지었으며, 겸하여 산수
　　와 인물을 잘 그렸다.[杜瓊, 字用嘉, 家吳城之樂圃里, 別號東原耕者, 世稱東原先
　　生, 又稱鹿冠道人(吳中往哲像贊云, 私謚淵孝先生). 好爲詩, 兼善畵山水人物.]"라
　　고 하였다. 두경의 그림은 오문파(吳門派)의 서막을 열었으며,『동원재집(東原齋
　　集)』이 있다.【原註】
　* 오문파(吳門派): 명대 중기 소주를 중심으로 한 회화유파로, 소주가 고대 오나
　　라의 도성이었으므로 소주를 '오문(吳門)'이라고도 한다. 주요 인물인 심주·문
　　징명·당인·구영 등이 모두 오군(吳郡, 소주) 사람이었으므로 '오문파'라 한
　　다.【역주】
259) 유완암(劉完庵) 유각(劉珏, 1410-1472): 명나라 사람. 왕세정의『오중왕철상찬』에
　　서 "유각은 자(字)가 정미(廷美)이고 호는 완암(完庵)이며, 장주(長洲, 지금의 강
　　소성 소주) 사람이다. 벼슬은 산서안찰첨사(山西按察僉事)이며, 산수는 왕몽에
　　게서 나왔다.(劉珏, 字廷美, 號完庵, 長洲人. 官山西按察僉事, 山水出王叔明.)"라
　　고 하였다.

오봉(文五峰) 문백인(文伯仁)260) · 당해원(唐解元) 당인(唐寅)261) · 장몽
진(張夢晋) 장령(張靈)262) · 주관(周官)263) · 사시신(謝時臣)264) · 진도복
(陳道復) 진순(陳淳)265) · 구십주(仇十洲) 구영(仇英)266) · 전숙보(錢叔

『청하서화방』에서 "유각은 서화로 천순연간(1457-1464)에 유명했으며, 근세에 따
라갈 수가 없었다.(劉珏以書畫顯天順間, 近世莫及.)"라고 하였다.【原註】
260) 문오봉(文五峰) 문백인(文伯仁, 1502-1575): 명나라 사람. 『도회보감속찬(圖繪寶
鑑續纂)』에서 "문백인은 자(字)가 덕승(德承)이고 호는 오봉(五峰)이며, 장주(長
洲, 지금의 소주) 사람으로, 또 호가 보생섭산노농(葆生攝山老農)이고, 문징명의
조카이다. 산수와 인물을 잘 그렸으며 왕몽을 본받았다.(文伯仁, 字德承, 號五峰,
長洲人, 又號葆生攝山老農, 文徵明從子, 善畫山水人物, 效王叔明.)"라고 하였다.
소주 창문(閶門)에 오봉원(五峰園)을 건설하였다.【原註】
 * 오봉원(五峰園): 명대 가정연간에 건립된 정원. 지금도 소주시 창문서가(閶門
   西街) 47호에 있다.【역주】
261) 당해원(唐解元) 당인(唐寅): 명나라 사람. 본권 「고금의 우열」 원주 참고.【原註】
262) 장몽진(張夢晋) 장령(張靈, ?-?): 명나라 사람. 『단청지(丹靑志)』에서 "장령은 자
(字)가 몽진(夢晋)으로 오현(吳縣, 지금의 강소성 소주) 사람이다. 집이 당인과
이웃으로 뜻이 합치고 재주가 비슷하였으며, 또 모두 그림에 뛰어났으므로,
의기투합하여 정이 깊고 사이가 좋았다. 장령은 인물을 그리면 관과 복식이 매우
예스럽고 모습과 색채가 맑고 진실하였으며, 산수 작품은 필치가 생동하고 먹빛
이 강렬하며 험준하게 솟아나 속세를 벗어났다.(張靈, 字夢晋, 吳縣人. 家與唐寅
爲隣, 志合才敵, 又俱善畫, 以故契深椒蘭. 靈畫人物, 冠服玄古, 形色淸眞, 山水間
作, 筆生墨勁, 嶄然絶塵.)"라고 하였다.
 『예원치언』에서 "장령은 죽석과 화조에 뛰어났다.(夢晋善竹石花鳥.)"라고 하였
 다.【原註】
263) 주관(周官): 명나라 사람. 『예원치언』에서 "자(字)는 무부(懋夫)이며 오(吳, 지금
의 강소성 소주) 사람으로, 장령(張靈)과 동시대이고, 산수와 인물에 뛰어나 속세
의 분위기가 없었으며, 백묘(白描, 먹색으로 윤곽을 그리고 채색하지 않는 화법)
는 더욱 정밀하였다.(字懋夫, 吳人, 與張靈同時, 善山水人物, 無俗韻, 白描尤精.)"
라고 하였다.【原註】
264) 사시신(謝時臣, 1487-1567): 명나라 사람. 『도회보감속찬』에서 "사시신은 자(字)
가 사충(思忠)이고 호는 저선(樗仙)이며, 오현(吳縣, 지금의 강소성 소주) 사람이
다. 산수에 뛰어났으며, 심전의 풍격을 체득하였으나 조금 변화시켜 인물의 장식
은 지극히 맑고 깨끗하였고, 특히 물의 표현에 뛰어나 강과 호수 및 바다는 종류
마다 모두 오묘하였다.(謝時臣, 字思忠, 號樗仙, 吳縣人. 善山水, 得沈石田意而稍
變, 人物點綴, 極其瀟灑, 尤善於水, 江湖湖海, 種種皆妙.)"라고 하였다.【原註】
265) 진도복(陳道復) 진순(陳淳, 1483-1544): 명나라 사람. 『도회보감』에서 "진순은 자
(字)가 도복(道復)이고 또 다른 자는 복보(復甫)이며, 호가 백양산인(白陽山人)으

寶) 전곡(錢穀)267) · 육숙평(陸叔平) 육치(陸治)268) 등은 모두 명가로 빠
트릴 수 없다. 나머지는 모두 소장하기에 적당하지 않으며, 가령 있더라도

로 고소(姑蘇, 지금의 강소성 소주) 사람이고, 문징명의 문인이다. 화훼에 뛰어나
사람들이 따라갈 수 없었으며, 산수도 통쾌하고 시원스러워 고정된 틀에 빠지지
않았고, 서예는 행서와 초서를 법식으로 하여 자유로우면서 절묘하였다.(陳淳,
字道復, 又字復甫, 號白陽山人, 姑蘇人, 衡山之門人也. 善花卉, 人所莫及, 山水亦
淋漓疏爽, 不落蹊徑, 書法行草, 放縱妙絶.)"라고 하였다.【原註】

266) 구십주(仇十洲) 구영(仇英, 1494?-1552): 명나라 사람. 『단청지』에서 "구영은 자
(字)가 실부(實父)이며 태창(太倉, 지금의 강소성 태창) 사람이다.(仇英, 字實父,
太倉人.)"라고 하였다.
    『예원치언』에서 "구영은 호가 십주(十洲)이며 주육관(周六觀, 그 당시의 대부호)
을 위해「자허상림도(子虛上林圖)」를 그렸는데, 인물 · 조수 · 산수 · 누대 · 깃발
과 수레 · 군대의 진용이 모두 고대 현인의 명필을 미루어 헤아려 모사하고 짐작
하여 완성했으므로, 그림 그리는 일의 절묘한 경지라 할 수 있다.(英號十洲, 爲周
六觀作上林圖, 人物鳥獸山水樓觀旗輦軍容, 皆臆寫古賢名筆, 斟酌而成, 可謂繪事
絶境.)"라고 하였다.【原註】
  * 자허상림도(子虛上林圖):「천자수렵도(天子狩獵圖)」라고도 한다. 길이 17m에
    폭이 약 53cm에 이르는 대작이다. 구영이 태창(太倉)의 거상 주육관의 요청을
    받아 모친의 80세 생신축하를 위해 1537-1542의 6년에 걸쳐 그린 작품. 그림이
    완성된 뒤에 문징명에게 요청하여 사마상여의「자허부」와「상림부」를 그림의
    뒷부분에 썼다. 그 당시 권력자 엄숭(嚴嵩, 1480-1567)의 아들 엄세번(嚴世藩,
    1513-1565)이 탐을 내자, 주육관은 모사본을 바치고 도망을 갔다고 한다. 원본
    의 행방은 알 수 없으며, 현재 타이베이 고궁박물원에 모본 2점이 소장되어
    있다.【역주】
267) 전숙보(錢叔寶) 전곡(錢穀, 1508-1572?): 명나라 사람. 『열조시집』에서 "전곡은
자(字)가 숙보(叔寶)이고 호는 경보(磬寶)이며, 장주(長洲, 지금의 강소성 소주)
사람이다. 문징명을 따라 시문과 서화를 익혔으며, 수묵으로 경물을 배치하고
착색하는 기법은 심주의 화법을 체득하였다.(錢穀, 字叔寶, 號磬寶, 長洲人. 從文
待詔習詩文書畵, 點染水墨, 得沈氏法.)"라고 하였다.【原註】
268) 육숙평(陸叔平) 육치(陸治, 1496-1576): 명나라 사람. 『오현지』에서 "육치는 자
(字)가 숙평(叔平)으로 오현(吳縣, 지금의 강소성 소주) 사람이며, 포산(包山)에
거주하여 호를 '포산자(包山子)'라 했다. 고문(古文)을 잘 지었고, 특히 그림의
원리에 정통하여, 전해 오는 산수를 그린 작품은 원나라의 명가를 참조하였으나,
기이하게 빼어난 점은 그들을 초월하였고, 화조와 죽석을 그리면 왕왕 하늘의
조화와 같았다.(陸治, 字叔平, 吳縣人, 居包山, 因號包山子. 好爲古文辭, 尤心通
繪事, 所傳寫山水, 折衷勝國名家, 奇偉秀拔過之. 點染花鳥竹石, 往往天造.)"라고
하였다.【原註】

꺼내어 사람들에게 보여주기에 마땅하지 않다. 또 정전선(鄭顚仙)[269]·장
복양(張復陽) 장복(張復)[270]·종흠례(鍾欽禮)[271]·장삼송(蔣三松)[272]·
장평산(張平山) 장로(張路)[273]·왕해운(汪海雲) 왕조(汪肇)[274] 등은 모

---

269) 정전선(鄭顚仙, ?-?): 명나라 사람. 『민중서화록(閩中書畵錄)』에서 "정전선은 복
   건 사람으로 인물을 그렸으며, 매우 자유분방하였다.(鄭顚仙, 閩人, 畵人物, 頗野
   放.)"라고 하였다.【原註】
   * 민중서화록(閩中書畵錄): 16권. 청나라 서예가 황석번(黃錫蕃, 1761-1851)의 저
   서. 시대적인 순서에 따라 당나라부터 청나라까지 모두 802명 화가의 전기를
   수록.【역주】
270) 장복양(張復陽) 장복(張復, 1403-1490): 명나라 사람. 『수수지(秀水志)』에서 "장
   복은 자(字)가 복양(復陽)으로 도사가 되어, 수수[秀水, 지금의 절강성 가흥시(嘉
   興市)]의 남궁(南宮)에 거주하였다.(張復, 字復陽, 爲道士, 居秀水南宮.)"라고 하
   였다.
   『육연재필기』에서 "장복은 처음에는 유학을 업으로 하였으나 버리고, 후에 주간
   암(朱艮庵, ?-?)을 따라 도술을 익혔다. 시에 뛰어나고 그림에 정통하여 오진(吳
   鎭)을 모방하였으며, 필력이 웅혼하고 시원하였다.(張復陽, 初業儒, 棄去, 從朱艮
   庵學道. 善詩工畵, 倣吳仲圭, 蒼鬱淋漓.)"라고 하였다.
   『황명서화사(皇明書畵史)』에서 "산수와 인물은 능품에 들어갈 수 있다.(山水人
   物, 可入能品.)"라고 하였다.【原註】
271) 종흠례(鍾欽禮) 종예(鍾禮, ?-?): 명나라 사람. 『도회보감』에서 "종예는 자(字)가
   흠례(欽禮)이고 호는 남월산인(南越山人)이며 또 다른 호는 일진부도처(一塵不
   到處)로서, 명나라 상우(上虞, 지금의 절강성 상우시) 사람이다. 홍치시기에 인지
   전(仁智殿)에서 근무했으며, 산수를 잘 그렸고, 서예는 조맹부를 배웠다.(鍾禮,
   字欽禮, 號南越山人, 又號一塵不到處, 明上虞人. 弘治中, 直仁智殿, 好畵山水, 書
   法學趙孟頫.)"라고 하였다.【原註】
   * 인지전(仁智殿): 북경 자금성의 무영전 북쪽에 있으며, '백호전(白虎殿)'이라고
   도 한다. 명대에 궁정의 화가들이 머물며 그림을 그리는 장소이다.【역주】
272) 장삼송(蔣三松) 장숭(蔣嵩, ?-?): 명나라 사람. 『금릉쇄사(金陵瑣事)』에서 "장숭은
   호가 삼송(三松)으로 명나라 금릉(金陵, 지금의 남경) 사람이며, 산수와 인물을
   잘 그렸고, 대부분 초묵(焦墨, 수분 함량이 적은 진한 먹)으로 그렸는데, 한 자
   크기의 작품에 한 마디 크기의 산과 한 국자만큼의 물은 모두 화경(化境)에 이르
   렀다.(蔣嵩, 號三松, 明金陵人, 善山水人物, 多以焦墨爲之, 尺幅中寸山勺水, 悉臻
   化境.)"라고 하였다.【原註】
   * 화경(化境): 성취가 일정한 수준에 도달한 것. 최고의 경지. 입신(入神)의 경지.
   【역주】
273) 장평산(張平山) 장로(張路, 1464-1538): 명나라 사람. 광서『상부현지(祥符縣志)』
   에서 "장로는 상부(祥符, 지금의 하남성 개봉) 사람으로, 호는 평산(平山)인데

두 그림 가운데 비뚤어진 학파로 특히 숭상할 것이 아니다.

十一. 名家

書畫名家, 收藏不可太雜, 大者懸挂齋壁, 小者則爲卷冊, 置几案間, 逢古篆
籀, 如鍾張衛索顧陸張吳275), 及歷代不甚著名者, 不能具論. 書則右軍276), 大
令277), 智永, 虞永興, 褚河南, 歐陽率更, 唐明皇, 懷素, 顔魯公, 柳誠懸, 張長史,
李懷琳, 宋高宗, 李建中, 二蘇278), 二米, 范文正, 黃魯直, 蔡忠惠, 蘇滄浪, 黃長

재字, 즉 천치(天馳)]로 행세하였다. 젊어서 총명하여 오도자(吳道子)와 대진(戴
進)이 그린 인물과 산수를 보고, 임모하여 그들의 정신을 본받아 그림으로 명성
을 얻었다.(張路, 祥符人, 號平山, 以字行. 少聰慧, 見吳道子戴文進所畵人物山水,
臨摹效其神, 以畫成名.)"라고 하였다.
『상부지(祥符志)』에서 "장로는 인물을 잘 그려서 개봉에서 명성을 떨쳤으며, 필
력이 고아하면서 힘이 있었고, 산수·조수·화훼에 모두 정통하였다.(張路以善
畵人物, 鳴於汴, 筆力蒼勁, 山水鳥獸花卉兼工.)"라고 하였다.【原註】
* 광서 상부현지(祥符縣志): 22권. 지금의 하남성 개봉시의 지방지. 청나라 관리
심전의(沈傳義) 등이 광서 24년(1898)년에 편찬.【역주】
274) 왕해운(汪海雲) 왕조(汪肇, ?-?): 명나라 사람. 『휘주지(徽州志)』에서 "왕조는 자
(字)가 덕초(德初)이며 명나라 휴녕(休寧, 지금의 안휘성 휴녕현) 사람으로, 그림
에 정통하였으며 특히 영모에 뛰어났다. 얽매이지 않고 호방하여, 스스로 '자신의
의도가 바다의 구름처럼 표표하다.'고 하였으므로, 스스로 '해운(海雲)'이라 하였
다.(王肇, 字德初, 明休寧人, 工繪事, 尤長於翎毛, 豪放不羈, 自謂其筆意飄若海
雲, 因自號海雲.)"라고 하였다.
『금릉쇄사』에서 "왕조는 산수와 인물이 대진(戴進)과 오차옹(吳次翁)을 모방하
였으나, 대부분 초솔한 필치이다.(肇, 山水人物, 出入戴文進吳次翁, 但多草率之
筆.)"라고 하였다.【原註】
* 휘주지(徽州志): 19권. 청나라 관리 정정건(丁廷楗)·노순수(盧詢修)·조길사
(趙吉士) 등이 편찬하였으며, 강희 38년에 간행된 지방지.【역주】
* 오차옹(吳次翁): 오위(吳偉, 1459-1508). 명나라 저명 화가. 자(字)는 차옹(次
翁), 호는 소선(小仙). 화원의 화가로, 대진과 더불어 절파(浙派)의 중심인물.
【역주】
275) 顧陸張吳(고륙장오): 고개지, 육탐미, 장승요, 오도자.【原註】
276) 右軍(우군): 왕희지.【原註】
277) 大令(대령): 진나라 사람 왕헌지의 별칭.【역주】
278) 二蘇(이소): 송나라 소식(1037-1101)과 소철(蘇轍, 1039-1112) 형제로, 세상에서
'이소(二蘇)'라고 한다.【原註】

睿, 薛道祖, 范文穆, 張卽之, 先信國, 趙吳興, 鮮于伯機, 康里子山, 張伯雨, 倪元鎭, 楊鐵厓, 柯丹邱, 袁淸容, 危太樸, 我朝則宋文憲濂, 中書舍人璲, 方遜志孝孺, 宋南宮克, 沈學士度, 俞紫芝和, 徐武功有貞, 金元玉琮, 沈大理粲, 解學士大紳, 錢文通溥, 桑柳州悅, 祝京兆允明, 吳文定寬, 先太史諱[279], 王太學寵, 李太僕應禎, 王文恪鏊, 唐解元寅, 顧尙書璘, 豊考功坊, 先兩博士諱[280], 王吏部穀祥, 陸文裕深, 彭孔嘉年, 陸尙寶師道, 陳方伯鎏, 蔡孔目羽, 陳山人淳, 張孝廉鳳翼, 王徵君穉登, 周山人天球, 邢侍御侗, 董太史其昌. 又如陳文東璧, 姜中書立綱, 雖不能洗院氣[281], 而亦錚錚有名者. 畵則王右丞, 李思訓父子, 周昉, 關仝, 荆浩, 董北苑, 李營邱, 郭河陽, 米南宮[282], 宋徽宗, 米元暉[283], 崔白, 黃筌, 居寀, 文與可, 李伯時, 郭忠恕, 董仲翔, 蘇文忠[284], 蘇叔黨, 王晋卿, 張舜民, 揚補之, 揚季衡, 陳容, 李唐, 趙千里, 馬遠, 馬逵, 夏珪, 范寬, 陳珏, 陳仲美, 李山, 趙松雪, 管仲姬, 趙仲穆, 李息齋, 吳仲圭, 錢舜擧, 盛子昭, 陸天遊, 曹雲西, 唐子華, 高士安, 高克恭, 王叔明, 黃子久, 倪元鎭, 柯丹邱, 方方壺, 王元章, 戴文進, 王孟端, 夏太常, 趙善長, 陳惟允, 徐幼文, 張來儀, 宋南宮, 周東村, 沈貞吉, 沈恒吉, 沈石田, 杜東原, 劉完庵, 先太史[285], 先和州[286], 先五峰, 唐解元, 張夢晋, 周官, 謝時臣, 陳道復, 仇十洲, 錢叔寶, 陸叔平, 皆名筆不可缺者. 他非所宜蓄, 卽有之, 亦不當出以示人. 又如鄭顚仙, 張復陽, 鍾欽禮, 蔣三松, 張平山, 汪海雲, 皆畵中邪學, 尤非所尙.

---

279) 先太史諱(선태사휘): 문징명. 본권「고금의 우열」원주 참고.【原註】

280) 先兩博士諱(선양박사휘): 명나라 사람 문팽(文彭)과 문가(文嘉).【原註】

281) 院氣(원기): 화원(畵院)의 기풍. 화원은 한림원화원(翰林院畵院)의 간칭으로 '도화원(圖畵院)'이라고도 하며, 봉건시대 제왕의 어용 회화기구이다. 북송초기에 처음으로 한림도화원(翰林圖畵院)이 설치되어 화가를 초빙하여 재주에 따라 분류해서 직책을 수여하였다.【原註】

282) 米南宮(미남궁): 미불. 본권「고금의 우열」원주 참고.【原註】

283) 米元暉(미원휘): 미우인(米友仁)으로, 자(字)가 원휘(元暉). 본권「고금의 우열」원주 참고.【原註】

284) 蘇文忠(소문충): 소식으로, 시호가 문충(文忠). 앞의 원주 참고.【原註】

285) 先太史(선태사): 문징명. 본권「고금의 우열」원주 참고.【原註】

286) 先和州(선화주): 문가. 본권「고금의 우열」원주 참고.【原註】

12. 송나라 자수(宋繡)[287] 송나라 각사(宋刻絲)[288]

송나라 자수는 수를 놓은 바느질이 세밀하고, 색의 배치는 정교하면서 교묘하며, 광채가 눈을 부시게 한다. 산수에는 원근의 운치가 분명하며, 누각은 심원한 요체를 구비하였고, 인물은 먼 곳을 바라보며 생동하는 정취를 갖추고 있으며, 화조는 지극하게 부드럽고 아름다운 자태를 다하였다. 그러므로, 한 두 폭을 소장하여 그림의 한 종류로 갖추어 놓지 않을 수가 없다.

十二. 宋繡宋刻絲

宋繡, 針線細密, 設色精妙, 光彩射目, 山水分遠近之趣, 樓閣得深邃之體, 人物具瞻眺生動之情, 花鳥極綽約[289]噆唼[290]之態, 不可不蓄一二幅, 以備畫中一種.

---

287) 宋繡(송수): 송나라 자수.【原註】
288) 송나라 각사(刻絲): 각사(刻絲)는 격사(緙絲, Kesi, Chinese silk tapestry)이다. 격사는 수당시기에 기원하여 현재 소주 등지에서 여전히 생산하고 있다. 직조방법은 반숙(半熟)의 잠사(蠶絲)로 날실을 삼고, 채색의 숙사(熟絲)를 씨실로 삼아 각종 무늬를 짜서 만들며, 앞뒤의 무늬가 동일하다. 송나라 각사(刻絲)는 바로 송나라의 격사이다.【原註】
  * 숙사(熟絲): 누에고치를 적당히 건조시켜 마른 고치로 만들어 뽑은 실이 생사(生絲)이며, 마른 고치를 다시 물에 삶고 아교질을 제거하여 숙견(熟繭)으로 만들어 뽑은 실.【역주】
289) 綽約(작약): '요약(淖約)'과 통하며, 부드럽고 연약한 모습. 『장자』에서 '처녀처럼 부드럽고 아름답네.(綽約若處子.)'라고 하였다. 여기서는 화훼가 유연하고 아름다운 모습을 말한다.【原註】
  * 綽約若處子(작약약처자): 출처는 『장자 · 소요유(逍遙遊)』.【역주】
290) 噆唼(참삽): 참삽(噆唼)은 음식을 먹는 소리이다. 『광운』에서 "참(噆)은 먹는 것이다. 삽(唼, sha)은 음이 瑟(슬, se)이며, 삽삽(唼唼)은 먹을 때 나는 소리이다. (噆, 嘗也. 唼, 音瑟. 唼唼, 食聲也.)"라고 하였다. 참삽(噆唼)은 조류의 생동하는 모습을 보여준다.【原註】

13. 표구(裝潢)[291]

서화를 표구하는 일은 가을이 제일 좋은 시기이고, 봄이 중간 시기이 며, 여름은 가장 아래 시기이다. 덥고 습기가 많으며 추워 꽁꽁 어는 시기에는 모두 표구를 할 수가 없다. 숙지(熟紙)[292]를 사용하지 않으며, 뒷면이 틀림없이 주름지기 때문으로, 희고 매끄러우며 세밀하고 얇은 커다란 생지(生紙)[293]를 사용해야 적당하다. 표구하는 종이의 연결 부 위는 우선적으로 사람의 얼굴과 그림이 서로 연결되는 부위를 피해야 한다. 만약 연결 부위가 서로 만나게 되면 말거나 펼칠 때의 완급에 따 라 손상이 발생하므로, 반드시 그 연결 부위가 어긋나도록 한다. 표구할 때 사용하는 힘은 균일해야 하는데, 너무 세면 뻣뻣해지고, 너무 약하면 부착력을 상실한다. 비단에 채색이 많이 된 작품은 자갈로 문질러 광을 내서는 안 된다. 오래된 그림에 여러 해 걸쳐 쌓인 먼지가 있으면, 조협 (皂莢)[294]을 우린 맑은 물에 며칠 동안 담갔다가 태평안(太平案)[295]에 올려놓고 때를 제거하면 그림이 다시 선명해지고 색도 벗겨지지 않는

---

291) 裝潢(장황): 서화를 표구하는 것을 '장황(裝潢)'이라 한다. 황(潢)은 물이 고여 있 는 연못이다. 황벽나무의 즙으로 종이를 물들이는 것도 '황(潢)'이라 한다. 서화를 표구할 때, 고대에는 황벽나무의 즙으로 물들인 종이를 사용했으므로 이렇게 이 름 붙였다.【原註】
292) 숙지(熟紙): 당송시기의 사람들이 사용한 종이에는 생지(生紙)와 숙지(熟紙)의 구분이 존재했으며, 현재는 아교와 명반을 먹인 것과 밀랍을 칠한 종이를 '숙지' 라 한다.【原註】
293) 생지(生紙): 현재 아교와 명반을 먹이지 않고 밀랍을 칠하지 않은 종이를 '생지'라 한다.【原註】
294) 조협(皂莢): 콩과에 속하는 주엽나무의 열매이며, 한약재로 사용된다.【역주】
295) 태평안(太平案): 안(案)은 탁자를 가리키며, 태평안은 표구에 사용하는 탁자이다. 【原註】
  * 태평안(太平案): 표구작업에 사용하는 대형 탁자로 현대에는 '표화안(裱畫案)' 이나 '표대(裱臺)'나 '표화공작대(裱畫工作臺)'라고 한다.【역주】

다. 수선하는 방법은 기름종이로 뒤를 받쳐 놓고 테두리를 바로잡으며 그 파손된 틈새를 촘촘하게 정리하고 방향을 바로하고, 구도에 따라 빠진 부위를 수습하며 두께를 균일하게 하여 매끄럽고 평평하게 한다. 또 모든 서화 법첩(法帖)에 탈락된 부분이 없으면 여러 번 표구하는 것은 적당하지 않은데, 한 번 표구하면 작품의 정신이 한 번 더 손상되기 때문이다. 옛 종이로서 두터운 것은 절대로 벗겨서 얇게 해서는 안 된다.

十三. 裝潢

裝潢書畵, 秋爲上時, 春爲中時, 夏爲下時. 暑濕及冱寒296)俱不可裝裱. 勿以熟紙, 背必皺起, 宜用白滑漫薄大幅生紙. 紙縫先避人面及接處, 若縫縫相接, 則卷舒緩急有損, 必令參差其縫. 則氣力均平, 太硬則强急297), 太薄則失力. 絹素彩色重者, 不可搗理298). 古畵有積年塵埃, 用皂莢淸水數宿, 托於太平案扦去299), 畵複鮮明, 色亦不落. 補綴之法, 以油紙襯之, 直其邊際300), 密其隙301)縫, 正其經緯, 就其形制302), 拾其遺脫303), 厚薄均調, 潤潔平穩. 又凡書畵法帖, 不脫落, 不宜數裝背, 一裝背, 則一損精神. 古紙厚者, 必不可揭薄304).

---

296) 冱寒(호한): 엄동설한에 꽁꽁 얼어서 폐쇄된 모습.【原註】
297) 强急(강급): 강급(彊急). 뻣뻣하다. 자유롭게 펼칠 수가 없다.【역주】
298) 搗理(도리): 서화를 표구한 다음에 커다란 아란석(鵝卵石, 거위 알 크기의 자갈)으로 표구한 뒷면을 문질러 윤을 내는 것을 '도리(搗理)'라고 한다.【原註】
299) 扦去(천거): 금속이나 대나무 종류로 만든 가늘고 기다란 물체로서, 한 끝이 뾰족하여 사물을 꿰거나 헤집어서 때를 제거하는 것을 대부분 '천(扦)'이라 한다. 예를 들면 이쑤시개 등이다. '천거(扦去)'는 '떼어내다'나 '잘라내다'의 의미이다.【原註】
300) 邊際(변제): 가장자리. 한계. 경계선.【역주】
301) 隙(극): 틈, 간격의 의미.【原註】
302) 形制(형제): 구도. 물체의 형상과 구조.【역주】
303) 遺脫(유탈): 빠지다. 없어지다. 벗어나다.【역주】
304) 揭薄(게박): 이중으로 된 것에서 한 꺼풀을 벗겨내어 얇게 하는 것.【역주】

14. 풀 제조법(法糊)

풀을 제조하는 방법은 질그릇 동이에 물을 담고, 밀가루 1근(600g)을 물에 풀어 뜨거나 가라앉게 그냥 두는데, 여름에는 5일을 겨울에는 10일 동안을 두며 냄새를 기준으로 한다. 그 다음에 맑은 물에 백급 반냥 (18.75g)과 백반 3푼(11.25g)을 넣고 찌꺼기를 제거하여 원래 물에 풀었던 밀가루와 혼합해서 솥 안에서 하나로 모아 다시 물을 바꾸어 끓인다. 물을 제거하여 다른 그릇에 풀을 따라 놓아 식기를 기다리며, 매일 물을 바꾸어 준다. 사용할 때에는 뜨거운 물로 풀며, 농도가 진한 풀과 부서진 솔의 사용은 피한다.

十四. 法糊

法糊305), 用瓦盆盛水, 以麪一斤滲水上, 任其浮沉, 夏五日, 冬十日, 以臭爲度. 後用淸水蘸白芨306)半兩白礬三分, 去滓和元浸麪打成, 就鍋內打成團, 另換

---

305) 法糊(법호): 규정에 따라 제조한 풀을 '법호'라고 한다. 『준생팔전』에서 "법호방 (法糊方, 풀을 규정에 맞추어 제조하는 방법). 밀가루 1근(600g)을 3-5일 물에 담가 시큼한 냄새가 사라지기를 기다려야 하고, 백급 가루 5전(18.75g) · 밀랍 3 전(11.25g) · 백운향(白蕓香) 3전(11.25g) · 석회 가루 1전(3.75g) · 관분(官粉, 화장용 흰 가루) 1전(3.75g) · 백반 2전(7.5g)을 넣으며, 산초나무 열매 1-2냥 (37.5-75g)을 달여 산초를 제거하여 사용한다. 먼저 밀랍 · 백반 · 백운향 · 석회 가루 · 관분을 넣고 오래 끓여 밀가루에 섞어 풀을 만들어서 작품의 뒤에 붙이면 떨어지지 않는다. 또 한 방법은 아주 고운 밀가루 1근(600g)에 백급 가루 2냥 (75g)과 콩가루 5전(18.75g)을 넣어도 오묘하다.(法糊方, 白麪一斤, 浸三五日, 候 酸臭作過, 入白芨麪五錢, 黃蠟三錢, 白蕓香三錢, 石灰末一錢, 官粉一錢, 明石二 錢, 用花椒一二兩煎湯去椒. 先投臘礬蕓香石灰官粉熬化入麪, 作糊, 粘背不脫. 又 法, 飛麪一斤, 入白芨末二兩, 豆粉五錢, 亦妙.)"라고 하였다.【原註】
* 백운향(白蕓香): 운향과에 속하는 관목이나 소교목으로 '삼아고(三椏苦)'라 하며, 가지와 잎 및 껍질에 감귤의 잎과 비슷한 향기가 난다. 학명은 Evodia lepta 이다.【역주】
306) 白芨(백급): '백급(白及)'과 의미가 통한다. 학명은 Bletills striata이며, 다년생초본 으로, 여름철에 꽃이 피는데 홍자색이나 백색이며, 뿌리는 약에 들어가고, 또 풀

水煮熟, 去水傾置一器, 候冷, 日換水浸. 臨用以湯調開307), 忌用濃糊及敝帚.

15. 표구의 규정된 격식(裝褫定式)

표구의 규정된 격식에 따르면, 족자 아래 위의 천두(天頭, 천장. 윗부분의 공간) 지두(地頭, 마루. 아랫부분의 공간)에는 흑색의 비단과 용·봉·구름·학 등의 문양을 사용해야 하며, 단화(團花, 원형의 무늬)와 총백(蔥白, 파뿌리와 비슷한 백색)·월백(月白, 달빛과 비슷한 백색)의 두 가지 색은 사용할 수 없다. 두 개의 늘어뜨린 띠[경연(驚燕)308], 깃는 하얀 비단을 사용하며 폭은 한 치쯤(3.33cm)이고, 화면의 외부에는 두 줄의 검고 굵은 경계선을 두르며, 옥지(玉池)309)의 흰 비단에도 용·봉·구름·학 등의 문양을 사용한다. 작은 서화작품은 반드시 알감(乞嵌)310)해야 하며, 옅은 월백색의 회화용 비단을 사용하고, 윗부분에 황금색의 비단 띠를 상감하는데 폭은 반치쯤(1.66cm)이다. 대체로 선화시기의 표구방식에서는 이것을 사용하여 제기를 쓰며, 작품의 옆 부분에는 침향색(짙은 갈색)의 띠를 사용한다. 큰 작품에는 사면에 흰 비단을

을 제조할 수 있다. 난초과에 속한다.【原註】

307) 調開(조개): 늘어놓다. 배열하다. 여기서는 물에 풀어 사용하기 적당한 농도로 조절하다.【역주】

308) 경연(驚燕): '수대(綬帶)'나 '경대(經帶)'라고도 한다. 족자의 윗부분에 수직으로 나란히 붙이는 2개의 띠. 예전에는 바람에 흔들리도록 붙이지 않고 늘어뜨렸었다.【역주】

309) 옥지(玉池): '시당(詩堂)'이라고도 한다. 족자에서 작품의 윗부분에 제기(題記)를 쓸 수 있도록 첨가한 공백.【역주】

310) 알감(乞嵌): '알(乞)'은 '알(挖)'과 같다. 비단을 서화의 크기에 따라 공간을 잘라내고 그곳에 그림을 삽입하여 표구하는 것으로, '알표(乞裱)'라고도 하며, 비단으로 표구하는 형식의 일종이다.【原註】

사용하거나 단독으로 갈색 테두리를 사용해도 좋다. 참서(參書)[311]에 옛 사람의 제발이 있으면 잘라 버려서는 안 되며, 제발이 없으면 참서가 절대로 있어서는 안 된다. 그림 두루마리로 천두가 있는 것은 알감해서는 안 되며, 그렇지 않으면 또한 세밀한 회화용 비단으로 알감한다. 인수(引首)[312]에는 송경전(宋經箋)[313]과 백송전(白宋箋)[314] 및 송원시기의 금화전(金花箋)[315]을 사용해야 하며, 혹은 조선의 종이와 일본의 회

---

311) 참서(參書): 별도로 시전지를 표구한 서화의 양측에 삽입하여 제기와 발문을 쓰도록 준비해 둔 것이거나, 혹은 명나라 사람들이 말하는 '시당(詩堂)'이다.【原註】
312) 인수(引首): 그림의 아래 위에 첨가한 종이를 '인수(引首)'라고 하며, 그림의 위에 있는 것을 '상인수(上引首)'라 하고 그림의 아래에 있는 것을 '하인수(下引首)'라 한다.【原註】
313) 송경전(宋經箋): 『금속전설(金粟箋說)』에서 "『해염현도경(海鹽縣圖經)』에서 금속사(金粟寺, 절강성 해염현 소재)에 대장경 두루마리 1천개가 있는데, 경황견지(硬黃繭紙, 잠사를 이용하여 만들어 황색으로 물들이고 밀랍을 먹인 종이)를 사용하였으며, 안팎을 모두 밀랍으로 연마하여 반짝거리고, 홍사란(紅絲欄, 홍색의 칸)으로 경계선을 그었으며,……종이의 뒤에 폭마다 작은 홍색의 인장이 있는데, 인장의 문자는 음각으로 '금속산장경지(金粟山藏經紙)'이다. 뒷날의 호사가들이 벗겨다가 표구의 용도로 삼아 '송전(宋箋)'이라 하였다.(海鹽縣圖經, 金粟寺有藏經千軸, 用硬黃繭紙, 內外皆蠟磨光瑩, 以紅絲欄界之,……紙背每幅有小紅印, 文白, 金粟山藏經紙. 後好事者, 剝取爲裝潢之用, 稱爲宋箋.)"라고 하였다.【原註】
   * 금속전설(金粟箋說): 1권. 전문적으로 금속전 즉 금속산장경지에 대하여 청나라 서화가 장연창(張燕昌, 1738-1814)이 이전의 학설과 자신이 본 것을 모아 정리하였다.【역주】
   * 해염현도경(海鹽縣圖經): 16권. 명나라 문학가이자 장서가인 호진형(胡震亨, 1569-1645)이 편찬하였으며, 모두 7편으로 나누어 해염현에 관한 각종 사실을 기록하였다.【역주】
314) 백송전(白宋箋): 『초창구록(蕉窓九錄)』에서 "송나라 종이에 황백경전(黃白經箋)이 있으며, 벗겨내어 사용할 수 있다.(宋紙有黃白經箋, 可揭開用之.)"라고 하였다.【原註】
   * 초창구록(蕉窓九錄): 2책. 명나라의 대소장가 항원변(項元汴, 1524-1590)이 독서하며 얻은 심득을 기록한 찰기적인 성격의 저술.【역주】
   * 황백경전(黃白經箋): 안휘성 흡현(歙縣) 용수(龍鬚)에서 산출되는 흰 종이.【역주】
315) 금화전(金花箋): 『고반여사』에서 "흡현(歙縣)의 지명에 용수(龍鬚)라는 곳이 있어, 종이가 그 사이에서 산출되며, 반짝이고 매끄러우며 희어서 사랑스러운데, 벽운춘수전(碧雲春樹箋)·용봉전(龍鳳箋)·단화전(團花箋)·금화전(金花箋)이

화용 종이도 모두 가능하다. 커다란 작품은 상인수가 5치(16.65cm)에 하인수가 4치(13.32cm)이며, 작은 작품은 상인수가 4치에 하인수가 3치(9.99cm)이고, 표구의 상부는 반달을 제외하고 순수하게 2자(66.6cm)이고 하부는 축을 제외하고 순수하게 1자 5치(약 50cm)이다. 가로 두루마리로 길이가 2자인 것은 인수의 폭이 5치이고 전표(前標)316)의 폭은 1자(33.3cm)이며, 나머지는 모두 이것을 기준으로 한다.

十五. 裝褙定式

裝褙定式317), 上下天地318)須用皂綾319)龍鳳雲鶴等樣, 不可用團花及蔥白月白二色. 二垂帶用白綾, 闊一寸許, 烏絲粗界畫320)二條, 玉池白綾亦用前花樣. 書畫小者須乞嵌, 用淡月白畫絹321), 上嵌金黃綾條, 闊半寸許, 蓋宣和裱法322), 用以題識, 旁用沉香皮條邊. 大者四面用白綾, 或單用皮條邊亦可. 參書有舊人題跋, 不宜剪削, 無題跋則斷不可用. 畫卷有高頭者不須嵌, 不則亦以細畫絹乞嵌. 引首須用宋經箋白宋箋及宋元金花箋, 或高麗繭紙323)日本畫紙324)俱可. 大

있다.(歙縣地名龍鬚者, 紙出其間, 光滑瑩白可愛, 有碧雲春樹箋龍鳳箋團花箋金花箋.)"라고 하였다.【原註】

316) 전표(前標): 가로 두루마리 그림의 앞을 '전표(前標)'라고 한다.【原註】

317) 裝褙定式(장표정식): 서화를 두루마리로 만드는 것을 '장표(裝褙)'라 하며, 정식(定式)은 규정된 격식이다. 『계신잡지(癸辛雜識)』에 내부장표분과격식(内府裝褙分科格式)이 있다.【原註】

* 계신잡지(癸辛雜識): 6권. 남송이 망한 뒤에 주밀(周密, 1232-1298)이 항주 계신가(癸辛街)에 거주하면서 울분을 기탁하여 송원교체기의 자잘한 사항을 481조목으로 나누어 기록한 필기(筆記).【역주】

318) 上下天地(상하천지): 그림의 윗부분은 천(天)이며, 그림의 하부는 지(地)이다.【原註】

319) 皂綾(조릉): 흑색의 능(綾, 얇은 비단).【原註】

320) 烏絲粗界畫(오사조계화): 종이와 비단의 위에 긋거나 직조하여 직선으로 만든 흑색의 경계선을 '오사란(烏絲欄)'이라 하며, 홍색의 경계선을 '주사란(朱絲欄)'이라 한다. 오사조계화(烏絲粗界畫)는 흑색의 굵은 직선이다.【原註】

321) 畫絹(화견): 회화용 비단.【역주】

322) 宣和裱法(선화표법): 송 휘종 선화시기의 표구 방식.【原註】

323) 高麗繭紙(고려견지): 『초창구록(蕉窗九錄)』에서 "고려지(조선의 종이). 품질이

幅上引首五寸, 下引首四寸, 小全幅上引首四寸, 下引首三寸, 上褾[325]除撅竹[326]外, 淨二尺, 下褾[327]除軸淨一尺五寸, 橫卷長二尺者, 引首闊五寸, 前褾闊一尺, 餘俱以是爲率.

16. 표축(褾軸)[328]

옛사람에게 침향(沈香)[329]이나 단향(檀香)[330]을 조각하여 축의 몸체

낮은 누에고치로 만들며, 색은 능(綾, 얇은 비단)처럼 희고 비단처럼 질기며, 이것을 사용하여 글을 쓰면 발묵이 매우 사랑스럽다.(高麗紙. 以縣繭造成, 色白如綾, 堅靭如帛, 用以書寫, 發墨可愛.)"라고 하였다.【原註】
  * 면견(縣繭): 면견(綿繭). 소주에서는 속칭 '낭두(囊頭)'라 한다. 품질이 비교적 낮은 누에고치.【역주】

324) 日本畫紙(일본화지): 『청이록(淸異錄)』에서 "건중원년(建中元年, 780)에 일본의 사신 마히토 코우노우(眞人興能, ?-?)가 천자를 알현하러 왔으며, 편지글에 뛰어나 통역관이 2폭을 사정하여 구했는데, 그 종이를 '여아청(女兒靑)'이라 하고 조금 감색을 띠었으며, 하나는 '난품(卵品)'이라 하고 거울의 표면처럼 반짝이고 희었으나, 붓이 종이 위에 닿으면 대부분 뻑뻑하여 글을 잘 쓰는 사람이 아니면 감히 사용할 수 없다.(建中元年, 日本使眞人興能來朝, 善書札, 譯者乞得二幅, 其紙云, 女兒靑, 微紺, 一云卵品, 光白如鏡面, 筆至上多褪, 非善書者不敢用.)"라고 하였다. 생각건대, 장경지 역시 운필이 뻑뻑하여 서예에 뛰어난 사람이 이 종이를 만나면 흥이 더욱 일어난다. '난품(卵品)'에도 그림을 그릴 수 있으며, 일본 종이의 명품이다.【原註】
  * 청이록(淸異錄): 2권. 오대-북송시기의 관리 도곡(陶穀, 903-970)의 저서. 37종류 48조로 구분하여 수당오대와 송나라 초기의 사건과 사물을 기록하고 원류와 발전과정을 고증하였다.【역주】
325) 上褾(상표): 褾(표)는 裱(표)와 같다. 그림의 위가 '상표(上褾)'이다.【原註】
326) 撅竹(엽죽): 족자 윗부분의 축을 가리키며 '반달'이라 한다.【역주】
327) 下褾(하표): 그림의 아래가 '하표(下褾)'이다.【原註】
328) 표축(褾軸): 표축(裱軸). 표구한 서화의 아래 위에 부착하는 상간[上竿, 제간(提竿)]과 하간[下竿, 축두(軸頭)]의 나무 막대를 '축(軸)'이라 통칭하며, '상하축(上下軸)'이라 속칭한다. 상축(上軸)은 납작하고 작으며, '천간(天干, 반달)'이라 속칭하고, 하축(下軸)은 굵으면서 원통형으로 '지지(地支, 보름달)'라고 속칭한다.【原註】
  * 표축(褾軸): 서화를 표구할 때에 축을 달고 장식하다. 표구한 두루마리.【역주】
329) 침향(沈香): 침향(Aquilaria agallocha)은 '침수향(沈水香)'이라고도 하며, 상록 교

로 삼고, 과금(裹金)331) · 도금(鍍金) · 백옥 · 수정 · 호박(琥珀)332) · 마
노(瑪瑙)333) 등의 여러 가지 보물로 장식한 것이 있어 귀중하고 볼만하

목으로 목재는 훈향용(薰香用)으로 사용되고, 서향과(瑞香科)에 속한다.【原註】
* 침향(沈香): 예로부터 향료 가운데 최고로 간주되었으며, 살아있는 나무에서
채취하기보다 침향이 생성되는 나무는 뿌리가 허약하여 거센 바람에 쓰러져
땅속에 오래 묻혀 있었거나 물속에 잠겨 있었던 상태로 추출되고 수지의 비중
이 높아 대부분 물에 가라앉으므로 '수침향(水沈香)'이라고도 한다. 서향과(瑞
香科, Thymelaeaceae)에 속하는 백목향(白木香, Aquilaria sinensis)이나 침향목
(沈香木, Aquilaria agallocha) 등 몇 종류의 나무가 각종 원인으로 상처를 입은
부위에 장기간에 걸쳐 생성된 수지(樹脂) 성분과 목질 성분이 혼합된 응고물
로, 향기가 매우 좋아 향료와 약재로 사용된다. 침향의 밀도가 높을수록 수지
가 많다는 의미이므로 높은 평가를 받는다. 수지의 밀도가 낮은 부분은 공예품
이나 염주 등의 재료로 사용되고, 수지의 함유량이 일정 수준을 넘어야 약재나
향으로 사용할 수 있다. 침향이 생성되는 나무는 여러 종류가 있지만, 단순히
이러한 나무가 상처 없이 자라나 땅이나 수중에 장기간 매장되어 있다고 하여
침향이 되는 것은 아니며, 반드시 외부의 상처에 대응하기 위하여 목재 자체에
서 분비된 물질이 엉긴 수지(樹脂)만이 침향이다. 그러므로 현대 재배법에서는
침향이 생성될 수 있는 나무에 드릴로 구멍을 뚫어 그 부위에 수지가 생성되도
록 유도하고 있다. 주로 중국남부와 베트남 및 인도네시아 등지에 분포하며
베트남의 침향이 가장 높은 평가를 받는다. 국내에서는 고려시대에 갯벌에 묻
은 목재를 '침향(沈香)'이라 부르기도 하지만, 이는 '매향(埋香)'이라 하는 것으
로, 여기서의 침향과는 다른 것이다.【역주】
330) 단향(檀香): 단향(Santalum album)은 '백단(白檀)'이라고도 하며 상록 소교목으로
목재의 향기가 매우 강렬하여, 기물과 약제를 만들거나 물체에 향기가 스미도록
하는 훈향에 사용하며, 단향과(檀香科)에 속한다.【原註】
* 단향(檀香): 상록소교목 단향과(檀香科)에 속하는 단향목(檀香木)에서 가장자
리의 변재(邊材)를 제거하고 남은 황갈색을 띠는 심재(心材)로, 향기가 강렬하
며 중요한 약재로 사용된다. 단향목은 인도와 말레이시아 및 인도네시아 등지
에 분포하며, 백단(白檀, 껍질이 백색)과 황단(黃檀, 껍질이 황색) 등의 종류가
있다.【역주】
331) 裹金(과금):『옥편』에서 "과는 싸는 것이다.(裹, 包也.)"라 하였다. 축두를 금으로
감싸는 것이다. '포금(包金)'이라 속칭한다.【原註】
332) 호박(琥珀): 광물로 홍색의 것을 '혈박(血珀)'이라 하고, 황색이면서 투명한 것을
'납박(蠟珀)'이라 하며, 장식품을 만들 수 있다. 권7「수주(水注)」의 원주 참고.【原註】
333) 마노(瑪瑙): 석영 종류의 광물로 옥수(玉髓, Chalcedony. 미세한 석영 결정의 집
합체)와 동질이며, 때때로 적색 · 백색 · 황색의 각 색이 서로 뒤섞여서 평행으로
층을 형성하며, 둥근 구멍이 많고 수정(水晶)이 그 속에서 자라나는데, 종류가

였다. 대체로 백단(白檀)은 향기가 정결하여 벌레를 제거하므로, 선택하여 축의 몸체로 하면 가장 깊은 의미가 있다. 지금은 이미 옛 양식처럼 할 수가 없으므로, 단지 삼목(杉木)[334]으로 축의 몸체를 만든다. 코뿔소 뿔·상아·소뿔의 세 종류를 사용하여 옛 양식처럼 조각하며, 자단(紫檀)[335]·화리(花梨)[336]·법랑(琺瑯)의 여러 속된 양식은 사용할 수가 없다. 그림 두루마리에는 축두(軸頭)가 있어야 하며, 형태와 양식은 작지만 귀중한 옥으로 만들어도 무방하고 결단코 축두가 없어서는 안 된다. 제목을 써 놓은 표찰은 코뿔소 뿔과 옥으로 만든다. 일찍이 송나라의 옥으로 만든 표찰이 비단 띠 속에 반쯤 박혀있는 것을 보았는데, 가장 기이하였다.

매우 다양하다. 권7「수주(水注)」의 원주 참고.【原註】
334) 삼목(杉木): 권2「회화나무(槐)와 느릅나무(楡)」의 원주 참고.【原註】
335) 자단(紫檀): 자단(Dalbergia cohinchinensis)은 '적단(赤檀)'이나 '혈단(血檀)'이라고도 한다. 상록교목으로 목재가 단단하고 무거우며, 심재는 홍색으로 귀중한 가구용 재목이다. 콩과에 속한다. 『신증격고요론』에서 "자단목은 베트남의 북부·광서·호광(湖廣, 지금의 호북성과 호남성 및 하남성 일부)에서 산출되는데, 성질은 단단하며, 새 것은 색이 홍색이고 오래된 것은 색이 자주색으로 해조문(蟹爪紋, 게의 집게발과 비슷한 무늬)이 있다. 새 것은 물에 담그면 그 색으로 물체를 물들일 수 있다.(紫檀木, 出交趾廣西湖廣, 性堅, 新者色紅, 舊者色紫, 有蟹爪紋, 新者以水濕浸之, 色能染物.)"라고 하였다.【原註】
336) 화리(花梨): 화려(花櫚, Ormosia henryi). '화리(花梨)'나 '화리(花狸)'라고도 하며, 낙엽교목으로 목재가 단단하고 무거우면서 아름답다. 기타 해남황단(海南黃檀, Dalbergia hainanensis)도 '화리(花梨)'라고 하며, 모두 가구용의 귀중한 목재 가운데 하나이다. 콩과에 속한다.
『신증격고요론』에서 "화리목은 남방 광동성에서 산출되며, 자홍색으로 강진향(降眞香, 향나무의 일종)과 유사하여 역시 향기가 있고, 나뭇결에 귀신 얼굴과 비슷한 모습이 있는 것이 사랑스러우며, 결이 굵고 색이 옅은 것은 저급으로, 광동 사람들은 화리목으로 찻잔과 술잔을 많이 만든다.(花梨木出南番廣東, 紫紅色, 與降眞香相似, 亦有香, 其花有鬼面者可愛, 花粗而色淡者低, 廣人多以作茶酒盞.)"라고 하였다.【原註】

十六. 褾軸

古人有鏤沉檀[337]爲軸身, 以裹金鎏金[338]白玉水晶琥珀瑪瑙雜寶爲飾, 貴重可觀. 蓋白檀香潔去蟲, 取以爲身, 最有深意. 今旣不能如舊制, 只以杉木爲身. 用犀象角[339]三種, 雕如舊式, 不可用紫檀花梨法藍[340]諸俗制. 畵卷須出軸[341], 形制旣小, 不妨以寶玉爲之, 斷不可用平軸[342]. 簽以犀玉爲之. 曾見宋玉簽[343]

---

337) 鏤沉檀(누침단): 루(鏤)는 『정운(正韻)』에서 "조각이다.(雕刻也.)"라고 하였다. 鏤沉檀(누침단)은 침향(단향목)을 조각하여 만든 축이다.【原註】
   * 정운(正韻): 16권. 『홍무정운(洪武正韻)』. 홍무 8년(1375)에 악소봉(樂韶鳳, ?-1380)과 송렴(宋濂, 1310-1381)등이 명을 받들어 관부에서 편찬한 운서.【역주】

338) 鎏金(유금): 『명의고(名義考)』에서 "지금 사람들이 금으로 장식하는데 외부를 장식하는 것을 '류(鎏)'라 하고,……류(鎏)는 금으로 아름답게 하는 것으로, 외부에 칠하여 장식할 수가 있으며, 항상 도(塗)자를 사용한다. 도(塗)는 장식하는 것이다.(今人飾金, 外曰鎏,……鎏, 美金, 可描飾外, 常用塗字. 塗, 飾也.)"라고 하였다. 속칭 '도금(鍍金)'이라 한다.【原註】
   * 명의고(名義考): 16권. 명나라 관리 주기(周祁, ?-?)가 저술하였으며, 고증을 중심으로 한 훈고학 전문저서로서, 1583년에 간행되었다.【역주】

339) 犀象角(서상각): 서각(犀角)·상아·소뿔의 3종류를 말한다. 코뿔소(Rhinoceros unicornis)는 몸체의 크기가 소와 같고 코 위에 뿔이 자라는데, 예로부터 약재와 장식품 용도로 사용되었다. 포유강(哺乳綱) 기제목(奇蹄目, 발굽의 수가 홀수) 서과(犀科, 코뿔소과)에 속한다. 코끼리(Eliphas indicus)는 몸체가 크고 코는 길어서 구부릴 수가 있으며, 앞니가 매우 길어 입 밖으로 노출되어 있는데, 조각용으로 사용될 수 있다. 포유강 장비목(長鼻目) 상과(象科, 코끼리과)에 속한다. 물소(Bubabus bubabus)는 몸체가 크고 삽과 같은 모양의 크고 굽은 뿔 한 쌍을 가지고 있는데, 조각과 각종 세공품에 사용될 수 있다. 포유강 우제목(偶蹄目, 발굽의 수가 짝수) 우과(牛科, 소과)에 속한다.【原註】

340) 法藍(법람): 법랑(琺瑯) 혹은 법랑(法琅)으로 추정되며, 경태람(景泰藍, 즉 법랑)을 가리켜서 말한 것이다. 그림의 축에 경태람을 사용하면 지극히 보기 좋다. 경태람은 법랑(유리질의 안료)으로 만들므로 '법랑'이라고 약칭하기도 한다.【原註】
   * 法藍(법람): 법랑을 가리킨다.【역주】
   * 경태람(景泰藍): 본래 프랑스에서 발명된 유리질의 법랑안료가 중국에 들어와 명나라 경태연간(景泰年間, 1450-1456)에 유행하였으므로, 법랑 안료로 장식을 한 기물을 '경태람'이라고도 한다. 명대에는 금속제품에 사용되었으며, 청 강희 말기에 도자기에 사용되어 법랑채자기(琺瑯彩瓷器)가 제작되었다.【역주】

341) 出軸(출축): 축두가 있는 것을 '출축(出軸)'이라 한다.【原註】

342) 平軸(평축): 축두가 없는 것을 '평축(平軸)'이라 한다.【原註】

343) 玉簽(옥첨): 옥으로 만든 꼬리표.【原註】

半嵌錦帶內者, 最奇.

17. 표구용의 비단(裱錦)[344]

고대에는 저포금(樗蒲錦)[345] · 누각금(樓閣錦)[346] · 자타화금(紫駝花
錦)[347] · 난작금(鸞鵲錦)[348] · 주작금(朱雀錦)[349] · 봉황금(鳳皇錦)[350] ·

---

344) 裱錦(표금): 그림을 표구하는 데에 사용하는 비단. 『급취편(急取篇)』의 주(注)에
서 "금(錦)은 무늬를 짜서 장식한 것이다.(錦, 織采爲文也.)"라 하였다. 생각건대
고대 비단은 홑 비단을 바탕으로 별도로 오색 실로 짜서 만들어 종류가 매우
많았고, 문양과 색채가 각각 달랐으며, 소주(蘇州)에서 비단이 많이 생산되고,
남경은 운금(雲錦)의 산출로 유명하다.【原註】
  * 운금(雲錦): 남경에서 제작되는 각종 무늬를 넣어 짠 비단으로 금사와 은사를
    사용하기도 한다. 동진 의희(義熙) 13년(417)에 건강(建康, 즉 남경)에 비단 직
    조를 담당하는 관청인 금서(錦署)가 설치되었으며, 원대에는 황실 전용의 복장
    에 사용되었다. '운금(雲錦)'이라는 용어는 청 도광연간의 운금직소(雲錦織所)
    에서 유래하였다. 세계문화유산으로 등록되었으며, 사천의 촉금 · 소주의 송금
    (宋錦) · 광서의 장금(壯錦)과 함께 중국의 사대 명금(名錦, 유명한 비단)의 하
    나이다.【역주】
345) 저포금(樗蒲錦): 『신증격고요론』에서 "고대에 누각금(樓閣錦)과 저포금이 있었
    다.(古有樓閣錦樗蒲錦.)"라고 하였으며, 또 "도파금(闍婆錦) · 자타화금(紫駝花
    錦) · 난작금(鸞鵲錦)의 이러한 비단으로 표구하면 고화가 더욱 아름답다.(闍婆
    錦紫駝花錦鸞鵲錦, 此錦裝背古畫尤佳.)"라고 하였다.【原註】
  * 저포금(樗蒲錦): '저포금(摴捕錦)'이라고도 하며, 저포(摴捕, 놀이 기구의 일종)처
    럼 양끝은 뾰족하고 중간은 불룩한 무늬가 있는 사천에서 생산한 비단.【역주】
346) 누각금(樓閣錦): 동상.【原註】
347) 자타화금(紫駝花錦): 동상.【原註】
348) 난작금(鸞鵲錦): 동상.【原註】
349) 주작금(朱雀錦): 『업중기(鄴中記)』에서 "직금서(織錦署)[후조(後趙) 석호(石虎)시
    대는 중상방(中尙坊)에 속해 있으며, 세 부서에 모두 수백 명이 있는데, 직조한
    비단에 대등고(大登高) · 소등고(小登高) · 대광명(大明光) · 소광명(小明光) · 대
    박산(大博山) · 소박산(小博山) · 대수유(大茱萸) · 대교룡(大交龍) · 소교룡(小交
    龍) · 포도문금(蒲桃文錦) · 반문금(斑文錦) · 봉황금(鳳凰錦) · 주작금(朱雀錦) ·
    도문금(韜文錦) · 핵도문금(核桃文錦)이 있다.[織錦署(後趙石虎時代)在中尙坊, 三
    署皆數百人, 錦有大登高小登高大明光小明光大博山小博山大茱萸大交龍小交龍蒲

주룡금(走龍錦)³⁵¹⁾ · 번홍금(翻鴻錦)³⁵²⁾이 있었으며 모두 황실 창고의
물품이고, 해마금(海馬錦)³⁵³⁾ · 귀문금(龜紋錦)³⁵⁴⁾ · 속지릉(粟地綾)³⁵⁵⁾ ·
피구릉(皮球綾)³⁵⁶⁾은 모두 선화연간에 직조한 비단으로, 화조와 산수를
수놓은 송나라 비단으로 두루마리의 앞부분을 표구하면 가장 예스럽다.
지금 숭상하는 낙화유수금(落花流水錦)³⁵⁷⁾을 사용해도 좋다. 오직 송나

桃文錦斑文錦鳳凰錦朱雀錦-鞱文錦核桃文錦.]"라고 하였다.【原註】

　　* 업중기(鄴中記): 진(晉)나라의 학자 육홰(陸翽, ?-?)가 편찬하였으며, 하북성 임
　　　장현(臨漳縣)에 있었던 업성(鄴城)에 관한 기록. 원서는 이미 산일되어, 각 서
　　　적에 흩어져 보인다.【역주】

350) 봉황금(鳳凰錦): 동상.【原註】

351) 주룡금(走龍錦): 곽자횡(郭子橫)의 『동명기(洞冥記)』에서 "원정원년(元鼎元年,
　　B.C.116)에 시작하여 감로궁(甘露宮)의 서쪽에 선령각(仙靈閣)을 세우고, 매우
　　진귀한 재료를 엮어 주렴을 만들었는데, 주룡금(走龍錦)이 있었고, 번홍금(翻鴻
　　錦)이 있었으며, 운봉금(雲鳳錦)이 있었다.(元鼎元年起, 造仙靈閣於甘露宮西, 編
　　翠羽麟毫爲簾, 有走龍錦, 有翻鴻錦, 有雲鳳錦.)"라고 하였다.【原註】

　　* 동명기(洞冥記): 『한무동명기(漢武洞冥記)』. 4권. 동한 학자 곽헌[郭憲, ?-?. 자
　　　(字)는 자횡(子橫)]이 편찬한 신화소설집으로 모두 60개의 이야기가 실려 있다.
　　　【역주】

　　* 취우린호(翠羽麟毫): 물총새의 깃털과 기린의 털. 매우 진귀한 재료.【역주】

352) 번홍금(翻鴻錦): 동상.【原註】

353) 해마금(海馬錦): 알 수 없다.【原註】

354) 귀문금(龜紋錦):『박물요람(博物要覽)』에서 "송나라 비단의 명목에 자귀문금(紫
　　龜文錦) · 백지귀문릉(白地龜文綾)이 있다.(宋錦名目有紫龜文錦白地龜文綾)"라
　　고 하였다.【原註】

　　* 박물요람(博物要覽): 16권. 명나라 곡태(谷泰, ?-?)가 편집하였으며, 천계연간
　　　(天啓年間, 1621-1627)에 간행되었고, 고대 기물 · 서화 · 자수 · 인장 등의 예술
　　　품에 대하여 설명하였다.【역주】

　　* 귀문금(龜紋錦): 거북 등껍질과 같은 무늬가 있는 비단.【역주】

355) 속지릉(粟地綾):『박물요람』에서 "송나라 비단의 명목에 속지릉이 있다.(宋綾名
　　目有粟地綾.)"라고 하였다.【原註】

356) 피구릉(皮球綾):『박물요람』에서 "송나라 비단의 명목에 피구릉이 있다.(宋綾名
　　目有皮球綾.)"라고 하였다.【原註】

　　* 피구릉(皮球綾): 명청시기 도자기의 문양에 피구문(皮球紋)이 있으며 여러 색
　　　으로 이루어진 공처럼 둥근 문양이므로, 피구릉은 공 모양의 무늬가 있는 비단
　　　으로 추정된다.【역주】

라 단(緞)과 모시 등의 물질은 사용해서는 안 된다. 띠는 비단 띠를 사용하며, 송나라에서 직조한 것도 있다.

十七. 裱錦

古有樗蒲錦樓閣錦紫駝花錦鸞鵲錦朱雀錦鳳皇錦走龍錦翻鴻錦, 皆御府[358]中物, 有海馬錦龜紋錦粟地綾皮球綾, 皆宣和綾[359], 及宋繡花鳥山水, 爲裝池[360]卷首, 最古. 今所尚落花流水錦, 亦可用. 惟不可用宋段[361]及紵絹[362]等物. 帶用錦帶, 亦有宋織者.

18. 그림의 보관(藏畵)

그림을 보관할 때는 삼나무와 사목(桫木)[363]으로 상자를 만들고, 상

---

357) 낙화유수금(落花流水錦): 『신증격고요람』에서 "지금 소주에는 낙화유수금과 각종 색깔의 비단이 있다.(今蘇州有落花流水錦及各色錦.)"라고 하였다.【原註】
  * 낙화유수금(落花流水錦): '곡수문(曲水紋)'이나 '자곡수(紫曲水)'라고도 불리며, 한 송이 또는 꺾어진 가지 형태의 매화나 복사꽃이 물결과 함께 문양으로 장식된 비단.【역주】
358) 御府(어부): 제왕의 창고.【原註】
359) 宣和綾(선화릉): 송 선화연간(1119-1125)에 직조한 비단.【原註】
360) 裝池(장지): 표배(裱褙). 표구하다.【역주】
361) 宋段(송단): 송나라 비단. 단(段)은 현재 단(緞)으로 쓴다. 『문선·장형·사수시(文選·張衡·四愁詩)』에서 "미인이 나에게 수놓은 비단을 주었네.(美人贈我錦繡段.)"라고 하였다.【原註】
362) 紵絹(저견): 『격고요론』에서 "모시 실로 새로 직조한 것은 격사와 유사하지만, 반짝이고 깨끗하며 촘촘하고 두터운 것이 부족하여, 격사(緙絲)에 미치지 못하는 점이 많다.(紵絲作新織者, 類刻絲作, 而欠光淨緊厚, 不逮刻絲多矣.)"라고 하였다.【原註】
363) 삼나무와 사목(桫木): 오기준(吳其濬)의 『식물명실도고(植物名實圖考)』에서 삼(杉)과 사(桫)를 구분해서 두 종류로 기록하여 '사목(桫木)' 운운하였으며, 삼목(杉木)의 변종으로 추정된다.
  『신증격고요론』에서 "삼나무는 색이 하얗고 결이 황색인데, 조금 붉은 것에는

자 내부에는 절대로 기름을 칠하거나 종이를 붙이지 않는데, 곰팡이와 습기를 유발할까 두려워서이다. 4-5월에 먼저 그림을 폭마다 펼쳐서 관찰하며, 햇살이 조금이라도 나타나면 거두어 상자에 넣어 지면에서 1장 (3.33m) 정도 떨어트려 놓으면 거의 곰팡이를 피할 수 있다. 평소에는 펼쳐서 걸어놓고, 3-5일에 한 번 바꾸면 보기에 질리지 않고 먼지와 습기를 유발하지 않을 것이며, 거두어 들일 때에 먼저 앞뒷면의 먼지를 털어 없애면 바탕이 손상되지 않는다.

十八. 藏畵

藏畵以杉梛木爲匣, 匣內切勿油漆糊紙, 恐惹霉濕. 四五月, 先將畵幅幅展看, 微見日色, 收起入匣, 去地丈餘, 庶免徽白364). 平時張挂, 須三五日一易, 則不厭觀, 不惹塵濕, 收起時, 先拂去兩面塵垢, 則質地不損.

19. 작은 그림 보관상자(小畵匣)

작은 족자는 옆면에 열리는 문이 있는 상자를 만들어 그림을 넣고,

향기가 있어 매우 청아하다. 사목(梛木)은 색이 누렇고 결은 조금 검으며, 무늬가 고운 것이 사랑스러운데, 직선의 결을 가진 것이 많고, 성질이 가장 부드러워 둥글게 구부릴 수 있으며, 본래 새로 자라난 것은 향기가 있는데 매우 탁하다.(杉木色白而其紋理黃, 稍紅有香甚淸. 梛木, 色黃紋理稍黑, 花紋細者可愛, 直理者多, 性最柔, 可圈圈, 素新者有香濁甚.)"라고 하였다.【原註】
* 식물명실도고(植物名實圖考): 38권. 청나라 식물학자 오기준(吳其濬, 1789-1847)의 저술로 식물학 전문 서적. 1,714종의 식물을 수록하였으며, 1848년에 청나라 관리 육응곡(陸應穀, ?-?)이 간행.【역주】
364) 徽白(휘백): 백휘(白徽). 다른 물체에 기생하는 기다랗고 하얀 색의 균사로, 백휘과(白徽科)의 접합균류(接合菌類, 균사의 접합에 의해 유성 생식이 이루어지는 곰팡이류)에 속한다.【原註】

축두에 꼬리표를 붙여 아무개의 글씨나 아무개의 그림이라고 써 놓으면, 선택하여 보기에 매우 편리하다.

十九. 小畵匣

短軸作橫面開門匣, 畵直放入, 軸頭貼簽, 標寫某書某畵, 甚便取看.

20. 그림 말기(卷畵)

그림을 말 때에는 양쪽 끝이 가지런하도록 고려해야 하며, 빡빡하게 말아서도 안 되고 너무 느슨해서도 안 되며 힘을 주어 당겨서 말아서도 안 되는데, 서둘다가 비단이 찢어질까 두렵기 때문이다. 닦을 때에는 부드러운 비단으로 세심하게 닦아야 하고, 손으로 그림의 뒤를 받친 채로 관찰해서는 안 되는데, 쉽게 손상되고 찢어지게 되기 때문이다.

二十. 卷畵

卷畵須顧邊齊365), 不宜局促, 不可太寬, 不可著力卷緊, 恐急裂絹素. 拭抹用軟絹細細拂之, 不可以手托起畵背就觀, 多致損裂.

21. 법첩(法帖)366)

역대 명가의 비각은 당연히 『순화각첩(淳化閣帖)』367)이 가장 뛰어나

---

365) 邊齊(변제): 두루마리를 말았을 경우에 양쪽 끝이 가지런하게 된 상태.【역주】
366) 법첩(法帖): 이전 사람의 표준이 되는 서예 작품을 모각한 첩을 '법첩(法帖)'이라 한다.

며, 한림시서(翰林侍書)368) 왕저(王著)369)가 임모하여 새겼는데, 끝 부

『철경록』에서 『법첩보계(法帖譜系)』를 인용하여 "송태종은 필묵과 서화에 뜻을 두어, 황실 창고에 소장된 역대의 작품을 꺼내서 왕저(王著)에게 궁중에서 모각하도록 명하여 10권으로 정리하였으며, 이것이 역대 법첩의 시조이다.(熙陵留意翰墨, 出御府歷代所藏眞迹, 命王著摩刻禁中, 釐爲十卷, 此歷代法帖之祖.)"라고 하였다.

생각건대 이 이전에 남당 이후주(李後主)가 이미 『승원첩(升元帖)』을 모각하였다.【原註】

* 법첩보계(法帖譜系): 남송 소장가 조사면(曹士冕, ?-?)이 편찬한 법첩의 계보도. 상하권으로 구성되었으며, 모각의 시말을 서술하고 차이점과 우열을 논술하였다.【역주】
* 熙陵(희릉): 송태종 조광의(趙光義, 939-997). 자(字)는 정의(廷宜), 북송 제2대 황제.【역주】

367) 순화각첩(淳化閣帖): 『순화비각법첩원류고(淳化秘閣法帖源流考)』에서 "『옥해(玉海)와『송사(宋史)』를 살펴보면, 송대 초기 비각(秘閣, 궁중의 도서관)의 건립은 단공원년(端拱元年, 988) 5월 신유 삭일(1일)에 시작되었으며, 비각이 완성되자 소문관(昭文館)·집현원(集賢院)·사관(史館)의 서적 만여 권을 선택하고, 한나라 장지(張芝)와 최원(崔瑗, 77-142. 동한 서예가)·위나라 종요·진나라 왕희지와 왕헌지 및 유량(庾亮, 289-340. 동진의 대신)·양나라 소자운(蕭子雲, 487-549. 문학가)·당태종·당현종·안진경·구양순·유공권·회소(懷素)·회인(懷仁) 등의 서예작품을 그 안에 보관하였다. 순화 3년(992)(『옥해』에는 2년) 5월 갑인일, 비각을 증축하도록 조서를 내렸으며, 8월 임신 삭일(1일)에 비각이 완성되었고, 9월에 새 비각에 행차하였으며, 11월에 한림시서 왕저에게 비각에 보관되어 있는 이전 현인의 서화작품과 남당 후주 이욱의 『건업첩(建業帖)』을 궁궐에서 모각하도록 조서를 내려 10권으로 정리하였으며, '순화비각법첩'이라 이름을 붙였다.(按玉海及宋史, 宋初, 秘閣之建, 始於端拱元年五月辛酉朔, 閣成, 選三館書萬餘卷, 及漢張芝崔瑗, 魏鍾繇, 晋王羲之獻之庾亮, 梁蕭子雲, 唐太宗明皇顏眞卿歐詢柳公權懷素懷仁等墨迹, 藏其中. 淳化三年(玉海作二年)五月甲寅, 詔增修秘閣, 八月壬申朔, 閣成, 九月, 幸新秘閣, 十一月, 詔翰林侍書王著以閣中所藏前賢墨迹及南唐李主重光建業帖模刻禁中, 釐爲十卷, 名淳化秘閣法帖.)"라고 하였다.【原註】

* 순화비각법첩원류고(淳化秘閣法帖源流考): 1권. 청나라 주행인(周行仁, ?-?)이 편찬. 『순화각첩』의 역사에 관하여 서술. 청 도광연간에 간행되었다.【역주】

368) 한림시서(翰林侍書): 제왕을 모시며 문서를 담당하는 관리. 송나라에서는 한림원의 속관으로 정9품.【역주】

369) 왕저(王著, ?-990): 『송사·왕저전(宋史·王著傳)』에서 "왕저는 자(字)가 지미(知微)이며,······스스로 당나라 재상 석천공(石泉公) 왕방경(王方慶, ?-702)의 후손이라 하였다.······후촉(後蜀)에서 명경과에 급제하였다.······서예에 뛰어나고 정통

분에 전서체의 발문이 있으며 바로 왕저가 쓴 것이다. 채경(蔡京)[370]이
성지를 받들어 모각한 것은 『태청루첩(太淸樓帖)』[371]이라 하고, 승려
희백(希白)[372]이 모각한 것은 『담첩(潭帖)』[373]이라 하며, 상서랑(尚書

하여 필체가 매우 아름다워 자못 가문의 법식을 보존하였다. 옹희(雍熙) 2년(985)
에 좌습유로 옮겼으며, 고려에 사신으로 갔다. 단공(端拱, 988-989) 초기에 전중
시어사(殿中侍御史)가 더해졌다.(王著, 字知微, ‥‥‥自言唐相石泉公方慶之
後. ‥‥‥僞蜀明經及第. ‥‥‥善功書, 筆迹甚媚, 頗有家法. ‥‥‥雍熙二年,
遷左拾遺, 使高麗. 端拱初, 加殿中侍御史.)"라고 하였다.
『동관여론』에서 "송태종이 고금의 서예를 구입하여 왕저에게 정확하게 변별시켜
법첩 10권으로 정하였다.(太宗購古今書, 使王著辨精確, 定爲法帖十卷.)"라고 하
였다.【原註】
370) 채경(蔡京, 1047-1126): 『송사·채경전(宋史·蔡京傳)』에서 "채경은 자(字)가 원
장(元長)으로 흥화(興化) 선유(仙遊, 지금의 복건성 보전시(莆田市) 선유현] 사람
이며, 희녕 3년(1070)에 진사가 되었고, 휘종시기에 상서우복야가 되어 중서시랑
을 겸하였다. 원우시기(1086-1094)의 여러 신하(신법 반대파)를 배척하였으며,
대관연간(大觀年間, 1107-1110)에 태사(太師)에 임명되고 노국공(魯國公)에 봉해
졌다.(蔡京, 字元長, 興化仙遊人, 熙寧三年進士, 徽宗時, 爲尚書右僕射, 兼中書侍
郎. 排斥元祐諸臣, 大觀中, 拜太師, 封魯國公.)"라고 하였다.
『대관법첩총석(大觀法帖總釋)』에서 "휘종시기에 『순화첩』이 이미 구겨지고 갈라
졌으며, 왕저가 일시에 제목을 표시한 것에 오류가 많아 임모한 것이 진면목을
상실하였으므로, 서예작품을 꺼내어 다시 모으고 편집해서 내용을 정정하고, 다
시 채경(蔡京)에서 표찰과 앞부분의 서문을 쓰게 해서 태청루(太淸樓) 아래 돌에
새겼다.(徽宗時淳化帖板已皺裂, 而王著一時標題多誤, 臨模或失眞, 詔出墨迹, 更
正匯次, 訂其筆意, 仍俾蔡京書籤及卷首, 刻石太淸樓下.)"라고 하였다.【原註】
 * 대관법첩총석(大觀法帖總釋): 2권. 송나라 관리 시숙(施宿, 1164-1222)이 『대관
   첩(大觀帖)』에 관한 내용을 정리한 저서.【역주】
371) 태청루첩(太淸樓帖): 『태청루첩』은 송나라 휘종 대관시기(1107-1110)에 돌에 새
긴 것으로 모두 22권이며, '대관첩(大觀帖)'이라고도 한다.【原註】
372) 승려 희백(希白, ?-?): 『서사회요』에서 "승려 희백은 자(字)가 보월(寶月)이고 호
는 혜조대사(慧照大師)이며, 장사(長沙, 지금의 호남성 장사시) 사람이다. 경력연
간(慶歷年間, 1041-1048)에 일찍이 『순화각첩』을 담주(潭州, 지금의 장사시에 속
하는 지역) 군청에 모각하였다.(釋希白, 字寶月, 號慧照大師, 長沙人. 慶歷中, 嘗
以淳化閣帖模刻於潭之郡齋.)"라고 하였다.
『문헌통고(文獻通考)』에서 "희백은 글씨에 뛰어났으며, 모본을 돌에 새기며 진면
목을 그리 심하게 상실하지 않았다.(希白善書, 塡本刻石, 不甚失眞.)"라고 하였
다.【原註】
 * 문헌통고(文獻通考): 348권. 남송-원대의 사학자 마단림(馬端臨, 1254-1324)의

郎) 반사단(潘師旦)374)이 모각한 것은 『강첩(絳帖)』375)이라 하고, 왕보

저서로, 상고시대부터 송나라 영종(寧宗, 재위 1195-1224)까지의 전장제도를 기록한 통사.【역주】

373) 담첩(潭帖): 조희곡(趙希鵠, ?-?)의 『동천청록(洞天淸錄)』에서 "『담첩』은 『순화각첩』이 이미 반포되어 유행하자 담주에서 2본을 모각하였으며, 이를 '담첩'이라 한다. 내가 일찍이 초간본을 보았는데 글씨가 옛날 『강첩(絳帖)』과 더불어 배열이 가지런하고 질서가 있었다. 경력(慶歷) 8년(1048)에 이르러 비석이 이미 불완전하게 되어, 영주(永州, 지금의 호남성 영주시)의 승려 희백이 다시 모각하였는데, 소식이 도리어 진(晋)나라 사람의 풍격이 있다고 칭찬하였다. 건염연간(建炎年間, 1127-1130)에 적의 기병이 장사에 도착하자, 성을 지키는 사람들이 투석기의 포탄으로 사용하여, 비석이 남은 게 하나도 없었다. 소흥연간(紹興年間, 1131-1162) 초기에 제3차로 다시 모각하였으나, 진면목을 크게 상실하였다.(潭帖, 淳化帖旣頒行, 潭州卽模刻二本, 謂之潭帖. 予嘗見其初本, 書與舊絳帖雁行, 至慶歷八年, 石已殘缺, 永州僧希白重摹, 東坡猶嘉其有晋人風度. 建炎, 敵騎至長沙, 守城者以爲炮, 石無一存者. 紹興初, 第三次重摹, 失眞遠矣.)"라고 하였다.【原註】

  * 동천청록(洞天淸錄): 1권. 송나라 종실 조희곡(趙希鵠)의 저술로, 고대의 거문고 32조·벼루 12조·청동기 20조·괴석 11조·연병(硯屛), 탁자 위에 놓는 작은 병풍) 5조·필가 3조·연적 2조·서화 4조·석각 5조·지화인색(紙花印色, 법첩과 비문 등) 15조·고화 29조로 구성되어 있으며, 고대 기물에 대하여 감정하는 내용을 전문적으로 논술하였다.【역주】

374) 반사단(潘師旦): 『집고구진(集古求眞)』에서 "생각건대, 『강첩』은 상서랑 반정부(潘正夫, ?-1152)가 새긴 것으로 『집고록(集古錄)』에 이것을 기록하였다. 증굉부(曾宏父, ?-?. 송나라 학자)는 부마 반정부(潘正夫)가 새겼다고 잘 못 지적하였으며, 또 철종의 딸 진국강의장공주(秦國康懿長公主, 1096-1164)에게 장가를 갔다고 하고부터, 마침내 『반부마첩(潘駙馬帖)』'이라는 명칭이 있게 되었다. 그러나 12권짜리 모조 『강첩』에서는 왕헌지 「환산송(桓山頌)」의 뒤에, 기어이 부마 반정부의 제기를 위조하여 끌어다 붙였다.(按絳帖爲尙書郎潘師旦所刻, 集古錄著之. 自曾宏父誤指爲駙馬潘正夫, 且云尙哲宗女秦國公主, 遂有潘駙馬帖之稱. 而十二卷僞絳帖大令桓山銘後, 竟僞撰駙馬潘師旦題記, 以附會之.)"라고 하였다.【原註】

  * 집고구진(集古求眞): 13권. 청말 민국시기의 금석학 연구가 구양보(歐陽輔, ?-?)가 고대의 금석문을 모아 고증한 내용으로, 1923년에 간행.【역주】

  * 집고록(集古錄): 10권. 『집고록발미(集古录跋尾)』. 현존 중국 최초의 금석학 저서로, 구양수가 집안에 소장하고 있는 금석학 자료에 자신이 제발을 써서 모아 편집한 것으로, 400여 편으로 구성되었으며 1063년에 완성되었다.【역주】

375) 강첩(絳帖): 『죽운제발(竹雲題跋)』에서 "북송 반정부가 모각한 20권은 『순화각첩』을 저본으로 하였으나, 증감된 부분이 있다. 반정부가 사망한 뒤에 두 아들이 각각 10권을 얻었다. 장남이 관청의 돈을 빚져서 관청의 창고로 몰수되었으며, 강주태수(絳州太守)가 후편 10권을 보충하여 새겨 『공고본(公庫本)』'이라 하였

도(王輔道) 왕채(王寀)376)가 여주(汝州)377)를 다스릴 때 새긴 것은 『여첩(汝帖)』378)이라 한다. 송나라 허제거(許提擧)379)가 임강(臨江)380)에

다. 차남이 전편 10권을 보충하여 새겼는데 '『사가본(私家本)』'이라 하고, 금나라 사람이 다시 새긴 것은 '『신강본(新絳本)』'이라 한다.(北宋潘師旦模刻二十卷, 以 淳化閣帖爲底本, 而有所損益. 潘死後, 二子各得十卷. 長子負官錢, 沒入公庫. 絳 州太守補刻後十卷, 名公庫本. 次子補刻前十卷, 名私家本, 金人重刻, 名新絳本.)" 라고 하였다.【原註】

* 죽운제발(竹雲題跋): 4권. 청대 서예가 왕주(王澍, 1668-1743)가 고대 법첩의 제발을 임모하고 고증한 내용을 모아 엮은 책.【역주】

376) 왕보도(王輔道) 왕채(王寀, 1078-1118?): 『남촌첩고(南村帖考)』에서 "『여첩(汝 帖)』 12권과 목록 1권은 송나라 대관 3년(1109)에 왕채가 여주[汝州, 지금의 하남 성 임여현(臨汝縣)]를 다스릴 때 새긴 것이다. 왕채의 자(字)는 보도(輔道)이며, 부양[敷陽, 지금의 강서성 덕안현(德安縣)] 사람이다.(汝帖十二卷, 目錄一卷, 宋 大觀三年王寀守汝州時所刻也. 寀字輔道, 敷陽人.)"라고 하였다.
『석각포서(石刻鋪叙)』에서는 그 후에 벼슬도 높아졌으나 천신(天神)을 강림하는 일에 연좌되어 부득이 사형을 당했다고 하였으며, 나머지는 『송사·왕소전(宋 史·王昭傳)』 참고.【原註】

* 남촌첩고(南村帖考): 4권. 청나라 서예가이자 금석학자인 정문영(程文榮, ? -1853)의 저술로 역대 법첩에 대하여 고증하고 설명하였다. 남촌은 정문영의 호이다.【역주】

* 석각포서(石刻鋪叙): 2권. 송나라 학자 증굉부(曾宏父)의 저술로 석경(石經)과 비각(秘閣)의 여러 책을 인용하고 자신이 자료를 모아 『봉서첩(鳳墅帖)』을 간 행한 사실을 자세하게 기술하였다. 증굉부의 자(字)는 유경(幼卿)이고 '봉서일 객(鳳墅逸客)'이라 자칭하였다.【역주】

377) 여주(汝州): 여주(汝州)는 후위(後魏)의 여북군(汝北郡)으로 북제에서 여음(汝陰) 으로 개명하였고, 수나라에서 여주를 설치하였으며, 명청시기에는 직예주(直隷 州)가 되어 하남성에 속하였고, 현재는 임여현(臨汝縣, 하남성)이다.【原註】

378) 여첩(汝帖): 『금석록(金石錄)』에서 "『여첩』은 여주 경내에 있고 모두 12개의 석각 이며, 일찍이 수정하여 모각되지 않았다.(汝帖在汝州治內, 凡十二刻, 未曾改摹.)" 라고 하였다.
『동천청록』에서 "『여주첩(汝州帖)』은 바로 왕보도 왕채가 여러 첩에서 글자를 뽑아 억지로 맞추어 만든 것으로, 매 권의 끝에 '여주지인(汝州之印)'이라는 인장 이 있어, 황백사(黃伯思)에게 배척되었으며 한 푼의 가치가 없다.(汝州帖, 乃王寀 輔道摘諸帖中字, 牽合爲之, 每卷後有汝州印, 爲黃伯思所掊擊, 不値一文.)"라고 하였다.【原註】

* 『여첩』은 모두 12권으로, 『순화각첩』·『천주첩(泉州帖)』·『강첩』과 함께 '사대 명첩'으로 꼽힌다.【역주】

서 새긴 것은 『이왕첩(二王帖)』381)이라 하고, 원우연간((1086-1094)에

* 금석록(金石錄): 30권. 북송의 금석학자이자 소장가이며 저명한 여류사인 이청
조(李淸照, 1084-1155)의 남편 조명성(趙明誠, 1081-1129)의 저술로, 목록 10권
에 발미 20권이며, 하은주 삼대부터 오대에 이르기까지 청동기의 명문과 비문
및 묘지명 등의 석각문자를 수록한 중국 최초의 금석목록이자 연구서.【역주】

379) 허제거(許提擧): 송나라 사람 허개(許開). 『동천청록』에서 "허제거(許提擧) 허한
(許閑)이 임강(臨江)에서 『이왕첩(二王帖)』을 새겼는데, 원본에 따라 새긴 것이
극히 정밀하여 진실로 선택하여 뽑을 것이 적다.(許提擧閑刻二王帖於臨江, 模勒
極精, 誠少詮擇.)"라고 하였다.
『신증격고요론』에서 "『이왕첩』은 송나라 허제거 허간(許間)이 임강에서 새겼으
며, 명칭을 원본에 따라 새긴 것이 극히 정밀하다.(二王帖, 宋許提擧間刻於臨江,
模勒極精.)"라고 하였다.
『순화비각법첩원류고』에서 "임강에서 『이왕부첩』을 다시 모각하였다. 또 허제거
허한도 『이왕부첩』을 임강에서 다시 돌에 새겼으며, 이름을 『이왕첩선(二王帖
選)』이라 하였다.(臨江重刻二王府帖. 又許提擧閑亦以二王府帖重刻石於臨江, 名
曰二王帖選.)"라고 하였다.
생각건대, 『남촌첩고(南村帖考)』에 따르면 허제거를 허한(許閑)과 허간(許間)이
라는 것은 모두 오류이며, 허개(許開)라고 해야 한다.
『남촌첩고』에서 "조희변(趙希弁)의 『독서부지(讀書附志)』에 『이왕첩』 3권이 실
려 있으며, 허개(許開)가 태수를 할 때 새긴 것이다. 또 『지은류고(志隱類稿)』의
뒤에 '오른 편의 것은 허중계(許仲啓) 허개의 글이다.'라고 기록하였다. 허개는
일찍이 중봉대부(中奉大夫)와 제거무이산충우관(提擧武夷山沖佑觀)을 역임했
다. 이 법첩이 사실은 허개가 모각한 것임을 알 수 있다. 『이왕첩』의 끝에 허개의
발문이 있으며, 행서체로 써서 '병인년 정월 대보름 임시 태수 허개가 쓰다.'라고
하였다.(趙希弁讀書附志載二王帖三卷, 開爲守時所刻. 又題志隱類稿後云, 右許
開仲啓之文也. 開嘗爲中奉大夫, 提擧武夷沖佑觀. 知此帖實許開所摹. 二王帖後
有許開跋, 行書, 題曰, 丙寅歲元夕假守許開題.)"라고 하였다.【原註】
* 독서부지(讀書附志): 1권. 남송 사학자 조희변(趙希弁, ?-?)이 순우(淳祐) 9년
(1249)에 요공무(晁公武, 1105-1180. 남송의 서지학자)의 『군재독서지(郡齋讀書
志, 목록학 저서)』를 다시 간행하기 위해 교정하면서, 요공무의 책에 누락되거나
내용이 다른 것을 분류하여 원서의 체재에 따라 기록하고 편찬한 책.【역주】
* 지은류고(志隱類稿): 허개의 문집.【역주】
380) 임강(臨江): 부(府)의 명칭으로 송대에 임강군(臨江軍)을 설치하였으며, 원대에
임강로(臨江路)로 변경되었다가, 명대에 부가 되어 강서성에 속했으며, 청대에
지속되다가 민국시기에 폐지되었다. 지금의 강서성 남창지구(南昌地區) 청강현
(淸江縣)이다.【原註】
381) 이왕첩(二王帖): 이왕(二王) 즉 왕희지와 왕헌지의 글씨를 모은 법첩.
『집고구진』에서 "『이왕부첩』: 조사면의 『법첩보계』에서 '원우시기(1086-1094)에

새긴 것은 『비각속첩(秘閣續帖)』382)이라 하며, 순희연간(1174-1094)에
새긴 것은 『수내사본(修內司本)』383)이라 하고, 고종(高宗)384)이 빠트린

친현댁(親賢宅, 영종의 둘째 아들의 저택)에서 황궁으로부터 판목을 빌려 100본
을 간행하여 궁실의 관료에게 나누어주었으며,……'라고 하였다. 내가 근래에 말
하는 『이왕부첩』을 보았는데, 아마 중원지역에서 다시 돌에 새겨 간행한 판본으
로 궁중의 판본이 아니며, 앞에 목록이 있고 끝에 제기가 있기 때문으로, 아마
분명히 두 가지 물건일 것이다.(二王府帖, 曹士冕法帖譜系云, 元祐中, 親賢宅從
禁中借板墨百本, 分遺宮僚,……余觀近世所謂二王府帖, 蓋中原再刻石本, 非禁中
板本, 前有目錄, 尾無題字, 蓋顯然二物矣.)"라고 하였다.
『순화비각법첩원류고』에서 "임강에서 중각한 『이왕부첩』: 유차장(劉次庄)이 이
미 임강에서 『순화각첩』을 모각하고, 별도로 『이왕부첩』을 새겨 해석한 문장의
오류를 자신이 서술하였다.(臨江重刻二王府帖, 劉次庄旣摹閣帖於臨江, 別刻二
王府帖, 自述釋文之誤.)"라고 하였다.
『남촌첩고』에 따르면, "『석각포서(石刻鋪叙)』에서 '자신이 서술하였다.'라고 하였
는데, 아마도 시작은 유차장의 각본으로, 퇴곡(退谷) 손승택(孫承澤)의 『한자헌
첩고(閑者軒帖考)』에서 그 오류를 그대로 답습하였을 것이다.(鋪叙自述云云, 蓋
亦創爲劉刻, 孫退谷閑者軒帖考逕襲其誤.)"라고 하였다.
『이왕첩』의 뒤에는 허개(許開)의 발문이 있다.【原註】
* 한자헌첩고(閑者軒帖考): 1권. 명말청초의 정치가이자 소장가인 손승택(孫承
  澤, 1593-1676)의 저술로, 『난정첩』부터 문징명의 『정운관첩(停雲館帖)』에 이
  르기까지 38종 법첩의 원류를 하나하나 고증하고 등급을 품평하였다.【譯註】
382) 비각속첩(秘閣續帖): 『동천청록』에서 "『원우비각속첩(元祐秘閣續帖)』: 원우연간
  (1086-1094)에 성지를 받들어 『순화각첩』 이외에 계속하여 얻은 진짜 작품을 가
  지고 『속법첩』을 새겼다.(元祐秘閣續帖, 元祐中, 奉旨以淳化閣帖之外, 續所得眞
  迹, 刻續法帖.)"라고 하였다.【原註】
383) 수내사본(修內司本): 『집고구진』에서 "『순희수내사첩(淳熙修內司帖)』: 송효종
  (宋孝宗) 순희 12년(1185), 황실에 소장된 『순화각첩』을 돌에 새기도록 조서를
  내렸는데, 그 규모를 모아보니 원본과 거의 작은 차이도 없었으며, 권말에 해서
  체로 '순희 12년 을사년 2월 15일, 수내사에서 성지를 받들어 모륵상석(摹勒上石)
  합니다.'라고 쓰여 있다.(淳熙修內司帖, 宋孝宗淳熙十二年, 詔以內府所藏淳化帖
  刻石, 集中規模, 與原本略無小異, 卷尾楷書題云, 淳熙十二年乙巳二月十五日, 修
  內司奉旨摹勒上石.)"라고 하였다.【原註】
* 모륵상석(摹勒上石): 종이에 새기려는 글자를 써서, 종이의 뒷면에 주사(朱砂)
  등으로 쌍구법을 이용하여 글자의 윤곽을 표시한 다음, 미리 준비된 석판 위에
  이 종이를 덮어 주사가 표면에 찍히게 한 뒤에 그 글자에 따라 새기는 방법.【譯註】
384) 고종(高宗): 송 고종 조구(趙構, 1107-1187). 휘종의 9째 아들이며, 처음에 강왕
  (康王)에 봉해졌다가, 휘종(재위 1100-1126)과 흠종(欽宗, 재위 1126-1127)의 두

339

글씨를 찾아다니며 구하여 순희각에서 모각한 것은 『순희비각속첩(淳
熙秘閣續帖)』385)이라 한다. 남당(南唐) 이욱(李煜)이 서현(徐鉉)386)에게
명하여 순화시기(976-997) 이전에 돌에 새긴 것은 『승원첩(昇元帖)』387)
이라 하고, 유차장(劉次莊)388)이 『순화각첩』을 모각하여 전서체로 쓴

황제가 금나라에 포로가 되자, 건강(建康, 지금의 남경시)에서 즉위하여 남송의
시조가 되었다.【原註】
385) 순희비각속첩(淳熙秘閣續帖): 『순화각첩원류고』에서 "송효종시기, 강남으로 천
   도한 이후에 구한 진(晋)나라와 당나라의 서예작품을 황실에 모각하여 '『순희비
   각속첩』'이라 이름 하였다.(宋孝宗朝, 以南渡後所得晋唐遺墨, 摹刻禁中, 名淳熙
   秘閣續帖.)"라고 하였다.【原註】
386) 서현(徐鉉, 916-991): 『송사 · 서현전(宋史 · 徐鉉傳)』에서 "서현은 자(字)가 정신
   (鼎臣)으로 양주(揚州) 광릉(廣陵, 지금의 강소성 양주시 광릉구) 사람이다. 남당
   에서 벼슬을 하여 관직이 이부상서에 이르렀으며, 이욱을 따라 대궐에 들어가
   황제를 알현하여, 태조가 명하여 솔갱령(率更令)으로 삼았고, 태평흥국(太平興
   國, 976-984) 초기에 직학사원(直學士院)을 하였다. 이사(李斯, 진나라 서예가)의
   작은 전서체를 좋아하여 그 묘리에 통했으며, 예서에도 정통하였고, 일찍이 조서
   를 받들어 함께 『설문해자』를 교정하였다.(徐鉉, 字鼎臣, 揚州廣陵人. 仕南唐,
   官至吏部尚書, 隨李煜入覲, 太祖命爲率更令, 太平興國初, 直學士院. 好李氏小篆,
   臻其妙, 隸書亦工, 嘗受詔同校說文.)"라고 하였다.
   『구양수집(歐陽脩集)』에서 "서현과 아우 서개(徐鍇, 920-974)는 모두 팔분서와 소
   전체에 능하였으며, 강남에서 문장으로 유명하여 '이서(二徐)'라 불렸다.(鉉與弟
   鍇皆能八分小篆, 在江南以文翰知名, 號二徐.)"라고 하였다.【原註】
387) 승원첩(昇元帖): 『순화각법첩원류고』에서 "남당 이후주가 비부(秘府, 황실 도서
   관)에 진귀하게 소장되어 있는 작품을 꺼내어 서현에게 명해 법첩 4권으로 새겼
   으며, 뒷부분에 '승원 2년(938) 3월, 건업(建業, 지금의 남경시)의 문방(文房, 문서
   담당부서)에서 모륵상석하다.(昇元二年三月建業文房摹勒上石)'라고 새겨져 있
   으므로, 또 '건업첩(建業帖)'이라고도 한다.(南唐李後主出秘府珍藏, 命徐鉉刻
   帖四卷, 後刻昇元二年三月建業文房摹勒上石, 亦名建業帖.)"라고 하였다.【原註】
388) 유차장(劉次莊): 『서사회요』에서 "유차장(?-?)은 자(字)가 중수(中叟)로서, 희녕연
   간(1068-1077)에 진사가 되었고, 글씨로 명성이 있었으며, 해서 · 행서 · 초서에
   정통하였다. 원우시기(1086-1094)에 신금[新淦, 지금의 강서성 신간현(新干縣)]에
   서 귀양살이를 하며, 동산사(東山寺)의 앞에 집을 짓고 맑은 물을 굽어보며, '아무
   것도 하지 않고 한적하게 속세를 벗어나 소요하는 정취가 있다.'고 스스로 말하
   고, '희어옹(戲魚翁)'이라 하였다. 숭녕시기(崇寧時期, 1102-1106)에 관직이 전중
   시어사(殿中侍御使)에 이르렀다. 고대 법첩을 모사하여 그 진면목을 가장 잘 체
   득하였으며, 저서에 『법첩석문(法帖釋文)』이 있다.(劉次莊, 字中叟, 熙寧進士, 有

연월(年月)을 제거하고 해설문을 첨가한 것은『희어당첩(戱魚堂帖)』[389]
이라 하며, 무강군(武岡軍)[390]에서『강첩』을 다시 모각한 것은『무강첩
(武岡帖)』[391]이라 하고, 상채(上蔡)[392]의 사람이『강첩』을 다시 모각한
것은『채주첩(蔡州帖)』[393]이라 한다. 조언약(曹彦約)[394]이 남강(南康)[395]

書名, 工正行草. 元祐中, 謫居新淦, 築室東山寺前, 俯瞰清流, 自謂有濠梁間想, 因
號戱魚翁. 崇寧中, 官至殿中侍御使. 摹古帖最得其眞, 著有法帖釋文.)"라고 하였
다.【原註】

* 법첩석문(法帖釋文): 10권. 유차장이『순화각첩』을 모각한『희어당첩(戱魚堂
帖)』에 첨가한 작은 해서체로 쓴 해설문.【역주】

389) 희어당첩(戱魚堂帖):『동천청록』에서 "원우연간에 유차장은 집안에 소장되어 있
는『순화각첩』 10권을 모각하였다.(元祐間, 劉次莊以家藏淳化閣帖十卷摹刻.)"라
고 하였다.【原註】

390) 무강군(武岡軍): 지금의 호남성 무강시(武岡市).【역주】

391) 무강첩(武岡帖):『법첩보계』에서 "『무강첩』은 옛날에 20권으로 나왔으나, 어느
시기에 새겨졌는지 알 수 없다. 글자를 새긴 비석의 길이가 조금 길고, '일 · 월 ·
광 · 천 · 덕(日月光天德)' 등의 글자로 순서를 매겨서 행의 중간에 끼워 넣었으며,
자획도 바르고 굳세어 사랑스럽다. 제1권은 위부인(衛夫人)의 글씨이지만 담담
하여 예스러운 필치가 없다. 제9권 왕헌지의 여러 법첩은 모두 오류로서, 실제로
는『신강첩』에서 나왔다.(武岡帖舊出二十卷, 不知刻於何時. 碑段稍長, 而日月光
天德字號, 間於行中間, 字劃亦淸勁可愛. 第一卷衛夫人字, 澹無古筆. 第九卷大令
諸帖皆誤, 洵乎出於新絳也.)"라고 하였다.
『동천청록』에서 "무강군에서『강첩』 20권을 다시 모각하였으나 진면목을 크게
상실하였으며, 석재도 단단하지 않아서 제 모습을 잃어버리기 쉬웠다. 뒷날 무신
(武臣)이 군을 다스리며 글자가 멋지지 않은 것을 싫어하여, 대장장이에게 옛날
획을 다시 새기도록 하였으며, 이를 '세비(洗碑, 오래된 비석을 뒷날 원래의 획에
따라 다시 새기는 것)'라 하는데, 마침내 더욱 볼품이 없게 되었고, 해설문은 더욱
엉터리였다. 그러나 무강지(武岡紙)가 북지(北紙, 발문이 가로로 있는 종이)와
유사하여, 현재 동남지역에 보이는『강첩』은 대부분『무강첩』의 초본일 뿐으로,
이지러지고 빠진 부분을 조사하면 스스로 드러날 것이다.(武岡軍重摹絳帖二十
卷, 殊失眞, 石且不堅, 易失精神. 後有武臣守郡, 嫌其字不精彩, 令匠者卽舊劃再
刻, 謂之洗碑, 遂愈不可觀, 其釋文尤舛繆. 然武岡紙類北紙, 今東南所見絳帖, 多
武岡初本耳, 驗其殘闕處自可見.)"라고 하였다.【原註】

392) 상채(上蔡): 지금의 하남성 상채현(上蔡縣).【역주】

393) 채주첩(蔡州帖):『고반여사』에서 "상채의 사람이『강첩』을 다시 모각한 것은 모
두 10권으로, 임강(臨江)의『담첩』보다 뛰어나다.(上蔡人重摹絳帖, 共十卷, 出於
臨江潭帖之上.)"라고 하였다.【原註】

에서 새긴 것은 『성봉루첩(星鳳樓帖)』396)이라 하고, 여강 이씨(廬江李

---

394) 조언약(曹彦約, 1157-1228): 『동천청록』에서 "『여주첩』: 병부상서 조언약이 남강
군(南康軍)에서 『성봉루첩(星鳳樓帖)』을 새겼다.(汝州帖, 曹尚書彦約刻星鳳樓帖
於南康軍.)"라고 하였다.
『송사』에서 "조언약은 도챙[都昌, 지금의 강서성 구강시(九江市) 도창현] 사람으
로, 순희시기(1174-1189)에 진사가 되었으며, 관직이 병부상서에 이르렀다.(曹彦
約, 都昌人, 淳熙進士, 官至兵部尚書.)"라고 하였다.【原註】

395) 남강(南康): 송대에 남강군(南康軍)을 설치하였으며 원대에는 남강로(南康路)를
설치하였고, 명대에 남강부(南康府)가 되어 강서성에 속하였으며, 민국시기에 성
자현(星子縣)으로 바뀌어 현재 그대로 지속되고 있다. 강서성 구강지구(九江地
區)에 속한다.【原註】

396) 성봉루첩(星鳳樓帖): 『남촌첩고』에서 "『성봉루첩』은 기록한 사람들이 혹은 조언
약(曹彦約)이 새겼다고 쓰거나, 혹은 조사면(曹士冕)이 새겼다고 쓰거나, 혹은
조언약(趙彦約)이 새겼다고 썼다. 생각건대, 조언약(曹彦約)은 자(字)가 간재(簡
齋)로 도창(都昌) 사람이며, 순희 8년(1181)에 진사가 되었고, 사적은 『송사 · 조
언약전』에 갖추어져 있는데, 조사면은 바로 그의 아들로서 자(字)는 단가(端可)
이다. 조언약(趙彦約, ?-?)은 『송사』에 전기가 없으며 오직 세계도(世系圖)가 2개
있는데, 하나는 조공광(趙公廣, ?-?)의 아들이고 다른 하나는 조공불(趙公制, ?-?)
의 아들로서 모두 확실히 그러한 사람은 있으므로, 『허주첩고(虛舟帖考)』에서
3가지 주장이 병존한 것도 괴이하지는 않으나, 증거를 수집할 방법이 없다. 내가
일찍이 여러 주장을 모아 연구하고 아울러 『철경록』에 기록된 송이종(宋理宗,
재위 1224-1264)시기의 『난정일백십칠각(蘭亭一百十七刻)』으로 검증하였더니,
그 안에 창곡조씨(昌谷曹氏, 창곡은 조언약의 호) 석각이 3개 있으므로, 이 법첩
은 진실로 조언약(曹彦約)이 새긴 것을 알았으며, 의심할 바가 없었다.……조언
약(趙彦約)이라고 한 것은 명나라 왕좌(王佐, 『신증격고요론』의 저자)에게서 시
작되었으며, 그의 글을 살펴보면 바로 『동천청록』의 학설을 답습하였으나 우연
히 '조언약(趙彦約)'이라고 오기하였는데, 후대의 여러 학자들이 『성봉루첩』을 보
지 못했을 뿐만 아니라, 조희곡의 원서(즉 『동천청록』)를 보지 않고 왕좌의 주장
을 채택하여 조언약(趙彦約)으로 여겼으며, 진역증(陳繹曾, ?-?. 원나라 서예가)
의 학설을 채택하여 또 조사면(曹士冕)으로 간주하였고, 두 학설을 모두 채택하
여 망령되게 '남송에서 다시 모각하였다.'라는 한 마디 말을 덧붙여서, 조언약(趙
彦約)의 각본을 조사면이 번각했다고 주장하여, 오류를 잘 못 전해 갈수록 착오
가 발생하여, 마침내 오랫동안 확고한 이론이 없는 지경에 이르렀다.……뒷날
『황송서록(皇宋書錄)』을 열람하니 기쁘게도 지난날의 주장과 서로 합치하였다.
(星鳳樓帖, 著錄家或作曹彦約刻, 或作曹士冕刻, 或作趙彦約刻. 按曹彦約, 字簡
齋, 都昌人, 淳熙八年進士, 事迹具其史本傳, 士冕卽其子, 字端可. 趙彦約, 宋史無
傳, 惟世系表有二, 一爲公廣子, 一爲公制子, 皆確有其人, 無怪虛舟帖考三說並存,
而無從取證也. 余嘗合諸說推究之, 并證以輟耕錄所載宋理宗蘭亭一百十七刻, 內

氏)397)가 새긴 것은『갑수당첩(甲秀堂帖)』398)이라 하며, 귀주(貴州) 사람 진세장(秦世章)399)이 새긴 것은『검강첩(黔江帖)』400)이라 하고, 천주

有昌谷曹氏本三, 而知此帖實曹氏所刻, 無可疑者.……其作趙彦約者, 始之明之王佐, 驗其文, 卽襲淸錄集之說, 而偶誤爲趙, 後來諸家, 不特不見星鳳樓帖, 幷未見希鴣原書, 采王佐之說, 卽以爲趙, 采繹曾之說, 又以爲曹, 兩說幷采, 則妄增重模於南宋一語, 以爲曹飜趙刻, 以訛傳訛, 遂致久無定論.……後閱宋書錄, 喜與羲論相合.)"라고 하였다.【原註】

* 허주첩고(虛舟帖考): 10권. 원명은『허주제발(虛舟題跋)』. 청나라 학자 왕주(王澍, 1668-1743)가 편찬하였으며, 북위시대의「효문황제조비간묘문(孝文皇帝吊比干墓文)」부터 청나라 동시대까지의 작품까지 자신이 직접 임모한 옛 작품을 수록하였다. 서예를 위주로 하고 그림도 약간 언급하였다.【역주】

* 난정일백십칠각(蘭亭一百十七刻): 난정서를 새긴 117개의 석각. 이 석각을 탁본하여 10책으로 만들어 송나라 이종(理宗, 재위 1224-1264)시기에 내부에 소장하였으며, 매판마다 내부의 인장을 시당(詩堂)에 날인하였다. 임집(壬集) 14개의 석각 가운데 창곡 조씨가 새긴 석각이 3개 실려 있다.【역주】

* 황송서록(皇宋書錄): 4권. 남송말기의 소장가 동사(董史, ?-?)의 저술로, 북송과 남송의 서예가 166명을 전문적으로 기록하였다.【역주】

397) 여강 이씨(廬江李氏): 뒤의 원주 참고.【原註】

398) 갑수당첩(甲秀堂帖):『고반여사』에서 "『갑수당첩』은 송나라 여강[廬江, 지금의 안휘성 합비시(合肥市) 여강현]의 이씨가 새겼으며, 앞에는 왕희지와 안진경의 글씨가 있는데 대부분 여러 법첩에 보이지 않는 것이고, 뒤에는 송나라 사람의 글씨도 많이 있으며, 현재 오중(吳中, 지금의 강소성 소주)에서 다시 모각한 것에도 볼만한 것이 있다.(甲秀堂帖, 宋廬江李氏刻, 前有王顔書, 多諸帖未見, 後有宋人書亦多, 今吳中有重摹者, 亦有可觀.)"라고 하였다.

『집고구진』에서 "이시는 진씨(陳氏)로도 쓰며, 고증이 필요하다.(李氏亦作陳氏. 俟考.)"라고 하였다.

조사면(曹士冕)의『보계잡설(譜系雜說)』에 따르면 "목판본 전반부 10권은 갑수의 진씨가 이 탁본을 소장하고 있는데, 어디서 나왔는지 모른다.(木本前十卷, 甲秀陳氏藏此墨本, 不知所出.)"라고 하였다.【原註】

* 보계잡설(譜系雜說): 2권. 송나라 조사면의 저술로 법첩의 계보에 관한 내용을 기록.【역주】

399) 진세장(秦世章, ?-?): 자(字)는 자명(子明), 귀주성 사람.『예장황선생문집(豫章黃先生文集)』의「발진씨소치법첩(跋秦氏所置法帖)」에서 "귀주 사람 진자명(秦子明)은 체구가 크고 훤칠하였으며, 공격하여 토벌하기를 좋아해서 스스로 자부하여 조국진(趙國珍, ?-768. 귀주성 출신으로 당나라의 명장)의 아래에 있으려고 하지 않았다. 진자명은 일찍이 마을의 아이들이 글을 모르는 것을 폐단으로 여겨, 장사(長沙)에서 군대를 거느리고 있을 때에 석재를 구입하여 장사 출신 승려

에서 다시 모각한 법첩은 『천첩(泉帖)』401)이라 한다. 또 한평원(韓平原)402)이 새긴 것은 『군옥당첩(群玉堂帖)』403)이라 하고, 설소팽(薛紹彭)404)이 새긴 것은 『가숙첩(家塾帖)』405)이라 하며, 조지격(曹之格)406)

보월[寶月, 즉 희백(希白)]의 옛날 법첩(즉 『담첩』) 10권을 모각하였다. 배에 싣고 귀주로 들여와 검강(黔江) 소성원(紹聖院)의 벽에 박았다.……진자명의 이름은 세장(世章)이며 현재 좌장고부사(左藏庫副使)이자 동남제팔장(東南第八將)이다. 소성원은 진자명이 군공으로 조정에 요청하여 받았으며, 진(陳)나라의 사망한 전사(戰士)의 복을 추모하기 위하여 지은 불사(佛祠), 부처를 모신 전각이다. 돌을 새긴 사람은 담주(潭州, 지금의 호남성 장사시) 사람 탕정신(湯正臣) 부자이다.(黔人秦子明, 魁梧, 喜攻伐, 其自許, 不肯出趙國珍下. 子明嘗以里中兒, 不能書爲病, 其將兵於長沙也, 買石摹刻長沙僧寶月古法帖十卷. 謀舟載入黔中, 壁之黔江之紹聖院.……子明名世章, 今爲左藏庫副使, 東南第八將. 紹聖院者, 子明以軍功得請於朝, 爲陳亡戰士追福所作佛祠也. 刻石者潭人湯正臣父子.)”라고 하였다.
【原註】
* 예장황선생문집(豫章黃先生文集): 30권. 송나라 황정견의 문집. 황정견이 사천성 검주[黔州, 지금의 팽수현(彭水縣)]로 좌천되었을 때, 진세장과 교류하였다.
【역주】
400) 검강첩(黔江帖): 『고반여사』에서 “송나라 진자명과 탕정신 부자가 장사에서 새겼으며, 바로 승려 희백의 옛날 법첩 10권이다.(宋秦子明湯正臣父子刻於長沙, 卽僧寶月古帖十卷.)”라고 하였다.【原註】
401) 천첩(泉帖): 『천주본각첩(泉州本閣帖)』. 『집고구진』에서 12권으로 『천주본(泉州本)』이 있다고 하였다. 홍무4년(1371), 천주지부(泉州知府) 상성(常性, ?-?)이 『각첩(閣帖)』과 유차장의 해설문을 학궁(學宮, 학교)에 새겼다. 명대 말기에 서첩을 평론할 때 『천첩(泉帖)』·『담첩(潭帖)』·『강첩(絳帖)』·『여첩(汝帖)』 등의 명칭이 있었다.【原註】
402) 한평원(韓平原): 한탁주(韓侂胄, 1152-1207). 자(字)는 절부(節夫), 송나라 안양(安陽, 하남성) 사람. 『도회보감』에서 “한탁주는 가태연간(1201-1204)에 평장태사(平章太師)를 했으며, 수묵으로 죽석을 잘 그려 '태사죽(太師竹)'이라고 자칭하였고, 두루마리에 안양개국(安陽開國)의 인장을 사용하였다.(侂胄, 嘉泰間爲平章太師, 善作水墨竹石, 自稱曰, 太師竹, 卷軸上用安陽開國印記.)”라고 하였다.
【原註】
403) 군옥당첩(群玉堂帖): 회각총첩(匯刻叢帖, 여러 종류의 법첩을 모아서 1질로 만든 법첩)으로, 남송의 상약수(向若水, 한탁주의 문객)가 한탁주가 소장한 법서 10권을 모각하였는데, 원명은 『열고당첩(閱古堂帖)』이다. 한탁주가 피살된 뒤에 새긴 비석이 관부의 창고로 몰수되었으며, 가정원년(嘉定元年, 1208)에 비서성에서 '군옥당첩(群玉堂帖)'이라 개명하였다. 청나라 해녕(海寧, 지금의 절강성 해녕시) 장광후(蔣光煦, 1813-1860. 장서가)가 다시 모각하였다.【原註】

이 완전히 새로 새긴 것은 『보진재첩(寶晋齋帖)』[407]이라 하고, 왕정균
(王庭筠)[408]이 새긴 것은 『설계당첩(雪溪堂帖)』[409]이라 한다. 주부(周

---

404) 설소팽(薛紹彭): 본권 「명가(名家)」의 원주 참고.【原註】

405) 가숙첩(家塾帖):『한자헌첩고(閑者軒帖考)』에서 "희녕시기(1068-1077)에 설사정
(薛師正, ?-?)이 경비를 대어 하나의 별본을 간행하였다.……그의 아들 설소팽은
자(字)가 도조(道祖)인데, 또 다른 돌에 모각하여 고대의 석각과 남몰래 바꾸었으
며, 또 고대 석각에서 '단류대좌우(湍流帶右天)' 5자를 깎아 손상시켜 (진위판별
의)표기로 삼았다. 대관시기(1107-1110)에 조서를 내려 설소팽의 아들 설사창(薛
嗣昌, ?-?)에게서 획득하여 선화전(宣和殿)의 뒤에 안치하였다.(熙寧間, 薛師正出
款刊一別本.……其子紹彭, 字道祖, 又模之他石, 潛易古刻, 又剔損古刻湍流帶右
天五字爲識. 大觀中, 詔問其子嗣昌取龕宣和殿後.)"라고 하였다.
『철경록』에서 "유후촌(劉後村)선생이 '설소팽에게도 『가숙첩』이 있다.'고 하였
다.(劉後村先生云, 薛紹彭亦有家塾帖.)"라고 하였다.【原註】
  * 유후촌(劉後村): 송나라 문학가 유극장(劉克莊, 1187-1269)의 호가 후촌(後村)
    이다. 자(字)는 잠부(潛夫).【역주】

406) 조지격(曹之格, ?-?): 조사면의 아들.『서사회요』에서 "조지격이 일찍이 고대 법첩
을 모방하여 돌에 새겼으며, 『보진재첩』이라 한다.(曹之格嘗模古帖刻石, 曰寶晋
齋帖.)"라고 하였다.【原註】

407) 보진재첩(寶晋齋帖): 10권. 회각총첩(匯刻叢帖)으로, 남송 조지격이 모각하였다.
북송 미불이 진(晋) 왕희지의 『왕략첩(王略帖)』·왕헌지의 『십이월첩(十二月
帖)』·사안(謝安, 320-385)의 『팔월오일첩(八月五日帖)』의 서예작품을 획득하여
자신의 서재를 '보진재'라 이름 하였다. 숭녕 3년(1104), 미불이 무위군(無爲軍,
지금의 안휘성 무위현)을 다스릴 때에 돌에 모사하여 조각하였으며, 조지격이
무위통판(無爲通判)을 할 때에 또 다시 모각하고, 아울러 집안에 소장되어 있는
진(晋)나라 법첩과 미불의 서예 여러 종류를 첨가해서 순희 4년(1177)에 조각해
서 완성하였다.(南宋曹之格摹刻十卷. 北宋米芾得晋王義之王略帖, 王獻之十二月
帖, 謝安八月五日帖墨迹, 名其齋曰寶晋. 崇寧三年, 米芾知無爲軍時, 摹刻上石,
至曹之格任無爲通判時, 又重行摹刻, 幷加入家藏晋帖及米芾書多種, 於淳熙四年
刻成.)"라고 하였다.【原註】

408) 왕정균(王庭筠, 1151-1202):『금사(金史)』에서 "왕정균은 자(字)가 자단(子端)으
로 금나라 하동(河東) 사람이다.[『유산문집(遺山文集)』에 따르면 '왕정균 집안의
족보에 그의 32대조 왕렬(王烈)은 태원(太原) 기(祁, 지금의 산서성 기현) 사람으
로, 한나라 말기의 난리를 피하여 요동으로 이사와 거주하였다. 요나라 천경연간
(天慶年間, 1111-1120)에 개주(蓋州)의 웅악현(熊岳縣, 지금의 요녕성 웅악진)으
로 이사하여 마침내 호적대장에 등록하고 정착하였다.'라고 하였다.] 호는 황화노
인(黃華老人)이다. 대정연간(大定年間, 1161-1189)에 진사가 되었으며, 뒷날 서
예와 명화를 품평하고 등급을 매겨 한림수찬(翰林修撰)이 되었다. 산수·고목·

府)410)에서 새긴 것은 『동서당첩(東書堂帖)』411)이라 하고, 우리 집안에서 새긴 것은 『정운관첩(停雲館帖)』412)과 『소정운관첩(小停雲館帖)』413)

죽석은 위로 고인에 근접하여 미불의 아래에 있지 않았으며, 서예는 아들 왕만경(王曼慶, ?-?)에게 전해졌다.[王庭筠, 字子端, 金河東人(按遺山文集謂, 王之家牒, 載其三十二代祖烈, 太原祁人, 避漢末之亂, 徙居遼東. 遼天慶中, 遷蓋州之熊岳縣, 遂占籍焉.). 號黃華老人. 大定進士, 後以品第書法名畵, 爲翰林修撰. 山水古木竹石, 上逼古人, 不在米元章下, 書法傳子曼慶.]"라고 하였다.
『남촌첩고』에서 "왕만경(王曼慶)은 왕만경(王萬慶)으로, 『금사』가 오류이다.(曼慶作萬慶, 金史誤.)"라고 하였다.【原註】

* 유산문집(遺山文集): 40권, 부록 1권. 금나라 문학가 원호문(元好問, 1190-1257)의 문집.【역주】

409) 설계당첩(雪溪堂帖): 『유산문집(遺山文集)』에서 "왕황화묘비(王黃華墓碑)」: 공은(왕정균) 일찍이 성지를 받아 외숙부 선휘공(宣徽公) 장여림(張汝霖, ?-1190)과 함께 비부(秘府, 황실 도서관)의 서화를 품평하고 등급을 매겼으며, 자신이 본 것과 사대부 집안에 소장되어 있는 선현의 서화작품을 모으고 고대 법첩에 없는 것을 모각하여 『설계당첩』이라 하였으며, 10권이다.(王黃華墓碑, 公嘗被旨, 與舅氏宣徽公汝霖, 品第秘府書畵, 因集所見及士大夫家藏前賢墨迹, 古法帖所無者摹刻之, 號雪溪堂帖一十卷.)"라고 하였다.【原註】

* 장여림(張汝霖, ?-1190): 「왕황화묘비(王黃華墓碑)」의 장여림(張汝霖)은 장여방(張汝方, ?-?)의 오기이다. 금나라 장종(章宗) 명창(明昌) 3년(1192)에 명을 받아 왕정균과 함께 비부의 서화를 품평하고 등급을 매겨서 『품제법서명화기(品第法書名畵記)』 550권을 편찬한 사람은 비서랑 장여방(張汝方)이다. 장여방이 우선휘사(右宣徽使, 정3품. 조정내의 각종 서적과 제사 및 조회와 연회 등을 담당하는 선휘원의 관리)를 역임했다.【역주】

410) 주부(周府): 명태조 주원장의 다섯째 아들 주숙(朱橚, 1361-1425)의 맏아들 주헌왕(周憲王) 주유돈(朱有燉, 1379-1439)의 왕부.【原註】

411) 동서당첩(東書堂帖): 『서결(書訣)』에서 "주헌왕의 작은 해서체 「동서당법첩서」(周憲王小楷東書堂法帖序)"라고 하였다.
『집고구진』에서 "명나라 주헌왕이 세자시절에 새긴 것으로, 『순화각첩』을 위주로 하여 또 『강첩』과 『담첩』 등의 법첩을 널리 선택하고, 아울러 송나라와 원나라 사람의 글씨를 첨가하였으며, 10권이다.(明周憲王爲世子時所鐫, 以閣帖爲主, 又旁取絳潭等帖, 幷增入宋元人書, 仍爲十卷.)"라고 하였다.【原註】

412) 정운관첩(停雲館帖): 『순화비각법첩원류고』에서 "명나라 가정연간(1522-1566), 문징명 부자가 『순화각첩』·『강첩』·『여주첩』·『보진재첩』·『박고당첩(博古堂帖)』 등의 여러 법첩을 선택하여 그대로 임모하여 돌에 새기고, 송나라와 원나라 및 명나라의 서예작품을 더하여 『정운관첩』 12권과 『정운관속첩』 4권을 만들었다.(明嘉靖間, 文待詔父子, 取閣絳臨江寶晋博古諸帖摹勒, 益以宋元明人墨迹, 爲

이라 하며, 화씨(華氏)414)가 새긴 것은『진상재첩(眞賞齋帖)』415)이라 한

停雲館帖十二卷, 續帖四卷.)"라고 하였다.【原註】
413) 소정운관첩(小停雲館帖): 장간보(章簡甫)가 1부를 간행했으나, 문징명 부자의 판
    본과 차이가 크지 않으며, 다만 천두와 지두가 원각 비석보다 약간 짧으므로,
    궁중에서 문징명 부자의 원각을 『대정운관첩』'이라 하고 장간보가 새긴 것을
    『소정운관첩』'이라 하였다.
    『집고구진』에서 "『정운관첩』의 원래 비석은 4권만을 새겼으며, 법첩의 첫머리
    표제는 작은 해서체인데, 뒤에 12권을 새기면서 예서체로 바꾸고 글자도 약간
    커졌다. 장간보가 스스로 새겼으며, 원본과 그리 심하게 차이가 없고, 단지 제1권
    작은 해서체는『월주석씨본(越州石氏本)』을 사용하여 모각하였다.(停雲館帖, 原
    本只刻四卷, 帖首標題爲小楷正書, 後刻十二卷, 改爲隸書, 字亦略大. 章簡甫自刻,
    與原本無甚差別, 僅第一卷小楷系用越州石氏本摹刻.)"라고 하였다.【原註】
    * 장간보(章簡甫, 1491-1572): 장문(章文). 문징명과 동시대의 강소성 소주사람으
      로 석각의 전문가.【역주】
    * 월주석씨본(越州石氏本):『월주석씨첩(越州石氏本)』'이나 『박고당첩』'이나
      『월주석씨박고당첩』'이나『박고당첩존(博古堂帖存)』'이라고도 한다. 남송초
      기 월주(越州, 지금의 절강성 소흥시)의 소장가이자 감정가인 석방철[石邦哲,
      ?-?. 자(字)는 희명(熙明)]이 소흥원년(1131)에 모각하여 간행한 법첩.【역주】
414) 화씨(華氏): 청 광서연간의『무석금궤현지(無錫金匱縣志)』에서 "화하(華夏, ?-?)
    는 자(字)가 중보(中甫)로, 젊어서 왕수인(王守仁, 1472-1529. 명나라 대학자)을
    스승으로 섬겼고, 중년에는 문징명과 축윤명의 무리와 생사지교를 맺었으며, 동
    사[東沙, 지금의 강소성 아호진(鵝湖鎭) 동사경(東沙涇)]에 진상재(眞賞齋)를 지
    어 청동기와 금석문 및 서화를 소장하였는데, 품평과 감정 실력은 강동거안(江東
    巨眼, 강동지역의 예리한 안목을 가진 사람)으로 추대되었다.(華夏, 字中甫, 少師
    事王守仁, 中歲與文徵明祝允明輩爲性命交, 構眞賞齋於東沙, 藏鼎彝金石縑素, 品
    鑑推江東巨眼.)"라고 하였다.【原註】
415) 진상재첩(眞賞齋帖):『한자헌첩고(閑者軒帖考)』에서 "석산(錫山, 무석시에 있는
    작은 산)의 화하(華夏)가 자신이 소장한 고대 서예작품을 제출하여 돌에 새겨
    3권을 만들었으며, 상권은 종요의「천계직표(薦季直表)」이고, 중권은 왕희지의
    『원생첩(袁生帖)』이며, 하권은 왕방경(王方慶, ?-702, 당나라의 서예가)의『만세
    통천진첩(萬歲通天進帖)』으로, 구륵하여 모사한 사람은 문징명 부자이고, 돌에
    새긴 사람은 장간보이다. 모사하여 돌에 새긴 것이 이미 정교하고, 탁본을 뜬
    것이 또 오묘하여, 명대에 새긴 법첩 가운데 제일이 되어『정운관첩』보다 뛰어났
    으나, 뒷날 왜란에 불로 훼손되어, 다시 하나의 석각을 만들었으므로, 마침내 불
    이 나기 전과 불이 난 뒤의 구별이 존재하게 되었다.(錫山華東沙出其所藏古迹勒
    成三卷, 上卷鍾繇薦季直表, 中卷王義之袁生帖, 下卷王方慶萬歲通天進帖, 鉤摹者
    爲文待詔父子, 刻石者爲章簡甫, 摹勒旣精, 毡蠟又妙, 爲有明一代刻帖第一, 出停
    雲館上, 後以倭亂毁於火, 更勒一石, 遂有火前火後之別.)"라고 하였다.【原註】

다. 법첩 가운데 유명한 석각으로 모사하여 새긴 것이 모두 정교하다.
또 역대의 유명한 법첩으로 소장하는 데 빠트릴 수 없는 것으로 주
(周)·진(秦)·한(漢)시기로는 사주(史籀)의 대전체(大篆體)「석고문(石
鼓文)」416)·「단산석각(壇山石刻)」417)·이사(李斯)418)의 전서체「태산

---

* 만세통천진첩(萬歲通天進帖):『만세통천첩(萬歲通天帖)』. 당나라 만세통천(萬
歲通天) 2년(667), 측천무후가 왕방경에게 왕희지의 글씨를 모으도록 명하여,
왕방경이 집안에 소장되어 있는 11대조 왕도(王導, 276-339. 동진 서예가)부터
증조 왕포(王襃, 513?-576. 남북조시기 문학가)에 이르는 28명의 글씨 10권을
바쳤으며, 측천무후가 이것을 쌍구법으로 모사시킨 작품.【역주】
* 전랍(氈蠟): 탁본을 뜨다. 탁본을 뜰 때에 종이가 찢어지지 않도록 하기 위하여
모전(毛氈, 털로 만든 담요)을 덮어 두드리고, 완성된 뒤에 종이에 한 겹 밀랍을
칠하므로 탁본을 뜨는 것을 '전랍'이라고도 한다.【역주】
416) 사주(史籀)의 대전체(大篆體) 석고문(石鼓文): 주선왕(周宣王, 재위 ?-B.C.782)시
기 태사[太史, 일종의 사관(史官)]의 이름이 '주(籀)'이며, 대전체(大篆體)로『사주
편(史籀篇)』15편을 지었다.
『금석췌편(金石萃編)』에서 "주선왕시기의「석고문」은 석고(북 모양의 돌)가 모두
10개로, 석고마다 지름은 3자 정도이며, 현재 북경 국자감 대성문(大成門)의 좌우
에 있다.(周宣王石鼓文, 鼓凡十, 每鼓約徑三尺餘, 在今北京國子監大成門左右.)"
라고 하였다. 현재 고궁박물원 내부의 진열실로 옮겨졌다.
『법서원(法書苑)』에서 "석고문은 '주선왕엽갈(周宣王獵碣)을 말하며, 모두 10개의
석고가 있고, 그 문자는 사주의 대전체이다.(石鼓文, 謂之周宣王獵碣, 共有十鼓,
其文則史籀大篆也.)"라 하였다.
『금석췌편』에서 "석고는 원나라와 명나라 이래로 오랫동안 국자감에 진열되어
있었으며, 건륭 55년(1790)에 건륭황제가 벽옹대전(辟雍大殿, 국자감에 있는 황제
가 학문을 강의하는 대전)에 나와 학문을 강의할 때에, 석고의 원석을 보고 겹겹이
난간을 세워 비바람을 가렸으며, 별도로 단단한 석재를 선택하여 10개의 석고문을
모각하였다.(石鼓, 元明以來, 久列國學, 乾隆五十五年, 高宗臨雍講學, 見石鼓原
刻, 爲立重欄, 以蔽風雨, 別選貞石, 摹勒十石鼓之文.)"라고 하였다.【原註】
* 금석췌편(金石萃編): 160권. 청나라 관리이자 훈고학자인 왕창(王昶, 1724-
1806)의 저서로, 역대의 비각을 위주로 기록한 금석학 전문서적.【역주】
* 법서원(法書苑): 10권. 즉『고금법서원(古今法書苑)』. 북송 서예가 주월[周越,
자(字)는 자발(子發)]이 역대 서예를 모아 정리한 서예학 저서.【역주】
417) 단산석각(壇山石刻):『집고록』에서 "찬황현(贊皇縣, 지금의 하북성 찬황현) 단산
(壇山)의 위에 주목왕(周穆王, 재위 B.C.976-B.C.922)시기에 새긴 마애석각이 있
으며, '길일계사(吉日癸巳)'의 4글자로, 필력이 군세어 칼을 뽑아들고 활을 당기
는 느낌이 있다.(贊皇縣壇山上有周穆王刻石, 吉日癸巳四字, 筆力遒勁, 有劍拔弩

각석(泰山刻石)」419)과 「구산비(朐山碑)」420)와 「역산비(嶧山碑)」421)의

張之狀.)"라고 하였다.

『허주제발(虛舟題跋)』에서 "진나라 위부인이 '이사가 목왕의 글씨를 보고 7일 동
안 흥에 겨워 감탄하였는데, 아마 바로 이것이다.'라고 하였다.(晉衛夫人謂, 李斯
見穆王書, 七日興嘆. 蓋卽此也.)"라고 하였다.【原註】

418) 이사(李斯): 이사(B.C.284-B.C.208)는 진시황의 승상으로, 본래 상채(上蔡, 지금
의 하남성 상채현) 사람이며, 순경[荀卿, B.C.313-B.C.238. 즉 순자(荀子)]을 따라
제왕학을 배워 서쪽 진나라에서 벼슬하였다. 진시황이 천하를 안정시키자 이사
는 승상이 되었으며, 군현제(郡縣制)를 정립하고 금서령(禁書令)을 내렸으며, 창
힐(倉頡, ?-?)의 주문(籀文)과 대전(大篆) 및 소전(小篆)을 변경시켰다.【原註】
  * 군현제(郡縣制): 전국의 행정구역을 군과 현으로 나누어 통지하는 지방행정제
    도로 진나라가 통일한 뒤에 전국적으로 시행하였다.【역주】
419) 태산각석(泰山刻石): 『태산비방비록(泰山碑訪碑錄)』에서 "진나라 「태산각석(泰
山刻石)」과 「이세조(二世詔)」는 이사의 전서체로, 봉부현(奉符縣) 태산의 정상에
있다.(秦泰山刻石幷二世詔, 李斯篆, 在奉符縣泰山頂上.)"라고 하였다.【原註】
  * 태산각석(泰山刻石): 전반부는 진시황 28년(B.C.219)년에 진시황이 태산을 순
    행할 때 새겼으며, 태산 최초의 석각이고, 후반부는 진시황의 석각 옆에 진이세
    (秦二世) 호해(胡亥) 즉위년(B.C.209)에 새겼다는 「이세조(二世詔)」이다. 모두
    이사의 글씨라 한다. 명대에 전서체 29자가 남은 부서진 석각이 발견되었으며,
    건륭 5년(1740)에 불에 훼손되어 가정 20년(1815)에 다시 깨진 조각 2개가 발견
    되었으나, 「이세조(二世詔)」의 10자만 남아있었다. 현재 태산의 남쪽 기슭에
    있는 대묘[岱廟, 속칭 동악묘(東嶽廟)] 동어좌(東御座)에 보관되어 있다.【역주】
  * 태산비방비록(泰山碑訪碑錄): 알 수 없다. "秦泰山刻石幷二世詔, 李斯篆, 在奉
    符縣泰山頂上."의 내용은 『보각총편(寶刻叢編)』의 「방비록(訪碑錄)」 조목에 보
    인다.【역주】
  * 보각총편(寶刻叢編): 20권. 송이종(宋理宗, 재위 1224-1264)시기 임안(臨安, 지
    금의 절강성 임안시)의 서적상 진사(陳思, ?-?)가 편집하였으며, 진나라 「석고
    문」과 「저초문(詛楚文)」부터 오대시기까지 석각의 목록으로, 소량의 청동기와
    철기의 명문 및 약간의 법첩도 기록하였다.【역주】
420) 구산비(朐山碑): 구산비(朐山碑)는 진시황이 동쪽을 순시하다가 동해에 비석을
    세워 동문궐(東門闕)로 삼았으며, 이사가 전서로 글자를 썼는데, 지금의 강소성
    동해현(東海縣) 남쪽에 있다.【原註】
  * 동문궐(東門闕): 진한시기의 궐(闕)은 송덕과 공적을 기록하는 기능을 가진 문
    양식의 건축물. 동문궐은 동대문의 의미.【역주】
421) 역산비(嶧山碑): 『환우기(寰宇記)』에서 "진나라 「역산비」는 추역산[鄒嶧山, 지금
    의 산동성 추성시(鄒城市) 소재] 남쪽 20리에 있으며, '추산(鄒山)'이라고도 하는
    데, 진시황이 동쪽으로 군현(郡縣)을 순행하다가 추역산에 올라 진나라의 덕을
    찬송하는 내용을 바위에 새겼으며, 이사의 전서체이다.(秦嶧山碑, 在鄒嶧山南二

여러 비석·진서(秦誓)⁴²²[저초문(詛楚文)⁴²³)]·장제(章帝)『초서첩(草

十里, 亦名鄒山, 秦始皇東行郡縣, 上鄒嶧山, 刻石頌秦德, 李斯篆書.)"라고 하였
다.【原註】
* 환우기(寰宇記): 200권. 『태평환우기(太平寰宇記)』. 송나라 관리 악사(樂史,
  930-1007)가 송태조 태평흥국연간(976-983)에 편찬한 지리지.【역주】
422) 진서(秦誓):『육일제발(六一題跋)』에서 "진나라에서 무함신(巫咸神)에게 제사하
  는 문장으로 '진서문(秦誓文)'이라고도 하며, '저초문(詛楚文)'이라 속칭한다.(秦
  祀巫咸神文, 一作秦誓文, 俗稱詛楚文.)"라고 하였다.【原註】
* 육일제발(六一題跋): 11권. 송나라 구양수가 편찬한 서예에 관한 논평집.【역주】
423) 저초문(詛楚文):『육일제발』에서 "오른 편은 진나라에서 무함신(巫咸神)에게 제
  사하는 문장으로 현재 '저초문'이라 속칭하며, 먼저 진목공(秦穆公, 재위
  B.C.659-B.C.621)과 초성왕(楚成王, 재위 B.C.671-B.C.626)의 사적을 서술하고,
  마침내 초왕 웅상(熊相, 재위 B.C.827-B.C.822)의 죄를 언급하였다.(右秦祀巫咸
  神文, 今俗謂之詛楚文, 其言, 首述秦穆公與楚成王事, 遂及楚王熊相之罪.)"라고
  하였다.
  『금석록보(金石錄補)』에서 "「저초문」은 3개이며,『집고록』에서 '진서무함조우문
  (秦誓巫咸朝郵文)'이라 하였고, 광주(廣州)에서는 '추연무아타(湫淵巫亞駝)'라 하
  였으며,『금석략(金石略)』에서는 '사무함대추문(祀巫咸大湫文)'라 하였다. 『고반
  여사』에는 「진서저초문(秦誓詛楚文)」'이라 하였으므로, 「진서(秦誓)」와 「저초문
  (詛楚文)」은 사실은 하나의 문장으로, 원문에서 '진서(秦誓)'와 저초문(詛楚文)'이
  라 한 것이 사실은 오류이다.(詛楚文三, 集古作秦誓巫咸朝郵文, 廣州作湫淵巫亞
  駝, 金石略作祀巫咸大湫文. 考槃餘事作秦誓詛楚文, 故秦誓詛楚文, 實爲一文. 原
  文作秦誓詛楚文, 實誤.)"라고 하였다.
  『금석고문(金石古文)』에서 "진나라 「저초문」은 비석이 3개로 '구추(久湫)'라 하고
  '무함(巫咸)'이라 하며 '아타(亞駝)'라 한다. 그 비석은 모두 송대에 나왔다. 설명
  하는 사람들이 처음에 봉상(鳳翔, 지금의 섬서성 봉상현)에서 무함문(巫咸文)을
  얻었고, 다음으로 위수(渭水)의 발원지[조나추(朝那湫), 감숙성 평량시(平凉市) 장
  랑현(庄浪縣) 추두산(湫頭山) 꼭대기에 있는 천지]에서 구추문(久湫文)을 얻었으
  며, 또 낙양(洛陽)에서 아타문(亞駝文)을 얻었는데, 그 내용은 한 가지로, 단지
  신령에게 고하는 것이 신령의 칭호에 따라 달라졌을 뿐이라고 하였다.(秦詛楚文,
  石凡三, 曰久湫, 曰巫咸, 曰亞駝. 其石皆出宋世. 說者謂, 初得巫咸文於鳳翔, 次得
  久湫文於渭, 又得亞駝文於洛, 其詞則一, 惟告於神者, 隨號而異.)"라고 하였다.
  【原註】
* 저초문(詛楚文): 전국시대 후기 진(秦)나라와 초(楚)나라의 패권 경쟁이 격렬하
  였으며, 진나라 왕이 천신에게 진나라가 승리하도록 기원하고 초나라가 망하
  도록 저주하는 내용의 글.【역주】
* 무함(巫咸): 요임금 시대의 인물이라 하는 전설의 무당으로 『열자(列子)』에 처
  음 기록으로 나타난다.【역주】

書帖)」424)·채옹(蔡邕)의 「순우장하승비(淳于長夏承碑)」425)와 「곽유도

---

  * 금석록보(金石錄補): 27권. 송나라 조명성의 『금석록(金石錄)』을 보완하여 청
    나라 장서가이며 금석학자인 섭혁포(葉奕苞, 1629-1686)가 저술한 금석학 전문
    서.【역주】
  * 금석략(金石略): 송나라 학자 정초(鄭樵, 1104-1162)가 저술하였으며, 인물을
    중심으로 한 기전체 중국통사인 『통지(通志)』(200권)의 편명.【역주】
  * 금석고문(金石古文): 14권. 명나라 문학가 양신(楊愼, 1488-1559)의 저서. 상고
    시대부터 한나라까지의 금석문을 수록하였으나 오류가 많다.【역주】
424) 장제(章帝) 초서첩(草書帖): '장제의 초서(章草)'라는 것은 『천자문』의 잔결본 초
    서체 8줄로 모두 84자이다.
    황백사(黃伯思)의 『동관여론(東觀餘論)』에서 "미불의 「발비각법첩(跋秘閣法帖)」
    에서 '그중의 하나로 위조된 법첩이 태반이다.'라 하였으며, 심한 경우에는 『천자
    문』을 한나라 장제(章帝)의 작이라 하였다.(米元章跋秘閣法帖, 其間一手, 僞帖太
    半, 甚者以千字文爲漢章帝.)"라고 하였다.
    『옥해』에 의하면 "소흥 7년(1137) 12월 17일, 보필하는 신하에게 유시하여 말하
    기를, '고대 제왕의 법첩 가운데 한나라 장제의 『천자문』이 있다. 『천자문』은 양
    나라 주흥사(周興嗣, 469-521)가 지은 것인데, 어찌하여 장제(56-88)가 썼겠는가?
    이 한 가지 일을 통하여 나머지를 알 수가 있으니, 어찌 후학을 오도하지 않겠는
    가?(紹興七年十二月十七日諭輔臣曰, 古帝王帖中, 有漢章帝千文. 千文是梁周興
    嗣所作, 緣何章帝書之. 此一事, 其他可知, 豈不誤後學者.)"라고 하였다.【原註】
425) 채옹(蔡邕)의 순우장하승비(淳于長夏承碑): 한나라 「순우장하승비(淳于長夏承
    碑)」. 채옹(133-192)은 동한시기 진류[陳留, 지금의 하남성 개봉시 어진(圉鎭)] 사
    람으로 자(字)는 백개(伯喈). 영제(靈帝, 재위 168-189) 시기에 낭중에 임명되었
    으며, 동탁(董桌, ?-192. 동한 대신)에 의해 좨주(祭酒)로 임명되어 여러 차례 이
    직하여 중랑장이 되었으나, 후에 동탁의 당으로 몰려 옥중에서 죽었다. 저술한
    시문과 비명(碑銘) 및 서적 등이 모두 104편이다.
    『고반여사』에서 "「순우장하승비」는 채옹의 팔분서로 직예 광평부학(廣平府學)에
    있다.(淳于長夏承碑, 蔡邕八分書, 在直隸廣平府學.)"라고 하였다.
    『보각총편(寶刻叢編)』에서 "한나라 「순우장하승비」는 '한북해순우장하군비(漢北
    海淳于長夏君碑)'라는 전액(篆額, 전서체 비액 문자)이 있으며, 원우연간
    (1086-1094)에 명주[洺州, 지금의 하북성 영년현(永年縣) 광부진(廣府鎭)에서 명
    수(洺水)의 제방을 수리하다가 처음 획득하였다. 하군(夏君)의 이름은 하승(夏
    承, ?-170)으로 군에서 벼슬하여 주부독우(主簿督郵)가 되었으며, 익주종사(翼州
    從事)에 이르렀고, 조정에서 불러 관직을 주어 순우장(淳于長)에 임명되었으며,
    영제(靈帝) 건녕(建寧) 3년(170)에 사망하였다. 이 비석의 글자체는 매우 기괴하
    며, 당나라 사람은 대개 본받아 서술하였는데, 한자에는 팔분이 있고 예서가 있
    었으나, 그 학문이 중도에 끊어졌으므로 분별할 수가 없다.(漢淳于長夏承碑, 漢
    北海淳于長夏君碑, 篆額, 元祐中, 洺州治河始得之. 夏君名承, 仕郡爲主簿督郵,

비(郭有道碑)」426)와 「구의산비(九疑山碑)」427)와 「변소비(邊韶碑)」428)와
「선부비(宣父碑)」429) 및 「북악비(北嶽碑)」430)·최자옥(崔子玉)431)의 「장

至翼州從事, 府擧辟, 除淳于長, 靈帝建寧三年卒. 此碑字體頗奇怪, 唐人蓋所祖述,
漢字有八分有隷, 其學中絶, 不可分辨.)"라고 하였다.【原註】

426) 곽유도비(郭有道碑): 곽태(郭泰, 128-169)는 동한 개휴(介休, 지금의 산서성 개휴
시) 사람으로, 자(字)는 임종(林宗)이며 고대 서적에 널리 통달하였다. 집에서
제자를 가르쳤는데, 수천 명에 이르렀다. 일찍이 낙양에서 노닐었으며 후에 고향
으로 돌아왔는데, 전송하는 유학자의 수레가 1천대에 이르렀으며, 유도(有道, 한
대 과거과목의 하나)에 합격하였으나 취임하지 않았다. 사망하자 채옹이 묘지를
써서 "내가 비문을 지은 것이 많은데, 모두 언행에 결점이 있어 내심으로 부끄러
웠으나, 오직 곽태는 부끄러운 기색이 없다.(我爲碑銘多矣, 皆有慚德, 惟郭有道
無愧色耳.)"라고 하였다.
『고반여사』에서 "「곽유도비」는 채옹이 글을 지었으며, 예서체이고, 산서성 평진
현(平晉縣, 지금의 산서성 태원시에 속함)에 있다.(郭有道碑, 蔡邕作文, 隷書, 在
山西平晉縣.)"라고 하였다.【原註】
427) 구의산비(九疑山碑): 『고반여사』에서 "「한구의산비(漢九疑山碑)」는 한나라 채옹
의 문장으로, 모두 예서로 썼으며, 광서성에 있다.(漢九疑山碑, 漢蔡邕文, 幷隷
書, 在廣西.)"라고 하였다.【原註】
  * 구의산비(九疑山碑): 지금은 「구의산명(九疑山銘)」이 호남성 영주시(永州市)
  영원현(寧遠縣)의 구의산 옥관암(玉琯巖) 위에 있으며, 채옹의 「구의산명(九疑
  山銘)」을 보충하여 1246년에 송나라 서예가 이정조(李挺祖, ?-?)가 썼다. 순임
  금의 덕을 노래한 내용이다.【역주】
428) 변소비(邊韶碑): 『신증격고요론』에서 "「변소묘비(邊韶墓碑)」: 변소(?-?)는 자(字)
가 효선(孝先)으로 항상 100여명의 제자를 가르쳤으며, '오경사(五經笥, 오경을
보관한 책 상자)'라 불렸다. 한나라 환제(桓帝, 재위 146-167)시기에 대중대부(大
中大夫)가 되었다. 채옹이 예서로 썼으며, 묘비는 하남성 개봉부 동북 5리에 있
다.(邊韶墓碑, 邊韶, 字孝先, 敎授弟子常百餘人, 號五經笥. 漢桓帝大中大夫. 蔡邕
隷書, 其墓碑在河南開封府東北五里.)"라고 하였다.【原註】
429) 선부비(宣父碑): 『신증격고요론』에서 "동한의 백혜[伯喈, 채옹의 자(字)] 채옹이
예서로 썼으며, 진정부(眞定府, 지금의 하북성 정정현(正定縣)에 있다.(東漢蔡邕
伯喈隷書, 在眞定府.)"라고 하였다.【原註】
  * 선부(宣父): 공자. 당태종 정관 2년(628)에 '선성(先聖)'으로 높이고 정관 11년
  (637)에 '선부(宣父)'로 높였다.【역주】
430) 북악비(北嶽碑): 『술고서법찬(述古書法纂)』에서 "채옹의 예서(蔡邕隷書)"라고 하
였다. 『신증격고요론』에서 "「북악항산비(北嶽恒山碑)」: 하나의 비석은 채옹의 한
나라 예서체이고, 다른 하나의 비석은 채유린(蔡有隣, ?-?. 당나라 4대 예서가의
일인)의 당나라 예서로 정주(定州, 지금의 하북성 정주시) 곡장교(曲場橋)에

평자432)묘비(張平子墓碑)」433)·곽향(郭香)434)이 교정한 예서체 「서악

있다.(北嶽恒山碑, 一碑, 蔡邕漢隷, 一碑, 蔡有隣唐隷, 在定州曲場橋.)"라고 하였다.【原註】

* 술고서법찬(述古書法纂): 10권. 명나라 로왕(潞王) 주상방(朱常淓, 1607-1646)의 저서.【역주】

431) 최자옥(崔子玉): 동한 최원(崔瑗, 77-142). 『후한서·최원전(後漢書·崔瑗傳)』에서 "최원의 자(字)는 자옥(子玉)이며[탁군(涿郡) 평안(安平, 지금의 하북성 평안) 사람으로, 최인(崔駰, ?-92)의 아들], 어려서 고아가 되었으나 의지가 굳고 학문을 좋아하였으며, 천문과 역법·경방(京房, B.C. 77-B.C. 37)의 『역전(易傳)』·육일칠분법(六日七分法)을 해설하여 여러 학자들이 이를 따랐다.[『후한서·낭의전(郎顗傳), 낭의는 동한의 경학가이자 점술가)』에 주(注)가 있다.] 부풍(扶風, 지금의 섬서성 부풍현)의 마융(馬融, 79-166, 동한의 저명한 경학가) 및 남양(南陽, 지금의 하남성 남양시)의 장형(張衡, 78-139, 문학가)과 특별히 우의가 좋았으며, 벼슬하여 제북상(濟北相)이 되었다. 문사에 뛰어났으며 특히 서기(書記, 서신)과 잠명(箴銘)을 잘 지었고, 지은 부(賦)·비문·명(銘)·잠(箴) 등이 모두 57편이다.(瑗字子玉(涿郡安平人, 駰子), 早孤, 銳志好學, 明天官曆數, 京房易傳, 六日七分(後漢書郎顗傳有注), 諸家從之, 與扶風馬融南陽張衡, 特相友好, 仕至濟北相, 高於文辭, 尤善爲書記箴銘, 所作賦碑銘箴等凡五十七篇.)"라고 하였다. 「서품(書品)」에서 "평론하여 말하기를, '최자옥은 북방에서 명성을 날렸으며, 남방으로 건너와 흔적이 드물었는데, 세상에서 최자옥의 작품을 얻은 사람이 있었으며, 왕헌지가 보고서 아름답다고 칭찬하고 능력이 장지(張芝)와 비슷하다고 여겼다.'라고 하였다.(論曰, 崔子玉擅名北中, 迹罕南度, 世有得其摹者, 王子敬見之稱美, 以爲功類伯英.)"라고 하였다.【原註】

* 경방(京房)의 역전(易傳): 3권. 경방이 『역경』을 해설한 저서.【역주】
* 육일칠분법(六日七分法): 서한 맹희(孟喜, 금문경학가)의 학설로 진(震)·리(離)·태(兌)·감(坎)의 4괘로 춘하추동의 음양변화를 표시하는 방법. 1년 365.25일을 60개 괘의 효마다 1일씩 배정하고 남은 6일을 4괘를 제외한 나머지 60개 괘에 7분씩 배정하는 방법.【역주】
* 잠명(箴銘): 문체의 명칭. 잠(箴)은 경계하는 내용의 운문이고, 명(銘)은 기물이나 비석 위에 새겨 경계나 칭송하는 글.【역주】
* 서품(書品): 1권. 남조 양나라 문학가 유견오(庾肩吾, 487-551)가 쓴 서예 비평 이론. 동한의 장지(張芝)를 첫째로 하여 초서와 예서 서예가 128명을 고중저(高中低)의 3등급으로 나누고 다시 상중하의 3급으로 세분하여 품평하였다.【역주】
* 王子敬(왕자경): 동진 서예가 왕헌지. 자(字)가 자경(子敬).【역주】
* 伯英(백영): 동한 서예가 장지(張芝)의 자(字).【역주】

432) 장평자(張平子): 동한 사람 장형(張衡, 78-139). 『후한서·장형전(後漢書·張衡傳)』에서 "장형의 자(字)는 평자(平子)로 남양(南陽) 서악(西鄂) 사람이다.[당나

라 이현(李賢)의 주(注): 서악의 고성은 지금의 등주(鄧州) 향성현(向城縣, 지금
의 하남성 남양시에 속함) 남쪽에 있으며 장형묘와 비석이 있는데, 최원(崔瑗,
77-142. 동한 서예가)의 글이다.] 교묘한 장치의 제작에 뛰어났으며, 특히 천문과
역법에 사고를 집중하였다. 안제(安帝, 재위 106-125)가 초빙하여 낭중에 임명하
였고, 다시 옮겨 태사령이 되었다. 혼천의(渾天儀)를 제작하였으며, 『영헌(靈憲,
천문학서적)』과 『산망론(算罔論, 수학서적)』을 저술하였다.(衡字平子, 南陽西鄂
人也.(唐李賢注, 西鄂故城, 在今鄧州向城縣南, 有平子墓及碑在焉. 崔瑗之文也.)
善機巧, 尤致思於天文曆算. 安帝徵拜郎中, 再遷爲太史令. 作渾天儀, 著靈憲算罔
論.)"라고 하였다.【原註】

433) 장평자묘비(張平子墓碑): 『묵지편(墨池編)』에서 "최원이 편찬하고 아울러 글씨를
썼다. 하나는 남양(南陽)에 있고, 하나는 항성(項城, 지금의 하남성 항성시)에
있다.(崔子玉撰幷書. 一在南陽, 一在項城.)"라고 하였다.

『금석록』에서 "장형은 영평(永平) 4년(61)에 사망하였으며, 정화연간(政和年間,
1111-1118)에 비석은 남양에 있었다.(張平子卒於永平四年, 政和中, 碑在南陽.)"
라고 하였다.【原註】

* 묵지편(墨池編): 20권. 북송의 서지학자 주장문(朱長文, 1039-1098)이 저술한
서예이론 총집.【역주】

434) 곽향(郭香): 후한 신풍(新豊) 사람으로 관직은 서좌(書佐, 문서담당 보좌관).『예
석(隸釋)』에서 "「서악화산묘비(西嶽華山墓碑)」는 화주(華州) 화음현(華陰縣, 지
금의 섬서성 화음현)에 있다. 한환제(漢桓帝) 위종(威宗, 재위 146-167) 연희 4년
(161), 원봉[袁逢, ?-?. 원소(袁紹, ?-202)의 부친으로 동한 대신]이 굉농군(宏農郡)
을 다스릴 때, 옛날의 「화악비」는 문자가 마멸되었으므로, 마침내 경전에 실린
원본에 따라 이 비석을 새겨서 후대에 물려주려 하였으나, 마침 경조윤(京兆尹)
으로 옮겨가자, 바로 도수연(都水掾, 태수의 수리분야 담당관) 두천(杜遷)에게
석재를 구입하도록 명하고, 서좌(書佐) 곽향에게 내용을 교감하도록 맡겨, 비석
은 그 후 4년 뒤에 완성되었으니, 대체로 손구(孫璆)가 군을 다스릴 때이다. '곽향
찰서(郭香察書)'라는 것은 곽향이 다른 사람의 글을 교정했다.'는 것으로, 소구양
[小歐陽, 구양순의 아들 구양통(歐陽通, ?-691)]이 곽향찰이 쓴 글이라 여긴 것은
잘못이다.(西嶽華山墓碑在華州華陰縣. 威宗延熹四年, 袁逢守宏農郡, 以華嶽舊
碑, 文字磨滅, 遂按經傳載原本, 勒斯石以垂後. 會遷京兆尹, 乃敕都水掾杜遷市石,
遣書佐郭香察書, 碑成於後之四年, 蓋孫璆典郡時也. 郭香察書者, 察涖它人之書,
小歐陽以爲郭香察所書, 非也.)"라고 하였다.

『석묵준화(石墨鐫華)』에서 "내가(저자 조함) 비문에서 '경조윤이 도수연 패릉(霸
陵) 출신의 두천에게 석재를 사도록 명하였다.(京兆尹敕都水掾霸陵杜遷市石.)'
라는 구절과 '서좌 신풍 출신의 곽향에게 교정하도록 맡겼다.(遣書佐新豊郭香察
書.)'를 고찰해보았다. 석재를 구입한 것(市石)과 내용을 교정한 것(察書)은 두
가지 일로, 홍괄(洪适)의 말(『예석』의 기록)은 근거가 있는 듯하다.(余按碑文云,
京兆尹敕都水掾霸陵杜遷市石句, 遣書佐新豊郭香察書. 市石察書爲二事, 則洪公

화산비(西嶽華山碑)」435) ·「주부군비(周府君碑)436)가 있다. 위나라 법첩

言似有據.)"라고 하였다.

주균(朱筠)의 『사하문초(筍河文鈔)』에서 "『금석문자기(金石文字記)』와 「폭서정제발(曝書亭題跋)」에서 모두 『후한서 · 율력지(律曆志)』의 곽향이 바로 이 사람이다.'라고 하였다. 곽향의 이름을 고찰해보면 풍광(馮光)의 상주문에 보인다.(金石文字記及曝書亭題跋皆謂後漢律曆志郭香卽此人. 考郭香之名, 見於馮光奏中.)"라고 하였다.【原校】

* 예석(隸釋): 27권. 남송 홍괄(洪适, 1117-1184)의 저서로 한나라와 위나라의 예서 석각 183종과 관련 자료를 모아 기록한 현존 최초의 한위진 석각문자에 관한 저서.【역주】
* 석묵준화(石墨鐫華): 6권. 명나라 금석학자 · 장서가 조함(趙崡, 1564-1618)의 저서. 석비의 발문 250여종을 수록하고 출토지점을 기록하였다.【역주】
* 사하문초(筍河文鈔): 3권. 청나라 학자 주균(朱筠, 1729-1781, 호가 사하)의 저서.【역주】
* 금석문자기(金石文字記):6권. 명말청초의 대학자 고염무(顧炎武, 1613-1682)의 저서로 한대 이후의 비석을 시대순으로 상세하게 기록하고 논증하였다.【역주】
* 폭서정제발(曝書亭題跋): 청나라 학자 주이존(朱彝尊, 1629-1709)이 쓴 서문과 발문.【역주】
* 풍광(馮光)의 상주문: 『후한서 · 율력지(律曆志)』에 따르면 영제(靈帝, 재위 168-189) 희평(熹平) 4년(175)에 오관랑중(五官郎中) 풍광과 상계연(上計掾, 위로 보고하는 업무 담당 관리) 진황(陳晃)이 "……태사(太史, 천문과 역법 담당 관리)가 역법을 제정하는데, 곽향과 유고(劉固)가 고의로 망령된 학설을 만들어,……(……太史治曆, 郎中郭香劉固意造妄說,……)"라는 내용의 상주문을 올렸다고 기록되어 있다.【역주】

435) 서악화산비(西嶽華山碑):『격고요론』에서 "「서악화산묘비(西嶽華山墓碑)」는 한나라 곽향찰이 예서체로 썼으며, 화음현(華陰縣)의 화산묘(華山廟)에 있다. 대개 한나라 사람의 비석은 대부분 누가 글을 썼는지 기록하지 않았는데, 한나라 예서체로 성명이 있는 것은 이 비석이 유일하다.(西嶽華山墓碑, 漢郭香察隸字書, 在華陰縣華山廟. 蓋漢人碑多不書何人書, 漢隸書姓名者, 獨此帖耳.)"라고 하였다. 『장물지』·『준생팔전』·『고반여사』·『격고요론』에 따르면 모두 '곽향찰(郭香察)'은 인명으로, 또 비문은 '곽향찰'이 썼다고 하였으나 오류이다.【原註】

436) 주부군비(周府君碑): 「한 주부군비(漢周府君碑)」'나 「한 계양태수 공적비(漢桂陽太守功勳碑)」 또 「계양태수 주경 공적명(桂陽太守周燝功勳銘)」'이라 한다. 『집고록목(集古錄目)』에서 "「한 주부군비」는 한나라 예서로 글씨를 썼으며, 문장을 지은 사람의 이름이 쓰여 있지 않다.(漢周府君碑, 漢隸, 不著書撰人名氏.)"라고 하였다. 『소주도경(韶州圖經)』에서 "곽창(郭蒼)이 지었다. 처음에 계양(桂陽)에 농수(隴水)가 있는데, 사람들이 험난하여 근심하므로, 태수인 하비[下邳, 지금의 강소성 휴녕현(睢寧縣) 고비진(古邳鎭)] 출신 주경[周憬, 자(字)는 군광(君光)]

으로는 종요(鍾繇)의 「하첩표(賀捷表)」[437]·「대향비(大饗碑)」[438]·「천

이 산을 무너트리고 바위를 뚫어 소통하였다. 연희 3년(160)에 고리(故吏, 이전의 관리) 구지(區祉)가 비석을 새겨 공적을 기록하였으며, 구지 등을 포함하여 고리로서 비석에 이름을 쓴 자가 32명으로, 소주[韶州, 지금의 광동성 소관시(韶關市)] 낙창현(樂昌縣) 창락롱(昌樂隴) 위의 주군묘(周君廟)에 있다.(郭蒼撰. 初, 桂陽有隴水, 人患其險, 太守下邳周燎字君光, 穨山鑿石以通之. 延熹三年, 故吏區祉刻石以記功, 并祉等故吏題名者, 三十二人. 在韶州樂昌縣昌樂隴上周君廟中.)"라고 하였다.
『고반여사』와 『장물지』에 모두 진나라 비석(晋碑)에 배열되어 있으나 오류이므로, 종요 「하첩표(賀捷表)」의 앞으로 고쳐 배열하였다.【原註】

* 주군묘(周君廟): 한롱사(韓瀧祠). 광동성 소관시 낙창현 구롱십팔탄(九瀧十八灘) 나가도(羅家渡)의 노롱구(老瀧口) 서쪽 기슭에 있다. 동한의 복파장군 마원(馬援)을 기념하여 건립되었으며, 한영제 희평(熹平) 3년(174)에 계양태수 주경(周憬)이 치수에 공적이 있어 이를 기념하여 '주부군묘'로 이름을 바꾸었다. 당 원화 14년(819)에 한유(韓愈)가 이곳을 지나다가 편액을 써주고 「농리(瀧吏)」와 「제임롱사(題臨瀧寺)」의 시를 지었으므로, 한롱사로 이름을 바꾸었다.【역주】
* 집고록목(集古錄目): 20권(현존 10권). 북송 구양수의 셋째아들 구양비(歐陽棐, 1047-1113)가 1069년 구양순의 명을 받아 편찬하였으며, 집안에 소장된 1천여 점의 탁본을 수록하였다. 구양수의 『집고록』은 제발이 있는 400여 점만을 수록하였으나, 이 책은 제발이 없는 탁본도 모두 수록하였다.【역주】
* 소주도경(韶州圖經): 소주(韶州)의 지방지. 자세한 내용은 알 수 없다.【역주】
* 곽창(郭蒼): 명나라 관리 구대임(歐大任, 1516-1596)이 동한부터 명대에 이르는 백월(百越, 장강하류에서 베트남에 이르는 연해지역)의 명인 120명의 전기를 저술한 『백월선현지(百越先賢志)』(총 4권)에서 "곽창. 자(字)는 백기(伯起), 곡강(曲江, 지금의 서안시) 사람으로, 문학적인 재능이 풍부하여 수재(秀才)로 천거되어 형주종사(荊州從事)가 되었다. 희평 3년, 태수 주경이 창락 육롱(六瀧)를 개통하여 상인과 여행객을 유통시켰으며, 곽창이 「신한계양태수주부군비(神漢桂陽太守周府君碑)」를 지었다.(郭蒼. 字伯起, 曲江人, 富有文學擧茂才, 爲荊州從事. 熹平三年, 太守周憬開導昌樂六瀧流通商旅, 蒼爲撰神漢桂陽太守周府君碑.)"라고 하였다.【역주】

437) 하첩표(賀捷表): 『육일제발』에서 "위나라 종요의 표석(表石): 종요의 법첩은[2글자가 『집고록』에는 '표(表)'로 되어 있다.] 조인(曹仁, 168-223. 위나라 장군)이 관우(關羽, ?-220)를 격파한 승리를 축하하는 표문으로, 뒷부분에 '건안 24년(219) 윤달(10월) 9일, 남방에서 동무정후(東武亭侯) 종요가 바칩니다.'라고 쓰여 있다.(魏鍾繇表石, 鍾繇法帖(二字集古作表)者, 曹公破關羽賀捷表也, 其後書云, 建安二十四年潤月九日, 南蕃東武亭侯鍾繇上.)"라고 하였다.【原註】
438) 대향비(大饗碑): 『한례자원(漢隷字源)』에서 "위문제(魏文帝, 재위 220-226)가 연강원년(延康元年, 220)에 초군[譙郡, 지금의 안휘성 박주(亳州)]에 행차하여, 나이

「계직표(薦季直表)」439) ·「수선비(受禪碑)」440) ·「상존호비(上尊號碑)」441)

많은 어른들에게 잔치를 열어 위로하고, 자신의 고택에 단을 세웠으며, 단의 앞에 비석을 세우고 '대향지비(大饗之碑)'라 이름 하였는데, 양곡(梁鵠, ?-?. 조조가 좋아했다는 서예가)의 글씨라 전해진다.(魏文帝以延康元年幸譙, 大饗父老, 立壇於故宅, 壇前建石, 題曰, 大饗之碑, 相傳爲梁鵠書.)"라고 하였다.

『도경(圖經)』에서 "조식(曹植, 192-232, 조조의 둘째 아들)이 글을 짓고 종요가 썼다.(曹子建文, 鍾繇書.)"라고 하였다.【原註】

* 한례자원(漢隷字源): 6권. 남송의 역사학자 루기(婁機, 1133-1212)의 저서로 한위시기의 비석에 대한 고찰과 분운(分韻) 및 글자 해석에 관한 내용의 3부분으로 구성되어 있다.【역주】

* 도경(圖經): 그림과 지도 및 문자가 있는 서적. '도지(圖志)'나 '도기(圖記)'라고도 한다. 지방지의 편찬 형식의 하나이다. 현존하는 도경은 동한시기의 『파군도경(巴郡圖經)』이 최초이다. 여기서의 『도경(圖經)』은 어떤 책인지 알 수가 없다.【역주】

439) 천계직표(薦季直表): 종요의 글씨. 오관(吳寬)의 『가장집(家藏集)』에서 "역사서에서 종요가 위나라를 섬겨 대단하게 위대한 업적이 있다고 기록하였는데, 이「천계직표」에서 종요가 나라를 위하여 현명한 사람을 매몰시키지 않는 미덕을 볼 수 있으며, 종요의 글씨는 평생 보기를 원하였으므로, 특별히 돌에 새긴다.(史載鍾太傅事魏, 殊有偉迹, 此薦季直表, 觀其爲國不蔽賢之美, 其書平生所見, 特石刻耳.)"라고 하였다.【原註】

* 가장집(家藏集): 77권. 『포옹가장집(匏翁家藏集)』이라고도 한다. 명나라의 시인이자 서예가 오관(1435-1504)의 문집.【역주】

440) 수선비(受禪碑): 「위수선비(魏受禪碑)」라고도 한다. 『한례자원』에서 "황초원년(黃初元年, 220), 영창부(潁昌府) 임영현[臨潁縣, 지금의 하남성 임영현] 위문제묘[魏文帝廟, 명나라 홍치연간(1488-1505)에 위문제의 조각상이 철거되고 한헌제묘(漢獻帝廟)로 바뀌었다]의 내부에 있다.(黃初元年, 在潁昌府臨潁縣魏文帝廟內.)"라고 하였다.

유우석(劉禹錫, 772-842. 당나라 시인)의 『가화(嘉話)』에서 "왕랑(王朗, ?-228. 위나라 대신)이 글을 짓고, 양곡(梁鵠)이 글씨를 썼으며, 종요가 글자를 조각하여 '삼절(三絶)'이라 한다.(王朗文, 梁鵠書, 鍾繇鐫字, 謂之三絶.)"라고 하였다.

『석묵전화(石墨鐫華)』에서 "위문제 조비(曹丕)의 「수선비」는 허주[許州, 지금의 하남성 허창시(許昌市)]에 있다.(魏文帝受禪碑在許州.)"라고 하였다.【原註】

* 가화(嘉話): 1권. 『유빈객가화록(劉賓客嘉話錄)』. 중당시기의 시인 유우석의 제자 위현(韋絢, ?-?)의 저술로, 장경원년(長慶元年, 821)에 자신이 유우석을 따라 백제성[白帝城, 지금의 사천성 봉절(奉節)]에서 학습할 때 담화한 내용을 대중(大中) 10년(856)에 추억하여 기록하였다.【역주】

* 「수선비」는 비액에 '수선표(受禪表)'의 3자가 전서체 양문으로 새겨져 있어 「수선표비(受禪表碑)」라고도 하며, 현재 하남성 허창시 서남 17km에 위치한

와 「종성후비(宗聖侯碑)」442) 이다. 오나라 법첩으로는 국산비(國山碑)443)
이며, 진나라 법첩으로는 「난정기(蘭亭記)」444)·「필진도(筆陣圖)」445)·

번성진(繁城鎭)의 한헌제묘 내부에 「상존호비(上尊號碑)」와 나란히 서 있다.
비문은 예서체 음각으로, 지금의 번성진에 수선대(受禪臺)를 쌓고 조비가 한헌
제에게 선양(禪讓)을 받는 의전을 거행했다는 내용이다.【역주】
* 석묵전화(石墨鐫華): 6권, 부록 2권. 명나라 금석학자이자 장서가 조함(趙崡,
1564-1618)이 석각에 관해 전문적으로 기술한 저서.【역주】
441) 상존호비(上尊號碑): '공경상존호비(公卿上尊號碑)'라고도 한다. 『술고서법찬
(述古書法纂)』에서 "「상존호비」는 하남부(河南府)에 있다. 세상에 「존호비」로 전
하며, 양곡의 글씨인데, 안진경은 종요의 글씨라고 판별하였다.(上尊號碑在河南
府. 世傳尊號碑, 梁鵠書, 顔眞卿辨爲鍾繇書.)"라고 하였다.【原註】
* 상존호비(上尊號碑)는 비액에 '공경장군상존호주(公卿將軍上尊號奏)'의 8자가
전서체 음문으로 새겨져 있으므로 「공경장군상존호주비(公卿將軍上尊號奏
碑)」라고도 한다. 위나라 문무대신이 상주하여 조비가 한나라를 대신하여 황
제가 되도록 요청한 사실을 기록하였다.【역주】
442) 종성후비(宗聖侯碑): 『금석록』에서 『위지(魏志)』에서 문제(文帝)가 황초 2년
(221) 정월에 조서를 내려 공선(孔羨, ?-?)을 종성후(宗聖侯)로 삼고, 노군(魯郡)
에 명을 내려 오래 된 공자묘를 수리하도록 하였다. 현재 비문으로 고찰해보면,
바로 황초원년(220)이다.(魏志, 文帝以黃初二年正月下詔, 以孔羨爲宗聖侯, 及令
魯郡修起舊廟. 今以碑考之, 乃黃初元年.)"라고 하였다.
『금석문자기』에서 "팔분서이고 황초원년에 세워졌으며, 현재 곡부(曲阜, 지금의
산동성 곡부) 공자묘 내부에 있다.(八分書, 黃初元年, 今在曲阜孔廟中.)"라고 하
였다.
『고반여사』에서 "「종성후비」는 위문제가 공자 21대손 공선을 종성후에 봉한 내
용으로, 조식이 글을 짓고 양곡이 글씨를 썼으며, 공자묘 내부에 있다.(宗聖侯碑,
魏文帝封孔子二十一世孫孔羨爲宗聖侯, 曹子建作文, 梁鵠書, 在孔廟中.)"라고 하
였다.【原註】
443) 국산비(國山碑): 지금의 강소성 의흥현(宜興縣)에 있다. 『집고록』에서 "삼국시대
오나라 손호(孫皓, 242-284. 오나라 마지막 황제) 천책원년(天冊元年, 275)에 국
산에서 봉선(封禪, 제왕이 천지에 지내는 제사)을 하고 천새(天璽)로 연호를 고쳤
으며, 획득한 상서로운 물건을 기록하여 산음에 비석을 세웠다.(三國吳孫皓天冊
元年禪於國山, 改元天璽, 因紀其所獲瑞物, 刊石於山陰.)"라고 하였다. 비문은 전
서체이며 전반부는 거의 다 닳아 없어졌다. 국산은 의흥현의 서남 50리에 있으며
본명은 이산(離山)으로 '구두산(九頭山)'이라고도 하는데, 손호가 봉선을 하고부
터 국산으로 개명하였다.【原註】
444) 난정기(蘭亭記): 『서단』에서 "진나라 왕희지가 33세에 「난정기」를 쓰고, 37세에
『황정경』을 썼다.(晉王羲之三十三書蘭亭書, 三十七書黃庭經.)"라고 하였다.

「황정경(黃庭經)」446) ·「성교서(聖教序)」447) ·「악의론(樂毅論)」448) ·

강기(姜夔)의 『난정고(蘭亭考)』에서 "하연지(何延之)의 『난정시말기』에서 '왕희지가 「난정서」를 쓸 때에 천우신조가 있었으며, 깨어난 뒤 다른 날에 다시 수십 수백 본을 써도 발계(祓禊)할 때에 쓴 것에 미치지 못하여, 왕희지도 스스로 진귀하게 여기며 사랑하였다. 이 글씨를 자손에게 주어 학문을 전하도록 하였으며, 7대손 지영선사에 이르렀는데, 지영은 제자 변재(辨才)에게 주었다. 당태종이 구하려 했으나 얻지 못하자 바로 소익(蕭翼, ?-?. 감찰어사)을 보내어 계교를 사용해서 취득하였다.'고 하였다.(何延之記云, 右軍書此時乃有神助, 及醒後, 他日更書數十百本, 無及祓禊所書, 右軍亦自珍愛. 此書付子孫傳學, 至七代孫智永禪師, 永付弟子辨才. 唐太宗求之不得, 乃遣蕭翼以計取之.)"라고 하였다. 그 뒤에 번각하여 많게는 수백 종에 이르렀으며, 송나라 선화연간에 새긴 정무본(定武本)이 유명하여 세상에서 「정무난정(定武蘭亭)」이라 한다.
『고반여사』에서 "「난정기」는 왕희지의 작품으로 이공린이 「곡수유상도(曲水流觴圖)」를 그렸으며, 뒷날 여릉(廬陵), 지금의 강서성 길안(吉安)의 증굉부(曾宏父), ?-?)가 연구하고 발문을 썼는데, 절강성 산음에 있다.(蘭亭記, 王右軍作, 李龍眠畵流觴曲水圖, 後有廬陵曾宏父考究幷跋, 在浙江山陰.)"라고 하였다.【原註】
  * 난정고(蘭亭考): 1권. 송나라 시인 강기(1154-1221)가 왕희지가 직접 썼다는「난정서」에 대하여 연구한 내용을 후대에 모아 역은 책.【역주】
  * 발계(祓禊): 봄 상사일(上巳日, 첫 번째 사일)에 물가에서 제사를 지내고 묵은 때를 세탁하여 상서롭지 못한 것을 제거하는 의식.【역주】
445) 필진도(筆陣圖): 『고반여사』에서 "「필진도」는 왕희지의 행서작품으로 간간이 초서가 섞여 있으며, 끝에서 '천금이라도 적당한 사람이 아니면 전하지 않는다. 영화 12년(356) 4월 12일 쓰다.'라고 하였다.(筆陣圖, 右軍行書, 間有草字, 末云, 千金勿傳, 非其人也. 永和十二年四月十二日書.)"라고 하였다. 섬서성 서안부학(西安府學)에 있다.【原註】
446) 황정경(黃庭經): 저명한 작은 해서체 법첩. 『집고구진(集古求眞)』에서 "왕희지의 글씨라고 전한다. 저수량의 「우군서목(右軍書目)」을 살펴보면 이 경전을 두 번째로 배열하였다. 개원시기(713-741)에 왕희지의 글씨를 기록하며 이 경전을 마침내 첫 번째로 열거하였다.(相傳爲王義之書. 考褚遂良右軍書目, 此經列爲第二. 開元時錄右軍書, 此經竟列第一.)"라고 하였다. 글씨가 부드러우면서 힘차고 수려하다. 석각의 탁본이 전해오며, 송대 『비각본(秘閣本)』이 가장 정교하고 『월주석씨본(越州石氏本)』도 우수하다.【原註】
  * 우군서목(右軍書目): 당태종이 왕희지의 글씨를 구하자, 사방에서 고대 서첩을 보내왔으며, 저수량이 서첩의 진위를 판별하여 정리한 목록.【역주】
447) 성교서(聖教序): 「집왕성교서(集王聖教序)」. 『고반여사』에서 "당태종이 서문을 짓고, 고종(高宗)이 기(記)를 썼으며, 승려 현장이 『반야바라밀다심경』을 번역하였고, 승려 회인(懷仁)이 왕희지의 행서를 모아서 만들었다. 정관 23년(649) 8월에 「성교서」를 지었고, 함형(咸亨) 3년(673) 12월에 비석에 새겼다. 글자체가 힘

「동방삭찬(東方朔贊)」449)・「낙신부(洛神賦)」450)・「조아비(曹娥碑)」451)・

차 사랑스러우며, 비석은 섬서성 서안부학에 있다.(唐太宗作序, 高宗作記, 僧玄
奘譯多心經, 僧悔仁集右軍行書. 貞觀二十三年八月作, 咸亨三年十二月刻石. 字
體遒勁可愛, 石在陝西西安府學.)」라고 하였다.【原註】

448) 악의론(樂毅論): 『제도석각록(諸道石刻錄)』에서 "진나라「악의론」은 영화 4년
(348)에 써서 관노(官奴, 왕헌지의 어릴 때 이름)에게 하사하였는데, 첫머리와
끝부분이 남아 있고 중간은 없어졌으며, 뒷부분에 초서체 2줄이 있다.(晋樂毅論,
永和四年書賜官奴, 首尾存, 中缺, 後有草書二行.)"라고 하였다.【原註】

* 악의론(樂毅論): 삼국시대 위나라의 현학가(玄學家) 하후현(夏侯玄, 209-254)
이 지은 문장으로, 전국시대 연나라의 장군 악의(?-?)가 각국을 정벌한 사적을
논술하였다. 왕희지가 이 내용을 작은 해서체로 써서 아들 왕헌지에게 주었다
고 한다.【역주】

* 제도석각록(諸道石刻錄): 천하에 퍼져 있는 여러 도의 석각을 모아 기록한 서
적. 작자 불명이며, 원서가 산일되어 전하지 않는다.【역주】

449) 동방삭찬(東方朔贊): 『미씨서사(米氏書史)』에서 "왕희지「동방삭화상찬(東方朔
畫像贊)」의 마멸된 부분을 구양순이 보충하였다.(右軍東方朔畫像贊, 磨破處, 歐
陽詢補之.)"라고 하였다.【原註】

* 미씨서사(米氏書史): 1권. 미불이 편찬한『서사(書史)』. 미불이 보고 들은 서예
작품과 서예와 관련된 벼루・인장・표구 및 관련 고사 그리고 서예작품에 관한
평론과 진위고증 등을 수록하였다.【역주】

450) 낙신부(洛神賦): 진나라 왕희지의 글씨로, 세상에 전해오는「옥판십삼행(玉版十
三行)」이다. 『청하서화방』에서 "월주 사람의 집에「낙신부」의 완전한 판본이 소
장되어 있는데, 왕헌지의 작은 해서체로, 오사란(烏絲欄, 검은 색으로 친 줄)이
있는 종이를 사용하여 썼다.(越州人家藏洛神賦全本, 是子敬小楷, 用烏絲欄寫
成.)"라고 하였다.
『고반여사』에서 "「낙신부」는 왕헌지의 글씨와 비교하여 조금 크다.(洛神賦, 較大
令書稍大.)"라고 하였다.【原註】

451) 조아비(曹娥碑): 한나라「조아효녀비(曹娥孝女碑)」. 『제도석각록(諸道石刻錄)』에
서 "한나라 도상(度尙, 117-166. 장군)이 세웠으며, 한단순(邯鄲淳, 132?-221. 도상
의 제자, 서예가)의 글이다.(漢度尙所立, 邯鄲淳文.)"라고 하였다.
『회계지(會稽志)』에서 "회계현 동남 72리(약 30km)에 있다.(在會稽縣東南七十二
里.)"라고 하였다.
『후한서』에 따르면, "원가원년(元嘉元年, 151)에 회계현장 도상이 조아(130-143)
의 묘를 개장하고 비석을 세웠다.(元嘉元年, 縣長度尙改葬娥, 爲立碑.)"라고 하였다.
『한자헌첩고』에서『박고당첩(博古堂帖)』은 송나라 사람이 여러 명가의 선본을
모아 하나의 법첩으로 만들었으며, 하은주(夏殷周)의 삼대는 주목왕「단산석각
(壇山石刻)」의 '길일계사(吉日癸巳)' 4자에서 그치고, 한나라는 채옹「희평석경(熹
平石經)」의『논어』두 단락에 그치며, 진나라는 왕희지의「난정기」・「필진도」・

「황정경」·「조아비」·「악의론」·「동방삭찬」과 왕헌지의 「대령십삼행(大令十三行, 즉 낙신부)」과 「상사태부수례표(上謝太傅殊禮表)」가 있으며,……(博古堂帖, 宋人集諸家善本爲一帖, 三代止周穆王壇山四字, 漢止蔡中郞石經論語二段, 晉則右軍蘭亭叙筆陣圖黃庭經曹娥碑樂毅論東方朔贊, 大令十三行及謝太傅書,……)"라고 하였다.

『남촌첩고』에서 "『보각총편』에 열거된 비각 목록에……왕희지의 「난정기」·「황정경」·「유자해자(遺子海字)」·「악의론」·「동방선생화상찬」과 왕헌지의 「낙신부십삼행」과 진나라 현인이 쓴 「조아비」 및 해서체를 모은 「필진도」가 있으며,……『보각총편』에 실린 법첩의 목록을 보고, 석방철(石邦哲)의 이 『박고당첩』에 원래 명목이 있다고 생각하지만, 그렇지 않다. 진나라 사람의 법첩 가운데 오직 「난정기」와 「낙신부십삼행」만 왕희지와 왕헌지의 작품에 속하고, 「조아비」는 진나라의 현인이 썼다고 기록했는데, 아마도 속운(續芸)이 반드시 이것을 감정하지는 않았을 것이다. 동기창은 한 시대의 서예가인데 도리어 이 「필진도」를 왕희지의 작품으로 지목하였다.(寶刻叢編所列碑目……王右軍蘭亭記黃庭經遺子海字樂毅論東方先生畫像贊, 獻之十三行洛神賦, 晉賢書曹娥碑, 集正書筆陣圖,……觀叢編所載帖目, 知熙明此帖, 原有標目, 不然. 晉人帖獨於蘭亭十三行屬二王, 曹娥題晉賢, 恐續芸未必有此鑑. 董思翁一代書家, 猶目此筆陣爲右軍也.)"라 하였다.

『죽운제발』에서 "「효녀조아비」는 원나라 문종(文宗, 재위 1328-1332)이 서예작품을 가구사에게 하사하였으며, 그 위에 송나라 고종의 발문이 있는데, '진나라 현인이 「조아비」를 썼다.'고만 하고 왕희지의 작품이라 명명하지 않았으나, 문징명은 '월주의 석방철이 새겼으며, 고아하면서 단순하고 질박하여 왕희지의 필치를 상실하지 않았다.'고 하였다. 바로 또 왕희지로 지목하였지만, 지금까지 정론이 없다.(孝女曹娥碑, 元文宗以墨迹賜桓九思, 上有宋高宗跋, 但云晉賢書曹娥碑, 不名右軍, 而文待詔稱越州石氏所刻, 古雅純質, 不失右軍筆意. 則又目爲右軍, 迄無定論.)"라고 하였다.【原註】

* 조아비(한나라 효녀 조아를 찬송하는 내용의 비문)는 처음 한나라 도상이 제자 한단순에게 비문을 짓게 하여 비석을 세웠으나 사라지고, 왕희지가 동진 승평(升平) 2년에 조아묘에 이르러 작은 해서체로 「조아비문」을 쓰고 신안(新安) 사람 오무선(吳茂先)이 비석에 새겼으나 역시 없어졌다. 현존하는 「조아비」는 송 원우 8년(1093)에 왕안석의 사위인 서예가 채변(蔡卞, 1048-1117)이 글씨를 썼으며, 절강성 소흥시 상우구(上虞區)의 조아묘에 있다.【역주】
* 회계지(會稽志): 20권. 『가태회계지(嘉泰會稽志)』. 남송 관리 시숙(施宿, 1164-1222) 등이 가태 2년(1202)에 완성한 회계(지금의 절강성 소흥)에 대한 모든 사항을 기록한 지방지.【역주】
* 蔡中郞(채랑중): 동한 서예가 채옹(蔡邕, 133-192). 좌중랑장(左中郞將)을 역임하여 '채중랑'이라 한다.【역주】
* 속운(續芸): 『보각총편』의 저자 진사(陳思)의 자(字).【역주】
* 熙明此帖(희명차첩): 희명(熙明)은 남송 소장가이자 감정가 석방철(石邦哲)의

「고묘문(告墓文)」452)·「섭산사비(攝山寺碑)」453)·「배옹비(裴雄碑)」454)·「흥복사비(興福寺碑)」455)·「선시첩(宣示帖)」456)·「평서장군묘명(平西將軍墓銘)」457)·「양사초비(梁思楚碑)」458)·양호(羊祜)」459)를 기념하는

자(字)이며, 차첩(此帖)은 희명이 모각한 『박고당첩(博古堂帖)』을 가리킨다.【역주】

452) 고묘문(告墓文):「고서문(告誓文)」으로 왕희지의 작은 해서체 14행이다. 왕희지가 왕술(王述, 303-368. 동진의 관리)에게 벼슬에서 눌리자, 이 글을 지어 선조의 영혼에 보고하며 다시는 벼슬하지 않으리라고 맹세하였으므로, 후세 사람들이 '고서문(告誓文)'이라고 부르게 되었다. 원본은 작은 해서체로서 그 당시 돌에 새겼으나, 언제 사라졌는지 알 수 없고, 현재는 임모본도 드물며, 세상에 전해오는 행서체의 원고본(原稿本)은 위작이다.【原註】

453) 섭산사비(攝山寺碑):『고반여사』에서 "「섭산사비」는 지영(智永)이 왕희지의 글씨를 모은 것이다.(攝山寺碑, 智永集右軍書.)"라고 하였다. 섭산(攝山)은 남경시 동쪽 교외의 서하산(栖霞山)으로, 섭산사(攝山寺)는 지금의 서하사(栖霞寺)이다.【原註】

* 集右軍書(집우군서): 왕희지의 글씨를 모으다. 여기서는 왕희지의 작품에서 「섭산사비」에 나오는 글자를 찾아 모아서 비문을 구성하는 것. 이처럼 타인의 작품에서 글자를 모아 다른 문장을 엮는 것을 '집서(集書)'라고 한다.【역주】

454) 배옹비(裴雄碑):『묵지편』에서 "진나라 「배옹비」는 영강(永康) 5년(167)에 세워졌다.(晋裴雄碑, 永康五年.)"라고 하였다.【原註】

455) 흥복사비(興福寺碑):『집고구진』에서 "「오문비(吳文碑)」는 승려 대아(大雅)가 왕희지의 글씨를 모은 것으로, 명 만력(1573-1620) 말기에 세웠으며, 서안성의 해자(垓子)에서 획득했는데, 35행으로 겨우 상반부만 남아있어 '반절비(半截碑)'라 속칭한다. 비석은 흥복사에 있으므로 사람들이 「흥복사비」라고 한다.(吳文碑, 僧大雅集王羲之書, 明萬曆末, 在西安城壕得之, 三十五行, 僅存上半, 俗稱半截碑. 碑在興福寺, 故人稱興福寺碑.)"라고 하였다. 지금은 서안 비림(碑林)에 소장되어 있다.【原註】

456) 선시첩(宣示帖):『집고구진』에서 "위나라 종요의 글씨로 각본은 『순화비각법첩』에 처음 보이며, 뒷날 가사도(賈似道, 1213-1275. 남송의 권력가)가 별도로 하나의 판본을 새겼는데, 가사도의 문객 요형중(廖瑩中, ?-1275)이 모사하고 왕용화(王用和, 저명한 석공)가 조각을 했으며, 가장 정교하고 뛰어나다. 탁본은 획득하기 매우 쉽지 않지만, 왕희지의 임모본인 것은 휘종의 표제가 있어 증명할 수 있다. 장기간 유전되다가 친필이 진(晋)나라 시절 왕도(王導, 276-339. 정치가이자 서예가)의 집에 있었으며, 왕수(王脩, ?-?. 동진 서예가)가 죽자, 관속에 이를 넣었으므로 친필이 세상에 다시 보이지 않게 되었다.(魏鍾繇書, 刻本始見於淳化秘閣法帖, 後賈似道別刻一本, 其門客廖瑩中所模, 王用和所鐫, 最爲精善. 拓本頗不易得, 然是王羲之臨本, 有徽宗標題可證. 相傳眞迹晋時在王導家, 王脩死, 納之棺中, 故眞迹世不復見.)"라고 하였다.【原註】

「현산비(峴山碑)」460) · 삭정의 「출사송(出師頌)」461)이다.

---

457) 평서장군묘명(平西將軍墓銘): 『잠연당금석문자목록(潛研堂金石文字目錄)』에서 "진나라 「평서장군주효후비(平西將軍周孝侯碑)」는 육기(陸機, 261-303. 서진의 문학가)가 글을 짓고 왕희지가 글씨를 썼으며, 영화 6년(350) 10월에 세웠는데, 강소성 의흥현에 있다. 이 비석은 당나라 사람의 위탁(僞托)으로 의심된다.(晋平西將軍周孝侯碑, 陸機撰, 王義之書, 永和六年十月立, 在江蘇省宜興縣. 此碑疑是唐人僞托.)"라고 하였다.【原註】
  * 잠연당금석문자목록(潛研堂金石文字目錄): 8권. 청나라 사학자이자 한학자인 전대흔(錢大昕, 1728-1804)의 저술로, 수십 년 동안 모은 금석문자 탁본을 기초로 하여 쓴 금석문자에 관한 역사서.【역주】
  * 위탁(僞托): 다른 사람의 명의를 빌리다. 사칭하다.【역주】
458) 양사초비(梁思楚碑): 『집고록목』에서 "당나라 「양사초비」는 곽저(郭翥)가 짓고 위수(衛秀)가 왕희지의 글자를 모아, 개원 10년(722)에 세웠다.(唐梁思楚碑, 郭翥撰, 衛秀集王書, 開元十年.)"라고 하였다.
  『묵지편』에서 "위수가 편찬했으며, 개원 15년(727)에 세웠고, 분주(汾州) 평요(平遙, 지금의 산서성 평요현)에 있다.(衛秀撰, 開元十五年立, 在汾州平遙.)"라고 하였다.
  『보각총서』에 따르면 또 "위수가 왕희지의 글씨를 모은 것으로, 양사초 스스로 글자를 모은 것이 아니다.(衛秀集右軍書, 非思楚自集也.)"라고 하였다.【原註】
  * 위수(衛秀, ?-?): 당나라 숙종(肅宗, 재위 756-762) 시기 사람으로, 임모에 뛰어났다고 한다.【역주】
459) 양호(羊祜, 221-278): 자(字)는 숙자(叔子)이며 진(晋)나라의 저명한 정치가이자 문학가. 양양태수(襄陽太守)를 하며 선정을 베풀어, 후세 사람이 양호가 유람하던 현산峴山, 지금의 호북성 양번시(襄樊市)에 있다에 비석을 세워 기념하였으며, 이것이 「현산비」이다.【역주】
460) 현산비(峴山碑): 『고반여사』에서 "양호를 기념한 「현산비」는 비석이 2개이며, 하나는 호광성(湖廣省, 지금의 호남성과 호북성 및 하남성 일부) 현산의 위에 있으며, 하나는 한수(漢水)의 물에 잠겨있다. 진나라 두예(杜預, 222-285. 양양에서 사망한 양호의 직무를 계승하였다)가 이리하여 「타루비(墮淚碑)」로 명명하였다.(羊祜峴山碑有二石, 一在湖廣峴山之上, 一段投漢水之濱. 晋杜預因名爲墮淚碑.)"라고 하였다.
  『금석록』 목록에서 "양나라에서 다시 「양호비」를 건립하였는데, 바로 양나라에서 개작한 「타루비」로서, 대동(大同) 10년(532) 9월에 세웠다. 대동연간에 옛 비석이 훼손되어 다시 글자를 써서 새겼으며, 비석의 뒷면에 그 사건을 기록하였다.(有梁重立羊祜碑, 卽梁改墮淚碑, 大同十年九月立. 大同中, 以舊碑殘缺, 再書而刻之, 碑陰具載其事.)"하고 하였다.【原註】
  * 한수(漢水): 한강(漢江). 섬서성 미창산(米倉山)에서 발원하여 섬서성 남부와 호북성을 거쳐 무한에서 장강으로 들어가며 1,532km에 이르는 장강의 최장

송(宋)나라·제(齊)나라·양(梁)나라·진(陳)나라의 법첩으로는 송문
제(宋文帝)「신도비(神道碑)」462)·제나라 예규(倪珪)의 금정관비「(金庭
觀碑)」463)·소자운(蕭子雲)의 장초(章草)「출사송(出師頌)」464)·양나라「모

지류.【역주】
461) 삭정(索靖) 출사송(出師頌): 삭정은 진(晋)나라 돈황(敦煌) 사람으로, 자(字)는 유
안(幼安)이며 관직은 후장군(後將軍)에 이르렀고, 악정후(樂亭侯)에 봉해졌다.
글씨를 잘 썼으며, 장지(張芝)의 초서를 익혀 '은구채미(銀鉤蠆尾, 은으로 만든
주렴의 고리처럼 구부러지고 전갈의 꼬리처럼 위로 들리면서 힘이 넘친다는 의
미)'라는 칭호가 있었다.
『엄주산인고』에서 "삭정의「출사송」은 또 선화시기(1119-1125)에 기록이 있어
『선화서보』를 고찰해보면 진실로 합치한다. 그러나 송나라시기에 여러 현인들이
소자운(蕭子雲, 487-549. 양나라 문학가)의「출사송」을 지극히 아름답다고 칭송
하였으나 황궁에서 거두지 않았는데, 아마도 당나라 사람이 임모한 소자운의「출
사송」일 것이다. 그러므로『순화각첩』에 나오는 삭정의 작품 몇 줄과 서로 유사
한 것을 보고, 마침내 삭정의「출사송」으로 감정하였을 뿐이다.(索靖出師頌, 亦
有宣和記識, 考書譜良合. 然宋時諸賢極艷稱蕭子雲出師頌, 而秘殿不收, 蓋是唐
人臨模蕭子雲頌. 因見閣帖內靖數行相類, 遂鑑定以爲靖出師頌耳.)"라고 하였다.
『묵연회관(墨緣匯觀)』에서 "삭정「출사송」은 옅은 상아색의 종이에 쓴 작품으로,
매끈하고 반짝이며 질기고 두터워, 종이와 먹이 새것과 같은데, 장초(章草) 14행
이다.(索靖出師頌, 淡牙色紙本, 光瑩堅厚, 紙墨如新, 章草十四行.)"라고 하였다.
【原註】
* 묵연회관(墨緣匯觀): 4권. 청나라 건륭시의 소장가이자 감정가 조선 출신 안기
(安岐, 1683-?)의 저서. 안기의 자(字)는 의주(儀周). 자신이 소장한 기물을 중
심으로 서화와 탁본을 주로 기록하였다.【역주】
* 秘殿(비전): 깊숙한 궁전.【역주】
462) 송문제(宋文帝) 신도비(神道碑): 남북조시기 송 문제(文帝) 유의륭(劉義隆, 407-
453)의「묘도비(墓道碑)」로 비문에 '태조문황제신도지비(太祖文皇帝神道之碑)'
라고 하였다. 송 구양수의『집고록』과 엄관(嚴觀, ?-?)의『강녕금석대방목(江寧金
石待訪目)』참고.【原註】
* 강녕금석대방목(江寧金石待訪目): 2권. 청나라 중기의 소장가인 엄관이 강녕
(江寧, 지금의 남경) 일대의 비문을 조사하고 고증하여 수록해서『강녕금석기』
를 저술하고, 구하려 하였으나 구하지 못한 것을 편집하여 부록으로『강녕금석
대방목』을 만들었다.【역주】
463) 제나라 예규(倪珪) 금정관비(金庭觀碑):『금석록(金石錄)』목록에 따르면 "제332
「동백산금정관비(桐柏山金庭館碑)」: 심약 편찬, 예규규의 해서체, 동혼후(東昏侯)
영원(永元) 3년(501) 3월.(第三百三十二桐柏山金庭館碑, 沈約撰, 倪珪珪正書, 東
昏侯永元三年三月.)"이라고 하였다.『장물지』와『묵지편(墨池編)』에는 모두 "예

군비(茅君碑)」465) ·「예학명(瘞鶴銘)」466) · 유령(劉靈)의 「타루비(墮淚碑)」467) ·

규규(倪珪珪)"라고 되어 있으나 오류로 추정된다.【原註】
* 동혼후(東昏侯): 남조 제나라의 제6대 황제 소보권(蕭寶卷, 483-501). 폐위되어 동혼후로 강등되었다.【역주】
* 금정관은 지금의 절강성 승주시(嵊州市) 금정향(金庭鄉) 금정산(金庭山) 기슭에 있으며, 왕희지가 살던 저택이었으나 문화대혁명시기에 거의 다 파괴되었다.【역주】
464) 소자운(蕭子雲)의 장초(章草) 출사송(出師頌): 소자운(蕭子雲)은 남제(南齊) 황실의 친족이며, 양나라에 들어와 관직이 국자좨주(國子祭酒)에 이르렀고, 초서와 예서에 뛰어났다. 『격고요론』에서 "「출사송」은 양나라 소자운의 장초이며, 호도로사중위(虎都魯沙仲威)가 모각하였고, 복주부에 있다.(出師頌, 梁蕭子雲章草, 虎都魯沙仲威模刻, 在福州府.)"라고 하였다.
『고반여사』에서 "소자운의 장초 「출사송」은 복건 복주부학에 있다.(蕭子雲章草 出師頌, 在福建福州府學.)"라고 하였다.【原註】
465) 양나라 모군비(茅君碑): 『천하금석지(天下金石志)』에서 "양상원진인 사명모군 구석문비(梁上元眞人司命茅君九錫文碑), 손문도(孫文韜, 양나라의 도사로 도홍경의 제자)의 글씨, 보통(普通) 3년(522).(梁上元眞人司命茅君九錫文碑, 孫文韜書, 普通三年.)"라고 하였다.
『금석록』 목록에서 "장역(張繹, 양나라의 도사)이 세우고 손문도가 해서체로 썼으며, 보통 3년(322) 5월에 세웠다.(張繹建, 孫文韜正書, 普通三年五月立.)"라고 하였다.
『집고록목』에서 "비석의 서쪽 면에 제목과 명칭이 있다.(碑西側有題名.)"라고 하였다.【原註】
* 양나라 모군비(茅君碑): 「구석진인 삼모군비(九錫眞人三茅君碑)」라고도 한다. 삼모군(三茅君)은 모산에서 수도하여 신선이 되어 태상노군에게 사명진군(司命眞君) · 정록진군(定籙眞君) · 보명선군(保命仙君)으로 임명되었다는 한나라 경제시기(景帝時期, 재위 B.C.157-B.C.141)의 모영(茅盈)과 모고(茅固) 및 모충(茅衷) 삼형제를 가리킨다.【역주】
* 천하금석지(天下金石志): 명나라 학자 우혁정(于奕正, ?-?)의 저술로, 고대 금석문의 소재와 글을 쓰고 글씨를 쓴 사람의 성명 및 연대를 기록하였으며, 간간히 고증을 첨가하였다.【역주】
466) 예학명(瘞鶴銘):「예학명」은 양나라 천감(天監) 13년(514)에 화양진일(華陽眞逸)이 지었으며, 해서체로 비문은 좌에서 우로 쓰여 있다.
『금석췌편』에서 "생각건대,「예학명」의 원래 석각은 초산焦山, 지금의 강소성 진강시(鎭江市) 소재]의 험한 절벽에 있었는데, 후에 강 속으로 무너져 떨어졌으며, 송나라 순희연간(1174-1189)에 일찍이 건져 내었는데, 언제 다시 강 속으로 떨어졌는지 알 수 없다. 강희 갑오년(1714)에 장사(長沙) 출신의 소주(蘇州)태수 진붕년(陳鵬年, 1663-1723)이 노동자를 모집하여 끌어내었으며, 뒤져서 꺼낸 것

365
권5 서화

진나라 지영의 「진행이체천문(眞行二體千文)」[468] · 「초서난정(草書蘭亭)」

이 5개로, 현재 탁본한 것이 이것이다.(按瘞鶴銘原刻焦山之隙崖石上, 後摧落江中, 宋淳熙中嘗挽出, 不知何年復墮江中. 康熙甲午, 蘇州守長沙陳鵬年募工挽曳, 遷而出之者五石, 今所拓者是也.)"라고 하였다.

『집고구진』에서 "생각건대, 황백사가 이 「예학명」은 도홍경의 글씨로 고증하였다. 동치 무진년(1868)에 강 속에서 또 하나의 돌이 나왔으며, '야내석정(也乃石旌)'의 4자가 새겨져 있었다.(按黃長睿考此銘爲陶貞白書. 同治戊辰, 江中又出一石, 有也乃石旌四者.)"라고 하였다.

『고반여사』에서 "양나라 도굉진의 글씨(梁陶宏晉書)"라고 하였다.

현재는 초산 정혜사(定慧寺) 동쪽에 정자를 세워 진열하고 있다.【原註】

* 예학명(瘞鶴銘): 한 서예가가 기르던 학이 죽자 이를 묻어주고 애도하며 지었다는 글을 새겨 놓은 것. 글을 지은 화양진일의 정체와 글씨를 쓴 상황산초(上皇山樵)의 정체에 관해서 이설이 분분하다. 현재 90여자의 석각이 남아있다.【역주】

467) 유령(劉靈)의 타루비(墮淚碑):『금석록』 목록에서 "유지린(劉之遴, 478-549. 양나라 관리)이 짓고, 유령이 해서체로 썼다. 양나라에서 개조한 「타루비」.(劉之遴撰, 劉靈正書. 梁改墮淚碑.)"라고 하였다.【原註】

* 유령(劉靈, ?-?): 남조 양나라 무제(502-549)시기의 사람으로 서화에 뛰어났다. 대동 10년(544)에 「양호비」를 다시 세웠다.【역주】

468) 진나라 지영의 진행이체천문(眞行二體千文):『서단』에서 "진(陳)나라 영흥사(永興寺)의 승려 지영은 회계 사람으로, 먼 조상 왕희지를 스승으로 삼았으며,…… 여러 서체에 모두 능통하고 초서에 가장 뛰어났다.……초서는 묘한 경지에 들어가고 예서는 입신의 경지였다.(陳永興寺僧智永, 會稽人, 師遠祖逸少,……兼能諸體, 於草最優.……草書入妙, 隷入神.)"라고 하였다.

『제도석각록(諸道石刻錄)』에서 "「지영 진초천문(智永眞草千文)」은 진나라의 승려 지영이 썼으며, 문자는 해서와 초서가 서로 동일하고, 끝에 당나라 우세남의 작은 해서체 글자 78자가 있는데, 비석은 태위 하수윤(夏守贇, 977-1042)의 집에 있다.(智永眞草千文, 陳浮屠智永書, 字爲眞草相同, 末有唐虞世南小楷七十八字, 石在夏守贇太尉家.)"라고 하였다.

『금석췌편』에서 "지영선사는 왕희지의 7대손으로, 가법을 오묘하게 전해 받아 수당시기에 학자들의 조종이 되었으며,『진초천문(眞草千文)』 800권을 써서 세상에 흩어 강동지역의 여러 사찰에 각각 한 권씩 시주하였다.……장안의 최씨가 소장한 친필이 가장 특이하여, 석공에게 돌에 새기도록 명령하여, 조사(漕司)의 남쪽 청사에 두어 영원히 전해지기를 바랍니다. 대관 기축년(1109) 2월 11일 낙안(樂安) 설사창(薛嗣昌)이 기록합니다.(智永禪師, 王逸少七世孫, 妙傳家法, 爲隋唐間學書者宗匠, 寫眞草千文八百本, 散於世, 江東諸寺, 各施一本.……長安崔氏所藏眞迹, 最爲殊絶, 命工刊石, 置之漕司南廳, 庶傳永久. 大觀己丑二月十一日 樂安薛嗣昌記.)"라고 하였다.【原註】

이다.

위나라·제나라·주나라의 법첩은 위나라 유현명(劉玄明)「화악비(華嶽碑)」469)와 배사순(裴思順)「교계경(教戒經)」470)·북제(北齊) 왕사성(王思誠)의 팔분서 「몽산비(蒙山碑)」471)와 「남양사예서비(南陽寺隸書碑)」472) 및 「천주산명(天柱山銘)」473)·후주(後周)「대종백당경비(大

---

* 조사(漕司): 세금을 부과하고 돈과 양곡의 출납을 관리 및 조운(漕運) 등의 업무를 처리하는 관청이나 관리. 북송은 '전운사(轉運使)'라 하고, 남송은 '조사(漕司)'라 하였으며, 원대는 '조운사(漕運司)'라 했다.【역주】

* 낙안(樂安): 지금의 강소성 무주시(撫州市) 낙안현.【역주】

* 설사창(薛嗣昌, ?-?): 자(字)는 항종(亢宗). 서예가 설소팽의 동생. 휘종시기(1100-1125)에 전운판관(轉運判官)과 전운부사(轉運副使) 등을 지냈다.【역주】

469) 유현명(劉玄明) 화악비(華嶽碑): 유현명(劉玄明)은 후위(後魏) 사람으로, 관직은 후위의 진서장군(鎭西將軍)과 약양공(略陽公) 및 시랑(侍郎)을 지낸 사항이「대대화악묘비(大代華嶽廟碑)」에 보이고, 『북사(北史)』에는 전기가 없다. 생각건대, 당나라에도 유현명(劉玄明)이 있으며 글씨에 뛰어났는데 『금석록』에 "무강현령 양군 덕정비(武强縣令梁君德政碑)", 수공원년(垂拱元年, 685), 유현명 해서체.(武强縣令梁君德政碑, 垂拱元年, 劉玄明正書.)"라고 실려 있으므로, 후위의 진서장군 유현명과는 다른 사람이다. 유현명의「화악비」는 바로 후위의「대대화악묘비」이다.
『집고록목』에서 "후위의「대대화악비」에는 편찬한 사람의 이름이 나타나지 않으며, 후위의 진서장군 약양공 시랑 유현명이 글씨를 썼으며, 태연연간(太延年間, 435-440)에 새로 묘를 바꾸어 세웠으며, 도사가 제사를 지내어 봄에는 신에게 기도하며 제사하고 가을에는 보은하여 제사하고, 큰 일이 있으면 보고하였으며, 비석은 태연 5년(439) 5월에 세웠다.(後魏大代華嶽碑, 不著撰人名氏, 後魏鎭西將軍略陽公侍郎劉玄明書, 太延中, 改立新廟, 以道士奉祠, 春祈秋報, 有大事則告, 碑以太延五年五月立.)"라고 하였다.【原註】

470) 배사순(裴思順) 교계경(教戒經): 『묵지편』에서 "경술년에「교계경당기(教戒經幢記)」를 만들었으며, 배사순이 만들었다.(庚戌造教戒經幢記, 裴思順造.)"라고 하였다.【原註】

471) 북제(北齊) 왕사성(王思誠) 팔분서 몽산비(蒙山碑): 『금석록』에서 "북제의「몽산비」: 왕사성(?-?)의 팔분서, 천통(天統) 5년(569) 3월.(北齊蒙山碑, 王思誠八分書, 天統五年三月.)"이라고 하였다. 『준생팔전』에도 '북제 왕사성의 팔분서 몽산비(北齊王思誠八分蒙山碑)'라고 되어 있다.【原註】

* 왕사성(王思誠, ?-?): 북제후주(北齊後主, 재위 565-577) 시기의 문학가. 팔분서에 뛰어났다.【역주】

宗伯唐景碑)」[474]이다.

수나라 법첩은 「개황난정(開皇蘭亭)」[475] · 설도형(薛道衡)이 쓴 「이주

472) 남양사예서비(南陽寺隸書碑): 『금석문자기』에서 "팔분서, 무평(武平) 4년(573) 4
   월. 지금은 청주부(靑州府) 북문 밖 용흥사(龍興寺)에 있다.(八分書, 武平四年六
   月. 今在靑州府北門外龍興寺.)"라고 하였다. 【原註】
   * 남양사예서비(南陽寺隸書碑): 「남양사비」. 북제의 임회군왕(臨淮郡王) 누정원
   (婁定遠, ?-?)이 남양사를 세운 사적을 기록하였다. 비액에 "사공공 청주자사
   임회왕상비(司空公靑州刺史臨淮王像碑)"의 12자가 양문으로 새겨져 있으며,
   본문은 예서체로 29행에 약 1,680여자이다. 현재 산동성 익도현(益都縣) 박물
   관에 보관되어 있다. 【역주】
473) 천주산명(天柱山銘): 『금석록』에서 "북제 「천주산명(天柱山銘)」은 지금의 산동성
   내주(萊州) 교수현(膠水縣)에 있다. 최초로 후위 영평연간(508-512)에 정소도(鄭
   昭道, 455-516)가 군수가 되어 이 산을 '천주'라 이름하고 그 위에 비석을 세웠다.
   북제 천통원년(565)에 이르러 그의 아들 정술조(鄭述祖, 485-565)가 이 지역을
   다스리며 다시 명문을 새겼다. 비석은 천통원년 5월에 세웠다.(北齊天柱山銘, 在
   今山東萊州膠水縣. 初後魏永平中, 鄭昭道爲郡守, 名此山爲天柱, 刻銘其上. 至北
   齊天統元年, 其子述祖繼守此邦, 復刻銘焉. 碑以天統元年五月立.)"라고 하였다.
   【原註】
474) 후주(後周) 대종백당경비(大宗伯唐景碑): 『묵지편』에서 "「대종백당경비」는 구양
   순(歐陽詢, 557-641)의 글씨로, 비석이 경조(京兆, 지금의 서안시)에 있다.(大宗伯
   唐景碑, 歐陽詢書, 碑在京兆.)"라고 하였다.
   『금석록』에서 "「대종백당경비」는 우지녕(于志寧, 588-665. 당나라 재상)이 짓고
   구양순의 해서체이다.(大宗伯唐景碑, 于志寧撰, 歐陽詢正書.)"라고 하였다.
   『금석록』에 따르면 "당근(唐瑾)"이라 되어 있다. 【原註】
   * 본문에서 '당경비(唐景碑)'라고 하였으나, 우지녕이 비문을 짓고 구양순이 해서
   체로 써서 당나라 정관연간(627-649)에 경조에 세운 비석의 주인공은 당근(唐
   瑾)이다. 【역주】
   * 『장물지』에서 "후주(後周) 대종백당경비(大宗伯唐景碑)"라고 하였으나, 남북조
   시기의 주나라는 '북주(北周, 557-581)'라 하며, 현대에 후주(後周)는 오대십국
   시기의 주나라인 '후주(後周, 951-960)'를 가리킨다. 【역주】
   * 대종백(大宗伯): 『주례』에서 예의제도를 담당하는 관리를 가리켰으며, 북주에
   서 이를 따라 춘관부(春官府)를 설치하고 대종백을 수장으로 하였다. 후대에는
   예부상서를 가리킨다. 【역주】
475) 개황난정(開皇蘭亭): 『집고구진』에서 "「개황본난정서」는 행서체로, 끝에 '개황 18
   년(599) 3월 25일에 새기다.'라고 쓴 작은 글자 1행이 있으며, 바로 이 서첩 석각
   의 시조이다. 탁본에는 송나라 유경인(遊景仁, ?-?. 관리)의 발문이 있는데, 유경
   인이 소장한 것은 복각한 것이다.(開皇本蘭亭書, 行書, 尾有小字一行, 署開皇十

창비(爾朱敞碑)」⁴⁷⁶⁾·「사리탑명(舍利塔銘)」⁴⁷⁷⁾·「용장사비(龍藏寺碑)」⁴⁷⁸⁾

八年三月二十日刻, 乃此帖石刻之祖. 墨拓有宋遊景仁跋, 卽遊藏所覆刻.)"라고 하였다.【原註】

476) 설도형(薛道衡)이 쓴 이주창비(爾朱敞碑):『수서·설도형전(隋書·薛道衡傳)』에서 "설도형(540-609)은 자(字)가 현경(玄卿)으로 하동 분음(汾陰, 지금의 산서성 만영현(萬榮縣)] 사람이며, 양제시기(604-618)에 사례대부(司隷大夫)에 임명되었다.(薛道衡, 字玄卿, 河東汾陰人, 煬帝拜司隷大夫.)"라고 하였다.
『집고록』에서 "수나라 「이주창비」: 이주창은 이주영[爾朱榮, 493-530, 계호족(契胡族)의 추장]의 사촌동생 이주언백(爾朱彦伯)의 아들이다.(隋爾朱敞碑, 敞者, 榮從弟彦伯之子也.)"라고 하였다.
『금석록』 목록에서 "제473 수나라 「이주창비」, 개황 5년(593) 10월.(第四百七十三, 隋爾朱敞碑, 開皇五年十月.)"이라고 하였다.
『묵지편』에서 "수나라 「이주창비」, 개황 5년, 설도형의 글씨.(隋爾朱敞碑, 開皇五年, 薛道衡書.)"라고 하였다.【原註】

477) 사리탑명(舍利塔銘):『여지비목(輿地碑目)』에서 "악주[鄂州, 지금의 호북성 무창(武昌)] 승연사(勝緣寺)에 있으며, 인수연간(仁壽年間, 601-604) 초기에 세웠다.(在鄂州勝緣寺, 仁壽初立.)"라고 하였다.【原註】
* 여지비목(輿地碑目): 4권.『여지비기목(輿地碑記目)』. 송나라 학자 왕상지(王象之, 1163-1230)가 저술한 지리서『여지기승(輿地紀勝)』200권 가운데 일부이며, 남송 각 지역 비각의 목록으로, 군별로 나누어 편집했으며, 간략하게 설명을 붙였다.【역주】

478) 용장사비(龍藏寺碑):『육일제발』에서 "오른 편의 비석은 제나라 개부장(開府長) 겸 행참군(行參軍) 구문[九門, 지금의 하북성 고성시(藁城市)] 출신 장공례(張公禮)가 지었고, 글씨를 쓴 사람의 성명은 기록되지 않았으나, 자획이 굳세어 구양순이나 우세남의 서체 풍격이 있으며, 개황 6년(594)에 세웠다. 지금의 진주[鎭州, 진정(眞定)]에 있다.(右齊開府長兼行參軍九門張公禮撰, 不著書人姓名, 字劃遒勁, 有歐虞之體, 開皇六年建. 在今鎭州(眞定).]"라고 하였다. 지금의 하북성 보정지구(保定地區) 정정현(正定縣)이다.【原註】
* 용장사비(龍藏寺碑):「항주자사 악국공 위국 권조 용장사비(恒州刺史鄂國公爲國勸造龍藏寺碑)」. 항주자사 악국공 왕효선(王孝仙, ?-?)이 수문제의 명을 받들어 항주(恒州) 경내 1만여 명의 백성을 격려하여 용장사를 세운 상황을 기록하였다. 비석의 서체가 예서에서 해서로 넘어가는 과도기적인 서체로 서예발전사에서 매우 중요한 위치를 차지하여, '해서의 비조'라 불리기도 한다. 하북성 정정현(正定縣) 융흥사(隆興寺) 대비각(大悲閣) 동쪽에 있다. 비석의 높이 3.15m, 폭 90cm, 두께 약30cm. 비문은 해서체 30행 1,500여자이다. 현대에 와서 "제나라 개부장 겸 행참군 구문 출신의 장공 예지(齊開府長兼行參軍九門張公禮之)"라는 탁본에 근거하여 비문의 편찬자가 장공례(張公禮)가 아니라 장공(張公) 장례지(張禮之)라는 주장이 있다.【역주】

이다.

당나라 법첩으로 구양순의 글씨는 「구성궁명(九成宮銘)」[479]·「방정공
묘비(房定公墓碑)」[480]·「화도사비(化度寺碑)」[481]·「황보군비(皇甫君
碑)」[482]·「우공공비(虞恭公碑)」[483]·「진서천문소해(眞書千文小楷)」[484]·

---

479) 구성궁명(九成宮銘): 「구성궁예천명(九成宮醴泉銘)」. 『신증격고요론』에서 "당태
    종이 수나라 인수궁(仁壽宮)을 개조하여 구성궁으로 만들었으며, 당나라 구양순
    의 행서이다. 섬서성 인유현(麟遊縣)에 있다. 문장에 태종에게 잘못을 바로잡아
    경계하라는 의미가 있으므로, 끝부분에서 '높은 곳에 있으면 떨어질 것을 생각하
    고, 가득 가지고 있으면 넘칠 것을 경계하라.'라고 하였다.(太宗改隋仁壽宮作九
    成宮, 唐歐陽詢眞書. 在陝西麟遊縣. 其文有箴規太宗之意, 故末云, 居高思墜, 持
    滿戒溢.)"라고 하였다. 수나라 인수궁은 문제(文帝, 재위 581-604)가 건설했으며
    해마다 이곳에서 피서하였다. 당나라 태종이 다시 수리하여 '구성(九成)'이라 개
    명하였으며, 고종(高宗)이 '만년(萬年)'이라 개명하였다. 두보(杜甫)에게 「구성궁
    시(九成宮詩)」가 있다. 【原註】
480) 방정공묘비(房定公墓碑): 「방언겸비(房彦謙碑)」. 『금석췌편』에서 "이백약(李伯
    藥)이 짓고 구양순이 글씨를 썼으며, 정관 5년(631) 3월에 세웠다. 전서체이며,
    현재 장구현(章邱縣, 산동성) 조산(趙山)에 있다.(李伯藥撰, 歐陽詢書, 貞觀五年
    三月樹. 篆書. 今在章邱縣趙山.)"라고 하였다.
    『격고요론』에서 "방언겸(547-?)은 자(字)가 효충(孝沖)으로, 당나라 초기에 장창
    령(長昌令)을 했는데 백성들이 '자부(慈父)'라 부르며 비석을 세워 덕을 칭송하였
    다. 관직을 떠나서는 벼슬하지 않고 청백하여 가난하게 살았으며, 아들 방현령
    (房玄齡)의 공으로 정국공(定國公)에 추봉되었다. 묘비는 바로 구양순의 해서체
    이다.(房彦謙, 字孝沖, 唐初, 爲長昌令, 百姓號爲慈父, 立碑頌德. 去官不仕, 以淸
    白守貧, 以子玄齡功, 追封定國公. 其墓碑乃歐陽詢眞書.)"라고 하였다. 【原註】
    * 이백약(李伯藥, 565-648): 자(字)는 중규(重規). 수나라와 당나라 문학가이자 정
      치가로 『북제서(北齊書)』 50권을 편찬하였다. 【역주】
481) 화도사비(化度寺碑): 『금석췌편』에서 "화도사탑명(化度寺塔銘)」: 「고승옹선사
    사리탑명(故僧邕禪師舍利塔銘)」으로 이백약이 글을 짓고, 구양순이 글씨를 썼으
    며, 정관 5년(631) 11월 16일에 세웠다.(化度寺塔銘, 故僧邕禪師舍利塔銘, 李伯藥
    制文, 歐陽詢書, 貞觀五年十一月十六日建.)"라고 하였다. 【原註】
482) 황보군비(皇甫君碑): 『엄주산인고』에서 "황보군의 이름은 황보탄(皇甫誕, ?-?)이
    며 수나라에서 벼슬을 하였고, 한왕(漢王) 양량(楊諒, 575-605. 수양제의 동생)의
    난에 사망하였다.(皇甫君名誕, 仕隋, 死於漢王諒之難.)"라고 하였다.
    『석묵전화(石墨鐫華)』에서 "비석은 옛날에 명독진(鳴犢鎭, 지금의 서안시에 속하
    는 지역)에 있었으나, 지금은 서안부학에 있다. 우지녕(于志寧, 588-665. 당나라
    재상)이 글을 짓고 구양순이 글씨를 썼다.(碑舊在鳴犢鎭, 今在西安府學. 于志寧

「심경(心經)」⁴⁸⁵⁾·「몽전첩(夢奠帖)」⁴⁸⁶⁾·「금란첩(金蘭帖)」⁴⁸⁷⁾이다. 우

制, 歐陽詢書.)"라고 하였다.【原註】
483) 우공공비(虞恭公碑): 『허주제발』에서 "우공공은 온언박(溫彦博, 574-637. 당나라
    재상)이다. 지금 예천현[醴泉縣, 지금의 함양시 예천현(禮泉縣)] 묘소에 있으며,
    700여자가 남아있다.(虞恭公, 溫彦博也. 今在醴泉縣墓所, 存七百餘字.)"라고 하
    였다.
    『신증격고요론』에서 "당나라 구양순의 행서이며, 이것이 구양순의 글씨 중에 최
    고로서, 필력이 굳세고 가장 오묘하여 세상 사람들이 귀하게 숭상하지만, 과반이
    훼손되어 애석하다. 분주[邠州, 지금의 섬서성 빈현(彬縣) 일대] 의록진(宜祿鎭)
    의 순검사(巡檢司, 포도청)에 있으며, 학자들이 솔선하여 이것을 배운다.(唐歐陽
    詢眞書, 此詢第一, 筆遒勁, 最妙, 世人貴尙, 惜缺落過半. 在邠州宜祿巡檢司, 學者
    率先學此.)"라고 하였다.【原註】
484) 진서천문초해(眞書千文小楷): 『허주제발』에서 "당나라 구양순의 작은 해서체
    『천자문』: 구양순의 작은 해서체 「천자문」은 송나라에서 지금(청나라)에 이르기
    까지 모두 이것에 미치지 못한다. 내가[『허주제발』의 저자 왕주(王澍)] 옹정 5년
    (1727)에 무석 진수(秦樹, ?-?)의 풍제각(灃齋閣)에서 보았는데, 본지 이제 5년이
    지나 나에게 돌아왔으므로, 탄식하며 보물처럼 사랑하여 지극한 행운이라 여긴
    다.……뒷부분에 '대당 정관 15년(631) 신축년 3월 20일에 아들 구양은(歐陽隱)
    명노(明奴)와 구양통(歐陽通, 625-691) 선노(善奴)에게 주고, 마침내 석공에게 명
    하여 모사하여 돌에 새겨 학사(學舍, 학교)의 동쪽 벽에 안치하여 영원히 훼손되
    지 않도록 한다.'라는 발문이 있다.(唐歐陽詢小楷千文, 歐陽率更小楷千文, 自宋
    及今, 皆未之及. 余以雍正五年見於錫山秦樹灃齋閣, 閱今五年而歸於余, 嘆息寶
    愛, 以爲至幸.……後有跋文, 大唐貞觀十五年歲在辛丑三月十日付子隱之明奴通
    之善奴, 遂命工勒石, 安於學舍東壁, 永爲不朽.)"라고 하였다.【原註】
485) 심경(心經): 『고반여사』에서 "작은 해서체 「심경」, 구양순의 글씨(小楷心經, 歐陽
    詢書)"라고 하였다. 『금석문자기』에서 「오니선사심경비(淤泥禪師心經碑)」, 해
    서체, 정관 22년(648)에 세웠다.(淤泥禪師心經碑, 正書, 貞觀二十二年立.)"라고
    하였다.【原註】
486) 몽전첩(夢奠帖): 『고반여사』에서 "「몽전첩」, 구양순의 글씨(夢奠帖, 歐陽詢書)"라
    고 하였다.
    장추(張醜, 1577-1643)의 『청하서화방』에서 "취리(檇李)가 비밀스럽게 간직한 구
    양순의 글씨 「몽전첩」은 맑고 강직하여 속세에서 벗어났으며, 바로 닥종이에 쓴
    친필이다.(檇李項氏秘藏歐陽詢書夢奠帖, 淸勁絶塵, 乃楮紙眞迹.)"라고 하였다.
    【原註】
    * 취리(檇李): 지금의 절강성 가흥(嘉興). 여기서는 취리 출신의 명말 대소장가
      항원변(項元汴, 1525-1590)을 가리킨다. 항원변이 '취리(檇李)'라는 인문의 소
      장인을 사용하였다.【역주】
487) 금란첩(金蘭帖): 『신증격고요론』에서 「금란첩」은 구양순의 해서체로 모두 60자

세남의 글씨는 「부자묘당비(夫子廟堂碑)」[488]·「파사론(破邪論)」[489]·
「보담탑명(寶曇塔銘)」[490]·「음성도장비(陰聖道場碑)」[491]·「여남공주명

이다.(金蘭帖, 歐陽率更眞書凡六十字.)"라고 하였다.【原註】
* 歐陽率更(구양솔경): 구양순이 태자솔경령(太子率更令)을 지내어 '구양솔경'이
라고도 한다.【역주】
488) 부자묘당비(夫子廟堂碑):「공자묘당지비(孔子廟堂之碑)」.『금석췌편(金石萃編)』
에서 "비석의 높이는 7자 7치(약 233cm)에 폭은 4자 2치(약 140cm)로 35행이며,
행마다 64자로 해서체이고 서안부학에 있다.(碑高七尺七寸, 廣四尺二寸, 三十五
行, 行六十四字, 正書, 在西安府學.)"라고 하였다.
『집고록』에서 "당나라 「공자묘당비」는 우세남이 짓고 글씨를 썼다.(唐孔子廟堂
碑, 虞世南撰幷書.)"라고 하였다.
『허주제발』에서 "당나라 고조(원문에 '태종'이라 했으나 오류이다.)가 무덕(武德)
9년(626) 8월에 즉위하여 12월에 조서를 내려 공덕륜(孔德倫, 공자의 33대손)을
포성후(襃成侯)에 봉하고 공자묘를 다시 수리하였으며, 비석이 완성되자 탁본을
바쳤다. 원나라 사람 우감(虞堪, ?-?. 원말명초 장서가)의 정도[定陶, 산동성 하택
시(菏澤市) 정도현]의 하천에서 나온「공자묘당비서」에 따르면, '정관연간에 비석
의 조각이 비로소 완성되어 단지 수십 본을 탁본하여 가까운 신하들에게 하사하
였으며, 묘당에 불이 나서 비석이 훼손되자, 측천무후 시절에 다시 새겼고[탁본이
북송시기에 이미 소량 존재했으며 세상에「섬본(陜本)」이 있다.], 송나라 왕언초
(王彦超, 914-986. 무신)에 이르러 세 번째 석각이 되었을 것이다.'라고 하였다.
[唐高祖(原文作太宗, 誤)以武德九年八月卽位, 十二月, 詔封孔德倫爲襃成侯, 重修
孔廟, 碑成, 墨本進呈. 按元人虞堪定陶河出孔子廟堂碑序稱, 貞觀間, 刻始成, 僅
拓數十本賜近臣, 廟遂火而石毁, 武后時再刻(拓本在北宋已少存, 世有陜本), 至宋
王彦超則三刻矣.]"라고 하였다.【原註】
* 섬본(陜本): 송나라 왕언초가 섬서성 서안에서 복각하여 만든 비로, 「서묘당비
(西廟堂碑)」라고도 하며, 현재 서안 비림(碑林)에 있다.【역주】
489) 파사론(破邪論): 당「파사론서(破邪論序)」.『금석록보』에서 "오른 쪽의「파사론
서」는 태자중서사인 오군(吳郡, 지금의 강소성 소주)의 우세남이 짓고 글씨를
썼으며, 우세남의 작은 해서는 세상에 많이 보이지 않는데, 이 글씨는 특히 우세
남의 득의한 글씨이다.(右破邪論序, 太子中書舍人吳郡虞世南撰幷書, 永興小楷,
世不多見, 此書尤爲永興得意書.)"라고 하였다.【原註】
* 永興(영흥): 우세남이 영흥현자(永興縣子)와 영흥현공(永興縣公)에 봉해졌으
므로 '우영흥(虞永興)'이라고도 한다.【역주】
490) 보담탑명(寶曇塔銘):『고반여사』에서 "「보담탑명」, 우세남의 글씨(寶曇塔銘, 虞
世南書)"라고 하였다.【原註】
491) 음성도장비(陰聖道場碑):『금석록』에서 "수나라 고양군(高陽郡)의「음성도장비」:
우세남이 짓고 행서로 글씨를 썼으며, 대업 9년(613) 12월에 세웠다.(隋高陽郡陰

(汝南公主銘)」492)·「맹법사비(孟法師碑)」493)(사실은 저수량의 글씨)이
다. 저수량의 글씨는 「악의론(樂毅論)」494)·「애책문(哀冊文)」495)·「충

聖道場碑, 虞世南撰幷行書, 大業九年十二月.)"라고 하였다.
『묵지편』에서 "「음성도장비」는 우세남이 지었으며, 태주(台州, 지금의 절강성 태
주시)에 있다.(陰聖道場碑, 虞世南撰, 在台州.)"라고 하였다.【原註】
492) 여남공주명(汝南公主銘): 미불이 『서사(書史)』에서 "우세남의 「여남공주명」 초고
는 낙양 왕호(王護)의 거처에서 모사본을 보았는데, '친필이 낙양 호사가의 집에
있으며, 옛날의 발문이 있다.'고 하였다.(世南, 汝南公主銘起草, 洛陽王護處見摹
本, 云眞迹在洛陽好事家, 有古跋.)"라고 하였다.
문징명의 『보전집』에서 "우세남의 「여남공주묘지」 초고 친필은 미불이 일찍이
보았다. 원나라 초기에 곽우지(郭祐之)의 거처에 있었는데, 뒤에 소재를 모르게
되었으며, 또 언제 비석에 새겼는지 모른다.(虞永興汝南公主墓志起草眞迹, 米元
章嘗見之. 元初, 在郭祐之處, 後不知所在, 亦不知何年入石.)"라고 하였다.【原註】
 * 곽우지(郭祐之): 원나라 서예가이자 소장가 곽천석(郭天錫, 1227-1302). 자(字)
   는 우지(佑之), 호는 북산(北山). 항주로 이사와 살았으며, 왕희지의 『쾌설시청
   첩』을 소장하여 거처를 '쾌설재(快雪齋)'라 하였다.【역주】
493) 맹법사비(孟法師碑):『육일제발』에서 "당나라 「맹법사비」[『금석략』에는 「옥덕관
   맹법사비(玉德觀孟法師碑)」로 되어 있다]: 정관 16년(642). 오른 쪽의 「맹법사비」
   는 당나라 잠문본(岑文本, 595-645. 당나라 재상)이 짓고 저수량이 글씨를 썼다.
   맹법사의 이름은 맹정소(孟靜素, 542-638)이며, 강하(江夏) 안륙(安陸, 지금의 호
   북성 안륙시) 사람이다. 젊어서 불도를 좋아하여 시집가지 않기로 맹세하였으며,
   수문제(재위 581-604)가 지덕궁(至德宮)에 살도록 하였고, 당태종 12년(638)에 죽
   었으며, 나이 97세였다.(唐孟法師碑(金石略作玉德觀孟法師碑), 貞觀十六年. 右
   孟法師碑, 唐岑文本撰, 褚遂良書. 法師名靜素, 江夏安夏人也. 少有好道, 誓志不
   嫁, 隋文帝居之至德宮, 至唐太宗十二年卒, 年九十七.)"라고 하였다. 『장물지』에
   서는 우세남의 글씨로 잘못 배열하였다.【原註】
494) 악의론(樂毅論): 동기창의 『화선실수필』에서 "정관연간에 당태종이 저수량 등에
   게 명하여 6본을 모사하여 위징(魏徵) 등의 여러 신하에게 하사하였다. 이 6본
   가운데 당나라에서 현재에 이르기까지 내가 오히려 그중에 2본을 보았다.(貞觀
   中, 太宗命褚遂良等摹六本, 賜魏徵諸臣. 此六本自唐至今, 余猶及見其二.)"라고
   하였다.【原註】
495) 애책문(哀冊文): 「태종애책(太宗哀冊)」으로 편찬자의 성명이 없으며, 미불은 저
   수량의 글로 간주하였다. 태창(太倉, 지금의 강소성 태창시) 오씨 사당에 간행본
   이 있으며, 글자 크기는 4-5푼(약 1.3-1.7cm)으로, 뒷부분에 진심(陳深, ?-?. 송원
   시기 시인)과 오관(吳寬)의 발문 및 왕세정(王世貞)과 왕세무(王世懋, 1536-1588.
   왕세정의 동생으로 학자)의 시발(詩跋, 시로 쓴 발문)이 있다. 『집고구진』 권7에
   자세히 실려 있다.【原註】

신상찬(忠臣像贊)」496)·「용마도찬(龍馬圖贊)」(사실은 우세남의 글씨)497)·
「임모난정(臨摹蘭亭)」498)·「임모성교(臨摹聖教)」499)·「음부경(陰符
經)」500)·「도인경(度人經)」501)이다. 유공권의 글씨는「금강경(金剛經)」502)·

* 오관(吳寬, 1435-1504): 명나라 명신이자 시인이며 서예가. 자(字)는 원박(原
博), 호는 포암(匏庵)과 옥정주(玉亭主). 포암선생(匏庵先生)이라 불렸으며, 소
주 출신이다.【역주】
496) 충신상찬(忠臣像贊): 저수량의 글씨.『고반여사』에서 "저수량의「충신상찬」(褚河
南忠臣像贊)"이라 하였다.【原註】
497) 용마도찬(龍馬圖贊):『당송명인법첩(唐宋名人法帖)』에서 "「용마도찬병서(龍馬
圖贊幷序)」는 우세남의 해서로 31행이며, 저수량이 쓴 글씨가 아니다.(龍馬圖贊
幷序, 虞世南正書, 三十一行, 非褚遂良所書.)"라고 하였다.【原註】
* 「용마도찬」은 당나라 문학가 유종원(柳宗元)이 친구인 왕숙문(王叔文,
753-806)이 헌종(憲宗, 재위 805-820)에게 죽음을 당한 뒤에 애도하며 지은 작
품이다.『고반여사』와『준생팔전』에서 모두「용마도찬」은 우세남의 글씨라고
하였다.【역주】
* 당송명인법첩(唐宋名人法帖): 알 수 없다.【역주】
498) 임모난정(臨摹蘭亭):『고반여사』에서 "「임모난정」은 저수량이 왕희지의 글씨를
임모하였으며, 뒷부분에 '연릉지인(延陵之印)'이라는 인장이 있고, 비석은 섬서
동주부[同州府, 지금의 섬서성 대려현(大荔縣)] 학당에 있다.(臨摹蘭亭, 褚遂良臨
王羲之書, 後有延陵之印, 石在陝西同州學中.)"라고 하였다.【原註】
499) 임모성교(臨摹聖教):『고반여사』에서 "「임모성교」는 저수량의 임모본으로 하나
는 섬서 서안부 동주[同州, 지금의 섬서 대려현(大荔縣)] 관청에 있고, 다른 하나
는 하남성 귀덕부[歸德府, 지금의 하남성 상구시(商丘市)]에 있다.(臨摹聖教, 褚
河南臨本, 一在陝西西安府同州倅廳, 一在河南歸德府州中.)"라고 하였다.【原註】
500) 음부경(陰符經):『집고구진』에서 "『음부경』은 저수량의 글씨로 2개의 판본이 있
으며, 하나는 작은 해서체이고 다른 하나는 작은 초서체이다. 작은 해서체는 바
로 영휘(永徽) 5년(654)에 칙명을 받들어 쓴 것이다. 옹방강(翁方綱, 1733-1818.
청나라 대학자)은 해서체의 것을 친필로 간주하였다. 강조(江藻, ?-?. 청나라 시
인·서화가)와 요내(姚鼐, 1731-1815. 청나라 문학가) 등은 모두 저수량의 글씨가
아니라 간주하였다. 여러 학자의 분분한 학설에 따르면, 사실 해서와 초서의 두
판본이 모두 위조일 뿐이다. 고찰해보면, 이『음부경』이 이전(李筌, 도사)의 위작
으로, 이전은 개원시기(713-741)의 사람인데, 저수량(596-659)이 어떻게 미리『음
부경』을 쓸 수 있겠는가?(陰符經, 褚遂良書, 有二本, 一小楷, 一小草. 小楷乃永徽
五年奉勅所書. 翁覃溪以楷書者爲眞迹. 江藻姚鼐等以爲均非褚書. 按諸家紛紜其
說, 其實眞草二本, 皆僞托耳. 考此經爲李筌僞作, 筌開元時人, 褚公安得預書之.)"
라고 하였다. 세상에 전해오는 저수량의 작은 해서체『음부경진적(陰符經眞迹)』
이 아직도 존재하며, 북경 고궁박물원에 소장되어 있다.【原註】

「현비탑명(玄秘塔銘)」503)이다. 안진경의 글씨는「쟁좌위첩(爭坐位帖)」504)·

---

* 음부경(陰符經): '『황제음부경(黃帝陰符經)』'이라고도 하며 1권 3편이다. 중국 고대의 철학과 병법의 중요 저작이자 도가의 중요 경전으로, 전국시기의 소진(蘇秦, ?-A.D.284. 정치가)이나 북위의 구겸지(寇謙之, 365-448. 도사)나 당나라 이전의 위작이라 한다. 제갈량과 이전 및 주희 등이 주(注)를 달았다.【역주】

501) 도인경(度人經):『경자쇄하기(庚子鎖夏記)』에서 "저수량의『도인경』은 저수량이 글씨를 쓰고 염립본이 그림을 그렸으며, 송나라 시절에 한성(韓城, 지금의 섬서성 한성시) 범씨의 집에 소장되어 있었다. 원우연간(1086-1094)에 돌에 새겨졌으며, 이것이 송대 탁본이다. 약간 빠진 글자가 있으며, 바로 원본이 훼손되었기 때문으로, 비석이 마모된 것이 아니다. 글자가 아름답고 수려하여 진실로 미인이 비단옷을 힘에 겨워하는 듯한 운치가 있다.(褚遂良度人經, 褚河南書, 閻立本畵, 宋時藏韓城范氏家. 元祐中上石, 此宋搨也. 稍有缺字, 乃原本壞, 非石泐也. 字法娟秀, 眞有美人不勝羅綺之致.)"라고 하였다.
『집고구진』에 따르면 "『영보도인경(靈寶度人經)』의 원본에는 서명이 있으며, 저수량의 글씨로 전해온다. 송나라 범사정(范正思, 북송의 명신 범중엄(范仲淹, 989-1052)의 손자)이 처음으로 돌에 새겼다. 발문에서 '저수량이 글씨를 썼으므로, 세상 사람들이 모두 저수량의 글씨라고 주를 붙인다.'고 하였다.(靈寶度人經原本署名, 相傳爲褚遂良書. 宋范正思始以入石. 跋云, 褚遂良題字, 故世人均注爲褚書.)"라고 하였다.
『금석략』에서 "「도인경변상(度人經變像)」에 쓴 글은 저수량의 글씨(題度人經變像, 褚遂良書.)"라고 하였다.【原註】

* 경자쇄하기(庚子鎖夏記): 8권. 청나라 감정가 손승택(孫承澤, 1592-1676)의 저서로 자기가 소장한 서화와 보았던 서화작품에서 제발을 선록하고 비평을 첨가하였다.【역주】

502) 금강경(金剛經):『고반여사』에서 "『금강경』은 유공권의 글씨로 비석은 섬서 흥당사[興唐寺, 산서성 임분시(臨汾市) 홍동현(洪洞縣) 소재]에 있다.(金剛經, 柳公權書, 石在陝西興唐寺中.)"라고 하였다.
『신증격고요론』에서 "또 유공권이 쓴 것이 있으며, 흥당사에 있다.(又有柳公權書, 在興唐寺中.)"라고 하였다.【原註】

503) 현비탑명(玄秘塔銘): 「대건법사현비탑명(大建法師玄秘塔銘)」으로 배휴(裵休, 791-864. 당나라 명재상)가 편찬했으며 유공권이 글씨를 쓰고, 무종(武宗) 회창원년(會昌元年, 841)에 세워져 지금의 섬서성 서안에 있다. 글자는 힘이 넘치고 골력(骨力)이 있으며, '유서(柳書)'라는 서명이 있다.
『고반여사』에서 "「현비탑명」은 시서학사(侍書學士) 유공권의 글씨로, 비석이 서안부학에 있다.(玄秘塔銘, 侍書學士柳公權書, 石在西安府學.)"라고 하였다.【原註】

504) 쟁좌위첩(爭坐位帖):「쟁좌위첩고(爭坐位帖稿)」혹은「좌위첩고(坐位帖稿)」.『고반여사』에서 "「쟁좌위첩고」는 안진경의 행서로 중간에 수정한 곳이 많으나 서체가 절묘하며, 모두 5개의 비석으로, 정통시기(1436-1449)에 많이 파괴되었다. 비

「마고선단기(麻姑仙壇記)」505) ·「이제문(二祭文)」506) ·「가묘비(家廟

석은 섬서 서안부학에 있다.(爭坐位帖稿, 顔魯公行書, 中多塗改, 字體絶妙, 凡五碑, 正統中, 破壞多矣. 石在陝西西安府學.)"라고 하였다.
『신증격고요론』에서 "「좌위첩고」는 안진경의 행초서로, 아마 초고일 것이다.(坐位帖稿, 顔魯公行草, 蓋初稿也.)"라고 하였다.【原註】

505) 마고선단기(麻姑仙壇記):「유당 무주 남성현 마고선단기(有唐撫州南城縣麻姑仙壇記)」로 안진경이 짓고 글씨를 썼으며, 대력(大曆) 6년(771) 4월에 세웠다.
『집고구진』에서 "「마고선단기」는 안진경의 글씨로, 큰 글자 판본은 본래 이의가 없지만, 이 작은 글자 판본에 대해서는 『집고록』에 의심하는 내용이 많다. 『금석록』에서는 그럴듯하지 않다고 주장했으며, 세상에서는 남성[南城, 지금의 강서성 무주시(撫州市) 남성현]의 것을 진본으로 간주한다. 생각건대, 남성의 비석은 후세 사람이 보충하여 새긴 것이다. 『충의당첩(忠義堂帖)』의 내용에 오히려 중간 크기 해서체 하나가 있으므로, 여기에 3개의 석각이 있는 것으로 기록한다.(麻姑仙壇記, 顔眞卿書, 大字本固無疑議, 此小字本, 集古錄頗有疑辭. 金石錄以爲不類, 世多以南城爲眞本. 按南城之石, 後人補刻. 忠義堂帖文, 尙有中楷一本, 則此記有三刻.)"라고 하였다.【原註】

* 충의당첩(忠義堂帖): 남송 가정 8년(1215)에 송나라 문학가 유원강(留元剛, ?-?)이 안진경의 서예작품을 모아 비석에 새겨 만든 법첩.【역주】

506) 이제문(二祭文):「제질계명문(祭侄季明文)」으로 안진경이 짓고 글씨를 썼다. 건원원년(乾元元年, 758) 9월에 세웠으며, '제질문(祭侄文)'이라고 약칭한다. 『집고구진』에서 "「제질문」은 안진경의 글씨로 『월주석씨본』이 가장 뛰어나다. 현재 구하여 볼 수가 없다. 또 「제백부 호주자사문(祭伯父濠州刺使文)」도 안진경이 짓고 글씨를 썼는데, 건원원년 10월이며, '제백부문(祭伯父文)'이라 약칭하고, 『순희비각속첩』에 처음으로 새겨졌으며, 월주 석씨의 『박고당첩』에서 또 새겼으나, 이 두 판본은 현재 구할 수가 없다. 명나라 각본은 오국정(吳國廷, 1549?-1635?. 명말 대소장가)의 『여청재법첩(餘淸齋法帖)』이 우수하며, 『울강제첩(鬱岡齋帖)』도 정교한데, 바로 저명한 석공 관사경(管駟卿, ?-?)이 새긴 것이다.(祭侄文, 顔眞卿書, 以越州石氏刻本爲最先. 今已不可得見. 又祭伯父濠州刺使文, 亦顔眞卿撰幷書, 乾元元年十月, 簡稱祭伯父文, 始刻於淳熙秘閣續帖, 越州石氏博古堂又刻之, 此二本今不可得. 明刻以吳氏餘淸齋本爲佳, 鬱岡齋本亦精, 乃名手管駟卿所鐫.)"라고 하였다.【原註】

* 여청재법첩(餘淸齋法帖): 16권. 1596년에 시작하여 1614년에 완성. 신안(新安)의 거부 오국정이 자신이 소장한 진(晋)나라부터 송나라시기 명인의 작품을 동기창과 진계유에게 평가와 선정을 부탁하고 자신과 동향의 서화가 양명시(楊明時)를 초청하여 모륵상석하여 새긴 법첩. 여청재는 오국정의 서재 이름이다. 석각은 현재안휘성 흡현박물관(歙縣博物館)에 보존되어 있다.

* 울강제첩(鬱岡齋帖): 10권. 명나라 의학자 왕긍당(王肯堂, 1552?-1638)이 편찬하고 관사경이 돌에 새겨 만든 법첩.【역주】

碑)」507) · 「원차산비(元次山碑)」508) · 「다보사비(多寶寺碑)」509) · 「방생지비(放生池碑)」510) · 「사당기(射堂記)」511) · 「북악묘비(北嶽廟碑)」

507) 가묘비(家廟碑): 『집고록』에서 "오른 쪽의 「안씨가묘비」는 안진경이 짓고 글씨를 썼으며, 이양빙의 전서체 비액이 있는데, 건중원년(建中元年, 780)에 세워졌다. (右顔氏家廟碑, 顔眞卿撰幷書, 李陽冰篆額, 樹於建中元年.)"라고 하였다.
『고반여사』에서 "「안씨가묘비」는 비석이 섬서 서안부학에 있다.(顔氏家廟碑, 石在陝西西安府學.)"라고 하였다.
『육일제발』에서 "당나라 「안씨가묘비」,……안진경(709-784)의 부친 안유정(顔惟貞, 669-712)은 벼슬이 설왕우(薛王友)에 이르렀으며, 안진경은 일곱째 아들이다. 돌아가신 부친이 관직에 종사한 직위를 매우 자세하게 서술하였다.(唐顔氏家廟碑,……眞卿父惟貞, 仕至薛王友, 眞卿其第七子也. 述其祖禰群從官爵甚詳.)"라고 하였다.【原註】
508) 원차산비(元次山碑): 「원결묘비(元結墓碑)」. 『금석록』에서 "「원결비」는 안진경이 짓고 글씨를 썼다.(元結碑, 顔魯公撰幷書.)"라고 하였다.
『금석췌편』에서 "해서체로 노산현학(魯山縣學)에 있으며 대력 7년(772)에 들어왔다.(正書, 在魯山縣學. 大曆七年入.)"라고 하였다.【原註】
* 원결(元結, 719?-772?): 당나라 도가학자이자 정치가. 자(字)는 차산(次山), 호는 만수(漫叟) · 오수(聱叟) · 낭사(浪士) · 만랑(漫郎). 원적은 하남 낙양.【역주】
509) 다보사비(多寶寺碑): 『금석췌편』에서 "비석은 서안부학에 있으며, 전체 문장은 '당나라 서경(西京, 지금의 서안시) 천복사(千福寺) 다보불탑감응비문. 남양(南陽, 지금의 하남성 남양시로 남양 잠씨의 본적) 잠적(岑勛, ?-?. 당나라의 은자)이 짓고, 낭야(琅琊, 지금의 산동성 청도(靑島) 일대로 낭야 안씨의 본적] 안진경이 글씨를 썼으며, 동해(東海, 지금의 산동성 동해군. 동해 서씨의 본적)의 서호(徐浩, 703-783. 당나라 서예가)가 비액을 썼다. 천보 11년(752)에 세웠다.'이다.(碑在西安府學, 全文爲, 大唐西京千福寺多寶佛塔感應碑文. 南陽岑勛撰, 琅琊顔眞卿書, 東海徐浩題額. 天寶十一載建.)"라고 하였다.【原註】
510) 방생지비(放生池碑): 『고반여사』에서 "「방생지비」는 안진경의 해서로 절강성 호주부(湖州府) 장흥현(長興縣)에 있다.(放生池碑, 顔魯公眞書, 在浙江湖州府長興縣.)"라고 하였다.
『집고록목』에서 "당나라 「방생지비」는 당나라 승주자사(升州刺使) 절강절도사 안진경이 짓고 글씨를 썼으며, 숙종 건원 2년(759)에 효위랑장(驍衛郎將) 사원종(史元琮, ?-?)으로 하여금 천하에 조서를 내려 산남도(山南道)에서 절서도(浙西道)까지 7개 도의 강가에 방생지 80곳을 설치하고, 안진경이 천하의 방생지를 위한 명문을 바쳤으며, 비석은 대력 9년(774) 정월에 세웠다.(唐放生池碑, 唐升州刺使浙江節度使顔眞卿撰幷書, 肅宗乾元二年, 使驍衛郎將史元琮, 詔天下自山南至浙西七道, 臨江置放生池八十所, 眞卿爲天下放生池銘上之, 碑以大曆九年正月立.)"라고 하였다.【原註】

512) · 「초서천문(草書千文)」513) · 「마애비(磨崖碑)」514) · 「간록자첩(干祿
字帖)」515)이다. 회소의 글씨는 「자서삼종(自敍三種)」516) · 「초서천문(草

---

511) 사당기(射堂記): 『묵지편』에서 "호주(湖州, 지금의 절강성 호주시)의 「사당기」는
안진경의 글씨이다. 대력 12년(777), 안진경이 호주에 있을 때 돌에 새겼다.(湖州
射堂記, 顔眞卿書. 大曆十二年, 魯公在湖州時刻石.)"라고 하였다.
『금석록』 목록에서 "비문을 짓고 글씨를 쓴 사람의 성명은 훼손되어 없으나, 세
상에는 '안진경의 해서로 대력 12년 4월에 세웠다.'고 전한다.(撰書人姓名殘缺,
世傳魯公正書, 大曆十二年四月立.)"라고 하였다.
『고반여사』에서 "「사당기」는 안진경의 글씨로 비석은 절강성 호주부 장흥현에
있다.(射堂記, 顔魯公書, 石在浙江湖州府長興縣.)"라고 하였다.【原註】
512) 북악묘비(北嶽廟碑): 「수북악묘비(修北嶽廟碑)」이며, 안진경이 글씨를 쓰고, 개
원 23년(735) 윤 11월에 세웠다.
『고반여사』에서 "「북악묘비」는 안진경의 글씨.(北嶽廟碑, 顔魯公書.)"라고 하였
다.【原註】
513) 초서천문(草書千文): 안진경의 초서로 「배장군전(裵將軍傳)」과 매우 흡사하며,
명대 초기의 탁본으로 청나라 하자정(何子貞)의 발문이 있다.【原註】
* 하자정(何子貞): 청대 서화가 하소기(何紹基, 1799-1873). 자(字)가 자정(子貞).
【역주】
514) 마애비(磨崖碑): 『신증격고요론』에서 "당나라 원결(元結)이 「중흥송(中興頌)」을
지었으며, 안진경이 오계(浯溪, 지금의 호남성 기양현(祁陽縣)]의 절벽에 해서로
썼는데, 글자가 조금 크다.(唐元結作中興頌, 顔眞卿眞書於浯溪崖上, 字稍大.)"라
고 하였다.
『집고구진』에서 "21행으로 행마다 20자이며, 마애석각으로 오른쪽에서 왼쪽으로
써 있고, 안진경의 글씨 가운데 가장 큰 것이다. 원래 호남성 기양현에 있으며,
사천성과 귀주성의 두 곳에 각각 하나씩을 새겨서 학명산鶴鳴山, 지금의 사천성
대읍현(大邑縣) 소재와 동량(銅梁, 지금의 사천성 동량현)의 강가에 모두 석각이
있다.(二十一行, 行二十字, 磨崖刻, 左行, 魯公書之最大者. 原在湖南祁縣, 四川貴
州二處各刻一本, 鶴鳴山與銅梁江上均有刻本.)"라고 하였다.【原註】
515) 간록자첩(干祿字帖): 『고반여사』에서 "「간록자첩」은 안진경의 해서체로 작은 해서
이다. 글자의 정자와 속자를 변별한 내용으로, 안원손(顔元孫, ?-714. 안진경의
숙부, 서예가)이 지었으며, 석각은 사천성 당천주(潼川州, 지금의 사천성 삼태현(三
台縣) 일대에 있다.(干祿字帖, 顔魯公眞書小楷. 辨別字之正俗, 顔元孫作, 石刻在
四川潼川州.)"라고 하였다.
『집고록목』에서 "당나라 호주자사(濠州刺史) 안원손이 짓고 호주자사(湖州刺史)
안진경이 글씨를 썼다. 처음에 안원손은 문자를 사성(四聲)으로 구분하여 정자(正
字) · 통용자 · 속자(俗字)의 3체로 정했으며, 안진경이 대력 9년(774) 정월에 호주
(湖州)에서 돌에 새겼다.(唐濠州刺史顔元孫撰, 湖州刺史顔眞卿書. 初元孫以字書

書千文)」517) ·「성모첩(聖母帖)」518) ·「장진율공이첩(藏眞律公二帖)」519)

分四聲, 定爲正通俗三體, 眞卿以大曆九年正月刻石於湖州.)"라고 하였다.【原註】
516) 자서삼종(自敍三種): 회소(懷素)의「자서첩(自敍帖)」.『금석록』에서 "회소의「자서(自敍)」초서, 대력 12년(777) 10월(懷素自敍草書, 大曆十二年十月)"이라고 하였다. 원래의 석각은 일찍 훼손되었으나, 원본 법첩은 아직도 존재하여 현재 북경 고궁박물원에 소장되어 있다.
『신증격고요론』에서 "회소의「자서」는 회소의 초서체로 송나라 소순흠(蘇舜欽, 1008-1048. 문학가)이 하나의 법첩을 보충했으며, 뒷부분에 위량신(魏良臣, 1094-1162. 송나라 대신)의 발문이 있고, '건업문방(建業文房)'이라는 인장이 있으며, 요주(耀州, 지금의 섬서성 동천시(銅川市) 요주구 삼원현(三原縣)에 있다.(懷素自敍, 懷素草書, 宋蘇舜欽補一帖, 後有魏良臣跋, 有建業文房印, 在耀州三原縣.)"라고 하였다.【原註】
   * 건업문방(建業文房): 정확하게는 '건업문방지인(建業文房之印)'으로, 오대 남당시기 내부의 소장인이다.【원주】
517) 초서천문(草書千文):『고반여사』에서 "승려 회소의「삼종초서천문(三種草書千文)」은 비석이 섬서 서안부학에 있다.(僧懷素三種草書千文, 石在陝西西安府學.)"라고 하였다.『정운관각본(停雲館刻本)』에 보인다. 단행본으로 청 동치·광서연간(1862-1908)에 장사(長沙)에서 목판으로 간행했으며, 가로로 배열하였다. 원래 작품은 송나라 내부(內府)에 4종류가 소장되어 있었으며, 황색의 비단 서첩은 명대에 요공수(姚公綬)의 집에 소장되어 있었다가 훗날 문징명에게 귀속되었다. 청나라 건륭-가경(1736-1802)시기에 필원(畢沅)이 모각하여「경훈당첩(經訓堂帖)」에 첨가했으며, 현재 상해 서소포(徐小圃, 1887-1959. 저명한 한의사)의 집안에 소장되어 있다.【原註】
   * 요공수(姚公綬): 요수(姚綬, 1423-1495). 자(字)가 공수(公綬), 호는 단구생(丹丘生). 명대의 서화가.【역주】
   * 경훈당첩(經訓堂帖): 원주에서 '경신당첩(經訊堂帖)'이라 했으나 경훈당첩(經訓堂帖)의 오기이므로 수정하였다. 12권. 청나라 학자이자 소장가 필원(畢沅, 1730-1797)이 건륭 54년(1789)에 편집하였으며, 서예가 전영(錢泳, 1759-1844)과 전각가 공천추(孔千秋, ?-?)가 새겼다. 왕희지부터 동기창까지의 작품을 선정하였다.【역주】
518) 성모첩(聖母帖):『신증격고요론』에서 "「성모첩」은 회소의 초서로 매우 알아보기 어려우며, 정원원년(貞元元年, 785) 계축년 5월에 비석에 새겨 세웠다. 송 원우 3년(1090)에 임모하여 돌에 새겼다. 비석은 섬서 서안부학에 있다.(聖母帖, 懷素草書, 頗難識, 貞元元年歲在癸丑五月立刻石. 宋元祐三年模刻上石. 石在陝西西安府學.)"라고 하였다. 현재 서안 비림으로 옮겨놓았다.【原註】
519) 장진율공이첩(藏眞律公二帖):『신증격고요론』에서 "「율공장진첩(律公藏眞帖)」은 당나라 승려 회소의 초서이다.「장진율공이첩」에는 유사자(遊絲字)가 있으며, 끝부분에 송나라 경우(景祐) 3년(1036) 마승(馬承)의 제기가 있으며, 초서 23자도

379
권5 서화

이다. 이북해(李北海)520) 이옹(李邕)의 글씨는 「음부경(陰符經)」521) ·
「사라수비(娑羅樹碑)」522) ·「조아비(曹娥碑)」523) ·「진망산비(秦望山
碑)」524) ·「장회량비(臧懷亮碑)」525) ·「유도선생섭공비(有道先生葉公

절묘하다. 또 '글자의 구조가 조금 다르다.'라는 문징명의 글씨가 있다. 비석은
섬서 서안부학에 있다.(律公藏眞帖, 唐僧懷素草書. 藏眞律公二帖俱遊絲字, 末有
宋景祐三年馬承之題, 草書二十三字亦妙. 又有徵仲書云, 結字小異. 石在陝西西
安府學.)"라고 하였다. 현재 이미 비림으로 옮겨 놓았다.

『고반여사』에서 "「장진율공이첩」은 승려 회소의 글씨로, 끝부분에 송 경우 3년
마승의 제기가 있으며, 초서 23자도 절묘하다. 또 문징명의 글씨가 있다. 비석은
섬서 서안부학에 있다.(藏眞律公二帖, 僧懷素書, 末有宋景祐三年馬丞之題, 草書
二十三字亦妙. 又有徵仲書. 石在陝西西安府學.)"라고 하였다.【原註】

* 유사자(遊絲字): 북송 서예가 오열(吳說, ?-?)이 창조했다는 아지랑이처럼 필획
  이 구불구불하여 글자가 연결된 초서의 일종.【역주】

520) 이북해(李北海): 이옹(李邕, 678-747). 양주(揚州) 강도(江都, 지금의 강소성 양주
  시 강도구) 사람으로 자(字)는 태화(泰和)이다. 자질이 뛰어나고 천성이 총명하
  였으며, 재주가 뛰어나 서예에 정통하였고, 특히 행서와 초서에 뛰어났다. 초기
  에는 왕희지의 행서 법식을 익혀 꺾이고 솟구치는 묘리를 체득하였으며, 또 구습
  에서 벗어나 필력이 일신되어, 이양빙이 "서중선수(書中仙手, 글씨 가운데 신선
  의 솜씨)"라고 하였다. 일찍이 북해태수를 지냈으므로 세상에서 '이북해'라고 불
  렀다.【原註】

521) 음부경(陰符經): 당나라 이옹의 글씨. 『고반여사』에서 "이북해의『음부경』(李北
  海陰符碑)"이라 하였다.【原註】

522) 사라수비(娑羅樹碑):『금석췌편』에서 "비석은 회안부(淮安府, 지금의 강소성 회
  안현 일대)의 관청소재지에 있다. 초주[楚州, 지금의 강소성 회안시(淮安市) 초주
  구] 회음현(淮陰縣)의 「사라수비」는 해주자사(海州刺史) 이옹이 글을 짓고 아울
  러 글씨를 썼으며, 개원 11년(723) 10월 2일에 세웠다.(石在淮安府治. 楚州淮陰
  縣娑羅樹碑, 海州刺史李邕撰并書, 開元十一年十月二日建.)"라고 하였다.【原註】

523) 조아비(曹娥碑):『금석록보』에서 "당나라 「조아비」는 한나라 한단순이 짓고 당나
  라의 자사 이옹이 글씨를 썼으며, 선천(先天) 임자년(712)(원서에 개원으로 되어
  있으나 오류이다) 12월에 새겼다.[唐曹娥碑, 韓邯鄲淳撰, 唐刺史李邕書, 先天壬
  子(原作開元, 誤)季冬鐫勒.]"라고 하였다.【原註】

524) 진망산비(秦望山碑):『예풍당금석문자목(藝風唐金石文字目)』에서 「진망산 법화
  사비(秦望山法華寺碑)」: 이옹이 짓고 또 글씨를 썼다. 개원 23년(735) 12월에 세
  웠다. 명나라 중각본.(秦望山法華寺碑, 李邕撰并書. 開元二十三年十二月. 明重
  刻本.)"라고 하였다.【原註】

* 예풍당금석문자목(藝風唐金石文字目): 18권. 청나라의 학자 무전손(繆荃孫,
  1844-1919)의 저서로, 주나라부터 원나라까지의 금석문을 수록하였다.【역주】

碑)」526)·「악록사비(嶽麓寺碑)」527)·「개원사비(開元寺碑)」528)·「형문

---

525) 장회량비(臧懷亮碑):『신증격고요론』에서 "당나라 우림대장군 장회량비(唐羽林
大將軍臧懷亮碑)」『금석록』에 따르면 「관군대장군 장회량비(冠軍大將軍臧懷亮
碑)」로 되어 있다는 이옹의 행서로, 아름답고 원만하며 굳세어 사랑스럽고, 요주
(耀州) 삼원(三原, 지금의 섬서성 삼원현)의 장회량묘에 있다.[唐羽林大將軍臧懷
亮碑(按金石錄作冠軍大將軍臧懷亮碑), 李邕行書, 乃媚圓健可愛, 在耀州三原臧
氏墓上.]"라고 하였다.
『역대인물연리비전종표(歷代人物年里碑傳綜表)』에서 "이옹의 「우림대장군 장공
신도비」(李邕羽林大將軍臧公神道碑)"라고 하였다.
장회량(臧懷亮, 662-729)의 자(字)는 시명(時明)이며, 당나라 거(莒, 지금의 산동
성 거현 일대) 사람이다.【原註】

* 역대인물연리비전종표(歷代人物年里碑傳綜表): 근현대 학자 강량부(姜亮夫,
1902-1995)의 저술로, 기원전 479년부터 1919년까지의 인물 12,000여명을 수록
하였다.【역주】

526) 유도선생섭공비(有道先生葉公碑):「섭유도비(葉有道碑」즉 당나라 「유도선생 섭
국중비(有道先生葉國重碑)」이다.
『집고록목』에서 "당나라 「유도선생 섭국중비」는 당나라 송양령(松陽令) 이옹이
짓고 글씨를 썼다. 섭국중은 도술이 있는 도사로 자(字)는 아진(雅鎭)이며, 남양
(南陽, 지금의 하남성 남양시) 섭현(葉縣, 지금의 하남성 섭현) 사람이고, 비석은
개원 5년(717) 3월에 세웠다.(唐有道先生葉國重碑, 唐松陽令李邕撰幷書. 國重道
術之士, 字雅鎭, 南陽葉縣人, 碑以開元五年三月立.)"라고 하였다.
『집고구진』에서 "「섭유도비」가 송양(宋陽)에 있는 것은 사실이며, 처주[處州, 지
금의 절강성 여주시(麗州市)]에 있다는 것도 오류가 아닌데, 송양이 옛날에는 처
주에 속했기 때문이다. 『금석략』에서 '개봉에 있다.'고 하였으며, 『산동통지(山東
通志)』에서 '금향(金鄕, 지금의 산동성 금향현)에 있다.'고 하였는데, 섭국중의 묘
소와 아득하여 서로 관련이 없으므로, 분명히 다시 새긴 것이 틀림없다.(葉有道
碑, 在宋陽得其實, 在處州亦不爲誤, 松陽舊屬處州. 金石略云 在開封, 山東通志云
在金鄕, 與葉渺不相涉, 顯爲重刻無疑.)"라고 하였다.
『예풍당금석문자목』에서 "「유도선생 섭국중비」는 이옹이 짓고 또 글씨를 썼으
며, 개원 5년(717) 정사년 3월 7일에 세웠다. 절강성 선평(宣平)에 있다. 『금석록』
에 따르면 개봉부에 있다. 『평진관독비기(平津館讀碑記)』에서 '원석은 오래전에
사라졌으며, 이 비석은 후인의 중각본이다.'라고 하였다.(有道先生葉國重碑, 李
邕撰幷書, 開元五年歲在丁巳三月七日. 在浙江宣平. 按金石錄作在開封府. 平津
讀碑記謂原石久佚, 此爲後人重刻本.)"라고 하였다.
『고반여사』에서 "「유도선생 섭공비」는 이옹의 행서로, 비석이 산동 금향현에 있
다.(有道先生葉公碑, 李邕行書, 石在山東金鄕縣.)"라고 하였다.【原註】

행(荊門行)」529) · 「운휘장군비(雲麾將軍碑)」530) · 「이사훈비(李思訓碑)」

---

* 평진관독비기(平津館讀碑記): 12권. 청나라의 소장가이자 서예가 손성연(孫星
衍, 1753-1818)의 문객이던 홍이훤(洪頤煊, 1765-1837)의 저술로, 손성연이 소
장한 비각의 명문을 자세히 고증하여 수록하였다.【역주】

527) 악록사비(嶽麓寺碑): 「녹사비(麓寺碑)」라고도 한다. 『신증격고요론』에서 "이옹
의 행서로 글자의 직경이 1치(약 3cm)로 형산(衡山)의 기슭에 있다.(李邕行書,
字徑寸, 在衡山之麓.)"라고 하였다.
『예풍당금석문자목』에서 「악록사비」는 이옹이 글을 짓고 또 행서로 썼으며, 비
액은 전서로 양각 문자이며, '개원 18년(730) 경오년 9월 임자삭 11일 임술에 세
웠다.(開元十八年歲次庚午九月壬子朔十一日壬戌建)'이다. 호남성 장사 악록서
원에 있다.(嶽麓寺碑, 李邕文幷行書, 額篆書, 陽文, 開元十八年歲次庚午九月壬子
朔十一日壬戌. 在湖南長沙嶽麓書院.)"라고 하였다.【原註】
* 「악록사비」는 호남성 장사시의 악록산에 있으며, 악록산은 호남성 형양시(衡陽
市)에 있는 오악의 하나인 남악 형산(衡山)의 72봉우리 가운데 하나이다.【역주】

528) 개원사비(開元寺碑): 『금석록』 목록에서 "당나라 「개원사비」는 당나라 치주자사
(淄州刺史) 이옹이 짓고 글씨를 썼다. 개원사는 수나라에서 세웠으며 본명은 정등
사(正等寺)인데, 당나라에서 고쳐 '대운사(大雲寺)'라 고 했으며, 중종 초기에 승려
현치(玄治)가 중수하여 또 '신룡사(神龍寺)'라 고쳤고, 현종이 직접 현판을 써서
'개원사'라 고쳤다. 비석은 개원 28년(741) 7월에 세웠다.(唐開元寺碑, 唐淄州刺史
李邕撰幷書. 開元寺, 隋所建, 本名正等, 唐改曰大雲, 中宗初, 沙門玄治重修, 又改
曰神龍寺, 玄宗親書額, 改曰開元. 碑以開元二十八年七月立.)"라고 하였다.
『금석록』에서 "비석은 처음에 본사(개원사)에 세웠는데, 후세 사람이 군청의 부서
진 건물 아래로 옮겼다. 내가[『금석록』의 저자 조명성(趙明誠)] 이곳 치주[淄州,
지금의 산동성 치박시(淄博市)]를 다스릴 때 별실로 옮기고 나무 난간으로 가렸
다.(碑初建於本寺, 後人移至郡廨敗屋下, 余爲是州, 遷於便座, 用木欄楯以蔽之.)"
라고 하였다.
『집고록목』에서 "당나라 치주 「개원사비」는 이옹이 짓고 또 행서로 썼으며, 개원
28년(741) 7월에 세웠다.(唐淄州開元寺碑, 李邕撰幷行書, 開元二十八年七月立.)"
라고 하였다.【原註】

529) 형문행(荊門行): 『고반여사 · 첩전(帖箋)』에서 "이옹 「형문행」(李北海荊門行)"이
라 하였다.
『남촌첩고(南邨帖考)』에서 "『군옥당첩』 권3에서 이르기를, ……이옹에게 「형문
행」이 있으며, ……현재 통행되는 당송시기 명인의 법첩에 모두 들어가 있는데,
동기창이 '이옹의 글씨는 바로 송나라 사람들이 「운휘장군비」 등 비석의 글자를
모아서 만든 것이다.'라고 하였는데, 진실로 그렇다.(群玉帖三云,……李北海有荊
門行,……今所行唐宋名人帖皆有之, 思翁謂李書乃宋人集雲麾等碑字爲之, 信然.)"
라고 하였다.【原註】

530) 운휘장군비(雲麾將軍碑): 『보각유편』에서 "운휘장군 이수비(雲麾將軍李秀碑)」

531) ·「계단비(戒壇碑)532)」이다. 태종(太宗)533)은 「위징비(魏徵碑)」534)

는 이옹이 짓고 글씨를 썼으며, 천보원년(742) 정월에 세웠다. 유주(幽州, 지금의
북경 일대)에 남아있다.(雲麾將軍李秀碑, 李邕撰幷書, 天寶元年正月立. 幽, 存.)"
라고 하였다.
『경자쇄하기(庚子鎖夏記)』에서 "이옹에게 두 개의 「운해비」가 있으며, 하나는 이
사훈(李思訓, 651-716. 당나라 화가)이고, 다른 하나는 이수(李秀, ?-714)로서, 관
직이 동일하고 성도 동일하다. 이사훈비는 섬서에 있으며, 이수비는 양향良郷,
지금의 북경시 방산구(房山區)]에 있다.(李北海有兩雲麾碑, 一李思訓, 一李秀, 官
同, 姓又同. 思訓碑在陝西, 秀碑在良鄉.)"라고 하였다.
『고반여사』에서 「운휘장군이수비」는 북해태수 이옹의 행서로, 섬서성 포성현
(蒲城縣)에 있는 것이 가장 절묘하다. 하나는 순천부(順天府) 양향현학(良鄉縣
學)에 있으며, 석각이 포성현의 것에 미치지 못한다.(雲麾將軍李秀碑, 北海太守
李邕行書, 在陝西蒲城縣者最妙. 一在順天府良鄉縣學, 石刻不及.)"라고 하였다.
『고반여사』에서는 이수비와 이사훈비의 두 비석을 하나로 오인하였다.【原註】
531) 이사훈비(李思訓碑):『보각유편』에서 "오른 쪽 「무위대장군 이사훈비(武衛大將
軍李思訓碑)」는 조카가 짓고 글씨를 썼으며, 개원 8년 6월에 세웠다. 화주[華州,
지금의 섬서성 화현(華縣) 일대]에 남아있다.(右武衛大將軍李思訓碑, 從子撰幷
書, 開元八年六月立. 華, 存.)"라고 하였다.
『금석췌편』에서 「이사훈비」는 비석의 높이가 1장 1자 3치 6푼(약 3.8m)이고 폭
은 4자 8치 5푼(약 160cm)이며, 30행에 행마다 70자이고, 행서체로 포성현(蒲城
縣, 섬서성)에 있다.(李思訓碑, 碑高一丈一尺三寸六分, 廣四尺八寸五分, 三十行,
每行七十字, 行書, 在蒲城縣.)"라고 하였다.【原註】
532) 계단비(戒壇碑):『집고구진』에서 「소림사 계단명」은 이옹의 글씨로 승려 의정
(義淨, 635-713. 당나라의 불경 번역승)이 제작하였는데, 송나라 사람이 이 법첩
을 기록하며 모두 '장걸(張杰, ?-?. 학생)의 팔분서'라고 하여 이옹의 행서라고
한 기록이 없으므로, 이 판본은 거의 후인의 위작이다.(少林寺戒壇銘, 李邕書,
僧義淨制, 宋人著錄此帖, 皆云張杰八分書, 未有言李北海行書者, 此本殆後人僞
托.)"라고 하였다.
『금석록』 목록에서 "당나라 「소림사 계단명」: 삼장법사 의정 편찬, 장걸의 팔분
서. 개원 3년 정월.(唐少林寺戒壇銘, 三藏法師義淨撰, 張杰八分書. 開元三年正
月.)"이라고 하였다.【原註】
533) 태종(太宗): 당태종 이세민(李世民, 598-649)은 왕희지의 글씨를 애호하여, 복잡
한 정무를 처리한 여가에 날마다 게으름을 피우지 않고 임모하였으며, 필력에
힘이 넘쳐 일시에 으뜸이 되었다. 이세민의 해서와 행서 및 초서 글씨로 황실
창고에 진귀하게 소장된 작품이 10여 종류에 달하였다.【原註】
534) 위징비(魏徵碑):『보각유편』에서 「증사공 위정공비(贈司空魏鄭公碑)」: 당태종이
직접 짓고 또 글씨를 썼으며, 정관 17년(643) 정월 경성에 세웠다.(贈司空魏鄭公
碑, 唐太宗御制幷書, 貞觀十七年正月立, 京兆.)"라고 하였다.【原註】

와 「병풍첩(屛風帖)」535)을 썼다. 고종(高宗)536)은 「이적비(李勣碑)」537)를 썼고, 현종(玄宗)538)은 「일행선사탑명(一行禪師塔銘)539)·「효경(孝經)」540)·「금선공주명(金仙公主碑)」541)·「손과정서보(孫過庭書譜)」542)

535) 병풍첩(屛風帖):『예풍당금석문자목』에서 "당태종의 친필 「병풍첩」7폭은 초서로 새겼으며, 절강 여항현(餘杭縣)의 현정부 소재지에 있다.(太宗御書屛風帖七截, 刻草書, 在浙江餘杭縣治.)"라고 하였다.【原註】

536) 고종(高宗): 당나라 고종 이치(李治, 628-683)로 태종의 아들.『묵지편』에서 "고종은 평소 해서·초서·예서·비백에 뛰어났다.(高宗雅善眞草隷飛白.)"라고 하였다.【原註】

537) 이적비(李勣碑): 즉「대당 고 사공 태자태사 상주국 증태위 양주대도독 영정무공지비(大唐故司空太子太師上柱國贈太尉揚州大都督英貞武公之碑)」.『보각유편』에서 "영국공 이적비」는 고종이 짓고 글씨를 썼으며, 의봉(儀鳳) 2년(677) 10월에 세웠고, 경성에 있다.(英國公李勣碑, 高宗制幷書, 儀鳳二年十月, 京兆存.)"라고 하였다.
『금석췌편(金石萃編)』에서 "비석은 비액까지 1장 8자 8치(약 6.26m)이고, 폭은 6자 5치(약 2.16m)이며, 30행에 행마다 글자 수는 약 90여자이고, 행서체이며, 비액에 '대당 고사공 상주국 증정무공 비(大唐故司空上柱國贈貞武公碑)'라는 13글자가 쓰여 있는데 전서체이고, 예천현(醴泉縣, 지금의 섬서성 함양시 예천현(醴泉縣)] 소릉(昭陵, 당태종의 능) 유동촌(劉洞村)에 있다.(碑連額一丈八尺八寸, 廣六尺五寸, 三十行, 每行字數約九十餘, 行書, 額題, 大唐故司空上柱國贈貞武公碑十三字, 篆書, 在醴泉縣昭陵劉洞村.)"라고 하였다.【原註】
*「이적비」는 현재 섬서성 예천현의 소릉박물관(昭陵博物館)에 있으며, 높이 570cm, 폭 180cm, 두께 54cm이다. 비액에는 전서체로 '대당 고 사공 상주국 증태위 영정무공 비(大唐故司空上柱國贈太尉英貞武公碑)'의 16자가 새겨져 있으며, 비문의 글자는 행초 32행이고, 행마다 110여자이다.【譯註】

538) 현종(玄宗):『구당서·본기(本紀)』에서 "현종(재위 712-756)의 이름은 이융기(李隆基, 685-762)이며, 예종(睿宗, 재위 684-690, 710-712)의 셋째 아들이다. 성격이 영특하고 과단성이 있었으며, 재주가 많았고 팔분서에 뛰어났다.(玄宗徽隆基, 睿宗第三子也. 性英斷, 多藝, 善八分書.)"라고 하였다.【原註】

539) 일행선사탑명(一行禪師塔銘):『신증격고요론』에서 "일행선사 탑비」는 당나라 현종이 직접 글을 짓고 팔분체로 직접 썼으며, 파교(灞橋, 지금의 서안시 파교구)의 동쪽 벌판에 있다.(一行禪師塔碑, 唐明皇御制文, 八分御書, 在灞橋東原上.)"라고 하였다.【原註】

540) 효경(孝經): 「석대효경(石臺孝經)」으로 「당현종효경(唐玄宗孝經)'이라고도 한다.『고반여사』에서 "당현종효경」은 팔분체 예서이며, 주(注)는 작은 예서체이고, 끝부분에 황제의 초서체 발문이 있으며, 그 뒤에 조정대신과 관리가 나열되어 있는데, 비석이 섬서에 있다.(唐玄宗孝經, 八分隷書, 注作小隷書, 末有御跋草書,

後具列廷臣官勳, 石在陝西.)"라고 하였다.

『금석췌편』에서 "비석은 비액까지 높이가 1장 5자 5치(약 5.16m)이고 사면의 폭은 5자(약 1.67m)이며, 앞부분 3면은 18행씩으로 행마다 55자이고, 끝의 1면의 앞부분 7행은 위와 같고 예서이며, 후반부는 상하의 두 부분으로 나누어지는데, 상반부 표문(表文)의 글자는 9행으로 해서이며, 비답(批答, 상소에 대한 임금의 대답) 3행은 큰 글씨의 행서이고, 하반부 제명(題名, 이름을 쓴 부분)은 4행이다. 비액에는 '대당 개원천보 성문신무황제주 효경대(大唐開元天寶聖文神武皇帝注孝經臺)'라는 16자의 전서가 있으며, 서안부학에 있다.(碑連額高一丈五尺五寸, 四面廣五尺, 前三面十八行, 行五十五字, 末一面, 前七行與上同, 隷書, 後半分上下兩截, 上截表文上字九行, 正書, 批答三行, 大字行書, 下截題名四行. 額題大唐開元天寶聖文神武皇帝注孝經臺十六篆書, 在西安府學.)"라고 하였다.【原註】

541) 금선공주비(金仙公主碑):『금석췌편』에서 "「금선장공주 신도비(金仙長公主神道碑)」는 바로「대당 고금선장공주 신도비명 병서(大唐故金仙長公主神道碑銘幷序)」로서 상반부는 4자 7치 8푼(약 1.6m)이고 폭은 4자 7치 4푼(약 1.58m)으로, 26행이며 글자 수는 알 수가 없고, 행서이며, 포성현 교릉[橋陵, 예종(睿宗, 662-716)의 능]에 있다.(金仙長公主神道碑, 卽大唐故金仙長公主神道碑銘幷序, 上截四尺七寸八分, 廣四尺七寸四分, 二十六行, 字數無考, 行書, 在蒲城縣橋陵.)"라고 하였다.

『금석록』에서 "「당금선장공주비」는 서교(徐嶠, ?-?. 당나라 관리)가 짓고, 당현종의 친필 글씨.(唐金仙長公主碑, 徐嶠之撰, 唐明皇御書.)"라고 하였다.【原註】

* 금선공주(金仙公主, 689-732): 예종 이단(李旦, 662-716)의 딸로 9째이며, 18세에 여도사가 되어 살다가 낙양 개원관(開元觀)에서 사망하여 교릉에 부장되었다.【역주】

542) 손과정서보(孫過庭書譜): 손과정(孫過庭, 646-691)은 당나라 부양(富陽, 지금의 절강성 부양시) 사람으로 자(字)는 건례(虔禮)이며, 학식이 넓고 고상하며 문장에 뛰어났다. 초서는 왕희지와 왕헌지를 법식으로 삼아 걸출하면서 굳세고, 특이한 것을 숭상하여 기묘했으므로, 송대 이래로 모두가 능품(能品)으로 받들었고, 『서보(書譜)』를 저술하였다.

『제가장서부(諸家藏書簿)』에서 "손과정의 초서체『서보』는 왕희지의 법식이 풍부하며, 필획이 멈춘 부분이 앞부분에 근접하면서 직선인데, 이것이 바로 손과정의 법칙으로, 대개 세상에서 '왕희지에게 이러한 글자가 있다.'고 하지만, 모두 손과정의 필치이다. 대체로 당나라 초서로서 왕희지와 왕헌지의 법식을 체득한 사람으로 손과정보다 뛰어난 자가 없었다. 또『천자문』하나가 있으며, 소년시절의 글씨로『서보』에는 미치지 못하고, 모두 왕공(王鞏, 1048?-1117?. 송나라 시인이며 화가, 소식의 친구)의 집안에 있다가 지금은 왕선(王銑, ?-?. 송나라 사람)에게 귀속되었다.(孫過庭草書書譜, 甚有右軍法, 作字落脚差近前而直, 此乃過庭法, 凡世稱右軍有此等字, 皆孫筆也. 凡唐草得二王法, 無出其右. 又有千文一本, 是少年書, 不逮書譜, 幷在王鞏家, 今歸王銑.)"라고 하였다.【原註】

를 썼다. 또「연릉계자이비(延陵季子二碑)」⁵⁴³⁾·유공작(柳公綽)의「제갈

* 손과정서보(孫過庭書譜): 선화(宣和)·정화(政和)·북해손씨진장서화인(北海孫氏珍藏書畵印)·양청표인(梁淸標印)·안기지인(安岐之印)·건륭감상(乾隆鑑賞)·선통어람지보(宣統御覽之寶) 등의 소장인이 찍혀 있고, 왕공(王翬)·왕선(王銑)·선화내부(宣和內府)·원나라 초달경(焦達卿)·명나라 엄숭(嚴嵩)·청나라 손승택(孫承澤)과 양청표 및 안기 등을 거쳐 현재 대만에 소장되어 있다.【역주】
* 제가장서부(諸家藏書簿): 10권. 청나라의 희곡이론가이자 장서가 이조원(李調元, 1734-1803)의 저술로, 여러 사람이 소장한 서적에 관하여 기록하였다.【역주】

543) 연릉계자이비(延陵季子二碑):『집고록목』에서「"오 계자묘 십자비(吳季子墓十字碑,)」는 전서체이고 모두 10자로 '오호라! 오나라 연릉계자의 무덤!(嗚乎, 有吳延陵季子之墓)'이다. 장종신(張從申, 766-779. 당나라 서예가)의 기록에 따르면 공자의 글씨로 비석은 이미 매몰되었으며, 현종이 은중용(殷仲容, 633-703. 당나라 서화가)에게 명하여 탁본을 임모하도록 하였고, 대력 14년(779)에 윤주자사 숙정(蕭定, 708-784)이 다시 돌에 새겼다.(吳季子墓十字碑, 篆書, 凡十字, 曰嗚乎, 有吳延陵季子之墓. 據張從申記, 孔子書, 碑已湮埋, 玄宗命殷仲容模搨, 大曆十四年潤州刺使蕭定重刻於石.)"라고 하였다.

『석묵전화(石墨鐫華)』에서 "공자가 계찰의 무덤에 쓴 글씨는 진강부(鎭江府, 지금의 강소성 진강시)에 있다.(仲尼季札墓題字, 在鎭江府.)"라고 하였다.

『학고편(學古編)』에서「"연릉계자 십자비」는 사람들이 공자의 글씨라 하며, 그 글자는 '오호라! 오나라 연릉계자의 무덤!(嗚乎, 有吳延陵季子之墓)'이다. 옛 법첩에 따르면 다만 '오호라! 오나라 군자여!(嗚乎, 有吳君子.)'라고 하였으며, 전서의 법식이 아주 예스러워 믿을만한데, 현재 이 비석에 망령되이 '연릉지묘(延陵之墓)'의 4자를 첨가하였는데, '지(之)'를 제외하고 3자는 한나라 사람의 정사각형 예서체로 분명하게 그 오류가 드러난다.(延陵季子十字碑, 人謂孔子書, 其文曰嗚乎有吳延陵君子之墓. 按古法帖止云, 嗚乎有吳君子已而, 篆法敦古可信, 今此碑妄增延陵之墓四字, 除之字外, 三字是漢人方隷, 顯見其謬.)"라고 하였다.

『집고구진』에서 "오나라 계자묘의 비석을 세우는데, 장종신이 글씨를 쓰고 소정(蕭定, 708-784. 당나라 관리)이 글을 지었으며, 20행으로 행마다 30자이고, 10자를 비석의 뒷면에 새겼다.(修吳季子廟碑, 張從申書, 蕭定撰, 二十行, 行三十字, 刻於十字碑陰.)"라고 하였다.

「연릉계자이비」는 당나라 사람이 복제한 작품으로, 당나라 비문에 들어가야 한다.【原註】
* 학고편(學古編): 상하 2권. 원나라 전각가 오구연(吾丘衍, 1272-1311)의 저술로, 전서와 예서체의 변화 및 전각의 구도 방법과 조각법 등에 관련한 지식을 수록하였으며 1300년에 완성되었다. '삼십오거(三十五擧)'라고도 한다.【역주】

묘당비(諸葛廟堂碑)」544)· 이양빙(李陽冰)의 「전서천문(篆書千文)」545)
과 「성황묘비(城隍廟碑)546)」 및 「공자묘비(孔子廟碑)」547)· 구양통(歐陽
通)의 「도인선사비(道因禪師碑)548)· 설직(薛稷)의 「승선태자비(升仙太

544) 유공작(柳公綽)의 제갈묘당비(諸葛廟堂碑): 유공작(柳公綽, 763-832)은 당나라
화원(華原, 지금의 섬서성 동천시 요주구) 사람으로 자(字)는 관(寬)이며, 유공권
(柳公權)의 형으로, 이부상서와 하동절도사 및 병부상서를 역임했다. 『예풍당금
석문자목』에서 "「제갈묘당비」: 배도(裴度, 765-839. 당나라 정치가이자 문학가)
편찬, 유공작의 해서, 원화 4년(809) 을축년 2월 19일. 사천성 성도(成都) 무후사
(武侯祠, 제갈공명의 사당)에 있다.(글諸葛廟堂碑, 裴度撰, 柳公綽正書, 元和四年
歲次乙丑二月十九日. 在四川成都本祠.)"라고 하였다.【原註】
545) 이양빙(李陽冰) 전서천문(篆書千文): 이양빙(?-?)의 전서체 「천자문」은 『선화서
보』에 실려 있으며, 황실 창고의 소장품으로, 직접 쓴 작품이라고 하지 않았으므
로 혹시 탁본일 것이다. 이양빙은 당나라 조군[趙郡, 지금의 하남성 조현(趙縣)]
사람으로, 자(字)는 소온(少溫)이며, 건원연간(乾元年間, 758-760)에 진운령(縉雲
令)을 지내고, 뒤에 당도령(當塗令)으로 옮겼다. 전서에 뛰어나 이사(李斯)에 못
지않았다.【原註】
546) 성황묘비(城隍廟碑): 즉 「당성황묘비(唐城隍廟碑)」. 『집고구록』에서 "당나라 진
운현령 이양빙이 짓고 또 전서로 썼다. 이양빙이 성황묘에 기도하여 비가 내리자
산위로 옮겨 세웠으며, 비석은 건원 2년(759) 8월에 세웠다. 진운현(縉雲縣), 지금
의 절강성 여수시 진운현)에 있다.(唐縉雲縣令李陽冰撰幷篆書. 陽冰禱廟而雨,
移建於山上, 碑以乾元二年八月立. 在縉雲.)"라고 하였다.
『집고구진』에서 "「성황묘비」는 이양빙이 글씨를 쓰고 또 글을 지었으며, 진운현
에 있었지만 비석은 이미 오래전에 사라졌다.(城隍廟碑, 李陽冰書幷撰, 在縉雲
縣, 石已久佚.)"라고 하였다.【原註】
547) 공자묘비(孔子廟碑): 즉 「당중수 문선묘기(唐重修文宣墓記)」. 『집고록목』에서
"당나라 진운현령 이양빙이 짓고 전서체로 썼다. 이양빙이 진운현령을 하며 공자
묘와 공자상을 다시 세웠다. 비석은 상원(上元) 2년(761) 7월에 새겼으며, 진운현
에 있다.(唐縉雲令李陽冰撰幷篆. 陽冰爲縉雲令, 重修孔子廟像. 碑以上元二年七
月刻, 在縉雲縣.)"라고 하였다.【原註】
548) 구양통(歐陽通)의 도인선사비(道因禪師碑): 『교비수필(校碑隨筆)』에서 "「도인법
사비」는 해서체이고 34행이며 행마다 73자이고, 비액이 있으며 해서체 음각문자
7자이고, 섬서성 장안에 있으며, 용삭(龍朔) 3년(663) 10월에 세웠다.(道因法師
碑, 正書, 三十四行, 行七十三字, 有額, 正書陰文七字, 在陝西長安, 龍朔三年十
月.)"라고 하였다.
『선화서보』에서 "구양통(?-691)은 담주(潭州) 임상(臨湘, 지금의 호남성 임상시)
사람으로 관직이 사례경(司禮卿)과 판납언사(判納言事)에 이르렀으며, 부친은
구양순으로 글씨로 일시에 유명하였다. 구양통은 어려서 고아가 되어 모친 서씨

子碑)」549)・장욱(張旭)의 「초서천문(草書千文)550)」・승려 행돈(行敦)의 「유교경(遺教經)」551) 등이 있다.

가 부친의 글씨로 교육하면서 가문의 학문을 진흥하지 못할까 두려워, 매일 구양 통에게 돈을 주며 속여서 '네 부친의 글씨를 저당 잡힌 돈이다.'라고 하였다. 구양 통이 마침내 힘을 다하여 임모해서 몇 년이 못 되어 부친의 명성을 계승하였다. '대소구양체(大小歐陽體)'라 한다.(歐陽通, 潭州臨湘人, 官至司禮卿判納言事, 父 詢, 以書名著於時. 通早孤, 母徐氏教以父書, 懼其家學不振, 於是每遺通錢, 紿云, 質汝父書迹之値. 通遂刻意臨倣, 不數年乃繼父名. 號大小歐陽體.)"라 하였다.【原 註】
* 교비수필(校碑隨筆): 석인본 4책. 청말-근대 감정가 방약(方若, 1869-1955)이 주나라부터 오대까지의 비석 507점의 탁본을 연구하여 순서와 원각본 및 복각 본의 차이를 서술하였다.【역주】
549) 설직(薛稷)의 승선태자비(升仙太子碑):『금석췌편』에서 "비석은 비액까지 높이 1장 7자 4치(약 580cm)이고 폭은 6자 5치(약 216cm)이며, 33행에 행마다 66자이 고, 행서와 비백(飛白)이며, 비액에 '승선태자의 묘(升仙太子之碑)'라 쓰여 있고, 언사현(偃師縣, 하남성) 구산(緱山) 선군묘(仙君廟, 즉 승선태자묘)에 있다.(碑連 額高一丈七尺四寸, 廣六尺五寸, 三十三行, 行六十六字, 行書飛白, 額題, 升仙太 子之碑六字, 在偃師縣緱山仙君廟.)"라고 하였다.
　　설직(薛稷, 649-713)은 당나라 분음[汾陰, 지금의 산서성 만영현(萬榮縣)] 사람으 로, 자(字)는 사통(嗣通)이며 문장을 잘 지었고, 특히 서예로 천하에 유명하였으 며, 그림도 절묘한 수준이었다. 예종시기에 관직이 이부상서에 이르렀다.【原註】
550) 장욱(張旭)의 초서천문(草書千文):『집고구진』에서 "생각건대, 「천자문」은 장욱 의 글씨로 전하며, 비석은 이미 훼손되어 100여자만 남아있고, 현재 서안 비림에 소장되어 있다.(按千字文相傳爲張旭書, 石已殘缺, 止存百餘字, 現藏西安碑林.)" 라고 하였다.
　　장욱(?-?)은 당나라 소주(蘇州) 사람으로 자(字)는 백고(伯高)이며, 초서에 뛰어났 다. 술을 좋아하여 크게 취할 때마다 미친 듯이 소리치고 뛰면서 글씨를 쓰거나, 머리칼에 먹물을 묻혀 글씨를 썼으므로, '장전(張顚, 미친 장욱)'이라 불렸고, 또 '초성(草聖)'이라 한다.【原註】
551) 승려 행돈(行敦)의 유교경(遺敎經):『묵지편』에서 "「불유교경(佛遺敎經)」은 설직 이 짓고 승려 행돈(行敦, ?-?)이 글씨를 썼다.(佛遺敎經, 薛稷撰, 僧行敦書.)"라고 하였다.
　　『선화서보』에서 "승려 행돈은 가계와 문벌이 자세하지 않으며, 행서를 쓰며 왕희 지의 필법을 법식으로 본받았다. 천보연간(742-756)에 안국사(安國寺, 낙양 소재) 에 거주했으며, 글씨로 유명했다.(僧行敦, 莫詳其家世, 作行書, 儀刑羲之筆法, 天 寶間, 寓安國寺, 以書名.)"라고 하였다.【原註】
* 儀刑(의형): 법식. 법식으로 본받다.【역주】

남당에는 양원정(楊元鼎)의 「자양관비(紫陽觀碑)」552)가 있고, 송나라에는 소식과 황정견 등의 여러 명인이 있으며, 예를 들면 「양주원지(洋州園池)」553)와 「천마부(天馬賦)」554) 등의 부류이다. 원나라에는 조맹부가 있다.

---

552) 자양관비(紫陽觀碑): 남당 「모산 자양관비(茅山紫陽觀碑)」. 『금석록보』에서 "남당 「모산 자양관비」: 오른 쪽의 비석은 남당 열조[烈祖, 즉 이변(李昪, 888-943). 남당 초대황제)와 원경황후[元敬皇后, 열조의 황후인 송복금(宋福金, ?-945)]를 위하여 자양관을 중수하며 만들었는데, 서현(徐鉉, 916-991. 남당 서예가)이 글을 지었으며, 양원정(楊元鼎, ?-?. 전서에 뛰어난 관리)이 글씨를 쓰고 또 전서체 비액을 썼으며, 기미년(959) 12월 1일에 세웠고, 왕문병(王文秉, ?-?. 서예가)이 글자를 새겼다. 생각건대, 이 해는 후주 현덕(顯德) 6년(959)으로, 남당에서 최초로 후주의 역법을 따랐으나, 이 비석에 '현덕'이라 쓰지 않은 것은 비석이 남당에 있었기 때문이다. 그러나 또 남당의 연호를 감히 붙이지 못하고 직접 간지(干支)를 썼다.(南唐茅山紫陽觀碑, 右碑南唐爲烈祖及元敬皇后重修紫陽觀而作, 徐鉉撰, 楊元鼎書, 幷篆額, 己未歲十二月一日建, 王文秉刊字. 按, 是年爲周顯德六年, 南唐初奉周之正朔, 而此不書顯德者, 碑在國中也. 然亦不敢冠以本國國號, 故直書干支也.)"라고 하였다.
『금릉쇄사』에서 "남당 「자양관비」: 태자우유덕(太子右諭德) 서현의 글로, 상서우부랑중(尙書虞部郎中) 양원정이 글씨와 전서체 비액을 썼으며, 옥신관(玉晨觀, 모산 소재 도관)에 있다.(唐紫陽觀碑, 太子右諭德徐鉉文, 尙書虞部郎中楊元鼎書幷篆額, 在玉晨觀.)"라고 하였다. 이러한 내용에 근거하면 남당으로 해야 하고, 송나라 서첩의 앞에 배열해야 한다.【原註】
553) 양주원지(洋州園池): 『환우방비기』에서 "「양주원지기(洋州園池記)」는 소식의 행서로 연월에 대한 기록이 없다.(洋州園池記, 蘇軾行書, 無年月.)"라고 하였다.
『고반여사』에서 "「양주원지삼십수(洋州園池三十首)」, 소식의 글씨.(洋州園池三十首, 蘇書.)"라고 하였다.【原註】
* 양주원지삼십수(洋州園池三十首, 양주의 정원과 연못 30수): 소식의 사촌 동생 문동(文同, 1018-1079. 저명한 화가이자 시인)이 양주[지금의 섬서성 양현(洋縣)]에서 지주(知州)를 할 때, 꽃과 나무를 심고 정자를 세워 하나하나 읊어 「정원과 연못을 지키고 살며 멋대로 짓다(守居園池雜題)」 30수를 지었으며, 소식이 이 시에 화답하여 지은 작품으로 원제목은 「문동의 양주 정원과 연못을 읊은 30수에 화답하여(和與可洋州園池三十首)」이다.【역주】
554) 천마부(天馬賦): 『환우방비기』에서 "「천마부」는 미불 편찬, 행서, 원풍 3년(1080) 정월. 명나라 사람의 간행본(天馬賦, 米芾撰, 行書, 元豊三年正月. 明人刻本.)"이라고 하였다.【原註】

명나라에서는 이송(二宋)555) 등의 여러 명인이 쓴 아름다운 작품도 겸하여 수장해서 감상해야 마땅하지만, 너무 복잡해서는 안 된다.

二十一. 法帖

歷代名家碑刻, 當以淳化閣帖壓卷, 侍書556)王著勒, 末有篆題者是. 蔡京奉旨摹者, 曰太淸樓帖, 僧希白所摹者, 曰潭帖, 尙書郞潘師旦所摹者, 曰絳帖, 王寀輔道守汝州所刻者, 曰汝帖, 宋許提擧刻於臨江者, 曰二王帖, 元佑557)中刻者, 曰秘閣續帖, 淳熙558)年刻者, 曰修內司本, 高宗訪求559)遺書於淳熙閣摹刻者, 曰淳熙秘閣續帖, 後主560)命徐鉉勒石561)在淳化562)之前者, 曰昇元帖, 劉次莊摹閣帖除去篆題年月而增入釋文者, 曰戱魚堂帖, 武岡軍重摹絳帖, 曰武岡帖, 上蔡人臨摹絳帖, 曰蔡州帖, 曹彦約於南康所刻, 曰星鳳樓帖, 廬江李氏刻, 曰甲秀堂帖, 黔人秦世章所刻, 曰黔江帖, 泉州重摹閣帖, 曰泉帖, 韓平原所刻, 曰群玉堂帖, 薛紹彭所刻, 曰家塾帖, 曹之格日新所刻, 曰寶晋齋帖, 王庭筠所刻, 曰雪溪堂帖, 周府所刻, 曰東書堂帖, 吾家563)所刻, 曰停雲館帖, 小停雲館帖, 華氏刻, 曰眞賞齋帖, 皆帖中名刻, 摹勒564)皆精.

又如歷代名帖, 收藏不可缺者, 周秦漢則史籀篆石鼓文, 壇山石刻, 李斯篆泰山胊山嶧山諸碑, 秦誓詛楚文, 章帝草書帖, 蔡邕淳于長夏承碑, 郭有道碑, 九疑山碑, 邊韶碑, 宣父碑, 北嶽碑, 崔子玉張平子墓碑, 郭香察隷西嶽華山碑565), 周

555) 이송(二宋):『명사』에서 "송극(宋克, 1327-1387)과 송광(宋廣, ?-?)이 글씨에 뛰어나, '이송'이라고도 불렸다.(宋克宋廣善書, 亦稱二宋.)"라고 하였다.【原註】
556) 侍書(시서): 송나라의 관직명으로 한림시서(翰林侍書).【原註】
557) 元佑(원우): 송 철종 조후(趙煦, 1076-1100)의 연호로 1086-1094년.【原註】
558) 淳熙(순희): 송 효종(孝宗) 조신(趙昚, 1127-1194)의 연호로 1174-1094년.【原註】
559) 訪求(방구): 찾아다니며 구하다.【역주】
560) 後主(후주): 남당 이욱(李煜)으로 '이후주(李後主)'라고도 한다.【原註】
561) 勒石(늑석): 돌에 글자를 새기다. 비석을 세우다.【역주】
562) 淳化(순화): 송 태종(太宗) 조광의(趙光義, 939-997)의 연호로 976-997년.【原註】
563) 吾家(오가): 우리 집안. 문진형의 자칭.【原註】
564) 摹勒(모륵): 모사하다. 모사하여 돌에 새기다.【역주】
565) 郭香察隷西嶽華山碑(곽향찰예서악화산비):『장물지』에서는 곽향찰(郭香察)을

府君碑.

魏帖則鍾元常566)賀捷表, 大饗碑, 薦季直表, 受禪碑, 上尊號碑, 宗聖侯碑. 吳帖則國山碑, 晋帖則蘭亭記, 筆陣圖, 黃庭經, 聖敎序, 樂毅論, 東方朔贊, 洛神賦, 曹娥碑, 告墓文, 攝山寺碑, 裴雄碑, 興福寺碑, 宣示帖, 平西將軍墓銘, 梁思楚碑, 羊祜峴山碑, 索靖出師頌. 宋齊梁陳帖, 則宋文帝神道碑, 齊倪珪金庭觀碑, 齊南陽寺隷書碑, 梁蕭子雲章草出師頌, 梁茅君碑, 瘞鶴銘, 劉靈墮淚碑, 陳智永眞行二體千文, 草書蘭亭. 魏齊周帖則有魏劉玄明華嶽碑, 裴思順敎戒經. 北齊王思誠八分蒙山碑, 南陽寺隷書碑, 天柱山銘, 後周大宗伯唐景碑. 隋帖則有開皇蘭亭, 薛道衡書爾朱敞碑, 舍利塔銘, 龍藏寺碑. 唐帖歐書則九成宮銘, 房定公墓碑, 化度寺碑, 皇甫君碑, 虞恭公碑, 眞書千文小楷, 心經, 夢奠帖, 金蘭帖. 虞書則夫子廟堂碑, 破邪論, 寶曇塔銘, 陰聖道場碑, 汝南公主碑, 孟法師碑. 褚書則樂毅論, 哀冊文, 忠臣像贊, 龍馬圖贊, 臨摹蘭亭, 臨摹聖敎, 陰符經, 度人經. 柳書則金剛經, 玄秘塔銘. 顔書則爭坐位帖, 麻姑仙壇記, 二祭文, 家廟碑, 元次山碑, 多寶寺碑, 放生池碑, 射堂記, 北嶽廟碑, 草書千文, 磨崖碑, 干祿字帖. 懷素書則自敍三種, 草書千文, 聖母帖, 藏眞律公二帖. 李北海書則陰符經, 娑羅樹碑, 曹娥碑, 秦望山碑, 臧懷亮碑, 有道先生葉公碑, 嶽麓寺碑, 開元寺碑, 荊門行, 雲麾將軍碑, 李思訓碑, 戒壇碑. 太宗書魏徵碑, 屏風帖. 高宗書李勣碑, 玄宗書一行禪師塔銘, 孝經, 金仙公主碑, 孫過庭書譜. 延陵季子二碑, 柳公綽諸葛廟堂碑, 李陽冰篆書千文, 城隍廟碑, 孔子廟碑. 歐陽通道因禪師碑, 薛稷升仙太子碑, 張旭草書千文, 僧行敦遺敎經. 南唐則有楊元鼎紫陽觀碑, 宋則蘇黃諸公567), 如洋州園池, 天馬賦等類. 元則趙松雪568). 國朝則二宋諸公, 所書佳者, 亦當兼收, 以供賞鑒, 不必太雜.

인명으로 간주하여 이렇게 기록했으나 오류이므로, '곽향이 교정한 예서체「서악화산비」'로 풀어야 한다.【역주】

566) 鍾元常(종원상): 삼국 위나라 종요(鍾繇)의 자(字)가 원상(元常)이다.【原註】

567) 蘇黃諸公(소황제공): 소식과 황정견. 본권「명가」의 원주 참고.【原註】

568) 趙松雪(조송설): 조맹부. 본권「고금의 우열」원주 참고.【原註】

22. 남북의 종이와 먹(南北紙墨)569)

고대 북지(北紙)570)는 발문571)이 가로이며, 재질이 성글고 두터워 먹을 받아들이지 않는다. 북묵(北墨)572)은 대부분 송연(松烟)573)을 사용하여 색이 푸르고 연하며 유연(油烟)574)이나 밀랍을 섞지 않았으므로, 북방의 탁본은 먹빛이 연하고 주름이 져서 옅은 구름이 푸른 하늘을 지나가는 듯하여 '선시탁(蟬翅拓)'575)이라 한다. 남지(南紙)576)는 발문이

569) 南北紙墨(남북지묵): 본조의 원문에 탈자가 있는 듯하다. 『고반여사』에 "不受墨"은 "不甚受墨"으로 되어 있고, "北墨"의 아래에 "多用松烟" 4자가 있으며, "色澹而紋皺"의 앞에 "北拓"의 2자가 있고, 뒤에 "如薄雲之過青天"의 7자가 있으며, "謂之"의 뒤에 "夾紗作"의 3자가 있고, "其紋堅"의 뒤에 "用墨油煙以蠟及造烏金紙水, 敲制碑文"의 16자가 있다. 현재 『고반여사』의 문장을 인용하여 괄호 안에 수정하여 보충하였다.【原校】

570) 북지(北紙): 북방에서 제조한 종이. 『격고요론』에서 "북지는 횡렴(가로로 짠 발)을 이용하여 제조하여, 발문이 반드시 가로이며, 재질은 성글고 두껍다.(北紙用橫簾造, 紋必橫, 其質鬆而厚.)"라고 하였다.
『고반여사』에서 "북지는 횡렴을 이용하여 제조해서 발문이 가로이고, 재질은 성글고 두꺼워 '측리지(側理紙)'라 한다.(北紙用橫簾造, 其紋橫, 其質鬆而厚, 謂之側理紙.)"라고 하였다.【原註】

571) 발문: 염문(簾紋). 종이를 제조할 때 펄프를 떠내는 도구를 '지렴(紙簾, 발)'이라 하며, 완성된 종이에 나타나는 발의 흔적을 '발문'이라 한다.【역주】

572) 북묵(北墨): 북방에서 제조한 먹. 『고반여사』에서 "북묵은 송연을 많이 사용하여 색이 푸르면서 연하고, 유연과 밀랍을 사용할 줄 모른다.(北墨多用松烟, 色青而淺, 不知油蠟.)"라고 하였다.【原註】

573) 송연(松烟): 소나무를 태운 그을음으로, 먹을 만드는 재료. 송연으로 만든 먹을 '송연묵'이라 한다.【역주】

574) 유연(油烟): 기름을 태운 그을음으로, 먹을 만드는 재료. 유연으로 만든 먹을 '유연묵'이라 한다.【역주】

575) 선시탁(蟬翅拓): 먹빛이 연하고 주름이 잡힌 탁본. 『고반여사』에서 "그러므로 북방의 탁본은 색이 연하고 주름이 져서 옅은 구름이 푸른 하늘을 지나가는 듯하여 '협사(夾紗)'라 하고, 선시탁을 만드는 것이다.(故北拓色淡而紋皺, 如薄雲之過青天, 謂之夾紗, 作蟬翅拓也.)"라고 하였다.【原註】

576) 남지(南紙): 남방에서 제조한 종이. 『격고요론』에서 "남지는 수렴(竪簾, 세로로 짠 발)을 이용해서 제조하여 발문도 세로이다.(南紙用竪簾造, 其紋亦竪.)"라고 하였다.【原註】

세로이며, 남방의 먹은 유연과 밀랍을 사용하므로 남방의 탁본은 색이
순흑색이면서 광채가 있어 '오금탁(烏金拓)'577)이라 한다.

二十二. 南北紙墨

古之北紙, 其紋橫, 質鬆而厚, 不受墨. 北墨(多用松烟), 色青而淺, 不和油蠟,
故(北拓)色澹而紋皺, (如薄雲之過青天), 謂之(夾紗作)蟬翅拓. 南紙其紋堅, (南
墨)用油(煙及)蠟, 故(南拓)色純黑而有浮光, 謂之烏金拓.

23. 고금 법첩의 변별(古今帖辨)

고대 법첩은 지나간 세월이 오래되고 표구한 횟수가 많으므로, 먹이
진한 작품은 옻칠을 한 듯이 단단하고 종이 표면은 마찰하여 매끄럽게
한 듯이 반짝이며 먹물이 스며든 흔적이 전혀 없다. 또 일종의 기이한
향기가 있어 종이와 먹의 밖으로 풍겨 나온다.

二十三. 古今帖辨

古帖曆年久而裱數多, 其墨濃者, 堅若生漆, 紙面光彩如砑578), 並無沁墨579)

---

577) 오금탁(烏金拓): 먹빛이 진하고 순흑색으로, 유지광택이 있으며 입체감이 있는
    탁본. 『고반여사』에서 "남지는 발문이 세로이며, 먹은 유연(油烟)을 사용하고,
    밀랍과 오금지를 만드는 먹물을 이용하여 비문을 두드려 만들므로, 색이 순흑색
    이면서 광채가 있어 '오금탁'이라 한다.(南紙其紋堅, 墨用油煙, 以蠟及造烏金紙
    水, 敲制碑文, 故色純黑而有浮光, 謂之烏金拓.)"라고 하였다. 【原註】
    * 오금지(烏金紙): 특수 제작하여 흑색이면서 광택이 나는 종이로 표구나 포장에
      많이 사용한다. 『천공개물·황금(黃金)』에 따르면 오금지는 소주와 항주에서
      만든다. 【역주】
578) 砑(아): 마찰하여 매끄럽게 하다. 【原註】
579) 沁墨(심묵): '沁(심, qin)'의 음은 '滲(삼, shen)'이다. 심묵은 '먹물이 스며든다'는

水迹侵染, 且有一種異馨, 發自紙墨之外.

24. 법첩의 표구(裝帖)[580]

고대 법첩은 두께 1푼(약 3mm)정도의 문목(文木)[581]으로 판자를 만들어 장정하여 표면에 비액의 권수를 새긴다. 그 다음에는 그 반(약 1.5mm) 정도의 두터운 종이를 사용하고, 고색창연한 무늬와 색채가 있는 비단이나 흰 바탕에 청색의 무늬가 있는 비단으로 표지를 만들며, 능(綾, 무늬가 있는 비단)이나 복잡한 채색은 사용해서는 안 된다. 특히 상자를 만들어 보관해야 하는데, 상자는 약간 정사각형으로 널찍해야 마땅하며, 좁으면서 기다랗고 폭이 일정하지 않으면 안 되고, 백록지(白鹿紙)[582]로 테를 두르며, 견(絹, 무늬 없는 비단)을 사용해서는 안 된다. 10권을 하나의 상자로 하며, 크기가 같아야 좋다.

二十四. 裝帖

古帖宜以文木薄一分許爲板, 面上刻碑額卷數. 次則用厚紙五分許, 以古色錦或青花白地錦爲面, 不可用綾及雜彩色. 更須制匣以藏之, 宜少方闊, 不可狹長闊狹不等, 以白鹿紙鑲邊, 不可用絹. 十冊爲匣, 大小如一式, 乃佳.

의미이다.【原註】
580) 裝帖(장첩): 법첩을 표구하다.【原註】
581) 문목(文木): 무늬가 있는 나무. 화리목(花梨木)・철리목(鐵梨木)・향남목(香楠木) 등과 같이 결이 치밀하고 단단한 나무.【역주】
582) 백록지(白鹿紙): 고대 종이의 명칭으로 궁정에서 주로 사용하였다. 청단수(青檀樹, 나무의 일종으로 껍질이 선지(宣紙)의 제조에 사용)의 껍질을 80%이상 사용하여 만든 고급 종이로, 규격이 1장 2자(약 4m)에 이르는 것이 있었으므로 '장이선(丈二宣)'이라고도 한다.【역주】

25. 송나라 판본(宋板)583)

서적의 소장은 송대의 간행본이 귀중한데, 대부분 필사한 글씨의 굵기가 일정하기 때문이다. 우수한 것으로는 구양순과 유공권의 필법이 있고, 종이의 품질이 균일하고 말끔하며 먹빛이 맑고 윤택하다. 테두리가 단변(單邊)584)인 서적은 글자에 휘필(諱筆)585)이 많으며 비록 논증하는 하나의 단서이지만, 고증의 중요한 비결은 아니다. 서적은 반고(班固)와 범엽(范燁)의 『한서』와 『후한서』·『좌전(左傳)』586)·『국어(國語)』587)·『노자』와 『장자』·『사기(史記)』588)·『문선(文選)』589)·『제자백가』가 제일이고, 명가의 시문과 잡기 그리고 도교와 불교 등의 서적이

---

583) 송나라 판본(宋板): 목판에 새겨 인쇄하는 방법은 수나라에서 시작되었으며, 당과 오대시기에 계속되었고, 송대에 이르러 더욱 정교해졌다. 송대의 서적은 모두 서예에 뛰어난 선비를 선발하여 각각 글자체에 따라 베껴 써서 목판에 새겼으며, 민간의 개인이 간행하였지만, 또 관청에서 반포하는 양식을 따라서 법첩의 모양을 조각하였으므로, 송판 서적이 가장 정교하고 아름답다.【原註】
* 목판인쇄물은 1966년 경주 불국사 석가탑에서 발견된 두루마리 형태의『무구정광대다라니경』이 현존하는 세계에서 가장 오래된 기물이다.【역주】
584) 단변(單邊): 책의 변란(變欄, 좌우 테두리)과 상하란(上下欄, 아래위 테두리)이 한 줄인 것.【역주】
585) 휘필(諱筆): 피휘(避諱). 옛사람들은 그 당시 제왕과 선현의 이름에 대하여, 규정에 따라 모두 다른 글자로 고쳐서 사용하거나 한 획을 줄여서 쓰고 그대로 쓸 수가 없었으며, 이를 '휘필(諱筆)'이라 한다.【原註】
586) 좌전(左傳): 책 이름으로 좌구명(左丘明, B.C.502?-B.C.422?. 춘추시대 노나라 학자)이 편찬했으며 『좌씨춘추(左氏春秋)』라고도 한다.【原註】
587) 국어(國語): 책의 이름으로 좌구명이 편찬했으며, 모두 21편이다.【原註】
* 국어(國語): 주왕실·노나라·제나라·진(晋)나라·정(鄭)나라·초나라·오나라·월나라 등 제후국의 B.C.990-B.C.453년 사이의 역사를 국가별로 기록하였다.【역주】
588) 사기(史記): 한나라 사마천의 저서로 모두 130권이다.【原註】
589) 문선(文選): 선진시기부터 양나라 초기까지의 시문을 모은 책의 이름. 남북조시기 양나라 소명태자(昭明太子) 소통(蕭統, 501-531)이 편찬했으며, 모두 60권(원래의 서문에는 30권이라 되어 있다)으로 『소명문선(昭明文選)』이라고도 한다.【原註】

그 다음이다. 종이가 하얗고 판본이 참신하며 면지(綿紙)[590]로 된 서적이 최고이며, 죽지(竹紙)[591]로 활친(活襯)[592]한 서적도 볼만하지만 뒷면에 종이를 붙인 서적과 비점(批點)[593]이 있는 서적은 소장하지 않아도 된다.

二十五. 宋板

藏書貴宋刻[594], 大都[595]書寫肥瘦有則, 佳者有歐柳筆法[596], 紙質勻潔, 墨色淸潤. 至於格用單邊, 字多諱筆, 雖辨証之一端, 然非考據要訣也. 書以班范二

---

590) 면지(綿紙): 선지(宣紙)를 '면지(綿紙)'라고도 하며, 상피지(桑皮紙, 뽕나무 껍질을 원료로 하여 만든 종이)를 '면지(綿紙)'라고 하는 사람도 있다.【原註】
  * 면지(綿紙): '면지(緜紙)'라고도 하며, 나무껍질을 원료로 만들어 색이 희고 질기며 섬유가 면화처럼 기다란 종이.【역주】
591) 죽지(竹紙): 어린 대나무를 원료로 하여 만든 종이를 '죽지'라 한다. 『가태회계지(嘉泰會稽志)』에서 "지금 오직 죽지가 천하에 유명하여, 다른 지방에서 모방하지만 비슷하게 할 수가 없어서, 마침내 특별한 종이가 되었다. 죽지의 상등품은 3가지가 있으며 '요황(姚黃)'이라 하고 '학사(學士)'라 하며 '소공(邵公)'이라 한다.(今獨竹紙名天下, 他方效之, 莫能彷佛, 遂掩別紙矣. 竹紙上品有三, 曰姚黃, 曰學士, 曰邵公.)"라고 하였다.
  『소흥부지(紹興府紙)』에서 "회계에서 대나무로 종이를 만드는 것은 스스로 한 종류가 되었으며, 죽순이 자라나 아직 대나무가 되지 않았을 때 베어야 재료로 사용할 수가 있는데, 민가에서는 죽지 제조에 의지하여 부자가 되기도 한다.(會稽之竹爲紙者, 自是一種, 取於笋長未甚成竹時乃可用, 民家或賴以致饒.)"라고 하였다.【原註】
592) 활친(活襯): 고서를 장정할 때 백지를 인쇄된 면의 뒷면에 보충해서 철하는 것을 '활친(活襯)'이라 하며, '금양옥(金鑲玉)'이라고도 한다.【原註】
593) 비점(批點): 독자가 첨가한 비평과 권점(圈點, 동그라미 표시).【原註】
594) 宋刻(송각): 송대의 간행본. 고렴의 『준생팔전』에서 "송나라 사람의 서적은 종이가 질기고 글자의 조각이 부드러워 필획이 붓으로 쓴 듯하며, 테두리는 단변(單邊)을 사용하고 간간이 피휘한 글자가 있다. 먹을 연하게 사용하여 비록 물에 젖었다가 말라도 젖었던 흔적이 없고, 책을 펼치면 일종의 책 향기가 있어, 스스로 기이한 향을 풍긴다.(宋人之書, 紙堅刻軟, 字劃如寫, 格用單邊, 間多諱字. 用墨稀薄, 雖著水濕, 燥無滗迹. 開卷, 一種書香, 自生異味.)"라고 하였다.【原註】
595) 大都(대도): 대부분. 대개.【역주】
596) 歐柳筆法(구류필법): 당나라 구양순과 유공권의 필법.【原註】

書597)左傳國語老莊598)史記文選, 諸子599)爲第一, 名家詩文雜記道釋600)等書次
之. 紙白板新, 綿紙者爲上, 竹紙活襯者亦可觀, 糊褙601)批點, 不蓄可也.

26. 그림을 거는 월령(月令)602)

설날에는 송대의 복신(福神)603)과 고대의 명현을 그린 그림이 적당하
다. 정월 대보름 전후로는 등불 구경이나 괴뢰(傀儡)604)를 그린 그림이

597) 班范二書(반범이서): 반고(班固)와 범엽(范曄)의 두 가지 책. 반고는 『한서』를 편
    찬했으며, 범엽은 『후한서』를 편찬하였다.【原註】
598) 老莊(노장): 『노자』와 『장자』. 『노자』는 주나라 이이(李耳, B.C.571?-B.C.471)의
    저작으로 『도덕경』'이라고도 하며, 모두 상하 2편이다. 『장자』는 주나라 장주(莊
    周, B.C.369-B.C.286?)의 저작으로 '남화경(南華經)』'이라고도 하며, 모두 52편이
    다.【原註】
599) 諸子(제자): 여러 학자들이 저술한 책으로 『제자백가(諸子百家)』를 말한다.【原
    註】
600) 道釋(도석): 도교와 불교.【原註】
601) 糊褙(호배): 별도로 종이를 사용하여 뒷면에서 받치는 것으로, '호배(糊背)'라고
    도 한다.【原註】
602) 懸畵月令(현화월령): 그림을 거는 월령(月令).【原註】
    * 월령(月令): 한 해 동안의 정례적인 정사(政事)나 의식(儀式) 및 농가의 행사
      등을 월별로 구별하여 적어 놓은 표.【역주】
603) 복신(福神): 복을 내려주는 신령. '천관(天官)'이라 속칭한다.【原註】
604) 괴뢰(傀儡): 꼭두각시극. 『열자 · 탕문편(列子 · 湯問篇)』에서 "주목왕(周穆王,
    B.C.1054?-B.C.949) 시절 솜씨가 뛰어난 사람으로 언사(偃師)라는 사람이 있어
    나무인형을 만들면 노래하고 춤을 출 수 있었다.(周穆王時, 巧人有偃師者, 爲木
    人, 能歌舞.)"라고 하였다. 이것이 꼭두각시의 시초이다.
    『건순세시기(乾淳歲時記)』에서 "1월 15일, 무대 위에 크고 작은 전붕괴뢰(全棚傀
    儡)가 있었으며,…… 그 종류가 매우 많아 이루 다 셀 수가 없었다.…… 꼭두각
    시 · 오가(杵歌, 방아찧기 노래) · 죽마(竹馬)와 같은 종류가 많게는 10여 개의 무
    리에 이르렀다.(上元, 舞臺有大小全棚傀儡……, 其品甚夥, 不可悉數.……如傀儡
    杵歌竹馬之類, 多至十餘隊.)"라고 하였다.【原註】
    * 건순세시기(乾淳歲時記): 1권. 남송 문학가 주밀(周密, 1232-1298)의 저서로 남
      송 효종(孝宗)의 건도(乾道, 1165-1173)에서 순희(淳熙, 1174-1189)년간 세시풍
      속에 관한 기록.【역주】

적당하고, 정월과 이월에는 봄나들이 하는 미인·매화·살구·동백·목련·복사꽃과 자두 꽃 종류가 적당하다. 3월 3일[605]에는 송대 진무상(眞武像)[606]이 적당하고, 청명(淸明)[607] 전후로는 모란과 작약이 적당하다. 4월 8일(석가탄신일)[608]에는 송나라와 원나라 사람이 그린 부처상

---

* 전붕괴뢰(全棚傀儡): 꼭두각시놀음을 하는 무대인 괴뢰붕(傀儡棚)에서 하는 꼭두각시놀음의 통칭.【역주】
605) 3월 3일: 『월령수편(月令粹編)』에서 "진무회(眞武會, 진무대제의 탄생일 축하 행사)"라고 하였다.
　　『계성록(啓聖錄)』에서 "개황원년(開皇元年, 589) 3월 3일, 진무대제(眞武大帝)가 모친의 왼쪽 옆구리에서 탄생하였다. 태어날 때, 상서로운 별이 나라를 비추고 하늘에서 꽃이 가득 흩어져 내렸으며, 기이한 향기가 물씬하였는데, 몸에는 보배로운 광채와 불꽃이 일어나 왕국을 가득 채워, 토지가 모두 황금과 옥으로 변했다.(開皇元年三月三日, 眞武産母左脇. 當生之時, 瑞星覆國, 天花散漫, 異香紛然, 身寶光焰, 充滿王國, 土地皆變金玉.)"라고 하였다.【原註】
* 월령수편(月令粹編) : 24권. 청나라 학자 진가모[秦嘉謨, 자(字)는 미운(味芸)]의 저서로 가경 17년(1812) 간행.【역주】
* 계성록(啓聖錄):『현천상제계성록(玄天上帝啓聖錄)』. 8권. 작가와 저작연대 불명. 도교의 주요 경전.【역주】
* 진무대제(眞武大帝): 현천상제(玄天上帝). 도교의 주요 신령의 하나로 북방의 신.【역주】
606) 진무상(眞武像): 진무(眞武)는 현무(玄武)로, 북방의 신이다. 진무대제를 그린 그림.【原註】
607) 청명(淸明): 음력 3월 1일 전후. 양력 4월 5일 전후. 한 해의 농사를 시작하는 날이며, 성묘하는 풍속이 있다.【역주】
608) 4월 8일: 『월령수편』에서 "부처의 탄생일(佛生日)"이라고 하였다.
　　『남사·고환전(南史·顧歡傳)』에서 "노자가 함곡관(函谷關)으로 들어가 천축의 유위국(維衛國)에 이르렀다. 국왕의 부인 이름은 정묘(淨妙)인데, 노자가 낮에 함께 잠을 자며 해의 정기를 타고 정묘의 입속으로 들어가, 다음 해 4월 8일 한밤중에 오른쪽 겨드랑이를 가르고 태어났으며, 땅에 닿자 바로 일곱 걸음을 걸었고, 이에 불교가 흥성하였다.(老子入關, 至天竺維衛國. 國王夫人名曰淨妙, 老子因其晝寢, 乘日精入淨妙口中, 後年四月八日夜半時, 剖右腋而生, 墜地卽行七步, 於是佛道興焉.)"라고 하였다.
　　욕불회(浴佛會)는 『형초세시기(荊楚歲時記)』에서 "형초에서는 4월 8일 여러 사원에서 각각 법회를 열어 향기로운 물로 부처를 목욕시키고 함께 용화회(龍華會, 석가탄신 축하 행사)를 거행하는데, 미륵불이 인간 세상에 태어나는 징조라고 여긴다.(荊楚以四月八日諸寺各設會, 香湯浴佛, 共作龍華會, 以爲彌勒下生之徵

398
장물지

과 송나라의 자수(刺繡) 불상이 적당하고, 4월 14일에는 송대 그림 순양
상(純陽像)609)이 적당하다. 단오(端午, 5월 5일)610)에는 진인옥부(眞人
玉符)611)와 송원시기 명필이 그린 단오절 용주(龍舟)612) · 애호(艾虎)613) ·

也.)"라고 하였다.【原註】
　　* 형초세시기(荊楚歲時記): 남조 양나라 학자 종름(宗懍, 501?-565)이 편찬. 모두
　　　37편으로 고대 형초지역[지금의 호북성 강한평원(江漢平原) 일대]의 세시풍속
　　　에 관한 기록.【역주】
609) 순양상(純陽像): 여동빈(呂洞賓)은 당나라 경조(京兆, 지금의 서안시 일대) 사람
　　으로, 이름은 암(嵒)이며 별호는 순양자(純陽子)로 '회도인(回道人)'이라고 하는
　　데, 함통(咸通, 860-874) 시기에 급제하여 양조현령(兩調縣令)을 지냈다. 뒤에 종
　　남산(終南山, 지금의 섬서성 서안시 남쪽에 있는 도교의 성지)으로 이사했으며,
　　득도하여 간 곳을 몰랐다. 속칭 '팔선(八仙)'의 일인으로 '여조(呂祖)'라고도 한다.
　　【原註】
　　* 팔선(八仙): 도교의 8명 신선으로 각각 상징하는 기물이 있으며, 이철괴(李鐵
　　　拐, 호리병) · 한종리(漢鍾離, 부채) · 장과로(張果老, 북) · 남채화(藍采和, 꽃바
　　　구니) · 하선고(何仙姑, 연꽃) · 여동빈(呂洞賓, 검) · 한상자(韓湘子, 피리) · 조
　　　국구(曹國舅, 옥판)를 가리킨다.【역주】
610) 단오(端五): 음력 5월 5일 단오절.【原註】
611) 진인옥부(眞人玉符): 도를 깨달은 사람의 부적.『소주부지(蘇州府志)』에서 "소주
　　풍속에 단오절에는 종규진인(鍾馗眞人)의 부적을 걸어놓는다.(吳俗於端午日, 掛
　　鍾馗眞人玉符.)"라고 하였다.
　　『문자(文子)』에서 "천지의 도를 체득했으므로 '진인'이라 한다.(得天地之道, 故謂
　　之眞人.)"라고 하였다.
　　『포박자(抱朴子)』에서 "어떤 이가 각종 병기의 상해를 피하는 방법을 물으니, 5
　　월 5일에 적령부(赤靈符)를 만들어 심장 앞에 붙이는데, '벽병부(辟兵符)'라 한다
　　고 대답하였다.(或問辟五兵之道, 答以五月五日, 作赤靈符, 着於心前, 名辟兵符.)"
　　라고 하였다. 이것이 단오절에 부적을 거는 유래이다.【原註】
　　* 종규(鍾馗): 민간전설에 나오는 귀신을 때려잡고 사악한 기운을 물리친다는
　　　신령.【역주】
　　* 문자(文子): 9편. 노자의 제자로서 성은 신(辛)이고 호는 계연(計然)이며, 태을
　　　현사(太乙玄師)로 존중되는 문자(文子)의 저술로,『통현진경(通玄眞經)』이라
　　　고도 하는 도가 4대 경전의 하나.【역주】
　　* 포박자(抱朴子): 20편. 동진의 도가학자 갈홍(葛洪, 284-364)의 저술로, 전국시
　　　대 이래 신선가의 이론을 총괄 정리하여 도교의 신선이론체계를 정립한 서적.
　　　【역주】
612) 용주(龍舟): 단오 날은 배젓기 경기를 하는 명절로서, 용 모양의 배를 만들며,
　　이를 '용주'라 한다.【原註】

오독(五毒)⁶¹⁴⁾의 종류가 적당하다. 6월에는 송원시기의 대형 누각·대형 산수·무성한 나무와 바위·대형 구름 낀 산·연밥을 따는 장면·피서하는 장면 등의 그림이 적당하다. 칠석(七夕)⁶¹⁵⁾에는 바늘에 실을 꿰며 걸교(乞巧)⁶¹⁶⁾하는 광경·천제의 손녀 직녀·누각·파초·미녀 등의 그림이 적당하다. 8월에는 늙은 계수나무·모란·서재(書齋) 등의 그림이 적당하며, 구시월에는 국화·부용(芙蓉)⁶¹⁷⁾·가을 강·가을 산·단

---

613) 애호(艾虎): 쑥 호랑이. 『형초세시기』에서 "5월 5일에는 쑥으로 호랑이의 모양을 만들거나 색종이나 색깔이 있는 비단을 오려 작은 호랑이를 만들고 쑥 이파리를 붙이며, 여인들이 다투어 서로 희롱한다.(五月五日, 以艾爲虎形, 或剪彩爲小虎, 帖以艾葉, 內人爭相戱之.)"라고 하였다.【原註】

614) 오독(五毒): 『오추풍토록(吳趨風土錄)』에서 "단오에 여승의 암자에서 오색 종이를 오려서 섬여(蟾蜍, 두꺼비)·석척(蜥蜴, 도마뱀)·지주(蜘蛛, 거미)·뱀·지네의 모양을 흉내 내며,……'오독부(五毒符)'라 한다.(端午, 尼庵翦五色彩箋, 狀蟾蜍蜥蜴蜘蛛蛇蚖之形,……謂之五毒符.)"라고 하였다.【原註】

   * 오추풍토록(吳趨風土錄): 오추(吳趨)는 '오나라 지역'이라는 의미로, 오나라 지역의 풍토를 기록한 서적. 저자는 고록(顧祿, ?-?)으로 자(字)가 철경(鐵卿)이며, 가경-도광시기의 인물이다. 『오추풍토록』은 현재 이러한 고록의 저서는 발견되지 않으며, 『청가록(淸嘉錄)』 12권의 내용이 12월의 순서에 따라 소주와 그 부근 지역의 계절 풍속을 기록하고 고증한 내용이므로, 명칭이 바뀌어 출간된 것으로 추정된다.【역주】

615) 칠석(七夕): 음력 7월 7일의 밤이 칠석이다. 전설에는 이날 밤 견우와 직녀의 두 별이 서로 만난다고 한다.【原註】

616) 乞巧(걸교): 칠석날 밤, 옛날의 여인들은 천을 짜거나 바늘에 실을 끼거나 과일을 차려놓고 직녀를 맞이하였으며, 이러한 행사를 '걸교'라고 한다. 『형초세시기』에서 "7월 7일은 견우와 직녀가 만나는 밤으로, 이날 밤에 인가의 여인들은 오색실을 묶고 칠공침(七孔針)에 실을 꿰며 혹은 황동으로 바늘을 만들고, 뜰 가운데 술·말린 고기·과일을 상에 차려 놓고 걸교를 하는데, 거미가 과일 위에 거미줄을 치면 하늘과 통한 징조라고 여긴다.(七月七日爲牽牛織女聚會之夜, 是夕, 人家婦女, 結彩縷, 穿七孔針, 或以鍮石爲針, 陳几筵酒脯瓜果於庭中, 以乞巧, 有喜子網瓜上, 則以爲符應.)"라고 하였다.【原註】

   * 칠공침(七孔針): 걸교에 사용되는 7개의 구멍이 있다는 바늘. 또는 7개의 바늘을 늘어놓고 연속하여 바늘귀에 실을 꿰는 것.【역주】
   * 鍮石(유석): 황동.【역주】

617) 부용(芙蓉): 양력 10-11월에 무궁화와 비슷한 꽃이 피는 아욱과에 속하는 낙엽관목.【역주】

풍 숲 등의 그림이 적당하다. 11월에는 설경·납매(臘梅) 618)·수선화·
취양비(醉楊妃)619) 등의 그림이 적당하다. 12월에는 종규(鐘馗)620)가
복을 맞아들이고 귀신을 쫓으며 누이를 시집보내는 그림이 적당하고,
12월 25일621)에는 옥황상제와 오색운거(五色雲車)622) 등의 그림이 적당
하다. 집이 이사할 때는 갈선이거(葛仙移居)623) 등의 그림이 있고 장수

---

618) 납매(臘梅): 음력 12월에 꽃이 피는 매화의 일종. 황매화.【역주】

619) 취양비(醉楊妃): 동백꽃의 한 품종. 권2「산다(山茶)」의 원주 참고.【原註】

620) 종규(鐘馗):『몽계보필담(夢溪補筆談)』에서 "당현종이 학질에 걸렸으며,······ 상
주하여 '신 종규는 바로 무과 과거에 합격하지 못한 선비입니다. 천하의 요괴를
제거할 것을 폐하께 맹세합니다.'라고 하였다. 현종이 꿈에서 깨어나자 학질이
바로 나았으므로, 오도자에게 종규를 그림으로 그리도록 명하였다.(明皇痁,······
奏曰, 臣鐘馗卽武擧不捷之士也. 誓與陛下除天下妖孽. 夢覺, 痁卽愈, 乃召吳道子
圖之.)"라고 하였다. 종규가 귀신을 물리친다는 전설은『천중기(天中記)』에서 인
용한 당나라 역사에 나타난다. 종진사(鍾進士)의 학설은 당나라부터 이미 성행하
여, 그 당시 한림원에서는 관례대로 저녁에 종규의 초상을 황제에게 바치고, 황
제는 또 이것을 대신에게 하사하였으며, 민간에서도 종규의 초상을 문 앞에 붙였
다. 송·원·명·청시기에는 단오절에 붙이는 것으로 변경되었으나, 언제 시작
되었는지 알 수가 없다.【原註】

* 몽계보필담(夢溪補筆談): 3권. 심괄(沈括)『몽계필담』의 일부.【역주】

* 천중기(天中記): 60권. 명나라 관리 진요문(陳耀文, 1573-1619)이 편찬한 유서
(類書, 일종의 백과전서). 진요문의 거처가 천중산(天中山, 하남성 여남현(汝南
縣) 소재에 가까웠으므로 제목을 '천중기'라 했다.【역주】

621) 12월 25일:『제경경물략(帝京景物略)』에서 "12월 25일 5경(오전 3-5시), 향과 지
전(紙錢)을 태워 옥황상제를 영접하는데, '옥황상제가 인간을 심사하는 것이다.'
라고 한다. 이날이 끝나도록 여인들의 욕하는 소리가 없으며, 30일 5경에 또 향과
지전을 태워 옥황상제를 하늘로 전송한다.(十二月二十五日五更, 焚香楮, 接玉皇,
曰玉皇下查人間也, 竟此日無婦嫗罵聲, 三十日五更又焚香楮送玉皇上界矣.)"라고
하였다.【原註】

* 제경경물략(帝京景物略): 129편. 명나라 말기 문학가 유동(劉侗, 1593-1636)과
학자 우혁정(于奕正, 1597-1636)의 공동 저술로 북경의 경물을 자세하게 기록
하였다.【역주】

622) 오색운거(五色雲車): 신선이 수레처럼 탄다는 오색구름.【역주】

623) 갈선이거(葛仙移居):『선화화보』에서 "오대 이승(李昇, ?-?. 사천성 성도의 화가)
의 그림, 황실 창고에 소장된 52점 작품 가운데 하나.(五代李昇畫, 御府所藏五十
有二之一.)"라고 하였다. 갈선(葛仙)은 진(晋) 갈홍(葛洪, 284-364. 동진의 도교학

를 축하할 때는 화원(畵院)의 그림으로 수성(壽星)624)과 왕모(王母)625)
등의 그림이 있다. 날씨가 맑기를 기원할 때는 동군(東君)626)이 있고 비
가 내리기를 기원할 때는 고대의 그림인 「풍우신룡(風雨神龍)」과 「춘뢰
기칩(春雷起蟄)」627) 등의 그림이 있다. 또 입춘(立春)628)에는 동황태을

자)을 가리킨다.【原註】
* 갈선이거(葛仙移居): 동진의 도사 갈홍이 만년에 가족을 데리고 나부산[羅浮
山, 지금의 광동성 혜주시(惠州市) 박라현(博羅縣) 소재]으로 들어가 수도하여
신선이 되었다는 내용을 묘사한 작품. 『선화화보』에 따르면 오대시기 황전(黃
筌)이 「갈홍이거도(葛洪移居圖)」를 그렸으며, 현재 원나라 화가 왕몽(王蒙)의
「갈치천이거도(葛稚川移居圖)」와 명나라 화가 정운붕(丁雲鵬, 1547-1628)의
「갈선옹이거도(葛仙翁移居圖)」 및 청나라 화가 호조(胡慥, ?-?)의 「갈선이거도
(葛仙移居圖)」등이 전해 온다.【역주】
624) 수성(壽星): 『사기 · 봉선서수성사(封禪書壽星祠)』의 주(注)에서 "수성은 대개 남
극노인성이다.(壽星, 蓋南極老人星也.)"라고 하였다.【原註】
* 수성(壽星): 본래는 별의 이름으로 복록수(福祿壽) 3성의 하나. 진시황이 천하
를 통일한 다음에 장안(지금의 서안) 부근 두현(杜縣)에 수성사(壽星祠)를 세웠
다. 후대에 장수를 상징하는 신선의 이름으로 변화되어, 『서유기』에는 손에
영지버섯을 들고 머리가 길며 귀가 크면서 키는 작은 모습으로 나타난다. 일반
적으로는 한 손에 지팡이를 들고 이마가 튀어 나왔으며, 다른 한 손에 복숭아나
영지를 든 대머리 노인의 모습으로 표현된다.【역주】
625) 왕모(王母): 서왕모(西王母)의 약칭으로 전설에 나오는 옛날의 선인이다. 『목천
자전(穆天子傳)』에서 "을축년(B.C.956), 천자가 요지에서 서왕모와 술을 마셨
다.(乙丑, 天子觴西王母於瑤池之上.)"라고 하였다.【原註】
* 서왕모(西王母): '서왕모(西王母)'라는 칭호는 『산해경(山海經)』의 "서왕모는
그 모습이 사람과 같은데, 표범의 꼬리에 호랑이의 이빨을 하고 휘파람을 잘
불며, 머리를 산발하고 승(勝, 여인의 머리 장식)을 머리에 차고 있으며, 천하의
역병과 오잔성(五殘星, 흉성의 하나)을 관장한다.(西王母其狀如人, 豹尾虎齒而
善嘯, 蓬髮戴勝, 是司天之厲及五殘.)"에 처음으로 그 명칭이 나타난다. 서방의
곤륜산(崑崙山)에 살아 '서왕모'라 하고, 동한 말기에 도교가 흥성하면서 고귀
한 여신으로 변화되었으며, 인간의 행복과 장수를 담당하는 천상의 신령이 되
었다.【역주】
* 목천자전(穆天子傳): 6권. 주목왕(周穆王, 재위 B.C.976-B.C.922)이 유람한 사
적을 기록한 내용으로 작자불명. 서진 태강(太康) 2년(281), 하남성 급현(汲縣)
에서 출토된 죽간에서 발견되었다.【역주】
626) 동군(東君): 신의 이름. 태양의 신으로 태양이 동쪽에서 떠오르므로 이렇게 이름
붙였다. 「초사 · 구가(楚辭 · 九歌)」와 『한서 · 예문지』 참고.【原註】

(東皇太乙)629) 등의 그림이 있으므로, 모두 수시로 걸어 계절에 따라 절

627) 풍우신령(風雨神龍)과 춘뢰기칩(春雷起蟄): 두 그림은 모두 송대에 용을 그린 명
작이다. 첨경봉(詹景鳳)의 『동도원람(東圖元覽)』에서 "동원(董源)은 겸하여 용
그림에 정통했으며, 군성(郡城, 군청 소재지의 성) 탕씨가 소장한 동원의 「풍우출
칩룡도(風雨出蟄龍圖)」는 송나라 황실도서관의 물품이다.(董源兼工畫龍, 郡城湯
氏藏其風雨出蟄龍圖, 宋秘閣物.)"라고 하였다.
이치(李廌)의 『화품(畫品)』에서 "「춘룡기칩도(春龍起蟄圖)」는 사천성 문성전하
도원군장(文成殿下道院軍將) 손위(孫位, 당말의 화가)가 창작한 것이다. 산이 큰
강가에 있으며, 두 마리 용이 산 위에서 아래로 나오는데, 용이 구름 사이에서
꿈틀거리며 머리를 들고 있으며, 물은 구름을 따라 위로 펼쳐지고, 구름은 발톱
과 갈기 사이에서 나오며, 물고기와 새우가 따라가다가 허공에서 떨어진다. 한
마리의 용은 아직 동굴 앞에 있는데, 큰 바위에 걸터앉아 똬리를 틀었으며, 머리
를 들어 구름 속을 바라보고 있어 뜻이 함께 날아가려 듯하고, 성난 발톱은 피비
린내를 풍기는 것 같아, 초목이 모두 쓰러지고 파도가 놀라 솟구쳐 계곡에 가득
차서, 산 아래 다리와 길이 모두 물에 잠겼으며, 산속에 노소가 모여 구경하는데,
문과 창을 닫고 사람들이 놀라 두려워하며, 집이 무너질 듯하다. 필세가 매우
뛰어나고 기상이 웅장하다.……(春龍起蟄圖, 蜀文成殿下道院軍將孫位所作. 山
臨大江, 有二龍自山下出, 龍蜿蜒驤首雲間, 水隨雲氣布上, 雨自爪鬣中出, 魚蝦隨
之, 或半空而隕. 一龍尙在穴前, 踞大石而蹲, 擧首看雲中, 意欲俱往, 怒爪如腥, 草
木盡靡, 波濤震駭, 澗谷彌漫, 山下橋路皆沒, 山中老少聚觀, 闔戶闚牖, 人人驚畏,
若屋顚墜. 筆勢超軼, 氣象雄放.……)"라고 하였다.【原註】
* 동도원람(東圖元覽): 4권. 원명은 『동도현람(東圖玄覽)』. 청대에는 강희황제의
이름 애신각라현엽(愛新覺羅玄燁)을 피휘하여 현(玄)자를 원(元)자로 고쳐 간
행되었다. 저자 첨경봉[1532-1602. 명나라 관리. (字)는 동도(東圖)]이 서화를
감상한 필기와 제발을 수록하였다.【역주】
* 화품(畫品): 1권. 『덕우재화품(德隅齋畫品)』. 북송 문학가 이치(李廌, 1059-
1109)가 당나라 그림 4점 · 오대 그림 13점 · 송대 그림 5점을 품평한 내용. 이
치의 자(字)는 방숙(方叔)이고 호가 덕우재이다.【역주】
628) 입춘(立春): 절기의 명칭으로 양력 2월 4-5일이며, 음력으로는 원단(元旦) 즉 설
날 전후이다.【原註】
629) 동황태을(東皇太乙): 봄을 담당하는 신령. 『상서위(尙書緯)』에서 "봄의 신령은 동
황으로 또 '청제(靑帝)'라 한다.(春爲東皇, 又謂靑帝.)"라고 하였다.
굴원의 「구가 · 동황태을(九歌 · 東皇太乙)」에서 "경건하게 상황(上皇)을 기쁘게
하려네.(穆將愉兮上皇.)"라고 하였다. 왕일(王逸, ?-?. 동한 문학가)의 주(注)에서
"상황(上皇)은 동황태을을 말한다.(上皇, 謂東皇太乙也.)"라고 하였다.【原註】
* 상서위(尙書緯): 한대 학자가 『상서』에 의거하여 저술한 위서(緯書). 경서(經
書)에 대응하는 의미에서 '위서'라 하며, 주로 부적이나 점술을 선전하는 용도
이다.【역주】

기의 질서를 드러낸다. 대형 신선도 그리고 살구꽃과 제비·지장매(紙帳梅)630)·과장매(過牆梅)631)·소나무와 잣나무·학과 사슴·수성(壽星)과 같은 종류는 한 결 같이 속된 풍격에 빠진 것으로, 단연코 걸기에 부적당하다. 송원시기의 소형 풍경화와 고목죽석(枯木竹石)의 4폭 대형 풍경화와 같은 것은 계절의 순서를 논하기에 또 부적당하다.

二十六. 懸畵月令

歲朝632)宜宋畵福神及古名賢像. 元宵633)前後宜看燈634)傀儡, 正二月宜春遊仕女635)梅杏山茶玉蘭桃李之屬, 三月三日宜宋畵眞武像, 淸明前後宜牡丹芍藥,

---

630) 지장매(紙帳梅): 매화를 그린 종이로 만든 휘장.【역주】
631) 과장매(過牆梅): 담 위로 벋어난 매화를 그린 그림.【역주】
632) 歲朝(세조): 설날.【原註】
633) 元宵(원소): 『동경몽화록(東京夢華錄)』에서 "정월 15일 원소는 '상원절(上元節)'이나 '등절(燈節)'이라고 한다.(正月十五元宵, 或稱上元節, 或燈節.)"라고 하였다.【原註】
   * 동경몽화록(東京夢華錄): 10권. 송나라 관리 맹원로(孟元老, 1103-1127)의 저서. 송휘종 숭녕연간-선화연간(1102-1125) 북송의 도성인 개봉(당시에 '동경'이라 하였다)의 풍속과 인정을 자세히 기록하였다.【역주】
634) 看燈(간등): 『구당서』에서 "선천(先天) 2년(713) 정월 15일 밤, 황상(당현종)이 안복문(安福門)에 나가 등을 구경하였으며, 궁녀들이 나아가 손을 잡고 발을 구르며 노래하였다.(先天二年正月上元日夜, 上御安福門觀燈, 出內人連袂踏歌.)"라고 하였다.
   『청이록(淸異錄)』에서 "진서(陳犀, ?-?)가 사농소경(司農少卿)을 그만두고, 고소(姑蘇, 지금의 강소성 소주)로 누님을 찾아뵈었으며, 마침 정월 대보름 밤이라 등을 구경하는데, 거마가 시끌벅적하여 눈길을 빼앗기고 정신이 하나도 없었다.(陳犀罷司農少卿, 省女兄於姑蘇, 適上元夜觀燈, 車馬喧騰, 目奪神醉.)"라고 하였다.【原註】
   * 看燈(간등): 관등(觀燈). 대보름날 민속 활동의 하나로 등을 찬란하게 밝히고 구경하는 풍습. 한명제(漢明帝) 영평연간(永平年間, 58-75)에 불교를 선양하기 위하여 정월 15일 밤 궁중과 사원에서 등불을 켜서 불법을 널리 알리도록 하였으며, 점차 민간으로 확대되었다. 당대에는 3일간, 송대에는 5일간, 명대에는 10일로 늘어났으며, 청대에는 4-5일로 단축되었으며, 지금도 원소절(原宵節)로 지속되고 있다.【역주】

四月八日, 宜宋元人畫佛及宋繡佛像, 十四636)宜宋畫純陽像, 端五宜眞人玉符
及宋元名筆端陽637)景龍舟艾虎五毒之類, 六月宜宋元大樓閣大幅山水蒙密樹石
大幅雲山採蓮避暑等圖, 七夕宜穿針乞巧天孫638)織女639)樓閣芭蕉仕女等圖, 八
月宜古桂或天香640)書屋等圖, 九十月宜菊花芙蓉秋江秋山楓林等圖, 十一月宜
雪景蠟梅水仙醉楊妃等圖, 十二月宜鐘馗迎福驅魅嫁妹, 臘月廿五宜玉帝641)五
色雲車等圖, 至如移家, 則有葛仙移居等圖, 稱壽則有院畫壽星王母等圖, 祈晴
則有東君, 祈雨則有古畫風雨神龍春雷起蟄等圖, 立春則有東皇太乙等圖, 皆隨
時懸挂, 以見歲時節序. 若大幅神圖, 及杏花燕子紙帳梅過牆梅松柏鶴鹿壽意之
類, 一落俗套, 斷不宜懸. 至如宋元小景, 枯木竹石四幅大景, 又不當以時序論也.

---

635) 仕女(사녀): 궁녀. 미인도. 미인도에 나오는 미인. 관리집안의 여인.【역주】
636) 14일:『월령수편』에서 "『문헌통고』: 여암(呂嵒, 798-?)이 태어났다. 여암은 자(字)
   가 동빈(洞賓)으로 포주(蒲州) 영락현[永樂縣, 지금의 산서성 영락진(永樂鎭)] 사
   람이다. 정원(貞元) 14년(798) 4월 8일 사시(오전 9-11시)에 태어났는데, 기이한
   향기가 방에 가득하고 천상의 음악이 하늘에 울렸으며, 백학이 휘장 속으로 날아
   들어와 갑자기 보이지 않았다.(文獻通考, 呂嵒生. 呂嵒, 字洞賓, 蒲州永樂縣人.
   貞元十四年四月十八日巳時生, 異香滿室, 天樂浮空, 有白鶴飛入帳中, 忽不見.)"라
   고 하였다.
   『강남지서(江南志書)』에서 "오현(吳縣, 지금의 강소성 소주)에서는 4월 14일에
   복제관(福濟觀)에 모여 여동빈을 알현한다.(吳縣, 四月十四日, 福濟觀聚謁呂純
   陽.)"라고 하였다.【原註】
   * 복제관(福濟觀: 소주시 창문(閶門) 하당가(下塘街) 132호에 있으며, 속칭 '신선
     묘(神仙廟)'라 한다. 송대에는 '이왕사(李王祠)'라 했으며 원 지대(至大) 4년
     (1311) 중건할 때 '복제관'으로 이름을 바꾸었다. 명 경태연간(1449-1457) 재건
     할 때에 여선사(呂仙祠, 여동빈의 사당)를 설치하여 여동빈을 제사하였다.【역
     주】
637) 端陽(단양): 단오.【역주】
638) 天孫(천손): 천제의 손녀. 별의 이름으로 직녀를 가리킨다.【原註】
639) 織女(직녀): 별의 이름.『한서·천문지』에서 "직녀는 천제의 손녀이다.(織女, 天
   帝孫也.)"라고 하였다.【原註】
640) 天香(천향): 모란. 모란은 꽃송이가 크고 향기가 진하여 '국색천향(國色天香)'이
   라고도 한다.【역주】
641) 玉帝(옥제): 천제(天帝). 옥황상제. 도교 경전에서 "옥황상제는 옥청삼원궁(玉淸
   三元宮)의 한 가운데에 거주한다.(玉帝居玉淸三元宮第一中位.)"라고 하였다. 또
   '옥황(玉皇)'이나 '옥황대제(玉皇大帝)'라고도 한다.【原註】

▌저자 소개▐

문진형(文震亨, 1585-1646)

자가 계미(啓美)이고 강소성 소주 사람이다. 그의 증조부는 오문화파 4대가 중 하나인 문징명(1470-1559)이며, 조부는 문팽(1498-1573), 부친은 문원발 (1529-1605)로 대대로 조정에서 벼슬을 했으며, 형 문진맹(1574-1636)은 천계 2년 전시(殿試)에서 장원을 했다. 그는 학식과 예술로 명망 높은 집안에서 태어나 집안의 영향을 받아 시서화는 물론 음악, 회화, 원림 등 다방면에 조예가 깊었다.

▌역주 소개▐

김의정(金宜貞)

이화여자대학교 중문과를 졸업하고 연세대학교 대학원에서 중국고전시로 석사 및 박사학위를 받았다. 현재 성결대학교 파이데이아 학부에 재직하고 있다. 다수의 논문이 있으며, 역저서로는 『한시 리필』, 『두보 시선』, 『이상은 시선』, 『두보 평전』, 『중국의 종이와 인쇄의 문화사』 등이 있다.

정유선(鄭有善)

상명여자대학교 중문과를 졸업하고 성균관대학교에서 중국고전시로 석사학위를, 중국북경사범대학에서 중국설창문학으로 박사학위를 받았다. 현재 상명대학교 교육대학원 중국어교육전공에 재직하고 있다. 다수의 논문이 있으며, 역저서로는『중국지역문화』, 『중국검보의 이해』, 『중국경극과 레퍼토리』, 『중국경극의상』, 『중국설창예술의 이해』, 『송원화본』, 『열자』 등 외 다수가 있다.

한 국 연 구 재 단
학술명저번역총서
[동 양 편] 617

장물지 上

초판 인쇄 2017년 11월   1일
초판 발행 2017년 11월 15일

저   자 | 문진형文震亨
역   주 | 김의정金宜貞 · 정유선鄭有善
펴 낸 이 | 하운근
펴 낸 곳 | 學古房

주   소 | 경기도 고양시 덕양구 통일로 140 삼송테크노밸리 A동 B224
전   화 | (02)353-9908 편집부(02)356-9903
팩   스 | (02)6959-8234
홈페이지 | http://hakgobang.co.kr/
전자우편 | hakgobang@naver.com, hakgobang@chol.com
등록번호 | 제311-1994-000001호

ISBN   978-89-6071-712-1 94080
             978-89-6071-287-4 (세트)

값 : 32,000원

■ 이 책은 2010년도 정부재원(교육부)으로 한국연구재단의 지원을 받아 연구되었음(NRF-2014S1
  A5A7036354).
  This work was supported by National Research Foundation of Korea Grant funded by the Korean
  Government(NRF-2014S1A5A7036354).

    이 도서의 국립중앙도서관 출판예정도서목록(CIP)은 서지정보유통지원시스템 홈페이지
  (http://seoji.nl.go.kr)와 국가자료공동목록시스템(http://www.nl.go.kr/kolisnet)에서 이용하
  실 수 있습니다. (CIP제어번호 : CIP2017028557)

■ 파본은 교환해 드립니다.